Schillers Werke

Auswahl in zehn Teilen

Auf Grund der Hempelschen Ausgabe

neu herausgegeben

mit Einleitungen und Anmerkungen versehen

von

Dr. Arthur Kutscher

Professor an der Universität München

Mit drei Beilagen in Gravüre
und zwei Faksimilebeilagen

———

Berlin — Leipzig

Deutsches Verlagshaus Bong & Co.

Schillers Werke

Fünfter Teil

Maria Stuart — Die Jungfrau von Orleans
Die Braut von Messina

Herausgegeben

von

Dr. Arthur Kutscher
Professor an der Universität München

———

Berlin — Leipzig
Deutsches Verlagshaus Bong & Co.

Buchdruckerei Oswald Schmidt G. m. b. H. Leipzig

Maria Stuart

Ein Trauerspiel

Personen:

Elisabeth, Königin von England.

Maria Stuart, Königin von Schottland, Gefangne in England.

Robert Dudley, Graf von Leicester.

Georg Talbot, Graf von Shrewsbury.

Wilhelm Cecil, Baron von Burleigh, Großschatzmeister.

Graf von Kent.

Wilhelm Davison, Staatssekretär.

Amias Paulet, Ritter, Hüter der Maria.

Mortimer, sein Neffe.

Graf Aubespine, französischer Gesandter.

Graf Bellievre, außerordentlicher Botschafter von Frankreich.

Okelly, Mortimers Freund.

Drugeon Drury, zweiter Hüter der Maria.

Melvil, ihr Haushofmeister.

Burgoyn, ihr Arzt.

Hanna Kennedy, ihre Amme.

Margareta Kurl, ihre Kammerfrau.

Sheriff der Grafschaft.

Offizier der Leibwache.

Französische und englische Herren.

Trabanten.

Hofdiener der Königin von England.

Diener und Dienerinnen der Königin von Schottland.

———

Einleitung des Herausgebers.

Maria Stuart gehört zu denjenigen Stoffen, die Schiller schon in ganz jungen Jahren beschäftigt haben. Schon gelegentlich unserer Einleitung zur Kabale und Liebe wiesen wir darauf hin, daß der Stoff der Maria Stuart den Dichter zeitweilig von seinen halbfertigen Werken ablenkte; ja das Interesse für die Geschichte der Königin läßt sich bis ins Jahr 1782 zurückverfolgen, wo Schiller im Württembergischen Repertorium der Literatur in seinem Aufsatze über das gegenwärtige deutsche Theater eine dahingehende Bemerkung macht. Er schreibt hier, um ein Beispiel weiblicher Eitelkeit zu geben: Die hohe Elisabeth hätte eher eine Verletzung ihrer Majestät als einen Zweifel gegen ihre Schönheit vergeben. — Ist es auch nicht unbedingt nötig, daß sich diese Stelle auf irgendeinen Dichtungsplan bezieht, so faßt sie doch schon das Hauptmotiv für die Königin Elisabeth und zeigt, daß sich dem Dichter dieser Zug fest eingeprägt hat. Von dem Plane einer Dichtung Maria Stuart hören wir erst 1783 in Bauerbach. Es ist bedeutsam, daß Schiller nächst dem Fiesko in so früher Jugend auch schon an diesen anderen historischen Stoff gedacht hat, weil doch später das historische Drama sein ganz besonderes Schaffensgebiet werden sollte. Mit dem Fiesko war er ja hereingefallen; er blieb ein unausgegorenes Gemisch aus Empfindung und Geschichte. Schiller war noch zu gespannt und erregt, als daß er nicht eines Helden bedurft hätte, der ein Sprachrohr war seiner Freuden und Leiden. Der Jugendkrampf mußte sich erst legen — er bedurfte einer Linderung, wie sie ihm die Kabale und Liebe, wie sie ihm darauf der Don Karlos bot. Hier allmählich ließ der Drang und Druck nach. Der fast physisch beteiligte Lyriker trat zurück, die Entwicklung des reinen Künstlers konnte beginnen.

Wir haben genauer betrachtet, wie im Wallenstein sich die Entwicklung Schillers zeigt, wie sich eine neue Schaffensart heranbildet, eine Art, die man wohl Objektivität nennen kann, die aber doch eine ganz besondere Färbung hat und keineswegs dem gleich ist, was man wohl sonst so nennt. Wir können uns denken, daß ihn jetzt die Ferne und der rein menschliche Reiz eines Stoffes anziehen konnte, der ihn früher kalt gelassen und anderen, feurigeren Aufgaben zugetrieben hatte. Kurz nach Vollendung von Wallensteins Tod begibt er sich denn auch schon an die Arbeit. Vorstudien unternimmt er schon vom 26. April 1799 an. Die Ausführung des Planes beginnt er am 4. Juni; am 25. Juli desselben Jahres ist bereits der erste Akt vollendet, einen Monat später der zweite, bald ist auch der dritte bis zur vierten Szene gediehen. Nun folgt eine längere Unterbrechung. Schiller geht nach Rudolstadt und kehrt erst Mitte September nach Jena zurück, wo er wenige Tage nach seiner Ankunft Goethe die beiden ersten Akte vorliest. Immer noch ging die Arbeit nicht weiter. Es folgte die Geburt einer Tochter und Charlottens schwere Erkrankung. Mancherlei lyrische Arbeit mischte sich ein. Die Übersiedelung nach Weimar verwirklichte sich infolge der freundlichen Zuneigung des herzoglichen Paares am 4. Dezember. Zu Beginn des neuen Jahres lenken ihn Übersetzungsarbeiten, Shakespeares Macbeth, ab. Erst am 5. Mai 1800 hat er wieder ein größeres Stück Arbeit an seiner Maria Stuart hinter sich, nämlich den dritten und vierten Akt. Diese fertigen Akte waren mit so bestimmtem Hinblick auf das Weimarer Theater gedichtet, daß Schiller die Manuskripte schon bald der Bühne übergeben konnte. Ein zeitgenössischer Bericht aus Weimar schreibt, er sei nicht an die Arbeit des fünften Aktes gegangen, ehe er sich einer ihm genügenden Darstellerin der Elisabeth versichert habe, da ihm für die Darstellung dieser Rolle mehr bangte als für die der Maria. Es heißt da weiter: Er lud daher (den 17. Mai) eine kleine Gesellschaft, unter der sich Karoline Jagemann — die bedeutendste Künstlerin der Glanzepoche des Weimarischen Theaters — befand oder vielmehr diejenige war, um derentwillen es veranstaltet wurde, zu sich ein, die fertigen Aufzüge vorlesen zu können. Schiller las stehend, zuweilen auf einem Stuhl kniend, mit Begeisterung, mit Feuer, ohne Manier und Übertreibung, so daß er auch als Vorleser genügte, und seine Begeisterung die Zuhörer hinriß. Die Jagemann übernahm die Rolle der Elisabeth.

Schiller zog sich, während schon die Proben der ersten vier Aufzüge im Gange waren und der Termin der Aufführung bald hätte bestimmt werden können, nach Schloß Ettersburg zurück, um den fünften Akt zu vollenden. Hier in der Ruhe gelang ihm das bald. Am 9. Juni war alles fertig, und da die ersten vier Akte bereits sicher einstudiert waren, konnte die erste Aufführung schon fünf Tage später, am 14. Juni erfolgen. Zwei Tage darauf wurde das Stück wiederholt. Aus dem Urteil des oben angeführten Berichtes über das Stück geben wir noch folgende interessante Stellen wieder: „Im fünften Akt sollten zwei Gräfinnen Douglas vorkommen, von denen Schiller die eine dieser Verwandtinnen der Maria für eine sehr junge Schauspielerin — Fanny Caspers — bestimmte. Wäre jene Szene noch hinzugekommen, so würde Maria zweifelsohne sich auch als besorgte Mutter, welche jetzt mancher Kunstrichter an ihr vermißt, gezeigt haben." Weiter heißt es dann nach dem Lobe der Jagemann als Elisabeth: „Das Urteil über das Stück war nicht durchaus günstig, man fand es in der Form, im dramatischen Effekt gelungener als den Wallenstein; aber es hatte keine idealistischen Gestalten, wie Max und Thekla, aufzuweisen, und an die Zank-, noch mehr an die Abendmahlszene stieß sich mancher; man sprach von Entheiligung, von starken Mißgriffen, die Eigentümlichkeit des unter ganz andern Bedingungen entstandenen und bestehenden griechischen Theaters, das ja zum gottesdienstlichen Gebrauch mit bestimmt gewesen sei, nach Deutschland verpflanzen zu wollen. Einzelne Stimmen, die da meinten, nicht nur alte heidnische, auch moderne christliche Dichter, wie die strenggläubigen Spanier, hätten, ohne Ärgernis geben zu wollen, noch es zu geben, das Heilige auf das Theater gebracht, verhallten unbemerkt, und bei der zweiten Aufführung (in Weimar) im Herbst ward alles Störende weggetan, und überhaupt manches geändert und gekürzt."

Dies Urteil stimmt gleich in der ersten Bemerkung von der Form und dem dramatischen Effekte vollständig mit dem überein, was man auch heute in erster Linie zugunsten der Maria Stuart anführt; im übrigen aber bezeichnet es den Geschmack jener Zeit vorzüglich, den Schiller in den Max-Thekla-Szenen des Wallenstein so stilrein zum Ausdruck gebracht hatte, und zeigt schließlich in dem langatmigen Tadel der Abendmahlszene die philiströse Befangenheit und Engherzigkeit des Publikums, für dessen Theater unsere großen Dichter ihre Dramen schufen.

Am 22. Juni, also nur wenige Tage nach der ersten Aufführung, ging die Maria Stuart an Iffland ab. Die erste Berliner Aufführung fand am 8. Januar 1801, die erste Leipziger am 16. Juni desselben Jahres statt. Es existieren zwei Theatermanuskripte, ein Leipzig-Dresdener und ein Hamburger. Der Buchdruck, den wieder Cotta übernahm, erlebte im Jahre 1801 noch zwei Auflagen und eine dritte im folgenden Jahre. Der Engländer Mellish stellte im Juli 1801 eine Übersetzung für den englischen Büchermarkt her.

Die beiden vorhergehenden Dramen Schillers, der Don Karlos und der Wallenstein, hatten Jahre zu ihrer Vollendung gebraucht, Don Karlos zu seinem schweren Schaden. Am Wallenstein aber hatte sich Schillers Energie und Formsinn geübt, und schließlich waren die riesigen Massen bewältigt, war eine strenge, eindrucksvolle Form von tiefer Bedeutung entstanden. Der Sinn für Einfachheit, für Grundzügigkeit war uns am Wallenstein besonders aufgefallen. Nehmen wir gleich hinzu, daß dem Dichter am Wallenstein der neue Stil der Charakteristik, die objektive Darstellungsart aufgegangen war, und daß er darin Erstaunliches geleistet hatte, so verstehen wir, wenn er jetzt sagt: „Ich fange endlich an, mich des dramatischen Organs zu bemächtigen und mein Handwerk zu verstehen." Am Wallenstein hatte Schiller in jeder Hinsicht sein Handwerk gelernt. Er konnte eine Maria Stuart, ein Werk von solcher Formvollendung und Kunst der Charakteristik, in sieben und einem halben Monat Arbeitszeit vollenden.

Wenn wir das große Quellenmaterial bedenken — es ist der Einleitung hinten angefügt —, das Schiller zum Studium benutzte, so müssen wir uns wundern, daß er es im ganzen nur zur Festlegung des Hintergrundes gebraucht hat. Gewiß, die Technik, die er hier zur Anwendung bringt, daß nämlich zu Beginn des Stückes schon das Todesurteil über die Heldin ausgesprochen ist, daß man also die Katastrophe gleich in den ersten Szenen sieht, und daß man, indem die Handlung des Stückes sich davon wegzubewegen scheint, ihr immer näher und näher geführt wird, daß folglich die ganze begründende Vorgeschichte aufgerollt werden muß: diese Technik bringt trotz aller bewundernswerten Geschicklichkeit des Dichters manches Moment der Trockenheit, des sachlichen Berichtes herein. Trotz alledem aber tritt die Geschichte im Verhältnis zum Wallenstein noch bedeutend zurück und läßt die Hauptgestalten noch größer erscheinen. (Nicht zu vergessen ist allerdings, daß das Historische zum Wallenstein viel organischer hinzugehört, daß es aber bei dem, was Schiller in seiner Maria Stuart darstellen wollte, viel entbehrlicher ist.) Sehen wir aber von diesen Fragen ab und betrachten allein das vorhandene Kunstwerk, so haben wir hier Vorgänge von monumentaler Einfachheit. Zwei Königinnen stehen einander gegenüber, Weiber, die geschoben werden von Mächten, welche hinter ihnen verborgen sind. Diese Mächte sind die protestantische und die katholische Konfession, deren Rechte und Ansprüche in beiden Königinnen verkörpert sind. Die Existenz und die Macht in England der einen ist nur durch den Untergang der andern möglich. Fleisch geworden, Charaktere geworden sind die beiden Mächte in den Königinnen, und somit ergibt sich aus der Notwendigkeit der Gegensätze dieser beiden Menschen eine reine Tragik. Gerade je mehr die Individualitäten in ihrer Eigenart gezeichnet und je besser sie in ihrem Handeln motiviert werden, um so schärfer tritt die Tragik vor Augen. Je mehr die Königinnen für sich selber zu kämpfen glauben und scheinen, um so klarer wird das Gefühl ihres Schicksals im antiken Sinne. Sie sind ein Spielball in der Hand ihrer Mächte. Typische Bedeutung gewinnt ihr Geschick.

Kühnemann sagt in seiner Schillerbiographie S. 496 ff.: Das Leben selber war der Held seiner Tragödie, das Leben in seiner Ganzheit als die furchtbar große und in ihrer Furchtbarkeit erhabene Sache, die es ist. Wenn die Tragödie uns den ewigen Kampf der Menschheit mit dem Schicksal vor die Augen bringt, dann treten uns aus ihren Bildern entgegen die unaufhaltsame Flucht des Glücks, die betrogene Sicherheit, die triumphierende Ungerechtigkeit und die unterliegende Unschuld, alle die tragischen Schicksalsgedanken, unter denen unser Leben steht... Es ist auch kein Gedanke, der überraschend und zum erstenmal an uns herantritt. Es ist der schlichte Gedanke, der jedes Menschenleben erscheinen läßt als eine Sache, die vom Schicksal gestempelt ist — der Gedanke, der das Leben zu einer großen, schweren und heiligen Angelegenheit macht. Es ist der Gedanke des Todes. — Lassen wir unbetrachtet, ob hier nicht mancherlei hineingedeutet ist, was einer objektiveren Betrachtung verborgen bleibt — das ist nur ein Zeichen für die Genialität einer Dichtung —, so scheint doch dieser Grundgedanke weit weniger tragisch als traurig zu sein, mehr Darstellung eines Verhältnisses als eines dramatischen Problems zu sein. Es wird uns ein Symbol gegeben für dieses Lebens Begebenheiten, für den Kampf um das Sein; über dem Bilde aber, das wir sehen, flackert der düstere Schein der Ironie. Der Dichter kennt das Leben und findet die Kraft, seine erschrecklichsten Seiten mit wehmütigem Lächeln aufzuzeigen. Kleinlich, arm, selbstsüchtig handeln die Menschen und hängen sich mehr oder weniger geschickt ein Deckmäntelchen um. Wenn man die Menschen näher betrachtet, wie Schiller sie hier darstellt, so hat man das Gefühl, daß hie und da die Höhen der Ironie verlassen werden und die grimmige Satire sich geltend macht.

Selbstverständlich ist Schiller viel zu reif, um darin zu versinken. Trotz aller bitteren Erkenntnis läßt er sich in keiner Weise von seinen Gefühlen hinreißen. Man kann das stellenweise Hervorbrechen dieser Empfindungen wohl den Sturm und Drang dieses Werkes nennen. Über den Ganzen aber lagert die Harmonie, die sich der Dichter in langen Kämpfen errungen hat, die auch hier den letzten künstlerischen Ausgleich vornimmt. Maria Stuart ist naturgemäß als Heldin des Dramas von der Ironie am meisten umspielt, ihr Geschick ist nicht frei von Bitterkeit. Alles, was in ihr zum Leben, zur Existenz hinstrebt, muß ihr den Tod bereiten, in dessen Armen sie schließlich versinkt. Sie leidet nicht für frühere Schuld, die sie eingesteht und ehrlich bereut, sondern für eine politische, für sie selber unwirkliche; sie leidet für die Energie der Macht, die hinter ihr steht. Sie selber ist unschuldig und weiß nichts zu bereuen und zu bedauern. Sie muß aber für ihre Existenz sterben. So gleicht sich schließlich die vergangene Schuld, die ungesühnt blieb, aus. Sie muß diese tieftraurige Notwendigkeit einsehen, sie muß so weit kommen, daß sie selber gesteht: Gott würdigt mich, durch diesen unverdienten Tod die frühe schwere Blutschuld abzubüßen. — Das ist wohl eine Erkenntnis, die als ein großer Gewinn zu bezeichnen ist. Maria erhebt sich und schreitet gebückt durch diesen verworrenen Gang des Lebens; sie fügt sich ohne Murren. Ihr Tod stellt das Gleichgewicht in der Natur wieder her. Darin liegt die Harmonie des Dramas: wir bewundern die durch ihren Tod sich erhebende, vollendende Maria. Ein reifer Kunstverstand schuf die strengen Formen dieses Werkes.

Und doch gehört die Maria Stuart zu den dramatischen Dichtungen Schillers, die, wie der Fiesko und die Braut von Messina, mehr abseits stehen in der Gunst des Volks. Das kommt daher, daß ihr neben dem Zermalmenden das Erhebende zu sehr fehlt. Ich sage nicht, völlig fehlt, denn die Entwicklung eines solchen Wesens, wie die Maria Stuart es ist, bedeutet doch etwas. Sie erhebt sich aber doch nur zu einer großen Resignation. Von Freudigkeit spricht sie wohl, aber sie hat doch noch das Aufrichten des Blutgerüstes klopfenden Herzens für das Eindringen ihrer Befreier gehalten; der süße Trieb des Lebens war unwillkürlich, allgewaltig aufgewacht. Der Tod kommt heilend, als ernster Freund. Wie anders kam der Tod noch einem Marquis Posa, einem Karlos! Über den Todesszenen liegt dort die Sicherheit des Sieges, liegt ein triumphierender Ton. Des Dichters Bitterkeit und Lebenskenntnis, oder sagen wir auch nur des Dichters Rückhaltung und Objektivität, dämpft hier den Ton. Und doch

verklingt und verschwingt er nicht leise und leiser, sondern es
folgen noch Szenen, die einen schrillen Laut geben; Leicesters
Gemeinheit zeigt sich, Elisabeths Unwürdigkeit und zage Feig=
heit. Jetzt ist sie allein Herrscherin, sie setzt sich in den Schlußszenen
durch Verstellung und Haltlosigkeit die Krone der Gemeinheit
auf. Sie rächt sich an den Dienern ihrer unausgesprochenen,
dringlichen Blutbefehle. Alle Guten wenden sich von ihr. Die
Ruhe ist im Lande. Englands Weltmachtstellung beginnt.

Was ist uns Englands Weltmacht, so teuer, so jämmerlich
erkauft? Uns reut der Handel. Wir sind bedrückt. Aber auch
Marias Vollendung ist uns kein Ersatz, den uns doch sonst das
Drama tröstend reicht für alles, was es unerbittlich nahm. Maria
Stuart ist so oft mit Wallenstein verglichen worden, wir sahen
schon, worin sie den Wallenstein übertrifft. In dem lebendigen
Interesse aber an der Hauptperson steht sie tief unter ihm;
Wallenstein ist uns viel viel mehr als die schottische Maria, er
berührt uns ganz anders; wir lieben den Hochverräter, und sein
Tod ist uns ein tiefer Schmerz und eine reine Erhebung. Maria
wird rein und vollendet sich, geht also einen ganz anderen Gang;
und ihr Tod ist uns etwas Drückendes, eine Wehmut. Das Leben
und Schicksal der Königin ist uns ein symbolisches Spiel von großer
dichterischer Schönheit; den Balladen Schillers steht diese Dichtung
näher; man denke zum Beispiel an die großen Verteidigungsreden
und die Selbstüberwindung im Kampf mit dem Drachen. Fern wie
die Menschen seiner Balladen, nicht nah wie die Gestalten
seiner Dramen steht uns die Maria. Kühnemann setzt an den
Schluß seiner Betrachtung der Maria Stuart die schönen Worte:
Im Grunde genommen aber verlangt seine Kunst von uns nichts
anderes, als was jede große Kunst verlangt, damit wir ihrer
teilhaftig werden und in ihr leben: daß wir nämlich willig
lernen, durch das Auge eines großen und höheren Menschen die
Wahrheit zu sehen! — Aber dies Drama gibt uns bei aller freien
Hingabe nicht genug Stoff zu persönlichem Interesse. Es ist zu
allgemein, es ist für ein Drama zu fern. Wie damals in Mann=
heim am Fiesko, hat auch hier der Theaterdichter sich übereilt. Die
Bewußtheit seiner konstruktiven Arbeit hat die Empfindung für
die tieferen Anforderungen des Dramas nicht aufkommen lassen.
Nach der langen Pause, die vor dem Wallenstein lag, ließ sich
der Dichter durch den dramatischen Handwerker zu schneller
Schablonenarbeit verführen.

Streng ist die Einteilung des Ganzen. Der erste, dritte
und letzte Akt gehört der Maria. Im mittelsten Akte hat sie ihre
große Erhebungsszene. Über diesen Höhepunkt spannt sich der Dach=

first des Gebäudes, vom ersten Akt steigend, zum fünften fallend. Momente der Unterbrechung sind in diesen Linien das Eintreten Mortimers und seiner Verbündeten, Leicesters Liebe — aber gleichzeitig wieder schwächend die Erkenntnis seines Charakters; vor allem aber die Möglichkeit einer Demütigung der Maria. Der zweite und vierte Akt gehört ganz der Gegenbewegung, Maria tritt darin nicht auf. Schärfer treten besonders noch zwei Linien hervor, die aufsteigende der Maria, die am Schlusse in Vollendung dasteht, und die absteigende der Elisabeth, die trotz ihrer gesicherten Herrschaft am Schluß vernichtet, gerichtet ist. Die Linien kreuzen sich genau in der Mitte.

Zu den Charakteren ist im einzelnen noch folgendes zu sagen. Sie sind nach Art der Charaktere im Wallenstein angelegt, also als Ganzes aufgefaßt und objektiv von einem eigenen Lebenspunkte aus dargestellt. Der Dichter steht ihnen fast beobachtend gegenüber. Wie ihm sein Wallenstein fern und fremd war, so ist es auch Maria Stuart. Er sagt von ihr: Meine Maria wird keine weiche Stimmung erregen, es ist meine Absicht nicht; ich will sie immer als ein physisches Wesen halten, und das Pathetische muß mehr eine allgemeine tiefe Rührung als ein persönliches und individuelles Mitgefühl sein. Sie empfindet und erregt keine Zärtlichkeit, ihr Schicksal ist nur, heftige Passionen zu erfahren und zu entzünden. Bloß die Amme fühlt Zärtlichkeit für sie. — Schiller stellt in ihr, wie wir das auch in früheren Fällen schon ähnlich sahen, philosophisch-ethische Erkenntnisse dar. Sie ist der sinnliche Mensch mit der Liebe zu äußerlichem Prunk und Glanz. Das höchste Wollen heißt ihr: Leben! Schiller hat wiederholt, und besonders in seinen lyrischen Dichtungen, ausgedrückt, wie tief er dies Leben bewertet, dies Kleben am Sinnlichen. Maria mit ihrer Sucht nach Glück und Macht, mit ihrer Liebe zu Welt und Freiheit, mit ihrem Haß auf die Feindin, mit ihrem Pochen auf ihr Recht muß die Verachtung dieses Irdischen lernen, muß aus der Lebensliebe zur Todessehnsucht, zu geduldigem Entsagen wachsen, muß sich ihrer Leiblichkeit als einer niedrigen, geringen Sache bewußt werden und der reinen Geistigkeit zustreben. Aus ihrer Klage über Leid und Schmerz muß Triumph werden, aus der Erklärung gegenwärtiger Schuldlosigkeit und erlittenen Unrechts das Geständnis bei der Beichte, es sei eine Gnade Gottes, abbüßen zu dürfen die Blutschuld der Vergangenheit. Ein solches Leben reift erst im Tode.

Elisabeth stellt dar die Sinnwidrigkeit des Weibes auf dem Throne. Mit Philipp II. im Don Karlos hat ihr Mißtrauen, ihre Täuschung, ihre Umgebung allerlei Ähnlichkeit, nur ist sie eine niedrige Natur. Eitelkeit ist die Feder, die ihr ganzes Werk treibt. So ist Unaufrichtigkeit ihre Wahrheit, Heuchelei ihre Natur. Ob sie sich dessen bewußt ist, ist noch die Frage. Sie fürchtet sich, in ihre eigenen Tiefen hinabzusteigen, sie ist zu schwach und schlaff dazu. Sie steht aber unter dem Zwange der Notwendigkeit, den ihre Eitelkeit auf ihr Tun und Reden ausübt. Schiller muß auch hier wieder, wie in Kabale und Liebe, die beiden Kontrastfiguren zusammenführen, so sehr er selber fühlt: „Die Situation ist an sich selbst moralisch un= möglich; ich bin sehr verlangend, wie es mir gelungen ist, sie möglich zu machen." Nicht um eine Möglichkeit zur Versöhnung zu geben, stellt sich Elisabeth der Maria gegenüber, sie hat ja vorher schon die Mörder gedungen. Ein Spiel ihrer Eitelkeit ist die Zusammenkunft. Als sie die Maria stolz sieht, ruft sie mit einem Blick voll Verachtung:

> Das also sind die Reizungen, Lord Lester,
> Die ungestraft kein Mann erblickt, daneben
> Kein andres Weib sich wagen darf zu stellen!
> Fürwahr! Der Ruhm war wohlfeil zu erlangen,
> Es kostet nichts, die allgemeine Schönheit
> Zu sein, als die gemeine sein für alle!

Wir erinnern uns, wie früh Schiller schon von Elisabeths Eitelkeit ausging. Marias Schönheit ist für Elisabeths Person das Todesurteil. Diese Gefahr für ihre Schönheit muß beseitigt werden, um so mehr, als Graf Leicester ihr schon erlegen ist. Welch fürchterliche Ironie! Die Komödie des Weibes!

Mortimer ist die schöne Jugend mit ihrer Glaubens= freudigkeit, ihrer Begeisterung, ihrem Aufopferungsmut für das Große. Daneben aber stellt sich die Gefahr, die Verwirrung durch Leidenschaft, Selbstsucht, Sinnlichkeit. Selbstlos und rein ragt auf der einen Seite Shrewsbury hervor, der abgeklärte, der Edelmann, der frühere Wächter der Maria aus den besseren Zeiten. Wie der antike Chor, hat man gesagt, steht er in dem Drama, der richtende Vertreter der Gerechtigkeit. Freundlich und nach= sichtig gegenüber der Maria, warnend, mahnend vor der Elisabeth, vermag er nicht, in den Gang der Handlung einzugreifen. Der Unparteiische hat hier keine Stimme, die gemeine Selbstsucht bestimmt alles. Der Elisabeth dient selbstlos der strenge Ritter Paulet, der nur Gehorsam und Ehre kennt, ein Scherge der unwürdigen Macht, der jetzige Kerkermeister der Maria. Typen des Hof= und Staatslebens sind Leicester und Burleigh. Leicester in gewisser Weise ein Gegenstück zur Maria, mit der

ihn Liebe verbindet. Das Leben ist ihm das einzige Gut. Jede
Kraft zum Guten fehlt ihm, er ist befangen in gemeinster Selbst=
sucht. Er ist der charakterlose schöne Mann, dem Liebesgenuß
der letzte Zweck ist. Oder liegt ihm wirklich viel an poli=
tischer Macht? — Er spielt haltlos zwischen den zwei Königinnen,
ist nie er selbst, bis zum Schluß, wo Marias Tod ihn in aller
Jämmerlichkeit darstellt. Dem Leben, seinem unfruchtbar=nich=
tigen Leben, opfert er den Mortimer und die geliebte Maria; sein
Leben ist inhaltlose Fortexistenz. Burleigh ist der selbstsüchtige
Mann mit höher geschraubten Zwecken. Macht will er haben,
ein kleiner Wallenstein; von ihm soll alle Entschließung aus=
gehen. Das Staatswohl ist ihm nur Vorwand. Selbstbehaup=
tung ist die Quelle seiner Politik. Er scheut vor dem Morde
der Maria nicht zurück, er ist Leicesters grimmiger Feind. —
Diese scharfe Beziehung der Charaktere auf ihre Zwecke gibt
eine erfreuliche Bestimmtheit und Sicherheit. Die Charakteristik
ist in diesem Drama nächst der Form am meisten zu bewundern.

Schließlich seien noch die Quellen Schillers genannt: Ro=
bertson: Geschichte von Schottland. Camden: Annales rerum
Anglicarum et Hibernicarum regnante Elizabetha 1615.
Buchanan: Rerum Scoticarum historia 1582. Brantôme:
Biographische Nachricht der erlauchten Damen Frankreichs.
David Hume: History of England 1754—61. Rapin de
Thoyras: Histoire d'Angleterre Bd. VI. 1724. Du Chesne:
Histoire d'Ecosse avec l'histoire d'Angleterre. Gentz: Auf=
satz über Maria Stuart. Viewegs Taschenbuch für 1799. Archen=
holz: Geschichte der Königin Elisabeth. Historischer Kalender
für Damen für das Jahr 1790. Außerdem ließ sich Schiller
aus einem vielbändigen englischen Werke von einem Engländer
Auszüge machen.

Erster Aufzug.

(Im Schloß zu Fotheringhay. Ein Zimmer.)

Erster Auftritt.

Hanna Kennedy, Amme der Königin von Schottland, in heftigem Streit mit
Paulet, der im Begriff ist, einen Schrank zu öffnen. **Drugeon Drury,** sein
Gehilfe, mit Brecheisen.

  Kennedy. Was macht Ihr, Sir? Welch neue Dreistigkeit!
Zurück von diesem Schrank!
    Paulet.   Wo kam der Schmuck her?
Vom obern Stock ward er herabgeworfen;
Der Gärtner hat bestochen werden sollen
5 Mit diesem Schmuck. — Fluch über Weiberlist!
Trotz meiner Aufsicht, meinem scharfen Suchen
Noch Kostbarkeiten, noch geheime Schätze!
      (Sich über den Schrank machend.)
Wo das gesteckt hat, liegt noch mehr!
  Kennedy.   Zurück, Verwegner!
Hier liegen die Geheimnisse der Lady.
10 **Paulet.** Die eben such' ich. (Schriften hervorziehend.)
  Kennedy.   Unbedeutende
Papiere, bloße Übungen der Feder,
Des Kerkers traur'ge Weile zu verkürzen.
  Paulet. In müß'ger Weile schafft der böse Geist.
  Kennedy. Es sind französische Schriften.
  Paulet.   Desto schlimmer!
15 Die Sprache redet Englands Feind.
  Kennedy.   Konzepte
Von Briefen an die Königin von England.
  Paulet. Die überliefr' ich — Sieh! Was schimmert hier?
(Er hat einen geheimen Ressort geöffnet und zieht aus einem verborgnen Fach Ge-
schmeide hervor.)
Ein königliches Stirnband, reich an Steinen,
Durchzogen mit den Lilien von Frankreich!
        (Er gibt es seinem Begleiter.)
20 Verwahrt's, Drury. Legt's zu dem Übrigen! (Drury geht ab.)

Kennedy. O schimpfliche Gewalt, die wir erleiden!

Paulet. Solang sie noch besitzt, kann sie noch schaden,
Denn alles wird Gewehr in ihrer Hand.

Kennedy. Seid gütig, Sir! Nehmt nicht den letzten Schmuck
25 Aus unserm Leben weg! Die Jammervolle
Erfreut der Anblick alter Herrlichkeit,
Denn alles andre habt Ihr uns entrissen.

Paulet. Es liegt in guter Hand. Gewissenhaft
Wird es zu seiner Zeit zurückgegeben!

30 Wer sieht es diesen kahlen Wänden an,
Daß eine Königin hier wohnt? Wo ist
Die Himmeldecke über ihrem Sitz?
Muß sie den zärtlich weichgewöhnten Fuß
Nicht auf gemeinen rauhen Boden setzen?

35 Mit grobem Zinn — die schlechtste Edelfrau
Würd' es verschmähn — bedient man ihre Tafel.

Paulet. So speiste sie zu Sterlyn ihren Gatten,
Da sie aus Gold mit ihrem Buhlen trank.

Kennedy. Sogar des Spiegels kleine Notdurft mangelt.

40 **Paulet.** Solang sie noch ihr eitles Bild beschaut,
Hört sie nicht auf, zu hoffen und zu wagen.

Kennedy. An Büchern fehlt's, den Geist zu unterhalten.

Paulet. Die Bibel ließ man ihr, das Herz zu bessern.

Kennedy. Selbst ihre Laute ward ihr weggenommen.

45 **Paulet.** Weil sie verbuhlte Lieder drauf gespielt.

Kennedy. Ist das ein Schicksal für die Weicherzogne,
Die in der Wiege Königin schon war,
Am üpp'gen Hof der Medicäerin
In jeder Freuden Fülle aufgewachsen?

50 Es sei genug, daß man die Macht ihr nahm;
Muß man die armen Flitter ihr mißgönnen?
In großes Unglück lehrt ein edles Herz
Sich endlich finden; aber wehe tut's,
Des Lebens kleine Zierden zu entbehren.

55 **Paulet.** Sie wenden nur das Herz dem Eiteln zu,
Das in sich gehen und bereuen soll.
Ein üppig lastervolles Leben büßt sich
In Mangel und Erniedrigung allein.

Kennedy. Wenn ihre zarte Jugend sich verging,
60 Mag sie's mit Gott abtun und ihrem Herzen,
In England ist kein Richter über sie.

Paulet. Sie wird gerichtet, wo sie frevelte.

Kennedy. Zum Freveln fesseln sie zu enge Bande.

    Paulet. Doch wußte sie aus diesen engen Banden
65 Den Arm zu strecken in die Welt, die Fackel
Des Bürgerkrieges in das Reich zu schleudern
Und gegen unsre Königin, die Gott
Erhalte, Meuchelrotten zu bewaffnen.
Erregte sie aus diesen Mauern nicht
70 Den Bösewicht Parry und den Babington
Zu der verfluchten Tat des Königsmords?
Hielt dieses Eisengitter sie zurück,
Das edle Herz des Norfolk zu umstricken?
Für sie geopfert fiel das beste Haupt
75 Auf dieser Insel unterm Henkerbeil —
Und schreckte dieses jammervolle Beispiel
Die Rasenden zurück, die sich wetteifernd
Um ihrentwillen in den Abgrund stürzen?
Die Blutgerüste füllen sich für sie
80 Mit immer neuen Todesopfern an,
Und das wird nimmer enden, bis sie selbst,
Die Schuldigste, darauf geopfert ist.
— O Fluch dem Tag, da dieses Landes Küste
Gastfreundlich diese **Helena** empfing.

85   **Kennedy.** Gastfreundlich hätte England sie empfangen?
Die Unglückselige, die seit dem Tag,
Da sie den Fuß gesetzt in dieses Land,
Als eine Hilfeflehende, Vertriebne,
Bei der Verwandten Schutz zu suchen kam,
90 Sich wider Völkerrecht und Königswürde
Gefangen sieht, in enger Kerkerhaft
Der Jugend schöne Jahre muß vertrauern —
Die jetzt, nachdem sie alles hat erfahren,
Was das Gefängnis Bittres hat, gemeinen
95 Verbrechern gleich, vor des Gerichtes Schranken
Gefodert wird und schimpflich angeklagt
Auf Leib und Leben — eine Königin!

    Paulet. Sie kam ins Land als eine Mörderin,
Verjagt von ihrem Volk, des Throns entsetzt,
100 Den sie mit ihrer Greueltat geschändet.
Verschworen kam sie gegen Englands Glück,
Der spanischen Maria blut'ge Zeiten
Zurück zu bringen, Engelland katholisch
Zu machen, an den Franzmann zu verraten.
105 Warum verschmähte sie's, den Edinburger
Vertrag zu unterschreiben, ihren Anspruch

An England aufzugeben und den Weg
Aus diesem Kerker schnell sich aufzutun
Mit einem Federstrich? Sie wollte lieber
110 Gefangen bleiben, sich mißhandelt sehn,
Als dieses Titels leerem Prunk entsagen.
Weswegen tat sie das? Weil sie den Ränken
Vertraut, den bösen Künsten der Verschwörung,
Und unheilspinnend diese ganze Insel
115 Aus ihrem Kerker zu erobern hofft.

     Kennedy. Ihr spottet, Sir. — Zur Härte fügt Ihr noch
Den bittern Hohn! Sie hegte solche Träume,
Die hier lebendig eingemauert lebt,
Zu der kein Schall des Trostes, keine Stimme
120 Der Freundschaft aus der lieben Heimat dringt,
Die längst kein Menschenangesicht mehr schaute,
Als ihrer Kerkermeister finstre Stirn,
Die erst seit kurzem einen neuen Wächter
Erhielt in Eurem rauhen Anverwandten,
125 Von neuen Stäben sich umgittert sieht —

     Paulet. Kein Eisengitter schützt vor ihrer List.
Weiß ich, ob diese Stäbe nicht durchfeilt,
Nicht dieses Zimmers Boden, diese Wände,
Von außen fest, nicht hohl von innen sind,
130 Und den Verrat einlassen, wenn ich schlafe?
Fluchvolles Amt, das mir geworden ist,
Die unheilbrütend Listige zu hüten.
Vom Schlummer jagt die Furcht mich auf; ich gehe
Nachts um, wie ein gequälter Geist, erprobe
135 Des Schlosses Riegel und der Wächter Treu'
Und sehe zitternd jeden Morgen kommen,
Der meine Furcht wahr machen kann. Doch wohl mir!
Wohl! Es ist Hoffnung, daß es bald nun endet.
Denn lieber möcht' ich der Verdammten Schar,
140 Wachstehend an der Höllenpforte, hüten
Als diese ränkevolle Königin.

     Kennedy. Da kommt sie selbst!

     Paulet.   Den Christus in der Hand,
Die Hoffart und die Weltlust in dem Herzen.

Zweiter Auftritt.

Maria im Schleier, ein Kruzifix in der Hand. Die Vorigen.

     Kennedy (ihr entgegeneilend).

O Königin! Man tritt uns ganz mit Füßen,

145 Der Tyrannei, der Härte wird kein Ziel,
Und jeder neue Tag häuft neue Leiden
Und Schmach auf dein gekröntes Haupt.

      Maria.   Faß' dich!
Sag' an, was neu geschehen ist?

      Kennedy.   Sieh her!
Dein Pult ist aufgebrochen, deine Schriften,
150 Dein einz'ger Schatz, den wir mit Müh' gerettet,
Der letzte Rest von deinem Brautgeschmeide
Aus Frankreich ist in seiner Hand. Du hast nun
Nichts Königliches mehr, bist ganz beraubt.

      Maria. Beruhige dich, Hanna! Diese Flitter machen
155 Die Königin nicht aus. Man kann uns niedrig
Behandeln, nicht erniedrigen. Ich habe
In England mich an viel gewöhnen lernen,
Ich kann auch das verschmerzen. Sir, Ihr habt Euch
Gewaltsam zugeeignet, was ich Euch
160 Noch heut zu übergeben willens war.
Bei diesen Schriften findet sich ein Brief,
Bestimmt für meine königliche Schwester
Von England. — Gebt mir Euer Wort, daß Ihr
Ihn redlich an sie selbst wollt übergeben
165 Und nicht in Burleighs ungetreue Hand.

      Paulet. Ich werde mich bedenken, was zu tun ist.

      Maria. Ihr sollt den Inhalt wissen, Sir. Ich bitte
In diesem Brief um eine große Gunst —
— Um eine Unterredung mit ihr selbst,
170 Die ich mit Augen nie gesehn. — Man hat mich
Vor ein Gericht von Männern vorgefodert,
Die ich als meinesgleichen nicht erkennen,
Zu denen ich kein Herz mir fassen kann.
Elisabeth ist meines Stammes, meines
175 Geschlechts und Ranges — Ihr allein, der Schwester,
Der Königin, der Frau kann ich mich öffnen.

      Paulet. Sehr oft, Mylady, habt Ihr Euer Schicksal
Und Eure Ehre Männern anvertraut,
Die Eurer Achtung minder würdig waren.

180   **Maria.** Ich bitte noch um eine zweite Gunst,
Unmenschlichkeit allein kann mir sie weigern.
Schon lange Zeit entbehr' ich im Gefängnis
Der Kirche Trost, der Sakramente Wohltat;
Und die mir Kron' und Freiheit hat geraubt,

185 Die meinem Leben selber droht, wird mir
Die Himmelstüre nicht verschließen wollen.

   Paulet. Auf Euren Wunsch wird der Dechant des Orts —
   Maria (unterbricht ihn lebhaft).

Ich will nichts vom Dechanten. Einen Priester
Von meiner eignen Kirche fodre ich,
190 — Auch Schreiber und Notarien verlang' ich,
Um meinen letzten Willen aufzusetzen,
Der Gram, das lange Kerkerelend nagt
An meinem Leben. Meine Tage sind
Gezählt, befürcht' ich, und ich achte mich
195 Gleich einer Sterbenden.

   Paulet.   Da tut Ihr wohl;
Das sind Betrachtungen, die Euch geziemen.

   Maria. Und weiß ich, ob nicht eine schnelle Hand
Des Kummers langsames Geschäft beschleunigt?
Ich will mein Testament aufsetzen, will
200 Verfügung treffen über das, was mein ist.

   Paulet. Die Freiheit habt Ihr. Englands Königin
Will sich mit Eurem Raube nicht bereichern.

   Maria. Man hat von meinen treuen Kammerfrauen,
Von meinen Dienern mich getrennt — Wo sind sie?
205 Was ist ihr Schicksal? Ihrer Dienste kann ich
Entraten; doch beruhigt will ich sein,
Daß die Getreun nicht leiden und entbehren.

   Paulet. Für Eure Diener ist gesorgt. (Er will gehen.)

   Maria. Ihr geht, Sir? Ihr verlaßt mich abermals
210 Und ohne mein geängstigt fürchtend Herz
Der Qual der Ungewißheit zu entladen?
Ich bin, dank Eurer Späher Wachsamkeit,
Von aller Welt geschieden, keine Kunde
Gelangt zu mir durch diese Kerkermauern,
215 Mein Schicksal liegt in meiner Feinde Hand.
Ein peinlich langer Monat ist vorüber,
Seitdem die vierzig Kommissarien
In diesem Schloß mich überfallen, Schranken
Errichtet, schnell, mit unanständiger Eile,
220 Mich unbereitet, ohne Anwalts Hilfe,
Vor ein noch nie erhört Gericht gestellt,
Auf schlaugefaßte schwere Klagepunkte
Mich, die Betäubte, überraschte, flugs
Aus dem Gedächtnis Rede stehen lassen —
225 Wie Geister kamen sie und schwanden wieder.

Seit diesem Tage schweigt mir jeder Mund;
Ich such' umsonst in Eurem Blick zu lesen,
Ob meine Unschuld, meiner Freunde Eifer,
Ob meiner Feinde böser Rat gesiegt.
230 Brecht endlich Euer Schweigen — Laßt mich wissen,
Was ich zu fürchten, was zu hoffen habe.
      Paulet (nach einer Pause).
Schließt Eure Rechnung mit dem Himmel ab!
      Maria. Ich hoff' auf seine Gnade, Sir — und hoffe
Auf strenges Recht von meinen ird'schen Richtern.
235   **Paulet.** Recht soll Euch werden. Zweifelt nicht daran!
      Maria. Ist mein Prozeß entschieden, Sir?
      Paulet.   Ich weiß nicht.
      Maria. Bin ich verurteilt?
      Paulet.   Ich weiß nichts, Mylady.
      Maria. Man liebt hier, rasch zu Werk zu gehn. Soll mich
Der Mörder überfallen, wie die Richter?
240   **Paulet.** Denkt immerhin, es sei so, und er wird Euch
In beßrer Fassung dann als diese finden.
      Maria. Nichts soll mich in Erstaunen setzen, Sir,
Was ein Gerichtshof in Westminsterhall,
Den Burleighs Haß und Hattons Eifer lenkt,
245 Zu urteln sich erdreiste — Weiß ich doch,
Was Englands Königin wagen darf zu tun.
      Paulet. Englands Beherrscher brauchen nichts zu scheuen
Als ihr Gewissen und ihr Parlament.
Was die Gerechtigkeit gesprochen, furchtlos
250 Vor aller Welt wird es die Macht vollziehn.

Dritter Auftritt.

Die Vorigen. Mortimer, Paulets Neffe, tritt herein und ohne der Königin
einige Aufmerksamkeit zu bezeugen, zu Paulet.

      Mortimer. Man sucht Euch, Oheim.
(Er entfernt sich auf eben die Weise. Die Königin bemerkt es mit Unwillen und
wendet sich zu Paulet, der ihm folgen will.)

      Maria.   Sir, noch eine Bitte.
Wenn Ihr mir was zu sagen habt — von Euch
Ertrag' ich viel, ich ehre Euer Alter.
Den Übermut des Jünglings trag' ich nicht;
255 Spart mir den Anblick seiner rohen Sitten!
      Paulet. Was ihn Euch widrig macht, macht mir ihn wert.
Wohl ist es keiner von den weichen Toren,

Die eine falsche Weiberträne schmelzt —
  Er ist gereist, kommt aus Paris und Reims
260 Und bringt sein treu altenglisch Herz zurück;
  Lady, an dem ist Eure Kunst verloren! (Geht ab.)

Vierter Auftritt.
Maria. Kennedy.

Kennedy. Darf Euch der Rohe das ins Antlitz sagen!
O, es ist hart!
    Maria (in Nachdenken verloren).
  Wir haben in den Tagen unsers Glanzes
265 Dem Schmeichler ein zu willig Ohr geliehn,
  Gerecht ist's, gute Kennedy, daß wir
  Des Vorwurfs ernste Stimme nun vernehmen.
    Kennedy. Wie? so gebeugt, so mutlos, teure Lady?
  Wart Ihr doch sonst so froh, Ihr pflegtet mich zu trösten,
270 Und eher mußt' ich Euren Flattersinn,
  Als Eure Schwermut schelten.
    Maria.   Ich erkenn' ihn —
  Es ist der blut'ge Schatten König Darnleys,
  Der zürnend aus dem Gruftgewölbe steigt,
  Und er wird nimmer Friede mit mir machen,
275 Bis meines Unglücks Maß erfüllet ist.
    Kennedy. Was für Gedanken —
    Maria.   Du vergissest, Hanna —
  Ich aber habe ein getreu Gedächtnis —
  Der Jahrstag dieser unglückseligen Tat
  Ist heute abermals zurückgekehrt.
280 Er ist's, den ich mit Buß' und Fasten feire.
    Kennedy. Schickt endlich diesen bösen Geist zur Ruh'.
  Ihr habt die Tat mit jahrelanger Reu',
  Mit schweren Leidensproben abgebüßt.
  Die Kirche, die den Löseschlüssel hat
285 Für jede Schuld, der Himmel hat vergeben.
    Maria. Frischblutend steigt die längst vergebne Schuld
  Aus ihrem leichtbedeckten Grab empor!
  Des Gatten rachefoderndes Gespenst
  Schickt keines Messedieners Glocke, kein
290 Hochwürdiges in Priesters Hand zur Gruft.
    Kennedy. Nicht Ihr habt ihn gemordet! Andre taten's!
    Maria. Ich wußte drum. Ich ließ die Tat geschehn
  Und lockt' ihn schmeichelnd in das Todesnetz.

Kennedy. Die Jugend mildert Eure Schuld. Ihr wart
295 So zarten Alters noch.
Maria.   So zart — und lud
Die schwere Schuld auf mein so junges Leben.
Kennedy. Ihr wart durch blutige Beleidigung
Gereizt und durch des Mannes Übermut,
Den Eure Liebe aus der Dunkelheit
300 Wie eine Götterhand hervorgezogen,
Den Ihr durch Euer Brautgemach zum Throne
Geführt, mit Eurer blühenden Person
Beglückt und Eurer angestammten Krone.
Konnt’ er vergessen, daß sein prangend Los
305 Der Liebe großmutsvolle Schöpfung war?
Und doch vergaß er’s, der Unwürdige!
Beleidigte mit niedrigem Verdacht,
Mit rohen Sitten Eure Zärtlichkeit,
Und widerwärtig wurd’ er Euren Augen.
310 Der Zauber schwand, der Euren Blick getäuscht;
Ihr floht erzürnt des Schändlichen Umarmung
Und gabt ihn der Verachtung preis. — Und er —
Versucht’ er’s, Eure Gunst zurückzurufen?
Bat er um Gnade? Warf er sich bereuend
315 Zu Euren Füßen, Besserung versprechend?
Trotz bot Euch der Abscheuliche — Der Euer
Geschöpf war, Euren König wollt’ er spielen,
Vor Euren Augen ließ er Euch den Liebling,
Den schönen Sänger Rizzio, durchbohren —
320 Ihr rächtet blutig nur die blut’ge Tat.
Maria. Und blutig wird sie auch an mir sich rächen;
Du sprichst mein Urteil aus, da du mich tröstest.
Kennedy. Da Ihr die Tat geschehn ließt, wart Ihr nicht
Ihr selbst, gehörtet Euch nicht selbst. Ergriffen
325 Hatt’ Euch der Wahnsinn blinder Liebesglut,
Euch unterjocht dem furchtbaren Verführer,
Dem unglückfel’gen Bothwell. — Über Euch
Mit übermüt’gem Männerwillen herrschte
Der Schreckliche, der Euch durch Zaubertränke,
330 Durch Höllenkünste das Gemüt verwirrend
Erhitzte —
Maria. Seine Künste waren keine andre,
Als seine Männerkraft und meine Schwachheit.
Kennedy. Nein, sag’ ich. Alle Geister der Verdammnis
Mußt’ er zu Hilfe rufen, der dies Band

335 Um Eure hellen Sinne wob. Ihr hattet
Kein Ohr mehr für der Freundin Warnungsstimme,
Kein Aug' für das, was wohlanständig war.
Verlassen hatte Euch die zarte Scheu
Der Menschen; Eure Wangen, sonst der Sitz
340 Schamhaft errötender Bescheidenheit,
Sie glühten nur vom Feuer des Verlangens.
Ihr warft den Schleier des Geheimnisses
Von Euch; des Mannes keckes Laster hatte
Auch Eure Blödigkeit besiegt; Ihr stelltet
345 Mit dreister Stirne Eure Schmach zur Schau.
Ihr ließt das königliche Schwert von Schottland
Durch ihn, den Mörder, dem des Volkes Flüche
Nachschallten, durch die Gassen Edinburgs
Vor Euch hertragen im Triumph, umringtet
350 Mit Waffen Euer Parlament, und hier,
Im eignen Tempel der Gerechtigkeit,
Zwangt Ihr mit frechem Possenspiel die Richter,
Den Schuldigen des Mordes loszusprechen —
Ihr gingt noch weiter — Gott!

     Maria.   **Vollende nur:**
355 Und reicht' ihm meine Hand vor dem Altare!

     Kennedy. O, laßt ein ewig Schweigen diese Tat
Bedecken! Sie ist schauderhaft, empörend,
Ist einer ganz Verlornen wert. — Doch Ihr seid keine
Verlorene — ich kenn' Euch ja, ich bin's,
360 Die Eure Kindheit auferzogen. Weich
Ist Euer Herz gebildet, offen ist's
Der Scham — der Leichtsinn nur ist Euer Laster.
Ich wiederhol' es: es gibt böse Geister,
Die in des Menschen unverwahrter Brust
365 Sich augenblicklich ihren Wohnplatz nehmen,
Die schnell in uns das Schreckliche begehn
Und, zu der Höll' entfliehend, das Entsetzen
In dem befleckten Busen hinterlassen.
Seit dieser Tat, die Euer Leben schwärzt,
370 Habt Ihr nichts Lasterhaftes mehr begangen,
Ich bin ein Zeuge Eurer Besserung.
Drum fasset Mut! Macht Friede mit Euch selbst!
Was Ihr auch zu bereuen habt, in England
Seid Ihr nicht schuldig; nicht Elisabeth,
375 Nicht Englands Parlament ist Euer Richter.
Macht ist's, die Euch hier unterdrückt; vor diesen

Anmaßlichen Gerichtshof dürft Ihr Euch
Hinstellen mit dem ganzen Mut der Unschuld.
  Maria. Wer kommt? (Mortimer zeigt sich an der Türe.)
  Kennedy.   Es ist der Neffe. Geht hinein!

Fünfter Auftritt.

Die Vorigen. Mortimer scheu hereintretend.

  Mortimer (zur Amme).
380 Entfernt Euch, haltet Wache vor der Tür,
Ich habe mit der Königin zu reden.
  Maria (mit Ansehn). Hanna, du bleibst.
  Mortimer. Habt keine Furcht, Mylady. Lernt mich kennen!
     (Er überreicht ihr eine Karte.)
  Maria (sieht sie an und fährt bestürzt zurück). Ha! Was ist das?
  Mortimer (zur Amme).   Geht, Dame Kennedy!
385 Sorgt, daß mein Oheim uns nicht überfalle!
  Maria (zur Amme, welche zaudert und die Königin fragend ansieht).
Geh, geh! Tu, was er sagt!
    (Die Amme entfernt sich mit Zeichen der Verwunderung.)

Sechster Auftritt.

Mortimer. Maria.

  Maria.   Von meinem Oheim!
Dem Kardinal von Lothringen, aus Frankreich!
(Liest). „Traut dem Sir Mortimer, der Euch dies bringt,
„Denn keinen treuern Freund habt Ihr in England."
    (Mortimern mit Erstaunen ansehend.)
390 Ist's möglich? Ist's kein Blendwerk, das mich täuscht?
So nahe sind' ich einen Freund und wähnte mich
Verlassen schon von aller Welt — sind' ihn
In Euch, dem Neffen meines Kerkermeisters,
In dem ich meinen schlimmsten Feind —
  Mortimer (sich ihr zu Füßen werfend). Verzeihung
395 Für diese verhaßte Larve, Königin,
Die mir zu tragen Kampf genug gekostet,
Doch der ich's danke, daß ich mich Euch nahen,
Euch Hilfe und Errettung bringen kann.
  Maria. Steht auf. — Ihr überrascht mich, Sir — Ich kann
400 So schnell nicht aus der Tiefe meines Elends
Zur Hoffnung übergehen. — Redet, Sir —
Macht mir dies Glück begreiflich, daß ich's glaube.

Mortimer (steht auf).

Die Zeit verrinnt. Bald wird mein Oheim hier sein,
Und ein verhaßter Mensch begleitet ihn.
405 Eh' Euch ihr Schreckensauftrag überrascht,
Hört an, wie Euch der Himmel Rettung schickt.

Maria. Er schickt sie durch ein Wunder seiner Allmacht!

Mortimer. Erlaubt, daß ich von mir beginne.

Maria.　　　　　　　　　　　　　　　　Redet, Sir!

Mortimer. Ich zählte zwanzig Jahre, Königin,
410 In strengen Pflichten war ich aufgewachsen,
In finsterm Haß des Papsttums aufgesäugt,
Als mich die unbezwingliche Begierde
Hinaustrieb auf das feste Land. Ich ließ
Der Puritaner dumpfe Predigtstuben,
415 Die Heimat hinter mir; in schnellem Lauf
Durchzog ich Frankreich, das gepriesene
Italien mit heißem Wunsche suchend.
　　Es war die Zeit des großen Kirchenfests,
Von Pilgerscharen wimmelten die Wege,
420 Bekränzt war jedes Gottesbild, es war,
Als ob die Menschheit auf der Wandrung wäre,
Wallfahrend nach dem Himmelreich. — Mich selbst
Ergriff der Strom der glaubenvollen Menge
Und riß mich in das Weichbild Roms —
425 　　Wie ward mir, Königin,
Als mir der Säulen Pracht und Siegesbogen
Entgegenstieg, des Kolosseums Herrlichkeit
Den Staunenden umfing, ein hoher Bildnergeist
In seine heitre Wunderwelt mich schloß!
430 Ich hatte nie der Künste Macht gefühlt;
Es haßt die Kirche, die mich auferzog,
Der Sinne Reiz, kein Abbild duldet sie,
Allein das körperlose Wort verehrend.
Wie wurde mir, als ich ins Innre nun
435 Der Kirchen trat, und die Musik der Himmel
Herunterstieg, und der Gestalten Fülle
Verschwenderisch aus Wand und Decke quoll,
Das Herrlichste und Höchste, gegenwärtig,
Vor den entzückten Sinnen sich bewegte,
440 Als ich sie selbst nun sah, die Göttlichen,
Den Gruß des Engels, die Geburt des Herrn,
Die heil'ge Mutter, die herabgestiegne
Dreifaltigkeit, die leuchtende Verklärung —

Als ich den Papst drauf sah in seiner Pracht
445 Das Hochamt halten und die Völker segnen.
O, was ist Goldes, was Juwelen Schein,
Womit der Erde Könige sich schmücken!
Nur er ist mit dem Göttlichen umgeben.
Ein wahrhaft Reich, der Himmel ist sein Haus,
450 Denn nicht von dieser Welt sind diese Formen.

Maria. O, schonet mein! Nicht weiter! Höret auf,
Den frischen Lebensteppich vor mir aus=
zubreiten. — Ich bin elend und gefangen.

Mortimer. Auch ich war's, Königin! und mein Gefängnis
455 Sprang auf, und frei auf einmal fühlte sich
Der Geist, des Lebens schönen Tag begrüßend.
Haß schwur ich nun dem engen dumpfen Buch,
Mit frischem Kranz die Schläfe mir zu schmücken,
Mich fröhlich an die Fröhlichen zu schließen.
460 Viel' edle Schotten drängten sich an mich
Und der Franzosen muntre Landsmannschaften.
Sie brachten mich zu Eurem edeln Oheim,
Dem Kardinal von Guise. — Welch ein Mann!
Wie sicher, klar und männlich groß! — Wie ganz
465 Geboren, um die Geister zu regieren!
Das Muster eines königlichen Priesters,
Ein Fürst der Kirche, wie ich keinen sah!

Maria. Ihr habt sein teures Angesicht gesehn,
Des vielgeliebten, des erhabnen Mannes,
470 Der meiner zarten Jugend Führer war.
O, redet mir von ihm! Denkt er noch mein?
Liebt ihn das Glück, blüht ihm das Leben noch,
Steht er noch herrlich da, ein Fels der Kirche?

Mortimer. Der Treffliche ließ selber sich herab,
475 Die hohen Glaubenslehren mir zu deuten
Und meines Herzens Zweifel zu zerstreun.
Er zeigte mir, daß grübelnde Vernunft
Den Menschen ewig in der Irre leitet,
Daß seine Augen sehen müssen, was
480 Das Herz soll glauben, daß ein sichtbar Haupt
Der Kirche not tut, daß der Geist der Wahrheit
Geruht hat auf den Sitzungen der Väter.
Die Wahnbegriffe meiner kind'schen Seele,
Wie schwanden sie vor seinem siegenden
485 Verstand und vor der Suada seines Mundes!

Ich kehrte in der Kirche Schoß zurück,
Schwur meinen Irrtum ab in seine Hände.

    Maria. So seid Ihr einer jener Tausende,
Die er mit seiner Rede Himmelskraft,
490 Wie der erhabne Prediger des Berges,
Ergriffen und zum ew'gen Heil geführt!

    Mortimer. Als ihn des Amtes Pflichten bald darauf
Nach Frankreich riefen, sandt' er mich nach Reims,
Wo die Gesellschaft Jesu, fromm geschäftig,
495 Für Englands Kirche Priester auferzieht.
Den edeln Schotten Morgan fand ich hier,
Auch Euren treuen Leßley, den gelehrten
Bischof von Roße, die auf Frankreichs Boden
Freudlose Tage der Verbannung leben.
500 Eng schloß ich mich an diese Würdigen
Und stärkte mich im Glauben. — Eines Tags,
Als ich mich umsah in des Bischofs Wohnung,
Fiel mir ein weiblich Bildnis in die Augen,
Von rührend wundersamem Reiz; gewaltig
505 Ergriff es mich in meiner tiefsten Seele,
Und des Gefühls nicht mächtig stand ich da.
Da sagte mir der Bischof: Wohl mit Recht
Mögt Ihr gerührt bei diesem Bilde weilen.
Die schönste aller Frauen, welche leben,
510 Ist auch die jammernswürdigste von allen;
Um unsers Glaubens willen duldet sie,
Und Euer Vaterland ist's, wo sie leidet.

    Maria. Der Redliche! Nein, ich verlor nicht alles,
Da solcher Freund im Unglück mir geblieben.

515   **Mortimer.** Drauf fing er an, mit herzerschütternder
Beredsamkeit mir Euer Märtyrtum
Und Eurer Feinde Blutgier abzuschildern.
Auch Euern Stammbaum wies er mir, er zeigte
Mir Eure Abkunft von dem hohen Hause
520 Der Tudor, überzeugte mich, daß Euch
Allein gebührt, in Engelland zu herrschen,
Nicht dieser Afterkönigin, gezeugt
In ehebrecherischem Bett, die Heinrich,
Ihr Vater, selbst verwarf als Bastardtochter.
525 Nicht seinem einz'gen Zeugnis wollt' ich traun,
Ich holte Rat bei allen Rechtsgelehrten,
Viel alte Wappenbücher schlug ich nach,
Und alle Kundige, die ich befragte,

Bestätigten mir Eures Anspruchs Kraft.
530 Ich weiß nunmehr, daß Euer gutes Recht
An England Euer ganzes Unrecht ist,
Daß Euch dies Reich als Eigentum gehört,
Worin Ihr schuldlos als Gesangne schmachtet.
    Maria. O, dieses unglücksvolle Recht! Es ist
535 Die einz'ge Quelle aller meiner Leiden.
    Mortimer. Um diese Zeit kam mir die Kunde zu,
Daß Ihr aus Talbots Schloß hinweggeführt
Und meinem Oheim übergeben worden —
Des Himmels wundervolle Rettungshand
540 Glaubt' ich in dieser Fügung zu erkennen.
Ein lauter Ruf des Schicksals war sie mir,
Das meinen Arm gewählt, Euch zu befreien.
Die Freunde stimmen freudig bei, es gibt
Der Kardinal mir seinen Rat und Segen
545 Und lehrt mich der Verstellung schwere Kunst.
Schnell ward der Plan entworfen, und ich trete
Den Rückweg an ins Vaterland, wo ich,
Ihr wißt's, vor zehen Tagen bin gelandet. (Er hält inne.)
Ich sah Euch, Königin — Euch selbst!
550 Nicht Euer Bild! — O, welchen Schatz bewahrt
Dies Schloß! Kein Kerker! Eine Götterhalle,
Glanzvoller als der königliche Hof
Von England. — O des Glücklichen, dem es
Vergönnt ist, eine Luft mit Euch zu atmen!
555 Wohl hat sie recht, die Euch so tief verbirgt!
Aufstehen würde Englands ganze Jugend,
Kein Schwert in seiner Scheide müßig bleiben,
Und die Empörung mit gigantischem Haupt
Durch diese Friedensinsel schreiten, sähe
560 Der Brite seine Königin!
    Maria.   Wohl ihr,
Säh' jeder Brite sie mit Euren Augen!
    Mortimer. Wär' er, wie ich, ein Zeuge Eurer Leiden,
Der Sanftmut Zeuge und der edeln Fassung,
Womit Ihr das Unwürdige erduldet.
565 Denn geht Ihr nicht aus allen Leidensproben
Als eine Königin hervor? Raubt Euch
Des Kerkers Schmach von Eurem Schönheitsglanze?
Euch mangelt alles, was das Leben schmückt,
Und doch umfließt Euch ewig Licht und Leben.
570 Nie setz' ich meinen Fuß auf diese Schwelle,

Daß nicht mein Herz zerrissen wird von Qualen,
Nicht von der Lust entzückt, Euch anzuschauen! —
Doch furchtbar naht sich die Entscheidung, wachsend
Mit jeder Stunde dringet die Gefahr;
575 Ich darf nicht länger säumen — Euch nicht länger
Das Schreckliche verbergen —
      Maria.   Ist mein Urteil
Gefällt? Entdeckt mir's frei! Ich kann es hören.
      Mortimer. Es ist gefällt. Die zweiundvierzig Richter haben
Ihr Schuldig ausgesprochen über Euch. Das Haus
580 Der Lords und der Gemeinen, die Stadt London
Bestehen heftig dringend auf des Urteils
Vollstreckung; nur die Königin säumt noch,
— Aus arger List, daß man sie nötige,
Nicht aus Gefühl der Menschlichkeit und Schonung.
585   Maria (mit Fassung). Sir Mortimer, Ihr überrascht mich nicht,
Erschreckt mich nicht. Auf solche Botschaft war ich
Schon längst gefaßt. Ich kenne meine Richter.
Nach den Mißhandlungen, die ich erlitten,
Begreif' ich wohl, daß man die Freiheit mir
590 Nicht schenken kann. — Ich weiß, wo man hinaus will,
In ew'gem Kerker will man mich bewahren,
Und meine Rache, meinen Rechtsanspruch
Mit mir verscharren in Gefängnisnacht.
      Mortimer. Nein, Königin — o nein! nein! Dabei steht man
595 Nicht still. Die Thrannei begnügt sich nicht,
Ihr Werk nur halb zu tun. Solang Ihr lebt,
Lebt auch die Furcht der Königin von England.
Euch kann kein Kerker tief genug begraben;
Nur Euer Tod versichert ihren Thron.
600   Maria. Sie könnt' es wagen, mein gekröntes Haupt
Schmachvoll auf einen Henkerblock zu legen?
      Mortimer. Sie wird es wagen. Zweifelt nicht daran!
     Maria. Sie könnte so die eigne Majestät
Und aller Könige im Staube wälzen?
605 Und fürchtet sie die Rache Frankreichs nicht?
      Mortimer. Sie schließt mit Frankreich einen ew'gen Frieden;
Dem Duc von Anjou schenkt sie Thron und Hand.
     Maria. Wird sich der König Spaniens nicht waffnen?
      Mortimer. Nicht eine Welt in Waffen fürchtet sie,
610 Solang sie Frieden hat mit ihrem Volke.
     Maria. Den Briten wollte sie dies Schauspiel geben?
      Mortimer. Dies Land, Mylady, hat in letzten Zeiten

Der königlichen Frauen mehr vom Thron
Herab aufs Blutgerüste steigen sehn.
615 Die eigne Mutter der Elisabeth
Ging diesen Weg, und Katharina Howard;
Auch Lady Gray war ein gekröntes Haupt.

      Maria (nach einer Pause).
Nein, Mortimer! Euch blendet eitle Furcht.
Es ist die Sorge Eures treuen Herzens,
620 Die Euch vergebne Schrecknisse erschafft.
Nicht das Schafott ist's, das ich fürchte, Sir.
Es gibt noch andre Mittel, stillere,
Wodurch sich die Beherrscherin von England
Vor meinem Anspruch Ruhe schaffen kann.
625 Eh' sich ein Henker für mich findet, wird
Noch eher sich ein Mörder dingen lassen.
— Das ist's, wovor ich zittre, Sir! und nie
Setz' ich des Bechers Rand an meine Lippen,
Daß nicht ein Schauder mich ergreift, er könnte
630 Kredenzt sein von der Liebe meiner Schwester.

      Mortimer. Nicht offenbar noch heimlich soll's dem Mord
Gelingen, Euer Leben anzutasten.
Seid ohne Furcht! Bereitet ist schon alles.
Zwölf edle Jünglinge des Landes sind
635 In meinem Bündnis, haben heute früh
Das Sakrament darauf empfangen, Euch
Mit starkem Arm aus diesem Schloß zu führen.
Graf Aubespine, der Abgesandte Frankreichs,
Weiß um den Bund, er bietet selbst die Hände,
640 Und sein Palast ist's, wo wir uns versammeln.

      Maria. Ihr macht mich zittern, Sir — doch nicht für Freude.
Mir fliegt ein böses Ahnen durch das Herz.
Was unternehmt Ihr? Wißt Ihr's? Schrecken Euch
Nicht Babingtons, nicht Tichburns blut'ge Häupter,
645 Auf Londons Brücke warnend aufgesteckt,
Nicht das Verderben der Unzähligen,
Die ihren Tod in gleichem Wagstück fanden
Und meine Ketten schwerer nur gemacht?
Unglücklicher, verführter Jüngling — flieht!
650 Flieht, wenn's noch Zeit ist — wenn der Späher Burleigh
Nicht jetzt schon Kundschaft hat von Euch, nicht schon
In Eure Mitte den Verräter mischte.
Flieht aus dem Reiche schnell! Marien Stuart
Hat noch kein Glücklicher beschützt.

Mortimer.   Mich schrecken
655 Nicht Babingtons, nicht Tichburns blut'ge Häupter,
Auf Londons Brücke warnend aufgesteckt,
Nicht das Verderben der unzähl'gen andern,
Die ihren Tod in gleichem Wagstück fanden;
Sie fanden auch darin den ew'gen Ruhm,
660 Und Glück schon ist's, für Eure Rettung sterben.
Maria. Umsonst! Mich rettet nicht Gewalt, nicht List.
Der Feind ist wachsam, und die Macht ist sein.
Nicht Paulet nur und seiner Wächter Schar,
Ganz England hütet meines Kerkers Tore.
665 Der freie Wille der Elisabeth allein
Kann sie mir auftun.
Mortimer.   O das hoffet nie!
Maria. Ein einz'ger Mann lebt, der sie öffnen kann.
Mortimer. O nennt mir diesen Mann —
Maria.   Graf Lester.
Mortimer (tritt erstaunt zurück).   Lester!
Graf Lester! — Euer blutigster Verfolger,
670 Der Günstling der Elisabeth — Von diesem —
Maria. Bin ich zu retten, ist's allein durch ihn.
— Geht zu ihm! Öffnet Euch ihm frei,
Und zur Gewähr, daß ich's bin, die Euch sendet,
Bringt ihm dies Schreiben! Es enthält mein Bildnis.
(Sie zieht ein Papier aus dem Busen, Mortimer tritt zurück und zögert, es anzunehmen.)
675 Nehmt hin! Ich trag' es lange schon bei mir,
Weil Eures Oheims strenge Wachsamkeit
Mir jeden Weg zu ihm gehemmt — Euch sandte
Mein guter Engel —
Mortimer.   Königin — dies Rätsel —
Erklärt es mir —
Maria.   Graf Lester wird's Euch lösen.
680 Vertraut ihm, er wird Euch vertraun. — Wer kommt?
Kennedy (eilfertig eintretend).
Sir Paulet naht mit einem Herrn vom Hofe.
Mortimer. Es ist Lord Burleigh. Faßt Euch, Königin!
Hört es mit Gleichmut an, was er Euch bringt.
(Er entfernt sich durch eine Seitentür, Kennedy folgt ihm.)

———

Siebenter Auftritt.
Maria. Lord Burleigh, Großschatzmeister von England, und
Ritter Paulet.

Paulet. Ihr wünschtet heut Gewißheit Eures Schicksals,

685 Gewißheit bringt Euch Seine Herrlichkeit,
Mylord von Burleigh. Tragt sie mit Ergebung!
    Maria. Mit Würde, hoff' ich, die der Unschuld ziemt.
    Burleigh. Ich komme als Gesandter des Gerichts.
    Maria. Lord Burleigh leiht dienstfertig dem Gerichte,
690 Dem er den Geist geliehn, nun auch den Mund.
      Paulet. Ihr sprecht, als wüßtet Ihr bereits das Urteil.
    Maria. Da es Lord Burleigh bringt, so weiß ich es.
— Zur Sache, Sir!
      Burleigh.   Ihr habt Euch dem Gericht
Der Zweiundvierzig unterworfen, Lady —
695   Maria. Verzeiht, Mylord, daß ich Euch gleich zu Anfang
Ins Wort muß fallen. — Unterworfen hätt' ich mich
Dem Richterspruch der Zweiundvierzig, sagt Ihr?
Ich habe keineswegs mich unterworfen.
Nie konnt' ich das — ich konnte meinem Rang,
700 Der Würde meines Volks und meines Sohnes
Und aller Fürsten nicht so viel vergeben.
Verordnet ist im englischen Gesetz,
Daß jeder Angeklagte durch Geschworne
Von seinesgleichen soll gerichtet werden.
705 Wer in der Committee ist meinesgleichen?
Nur Könige sind meine Peers.
      Burleigh.   Ihr hörtet
Die Klagartikel an, ließt Euch darüber
Vernehmen vor Gerichte —
      Maria.   Ja, ich habe mich
Durch Hattons arge List verleiten lassen,
710 Bloß meiner Ehre wegen, und im Glauben
An meiner Gründe siegende Gewalt,
Ein Ohr zu leihen jenen Klagepunkten
Und ihren Ungrund darzutun. — Das tat ich
Aus Achtung für die würdigen Personen
715 Der Lords, nicht für ihr Amt, das ich verwerfe.
      Burleigh. Ob Ihr sie anerkennt, ob nicht, Mylady,
Das ist nur eine leere Förmlichkeit,
Die des Gerichtes Lauf nicht hemmen kann.
Ihr atmet Englands Luft, genießt den Schutz,
720 Die Wohltat des Gesetzes, und so seid Ihr
Auch seiner Herrschaft untertan!
      Maria.   Ich atme
Die Luft in einem englischen Gefängnis.
Heißt das in England leben, der Gesetze

Wohltat genießen? Kenn' ich sie doch kaum.
725 Nie hab' ich eingewilligt, sie zu halten.
Ich bin nicht dieses Reiches Bürgerin,
Bin eine freie Königin des Auslands.
     Burleigh. Und denkt Ihr, daß der königliche Name
Zum Freibrief dienen könne, blut'ge Zwietracht
730 In fremdem Lande straflos auszusäen?
Wie stünd' es um die Sicherheit der Staaten,
Wenn das gerechte Schwert der Themis nicht
Die schuld'ge Stirn des königlichen Gastes
Erreichen könnte, wie des Bettlers Haupt?
735   Maria. Ich will mich nicht der Rechenschaft entziehn;
Die Richter sind es nur, die ich verwerfe.
     Burleigh. Die Richter! Wie, Mylady? Sind es etwa
Vom Pöbel aufgegriffene Verworfne,
Schamlose Zungendrescher, denen Recht
740 Und Wahrheit feil ist, die sich zum Organ
Der Unterdrückung willig dingen lassen?
Sind's nicht die ersten Männer dieses Landes,
Selbständig g'nug, um wahrhaft sein zu dürfen,
Um über Fürstenfurcht und niedrige
745 Bestechung weit erhaben sich zu sehn?
Sind's nicht dieselben, die ein edles Volk
Frei und gerecht regieren, deren Namen
Man nur zu nennen braucht, um jeden Zweifel,
Um jeden Argwohn schleunig stumm zu machen?
750 An ihrer Spitze steht der Völkerhirte,
Der fromme Primas von Canterbury,
Der weise Talbot, der des Siegels wahret,
Und Howard, der des Reiches Flotten führt.
Sagt! Konnte die Beherrscherin von England
755 Mehr tun, als aus der ganzen Monarchie
Die Edelsten auslesen und zu Richtern
In diesem königlichen Streit bestellen?
Und wär's zu denken, daß Parteienhaß
Den einzelnen bestäche — können vierzig
760 Erlesne Männer sich in einem Spruche
Der Leidenschaft vereinigen?
     Maria (nach einigem Stillschweigen).
Ich höre staunend die Gewalt des Mundes,
Der mir von je so unheilbringend war —
Wie werd' ich mich, ein ungelehrtes Weib,
765 Mit so kunstfert'gem Redner messen können! —

Wohl! Wären diese Lords, wie Ihr sie schildert,
Verstummen müßt' ich, hoffnungslos verloren
Wär' meine Sache, sprächen sie mich schuldig.
Doch diese Namen, die Ihr preisend nennt,
770 Die mich durch ihr Gewicht zermalmen sollen,
Mylord, ganz andere Rollen seh' ich sie
In den Geschichten dieses Landes spielen.
Ich sehe diesen hohen Adel Englands,
Des Reiches majestätischen Senat,
775 Gleich Sklaven des Serails den Sultanslaunen
Heinrichs des Achten, meines Großohms, schmeicheln.
Ich sehe dieses edle Oberhaus,
Gleich feil mit den erkäuflichen Gemeinen,
Gesetze prägen und verrufen, Ehen
780 Auflösen, binden, wie der Mächtige
Gebietet, Englands Fürstentöchter heute
Enterben, mit dem Bastardnamen schänden
Und morgen sie zu Königinnen krönen.
Ich sehe diese würd'gen Peers mit schnell
785 Vertauschter Überzeugung unter vier
Regierungen den Glauben viermal ändern —
    Burleigh. Ihr nennt Euch fremd in Englands Reichsgesetzen;
In Englands Unglück seid Ihr sehr bewandert.
    Maria. Und das sind meine Richter! — Lord Schatzmeister!
790 Ich will gerecht sein gegen Euch! Seid Ihr's
Auch gegen mich! Man sagt, Ihr meint es gut
Mit diesem Staat, mit Eurer Königin,
Seid unbestechlich, wachsam, unermüdet —
Ich will es glauben. Nicht der eigne Nutzen
795 Regiert Euch, Euch regiert allein der Vorteil
Des Souveräns, des Landes. Eben darum
Mißtraut Euch, edler Lord, daß nicht der Nutzen
Des Staats Euch als Gerechtigkeit erscheine.
Nicht zweifl' ich dran, es sitzen neben Euch
800 Noch edle Männer unter meinen Richtern.
Doch sie sind Protestanten, Eiferer
Für Englands Wohl, und sprechen über mich,
Die Königin von Schottland, die Papistin!
Es kann der Brite gegen den Schotten nicht
805 Gerecht sein, ist ein uralt Wort. — Drum ist
Herkömmlich seit der Väter grauen Zeit,
Daß vor Gericht kein Brite gegen den Schotten,
Kein Schotte gegen jenen zeugen darf.

Die Not gab dieses seltsame Gesetz;
810 Ein tiefer Sinn wohnt in den alten Bräuchen;
Man muß sie ehren, Mylord — die Natur
Warf diese beiden feur'gen Völkerschaften
Auf dieses Brett im Ozean; ungleich
Verteilte sie's und hieß sie darum kämpfen.
815 Der Tweede schmales Bette trennt allein
Die heft'gen Geister; oft vermischte sich
Das Blut der Kämpfenden in ihren Wellen.
Die Hand am Schwerte, schauen sie sich drohend
Von beiden Ufern an, seit tausend Jahren.
820 Kein Feind bedränget Engelland, dem nicht
Der Schotte sich zum Helfer zugesellte;
Kein Bürgerkrieg entzündet Schottlands Städte,
Zu dem der Brite nicht den Zunder trug.
Und nicht erlöschen wird der Haß, bis endlich
825 Ein Parlament sie brüderlich vereint,
Ein Zepter waltet durch die ganze Insel.
    Burleigh. Und eine Stuart sollte dieses Glück
Dem Reich gewähren?
    Maria.   Warum soll ich's leugnen?
Ja, ich gesteh's, daß ich die Hoffnung nährte,
830 Zwei edle Nationen unterm Schatten
Des Ölbaums frei und fröhlich zu vereinen.
Nicht ihres Völkerhasses Opfer glaubt' ich
Zu werden; ihre lange Eifersucht,
Der alten Zwietracht unglückfel'ge Glut
835 Hofft' ich auf ew'ge Tage zu ersticken
Und, wie mein Ahnherr Richmond die zwei Rosen
Zusammenband nach blut'gem Streit, die Kronen
Schottland und England friedlich zu vermählen.
    Burleigh. Auf schlimmem Weg verfolgtet Ihr das Ziel,
840 Da Ihr das Reich entzünden, durch die Flammen
Des Bürgerkriegs zum Throne steigen wolltet.
    Maria. Das wollt' ich nicht — beim großen Gott des
                                  Himmels!
Wann hätt' ich das gewollt? Wo sind die Proben?
    Burleigh. Nicht Streitens wegen kam ich her. Die Sache
845 Ist keinem Wortgefecht mehr unterworfen.
Es ist erkannt durch vierzig Stimmen gegen zwei,
Daß Ihr die Akte vom vergangnen Jahr
Gebrochen, dem Gesetz verfallen seid.
Es ist verordnet im vergangnen Jahr:

850 „Wenn sich Tumult im Königreich erhübe,
Im Namen und zum Nutzen irgend einer
Person, die Rechte vorgibt an die Krone,
Daß man gerichtlich gegen sie verfahre,
Bis in den Tod die Schuldige verfolge" —
855 Und da bewiesen ist —

  Maria.   Mylord von Burleigh!
Ich zweifle nicht, daß ein Gesetz, ausdrücklich
Auf mich gemacht, verfaßt, mich zu verderben,
Sich gegen mich wird brauchen lassen. — Wehe
Dem armen Opfer, wenn derselbe Mund,
860 Der das Gesetz gab, auch das Urteil spricht!
Könnt Ihr es leugnen, Lord, daß jene Akte
Zu meinem Untergang ersonnen ist?

  Burleigh. Zu Eurer Warnung sollte sie gereichen;
Zum Fallstrick habt Ihr selber sie gemacht.
865 Den Abgrund saht Ihr, der vor Euch sich auftat,
Und treu gewarnet stürztet Ihr hinein.
Ihr wart mit Babington, dem Hochverräter,
Und seinen Mordgesellen einverstanden,
Ihr hattet Wissenschaft von allem, lenktet
870 Aus Eurem Kerker planvoll die Verschwörung.

  Maria. Wann hätt' ich das getan? Man zeige mir
Die Dokumente auf.

  Burleigh.   Die hat man Euch
Schon neulich vor Gerichte vorgewiesen.

  Maria. Die Kopien, von fremder Hand geschrieben!
875 Man bringe die Beweise mir herbei,
Daß ich sie selbst diktiert, daß ich sie so
Diktiert, gerade so, wie man gelesen.

  Burleigh. Daß es dieselben sind, die er empfangen,
Hat Babington vor seinem Tod bekannt.

880   Maria. Und warum stellte man ihn mir nicht lebend
Vor Augen? Warum eilte man so sehr,
Ihn aus der Welt zu fördern, eh' man ihn
Mir, Stirne gegen Stirne, vorgeführt?

  Burleigh. Auch Eure Schreiber, Kurl und Nau, erhärten
885 Mit einem Eid, daß es die Briefe seien,
Die sie aus Eurem Munde niederschrieben.

  Maria. Und auf das Zeugnis meiner Hausbedienten
Verdammt man mich? Auf Treu' und Glauben derer,
Die mich verraten, ihre Königin,

890 Die in demselben Augenblick die Treu'
Mir brachen, da sie gegen mich gezeugt?
        Burleigh. Ihr selbst erklärtet sonst den Schotten Kurl
Für einen Mann von Tugend und Gewissen.
        Maria. So kannt' ich ihn — doch eines Mannes Tugend
895 Erprobt allein die Stunde der Gefahr.
Die Folter konnt' ihn ängstigen, daß er
Aussagte und gestand, was er nicht wußte!
Durch falsches Zeugnis glaubt' er sich zu retten
Und mir, der Königin, nicht viel zu schaden.
900   Burleigh. Mit einem freien Eid hat er's beschworen.
        Maria. Vor meinem Angesichte nicht! — Wie, Sir?
Das sind zwei Zeugen, die noch beide leben!
Man stelle sie mir gegenüber, lasse sie
Ihr Zeugnis mir ins Antlitz wiederholen!
905 Warum mir eine Gunst, ein Recht verweigern,
Das man dem Mörder nicht versagt? Ich weiß
Aus Talbots Munde, meines vor'gen Hüters,
Daß unter dieser nämlichen Regierung
Ein Reichsschluß durchgegangen, der befiehlt,
910 Den Kläger dem Beklagten vorzustellen.
Wie? Oder hab' ich falsch gehört? — Sir Paulet!
Ich hab' Euch stets als Biedermann erfunden;
Beweist es jetzo! Sagt mir auf Gewissen,
Ist's nicht so? Gibt's kein solch Gesetz in England?
915   Paulet. So ist's, Mylady. Das ist bei uns Rechtens.
Was wahr ist, muß ich sagen.
        Maria.   Nun, Mylord!
Wenn man mich denn so streng nach englischem Recht
Behandelt, wo dies Recht mich unterdrückt,
Warum dasselbe Landesrecht umgehen,
920 Wenn es mir Wohltat werden kann? — Antwortet!
Warum ward Babington mir nicht vor Augen
Gestellt, wie das Gesetz befiehlt? Warum
Nicht meine Schreiber, die noch beide leben?
        Burleigh. Ereifert Euch nicht, Lady! Euer Einverständnis
925 Mit Babington ist's nicht allein —
        Maria.   Es ist's
Allein, was mich dem Schwerte des Gesetzes
Bloßstellt, wovon ich mich zu rein'gen habe.
Mylord! Bleibt bei der Sache! Beugt nicht aus!
        Burleigh. Es ist bewiesen, daß Ihr mit Mendoza,
930 Dem spanischen Botschafter, unterhandelt —

Maria (lebhaft). Bleibt bei der Sache, Lord!

Burleigh.   Daß Ihr Anschläge

Geschmiedet, die Religion des Landes
Zu stürzen, alle Könige Europens
Zum Krieg mit England aufgeregt —

Maria.   Und wenn ich's

935 Getan? Ich hab' es nicht getan. — Jedoch
Gesetzt, ich tat's! — Mylord, man hält mich hier
Gefangen wider alle Völkerrechte.
Nicht mit dem Schwerte kam ich in dies Land,
Ich kam herein als eine Bittende,
940 Das heil'ge Gastrecht fodernd, in den Arm
Der blutsverwandten Königin mich werfend —
Und so ergriff mich die Gewalt, bereitete
Mir Ketten, wo ich Schutz gehofft. — Sagt an!
Ist mein Gewissen gegen diesen Staat
945 Gebunden? Hab' ich Pflichten gegen England?
Ein heilig Zwangsrecht üb' ich aus, da ich
Aus diesen Banden strebe, Macht mit Macht
Abwende, alle Staaten dieses Weltteils
Zu meinem Schutz aufrühre und bewege.
950 Was irgend nur in einem guten Krieg
Recht ist und ritterlich, das darf ich üben.
Den Mord allein, die heimlich blut'ge Tat,
Verbietet mir mein Stolz und mein Gewissen;
Mord würde mich beflecken und entehren.
955 Entehren, sag' ich — keineswegs mich
Verdammen, einem Rechtsspruch unterwerfen.
Denn nicht vom Rechte, von Gewalt allein
Ist zwischen mir und Engelland die Rede.

Burleigh (bedeutend).

Nicht auf der Stärke schrecklich Recht beruft Euch,
960 Mylady! Es ist der Gefangenen nicht günstig.

Maria. Ich bin die Schwache, sie die Mächt'ge. — Wohl,
Sie brauche die Gewalt, sie töte mich,
Sie bringe ihrer Sicherheit das Opfer.
Doch sie gestehe dann, daß sie die Macht
965 Allein, nicht die Gerechtigkeit geübt.
Nicht vom Gesetze borge sie das Schwert,
Sich der verhaßten Feindin zu entladen,
Und kleide nicht in heiliges Gewand
Der rohen Stärke blutiges Erkühnen.
970 Solch Gaukelspiel betrüge nicht die Welt!

Ermorden lassen kann sie mich, nicht richten!
Sie geb' es auf, mit des Verbrechens Früchten
Den heil'gen Schein der Tugend zu vereinen.
Und was sie ist, das wage sie zu scheinen! (Sie geht ab.)

Achter Auftritt.
Burleigh. Paulet.

975　　**Burleigh.** Sie trotzt uns — wird uns trotzen, Ritter Paulet,
Bis an die Stufen des Schafotts. — Dies stolze Herz
Ist nicht zu brechen. — Überraschte sie
Der Urtelspruch? Saht Ihr sie eine Träne
Vergießen? Ihre Farbe nur verändern?
980　Nicht unser Mitleid ruft' sie an. Wohl kennt sie
Den Zweifelmut der Königin von England,
Und unsre Furcht ist's, was sie mutig macht.
　　Paulet. Lord Großschatzmeister! Dieser eitle Trotz wird schnell
Verschwinden, wenn man ihm den Vorwand raubt.
985　Es sind Unziemlichkeiten vorgegangen
In diesem Rechtsstreit, wenn ich's sagen darf.
Man hätte diesen Babington und Tichburn
Ihr in Person vorführen, ihre Schreiber
Ihr gegenüberstellen sollen.
　　Burleigh (schnell).　　　Nein!
990　Nein, Ritter Paulet! Das war nicht zu wagen.
Zu groß ist ihre Macht auf die Gemüter
Und ihrer Tränen weibliche Gewalt.
Ihr Schreiber Kurl, ständ' er ihr gegenüber,
Käm' es dazu, das Wort nun auszusprechen,
995　An dem ihr Leben hängt — er würde zaghaft
Zurückziehn, sein Geständnis widerrufen —
　　Paulet. So werden Englands Feinde alle Welt
Erfüllen mit gehässigen Gerüchten,
Und des Prozesses festliches Gepräng'
1000　Wird als ein kühner Frevel nur erscheinen.
　　Burleigh. Dies ist der Kummer unsrer Königin. —
Daß diese Stifterin des Unheils doch
Gestorben wäre, ehe sie den Fuß
Auf Englands Boden setzte!
　　Paulet.　　　　　Dazu sag' ich Amen.
1005　**Burleigh.** Daß Krankheit sie im Kerker aufgerieben!
　　Paulet. Viel Unglück hätt' es diesem Land erspart.
　　Burleigh. Doch hätt' auch gleich ein Zufall der Natur
Sie hingerafft — wir hießen doch die Mörder.

Paulet. Wohl wahr. Man kann den Menschen nicht ver-
wehren,
1010 Zu denken, was sie wollen.

      Burleigh.   Zu beweisen wär's
Doch nicht und würde weniger Geräusch erregen —

      Paulet. Mag es Geräusch erregen! Nicht der laute,
Nur der gerechte Tadel kann verletzen.

      Burleigh. O! Auch die heilige Gerechtigkeit
1015 Entflieht dem Tadel nicht. Die Meinung hält es
Mit dem Unglücklichen; es wird der Neid
Stets den obsiegend Glücklichen verfolgen.
Das Richterschwert, womit der Mann sich ziert,
Verhaßt ist's in der Frauen Hand. Die Welt
1020 Glaubt nicht an die Gerechtigkeit des Weibes,
Sobald ein Weib das Opfer wird. Umsonst,
Daß wir, die Richter, nach Gewissen sprachen!
Sie hat der Gnade königliches Recht.
Sie muß es brauchen. Unerträglich ist's,
1025 Wenn sie den strengen Lauf läßt dem Gesetze!

      Paulet. Und also —

      Burleigh (rasch einfallend). Also soll sie leben? Nein!
Sie darf nicht leben! Nimmermehr! Dies, eben
Dies ist's, was unsre Königin beängstigt,
Warum der Schlaf ihr Lager flieht. — Ich lese
1030 In ihren Augen ihrer Seele Kampf,
Ihr Mund wagt ihre Wünsche nicht zu sprechen;
Doch vielbedeutend fragt ihr stummer Blick:
Ist unter allen meinen Dienern keiner,
Der die verhaßte Wahl mir spart, in ew'ger Furcht
1035 Auf meinem Thron zu zittern, oder grausam
Die Königin, die eigne Blutsverwandte,
Dem Beil zu unterwerfen?

      Paulet. Das ist nun die Notwendigkeit, steht nicht zu ändern.

      Burleigh. Wohl stünd's zu ändern, meint die Königin,
1040 Wenn sie nur aufmerksamre Diener hätte.

      Paulet. Aufmerksamre?

      Burleigh.   Die einen stummen Auftrag
Zu deuten wissen.

      Paulet.   Einen stummen Auftrag!

      Burleigh. Die, wenn man ihnen eine gift'ge Schlange
Zu hüten gab, den anvertrauten Feind
Nicht wie ein heilig teures Kleinod hüten.

Paulet (bedeutungsvoll). Ein hohes Kleinod ist der gute Name,
Der unbescholtne Ruf der Königin,
Den kann man nicht zu wohl bewachen, Sir!
    Burleigh. Als man die Lady von dem Shrewsbury
1050 Wegnahm und Ritter Paulets Hut vertraute,
Da war die Meinung —
    Paulet.   Ich will hoffen, Sir,
Die Meinung war, daß man den schwersten Auftrag
Den reinsten Händen übergeben wollte.
Bei Gott! Ich hätte dieses Schergenamt
1055 Nicht übernommen, dächt' ich nicht, daß es
Den besten Mann in England foderte.
Laßt mich nicht denken, daß ich's etwas anderm
Als meinem reinen Rufe schuldig bin.
    Burleigh. Man breitet aus, sie schwinde, läßt sie kränker
1060 Und kränker werden, endlich still verscheiden;
So stirbt sie in der Menschen Angedenken —
Und Euer Ruf bleibt rein.
    Paulet.   Nicht mein Gewissen.
    Burleigh. Wenn Ihr die eigne Hand nicht leihen wollt,
So werdet Ihr der fremden doch nicht wehren —
    Paulet (unterbricht ihn).
1065 Kein Mörder soll sich ihrer Schwelle nahn,
Solang die Götter meines Dachs sie schützen.
Ihr Leben ist mir heilig, heil'ger nicht
Ist mir das Haupt der Königin von England.
Ihr seid die Richter! Richtet! Brecht den Stab!
1070 Und wenn es Zeit ist, laßt den Zimmerer
Mit Axt und Säge kommen, das Gerüst
Aufschlagen — für den Sheriff und den Henker
Soll meines Schlosses Pforte offen sein.
Jetzt ist sie zur Bewahrung mir vertraut,
1075 Und seid gewiß, ich werde sie bewahren,
Daß sie nichts Böses tun soll, noch erfahren!   (Gehen ab.)

Zweiter Aufzug.
(Der Palast zu Westminster.)

Erster Auftritt.
Der Graf von Kent und Sir William Davison begegnen einander.

    Davison. Seid Ihr's, Mylord von Kent? Schon vom
                            Turnierplatz
Zurück, und ist die Festlichkeit zu Ende?

Kent. Wie? Wohntet Ihr dem Ritterspiel nicht bei?

1080 **Davison.** Mich hielt mein Amt.

      Kent. Ihr habt das schönste Schauspiel
Verloren, Sir, das der Geschmack ersonnen
Und edler Anstand ausgeführt — denn wißt!
Es wurde vorgestellt die keusche Festung
Der Schönheit, wie sie vom Verlangen
1085 Berennt wird. — Der Lord Marschall, Oberrichter,
Der Seneschall nebst zehen andern Rittern
Der Königin verteidigten die Festung,
Und Frankreichs Kavaliere griffen an.
Voraus erschien ein Herold, der das Schloß
1090 Auffoderte in einem Madrigale,
Und von dem Wall antwortete der Kanzler.
Drauf spielte das Geschütz, und Blumensträuße,
Wohlriechend köstliche Essenzen wurden
Aus niedlichen Feldstücken abgefeuert.
1095 Umsonst! die Stürme wurden abgeschlagen,
Und das Verlangen mußte sich zurückziehn.

      Davison. Ein Zeichen böser Vorbedeutung, Graf,
Für die französische Brautwerbung.

      Kent. Nun, nun, das war ein Scherz. — Im Ernste, denk' ich,
1100 Wird sich die Festung endlich doch ergeben.

      Davison. Glaubt Ihr? Ich glaub' es nimmermehr.

      Kent. Die schwierigsten Artikel sind bereits
Berichtigt und von Frankreich zugestanden.
Monsieur begnügt sich, in verschlossener
1105 Kapelle seinen Gottesdienst zu halten
Und öffentlich die Reichsreligion
Zu ehren und zu schützen. — Hättet Ihr den Jubel
Des Volks gesehn, als diese Zeitung sich verbreitet!
Denn dieses war des Landes ew'ge Furcht,
1110 Sie möchte sterben ohne Leibeserben,
Und England wieder Papstes Fesseln tragen,
Wenn ihr die Stuart auf dem Throne folgte.

      Davison. Der Furcht kann es entledigt sein. — Sie geht
Ins Brautgemach, die Stuart geht zum Tode.

1115 **Kent.** Die Königin kommt!

Zweiter Auftritt.

Die Vorigen. Elisabeth, von Leicester geführt. Graf Aubespine, Bellievre, Graf Shrewsbury, Lord Burleigh mit noch andern französischen und englischen Herren treten auf.

Elisabeth (zu Aubespine). Graf! ich beklage diese edeln Herrn,
Die ihr galanter Eifer über Meer
Hieher geführt, daß sie die Herrlichkeit
Des Hofs von St. Germain bei mir vermissen.
1120 Ich kann so prächt'ge Götterfeste nicht
Erfinden als die königliche Mutter
Von Frankreich. Ein gesittet fröhlich Volk,
Das sich, so oft ich öffentlich mich zeige,
Mit Segnungen um meine Sänfte drängt,
1125 Dies ist das Schauspiel, das ich fremden Augen
Mit ein'gem Stolze zeigen kann. Der Glanz
Der Edelfräulein, die im Schönheitsgarten
Der Katharina blühn, verbärge nur
Mich selber und mein schimmerlos Verdienst.

1130   **Aubespine.** Nur eine Dame zeigt Westminsterhof
Dem überraschten Fremden — aber alles,
Was an dem reizenden Geschlecht entzückt,
Stellt sich versammelt dar in dieser einen.

     Bellievre. Erhabne Majestät von Engelland,
1135 Vergönne, daß wir unsern Urlaub nehmen
Und Monsieur, unsern königlichen Herrn,
Mit der ersehnten Freudenpost beglücken.
Ihn hat des Herzens heiße Ungeduld
Nicht in Paris gelassen, er erwartet
1140 Zu Amiens die Boten seines Glücks,
Und bis nach Calais reichen seine Posten,
Das Jawort, das dein königlicher Mund
Aussprechen wird, mit Flügelschnelligkeit
Zu seinem trunknen Ohre hinzutragen.

1145   **Elisabeth.** Graf Bellievre, dringt nicht weiter in mich!
Nicht Zeit ist's jetzt, ich wiederhol' es Euch,
Die freud'ge Hochzeitfackel anzuzünden.
Schwarz hängt der Himmel über diesem Land,
Und besser ziemte mir der Trauerflor
1150 Als das Gepränge bräutlicher Gewänder.
Denn nahe droht ein jammervoller Schlag
Mein Herz zu treffen und mein eignes Haus.

Bellievre. Nur dein Versprechen gib uns, Königin!
In frohern Tagen folge die Erfüllung.

1155   **Elisabeth.** Die Könige sind nur Sklaven ihres Standes;
Dem eignen Herzen dürfen sie nicht folgen.
Mein Wunsch war's immer, unvermählt zu sterben,
Und meinen Ruhm hätt' ich darein gesetzt,
Daß man dereinst auf meinem Grabstein läse:
1160 „Hier ruht die jungfräuliche Königin."
Doch meine Untertanen wollen's nicht;
Sie denken jetzt schon fleißig an die Zeit,
Wo ich dahin sein werde. — Nicht genug,
Daß jetzt der Segen dieses Land beglückt;
1165 Auch ihrem künft'gen Wohl soll ich mich opfern,
Auch meine jungfräuliche Freiheit soll ich,
Mein höchstes Gut, hingeben für mein Volk,
Und der Gebieter wird mir aufgedrungen.
Es zeigt mir dadurch an, daß ich ihm nur
1170 Ein Weib bin, und ich meinte doch, regiert
Zu haben wie ein Mann und wie ein König.
Wohl weiß ich, daß man Gott nicht dient, wenn man
Die Ordnung der Natur verläßt, und Lob
Verdienen sie, die vor mir hier gewaltet,
1175 Daß sie die Klöster aufgetan, und tausend
Schlachtopfer einer falschverstandnen Andacht
Den Pflichten der Natur zurückgegeben.
Doch eine Königin, die ihre Tage
Nicht ungenützt in müßiger Beschauung
1180 Verbringt, die unverdrossen, unermüdet
Die schwerste aller Pflichten übt, die sollte
Von dem Naturzweck ausgenommen sein,
Der eine Hälfte des Geschlechts der Menschen
Der andern unterwürfig macht —

1185   **Aubespine.** Jedwede Tugend, Königin, hast du
Auf deinem Thron verherrlicht; nichts ist übrig,
Als dem Geschlechte, dessen Ruhm du bist,
Auch noch in seinen eigensten Verdiensten
Als Muster vorzuleuchten. Freilich lebt
1190 Kein Mann auf Erden, der es würdig ist,
Daß du die Freiheit ihm zum Opfer brächtest.
Doch wenn Geburt, wenn Hoheit, Heldentugend
Und Männerschönheit einen Sterblichen
Der Ehre würdig machen, so —

    Elisabeth.   Kein Zweifel,

1195 Herr Abgesandter, daß ein Ehebündnis
Mit einem königlichen Sohne Frankreichs
Mich ehrt! Ja, ich gesteh' es unverhohlen,
Wenn es sein muß — wenn ich's nicht ändern kann,
Dem Dringen meines Volkes nachzugeben
1200 Und es wird stärker sein als ich, befürcht' ich —
So kenn' ich in Europa keinen Fürsten,
Dem ich mein höchstes Kleinod, meine Freiheit,
Mit minderm Widerwillen opfern würde.
Laßt dies Geständnis Euch Genüge tun!

1205   **Bellievre.** Es ist die schönste Hoffnung; doch es ist
Nur eine Hoffnung, und mein Herr wünscht mehr —
       Elisabeth. Was wünscht er? (Sie zieht einen Ring vom Finger
und betrachtet ihn nachdenkend.)   Hat die Königin doch nichts
Voraus vor dem gemeinen Bürgerweibe!
Das gleiche Zeichen weist auf gleiche Pflicht,
1210 Auf gleiche Dienstbarkeit. — Der Ring macht Ehen,
Und Ringe sind's, die eine Kette machen.
— Bringt Seiner Hoheit dies Geschenk! Es ist
Noch keine Kette, bindet mich noch nicht;
Doch kann ein Reif draus werden, der mich bindet.
       Bellievre (kniet nieder, den Ring empfangend).
1215 In seinem Namen, große Königin,
Empfang' ich knieend dies Geschenk und drücke
Den Kuß der Huldigung auf meiner Fürstin Hand!
       Elisabeth (zum Grafen Leicester, den sie während der letzten Rede un-
verwandt betrachtet hat). Erlaubt, Mylord!
(Sie nimmt ihm das blaue Band ab und hängt es dem Bellievre um.)
                        Bekleidet Seine Hoheit
Mit diesem Schmuck, wie ich Euch hier damit
1220 Bekleide und in meines Ordens Pflichten nehme.
Honny soit qui mal y pense! — Es schwinde
Der Argwohn zwischen beiden Nationen,
Und ein vertraulich Band umschlinge fortan
Die Kronen Frankreich und Britannien!

1225   **Aubespine.** Erhabne Königin, dies ist ein Tag
Der Freude! Möcht' er's allen sein, und möchte
Kein Leidender auf dieser Insel trauern!
Die Gnade glänzt auf deinem Angesicht,
O! daß ein Schimmer ihres heitern Lichts
1230 Auf eine unglücksvolle Fürstin fiele,
Die Frankreich und Britannien gleich nahe
Angeht —

Elisabeth. Nicht weiter, Graf! Vermengen wir
Nicht zwei ganz unvereinbare Geschäfte.
Wenn Frankreich ernstlich meinen Bund verlangt,
1235 Muß es auch meine Sorgen mit mir teilen
Und meiner Feinde Freund nicht sein —
    Aubespine.   Unwürdig
In deinen eignen Augen würd' es handeln,
Wenn es die Unglückselige, die Glaubens-
Verwandte und die Witwe seines Königs
1240 In diesem Bund vergäße. — Schon die Ehre,
Die Menschlichkeit verlangt —
    Elisabeth.   In diesem Sinn
Weiß ich sein Fürwort nach Gebühr zu schätzen.
Frankreich erfüllt die Freundespflicht; mir wird
Verstattet sein, als Königin zu handeln. (Sie neigt sich gegen die
französischen Herren, welche sich mit den übrigen Lords ehrfurchtsvoll entfernen.)

Dritter Auftritt.
Elisabeth. Leicester. Burleigh. Talbot. Die Königin setzt sich.

1245 **Burleigh.** Ruhmvolle Königin! Du krönest heut
Die heißen Wünsche deines Volks. Nun erst
Erfreun wir uns der segenvollen Tage,
Die du uns schenkst, da wir nicht zitternd mehr
In eine stürmevolle Zukunft schauen.
1250 Nur eine Sorge kümmert noch dies Land;
Ein Opfer ist's, das alle Stimmen fodern.
Gewähr' auch dieses, und der heut'ge Tag
Hat Englands Wohl auf immerdar gegründet.
    Elisabeth. Was wünscht mein Volk noch? Sprecht, Mylord!
    Burleigh.   Es fodert
1255 Das Haupt der Stuart. — Wenn du deinem Volk
Der Freiheit köstliches Geschenk, das teuer
Erworbne Licht der Wahrheit willst versichern,
So muß sie nicht mehr sein. — Wenn wir nicht ewig
Für dein kostbares Leben zittern sollen,
1260 So muß die Feindin untergehn! — Du weißt es,
Nicht alle deine Briten denken gleich;
Noch viele heimliche Verehrer zählt
Der röm'sche Götzendienst auf dieser Insel.
Die alle nähren feindliche Gedanken;
1265 Nach dieser Stuart steht ihr Herz, sie sind
Im Bunde mit den lothringischen Brüdern.

Schiller V.   4

Den unversöhnten Feinden deines Namens.
Dir ist von dieser wütenden Partei
Der grimmige Vertilgungskrieg geschworen,
1270 Den man mit falschen Höllenwaffen führt.
Zu Reims, dem Bischofssitz des Kardinals,
Dort ist das Rüsthaus, wo sie Blitze schmieden;
Dort wird der Königsmord gelehrt — Von dort
Geschäftig, senden sie nach deiner Insel
1275 Die Missionen aus, entschloßne Schwärmer,
In allerlei Gewand vermummt — Von dort
Ist schon der dritte Mörder ausgegangen,
Und unerschöpflich, ewig neu erzeugen
Verborgne Feinde sich aus diesem Schlunde.
1280 — Und in dem Schloß zu Fotheringhay sitzt
Die Ate dieses ew'gen Kriegs, die mit
Der Liebesfackel dieses Reich entzündet.
Für sie, die schmeichelnd jedem Hoffnung gibt,
Weiht sich die Jugend dem gewissen Tod. —
1285 Sie zu befreien, ist die Losung; sie
Auf deinen Thron zu setzen, ist der Zweck.
Denn dies Geschlecht der Lothringer erkennt
Dein heilig Recht nicht an; du heißest ihnen
Nur eine Räuberin des Throns, gekrönt
1290 Vom Glück! Sie waren's, die die Törichte
Verführt, sich Englands Königin zu schreiben.
Kein Friede ist mit ihr und ihrem Stamm!
Du mußt den Streich erleiden oder führen.
Ihr Leben ist dein Tod! Ihr Tod dein Leben!

1295   Elisabeth. Mylord! Ein traurig Amt verwaltet Ihr.
Ich kenne Eures Eifers reinen Trieb,
Weiß, daß gediegne Weisheit aus Euch redet;
Doch diese Weisheit, welche Blut befiehlt,
Ich hasse sie in meiner tiefsten Seele.
1300 Sinnt einen mildern Rat aus! — Edler Lord
Von Shrewsbury! Sagt Ihr uns Eure Meinung!

        Talbot. Du gabst dem Eifer ein gebührend Lob,
Der Burleighs treue Brust beseelt. — Auch mir,
Strömt es mir gleich nicht so beredt vom Munde,
1305 Schlägt in der Brust kein minder treues Herz.
Mögst du noch lange leben, Königin,
Die Freude deines Volks zu sein, das Glück
Des Friedens diesem Reiche zu verlängern!
So schöne Tage hat dies Eiland nie

1310 Gesehn, seit eigne Fürsten es regieren.
Mög' es sein Glück mit seinem Ruhme nicht
Erkaufen! Möge Talbots Auge wenigstens
Geschlossen sein, wenn dies geschieht!

  Elisabeth. Verhüte Gott, daß wir den Ruhm befleckten!

1315   **Talbot.** Nun dann, so wirst du auf ein ander Mittel sinnen,
Dies Reich zu retten — denn die Hinrichtung
Der Stuart ist ein ungerechtes Mittel.
Du kannst das Urteil über die nicht sprechen,
Die dir nicht untertänig ist.

  Elisabeth.   So irrt
1320 Mein Staatsrat und mein Parlament; im Irrtum
Sind alle Richterhöfe dieses Landes,
Die mir dies Recht einstimmig zuerkannt —

  Talbot. Nicht Stimmenmehrheit ist des Rechtes Probe;
England ist nicht die Welt, dein Parlament
1325 Nicht der Verein der menschlichen Geschlechter.
Dies heut'ge England ist das künft'ge nicht,
Wie's das vergangne nicht mehr ist. — Wie sich
Die Neigung anders wendet, also steigt
Und fällt des Urteils wandelbare Woge.
1330 Sag' nicht, du müssest der Notwendigkeit
Gehorchen und dem Dringen deines Volks.
Sobald du willst, in jedem Augenblick
Kannst du erproben, daß dein Wille frei ist.
Versuch's! Erkläre, daß du Blut verabscheust,
1335 Der Schwester Leben willst gerettet sehn.
Zeig' denen, die dir anders raten wollen,
Die Wahrheit deines königlichen Zorns;
Schnell wirst du die Notwendigkeit verschwinden
Und Recht in Unrecht sich verwandeln sehn.
1340 Du selbst mußt richten, du allein. Du kannst dich
Auf dieses unstet schwanke Rohr nicht lehnen.
Der eignen Milde folge du getrost!
Nicht Strenge legte Gott ins weiche Herz
Des Weibes — Und die Stifter dieses Reichs,
1345 Die auch dem Weib die Herrscherzügel gaben,
Sie zeigten an, daß Strenge nicht die Tugend
Der Könige soll sein in diesem Lande.

  Elisabeth. Ein warmer Anwalt ist Graf Shrewsbury
Für meine Feindin und des Reichs. Ich ziehe
1350 Die Räte vor, die meine Wohlfahrt lieben.

  Talbot. Man gönnt ihr keinen Anwalt, niemand wagt's,

Zu ihrem Vorteil sprechend, deinem Zorn
Sich bloßzustellen. — So vergönne mir,
Dem alten Manne, den am Grabesrand
1355 Kein irdisch Hoffen mehr verführen kann,
Daß ich die Aufgegebene beschütze.
Man soll nicht sagen, daß in deinem Staatsrat
Die Leidenschaft, die Selbstsucht eine Stimme
Gehabt, nur die Barmherzigkeit geschwiegen.
1360 Verbündet hat sich alles wider sie,
Du selber hast ihr Antlitz nie gesehn,
Nichts spricht in deinem Herzen für die Fremde.
— Nicht ihrer Schuld red' ich das Wort. Man sagt,
Sie habe den Gemahl ermorden lassen;
1365 Wahr ist's, daß sie den Mörder ehlichte.
Ein schwer Verbrechen! — Aber es geschah
In einer finster unglücksvollen Zeit,
Im Angstgedränge bürgerlichen Kriegs,
Wo sie, die Schwache, sich umrungen sah
1370 Von heftigdringenden Vasallen, sich
Dem Mutvollstärksten in die Arme warf —
Wer weiß, durch welcher Künste Macht besiegt.
Denn ein gebrechlich Wesen ist das Weib.

    Elisabeth. Das Weib ist nicht schwach. Es gibt starke Seelen
1375 In dem Geschlecht. — Ich will in meinem Beisein
Nichts von der Schwäche des Geschlechtes hören.

    Talbot. Dir war das Unglück eine strenge Schule.
Nicht seine Freudenseite kehrte d i r
Das Leben zu. Du sahest keinen Thron
1380 Von ferne, nur das Grab zu deinen Füßen.
Zu Woodstock war's und in des Towers Nacht,
Wo dich der gnäd'ge Vater dieses Landes
Zur ernsten Pflicht durch Trübsal auferzog.
Dort suchte dich der Schmeichler nicht. Früh lernte,
1385 Vom eiteln Weltgeräusche nicht zerstreut,
Dein Geist sich sammeln, denkend in sich gehn
Und dieses Lebens wahre Güter schätzen.
— Die Arme rettete kein Gott. Ein zartes Kind
Ward sie verpflanzt nach Frankreich, an den Hof
1390 Des Leichtsinns, der gedankenlosen Freude.
Dort in der Feste ew'ger Trunkenheit
Vernahm sie nie der Wahrheit ernste Stimme.
Geblendet ward sie von der Laster Glanz
Und fortgeführt vom Strome des Verderbens.

1395 Ihr ward der Schönheit eitles Gut zuteil,
Sie überstrahlte blühend alle Weiber,
Und durch Gestalt nicht minder als Geburt — —
　　Elisabeth. Kommt zu Euch selbst, Mylord von Shrewsbury!
Denkt, daß wir hier im ernsten Rate sitzen.
1400 Das müssen Reize sondergleichen sein,
Die einen Greis in solches Feuer setzen.
— Mylord von Lester! Ihr allein schweigt still?
Was ihn beredt macht, bindet's Euch die Zunge?
　　Leicester. Ich schweige für Erstaunen, Königin,
1405 Daß man dein Ohr mit Schrecknissen erfüllt,
Daß diese Märchen, die in Londons Gassen
Den gläub'gen Pöbel ängsten, bis herauf
In deines Staatsrats heitre Mitte steigen
Und weise Männer ernst beschäftigen.
1410 Verwunderung ergreift mich, ich gesteh's,
Daß diese länderlose Königin
Von Schottland, die den eignen kleinen Thron
Nicht zu behaupten wußte, ihrer eignen
Vasallen Spott, der Auswurf ihres Landes,
1415 Dein Schrecken wird auf einmal im Gefängnis!
— Was, beim Allmächt'gen! machte sie dir furchtbar?
Daß sie dies Reich in Anspruch nimmt, daß dich
Die Guisen nicht als Königin erkennen?
Kann dieser Guisen Widerspruch das Recht
1420 Entkräften, das Geburt dir gab, der Schluß
Der Parlamente dir bestätigte?
Ist sie durch Heinrichs letzten Willen nicht
Stillschweigend abgewiesen? Und wird England,
So glücklich im Genuß des neuen Lichts,
1425 Sich der Papistin in die Arme werfen?
Von dir, der angebeteten Monarchin,
Zu Darnleys Mörderin hinüberlaufen?
Was wollen diese ungestümen Menschen,
Die dich noch lebend mit der Erbin quälen,
1430 Dich nicht geschwind genug vermählen können,
Um Staat und Kirche von Gefahr zu retten?
Stehst du nicht blühend da in Jugendkraft,
Welkt jene nicht mit jedem Tag zum Grabe?
Bei Gott! du wirst, ich hoff's, noch viele Jahre
1435 Auf ihrem Grabe wandeln, ohne daß
Du selber sie hinabzustürzen brauchtest —
　　Burleigh. Lord Lester hat nicht immer so geurteilt.

Leicester. Wahr ist's, ich habe selber meine Stimme
Zu ihrem Tod gegeben im Gericht.
1440 — Im Staatsrat sprech' ich anders. Hier ist nicht
Die Rede von dem Recht, nur von dem Vorteil.
Ist's jetzt die Zeit, von ihr Gefahr zu fürchten,
Da Frankreich sie verläßt, ihr einz'ger Schutz,
Da du den Königssohn mit deiner Hand
1445 Beglücken willst, die Hoffnung eines neuen
Regentenstammes diesem Lande blüht?
Wozu sie also töten? Sie ist tot!
Verachtung ist der wahre Tod. Verhüte,
Daß nicht das Mitleid sie ins Leben rufe!
1450 Drum ist mein Rat: Man lasse die Sentenz,
Die ihr das Haupt abspricht, in voller Kraft
Bestehn! Sie lebe — aber unterm Beile
Des Henkers lebe sie, und schnell, wie sich
Ein Arm für sie bewaffnet, fall' es nieder.
1455 **Elisabeth** (steht auf). Mylords, ich hab' nun eure Meinungen
Gehört und sag' euch Dank für euren Eifer.
Mit Gottes Beistand, der die Könige
Erleuchtet, will ich eure Gründe prüfen
Und wählen, was das Bessere mir dünkt.

Vierter Auftritt.
Die Vorigen, Ritter Paulet mit Mortimern.

1460 **Elisabeth.** Da kommt Amias Paulet. Edler Sir,
Was bringt Ihr uns?
Paulet. Glorwürd'ge Majestät!
Mein Neffe, der ohnlängst von weiten Reisen
Zurückgekehrt, wirft sich zu deinen Füßen
Und leistet dir sein jugendlich Gelübde.
1465 Empfange du es gnadenvoll und laß
Ihn wachsen in der Sonne deiner Gunst.
Mortimer (läßt sich auf ein Knie nieder).
Lang lebe meine königliche Frau,
Und Glück und Ruhm bekröne ihre Stirne!
Elisabeth. Steht auf! Seid mir willkommen, Sir, in England!
1470 Ihr habt den großen Weg gemacht, habt Frankreich
Bereist und Rom und Euch zu Reims verweilt.
Sagt mir denn an, was spinnen unsre Feinde?
Mortimer. Ein Gott verwirre sie und wende rückwärts
Auf ihrer eignen Schützen Brust die Pfeile,
1475 Die gegen meine Königin gesandt sind!

Elisabeth. Saht Ihr den Morgan und den ränkespinnenden
Bischof von Roße?

Mortimer.   Alle schottische
Verbannte lernt' ich kennen, die zu Reims
Anschläge schmieden gegen diese Insel.
1480 In ihr Vertrauen stahl ich mich, ob ich
Etwa von ihren Ränken was entdeckte.

Paulet. Geheime Briefe hat man ihm vertraut,
In Ziffern, für die Königin von Schottland,
Die er mit treuer Hand uns überliefert.

1485 **Elisabeth.** Sagt, was sind ihre neuesten Entwürfe?

Mortimer. Es traf sie alle wie ein Donnerstreich,
Daß Frankreich sie verläßt, den festen Bund
Mit England schließt; jetzt richten sie die Hoffnung
Auf Spanien.

Elisabeth.   So schreibt mir Walsingham.

1490 **Mortimer.** Auch eine Bulle, die Papst Sixtus jüngst
Vom Vatikane gegen dich geschleudert,
Kam eben an zu Reims, als ich's verließ;
Das nächste Schiff bringt sie nach dieser Insel.

Leicester. Vor solchen Waffen zittert England nicht mehr.

1495 **Burleigh.** Sie werden furchtbar in des Schwärmers Hand.

Elisabeth (Mortimern forschend ansehend).
Man gab Euch Schuld, daß Ihr zu Reims die Schulen
Besucht und Euren Glauben abgeschworen?

Mortimer. Die Miene gab ich mir, ich leugn' es nicht,
Soweit ging die Begierde, dir zu dienen!

Elisabeth (zu Paulet, der ihr Papiere überreicht).
1500 Was zieht Ihr da hervor?

Paulet.   Es ist ein Schreiben,
Das dir die Königin von Schottland sendet.

Burleigh (hastig danach greifend). Gebt mir den Brief!

Paulet (gibt das Papier der Königin).

                    Verzeiht, Lord Großschatzmeister!
In meiner Königin selbsteigne Hand
Befahl sie mir den Brief zu übergeben.
1505 Sie sagt mir stets, ich sei ihr Feind. Ich bin
Nur ihrer Laster Feind; was sich verträgt
Mit meiner Pflicht, mag ich ihr gern erweisen.

(Die Königin hat den Brief genommen. Während sie ihn liest, sprechen Mortimer und
Leicester einige Worte heimlich miteinander.)

Burleigh (zu Paulet).
Was kann der Brief enthalten? Eitle Klagen,

Mit denen man das mitleidsvolle Herz
1510 Der Königin verschonen soll.

      Paulet.   Was er
Enthält, hat sie mir nicht verhehlt. Sie bittet
Um die Vergünstigung, das Angesicht
Der Königin zu sehen.

      Burleigh (schnell).   Nimmermehr!

      Talbot. Warum nicht? Sie erfleht nichts Ungerechtes.

1515   **Burleigh.** Die Gunst des königlichen Angesichts
Hat sie verwirkt, die Mordanstifterin,
Die nach dem Blut der Königin gedürstet.
Wer's treu mit seiner Fürstin meint, der kann
Den falsch verräterischen Rat nicht geben.

1520   **Talbot.** Wenn die Monarchin sie beglücken will,
Wollt Ihr der Gnade sanfte Regung hindern?

      Burleigh. Sie ist verurteilt! Unterm Beile liegt
Ihr Haupt. Unwürdig ist's der Majestät,
Das Haupt zu sehen, das dem Tod geweiht ist.
1525 Das Urteil kann nicht mehr vollzogen werden,
Wenn sich die Königin ihr genahet hat,
Denn Gnade bringt die königliche Nähe —

      Elisabeth (nachdem sie den Brief gelesen, ihre Tränen trocknend).
Was ist der Mensch! Was ist das Glück der Erde!
Wie weit ist diese Königin gebracht,
1530 Die mit so stolzen Hoffnungen begann,
Die auf den ältsten Thron der Christenheit
Berufen worden, die in ihrem Sinn
Drei Kronen schon aufs Haupt zu setzen meinte!
Welch andre Sprache führt sie jetzt als damals,
1535 Da sie das Wappen Englands angenommen
Und von den Schmeichlern ihres Hofs sich Königin
Der zwei britann'schen Inseln nennen ließ!
— Verzeiht, Mylords, es schneidet mir ins Herz,
Wehmut ergreift mich, und die Seele blutet,
1540 Daß Irdisches nicht fester steht, das Schicksal
Der Menschheit, das entsetzliche, so nahe
An meinem eignen Haupt vorüberzieht.

      Talbot. O Königin! Dein Herz hat Gott gerührt.
Gehorche dieser himmlischen Bewegung!
1545 Schwer büßte sie fürwahr die schwere Schuld,
Und Zeit ist's, daß die harte Prüfung ende!
Reich' ihr die Hand, der Tiefgefallenen!

Wie eines Engels Lichterscheinung steige
In ihres Kerkers Gräbernacht hinab —

1550 **Burleigh.** Sei standhaft, große Königin! Laß nicht
Ein lobenswürdig menschliches Gefühl
Dich irre führen. Raube dir nicht selbst
Die Freiheit, das Notwendige zu tun.
Du kannst sie nicht begnadigen, nicht retten!
1555 So lade nicht auf dich verhaßten Tadel,
Daß du mit grausam höhnendem Triumph
Am Anblick deines Opfers dich geweidet.

Leicester. Laßt uns in unsern Schranken bleiben, Lords.
Die Königin ist weise, sie bedarf
1560 Nicht unsers Rats, das Würdigste zu wählen.
Die Unterredung beider Königinnen
Hat nichts gemein mit des Gerichtes Gang.
Englands Gesetz, nicht der Monarchin Wille,
Verurteilt die Maria. Würdig ist's
1565 Der großen Seele der Elisabeth,
Daß sie des Herzens schönem Triebe folge,
Wenn das Gesetz den strengen Lauf behält.

Elisabeth. Geht, meine Lords. Wir werden Mittel finden,
Was Gnade fodert, was Notwendigkeit
1570 Uns auferlegt, geziemend zu vereinen.
Jetzt — tretet ab! (Die Lords gehen. An der Türe ruft sie den Mortimer
zurück.) Sir Mortimer! Ein Wort!

Fünfter Auftritt.
Elisabeth. Mortimer.

Elisabeth (nachdem sie ihn einige Augenblicke forschend mit den Augen
gemessen). Ihr zeigtet einen kecken Mut und seltne
Beherrschung Eurer selbst für Eure Jahre.
Wer schon so früh der Täuschung schwere Kunst
1575 Ausübte, der ist mündig vor der Zeit,
Und er verkürzt sich seine Prüfungsjahre.
— Auf eine große Bahn ruft Euch das Schicksal;
Ich prophezei' es Euch, und mein Orakel
Kann ich, zu Eurem Glücke! selbst vollziehn.
1580 **Mortimer.** Erhabene Gebieterin, was ich
Vermag und bin, ist deinem Dienst gewidmet.

Elisabeth. Ihr habt die Feinde Englands kennen lernen.
Ihr Haß ist unversöhnlich gegen mich,
Und unerschöpflich ihre Blutentwürfe.

1585 Bis diesen Tag zwar schützte mich die Allmacht;
Doch ewig wankt die Kron' auf meinem Haupt,
So lang sie lebt, die ihrem Schwärmereifer
Den Vorwand leiht und ihre Hoffnung nährt.
     Mortimer. Sie lebt nicht mehr, sobald du es gebietest.
1590 Elisabeth. Ach, Sir! Ich glaubte mich am Ziele schon
Zu sehn und bin nicht weiter als am Anfang.
Ich wollte die Gesetze handeln lassen,
Die eigne Hand vom Blute rein behalten.
Das Urteil ist gesprochen. Was gewinn' ich?
1595 Es muß vollzogen werden, Mortimer!
Und ich muß die Vollziehung anbefehlen.
Mich immer trifft der Haß der Tat. Ich muß
Sie eingestehn und kann den Schein nicht retten.
Das ist das Schlimmste!
     Mortimer.   Was bekümmert dich
1600 Der böse Schein bei der gerechten Sache?
     Elisabeth. Ihr kennt die Welt nicht, Ritter. Was man
                                                    scheint,
Hat jedermann zum Richter; was man ist, hat keinen.
Von meinem Rechte überzeug' ich niemand,
So muß ich Sorge tragen, daß mein Anteil
1605 An ihrem Tod in ew'gem Zweifel bleibe.
Bei solchen Taten doppelter Gestalt
Gibt's keinen Schutz als in der Dunkelheit.
Der schlimmste Schritt ist, den man eingesteht;
Was man nicht aufgibt, hat man nie verloren.
1610   Mortimer (ausforschend). Dann wäre wohl das Beste —
     Elisabeth (schnell).   Freilich wär's
Das Beste — O, mein guter Engel spricht
Aus Euch. Fahrt fort, vollendet, werter Sir!
Euch ist es Ernst, Ihr dringet auf den Grund,
Seid ein ganz andrer Mann als Euer Oheim —
     Mortimer (betroffen).
1615 Entdecktest du dem Ritter deinen Wunsch?
     Elisabeth. Mich reuet, daß ich's tat.
     Mortimer.   Entschuldige
Den alten Mann. Die Jahre machen ihn
Bedenklich. Solche Wagestücke fodern
Den kecken Mut der Jugend —
     Elisabeth (schnell).   Darf ich Euch —
1620   Mortimer. Die Hand will ich dir leihen; rette du
Den Namen, wie du kannst —

Elisabeth.   Ja, Sir! Wenn Ihr
Mich eines Morgens mit der Botschaft wecktet:
Maria Stuart, deine blut'ge Feindin,
Ist heute nacht verschieden!
          Mortimer.   Zähl' auf mich!
1625   **Elisabeth.** Wann wird mein Haupt sich ruhig schlafen legen?
          Mortimer. Der nächste Neumond ende deine Furcht.
          Elisabeth. — Gehabt Euch wohl, Sir! Laßt es Euch nicht
                                        leid tun,
Daß meine Dankbarkeit den Flor der Nacht
Entlehnen muß — Das Schweigen ist der Gott
1630 Der Glücklichen — Die engsten Bande sind's,
Die zärtesten, die das Geheimnis stiftet! (Sie geht ab.)

Sechster Auftritt.
Mortimer allein.

Geh, falsche, gleisnerische Königin!
Wie du die Welt, so täusch' ich dich. Recht ist's,
Dich zu verraten, eine gute Tat!
1635 Seh' ich aus wie ein Mörder? Lasest du
Ruchlose Fertigkeit auf meiner Stirn?
Trau' nur auf meinen Arm und halte deinen
Zurück! Gib dir den frommen Heuchelschein
Der Gnade vor der Welt! Indessen du
1640 Geheim auf meine Mörderhilfe hoffst,
So werden wir zur Rettung Frist gewinnen!
     Erhöhen willst du mich — zeigst mir von ferne
Bedeutend einen kostbarn Preis — und wärst
Du selbst der Preis und deine Frauengunst!
1645 Wer bist du, Armste, und was kannst du geben?
Mich locket nicht des eiteln Ruhmes Geiz!
Bei ihr nur ist des Lebens Reiz —
Um sie, in ew'gem Freudenchore, schweben
Der Anmut Götter und der Jugendlust,
1650 Das Glück der Himmel ist an ihrer Brust,
Du hast nur tote Güter zu vergeben!
Das eine Höchste, was das Leben schmückt,
Wenn sich ein Herz, entzückend und entzückt,
Dem Herzen schenkt in süßem Selbstvergessen,
1655 Die Frauenkrone hast du nie besessen,
Nie hast du liebend einen Mann beglückt!
     — Ich muß den Lord erwarten, ihren Brief

Ihm übergeben. Ein verhaßter Auftrag!
Ich habe zu dem Höflinge kein Herz,
1660 Ich selber kann sie retten, ich allein;
Gefahr und Ruhm und auch der Preis sei mein!

(Indem er gehen will, begegnet ihm Paulet.)

Siebenter Auftritt.
Mortimer. Paulet.

Paulet. Was sagte dir die Königin?
Mortimer. 　　　　　　　　　　Nichts, Sir.
Nichts — von Bedeutung.
　　　Paulet (fixiert ihn mit ernstem Blick). Höre, Mortimer!
Es ist ein schlüpfrig glatter Grund, auf den
1665 Du dich begeben. Lockend ist die Gunst
Der Könige, nach Ehre geizt die Jugend.
— Laß dich den Ehrgeiz nicht verführen!
　　　Mortimer. Wart Ihr's nicht selbst, der an den Hof mich
　　　　　　　　　　　　　　　　　　　　brachte?
　　　Paulet. Ich wünschte, daß ich's nicht getan. Am Hofe
1670 Ward unsers Hauses Ehre nicht gesammelt.
Steh fest, mein Neffe. Kaufe nicht zu teuer!
Verletze dein Gewissen nicht!
　　　Mortimer. Was fällt Euch ein? Was für Besorgnisse!
　　　Paulet. Wie groß dich auch die Königin zu machen
1675 Verspricht — trau' ihrer Schmeichelrede nicht!
Verleugnen wird sie dich, wenn du gehorcht,
Und ihren eignen Namen rein zu waschen,
Die Bluttat rächen, die sie selbst befahl.
　　　Mortimer. Die Bluttat, sagt Ihr? —
　　　Paulet. 　　　　　　　　　　Weg mit der Verstellung!
1680 Ich weiß, was dir die Königin angesonnen,
Sie hofft, daß deine ruhmbegier'ge Jugend
Willfähr'ger sein wird als mein starres Alter.
Hast du ihr zugesagt? Hast du?
　　　Mortimer. 　　　　　　　　Mein Oheim!
　　　Paulet. Wenn du's getan hast, so verfluch' ich dich,
1685 Und dich verwerfe —
　　　Leicester (kommt). Werter Sir, erlaubt
Ein Wort mit Eurem Neffen. Die Monarchin
Ist gnadenvoll gesinnt für ihn; sie will,
Daß man ihm die Person der Lady Stuart
Uneingeschränkt vertraue — Sie verläßt sich
1690 Auf seine Redlichkeit —

Paulet.   **Verläßt sich — Gut!**
Leicester. Was sagt Ihr, Sir?
Paulet.   Die Königin verläßt sich
Auf ihn, und ich, Mylord, verlasse mich
Auf mich und meine beiden offnen Augen. (Er geht ab.)

Achter Auftritt.
Leicester. Mortimer.

Leicester (verwundert). Was wandelte den Ritter an?
1695   **Mortimer.** Ich weiß es nicht — Das unerwartete
Vertrauen, das die Königin mir schenkt —
    Leicester (ihn forschend ansehend).
Verdient Ihr, Ritter, daß man Euch vertraut?
    Mortimer (ebenso).
Die Frage tu' ich Euch, Mylord von Lester.
    Leicester. Ihr hattet mir **was** ingeheim zu sagen.
1700   **Mortimer.** Versichert mir erst, daß ich's wagen darf.
    Leicester. Wer gibt mir die Versicherung für Euch?
— Laßt Euch mein Mißtraun nicht beleidigen!
Ich seh' Euch zweierlei Gesichter zeigen
An diesem Hofe — Eins darunter ist
1705 Notwendig falsch; doch welches ist das wahre?
    Mortimer. Es geht mir ebenso mit Euch, Graf Lester.
    Leicester. Wer soll nun des Vertrauens Anfang machen?
    Mortimer. Wer das Geringere zu wagen hat.
    Leicester. Nun! Der seid Ihr!
    Mortimer.   Ihr seid es! Euer Zeugnis,
1710 Des vielbedeutenden, gewalt'gen Lords,
Kann mich zu Boden schlagen; meins vermag
Nichts gegen Euren Rang und Eure Gunst.
    Leicester. Ihr irrt Euch, Sir. In allem andern bin ich
Hier mächtig, nur in diesem zarten Punkt,
1715 Den ich jetzt Eurer Treu' preisgeben soll,
Bin ich der schwächste Mann an diesem Hof,
Und ein verächtlich Zeugnis kann mich stürzen.
    Mortimer. Wenn sich der allvermögende Lord Lester
So tief zu mir herunterläßt, ein solch
1720 Bekenntnis mir zu tun, so darf ich wohl
Ein wenig höher denken von mir selbst
Und ihm in Großmut ein Exempel geben.
    Leicester. Geht mir voran im Zutraun, ich will folgen.
    Mortimer (den Brief schnell hervorziehend).
Dies sendet Euch die Königin von Schottland.

Leicester (schrickt zusammen und greift hastig danach).
1725 Sprecht leise, Sir — Was seh' ich! Ach! Es ist
Ihr Bild! (Küßt es und betrachtet es mit stummem Entzücken.)
Mortimer (der ihn während des Lesens scharf beobachtet).
Mylord, nun glaub' ich Euch.
Leicester (nachdem er den Brief schnell durchlaufen).
Sir Mortimer! Ihr wißt des Briefes Inhalt?
Mortimer. Nichts weiß ich.
Leicester.   Nun! Sie hat Euch ohne Zweifel
Vertraut —
Mortimer.   Sie hat mir nichts vertraut. Ihr würdet
1730 Dies Rätsel mir erklären, sagte sie.
Ein Rätsel ist es mir, daß Graf von Lester,
Der Günstling der Elisabeth, Mariens
Erklärter Feind und ihrer Richter einer,
Der Mann sein soll, von dem die Königin
1735 In ihrem Unglück Rettung hofft. — Und dennoch
Muß dem so sein, denn Eure Augen sprechen
Zu deutlich aus, was Ihr für sie empfindet.
Leicester. Entdeckt mir selbst erst, wie es kommt, daß Ihr
Den feur'gen Anteil nehmt an ihrem Schicksal,
1740 Und was Euch ihr Vertraun erwarb.
Mortimer.   Mylord,
Das kann ich Euch mit wenigem erklären.
Ich habe meinen Glauben abgeschworen
Zu Rom und steh' im Bündnis mit den Guisen.
Ein Brief des Erzbischofs zu Reims hat mich
1745 Beglaubigt bei der Königin von Schottland.
Leicester. Ich weiß von Eurer Glaubensänderung;
Sie ist's, die mein Vertrauen zu Euch weckte.
Gebt mir die Hand. Verzeiht mir meinen Zweifel.
Ich kann der Vorsicht nicht zu viel gebrauchen,
1750 Denn Walsingham und Burleigh hassen mich;
Ich weiß, daß sie mir lauernd Netze stellen.
Ihr konntet ihr Geschöpf und Werkzeug sein,
Mich in das Garn zu ziehn —
Mortimer.   Wie kleine Schritte
Geht ein so großer Lord an diesem Hof!
1755 Graf! Ich beklag' Euch.
Leicester.   Freudig werf' ich mich
An die vertraute Freundesbrust, wo ich
Des langen Zwangs mich endlich kann entladen.
Ihr seid verwundert, Sir, daß ich so schnell

Das Herz geändert gegen die Maria.

1760 Zwar in der Tat haßt' ich sie nie — der Zwang
Der Zeiten machte mich zu ihrem Gegner.
Sie war mir zugedacht seit langen Jahren,
Ihr wißt's, eh' sie die Hand dem Darnley gab,
Als noch der Glanz der Hoheit sie umlachte.

1765 Kalt stieß ich damals dieses Glück von mir;
Jetzt im Gefängnis, an des Todes Pforten
Such' ich sie auf, und mit Gefahr des Lebens.

    Mortimer. Das heißt großmütig handeln!
    Leicester.   — Die Gestalt
Der Dinge, Sir, hat sich indes verändert.

1770 Mein Ehrgeiz war es, der mich gegen Jugend
Und Schönheit fühllos machte. Damals hielt ich
Mariens Hand für mich zu klein; ich hoffte
Auf den Besitz der Königin von England.

    Mortimer. Es ist bekannt, daß sie Euch allen Männern
Vorzog —

1775   **Leicester.**   So schien es, edler Sir — und nun, nach zehn
Verlornen Jahren unverdroßnen Werbens,
Verhaßten Zwangs — O Sir, mein Herz geht auf!
Ich muß des langen Unmuts mich entladen —
Man preist mich glücklich — Wüßte man, was es

1780 Für Ketten sind, um die man mich beneidet! —
Nachdem ich zehen bittre Jahre lang
Dem Götzen ihrer Eitelkeit geopfert,
Mich jedem Wechsel ihrer Sultanslaunen
Mit Sklavendemut unterwarf, das Spielzeug

1785 Des kleinen grillenhaften Eigensinns,
Geliebkost jetzt von ihrer Zärtlichkeit,
Und jetzt mit sprödem Stolz zurückgestoßen,
Von ihrer Gunst und Strenge gleich gepeinigt,
Wie ein Gefangener vom Argusblick

1790 Der Eifersucht gehütet, ins Verhör
Genommen wie ein Knabe, wie ein Diener
Gescholten — O, die Sprache hat kein Wort
Für diese Hölle!

    Mortimer.   Ich beklag' Euch, Graf.
    Leicester. Täuscht mich am Ziel der Preis! Ein andrer
                              kommt,

1795 Die Frucht des teuren Werbens mir zu rauben.
An einen jungen blühenden Gemahl
Verlier' ich meine lang besetzten Rechte!

Heruntersteigen soll ich von der Bühne,
Wo ich so lange als der Erste glänzte.
1800 Nicht ihre Hand allein, auch ihre Gunst
Droht mir der neue Ankömmling zu rauben.
Sie ist ein Weib, und er ist liebenswert.
    Mortimer. Er ist Kathrinens Sohn. In guter Schule
Hat er des Schmeichelns Künste ausgelernt.
1805   Leicester. So stürzen meine Hoffnungen — Ich suche
In diesem Schiffbruch meines Glücks ein Brett
Zu fassen — und mein Auge wendet sich
Der ersten schönen Hoffnung wieder zu.
Mariens Bild, in ihrer Reize Glanz,
1810 Stand neu vor mir, Schönheit und Jugend traten
In ihre vollen Rechte wieder ein;
Nicht kalter Ehrgeiz mehr, das Herz verglich,
Und ich empfand, welch Kleinod ich verloren.
Mit Schrecken seh' ich sie in tiefes Elend
1815 Herabgestürzt, gestürzt durch mein Verschulden.
Da wird in mir die Hoffnung wach, ob ich
Sie jetzt noch retten könnte und besitzen.
Durch eine treue Hand gelingt es mir,
Ihr mein verändert Herz zu offenbaren,
1820 Und dieser Brief, den Ihr mir überbracht,
Versichert mir, daß sie verzeiht, sich mir
Zum Preise schenken will, wenn ich sie rette.
    Mortimer. Ihr tatet aber nichts zu ihrer Rettung!
Ihr ließt geschehn, daß sie verurteilt wurde,
1825 Gabt Eure Stimme selbst zu ihrem Tod!
Ein Wunder muß geschehn — Der Wahrheit Licht
Muß mich, den Neffen ihres Hüters, rühren,
Im Vatikan zu Rom muß ihr der Himmel
Den unverhofften Retter zubereiten,
1830 Sonst fand sie nicht einmal den Weg zu Euch!
    Leicester. Ach, Sir, es hat mir Qualen g'nug gekostet!
Um selbe Zeit ward sie von Talbots Schloß
Nach Fotheringhay weggeführt, der strengen
Gewahrsam Eures Oheims anvertraut.
1835 Gehemmt ward jeder Weg zu ihr; ich mußte
Fortfahren vor der Welt, sie zu verfolgen.
Doch denket nicht, daß ich sie leidend hätte
Zum Tode gehen lassen! Nein, ich hoffte,
Und hoffe noch, das Äußerste zu hindern,
1840 Bis sich ein Mittel zeigt, sie zu befrein.

Mortimer. Das ist gefunden — Lester, Euer edles
Vertraun verdient Erwiderung. Ich will sie
Befreien, darum bin ich hier, die Anstalt
Ist schon getroffen, Euer mächt'ger Beistand
1845 Versichert uns den glücklichen Erfolg.
    Leicester. Was sagt Ihr? Ihr erschreckt mich. Wie? Ihr
                                      wolltet —
    Mortimer. Gewaltsam auftun will ich ihren Kerker;
Ich hab' Gefährten, alles ist bereit —
    Leicester. Ihr habt Mitwisser und Vertraute! Weh mir!
1850 In welches Wagnis reißt Ihr mich hinein!
Und diese wissen auch um mein Geheimnis?
    Mortimer. Sorgt nicht! Der Plan ward ohne Euch
                                   entworfen;
Ohn' Euch wär' er vollstreckt, bestünde sie
Nicht drauf, Euch ihre Rettung zu verdanken.
1855   **Leicester.** So könnt Ihr mich für ganz gewiß versichern,
Daß in dem Bund mein Name nicht genannt ist?
    Mortimer. Verlaßt Euch drauf! Wie? So bedenklich, Graf,
Bei einer Botschaft, die Euch Hilfe bringt!
Ihr wollt die Stuart retten und besitzen,
1860 Ihr findet Freunde, plötzlich, unerwartet,
Vom Himmel fallen Euch die nächsten Mittel —
Doch zeigt Ihr mehr Verlegenheit als Freude?
    Leicester. Es ist nichts mit Gewalt. Das Wagestück
Ist zu gefährlich.
    Mortimer.   Auch das Säumen ist's!
1865   **Leicester.** Ich sag' Euch, Ritter, es ist nicht zu wagen.
    Mortimer (bitter).
Nein, nicht für Euch, der sie besitzen will!
Wir wollen sie bloß retten, und sind nicht so
Bedenklich —
    Leicester. Junger Mann, Ihr seid zu rasch
In so gefährlich dornenvoller Sache.
1870   **Mortimer.** Ihr — sehr bedacht in solchem Fall der Ehre.
    Leicester. Ich seh' die Netze, die uns rings umgeben.
    Mortimer. Ich fühle Mut, sie alle zu durchreißen.
    Leicester. Tollkühnheit, Raserei ist dieser Mut.
    Mortimer. Nicht Tapferkeit ist diese Klugheit, Lord.
1875   **Leicester.** Euch lüstet's wohl, wie Babington zu enden?
    Mortimer. Euch nicht, des Norfolks Großmut nachzuahmen.
    Leicester. Norfolk hat seine Braut nicht heimgeführt.
    Mortimer. Er hat bewiesen, daß er's würdig war.

Leicester. Wenn wir verderben, reißen wir sie nach.

1880 **Mortimer.** Wenn wir uns schonen, wird sie nicht gerettet.

Leicester. Ihr überlegt nicht, hört nicht, werdet alles
Mit heftig blindem Ungestüm zerstören,
Was auf so guten Weg geleitet war.

Mortimer. Wohl auf den guten Weg, den Ihr gebahnt?
1885 Was habt Ihr denn getan, um sie zu retten?
— Und wie? Wenn ich nun Bube g'nug gewesen,
Sie zu ermorden, wie die Königin
Mir anbefahl, wie sie zu dieser Stunde
Von mir erwartet — Nennt mir doch die Anstalt,
1890 Die Ihr gemacht, ihr Leben zu erhalten.

Leicester (erstaunt). Gab Euch die Königin diesen Blutbefehl?

Mortimer. Sie irrte sich in mir, wie sich Maria
In Euch.

Leicester. Und Ihr habt zugesagt? Habt Ihr?

Mortimer. Damit sie andre Hände nicht erkaufe,
1895 Bot ich die meinen an.

Leicester.   Ihr tatet wohl,
Dies kann uns Raum verschaffen. Sie verläßt sich
Auf Euern blut'gen Dienst, das Todesurteil
Bleibt unvollstreckt, und wir gewinnen Zeit —

Mortimer (ungeduldig). Nein, wir verlieren Zeit!

Leicester.   Sie zählt auf Euch;
1900 So minder wird sie Anstand nehmen, sich
Den Schein der Gnade vor der Welt zu geben.
Vielleicht, daß ich durch List sie überrede,
Das Angesicht der Gegnerin zu sehn,
Und dieser Schritt muß ihr die Hände binden.
1905 Burleigh hat recht. Das Urteil kann nicht mehr
Vollzogen werden, wenn sie sie gesehn.
— Ja, ich versuch' es, alles biet' ich auf —

Mortimer. Und was erreicht Ihr dadurch? Wenn sie sich
In mir getäuscht sieht, wenn Maria fortfährt,
1910 Zu leben — Ist nicht alles wie zuvor?
Frei wird sie niemals! Auch das Mildeste,
Was kommen kann, ist ewiges Gefängnis.
Mit einer kühnen Tat müßt Ihr doch enden.
Warum wollt Ihr nicht gleich damit beginnen?
1915 In Euern Händen ist die Macht, Ihr bringt
Ein Heer zusammen, wenn Ihr nur den Adel
Auf Euern vielen Schlössern waffnen wollt!
Maria hat noch viel verborgne Freunde;

Der Howard und der Percy edle Häuser,
1920 Ob ihre Häupter gleich gestürzt, sind noch
An Helden reich, sie harren nur darauf,
Daß ein gewalt'ger Lord das Beispiel gebe!
Weg mit Verstellung! Handelt öffentlich!
Verteidigt als ein Ritter die Geliebte,
1925 Kämpft einen edeln Kampf um sie! Ihr seid
Herr der Person der Königin von England,
Sobald Ihr wollt. Lockt sie auf Eure Schlösser,
Sie ist Euch oft dahin gefolgt. Dort zeigt ihr
Den Mann! Sprecht als Gebieter! Haltet sie
1930 Verwahrt, bis sie die Stuart freigegeben!
    Leicester. Ich staune, ich entsetze mich — Wohin
Reißt Euch der Schwindel? — Kennt Ihr diesen Boden?
Wißt Ihr, wie's steht an diesem Hof, wie eng
Dies Frauenreich die Geister hat gebunden?
1935 Sucht nach dem Heldengeist, der ehmals wohl
In diesem Land sich regte — Unterworfen
Ist alles unterm Schlüssel eines Weibes,
Und jedes Mutes Federn abgespannt.
Folgt meiner Leitung! Wagt nichts unbedachtsam!
1940 — Ich höre kommen, geht!
    Mortimer.   Maria hofft!
Kehr' ich mit leerem Trost zu ihr zurück?
    Leicester. Bringt ihr die Schwüre meiner ew'gen Liebe!
    Mortimer. Bringt ihr die selbst! Zum Werkzeug ihrer
                                            Rettung
Bot ich mich an, nicht Euch zum Liebesboten! (Er geht ab.)

Neunter Auftritt.
Elisabeth. Leicester.

1945 Elisabeth. Wer ging da von Euch weg? Ich hörte sprechen.
    Leicester (sich auf ihre Rede schnell und erschrocken umwendend).
Es war Sir Mortimer.
    Elisabeth.   Was ist Euch, Lord?
So ganz betreten?
    Leicester (faßt sich). — Über deinen Anblick!
Ich habe dich so reizend nie gesehn.
Geblendet steh' ich da von deiner Schönheit.
1950 — Ach!
    Elisabeth.   Warum seufzt Ihr?
    Leicester.   Hab' ich keinen Grund?
                                            5*

Zu seufzen? Da ich deinen Reiz betrachte,
Erneut sich mir der namenlose Schmerz
Des drohenden Verlustes.

    Elisabeth.　　　　　　Was verliert Ihr?

    Leicester. Dein Herz, dein liebenswürdig Selbst verlier' ich.
1955 Bald wirst du in den jugendlichen Armen
Des feurigen Gemahls dich glücklich fühlen,
Und ungeteilt wird er dein Herz besitzen.
Er ist von königlichem Blut, das bin
Ich nicht; doch Trotz sei aller Welt geboten,
1960 Ob einer lebt auf diesem Erdenrund,
Der mehr Anbetung für dich fühlt als ich.
Der Duc von Anjou hat dich nie gesehn,
Nur deinen Ruhm und Schimmer kann er lieben.
Ich liebe dich. Wärst du die ärmste Hirtin,
1965 Ich als der größte Fürst der Welt geboren,
Zu deinem Stand würd' ich heruntersteigen,
Mein Diadem zu deinen Füßen legen.

    Elisabeth. Beklag' mich, Dudley, schilt mich nicht! — Ich
                                   darf ja
Mein Herz nicht fragen. Ach! das hätte anders
1970 Gewählt. Und wie beneid' ich andre Weiber,
Die das erhöhen dürfen, was sie lieben.
So glücklich bin ich nicht, daß ich dem Manne,
Der mir vor allen teuer ist, die Krone
Aufsetzen kann! — Der Stuart ward's vergönnt,
1975 Die Hand nach ihrer Neigung zu verschenken;
Die hat sich jegliches erlaubt, sie hat
Den vollen Kelch der Freuden ausgetrunken.

    Leicester. Jetzt trinkt sie auch den bittern Kelch des Leidens.

    Elisabeth. Sie hat der Menschen Urteil nichts geachtet.
1980 Leicht wurd' es ihr zu leben, nimmer lud sie
Das Joch sich auf, dem ich mich unterwarf.
Hätt' ich doch auch Ansprüche machen können,
Des Lebens mich, der Erde Lust zu freun;
Doch zog ich strenge Königspflichten vor.
1985 Und doch gewann sie aller Männer Gunst,
Weil sie sich nur befliß, ein Weib zu sein,
Und um sie buhlt die Jugend und das Alter.
So sind die Männer. Lüstlinge sind alle!
Dem Leichtsinn eilen sie, der Freude zu
1990 Und schätzen nichts, was sie verehren müssen.

Verjüngte sich nicht dieser Talbot selbst,
Als er auf ihren Reiz zu reden kam!
    Leicester. Vergib es ihm! Er war ihr Wächter einst;
Die List'ge hat mit Schmeicheln ihn betört.
1995   **Elisabeth.** Und ist's denn wirklich wahr, daß sie so schön ist?
So oft mußt' ich die Larve rühmen hören;
Wohl möcht' ich wissen, was zu glauben ist.
Gemälde schmeicheln, Schilderungen lügen,
Nur meinen eignen Augen würd' ich traun.
2000 — Was schaut Ihr mich so seltsam an?
    Leicester.   Ich stellte
Dich in Gedanken neben die Maria.
— Die Freude wünscht' ich mir, ich berg' es nicht,
Wenn es ganz in geheim geschehen könnte,
Der Stuart gegenüber dich zu sehn!
2005 Dann solltest du erst deines ganzen Siegs
Genießen! Die Beschämung gönnt' ich ihr,
Daß sie mit eignen Augen — denn der Neid
Hat scharfe Augen — überzeugt sich sähe,
Wie sehr sie auch an Adel der Gestalt
2010 Von dir besiegt wird, der sie so unendlich
In jeder andern würd'gen Tugend weicht.
    Elisabeth. Sie ist die Jüngere an Jahren.
    Leicester.   Jünger!
Man sieht's ihr nicht an. Freilich, ihre Leiden!
Sie mag wohl vor der Zeit gealtert haben.
2015 Ja, und was ihre Kränkung bittrer machte,
Das wäre, dich als Braut zu sehn! Sie hat
Des Lebens schöne Hoffnung hinter sich;
Dich sähe sie dem Glück entgegenschreiten!
Und als die Braut des Königssohns von Frankreich,
2020 Da sie sich stets so viel gewußt, so stolz
Getan mit der französischen Vermählung,
Noch jetzt auf Frankreichs mächt'ge Hilfe pocht!
    Elisabeth (nachlässig hinwerfend).
Man peinigt mich ja, sie zu sehn.
    Leicester (lebhaft).   Sie fodert's
Als eine Gunst, gewähr' es ihr als Strafe!
2025 Du kannst sie auf das Blutgerüste führen,
Es wird sie minder peinigen, als sich
Von deinen Reizen ausgelöscht zu sehn.
Dadurch ermordest du sie, wie sie dich
Ermorden wollte. — Wenn sie deine Schönheit

2030 Erblickt, durch Ehrbarkeit bewacht, in Glorie
Gestellt durch einen unbefleckten Tugendruf,
Den sie, leichtsinnig buhlend, von sich warf,
Erhoben durch der Krone Glanz, und jetzt
Durch zarte Bräutlichkeit geschmückt — dann hat
2035 Die Stunde der Vernichtung ihr geschlagen.
Ja — wenn ich jetzt die Augen auf dich werfe —
Nie warst du, nie zu einem Sieg der Schönheit
Gerüsteter als eben jetzt. — Mich selbst
Hast du umstrahlt, wie eine Lichterscheinung,
2040 Als du vorhin ins Zimmer tratest. — Wie?
Wenn du gleich jetzt, jetzt wie du bist, hinträtest
Vor sie, du findest keine schönre Stunde —
      Elisabeth. Jetzt — Nein — Nein — Jetzt nicht, Lester! —
                                        Nein, das muß ich
Erst wohl bedenken — mich mit Burleigh —
      Leicester (lebhaft einfallend).   Burleigh!
2045 Der denkt allein auf deinen Staatsvorteil;
Auch deine Weiblichkeit hat ihre Rechte,
Der zarte Punkt gehört vor dein Gericht,
Nicht vor des Staatsmanns — ja, auch Staatskunst will es,
Daß du sie siehst, die öffentliche Meinung
2050 Durch eine Tat der Großmut dir gewinnest!
Magst du nachher dich der verhaßten Feindin,
Auf welche Weise dir's gefällt, entladen!
      Elisabeth. Nicht wohlanständig wär' mir's, die Verwandte
Im Mangel und in Schmach zu sehn. Man sagt,
2055 Daß sie nicht königlich umgeben sei,
Vorwerfend wär' mir ihres Mangels Anblick.
      Leicester. Nicht ihrer Schwelle brauchst du dich zu nahn.
Hör' meinen Rat. Der Zufall hat es eben
Nach Wunsch gefügt. Heut ist das große Jagen,
2060 An Fotheringhay führt der Weg vorbei,
Dort kann die Stuart sich im Park ergehn,
Du kommst ganz wie von ohngefähr dahin,
Es darf nichts als vorher bedacht erscheinen,
Und wenn es dir zuwider, redest du
2065 Sie gar nicht an —
      Elisabeth.   Begeh' ich eine Torheit,
So ist es Eure, Lester, nicht die meine.
Ich will Euch heute keinen Wunsch versagen,
Weil ich von meinen Untertanen allen
Euch heut am wehesten getan. (Ihn zärtlich ansehend.)

2070 Sei's eine Grille nur von Euch. Dadurch
Gibt Neigung sich ja kund, daß sie bewilligt
Aus freier Gunst, was sie auch nicht gebilligt.
(Leicester stürzt zu ihren Füßen, der Vorhang fällt.)

———————

Dritter Aufzug.

(Gegend in einem Park. Vorn mit Bäumen besetzt, hinten eine weite Aussicht.)

Erster Auftritt.

Maria tritt in schnellem Lauf hinter Bäumen hervor. Hanna Kennedy folgt langsam

Kennedy. Ihr eilet ja, als wenn Ihr Flügel hättet,
So kann ich Euch nicht folgen, wartet doch!

2075 **Maria.** Laß mich der neuen Freiheit genießen,
Laß mich ein Kind sein, sei es mit!
Und auf dem grünen Teppich der Wiesen
Prüfen den leichten, geflügelten Schritt.
Bin ich dem finstern Gefängnis entstiegen?

2080 Hält sie mich nicht mehr, die traurige Gruft?
Laß mich in vollen, in durstigen Zügen
Trinken die freie, die himmlische Luft.

Kennedy. O meine teure Lady! Euer Kerker
Ist nur um ein klein weniges erweitert.

2085 Ihr seht nur nicht die Mauer, die uns einschließt,
Weil sie der Bäume dicht Gesträuch versteckt.

Maria. O Dank, Dank diesen freundlich grünen Bäumen,
Die meines Kerkers Mauern mir verstecken!
Ich will mich frei und glücklich träumen,

2090 Warum aus meinem süßen Wahn mich wecken?
Umfängt mich nicht der weite Himmelsschoß?
Die Blicke, frei und fessellos,
Ergehen sich in ungemeßnen Räumen.
Dort, wo die grauen Nebelberge ragen,

2095 Fängt meines Reiches Grenze an,
Und diese Wolken, die nach Mittag jagen,
Sie suchen Frankreichs fernen Ozean.
Eilende Wolken! Segler der Lüfte!
Wer mit euch wanderte, mit euch schiffte!

2100 Grüßet mir freundlich mein Jugendland!
Ich bin gefangen, ich bin in Banden,
Ach, ich hab' keinen andern Gesandten!
Frei in Lüften ist eure Bahn,
Ihr seid nicht dieser Königin untertan.

2105 **Kennedy.** Ach, teure Lady! Ihr seid außer Euch,
Die langentbehrte Freiheit macht Euch schwärmen.
　　　Maria. Dort legt ein Fischer den Nachen an!
　　　　　Dieses elende Werkzeug könnte mich retten,
　　　　　Brächte mich schnell zu befreundeten Städten.
2110　　　Spärlich nährt es den dürftigen Mann.
　　　　　Beladen wollt' ich ihn reich mit Schätzen,
　　　　　Einen Zug sollt' er tun, wie er keinen getan,
　　　　　Das Glück sollt' er finden in seinen Netzen,
　　　　　Nähm' er mich ein in den rettenden Kahn.
2115 **Kennedy.** Verlorne Wünsche! Seht Ihr nicht, daß uns
Von ferne dort die Spähertritte folgen?
Ein finster grausames Verbot scheucht jedes
Mitleidige Geschöpf aus unserm Wege.
　　　Maria. Nein, gute Hanna. Glaub' mir, nicht umsonst
2120 Ist meines Kerkers Tor geöffnet worden.
Die kleine Gunst ist mir des größern Glücks
Verkünderin. Ich irre nicht. Es ist
Der Liebe tät'ge Hand, der ich sie danke;
Lord Lesters mächt'gen Arm erkenn' ich drin.
2125 Allmählich will man mein Gefängnis weiten,
Durch Kleineres zum Größern mich gewöhnen,
Bis ich das Antlitz dessen endlich schaue,
Der mir die Bande löst auf immerdar.
　　　Kennedy. Ach, ich kann diesen Widerspruch nicht reimen!
2130 Noch gestern kündigt man den Tod Euch an,
Und heute wird Euch plötzlich solche Freiheit.
Auch denen, hört' ich sagen, wird die Kette
Gelöst, auf die die ew'ge Freiheit wartet.
　　　Maria. Hörst du das Hifthorn? Hörst du's klingen,
2135　　　Mächtigen Rufes, durch Feld und Hain?
　　　　　Ach, auf das mutige Roß mich zu schwingen,
　　　　　An den fröhlichen Zug mich zu reihn!
　　　　　Noch mehr! O die bekannte Stimme,
　　　　　Schmerzlich süßer Erinnerung voll.
2140　　　Oft vernahm sie mein Ohr mit Freuden
　　　　　Auf des Hochlands bergichten Heiden,
　　　　　Wenn die tobende Jagd erscholl.

Zweiter Auftritt.
Paulet. Die Vorigen.

Paulet. Nun! Hab' ich's endlich recht gemacht, Mylady?
Verdien' ich einmal Euern Dank?

Maria.   Wie, Ritter?
2145 Seid Ihr's, der diese Gunst mir ausgewirkt?
Ihr seid's?
        Paulet. Warum soll ich's nicht sein? Ich war
Am Hof, ich überbrachte Euer Schreiben —
        Maria. Ihr übergabt es? Wirklich, tatet Ihr's?
Und diese Freiheit, die ich jetzt genieße,
2150 Ist eine Frucht des Briefs —
        Paulet (mit Bedeutung).   Und nicht die einz'ge!
Macht Euch auf eine größre noch gefaßt!
        Maria. Auf eine größre, Sir? Was meint Ihr damit?
        Paulet. Ihr hörtet doch die Hörner —
        Maria (zurückfahrend, mit Ahnung).   Ihr erschreckt mich!
        Paulet. Die Königin jagt in dieser Gegend.
        Maria.   Was?
2155   **Paulet.** In wenig Augenblicken steht sie vor Euch.
        Kennedy (auf Maria zueilend, welche zittert und hinzusinken droht).
Wie wird Euch, teure Lady! Ihr verblaßt —
        Paulet. Nun! ist's nun nicht recht? War's nicht Eure Bitte?
Sie wird Euch früher gewährt, als Ihr gedacht.
Ihr wart sonst immer so geschwinder Zunge,
2160 Jetzt bringet Eure Worte an, jetzt ist
Der Augenblick zu reden!
        Maria. O, warum hat man mich nicht vorbereitet!
Jetzt bin ich nicht darauf gefaßt, jetzt nicht.
Was ich mir als die höchste Gunst erbeten,
2165 Dünkt mir jetzt schrecklich, fürchterlich. — Komm, Hanna,
Führ' mich ins Haus, daß ich mich fasse, mich
Erhole —
        Paulet. Bleibt! Ihr müßt sie hier erwarten.
Wohl, wohl mag's Euch beängstigen, ich glaub's,
Vor Euerm Richter zu erscheinen.

Dritter Auftritt.

Graf Shrewsbury zu den Vorigen.

2170   **Maria.** Es ist nicht darum! Gott, mir ist ganz anders
Zumut'. — Ach, edler Shrewsbury! Ihr kommt,
Vom Himmel mir ein Engel zugesendet!
— Ich kann sie nicht sehn! Rettet, rettet mich
Von dem verhaßten Anblick —
2175   **Shrewsbury.** Kommt zu Euch, Königin! Faßt Euern Mut
Zusammen! Das ist die entscheidungsvolle Stunde.

Maria. Ich habe drauf geharret — Jahrelang
Mich drauf bereitet, alles hab' ich mir
Gesagt und ins Gedächtnis eingeschrieben,
2180 Wie ich sie rühren wollte und bewegen!
Vergessen plötzlich, ausgelöscht ist alles,
Nichts lebt in mir in diesem Augenblick,
Als meiner Leiden brennendes Gefühl.
In blut'gen Haß gewendet wider sie
2185 Ist mir das Herz, es fliehen alle guten
Gedanken, und die Schlangenhaare schüttelnd
Umstehen mich die finstern Höllengeister.

    Shrewsbury. Gebietet Euerm wild empörten Blut,
Bezwingt des Herzens Bitterkeit! Es bringt
2190 Nicht gute Frucht, wenn Haß dem Haß begegnet.
Wie sehr auch Euer Innres widerstrebe,
Gehorcht der Zeit und dem Gesetz der Stunde!
Sie ist die Mächtige — Demütigt Euch!

    Maria. Vor ihr! Ich kann es nimmermehr.

    Shrewsbury.   Tut's dennoch!
2195 Sprecht ehrerbietig, mit Gelassenheit!
Ruft ihre Großmut an, trotzt nicht, jetzt nicht
Auf Euer Recht, jetzo ist nicht die Stunde!

    Maria. Ach, mein Verderben hab' ich mir erfleht,
Und mir zum Fluche wird mein Flehn erhört!
2200 Nie hätten wir uns sehen sollen, niemals!
Daraus kann nimmer, nimmer Gutes kommen!
Eh' mögen Feur und Wasser sich in Liebe
Begegnen, und das Lamm den Tiger küssen. —
Ich bin zu schwer verletzt — sie hat zu schwer
2205 Beleidigt. — Nie ist zwischen uns Versöhnung!

    Shrewsbury. Seht sie nur erst von Angesicht!
Ich sah es ja, wie sie von Euerm Brief
Erschüttert war, ihr Auge schwamm in Tränen.
Nein, sie ist nicht gefühllos, hegt Ihr selbst
2210 Nur besseres Vertrauen! — Darum eben
Bin ich vorausgeeilt, damit ich Euch
In Fassung setzen und ermahnen möchte.

    Maria (seine Hand ergreifend).
Ach, Talbot! Ihr wart stets mein Freund. — Daß ich
In Eurer milden Haft geblieben wäre!
2215 Es ward mir hart begegnet, Shrewsbury!

    Shrewsbury. Vergeßt jetzt alles! Darauf denkt allein,
Wie Ihr sie unterwürfig wollt empfangen.

Maria. Iſt Burleigh auch mit ihr, mein böſer Engel?

Shrewsbury. Niemand begleitet ſie, als Graf von Leſter.

2220 **Maria.** Lord Leſter!

Shrewsbury.   Fürchtet nichts von ihm! Nicht er
Will Euern Untergang. — Sein Werk iſt es,
Daß Euch die Königin die Zuſammenkunft
Bewilligt.

Maria. Ach! Ich wußt' es wohl!

Shrewsbury.   Was ſagt Ihr?

Paulet. Die Königin kommt!

(Alles weicht auf die Seite; nur Maria bleibt, auf die Kennedy gelehnt.)

Vierter Auftritt.

Die Vorigen. Eliſabeth. Graf Leicester. Gefolge.

2225 **Eliſabeth** (zu Leicester). Wie heißt der Landſitz?

Leicester.   Fotheringhayſchloß.

Eliſabeth (zu Shrewsbury).

Schickt unſer Jagdgefolg' voraus nach London!
Das Volk drängt allzu heftig in den Straßen,
Wir ſuchen Schutz in dieſem ſtillen Park.

(Talbot entfernt das Gefolge. Sie fixiert mit den Augen die Maria, indem ſie zu Paulet weiter ſpricht.)

Mein gutes Volk liebt mich zu ſehr. Unmäßig,
2230 Abgöttiſch ſind die Zeichen ſeiner Freude,
So ehrt man einen Gott, nicht einen Menſchen.

Maria (welche dieſe Zeit über halb ohnmächtig auf die Amme gelehnt war, erhebt ſich jetzt, und ihr Auge begegnet dem geſpannten Blick der Eliſabeth. Sie ſchaudert zuſammen und wirft ſich wieder an der Amme Bruſt).

O Gott, aus dieſen Zügen ſpricht kein Herz!

Eliſabeth. Wer iſt die Lady?

(Ein allgemeines Schweigen.)

Leicester. — Du biſt zu Fotheringhay, Königin.

Eliſabeth (ſtellt ſich überraſcht und erſtaunt, einen finſtern Blick auf
2235 Leicestern richtend). Wer hat mir das getan? Lord Leſter!

Leicester. Es iſt geſchehen, Königin — und nun
Der Himmel deinen Schritt hieher gelenkt,
So laß die Großmut und das Mitleid ſiegen!

Shrewsbury. Laß dich erbitten, königliche Frau,
2240 Dein Aug' auf die Unglückliche zu richten,
Die hier vergeht vor deinem Anblick.

(Maria rafft ſich zuſammen und will auf die Eliſabeth zugehen, ſteht aber auf halbem Wege ſchaudernd ſtill; ihre Gebärden drücken den heftigſten Kampf aus.)

Eliſabeth.   Wie, Mylords?
Wer war es denn, der eine Tiefgebeugte

Mir angekündigt? Eine Stolze find' ich,
Vom Unglück keineswegs geschmeidigt.
     Maria.   Sei's!
2245 Ich will mich auch noch diesem unterwerfen.
Fahr hin, ohnmächt'ger Stolz der edeln Seele!
Ich will vergessen, wer ich bin und was
Ich litt; ich will vor ihr mich niederwerfen. (Sie wendet sich gegen die
2250 Königin.) Der Himmel hat für Euch entschieden, Schwester!
Gekrönt vom Sieg ist Euer glücklich Haupt;
Die Gottheit bet' ich an, die Euch erhöhte! (Sie fällt vor ihr
nieder.) Doch seid auch Ihr nun edelmütig, Schwester!
Laßt mich nicht schmachvoll liegen! Eure Hand
2255 Streckt aus, reicht mir die königliche Rechte,
Mich zu erheben von dem tiefen Fall!
       Elisabeth (zurücktretend). Ihr seid an Euerm Platz, Lady Maria!
Und dankend preis' ich meines Gottes Gnade,
Der nicht gewollt, daß ich zu Euern Füßen
2260 So liegen sollte, wie Ihr jetzt zu meinen.
     Maria (mit steigendem Affekt).
Denkt an den Wechsel alles Menschlichen!
Es leben Götter, die den Hochmut rächen!
Verehret, fürchtet sie, die schrecklichen,
Die mich zu Euern Füßen niederstürzen! —
2265 Um dieser fremden Zeugen willen, ehrt
In mir Euch selbst! entweihet, schändet nicht
Das Blut der Tudor, das in meinen Adern
Wie in den Euern fließt! — O Gott im Himmel!
Steht nicht da, schroff und unzugänglich wie
2270 Die Felsenklippe, die der Strandende
Vergeblich ringend zu erfassen strebt.
Mein alles hängt, mein Leben, mein Geschick,
An meiner Worte, meiner Tränen Kraft;
Löst mir das Herz, daß ich das Eure rühre!
2275 Wenn Ihr mich anschaut mit dem Eisesblick,
Schließt sich das Herz mir schaudernd zu, der Strom
Der Tränen stockt, und kaltes Grausen fesselt
Die Flehensworte mir im Busen an.
       Elisabeth (kalt und streng).
Was habt Ihr mir zu sagen, Lady Stuart?
2280 Ihr habt mich sprechen wollen. Ich vergesse
Die Königin, die schwer beleidigte,
Die fromme Pflicht der Schwester zu erfüllen,

Und meines Anblicks Trost gewähr' ich Euch.
Dem Trieb der Großmut folg' ich, setze mich
2285 Gerechtem Tadel aus, daß ich soweit
Heruntersteige — denn Ihr wißt,
Daß Ihr mich habt ermorden lassen wollen.

   Maria. Womit soll ich den Anfang machen, wie
Die Worte klüglich stellen, daß sie Euch
2290 Das Herz ergreifen, aber nicht verletzen!
O Gott, gib meiner Rede Kraft und nimm
Ihr jeden Stachel, der verwunden könnte!
Kann ich doch für mich selbst nicht sprechen, ohne Euch
Schwer zu verklagen, und das will ich nicht.
2295 — Ihr habt an mir gehandelt, wie nicht recht ist,
Denn ich bin eine Königin wie Ihr,
Und Ihr habt als Gefangne mich gehalten.
Ich kam zu Euch als eine Bittende,
Und Ihr, des Gastrechts heilige Gesetze,
2300 Der Völker heilig Recht in mir verhöhnend,
Schloßt mich in Kerkermauern ein; die Freunde,
Die Diener werden grausam mir entrissen,
Unwürd'gem Mangel werd' ich preisgegeben,
Man stellt mich vor ein schimpfliches Gericht —
2305 Nichts mehr davon! Ein ewiges Vergessen
Bedecke, was ich Grausames erlitt.
— Seht! Ich will alles eine Schickung nennen;
Ihr seid nicht schuldig, ich bin auch nicht schuldig;
Ein böser Geist stieg aus dem Abgrund auf,
2310 Den Haß in unsern Herzen zu entzünden,
Der unsre zarte Jugend schon entzweit.
Er wuchs mit uns, und böse Menschen fachten
Der unglückfel'gen Flamme Atem zu.
Wahnsinn'ge Eiferer bewaffneten
2315 Mit Schwert und Dolch die unberufne Hand —
Das ist das Fluchgeschick der Könige,
Daß sie, entzweit, die Welt in Haß zerreißen
Und jeder Zwietracht Furien entfesseln.
— Jetzt ist kein fremder Mund mehr zwischen uns —
   (nähert sich ihr zutraulich und mit schmeichelndem Ton)
2320 Wir stehn einander selbst nun gegenüber.
Jetzt, Schwester, redet! Nennt mir meine Schuld;
Ich will Euch völliges Genügen leisten.
Ach, daß Ihr damals mir Gehör geschenkt,
Als ich so dringend Euer Auge suchte!

2325 Es wäre nie soweit gekommen, nicht
An diesem traur'gen Ort geschähe jetzt
Die unglückselig traurige Begegnung.
        Elisabeth. Mein guter Stern bewahrte mich davor,
Die Natter an den Busen mir zu legen.
2330 — Nicht die Geschicke, Euer schwarzes Herz
Klagt an, die wilde Ehrsucht Eures Hauses.
Nichts Feindliches war zwischen uns geschehn,
Da kündigte mir Euer Ohm, der stolze,
Herrschwüt'ge Priester, der die freche Hand
2335 Nach allen Kronen streckt, die Fehde an,
Betörte Euch, mein Wappen anzunehmen,
Euch meine Königstitel zuzueignen,
Auf Tod und Leben in den Kampf mit mir
Zu gehn. — Wen rief er gegen mich nicht auf?
2340 Der Priester Zungen und der Völker Schwert,
Des frommen Wahnsinns fürchterliche Waffen;
Hier selbst, im Friedenssitze meines Reichs,
Blies er mir der Empörung Flammen an —
Doch Gott ist mit mir — und der stolze Priester
2345 Behält das Feld nicht. — Meinem Haupte war
Der Streich gedrohet, und das Eure fällt!
        Maria. Ich steh' in Gottes Hand. Ihr werdet Euch
So blutig Eurer Macht nicht überheben —
        Elisabeth. Wer soll mich hindern? Euer Oheim gab
2350 Das Beispiel allen Königen der Welt,
Wie man mit seinen Feinden Frieden macht.
Die Sankt Barthelemi sei meine Schule!
Was ist mir Blutsverwandtschaft, Völkerrecht?
Die Kirche trennet aller Pflichten Band,
2355 Den Treubruch heiligt sie, den Königsmord;
Ich übe nur, was Eure Priester lehren.
Sagt! Welches Pfand gewährte mir für Euch,
Wenn ich großmütig Eure Bande löste?
Mit welchem Schloß verwahr' ich Eure Treue,
2360 Das nicht Sankt Peters Schlüssel öffnen kann?
Gewalt nur ist die einz'ge Sicherheit;
Kein Bündnis ist mit dem Gezücht der Schlangen.
        Maria. O, das ist Euer traurig finstrer Argwohn!
Ihr habt mich stets als eine Feindin nur
2365 Und Fremdlingin betrachtet. Hättet Ihr
Zu Eurer Erbin mich erklärt, wie mir
Gebührt, so hätten Dankbarkeit und Liebe

Euch eine treue Freundin und Verwandte
In mir erhalten.   Elisabeth.   Draußen, Lady Stuart,
2370 Ist Eure Freundschaft, Euer Haus das Papsttum,
Der Mönch ist Euer Bruder — Euch zur Erbin
Erklären! Der verräterische Fallstrick!
Daß Ihr bei meinem Leben noch mein Volk
Verführet, eine listige Armida,
2375 Die edle Jugend meines Königreichs
In Eurem Buhlernetze schlau verstricket —
Daß alles sich der neu aufgehnden Sonne
Zuwendete, und ich —
          Maria.   Regiert in Frieden!
Jedwedem Anspruch auf dies Reich entsag' ich.
2380 Ach, meines Geistes Schwingen sind gelähmt;
Nicht Größe lockt mich mehr — Ihr habt's erreicht,
Ich bin nur noch der Schatten der Maria.
Gebrochen ist in langer Kerkerschmach
Der edle Mut — Ihr habt das Äußerste an mir
2385 Getan, habt mich zerstört in meiner Blüte!
— Jetzt macht ein Ende, Schwester! Sprecht es aus,
Das Wort, um dessentwillen Ihr gekommen,
Denn nimmer will ich glauben, daß Ihr kamt,
Um Euer Opfer grausam zu verhöhnen.
2390 Sprecht dieses Wort aus! Sagt mir: „Ihr seid frei,
Maria! Meine Macht habt Ihr gefühlt,
Jetzt lernet meinen Edelmut verehren!"
Sagt's, und ich will mein Leben, meine Freiheit
Als ein Geschenk aus Eurer Hand empfangen.
2395 — Ein Wort macht alles ungeschehn. Ich warte
Darauf. O, laßt mich's nicht zu lang erharren!
Weh Euch, wenn Ihr mit diesem Wort nicht endet!
Denn wenn Ihr jetzt nicht segenbringend, herrlich,
Wie eine Gottheit von mir scheidet — Schwester!
2400 Nicht um dies ganze reiche Eiland, nicht
Um alle Länder, die das Meer umfaßt,
Möcht' ich vor Euch so stehn, wie Ihr vor mir!
          Elisabeth. Bekennt Ihr endlich Euch für überwunden?
Ist's aus mit Euern Ränken? Ist kein Mörder
2405 Mehr unterweges? Will kein Abenteurer
Für Euch die traur'ge Ritterschaft mehr wagen?
— Ja, es ist aus, Lady Maria. Ihr verführt
Mir keinen mehr. Die Welt hat andre Sorgen.

Es lüstet keinen, Euer — vierter Mann
2410 Zu werden, denn Ihr tötet Eure Freier
Wie Eure Männer!

    Maria (auffahrend). Schwester! Schwester!
O Gott! Gott! Gib mir Mäßigung!

    Elisabeth (sieht sie lange mit einem Blick stolzer Verachtung an).
Das also sind die Reizungen, Lord Lester,
Die ungestraft kein Mann erblickt, daneben
2415 Kein andres Weib sich wagen darf zu stellen!
Fürwahr! Der Ruhm war wohlfeil zu erlangen,
Es kostet nichts, die allgemeine Schönheit
Zu sein, als die gemeine sein für alle!

    Maria. Das ist zuviel!

    Elisabeth (höhnisch lachend). Jetzt zeigt Ihr Euer wahres
2420 Gesicht, bis jetzt war's nur die Larve.

    Maria (von Zorn glühend, doch mit einer edeln Würde).
Ich habe menschlich, jugendlich gefehlt,
Die Macht verführte mich, ich hab' es nicht
Verheimlicht und verborgen, falschen Schein
Hab' ich verschmäht mit königlichem Freimut.
2425 Das Ärgste weiß die Welt von mir, und ich
Kann sagen, ich bin besser als mein Ruf.
Weh Euch, wenn sie von Euern Taten einst
Den Ehrenmantel zieht, womit Ihr gleißend
Die wilde Glut verstohlner Lüste deckt.
2430 Nicht Ehrbarkeit habt Ihr von Eurer Mutter
Geerbt; man weiß, um welcher Tugend willen
Anna von Boulen das Schafott bestiegen.

    Shrewsbury (tritt zwischen beide Königinnen).
O Gott des Himmels! Muß es dahin kommen!
Ist das die Mäßigung, die Unterwerfung,
2435 Lady Maria?

    Maria. Mäßigung! Ich habe
Ertragen, was ein Mensch ertragen kann.
Fahr' hin, lammherzige Gelassenheit!
Zum Himmel fliehe, leidende Geduld!
Spreng' endlich deine Bande, tritt hervor
2440 Aus deiner Höhle, langverhaltner Groll! —
Und du, der dem gereizten Basilisk
Den Mordblick gab, leg' auf die Zunge mir
Den gift'gen Pfeil —

Shrewsbury.   O, sie ist außer sich!
Verzeih der Rasenden, der schwer Gereizten!
(Elisabeth, für Zorn sprachlos, schießt wütende Blicke auf Marien.)
Leicester (in der heftigsten Unruhe, sucht die Elisabeth hinwegzuführen).
Höre
2445 Die Wütende nicht an! Hinweg, hinweg
Von diesem unglückssel'gen Ort!
    Maria. Der Thron von England ist durch einen Bastard
Entweiht, der Briten edelherzig Volk
Durch eine list'ge Gauklerin betrogen.
2450 — Regierte Recht, so läget Ihr vor mir
Im Staube jetzt, denn ich bin Euer König.
(Elisabeth geht schnell ab, die Lords folgen ihr in der höchsten Bestürzung.)

Fünfter Auftritt.

Maria. Kennedy.

    Kennedy. O, was habt Ihr getan! Sie geht in Wut!
Jetzt ist es aus, und alle Hoffnung schwindet.
    Maria (noch ganz außer sich).
Sie geht in Wut! Sie trägt den Tod im Herzen! (Der Kennedy
2455 um den Hals fallend.) O, wie mir wohl ist, Hanna! Endlich, endlich,
Nach Jahren der Erniedrigung, der Leiden,
Ein Augenblick der Rache, des Triumphs!
Wie Bergeslasten fällt's von meinem Herzen,
Das Messer stieß ich in der Feindin Brust.
2460   **Kennedy.** Unglückliche! Der Wahnsinn reißt Euch hin,
Ihr habt die Unversöhnliche verwundet.
Sie führt den Blitz, sie ist die Königin,
Vor ihrem Buhlen habt Ihr sie verhöhnt!
    Maria. Vor Lesters Augen hab' ich sie erniedrigt;
2465 Er sah es, er bezeugte meinen Sieg!
Wie ich sie niederschlug von ihrer Höhe,
Er stand dabei, mich stärkte seine Nähe!

Sechster Auftritt.

Mortimer zu den Vorigen.

    Kennedy. O Sir! Welch ein Erfolg —
    Mortimer.   Ich hörte alles.
(Gibt der Amme ein Zeichen, sich auf ihren Posten zu begeben, und tritt näher. Sein ganzes Wesen drückt eine heftige, leidenschaftliche Stimmung aus.)
Du hast gesiegt! Du tratst sie in den Staub,
2470 Du warst die Königin, sie der Verbrecher.

Ich bin entzückt von deinem Mut, ich bete
Dich an, wie eine Göttin groß und herrlich
Erscheinst du mir in diesem Augenblick.
   Maria. Ihr spracht mit Lestern, überbrachtet ihm
2475 Mein Schreiben, mein Geschenk — O redet, Sir!
   Mortimer (mit glühenden Blicken sie betrachtend).
Wie dich der edle königliche Zorn
Umglänzte, deine Reize mir verklärte!
Du bist das schönste Weib auf dieser Erde!
   Maria. Ich bitt' Euch, Sir! Stillt meine Ungeduld!
2480 Was spricht Mylord? O sagt, was darf ich hoffen?
   Mortimer. Wer? Er? Das ist ein Feiger, Elender!
Hofft nichts von ihm, verachtet ihn, vergeßt ihn!
   Maria. Was sagt Ihr?
   Mortimer.   Er Euch retten und besitzen!
Er Euch! Er soll es wagen! Er! Mit mir
2485 Muß er auf Tod und Leben darum kämpfen!
   Maria. Ihr habt ihm meinen Brief nicht übergeben?
— O, dann ist's aus!
   Mortimer.   Der Feige liebt das Leben.
Wer dich will retten und die Seine nennen,
Der muß den Tod beherzt umarmen können.
2490   **Maria.** Er will nichts für mich tun!
   Mortimer.   Nichts mehr von ihm!
Was kann er tun, und was bedarf man sein?
Ich will dich retten, ich allein!
   Maria. Ach, was vermögt Ihr?
   Mortimer.   Täuschet Euch nicht mehr,
Als ob es noch wie gestern mit Euch stünde!
2495 So wie die Königin jetzt von Euch ging,
Wie dies Gespräch sich wendete, ist alles
Verloren, jeder Gnadenweg gesperrt.
Der Tat bedarf's jetzt, Kühnheit muß entscheiden,
Für alles werde alles frisch gewagt,
2500 Frei müßt Ihr sein, noch eh' der Morgen tagt!
   Maria. Was sprecht Ihr? Diese Nacht! Wie ist das möglich?
   Mortimer. Hört, was beschlossen ist. Versammelt hab' ich
In heimlicher Kapelle die Gefährten;
Ein Priester hörte unsre Beichte an,
2505 Ablaß ist uns erteilt für alle Schulden,
Die wir begingen, Ablaß im voraus
Für alle, die wir noch begehen werden.

Das letzte Sakrament empfingen wir,
Und fertig sind wir zu der letzten Reise.
2510   **Maria.** O welche fürchterliche Vorbereitung!
    Mortimer. Dies Schloß ersteigen wir in dieser Nacht,
Der Schlüssel bin ich mächtig. Wir ermorden
Die Hüter, reißen dich aus deiner Kammer
Gewaltsam, sterben muß von unsrer Hand,
2515 Daß niemand überbleibe, der den Raub
Verraten könne, jede lebende Seele.
    Maria. Und Drury, Paulet, meine Kerkermeister?
O, eher werden sie ihr letztes Blut —
    Mortimer. Von meinem Dolche fallen sie zuerst!
2520   **Maria.** Was? Euer Oheim, Euer zweiter Vater?
    Mortimer. Von meinen Händen stirbt er. Ich ermord' ihn.
    Maria. O blut'ger Frevel!
    Mortimer.   Alle Frevel sind
Vergeben im voraus. Ich kann das Ärgste
Begehen, und ich will's.
    Maria.   O schrecklich, schrecklich!
2525   **Mortimer.** Und müßt' ich auch die Königin durchbohren,
Ich hab' es auf die Hostie geschworen.
    Maria. Nein, Mortimer! Eh' so viel Blut um mich —
    Mortimer. Was ist mir alles Leben gegen d i c h
Und meine Liebe! Mag der Welten Band
2530 Sich lösen, eine zweite Wasserflut
Herwogend alles Atmende verschlingen!
— Ich achte nichts mehr! Eh' ich dir entsage,
Eh' nahe sich das Ende aller Tage!
    Maria (zurücktretend).
Gott, welche Sprache, Sir, und — welche Blicke!
2535 — Sie schrecken, sie verscheuchen mich.
    Mortimer (mit irren Blicken und im Ausdruck des stillen Wahnsinns).
                                 Das Leben ist
Nur ein Moment, der Tod ist auch nur einer!
— Man schleife mich nach Tyburn, Glied für Glied
Zerreiße man mit glühnder Eisenzange.
    (Indem er heftig auf sie zugeht, mit ausgebreiteten Armen.)
Wenn ich dich, Heißgeliebte, umfange
2540   **Maria** (zurücktretend). Unsinniger, zurück!
    Mortimer.   An dieser Brust,
Auf diesem liebeatmenden Munde —
    Maria. Um Gottes willen, Sir! Laßt mich hineingehn!

Mortimer. Der ist ein Rasender, der nicht das Glück
Festhält in unauflöslicher Umarmung,
2545 Wenn es ein Gott in seine Hand gegeben.
Ich will dich retten, kost' es tausend Leben;
Ich rette dich, ich will es; doch, so wahr
Gott lebt! ich schwör's, ich will dich auch besitzen.
     Maria. O, will kein Gott, kein Engel mich beschützen?
2550 Furchtbares Schicksal! Grimmig schleuderst du
Von einem Schrecknis mich dem andern zu.
Bin ich geboren, nur die Wut zu wecken?
Verschwört sich Haß und Liebe, mich zu schrecken?
     Mortimer. Ja, glühend, wie sie hassen, lieb' ich dich!
2555 Sie wollen dich enthaupten, diesen Hals,
Den blendend weißen, mit dem Beil durchschneiden.
O, weihe du dem Lebensgott der Freuden,
Was du dem Hasse blutig opfern mußt!
Mit diesen Reizen, die nicht dein mehr sind,
2560 Beselige den glücklichen Geliebten!
Die schöne Locke, dieses seidne Haar,
Verfallen schon den finstern Todesmächten,
Gebrauch's, den Sklaven ewig zu umflechten!
     Maria. O, welche Sprache muß ich hören! Sir!
2565 Mein Unglück sollt' Euch heilig sein, mein Leiden,
Wenn es mein königliches Haupt nicht ist.
     Mortimer. Die Krone ist von deinem Haupt gefallen,
Du hast nichts mehr von ird'scher Majestät;
Versuch' es, laß dein Herrscherwort erschallen,
2570 Ob dir ein Freund, ein Retter aufersteht.
Nichts blieb dir als die rührende Gestalt,
Der hohen Schönheit göttliche Gewalt,
Die läßt mich alles wagen und vermögen,
Die treibt dem Beil des Henkers mich entgegen —
2575 **Maria.** O, wer errettet mich von seiner Wut?
     Mortimer. Verwegner Dienst belohnt sich auch verwegen!
Warum versprützt der Tapfere sein Blut?
Ist Leben doch des Lebens höchstes Gut!
Ein Rasender, der es umsonst verschleudert!
2580 Erst will ich ruhn an seiner wärmsten Brust —
          (Er preßt sie heftig an sich.)
     Maria. O, muß ich Hilfe rufen gegen den Mann,
Der mein Erretter —
     Mortimer.   Du bist nicht gefühllos;
Nicht kalter Strenge klagt die Welt dich an,

Dich kann die heiße Liebesbitte rühren,
2585 Du haſt den Sänger Rizzio beglückt,
Und jener Bothwell durfte dich entführen.

    Maria. Vermeſſener!

    Mortimer.   Er war nur dein Tyrann!
Du zitterteſt vor ihm, da du ihn liebteſt!
Wenn nur der Schrecken dich gewinnen kann,
2590 Beim Gott der Hölle! —

    Maria.   Laßt mich! Raſet Ihr?

    Mortimer. Erzittern ſollſt du auch vor mir!

    Kennedy (hereinſtürzend).
Man naht. Man kommt. Bewaffnet Volk erfüllt
Den ganzen Garten.

    Mortimer (auffahrend und zum Degen greifend).
               Ich beſchütze dich!

    Maria. O Hanna! rette mich aus ſeinen Händen!
2595 Wo find’ ich Armſte einen Zufluchtsort?
Zu welchem Heiligen ſoll ich mich wenden?
Hier iſt Gewalt, und drinnen iſt der Mord.

    (Sie flieht dem Hauſe zu, Kennedy folgt.)

Siebenter Auftritt.

**Mortimer. Paulet und Drury, welche außer ſich hereinſtürzen. Gefolge eilt
über die Szene.**

    Paulet. Verſchließt die Pforten! Zieht die Brücken auf!

    Mortimer. Oheim, was iſt’s?

    Paulet.   Wo iſt die Mörderin?
2600 Hinab mit ihr ins finſterſte Gefängnis!

    Mortimer. Was gibt’s? Was iſt geſchehn?

    Paulet.   Die Königin!
Verfluchte Hände! Teufliſches Erkühnen!

    Mortimer. Die Königin! Welche Königin?

    Paulet.   Von England!
Sie iſt ermordet auf der Londner Straßen! (Eilt ins Haus.)

Achter Auftritt.

Mortimer. Gleich darauf Okelly.

2605   **Mortimer.** Bin ich im Wahnwitz? Kam nicht eben jemand
Vorbei und rief, die Königin ſei ermordet?
Nein, nein, mir träumte nur. Ein Fieberwahn
Bringt mir als wahr und wirklich vor den Sinn,

Was die Gedanken gräßlich mir erfüllt.

2610 Wer kommt? Es ist Okell'. So schreckenvoll!

Okelly (hereinstürzend).

Flieht, Mortimer! Flieht! Alles ist verloren.

Mortimer. Was ist verloren?

Okelly.   Fragt nicht lange! Denkt
Auf schnelle Flucht!

Mortimer.   Was gibt's denn?

Okelly.   Sauvage führte
Den Streich, der Rasende.

Mortimer.   So ist es wahr?

2615 Okelly. Wahr, wahr! O, rettet Euch!

Mortimer.   Sie ist ermordet,
Und auf den Thron von England steigt Maria!

Okelly. Ermordet? Wer sagt das?

Mortimer.   Ihr selbst!

Okelly.   Sie lebt!
Und ich und Ihr, wir alle sind des Todes.

Mortimer. Sie lebt!

Okelly. Der Stoß ging fehl, der Mantel fing ihn auf,

2620 Und Shrewsbury entwaffnete den Mörder.

Mortimer. Sie lebt!

Okelly.   Lebt, um uns alle zu verderben!
Kommt, man umzingelt schon den Park.

Mortimer.   Wer hat
Das Rasende getan?

Okelly.   Der Barnabit
Aus Toulon war's, den Ihr in der Kapelle

2625 Tiefsinnig sitzen saht, als uns der Mönch
Das Anathem ausdeutete, worin
Der Papst die Königin mit dem Fluch belegt.
Das Nächste, Kürzeste wollt' er ergreifen,
Mit einem kecken Streich die Kirche Gottes

2630 Befrein, die Martyrkrone sich erwerben;
Dem Priester nur vertraut' er seine Tat,
Und auf dem Londner Weg ward sie vollbracht.

Mortimer (nach einem langen Stillschweigen).
O, dich verfolgt ein grimmig wütend Schicksal,
Unglückliche! Jetzt — ja, jetzt mußt du sterben,

2635 Dein Engel selbst bereitet deinen Fall.

Okelly. Sagt, wohin wendet Ihr die Flucht? Ich gehe,
Mich in des Nordens Wäldern zu verbergen.

Mortimer. Flieht hin, und Gott geleite Eure Flucht!
Ich bleibe. Noch versuch' ich's, sie zu retten,
2640 Wo nicht, auf ihrem Sarge mir zu betten.
(Gehen ab zu verschiedenen Seiten.)

Vierter Aufzug.

(Vorzimmer.)

Erster Auftritt.

Graf Aubespine. Kent und Leicester.

Aubespine. Wie steht's um Ihro Majestät? Mylords,
Ihr seht mich noch ganz außer mir für Schrecken.
Wie ging das zu? Wie konnte das in Mitte
Des allertreusten Volks geschehen?

Leicester.   Es geschah
2645 Durch keinen aus dem Volke. Der es tat,
War Eures Königs Untertan, ein Franke.

Aubespine. Ein Rasender gewißlich.

Kent.   Ein Papist,
Graf Aubespine!

Zweiter Auftritt.

Vorige. Burleigh im Gespräch mit Davison.

Burleigh.   Sogleich muß der Befehl
Zur Hinrichtung verfaßt und mit dem Siegel
2650 Versehen werden. Wenn er ausgefertigt,
Wird er der Königin zur Unterschrift
Gebracht. Geht! Keine Zeit ist zu verlieren.

Davison. Es soll geschehn. (Geht ab.)

Aubespine (Burleigh entgegen). Mylord, mein treues Herz
Teilt die gerechte Freude dieser Insel.
2655 Lob sei dem Himmel, der den Mörderstreich
Gewehrt von diesem königlichen Haupt!

Burleigh. Er sei gelobt, der unsrer Feinde Bosheit
Zuschanden machte!

Aubespine.   Mög' ihn Gott verdammen,
Den Täter dieser fluchenswerten Tat!
2660 **Burleigh.** Den Täter und den schändlichen Erfinder.

Aubespine (zu Kent).
Gefällt es Eurer Herrlichkeit, Lordmarschall,
Bei Ihro Majestät mich einzuführen,

Daß ich den Glückwunsch meines Herrn und Königs
Zu ihren Füßen schuldigst niederlege —

2665   **Burleigh.** Bemüht Euch nicht, Graf Aubespine.
    Aubespine (offiziös).   Ich weiß,
Lord Burleigh, was mir obliegt.
    Burleigh.   Euch liegt ob,
Die Insel auf das schleunigste zu räumen.
    Aubespine (tritt erstaunt zurück). Was! Wie ist das?
    Burleigh.   Der heilige Charakter
Beschützt Euch heute noch, und morgen nicht mehr.

2670   **Aubespine.** Und was ist mein Verbrechen?
    Burleigh.   Wenn ich es
Genannt, so ist es nicht mehr zu vergeben.
    Aubespine. Ich hoffe, Lord, das Recht der Abgesandten —
    Burleigh. Schützt — Reichsverräter nicht.
    Leicester und **Kent.**   Ha! Was ist das!
    Aubespine.   Mylord,
Bedenkt Ihr wohl —
    Burleigh.   Ein Paß, von Eurer Hand
2675 Geschrieben, fand sich in des Mörders Tasche.
    Kent. Ist's möglich?
    Aubespine.   Viele Pässe teil' ich aus,
Ich kann der Menschen Innres nicht erforschen.
    Burleigh. In Euerm Hause beichtete der Mörder.
    Aubespine. Mein Haus ist offen.
    Burleigh.   Jedem Feinde Englands.

2680   **Aubespine.** Ich fodre Untersuchung.
    Burleigh.   Fürchtet sie!
    Aubespine. In meinem Haupt ist mein Monarch verletzt;
Zerreißen wird er das geschloßne Bündnis.
    Burleigh. Zerrissen schon hat es die Königin;
England wird sich mit Frankreich nicht vermählen.
2685 Mylord von Kent! Ihr übernehmet es,
Den Grafen sicher an das Meer zu bringen.
Das aufgebrachte Volk hat sein Hotel
Gestürmt, wo sich ein ganzes Arsenal
Von Waffen fand; es droht ihn zu zerreißen,
2690 Wie er sich zeigt; verberget ihn, bis sich
Die Wut gelegt — Ihr haftet für sein Leben!
    Aubespine. Ich gehe, ich verlasse dieses Land,
Wo man der Völker Recht mit Füßen tritt

Und mit Verträgen spielt — doch mein Monarch
2695 Wird blut'ge Rechenschaft —
      Burleigh.   Er hole sie!
          (Kent und Aubespine gehen ab.)

Dritter Auftritt.
Leicester und Burleigh.

    Leicester. So löst Ihr selbst das Bündnis wieder auf,
Das Ihr geschäftig unberufen knüpftet.
Ihr habt um England wenig Dank verdient,
Mylord, die Mühe konntet Ihr Euch sparen.
2700   **Burleigh.** Mein Zweck war gut. Gott leitete es anders.
Wohl dem, der sich nichts Schlimmeres bewußt ist!
    Leicester. Man kennt Cecils geheimnisreiche Miene,
Wenn er die Jagd auf Staatsverbrechen macht.
— Jetzt, Lord, ist eine gute Zeit für Euch.
2705 Ein ungeheurer Frevel ist geschehn,
Und noch umhüllt Geheimnis seine Täter.
Jetzt wird ein Inquisitionsgericht
Eröffnet. Wort' und Blicke werden abgewogen,
Gedanken selber vor Gericht gestellt.
2710 Da seid Ihr der allwicht'ge Mann, der Atlas
Des Staats; ganz England liegt auf Euern Schultern.
    Burleigh. In Euch, Mylord, erkenn' ich meinen Meister,
Denn solchen Sieg, als Eure Rednerkunst
Erfocht, hat meine nie davongetragen.
2715   **Leicester.** Was meint Ihr damit, Lord?
    Burleigh. Ihr wart es doch, der hinter meinem Rücken
Die Königin nach Fotheringhayschloß
Zu locken wußte?
    Leicester.   Hinter Euerm Rücken!
Wann scheuten meine Taten Eure Stirn?
2720   **Burleigh.** Die Königin hättet Ihr nach Fotheringhay
Geführt? Nicht doch! Ihr habt die Königin
Nicht hingeführt! — Die Königin war es,
Die so gefällig war, Euch hinzuführen.
    Leicester. Was wollt Ihr damit sagen, Lord?
    Burleigh.   Die edle
2725 Person, die Ihr die Königin dort spielen ließt!
Der herrliche Triumph, den Ihr der arglos
Vertrauenden bereitet! — Güt'ge Fürstin!
So schamlos frech verspottete man dich,

So schonungslos wardst du dahingegeben!
2730 — Das also ist die Großmut und die Milde,
Die Euch im Staatsrat plötzlich angewandelt!
Darum ist diese Stuart ein so schwacher,
Verachtungswerter Feind, daß es der Müh'
Nicht lohnt, mit ihrem Blut sich zu beflecken!
2735 Ein feiner Plan! Fein zugespitzt! Nur schade,
Zu fein geschärfet, daß die Spitze brach!
    Leicester. Nichtswürdiger! Gleich folgt mir! An dem Throne
Der Königin sollt Ihr mir Rede stehn.
    Burleigh. Dort trefft Ihr mich. — Und sehet zu, Mylord,
2740 Daß Euch dort die Beredsamkeit nicht fehle! (Geht ab.)

Vierter Auftritt.

Leicester allein, darauf Mortimer.

    Leicester. Ich bin entdeckt, ich bin durchschaut — Wie kam
Der Unglückselige auf meine Spuren!
Weh mir, wenn er Beweise hat! Erfährt
Die Königin, daß zwischen mir und der Maria
2745 Verständnisse gewesen — Gott! Wie schuldig
Steh' ich vor ihr! Wie hinterlistig treulos
Erscheint mein Rat, mein unglückseliges
Bemühn, nach Fotheringhay sie zu führen!
Grausam verspottet sieht sie sich von mir,
2750 An die verhaßte Feindin sich verraten!
O, nimmer, nimmer kann sie das verzeihn!
Vorherbedacht wird alles nun erscheinen,
Auch diese bittre Wendung des Gesprächs,
Der Gegnerin Triumph und Hohngelächter,
2755 Ja, selbst die Mörderhand, die blutig, schrecklich,
Ein unerwartet ungeheures Schicksal,
Dazwischen kam, werd' ich bewaffnet haben!
Nicht Rettung seh' ich, nirgends! Ha! Wer kommt?
    Mortimer (kommt in der heftigsten Unruhe und blickt scheu umher).
Graf Lester! Seid Ihr's! Sind wir ohne Zeugen?
2760   **Leicester.** Unglücklicher, hinweg! Was sucht Ihr hier?
    Mortimer. Man ist auf unsrer Spur, auf Eurer auch;
Nehmt Euch in acht!
    Leicester.   Hinweg, hinweg!
    Mortimer.   Man weiß,
Daß bei dem Grafen Aubespine geheime
Versammlung war —

2765 **Leicester.** Was kümmert's mich!
Mortimer.   Daß sich der Mörder
Dabei befunden —
Leicester.   Das ist Eure Sache!
Verwegener! Was unterfangt Ihr Euch,
In Euern blut'gen Frevel mich zu flechten?
Verteidigt Eure bösen Händel selbst!
2770 **Mortimer.** So hört mich doch nur an!
Leicester (in heftigem Zorn).   Geht in die Hölle!
Was hängt Ihr Euch, gleich einem bösen Geist,
An meine Fersen? Fort! Ich kenn' Euch nicht,
Ich habe nichts gemein mit Meuchelmördern.
Mortimer. Ihr wollt nicht hören. Euch zu warnen komm' ich;
2775 Auch Eure Schritte sind verraten —
Leicester.   Ha!
Mortimer. Der Großschatzmeister war zu Fotheringhay,
Sogleich nachdem die Unglückstat geschehn war,
Der Königin Zimmer wurden streng durchsucht,
Da fand sich —
Leicester. Was?
Mortimer.   Ein angefangner Brief
2780 Der Königin an Euch —
Leicester.   Die Unglücksel'ge!
Mortimer. Worin sie Euch auffodert, Wort zu halten,
Euch das Versprechen ihrer Hand erneuert,
Des Bildnisses gedenkt —
Leicester.   Tod und Verdammnis!
Mortimer. Lord Burleigh hat den Brief.
Leicester.   Ich bin verloren!
(Er geht während der folgenden Rede Mortimers verzweiflungsvoll auf und nieder.)
2785 **Mortimer.** Ergreift den Augenblick! Kommt ihm zuvor!
Errettet Euch, errettet sie — Schwört Euch
Heraus, ersinnt Entschuldigungen, wendet
Das Ärgste ab! Ich selbst kann nichts mehr tun.
Zerstreut sind die Gefährten, auseinander
2790 Gesprengt ist unser ganzer Bund. Ich eile
Nach Schottland, neue Freunde dort zu sammeln.
An Euch ist's jetzt; versucht, was Euer Ansehn,
Was eine kecke Stirn vermag!
Leicester (steht still, plötzlich besonnen). Das will ich.
(Er geht nach der Türe, öffnet sie und ruft:)
Heda! Trabanten!

(Zu dem Offizier, der mit Bewaffneten hereintritt.) Diesen Staatsverräter
2795 Nehmt in Verwahrung und bewacht ihn wohl!
Die schändlichste Verschwörung ist entdeckt;
Ich bringe selbst der Königin die Botschaft. (Er geht ab.)

Mortimer (steht anfangs starr für Erstaunen, faßt sich aber bald und
sieht Leicestern mit einem Blick der tiefsten Verachtung nach).
Ha, Schändlicher! — Doch ich verdiene das.
Wer hieß mich auch dem Elenden vertrauen?
2800 Weg über meinen Nacken schreitet er;
Mein Fall muß ihm die Rettungsbrücke bauen.
— So rette dich! Verschlossen bleibt mein Mund,
Ich will dich nicht in mein Verderben flechten.
Auch nicht im Tode mag ich deinen Bund;
2805 Das Leben ist das einz'ge Gut des Schlechten.
(Zu dem Offizier der Wache, der hervortritt, um ihn gefangen zu nehmen.)
Was willst du, feiler Sklav der Tyrannei?
Ich spotte deiner, ich bin frei! (Einen Dolch ziehend.)

Offizier. Er ist bewehrt — Entreißt ihm seinen Dolch!
(Sie bringen auf ihn ein, er erwehrt sich ihrer.)

Mortimer. Und frei im letzten Augenblicke soll
2810 Mein Herz sich öffnen, meine Zunge lösen!
Fluch und Verderben Euch, die ihren Gott
Und ihre wahre Königin verraten!
Die von der irdischen Maria sich
Treulos wie von der himmlischen gewendet,
2815 Sich dieser Bastardkönigin verkauft —

Offizier. Hört Ihr die Lästrung! Auf! Ergreifet ihn!

Mortimer. Geliebte! Nicht erretten konnt' ich dich,
So will ich dir ein männlich Beispiel geben.
Maria, heil'ge, bitt für mich!
2820 Und nimm mich zu dir in dein himmlisch Leben!
(Er durchsticht sich mit dem Dolch und fällt der Wache in die Arme.)

Fünfter Auftritt.

(Zimmer der Königin.)

Elisabeth, einen Brief in der Hand. **Burleigh.**

Elisabeth. Mich hinzuführen! Solchen Spott mit mir
Zu treiben! Der Verräter! Im Triumph
Vor seiner Buhlerin mich aufzuführen!
O, so ward noch kein Weib betrogen, Burleigh!
2825 **Burleigh.** Ich kann es noch nicht fassen, wie es ihm,
Durch welche Macht, durch welche Zauberkünste

Gelang, die Klugheit meiner Königin
So sehr zu überraschen.

  Elisabeth.   O, ich sterbe
Für Scham! Wie mußt' er meiner Schwäche spotten!
2830 Sie glaubt' ich zu erniedrigen und war,
Ich selber, ihres Spottes Ziel!

  Burleigh. Du siehst nun ein, wie treu ich dir geraten!

  Elisabeth. O, ich bin schwer dafür gestraft, daß ich
Von Euerm weisen Rate mich entfernt!
2835 Und sollt' ich ihm nicht glauben? In den Schwüren
Der treusten Liebe einen Fallstrick fürchten?
Wem darf ich traun, wenn er mich hinterging?
Er, den ich groß gemacht vor allen Großen,
Der mir der Nächste stets am Herzen war,
2840 Dem ich verstattete, an diesem Hof
Sich wie der Herr, der König zu betragen!

  Burleigh. Und zu derselben Zeit verriet er dich
An diese falsche Königin von Schottland!

  Elisabeth. O, sie bezahle mir's mit ihrem Blut!
2845 — Sagt! Ist das Urteil abgefaßt?

  Burleigh.   Es liegt
Bereit, wie du befohlen.

  Elisabeth.   Sterben soll sie!
Er soll sie fallen sehn, und nach ihr fallen.
Verstoßen hab' ich ihn aus meinem Herzen,
Fort ist die Liebe, Rache füllt es ganz.
2850 So hoch er stand, so tief und schmählich sei
Sein Sturz! Er sei ein Denkmal meiner Strenge,
Wie er ein Beispiel meiner Schwäche war.
Man führ' ihn nach dem Tower; ich werde Peers
Ernennen, die ihn richten. Hingegeben
2855 Sei er der ganzen Strenge des Gesetzes.

  Burleigh. Er wird sich zu dir drängen, sich rechtfert'gen —

  Elisabeth. Wie kann er sich rechtfert'gen? Überführt
Ihn nicht der Brief? O, sein Verbrechen ist
Klar wie der Tag!

  Burleigh.   Doch du bist mild und gnädig;
2860 Sein Anblick, seine mächt'ge Gegenwart —

  Elisabeth. Ich will ihn nicht sehn. Niemals, niemals wieder!
Habt Ihr Befehl gegeben, daß man ihn
Zurückweist, wenn er kommt?

  Burleigh.   So ist's befohlen!

  Page (tritt ein). Mylord von Lester!

Königin.   Der Abscheuliche!
2865 Ich will ihn nicht sehn. Sagt ihm, daß ich ihn
Nicht sehen will.
    Page.   Das wag' ich nicht dem Lord
Zu sagen, und er würde mir's nicht glauben.
    Königin. So hab' ich ihn erhöht, daß meine Diener
Vor seinem Ansehn mehr als meinem zittern!
2870 **Burleigh** (zum Pagen). Die Königin verbiet' ihm, sich zu nahn!
    (Page geht zögernd ab.)
    Königin (nach einer Pause).
Wenn's dennoch möglich wäre — Wenn er sich
Rechtfert'gen könnte! — Sagt mir, könnt' es nicht
Ein Fallstrick sein, den mir Maria legte,
Mich mit dem treusten Freunde zu entzwein!
2875 O, sie ist eine abgefeimte Bübin.
Wenn sie den Brief nur schrieb, mir gift'gen Argwohn
Ins Herz zu streun, ihn, den sie haßt, ins Unglück
Zu stürzen —
    Burleigh.   Aber, Königin, erwäge —

Sechster Auftritt.

Vorige. Leicester.

    Leicester (reißt die Tür mit Gewalt auf und tritt mit gebietrischem
Wesen herein). Den Unverschämten will ich sehn, der mir
2880 Das Zimmer meiner Königin verbietet.
    Elisabeth. Ha, der Verwegene!
    Leicester.   Mich abzuweisen!
Wenn sie für einen Burleigh sichtbar ist,
So ist sie's auch für mich!
    Burleigh.   Ihr seid sehr kühn, Mylord,
Hier wider die Erlaubnis einzustürmen.
2885   **Leicester.** Ihr seid sehr frech, Lord, hier das Wort zu nehmen.
Erlaubnis? Was? Es ist an diesem Hofe
Niemand, durch dessen Mund Graf Lester sich
Erlauben und verbieten lassen kann!
    (Indem er sich der Elisabeth demütig nähert.)
Aus meiner Königin eignem Mund will ich —
    Elisabeth (ohne ihn anzusehen).
2890 Aus meinem Angesicht, Nichtswürdiger!
    Leicester. Nicht meine gütige Elisabeth,
Den Lord vernehm' ich, meinen Feind, in diesen
Unholden Worten. — Ich berufe mich auf meine

Elisabeth — Du liehest ihm dein Ohr;
2895 Das gleiche fodr' ich.
   Elisabeth.   Redet, Schändlicher!
Vergrößert Euern Frevel! Leugnet ihn!
   Leicester. Laßt diesen überlästigen sich erst
Entfernen — Tretet ab, Mylord! — Was ich
Mit meiner Königin zu verhandeln habe,
2900 Braucht keinen Zeugen. Geht!
   Elisabeth (zu Burleigh). Bleibt! Ich befehl' es!
   Leicester. Was soll der Dritte zwischen dir und mir!
Mit meiner angebeteten Monarchin
Hab' ich's zu tun — Die Rechte meines Platzes
Behaupt' ich — Es sind heil'ge Rechte!
2905 Und ich bestehe drauf, daß sich der Lord
Entferne!
   Elisabeth. Euch geziemt die stolze Sprache!
   Leicester. Wohl ziemt sie mir, denn ich bin der Beglückte,
Dem deine Gunst den hohen Vorzug gab;
Das hebt mich über ihn und über alle!
2910 Dein Herz verlieh mir diesen stolzen Rang,
Und was die Liebe gab, werd' ich, bei Gott!
Mit meinem Leben zu behaupten wissen.
Er geh — und zweier Augenblicke nur
Bedarf's, mich mit dir zu verständigen.
2915   **Elisabeth.** Ihr hofft umsonst, mich listig zu beschwatzen.
   Leicester. Beschwatzen konnte dich der Plauderer;
Ich aber will zu deinem Herzen reden,
Und was ich im Vertraun auf deine Gunst
Gewagt, will ich auch nur vor deinem Herzen
2920 Rechtfertigen. — Kein anderes Gericht
Erkenn' ich über mir als deine Neigung!
   Elisabeth. Schamloser! Eben diese ist's, die Euch zuerst
Verdammt. — Zeigt ihm den Brief, Mylord!
   Burleigh.   Hier ist er!
   Leicester (durchläuft den Brief, ohne die Fassung zu verändern).
Das ist der Stuart Hand!
   Elisabeth.   Lest und verstummt!
   Leicester (nachdem er gelesen, ruhig).
2925 Der Schein ist gegen mich; doch darf ich hoffen,
Daß ich nicht nach dem Schein gerichtet werde!
   Elisabeth. Könnt Ihr es leugnen, daß Ihr mit der Stuart
In heimlichem Verständnis wart, ihr Bildnis
Empfingt, ihr zur Befreiung Hoffnung machtet?

2930   **Leicester.** Leicht wäre mir's, wenn ich mich schuldig fühlte,
Das Zeugnis einer Feindin zu verwerfen!
Doch frei ist mein Gewissen; ich bekenne,
Daß sie die Wahrheit schreibt!
        Elisabeth.   Nun denn,
Unglücklicher!
        Burleigh. Sein eigner Mund verdammt ihn.
2935   **Elisabeth.** Aus meinen Augen! In den Tower — Verräter!
        Leicester. Der bin ich nicht. Ich hab' gefehlt, daß ich
Aus diesem Schritt dir ein Geheimnis machte;
Doch redlich war die Absicht, es geschah,
Die Feindin zu erforschen, zu verderben.
2940   **Elisabeth.** Elende Ausflucht! —
        Burleigh.   Wie, Mylord? Ihr glaubt —
        Leicester. Ich habe ein gewagtes Spiel gespielt,
Ich weiß, und nur Graf Lester durfte sich
An diesem Hofe solcher Tat erkühnen.
Wie ich die Stuart hasse, weiß die Welt.
2945 Der Rang, den ich bekleide, das Vertrauen,
Wodurch die Königin mich ehrt, muß jeden Zweifel
In meine treue Meinung niederschlagen.
Wohl darf der Mann, den deine Gunst vor allen
Auszeichnet, einen eignen kühnen Weg
2950 Einschlagen, seine Pflicht zu tun.
        Burleigh.   Warum,
Wenn's eine gute Sache war, verschwiegt Ihr?
        Leicester. Mylord! Ihr pflegt zu schwatzen, eh' Ihr handelt,
Und seid die Glocke Eurer Taten. Das
Ist Eure Weise, Lord. Die meine ist,
2955 Erst handeln und dann reden!
        Burleigh. Ihr redet jetzo, weil Ihr müßt.
        Leicester (ihn stolz und höhnisch mit den Augen messend). Und Ihr
Berühmt Euch, eine wundergroße Tat
Ins Werk gerichtet, Eure Königin
Gerettet, die Verräterei entlarvt
2960 Zu haben. — Alles wißt Ihr, Euerm Scharfblick
Kann nichts entgehen, meint Ihr. — Armer Prahler!
Trotz Eurer Spürkunst war Maria Stuart
Noch heute frei, wenn ich es nicht verhindert.
        Burleigh. Ihr hättet —
        Leicester.   Ich, Mylord. Die Königin
2965 Vertraute sich dem Mortimer, sie schloß
Ihr Innerstes ihm auf, sie ging so weit,

Ihm einen blut'gen Auftrag gegen die Maria
Zu geben, da der Oheim sich mit Abscheu
Von einem gleichen Antrag abgewendet. —
2970 Sagt! Ist es nicht so?
(Königin und Burleigh sehen einander betroffen an.)
      Burleigh.   Wie gelangtet Ihr
Dazu? —
      Leicester.   Ist's nicht so? — Nun, Mylord! Wo hattet
Ihr Eure tausend Augen, nicht zu sehn,
Daß dieser Mortimer Euch hinterging?
Daß er ein wütender Papist, ein Werkzeug
2975 Der Guisen, ein Geschöpf der Stuart war,
Ein keck entschloßner Schwärmer, der gekommen,
Die Stuart zu befrein, die Königin
Zu morden —
      Elisabeth (mit dem äußersten Erstaunen). Dieser Mortimer!
      Leicester.   Er war's, durch den
Maria Unterhandlung mit mir pflog,
2980 Den ich auf diesem Wege kennen lernte.
Noch heute sollte sie aus ihrem Kerker
Gerissen werden; diesen Augenblick
Entdeckte mir's sein eigner Mund; ich ließ ihn
Gefangen nehmen, und in der Verzweiflung,
2985 Sein Werk vereitelt, sich entlarvt zu sehn,
Gab er sich selbst den Tod!
      Elisabeth.   O, ich bin unerhört
Betrogen. — Dieser Mortimer!
      Burleigh.   Und jetzt
Geschah das? Jetzt, nachdem ich Euch verlassen!
      Leicester. Ich muß um meinetwillen sehr beklagen,
2990 Daß es dies Ende mit ihm nahm. Sein Zeugnis,
Wenn er noch lebte, würde mich vollkommen
Gereinigt, aller Schuld entledigt haben.
Drum übergab ich ihn des Richters Hand.
Die strengste Rechtsform sollte meine Unschuld
2995 Vor aller Welt bewähren und besiegeln.
      Burleigh. Er tötete sich, sagt Ihr. Er sich selber? Oder
Ihr ihn?
      Leicester.   Unwürdiger Verdacht! Man höre
Die Wache ab, der ich ihn übergab!
(Er geht an die Tür und ruft hinaus. Der Offizier der Leibwache tritt herein.)
Erstattet Ihrer Majestät Bericht,
3000 Wie dieser Mortimer umkam!

Offizier.   Ich hielt die Wache
Im Vorsaal, als Mylord die Türe schnell
Eröffnete und mir befahl, den Ritter
Als einen Staatsverräter zu verhaften.
Wir sahen ihn hierauf in Wut geraten,
3005 Den Dolch ziehn, unter heftiger Verwünschung
Der Königin, und eh' wir's hindern konnten,
Ihn in die Brust sich stoßen, daß er tot
Zu Boden stürzte.

Leicester.   Es ist gut. Ihr könnt
Abtreten, Sir! Die Königin weiß genug! (Offizier geht ab.)

3010 **Elisabeth.** O welcher Abgrund von Abscheulichkeiten! —

Leicester. Wer war's nun, der dich rettete? War es
Mylord von Burleigh? Wußt' er die Gefahr,
Die dich umgab? War er's, der sie von dir
Gewandt? — Dein treuer Lester war dein Engel!

3015 **Burleigh.** Graf! Dieser Mortimer starb Euch sehr gelegen.

Elisabeth. Ich weiß nicht, was ich sagen soll. Ich glaub'
                                                        Euch,
Und glaub' Euch nicht. Ich denke, Ihr seid schuldig
Und seid es nicht! O die Verhaßte, die
Mir all dies Weh bereitet!

Leicester.   Sie muß sterben.
3020 Jetzt stimm' ich selbst für ihren Tod. Ich riet
Dir an, das Urteil unvollstreckt zu lassen,
Bis sich aufs neu' ein Arm für sie erhübe.
Dies ist geschehn — und ich bestehe drauf,
Daß man das Urteil ungesäumt vollstrecke.

3025 **Burleigh.** Ihr rietet dazu! Ihr!

Leicester.   So sehr es mich
Empört, zu einem Äußersten zu greifen,
Ich sehe nun und glaube, daß die Wohlfahrt
Der Königin dies blut'ge Opfer heischt;
Drum trag' ich darauf an, daß der Befehl
3030 Zur Hinrichtung gleich ausgefertigt werde!

Burleigh (zur Königin).
Da es Mylord so treu und ernstlich meint,
So trag' ich darauf an, daß die Vollstreckung
Des Richterspruchs ihm übertragen werde.

Leicester. Mir!

Burleigh.   Euch. Nicht besser könnt Ihr den Verdacht,
3035 Der jetzt noch auf Euch lastet, widerlegen,

Als wenn Ihr sie, die Ihr geliebt zu haben
Beschuldigt werdet, selbst enthaupten lasset.

   Elisabeth (Leicestern mit den Augen fixierend).

Mylord rät gut. So sei's, und dabei bleib es.

   Leicester. Mich sollte billig meines Ranges Höh'
3040 Von einem Auftrag dieses traur'gen Inhalts
Befrein, der sich in jedem Sinne besser
Für einen Burleigh ziemen mag als mich.
Wer seiner Königin so nahe steht,
Der sollte nichts Unglückliches vollbringen.
3045 Jedoch um meinen Eifer zu bewähren
Um meiner Königin genug zu tun,
Begeb' ich mich des Vorrechts meiner Würde
Und übernehme die verhaßte Pflicht.

   Elisabeth. Lord Burleigh teile sie mit Euch!

          (Zu diesem.) Tragt Sorge,
3050 Daß der Befehl gleich ausgefertigt werde!

   (Burleigh geht. Man hört draußen ein Getümmel.)

Siebenter Auftritt.

Graf von Kent zu den Vorigen.

   Elisabeth. Was gibt's, Mylord von Kent? Was für ein
                   Auflauf
Erregt die Stadt? — Was ist es?

   Kent.   Königin,
Es ist das Volk, das den Palast umlagert;
Es fodert heftig dringend, dich zu sehn.

3055   **Elisabeth.** Was will mein Volk?

   Kent.   Der Schrecken geht durch London,
Dein Leben sei bedroht, es gehen Mörder
Umher, vom Papste wider dich gesendet.
Verschworen seien die Katholischen,
Die Stuart aus dem Kerker mit Gewalt
3060 Zu reißen und zur Königin auszurufen.
Der Pöbel glaubt's und wütet. Nur das Haupt
Der Stuart, das noch heute fällt, kann ihn
Beruhigen.

   Elisabeth.   Wie? soll mir Zwang geschehn?

   Kent. Sie sind entschlossen, eher nicht zu weichen,
3065 Bis du das Urteil unterzeichnet hast.

Achter Auftritt.

Burleigh und Davison mit einer Schrift. Die Vorigen.

Elisabeth. Was bringt Ihr, Davison?
Davison (nähert sich, ernsthaft). Du hast befohlen,
O Königin —
    Elisabeth. Was ist's?
(Indem sie die Schrift ergreifen will, schauert sie zusammen und fährt zurück.)
O Gott!
Burleigh. Gehorche
Der Stimme des Volks, sie ist die Stimme Gottes.
    Elisabeth (unentschlossen mit sich selbst kämpfend).
O meine Lords! Wer sagt mir, ob ich wirklich
3070 Die Stimme meines ganzen Volks, die Stimme
Der Welt vernehme! Ach, wie sehr befürcht' ich,
Wenn ich dem Wunsch der Menge nun gehorcht,
Daß eine ganz verschiedne Stimme sich
Wird hören lassen — ja, daß eben die,
3075 Die jetzt gewaltsam zu der Tat mich treiben,
Mich, wenn's vollbracht ist, strenge tadeln werden!

Neunter Auftritt.

Graf Shrewsbury zu den Vorigen.

Shrewsbury (kommt in großer Bewegung).
Man will dich übereilen, Königin!
O, halte fest, sei standhaft!
(Indem er Davison mit der Schrift gewahr wird.) Oder ist es
Geschehen? Ist es wirklich? Ich erblicke
3080 Ein unglückselig Blatt in dieser Hand.
Das komme meiner Königin jetzt nicht
Vor Augen.
    Elisabeth. Edler Shrewsbury! Man zwingt mich.
    Shrewsbury. Wer kann dich zwingen? Du bist Herrscherin,
Hier gilt es, deine Majestät zu zeigen!
3085 Gebiete Schweigen jenen rohen Stimmen,
Die sich erdreisten, deinem Königswillen
Zwang anzutun, dein Urteil zu regieren.
Die Furcht, ein blinder Wahn bewegt das Volk,
Du selbst bist außer dir, bist schwer gereizt,
3090 Du bist ein Mensch, und jetzt kannst du nicht richten.
    Burleigh. Gerichtet ist schon längst. Hier ist kein Urteil
Zu fällen, zu vollziehen ist's.

Kent (der sich bei Shrewsburys Eintritt entfernt hat, kommt zurück).
Der Auflauf wächst, das Volk ist länger nicht
Zu bändigen.

Elisabeth (zu Shrewsbury). Ihr seht, wie sie mich drängen!

3095 **Shrewsbury.** Nur Aufschub fodr' ich. Dieser Federzug
Entscheidet deines Lebens Glück und Frieden.
Du hast es jahrelang bedacht, soll dich
Der Augenblick im Sturme mit sich führen?
Nur kurzen Aufschub! Sammle dein Gemüt,
3100 Erwarte eine ruhigere Stunde!

Burleigh (heftig). Erwarte, zögre, säume, bis das Reich
In Flammen steht, bis es der Feindin endlich
Gelingt, den Mordstreich wirklich zu vollführen.
Dreimal hat ihn ein Gott von dir entfernt.
3105 Heut hat er nahe dich berührt; noch einmal
Ein Wunder hoffen, hieße Gott versuchen.

Shrewsbury. Der Gott, der dich durch seine Wunderhand
Viermal erhielt, der heut dem schwachen Arm
Des Greisen Kraft gab, einen Wütenden
3110 Zu überwält'gen — er verdient Vertrauen!
Ich will die Stimme der Gerechtigkeit
Jetzt nicht erheben, jetzt ist nicht die Zeit,
Du kannst in diesem Sturme sie nicht hören.
Dies Eine nur vernimm! Du zitterst jetzt
3115 Vor dieser lebenden Maria! Nicht
Die Lebende hast du zu fürchten. Zittre vor
Der Toten, der Enthaupteten! Sie wird
Vom Grab erstehen, eine Zwietrachtsgöttin,
Ein Rachegeist in deinem Reich herumgehn
3120 Und deines Volkes Herzen von dir wenden.
Jetzt haßt der Brite die Gefürchtete,
Er wird sie rächen, wenn sie nicht mehr ist.
Nicht mehr die Feindin seines Glaubens, nur
Die Enkeltochter seiner Könige,
3125 Des Hasses Opfer und der Eifersucht
Wird er in der Bejammerten erblicken!
Schnell wirst du die Veränderung erfahren.
Durchziehe London, wenn die blut'ge Tat
Geschehen, zeige dich dem Volk, das sonst
3130 Sich jubelnd um dich her ergoß, du wirst
Ein andres England sehn, ein andres Volk,
Denn dich umgibt nicht mehr die herrliche
Gerechtigkeit, die alle Herzen dir

Besiegte! Furcht, die schreckliche Begleitung
3135 Der Tyrannei, wird schaudernd vor dir herziehn,
Und jede Straße, wo du gehst, veröden.
Du hast das Letzte, Außerste getan,
Welch Haupt steht fest, wenn dieses heil'ge fiel!

      Elisabeth. Ach, Shrewsbury! Ihr habt mir heut das Leben
3140 Gerettet, habt des Mörders Dolch von mir
Gewendet. — Warum ließet ihr ihm nicht
Den Lauf? So wäre jeder Streit geendigt,
Und alles Zweifels ledig, rein von Schuld,
Läg' ich in meiner stillen Gruft! Fürwahr!
3145 Ich bin des Lebens und des Herrschens müd'!
Muß eine von uns Königinnen fallen,
Damit die andre lebe — und es ist
Nichts anders, das erkenn' ich —, kann denn ich
Nicht die sein, welche weicht? Mein Volk mag wählen,
3150 Ich geb ihm seine Majestät zurück.
Gott ist mein Zeuge, daß ich nicht für mich,
Nur für das Beste meines Volks gelebt.
Hofft es von dieser schmeichlerischen Stuart,
Der jüngern Königin, glücklichere Tage,
3155 So steig ich gern von diesem Thron und kehre
In Woodstocks stille Einsamkeit zurück,
Wo meine anspruchlose Jugend lebte,
Wo ich, vom Tand der Erdengröße fern,
Die Hoheit in mir selber fand — Bin ich
3160 Zur Herrscherin doch nicht gemacht! Der Herrscher
Muß hart sein können, und mein Herz ist weich.
Ich habe diese Insel lange glücklich
Regiert, weil ich nur brauchte zu beglücken.
Es kommt die erste schwere Königspflicht,
3165 Und ich empfinde meine Ohnmacht —

      Burleigh.   Nun bei Gott!
Wenn ich so ganz unkönigliche Worte
Aus meiner Königin Mund vernehmen muß,
So wär's Verrat an meiner Pflicht, Verrat
Am Vaterlande, länger still zu schweigen.
3170 — Du sagst, du liebst dein Volk mehr als dich selbst,
Das zeige jetzt! Erwähle nicht den Frieden
Für dich und überlaß das Reich den Stürmen.
— Denk an die Kirche! Soll mit dieser Stuart
Der alte Aberglaube wiederkehren?
3175 Der Mönch aufs neu hier herrschen, der Legat

Aus Rom gezogen kommen, unsre Kirchen
Verschließen, unsre Könige entthronen?
— Die Seelen aller deiner Untertanen,
Ich fodre sie von dir. — Wie du jetzt handelst,
3180 Sind sie gerettet oder sind verloren.
Hier ist nicht Zeit zu weichlichem Erbarmen,
Des Volkes Wohlfahrt ist die höchste Pflicht;
Hat Shrewsbury das Leben dir gerettet,
So will ich England retten — das ist mehr!

3185   Elisabeth. Man überlasse mich mir selbst! Bei Menschen ist
Nicht Rat noch Trost in dieser großen Sache.
Ich trage sie dem höhern Richter vor.
Was der mich lehrt, das will ich tun. — Entfernt euch,
Mylords!

(Zu Davison.) Ihr, Sir, könnt in der Nähe bleiben!

(Die Lords gehen ab. Shrewsbury allein bleibt noch einige Augenblicke vor der Königin
stehen, mit bedeutungsvollem Blick, dann entfernt er sich langsam, mit einem Ausdruck
des tiefsten Schmerzes.)

Zehnter Auftritt.
Elisabeth allein.

3190 O Sklaverei des Volksdiensts! Schmähliche
Knechtschaft! — Wie bin ich's müde, diesem Götzen
Zu schmeicheln, den mein Innerstes verachtet!
Wann soll ich frei auf diesem Throne stehn!
Die Meinung muß ich ehren, um das Lob
3195 Der Menge buhlen, einem Pöbel muß ich's
Recht machen, dem der Gaukler nur gefällt.
O, der ist noch nicht König, der der Welt
Gefallen muß! Nur der ist's, der bei seinem Tun
Nach keines Menschen Beifall braucht zu fragen.

3200   Warum hab' ich Gerechtigkeit geübt,
Willkür gehaßt mein Leben lang, daß ich
Für diese erste unvermeidliche
Gewalttat selbst die Hände mir gefesselt?
Das Muster, das ich selber gab, verdammt mich!
3205 War ich tyrannisch, wie die spanische
Maria war, mein Vorfahr auf dem Thron, ich könnte
Jetzt ohne Tadel Königsblut verspritzen!
Doch war's denn meine eigne freie Wahl,
Gerecht zu sein? Die allgewaltige

3210 Notwendigkeit, die auch das freie Wollen
Der Könige zwingt, gebot mir diese Tugend.

Umgeben rings von Feinden, hält mich nur
Die Volksgunst auf dem angefochtnen Thron.
Mich zu vernichten, streben alle Mächte
3215 Des festen Landes. Unversöhnlich schleudert
Der röm'sche Papst den Bannfluch auf mein Haupt;
Mit falschem Bruderkuß verrät mich Frankreich,
Und offnen, wütenden Vertilgungskrieg
Bereitet mir der Spanier auf den Meeren.
3220 So steh' ich kämpfend gegen eine Welt,
Ein wehrlos Weib! Mit hohen Tugenden
Muß ich die Blöße meines Rechts bedecken,
Den Flecken meiner fürstlichen Geburt,
Wodurch der eigne Vater mich geschändet.
3225 Umsonst bedeck' ich ihn. — Der Gegner Haß
Hat ihn entblößt und stellt mir diese Stuart,
Ein ewig drohendes Gespenst, entgegen.

Nein, diese Furcht soll endigen!
Ihr Haupt soll fallen! Ich will Frieden haben!
3230 — Sie ist die Furie meines Lebens! mir
Ein Plagegeist vom Schicksal angeheftet.
Wo ich mir eine Freude, eine Hoffnung
Gepflanzt, da liegt die Höllenschlange mir
Im Wege. Sie entreißt mir den Geliebten,
3235 Den Bräut'gam raubt sie mir! Maria Stuart
Heißt jedes Unglück, das mich niederschlägt!
Ist sie aus den Lebendigen vertilgt,
Frei bin ich wie die Luft auf den Gebirgen.
(Stillschweigen.) Mit welchem Hohn sie auf mich niedersah,
3240 Als sollte mich der Blick zu Boden blitzen!
Ohnmächtige! Ich führe beßre Waffen;
Sie treffen tödlich, und du bist nicht mehr!
(Mit raschem Schritt nach dem Tische gehend und die Feder ergreifend.)
Ein Bastard bin ich dir? — Unglückliche!
Ich bin es nur, solang du lebst und atmest.
3245 Der Zweifel meiner fürstlichen Geburt,
Er ist getilgt, sobald ich dich vertilge.
Sobald dem Briten keine Wahl mehr bleibt,
Bin ich im echten Ehebett geboren!
(Sie unterschreibt mit einem raschen, festen Federzug, läßt dann die Feder fallen und
tritt mit einem Ausdruck des Schreckens zurück. Nach einer Pause klingelt sie.)

Eilfter Auftritt.

Elisabeth. Davison.

Elisabeth. Wo sind die andern Lords?

Davison. Sie sind gegangen,

3250 Das aufgebrachte Volk zur Ruh' zu bringen.
Das Toben war auch augenblicks gestillt,
Sobald der Graf von Shrewsbury sich zeigte.
„Der ist's, das ist er!" riefen hundert Stimmen;
„Der rettete die Königin! Hört ihn,
3255 Den bravsten Mann in England!" Nun begann
Der edle Talbot und verwies dem Volk
In sanften Worten sein gewaltsames
Beginnen, sprach so kraftvoll überzeugend,
Daß alles sich besänftigte und still
3260 Vom Platze schlich.

Elisabeth. Die wankelmüt'ge Menge,
Die jeder Wind herumtreibt! Wehe dem,
Der auf dies Rohr sich lehnet! — Es ist gut,
Sir Davison. Ihr könnt nun wieder gehn.

(Wie sich jener nach der Tür gewendet.)

Und dieses Blatt — Nehmt es zurück — Ich leg's
3265 In Eure Hände.

Davison *(wirft einen Blick in das Papier und erschrickt).*

Königin! Dein Name!

Du hast entschieden?

Elisabeth. — Unterschreiben sollt' ich.
Ich hab's getan. Ein Blatt Papier entscheidet
Noch nicht, ein Name tötet nicht.

Davison. Dein Name, Königin, unter dieser Schrift
3270 Entscheidet alles, tötet, ist ein Strahl
Des Donners, der geflügelt trifft. — Dies Blatt
Befiehlt den Kommissarien, dem Sheriff,
Nach Fotheringhayschloß sich stehnden Fußes
Zur Königin von Schottland zu verfügen,
3275 Den Tod ihr anzukündigen und schnell,
Sobald der Morgen tagt, ihn zu vollziehn.
Hier ist kein Aufschub! Jene hat gelebt,
Wenn ich dies Blatt aus meinen Händen gebe.

Elisabeth. Ja, Sir! Gott legt ein wichtig groß Geschick
3280 In Eure schwachen Hände. Fleht ihn an,
Daß er mit seiner Weisheit Euch erleuchte.
Ich geh' und überlass' Euch Eurer Pflicht. *(Sie will gehen.)*

Davison (tritt ihr in den Weg).

Nein, meine Königin! Verlaß mich nicht,
Eh' du mir deinen Willen kund getan.

3285 Bedarf es hier noch einer andern Weisheit,
Als dein Gebot buchstäblich zu befolgen?
— Du legst dies Blatt in meine Hand, daß ich
Zu schleuniger Vollziehung es befördre?
    Elisabeth. Das werdet Ihr nach Eurer Klugheit —
    Davison (schnell und erschrocken einfallend).   Nicht

3290 Nach meiner! Das verhüte Gott! Gehorsam
Ist meine ganze Klugheit. Deinem Diener
Darf hier nichts zu entscheiden übrig bleiben.
Ein klein Versehn wär' hier ein Königsmord,
Ein unabsehbar, ungeheures Unglück.

3295 Vergönne mir, in dieser großen Sache
Dein blindes Werkzeug willenlos zu sein.
In klare Worte fasse deine Meinung,
Was soll mit diesem Blutbefehl geschehn?
    Elisabeth. — Sein Name spricht es aus.

3300   **Davison.** So willst du, daß er gleich vollzogen werde?
    Elisabeth (zögernd).

Das sag' ich nicht und zittre, es zu denken.
    Davison. Du willst, daß ich ihn länger noch bewahre?
    Elisabeth (schnell).

Auf Eure Gefahr! Ihr haftet für die Folgen.
    Davison. Ich? Heil'ger Gott! — Sprich, Königin! Was
                        willst du?
    Elisabeth (ungeduldig).

3305 Ich will, daß dieser unglücksel'gen Sache
Nicht mehr gedacht soll werden, daß ich endlich
Will Ruhe davor haben und auf ewig.
    Davison. Es kostet dir ein einzig Wort. O, sage,
Bestimme, was mit dieser Schrift soll werden!

3310   **Elisabeth.** Ich hab's gesagt, und quält mich nun nicht
                      weiter!
    Davison. Du hättest es gesagt? Du hast mir nichts
Gesagt. — O, es gefalle meiner Königin,
Sich zu erinnern.
    Elisabeth (stampft auf den Boden). Unerträglich!
    Davison.   Habe Nachsicht

Mit mir! Ich kam seit wenig Monden erst
3315 In dieses Amt! Ich kenne nicht die Sprache
Der Höfe und der Könige. — In schlicht

Einfacher Sitte bin ich aufgewachsen;
Drum habe du Geduld mit deinem Knecht!
Laß dich das Wort nicht reun, das mich belehrt,
3320 Mich klar macht über meine Pflicht —
(Er nähert sich ihr in flehender Stellung, sie kehrt ihm den Rücken zu, er steht in
Verzweiflung, dann spricht er mit entschloßnem Ton.)
Nimm dies Papier zurück! Nimm es zurück!
Es wird mir glühend Feuer in den Händen.
Nicht mich erwähle, dir in diesem furchtbaren
Geschäft zu dienen.
    Elisabeth.   Tut, was Eures Amts ist! (Sie geht ab.)

Zwölfter Auftritt.
Davison, gleich darauf Burleigh.

3325   **Davison.** Sie geht! Sie läßt mich ratlos, zweifelnd stehn
Mit diesem fürchterlichen Blatt — Was tu' ich?
Soll ich's bewahren? Soll ich's übergeben?
(Zu Burleigh, der hereintritt.)
O, gut, gut, daß Ihr kommt, Mylord! Ihr seid's,
Der mich in dieses Staatsamt eingeführt.
3330 Befreiet mich davon! Ich übernahm es,
Unkundig seiner Rechenschaft! Laßt mich
Zurückgehn in die Dunkelheit, wo Ihr
Mich fandet, ich gehöre nicht auf diesen Platz —
    Burleigh. Was ist Euch, Sir? Faßt Euch! Wo ist das
                                    Urteil?
3335 Die Königin ließ Euch rufen.
    Davison.   Sie verließ mich
In heft'gem Zorn. O, ratet mir! Helft mir!
Reißt mich aus dieser Höllenangst des Zweifels!
Hier ist das Urteil — Es ist unterschrieben.
    Burleigh (hastig). Ist es? O gebt! Gebt her!
    Davison.   Ich darf nicht.
    Burleigh.   Was?
3340   **Davison.** Sie hat mir ihren Willen noch nicht deutlich —
    Burleigh. Nicht deutlich! Sie hat unterschrieben. Gebt!
    Davison. Ich soll's vollziehen lassen — soll es nicht
Vollziehen lassen — Gott! Weiß ich, was ich soll?
    Burleigh (heftiger dringend).
Gleich, augenblicks sollt Ihr's vollziehen lassen.
3345 Gebt her! Ihr seid verloren, wenn Ihr säumt.
    Davison. Ich bin verloren, wenn ich's übereile.

Burleigh. Ihr seid ein Tor, Ihr seid von Sinnen! Geht!
(Er entreißt ihm die Schrift und eilt damit ab.)

Davison (ihm nacheilend).

Was macht Ihr? Bleibt! Ihr stürzt mich ins Verderben!

Fünfter Aufzug.

(Die Szene ist das Zimmer des ersten Aufzugs.)

Erster Auftritt.

Hanna Kennedy in tiefe Trauer gekleidet, mit verweinten Augen und einem großen, aber stillen Schmerz, ist beschäftigt, Pakete und Briefe zu versiegeln. Oft unterbricht sie der Jammer in ihrem Geschäft, und man sieht sie dazwischen still beten. Paulet und Drury, gleichfalls in schwarzen Kleidern, treten ein; ihnen folgen viele Bediente, welche goldne und silberne Gefäße, Spiegel, Gemälde und andere Kostbarkeiten tragen und den Hintergrund des Zimmers damit anfüllen. Paulet überliefert der Amme ein Schmuckkästchen nebst einem Papier und bedeutet ihr durch Zeichen, daß es ein Verzeichnis der gebrachten Dinge enthalte. Beim Anblick dieser Reichtümer erneuert sich der Schmerz der Amme; sie versinkt in ein tiefes Trauern, indem jene sich still wieder entfernen. Melvil tritt ein.

Kennedy (schreit auf, sobald sie ihn gewahr wird).

Melvil! Ihr seid es! Euch erblick' ich wieder!

3350   **Melvil.** Ja, treue Kennedy, wir sehn uns wieder!

Kennedy. Nach langer, langer, schmerzenvoller Trennung!

Melvil. Ein unglückselig schmerzvoll Wiedersehn!

Kennedy. O Gott! Ihr kommt —

Melvil.   Den letzten, ewigen

Abschied von meiner Königin zu nehmen.

3355   **Kennedy.** Jetzt endlich, jetzt am Morgen ihres Todes,

Wird ihr die langentbehrte Gegenwart

Der Ihrigen vergönnt — O teurer Sir,

Ich will nicht fragen, wie es Euch erging,

Euch nicht die Leiden nennen, die wir litten,

3360 Seitdem man Euch von unsrer Seite riß.

Ach, dazu wird wohl einst die Stunde kommen!

O Melvil! Melvil! Mußten wir's erleben,

Den Anbruch dieses Tags zu sehn!

Melvil.   Laßt uns

Einander nicht erweichen! Weinen will ich,

3365 Solang noch Leben in mir ist; nie soll

Ein Lächeln diese Wangen mir erheitern,

Nie will ich dieses nächtliche Gewand

Mehr von mir legen! Ewig will ich trauern;

Doch heute will ich standhaft sein — Versprecht

3370 Auch Ihr mir, Euern Schmerz zu mäßigen! —
Und wenn die andern alle der Verzweiflung
Sich trostlos überlassen, lasset uns
Mit männlich edler Fassung ihr vorangehn
Und ihr ein Stab sein auf dem Todesweg!

3375   **Kennedy.** Melvil! Ihr seid im Irrtum, wenn Ihr glaubt,
Die Königin bedürfe unsers Beistands,
Um standhaft in den Tod zu gehn! Sie selber ist's,
Die uns das Beispiel edler Fassung gibt.
Seid ohne Furcht! Maria Stuart wird
3380 Als eine Königin und Heldin sterben.

    Melvil. Nahm sie die Todespost mit Fassung auf?
Man sagt, daß sie nicht vorbereitet war.

    Kennedy. Das war sie nicht. Ganz andre Schrecken waren's,
Die meine Lady ängstigten. Nicht vor dem Tod,
3385 Vor dem Befreier zitterte Maria.
— Freiheit war uns verheißen. Diese Nacht
Versprach uns Mortimer von hier wegzuführen,
Und zwischen Furcht und Hoffnung, zweifelhaft,
Ob sie dem kecken Jüngling ihre Ehre
3390 Und fürstliche Person vertrauen dürfe,
Erwartete die Königin den Morgen.
— Da wird ein Auflauf in dem Schloß, ein Pochen
Schreckt unser Ohr, und vieler Hämmer Schlag.
Wir glauben, die Befreier zu vernehmen,
3395 Die Hoffnung winkt, der süße Trieb des Lebens
Wacht unwillkürlich, allgewaltig auf —
Da öffnet sich die Tür — Sir Paulet ist's,
Der uns verkündigt — daß — die Zimmerer
Zu unsern Füßen das Gerüst aufschlagen!
        (Sie wendet sich ab, von heftigem Schmerz ergriffen.)

3400   **Melvil.** Gerechter Gott! O, sagt mir! wie ertrug
Maria diesen fürchterlichen Wechsel?

    Kennedy *(nach einer Pause, worin sie sich wieder etwas gefaßt hat).*
Man löst sich nicht allmählich von dem Leben!
Mit einem Mal, schnell, augenblicklich muß
Der Tausch geschehen zwischen Zeitlichem
3405 Und Ewigem, und Gott gewährte meiner Lady
In diesem Augenblick, der Erde Hoffnung
Zurückgestoßen mit entschloßner Seele
Und glaubenvoll den Himmel zu ergreifen.
Kein Merkmal bleicher Furcht, kein Wort der Klage
3410 Entehrte meine Königin — Dann erst,

Als sie Lord Lesters schändlichen Verrat
Vernahm, das unglückselige Geschick
Des werten Jünglings, der sich ihr geopfert,
Des alten Ritters tiefen Jammer sah,
3415 Dem seine letzte Hoffnung starb durch sie,
Da flossen ihre Tränen; nicht das eigne Schicksal,
Der fremde Jammer preßte sie ihr ab.
　　　Melvil. Wo ist sie jetzt? Könnt Ihr mich zu ihr bringen?
　　　Kennedy. Den Rest der Nacht durchwachte sie mit Beten,
3420 Nahm von den teuern Freunden schriftlich Abschied
Und schrieb ihr Testament mit eigner Hand.
Jetzt pflegt sie einen Augenblick der Ruh',
Der letzte Schlaf erquickt sie.
　　　Melvil.　　　　　Wer ist bei ihr?
　　　Kennedy. Ihr Leibarzt Burgoyn und ihre Frauen.

Zweiter Auftritt.
Margareta Kurl zu den Vorigen.

3425 　　　Kennedy. Was bringt Ihr, Mistreß? Ist die Lady wach?
　　　Kurl (ihre Tränen trocknend).

Schon angekleidet — Sie verlangt nach Euch.
　　　Kennedy. Ich komme.
(Zu Melvil, der sie begleiten will.) Folgt mir nicht, bis ich die Lady
Auf Euern Anblick vorbereitet.　　(Geht hinein.)
　　　Kurl.　　　　　Melvil!
Der alte Haushofmeister!
　　　Melvil.　　　　　Ja, der bin ich!
3430 　　　Kurl. O, dieses Haus braucht keines Meisters mehr!
— Melvil! Ihr kommt von London. Wißt Ihr mir
Von meinem Manne nichts zu sagen?
　　　Melvil. Er wird auf freien Fuß gesetzt, sagt man,
Sobald —
　　　Kurl.　　　Sobald die Königin nicht mehr ist!
3435 O der nichtswürdig schändliche Verräter!
Er ist der Mörder dieser teuern Lady;
Sein Zeugnis, sagt man, habe sie verurteilt.
　　　Melvil. So ist's.
　　　Kurl.　　　　O, seine Seele sei verflucht
Bis in die Hölle! Er hat falsch gezeugt —
3440 　　　Melvil. Mylady Kurl! Bedenket Eure Reden!
　　　Kurl. Beschwören will ich's vor Gerichtes Schranken,
Ich will es ihm ins Antlitz wiederholen,

Die ganze Welt will ich damit erfüllen.
Sie stirbt unschuldig —
    Melvil.   O, das gebe Gott!

Dritter Auftritt.

Burgoyn zu den Vorigen. Hernach Hanna Kennedy.

3445 **Burgoyn** (erblickt Melvil). O Melvil!
    Melvil (ihn umarmend).   Burgoyn!
    Burgoyn (zu Margareta Kurl).   Besorget einen Becher
Mit Wein für unsre Lady! Machet hurtig! (Kurl geht ab.)
    Melvil. Wie? Ist der Königin nicht wohl?
    Burgoyn. Sie fühlt sich stark, sie täuscht ihr Heldenmut,
Und keiner Speise glaubt sie zu bedürfen;
3450 Doch ihrer wartet noch ein schwerer Kampf,
Und ihre Feinde sollen sich nicht rühmen,
Daß Furcht des Todes ihre Wangen bleiche,
Wenn die Natur aus Schwachheit unterliegt.
    Melvil (zur Amme, die hereintritt).
Will sie mich sehn?
    Kennedy.   Gleich wird sie selbst hier sein.
3455 — Ihr scheint Euch mit Verwunderung umzusehn,
Und Eure Blicke fragen mich: Was soll
Das Prachtgerät in diesem Ort des Todes?
— O Sir! Wir litten Mangel, da wir lebten,
Erst mit dem Tode kommt der Überfluß zurück.

Vierter Auftritt.

Vorige. Zwei andre Kammerfrauen der Maria, gleichfalls in Trauerkleidern.
Sie brechen bei Melvils Anblick in laute Tränen aus.)

3460 **Melvil.** Was für ein Anblick! Welch ein Wiedersehn!
Gertrude! Rosamund!
    Zweite Kammerfrau. Sie hat uns von sich
Geschickt! Sie will zum letztenmal allein
Mit Gott sich unterhalten!
(Es kommen noch zwei weibliche Bediente, wie die vorigen in Trauer, die mit stummen
Gebärden ihren Jammer ausdrücken.)

Fünfter Auftritt.

**Margareta Kurl zu den Vorigen. (Sie trägt einen goldnen Becher mit Wein
und setzt ihn auf den Tisch, indem sie sich bleich und zitternd an einen Stuhl hält.)**
    Melvil. Was ist Euch, Mistreß? Was entsetzt Euch so?
3465 **Kurl.** O Gott!

Burgoyn.   Was habt Ihr?

Kurl.   Was mußt' ich erblicken!

Melvil. Kommt zu Euch! Sagt uns, was es ist!

Kurl.   Als ich
Mit diesem Becher Wein die große Treppe
Herauf stieg, die zur untern Halle führt,
Da tat die Tür sich auf — ich sah hinein —
3470 Ich sah — o Gott!

Melvil.   Was saht Ihr? Fasset Euch!

Kurl. Schwarz überzogen waren alle Wände,
Ein groß Gerüst, mit schwarzem Tuch beschlagen,
Erhob sich von dem Boden, mitten drauf
Ein schwarzer Block, ein Kissen und daneben
3475 Ein blankgeschliffnes Beil — Voll Menschen war
Der Saal, die um das Mordgerüst sich drängten
Und, heiße Blutgier in dem Blick, das Opfer
Erwarteten.

Die Kammerfrauen. O Gott sei unsrer Lady gnädig!

Melvil. Faßt Euch! Sie kommt!

Sechster Auftritt.

Die Vorigen. Maria. Sie ist weiß und festlich gekleidet; am Halse trägt sie an einer Kette von kleinen Kugeln ein Agnus Dei, ein Rosenkranz hängt am Gürtel herab, sie hat ein Krujifir in der Hand und ein Diadem in den Haaren, ihr großer schwarzer Schleier ist zurückgeschlagen. Bei ihrem Eintritt weichen die Anwesenden zu beiden Seiten zurück und drücken den heftigsten Schmerz aus. Melvil ist mit einer unwillkürlichen Bewegung auf die Kniee gesunken.

Maria (mit ruhiger Hoheit im ganzen Kreise herumsehend).
3480 Was klagt ihr? Warum weint ihr? Freuen solltet
Ihr euch mit mir, daß meiner Leiden Ziel
Nun endlich naht, daß meine Bande fallen,
Mein Kerker aufgeht, und die frohe Seele sich
Auf Engelsflügeln schwingt zur ew'gen Freiheit.
3485 Da, als ich in die Macht der stolzen Feindin
Gegeben war, Unwürdiges erduldend,
Was einer freien, großen Königin
Nicht ziemt, da war es Zeit, um mich zu weinen!
— Wohltätig, heilend, nahet mir der Tod,
3490 Der ernste Freund! Mit seinen schwarzen Flügeln
Bedeckt er meine Schmach — Den Menschen adelt,
Den tiefstgesunkenen, das letzte Schicksal.
Die Krone fühl' ich wieder auf mein Haupt,
Den würd'gen Stolz in meiner edeln Seele!

(Indem sie einige Schritte weiter vortritt.)

3495 Wie? Melvil hier? — Nicht also, edler Sir!
Steht auf! Ihr seid zu Eurer Königin
Triumph, zu ihrem Tode nicht gekommen.
Mir wird ein Glück zuteil, wie ich es nimmer
Gehofft, daß mein Nachruhm doch nicht ganz
3500 In meiner Feinde Händen ist, daß doch
Ein Freund mir, ein Bekenner meines Glaubens
Als Zeuge dasteht in der Todesstunde.
— Sagt, edler Ritter! wie erging es Euch
In diesem feindlichen, unholden Lande,
3505 Seitdem man Euch von meiner Seite riß?
Die Sorg' um Euch hat oft mein Herz bekümmert.
   Melvil. Mich drückte sonst kein Mangel als der Schmerz
Um dich, und meine Ohnmacht, dir zu dienen!
   Maria. Wie steht's um Didier, meinen alten Kämmrer?
3510 Doch der Getreue schläft wohl lange schon
Den ew'gen Schlaf, denn er war hoch an Jahren.
   Melvil. Gott hat ihm diese Gnade nicht erzeigt,
Er lebt, um deine Jugend zu begraben.
   Maria. Daß mir vor meinem Tode noch das Glück
3515 Geworden wäre, ein geliebtes Haupt
Der teuern Blutsverwandten zu umfassen!
Doch ich soll sterben unter Fremdlingen,
Nur Eure Tränen soll ich fließen sehn!
— Melvil, die letzten Wünsche für die Meinen
3520 Leg' ich in Eure treue Brust — Ich segne
Den allerchristlichsten König, meinen Schwager,
Und Frankreichs ganzes königliches Haus —
Ich segne meinen Ohm, den Kardinal,
Und Heinrich Guise, meinen edlen Vetter,
3525 Ich segne auch den Papst, den heiligen
Statthalter Christi, der mich wieder segnet,
Und den kathol'schen König, der sich edelmütig
Zu meinem Retter, meinem Rächer anbot —
Sie alle stehn in meinem Testament;
3530 Sie werden die Geschenke meiner Liebe,
Wie arm sie sind, darum gering nicht achten.
     (Sich zu ihren Dienern wendend.)
Euch hab' ich meinem königlichen Bruder
Von Frankreich anempfohlen, er wird sorgen
Für euch, ein neues Vaterland euch geben.
3535 Und ist euch meine letzte Bitte wert,
Bleibt nicht in England, daß der Brite nicht

Schiller V.   8

Sein stolzes Herz an euerm Unglück weide,
Nicht die im Staube seh', die mir gedient.
Bei diesem Bildnis des Gekreuzigten
3540 Gelobet mir, dies unglücksel'ge Land
Alsbald, wenn ich dahin bin, zu verlassen!

        Melvil (berührt das Kruzifix).
Ich schwöre dir's im Namen dieser aller.

        Maria. Was ich, die Arme, die Beraubte, noch besaß,
Worüber mir vergönnt ist frei zu schalten,
3545 Das hab' ich unter euch verteilt; man wird,
Ich hoff' es, meinen letzten Willen ehren.
Auch was ich auf dem Todeswege trage,
Gehöret euch — Vergönnet mir noch einmal
Der Erde Glanz auf meinem Weg zum Himmel!
3550 (Zu den Fräulein.) Dir, meine Alix, Gertrud, Rosamund,
Bestimm' ich meine Perlen, meine Kleider,
Denn eure Jugend freut sich noch des Putzes.
Du, Margareta, hast das nächste Recht
An meine Großmut, denn ich lasse dich
3555 Zurück als die Unglücklichste von allen.
Daß ich des Gatten Schuld an dir nicht räche,
Wird mein Vermächtnis offenbaren — dich,
O meine treue Hanna, reizet nicht
Der Wert des Goldes, nicht der Steine Pracht,
3560 Dir ist das höchste Kleinod mein Gedächtnis.
Nimm dieses Tuch! Ich hab's mit eigner Hand
Für dich gestickt in meines Kummers Stunden
Und meine heißen Tränen eingewoben.
Mit diesem Tuch wirst du die Augen mir verbinden,
3565 Wenn es soweit ist — diesen letzten Dienst
Wünsch' ich von meiner Hanna zu empfangen.

        Kennedy. O Melvil! Ich ertrag' es nicht!

        Maria.   **Kommt alle!**
Kommt und empfangt mein letztes Lebewohl!
(Sie reicht ihre Hände hin; eins nach dem andern fällt ihr zu Füßen und küßt die
dargebotne Hand unter heftigem Weinen.)
Leb' wohl, Margreta! — Alix, lebe wohl —
3570 Dank, Burgoyn, für Eure treuen Dienste! —
Dein Mund brennt heiß, Gertrude — Ich bin viel
Gehasset worden, doch auch viel geliebt!
Ein edler Mann beglücke meine Gertrud!
Denn Liebe fodert dieses glühnde Herz —
3575 Berta! Du hast das beßre Teil erwählt;

Die keusche Braut des Himmels willst du werden!
O eile, dein Gelübde zu vollziehn!
Betrüglich sind die Güter dieser Erden,
Das lern' an deiner Königin! — Nichts weiter!
3580 Lebt wohl! Lebt wohl! Lebt ewig wohl!

(Sie wendet sich schnell von ihnen; alle, bis auf Melvil, entfernen sich.)

Siebenter Auftritt.

Maria. Melvil.

Maria. Ich habe alles Zeitliche berichtigt
Und hoffe keines Menschen Schuldnerin
Aus dieser Welt zu scheiden — Eins nur ist's,
Melvil, was der beklemmten Seele noch
3585 Verwehrt, sich frei und freudig zu erheben.

Melvil. Entdecke mir's! Erleichtre deine Brust,
Dem treuen Freund vertraue deine Sorgen!

Maria. Ich stehe an dem Rand der Ewigkeit;
Bald soll ich treten vor den höchsten Richter,
3590 Und noch hab' ich den Heil'gen nicht versöhnt.
Versagt ist mir der Priester meiner Kirche.
Des Sakramentes heil'ge Himmelsspeise
Verschmäh' ich aus den Händen falscher Priester.
Im Glauben meiner Kirche will ich sterben;
3595 Denn der allein ist's, welcher selig macht.

Melvil. Beruhige dein Herz! Dem Himmel gilt
Der feurig fromme Wunsch statt des Vollbringens.
Thrannenmacht kann nur die Hände fesseln,
Des Herzens Andacht hebt sich frei zu Gott;
3600 Das Wort ist tot, der Glaube macht lebendig.

Maria. Ach, Melvil! Nicht allein genug ist sich
Das Herz, ein irdisch Pfand bedarf der Glaube,
Das hohe Himmlische sich zuzueignen.
Drum ward der Gott zum Menschen und verschloß
3605 Die unsichtbaren himmlischen Geschenke
Geheimnisvoll in einem sichtbarn Leib.
— Die Kirche ist's, die heilige, die hohe,
Die zu dem Himmel uns die Leiter baut;
Die allgemeine, die kathol'sche heißt sie,
3610 Denn nur der Glaube aller stärkt den Glauben;
Wo Tausende anbeten und verehren,
Da wird die Glut zur Flamme, und beflügelt
Schwingt sich der Geist in alle Himmel auf.

8*

— Ach, die Beglückten, die das froh geteilte
3615 Gebet versammelt in dem Haus des Herrn!
Geschmückt ist der Altar, die Kerzen leuchten,
Die Glocke tönt, der Weihrauch ist gestreut,
Der Bischof steht im reinen Meßgewand,
Er faßt den Kelch, er segnet ihn, er kündet
3620 Das hohe Wunder der Verwandlung an,
Und niederstürzt dem gegenwärt'gen Gotte
Das gläubig überzeugte Volk — Ach! Ich
Allein bin ausgeschlossen, nicht zu mir
In meinen Kerker dringt der Himmelsegen.

3625   **Melvil.** Er bringt zu dir! Er ist dir nah! Vertraue
Dem Allvermögenden — der dürre Stab
Kann Zweige treiben in des Glaubens Hand!
Und der die Quelle aus dem Felsen schlug,
Kann dir im Kerker den Altar bereiten,
3630 Kann diesen Kelch, die irdische Erquickung,
Dir schnell in eine himmlische verwandeln.
(Er ergreift den Kelch, der auf dem Tische steht.)
     Maria. Melvil! Versteh' ich Euch? Ja! Ich versteh' Euch!
Hier ist kein Priester, keine Kirche, kein
Hochwürdiges — Doch der Erlöser spricht:
3635 Wo zwei versammelt sind in meinem Namen,
Da bin ich gegenwärtig unter ihnen.
Was weiht den Priester ein zum Mund des Herrn?
Das reine Herz, der unbefleckte Wandel.
— So seid Ihr mir, auch ungeweiht, ein Priester,
3640 Ein Bote Gottes, der mir Frieden bringt,
— Euch will ich meine letzte Beichte tun,
Und Euer Mund soll mir das Heil verkünden.
     Melvil. Wenn dich das Herz so mächtig dazu treibt,
So wisse, Königin, daß dir zum Troste
3645 Gott auch ein Wunder wohl verrichten kann.
Hier sei kein Priester, sagst du, keine Kirche,
Kein Leib des Herrn? — Du irrest dich. Hier ist
Ein Priester, und ein Gott ist hier zugegen.
(Er entblößt bei diesen Worten das Haupt, zugleich zeigt er ihr eine Hostie in einer
goldenen Schale.)
— Ich bin ein Priester, deine letzte Beichte
3650 Zu hören, dir auf deinem Todesweg
Den Frieden zu verkündigen, hab' ich
Die sieben Weihn auf meinem Haupt empfangen,
Und diese Hostie überbring' ich dir
Vom Heil'gen Vater, die er selbst geweiht.

3655   **Maria.** O, so muß an der Schwelle selbst des Todes
Mir noch ein himmlisch Glück bereitet sein!
Wie ein Unsterblicher auf goldnen Wolken
Herniederfährt, wie den Apostel einst
Der Engel führte aus des Kerkers Banden,
3660 Ihn hält kein Riegel, keines Hüters Schwert,
Er schreitet mächtig durch verschloßne Pforten,
Und im Gefängnis steht er glänzend da,
So überrascht mich hier der Himmelsbote,
Da jeder ird'sche Retter mich getäuscht!
3665 — Und Ihr, mein Diener einst, seid jetzt der Diener
Des höchsten Gottes und sein heil'ger Mund!
Wie Eure Kniee sonst vor mir sich beugten,
So lieg' ich jetzt im Staub vor Euch.   (Sie sinkt vor ihm nieder.)
    Melvil (indem er das Zeichen des Kreuzes über sie macht). Im Namen
Des Vaters und des Sohnes und des Geistes!
3670 Maria, Königin! Hast du dein Herz
Erforschet, schwörst du und gelobest du,
Wahrheit zu beichten vor dem Gott der Wahrheit?
    Maria. Mein Herz liegt offen da vor dir und ihm.
    Melvil. Sprich, welcher Sünde zeiht dich dein Gewissen,
3675 Seitdem du Gott zum letzten Mal versöhnt?
    Maria. Von neid'schem Hasse war mein Herz erfüllt,
Und Rachgedanken tobten in dem Busen.
Vergebung hofft' ich Sünderin von Gott,
Und konnte nicht der Gegnerin vergeben.
3680   **Melvil.** Bereuest du die Schuld, und ist's dein ernster
Entschluß, versöhnt aus dieser Welt zu scheiden?
    Maria. So wahr ich hoffe, daß mir Gott vergebe.
    Melvil. Welch andrer Sünde klagt das Herz dich an?
    Maria. Ach, nicht durch Haß allein, durch sünd'ge Liebe
3685 Noch mehr hab' ich das höchste Gut beleidigt.
Das eitle Herz ward zu dem Mann gezogen,
Der treulos mich verlassen und betrogen!
    Melvil. Bereuest du die Schuld, und hat dein Herz
Vom eiteln Abgott sich zu Gott gewendet?
3690   **Maria.** Es war der schwerste Kampf, den ich bestand,
Zerrissen ist das letzte ird'sche Band.
    Melvil. Welch andrer Schuld verklagt dich dein Gewissen?
    Maria. Ach, eine frühe Blutschuld, längst gebeichtet,
Sie kehrt zurück mit neuer Schreckenskraft
3695 Im Augenblick der letzten Rechenschaft
Und wälzt sich schwarz mir vor des Himmels Pforten:

Den König, meinen Gatten, ließ ich morden,
Und dem Verführer schenkt' ich Herz und Hand!
Streng büßt' ich's ab mit allen Kirchenstrafen,
3700 Doch in der Seele will der Wurm nicht schlafen.
     Melvil. Verklagt das Herz dich keiner andern Sünde,
Die du noch nicht gebeichtet und gebüßt?
     Maria. Jetzt weißt du alles, was mein Herz belastet.
     Melvil. Denk' an die Nähe des Allwissenden!
3705 Der Strafen denke, die die heil'ge Kirche
Der mangelhaften Beichte droht! Das ist
Die Sünde zu dem ew'gen Tod, denn das
Ist wider seinen heil'gen Geist gefrevelt!
     Maria. So schenke mir die ew'ge Gnade Sieg
3710 Im letzten Kampf, als ich dir wissend nichts verschwieg.
     Melvil. Wie? Deinem Gott verhehlst du das Verbrechen,
Um dessentwillen dich die Menschen strafen?
Du sagst mir nichts von deinem blut'gen Anteil
An Babingtons und Parrys Hochverrat?
3715 Den zeitlichen Tod stirbst du für diese Tat,
Willst du auch noch den ew'gen dafür sterben?
     Maria. Ich bin bereit, zur Ewigkeit zu gehn;
Noch eh' sich der Minutenzeiger wendet,
Werd' ich vor meines Richters Throne stehn;
3720 Doch wiederhol' ich's: Meine Beichte ist vollendet.
     Melvil. Erwäg' es wohl! Das Herz ist ein Betrüger.
Du hast vielleicht mit list'gem Doppelsinn
Das Wort vermieden, das dich schuldig macht,
Obgleich der Wille das Verbrechen teilte.
3725 Doch wisse, keine Gaukelkunst berückt
Das Flammenauge, das ins Innre blickt!
     Maria. Ich habe alle Fürsten aufgeboten,
Mich aus unwürd'gen Banden zu befrein;
Doch nie hab' ich durch Vorsatz oder Tat
3730 Das Leben meiner Feindin angetastet!
     Melvil. So hätten deine Schreiber falsch gezeugt?
     Maria. Wie ich gesagt, so ist's. Was jene zeugten,
Das richte Gott!
     Melvil.   So steigst du, überzeugt
Von deiner Unschuld, auf das Blutgerüste?
3735   **Maria.** Gott würdigt mich, durch diesen unverdienten Tod
Die frühe schwere Blutschuld abzubüßen.
     Melvil (macht den Segen über sie).
So gehe hin, und sterbend büße sie!

Sink, ein ergebnes Opfer, am Altare!
Blut kann versöhnen, was das Blut verbrach;
3740 Du fehltest nur aus weiblichem Gebrechen,
Dem sel'gen Geiste folgen nicht die Schwächen
Der Sterblichkeit in die Verklärung nach.
Ich aber künde dir, kraft der Gewalt,
Die mir verliehen ist, zu lösen und zu binden,
3745 Erlassung an von allen deinen Sünden!
Wie du geglaubet, so geschehe dir!
(Er reicht ihr die Hostie.) Nimm hin den Leib, er ist für dich geopfert!
(Er ergreift den Kelch, der auf dem Tische steht, konsekriert ihn mit stillem Gebet,
dann reicht er ihr denselben. Sie zögert ihn anzunehmen und weist ihn mit
der Hand zurück.) Nimm hin das Blut, es ist für dich vergossen!
Nimm hin! Der Papst erzeigt dir diese Gunst!
3750 Im Tode noch sollst du das höchste Recht
Der Könige, das priesterliche, üben!
(Sie empfängt den Kelch.)
Und wie du jetzt dich in dem irb'schen Leib
Geheimnisvoll mit deinem Gott verbunden,
So wirst du dort in seinem Freudenreich,
3755 Wo keine Schuld mehr sein wird und kein Weinen,
Ein schön verklärter Engel, dich
Auf ewig mit dem Göttlichen vereinen. (Er setzt den Kelch nieder.
Auf ein Geräusch, das gehört wird, bedeckt er sich das Haupt und geht an die Türe;
Maria bleibt in stiller Andacht auf den Knien liegen.)
　　Melvil (zurückkommend).
Dir bleibt ein harter Kampf noch zu bestehn.
Fühlst du dich stark genug, um jede Regung
3760 Der Bitterkeit, des Hasses zu besiegen?
　　Maria. Ich fürchte keinen Rückfall. Meinen Haß
Und meine Liebe hab' ich Gott geopfert.
　　Melvil. Nun, so bereite dich, die Lords von Lester
Und Burleigh zu empfangen. Sie sind da.

Achter Auftritt.

Die Vorigen. Burleigh. Leicester und Paulet.
(Leicester bleibt ganz in der Entfernung stehen, ohne die Augen aufzuschlagen. Burleigh, der seine Fassung beobachtet, tritt zwischen ihn und die Königin.)

3765 　**Burleigh.** Ich komme, Lady Stuart, Eure letzten
Befehle zu empfangen.
　　Maria. 　　　Dank, Mylord!
　　Burleigh. Es ist der Wille meiner Königin,
Daß Euch nichts Billiges verweigert werde.

Maria. Mein Testament nennt meine letzten Wünsche.
3770 Ich hab's in Ritter Paulets Hand gelegt
Und bitte, daß es treu vollzogen werde.

Paulet. Verlaßt Euch drauf!

Maria. Ich bitte, meine Diener ungekränkt
Nach Schottland zu entlassen oder Frankreich,
3775 Wohin sie selber wünschen und begehren.

Burleigh. Es sei, wie Ihr es wünscht.

Maria.   Und weil mein Leichnam
Nicht in geweihter Erde ruhen soll,
So dulde man, daß dieser treue Diener
Mein Herz nach Frankreich bringe zu den Meinen.
3780 — Ach! Es war immer dort!

Burleigh.   Es soll geschehn.
Habt Ihr noch sonst —

Maria.   Der Königin von England
Bringt meinen schwesterlichen Gruß. Sagt ihr,
Daß ich ihr meinen Tod von ganzem Herzen
Vergebe, meine Heftigkeit von gestern
3785 Ihr reuevoll abbitte. Gott erhalte sie
Und schenk' ihr eine glückliche Regierung!

Burleigh. Sprecht! Habt Ihr noch nicht bessern Rat erwählt?
Verschmäht Ihr noch den Beistand des Dechanten?

Maria. Ich bin mit meinem Gott versöhnt — Sir Paulet!
3790 Ich hab' Euch schuldlos vieles Weh bereitet,
Des Alters Stütze Euch geraubt — O, laßt
Mich hoffen, daß Ihr meiner nicht mit Haß
Gedenket —

Paulet (gibt ihr die Hand).
Gott sei mit Euch! Gehet hin im Frieden!

Neunter Auftritt.

Die Vorigen. Hanna Kennedy und die andern Frauen der Königin bringen
herein mit Zeichen des Entsetzens; ihnen folgt der Sheriff, einen weißen Stab in der
Hand, hinter demselben sieht man durch die offen bleibende Türe gewaffnete Männer.

Maria. Was ist dir, Hanna? — Ja, nun ist es Zeit!
3795 Hier kommt der Sheriff, uns zum Tod zu führen.
Es muß geschieden sein! Lebt wohl! Lebt wohl!
(Ihre Frauen hängen sich an sie mit heftigem Schmerz; zu Melvil:)
Ihr, werter Sir, und meine treue Hanna,
Sollt mich auf diesem letzten Gang begleiten.
Mylord, versagt mir diese Wohltat nicht!
3800 **Burleigh.** Ich habe dazu keine Vollmacht.

Maria.   Wie?
Die kleine Bitte könntet Ihr mir weigern?
Habt Achtung gegen mein Geschlecht! Wer soll
Den letzten Dienst mir leisten! Nimmermehr
Kann es der Wille meiner Schwester sein,
3805 Daß mein Geschlecht in mir beleidigt werde,
Der Männer rohe Hände mich berühren!
    Burleigh. Es darf kein Weib die Stufen des Gerüstes
Mit Euch besteigen — Ihr Geschrei und Jammern —
    Maria. Sie soll nicht jammern! Ich verbürge mich
3810 Für die gefaßte Seele meiner Hanna!
Seid gütig, Lord! O, trennt mich nicht im Sterben
Von meiner treuen Pflegerin und Amme!
Sie trug auf ihren Armen mich ins Leben,
Sie leite mich mit sanfter Hand zum Tod.
3815   **Paulet** (zu Burleigh). Laßt es geschehn!
    Burleigh.   Es sei!
    Maria.   Nun hab' ich nichts mehr
Auf dieser Welt — (Sie nimmt das Kruzifix und küßt es.)
        Mein Heiland! Mein Erlöser!
Wie du am Kreuz die Arme ausgespannt,
So breite sie jetzt aus, mich zu empfangen!
(Sie wendet sich zu gehen; in diesem Augenblick begegnet ihr Auge dem Grafen Lei-
cester, der bei ihrem Aufbruch unwillkürlich aufgefahren und nach ihr hingesehen. —
Bei diesem Anblick zittert Maria, die Knie versagen ihr, sie ist im Begriff hinzusinken;
da ergreift sie Graf Leicester und empfängt sie in seinen Armen. Sie sieht ihn eine
Zeitlang ernst und schweigend an, er kann ihren Blick nicht aushalten, endlich spricht sie:)
Ihr haltet Wort, Graf Lester — Ihr verspracht
3820 Mir Euern Arm, aus diesem Kerker mich
Zu führen, und Ihr leihet mir ihn jetzt!
      (Er steht wie vernichtet. Sie fährt mit sanfter Stimme fort:)
Ja, Lester, und nicht bloß
Die Freiheit wollt' ich Eurer Hand verdanken.
Ihr solltet mir die Freiheit teuer machen;
3825 An Eurer Hand, beglückt durch Eure Liebe,
Wollt' ich des neuen Lebens mich erfreun.
Jetzt, da ich auf dem Weg bin, von der Welt
Zu scheiden und ein sel'ger Geist zu werden,
Den keine ird'sche Neigung mehr versucht,
3830 Jetzt, Lester, darf ich ohne Schamerröten
Euch die besiegte Schwachheit eingestehn —
Lebt wohl, und wenn Ihr könnt, so lebt beglückt!
Ihr durftet werben um zwei Königinnen;
Ein zärtlich liebend Herz habt Ihr verschmäht,

3835 Verraten, um ein stolzes zu gewinnen.
Kniet zu den Füßen der Elisabeth!
Mög' Euer Lohn nicht Eure Strafe werden!
Lebt wohl! — Jetzt hab' ich nichts mehr auf der Erden!
(Sie geht ab, der Sheriff voraus, Melvil und die Amme ihr zur Seite. Burleigh und
Paulet folgen, die übrigen sehen ihr jammernd nach, bis sie verschwunden ist; dann
entfernen sie sich durch die zwei andern Türen.)

Zehnter Auftritt.

Leicester, allein zurückbleibend.

Ich lebe noch! Ich trag' es, noch zu leben!
3840 Stürzt dieses Dach nicht sein Gewicht auf mich?
Tut sich kein Schlund auf, das elendeste
Der Wesen zu verschlingen? Was hab' ich
Verloren! Welche Perle warf ich hin!
Welch Glück der Himmel hab' ich weggeschleudert!
3845 — Sie geht dahin, ein schon verklärter Geist,
Und mir bleibt die Verzweiflung der Verdammten.
— Wo ist mein Vorsatz hin, mit dem ich kam,
Des Herzens Stimme fühllos zu ersticken?
Ihr fallend Haupt zu sehn mit unbewegten Blicken?
3850 Weckt mir ihr Anblick die erstorbne Scham?
Muß sie im Tod mit Liebesbanden mich umstricken?
— Verworfener, dir steht es nicht mehr an,
In zartem Mitleid weibisch hinzuschmelzen;
Der Liebe Glück liegt nicht auf deiner Bahn;
3855 Mit einem ehrnen Harnisch angetan
Sei deine Brust! Die Stirne sei ein Felsen!
Willst du den Preis der Schandtat nicht verlieren,
Dreist mußt du sie behaupten und vollführen!
Verstumme, Mitleid! Augen, werdet Stein!
3860 Ich seh' sie fallen, ich will Zeuge sein.
(Er geht mit entschloßnem Schritt der Türe zu, durch welche Maria gegangen, bleibt
aber auf der Mitte des Weges stehen.)
Umsonst! Umsonst! Mich faßt der Hölle Grauen,
Ich kann, ich kann das Schreckliche nicht schauen,
Kann sie nicht sterben sehen. — Horch! Was war das?
Sie sind schon unten. — Unter meinen Füßen
3865 Bereitet sich das fürchterliche Werk.
Ich höre Stimmen — Fort! Hinweg! Hinweg
Aus diesem Haus des Schreckens und des Todes!
(Er will durch eine andre Tür entfliehen, findet sie aber verschlossen und fährt zurück.)
Wie? Fesselt mich ein Gott an diesen Boden?

Muß ich anhören, was mir anzuschauen graut?
570 Die Stimme des Dechanten — Er ermahnet sie —
— Sie unterbricht ihn — Horch! — Laut betet sie —
Mit fester Stimme — Es wird still — Ganz still!
Nur schluchzen hör' ich, und die Weiber weinen —
Sie wird entkleidet — Horch! Der Schemel wird
575 Gerückt — Sie kniet aufs Kissen — legt das Haupt —
(Nachdem er die letzten Worte mit steigender Angst gesprochen und eine Weile inne-
gehalten, sieht man ihn plötzlich mit einer zuckenden Bewegung zusammenfahren und
ohnmächtig niedersinken; zugleich erschallt von unten herauf ein dumpfes Getöse von
Stimmen, welches lange forthallt.)

(Das zweite Zimmer des vierten Aufzugs.)

Eilfter Auftritt.

Elisabeth (tritt aus einer Seitentüre, ihr Gang und ihre Gebärden
drücken die heftigste Unruhe aus).

Noch niemand hier — Noch keine Botschaft — Will es
Nicht Abend werden? Steht die Sonne fest
In ihrem himmlischen Lauf? Ich soll noch länger
Auf dieser Folter der Erwartung liegen.
580 — Ist es geschehen? Ist es nicht? — Mir graut
Vor beidem, und ich wage nicht zu fragen!
Graf Lester zeigt sich nicht, auch Burleigh nicht,
Die ich ernannt, das Urteil zu vollstrecken.
Sind sie von London abgereist — dann ist's
585 Geschehn, der Pfeil ist abgedrückt, er fliegt,
Er trifft, er hat getroffen; gält's mein Reich,
Ich kann ihn nicht mehr halten. — Wer ist da?

Zwölfter Auftritt.

Elisabeth. Ein Page.

Elisabeth. Du kommst allein zurück — Wo sind die Lords?
Page. Mylord von Lester und der Großschatzmeister —
Elisabeth (in der höchsten Spannung).
590 Wo sind sie?
Page.   Sie sind nicht in London.
Elisabeth.   Nicht?
Wo sind sie denn?
Page.   Das wußte niemand mir zu sagen.
Vor Tagesanbruch hätten beide Lords
Eilfertig und geheimnisvoll die Stadt
Verlassen.

Elisabeth (lebhaft ausbrechend). **Ich bin Königin von England!**
(Auf und nieder gehend in der höchsten Bewegung.)

3895 Geh! Rufe mir — nein, bleibe — Sie ist tot!
Jetzt endlich hab' ich Raum auf dieser Erde.
— Was zittr' ich? Was ergreift mich diese Angst?
Das Grab deckt meine Furcht, und wer darf sagen,
Ich hab's getan! Es soll an Tränen mir
3900 Nicht fehlen, die Gefallne zu beweinen!
(Zum Pagen.) Stehst du noch hier? — Mein Schreiber Davison
Soll augenblicklich sich hieher verfügen.
Schickt nach dem Grafen Shrewsbury! — Da ist
Er selbst! (Page geht ab.)

Dreizehnter Auftritt.
Elisabeth. Graf Shrewsbury.

Elisabeth. Willkommen, edler Lord! Was bringt Ihr?
3905 Nichts Kleines kann es sein, was Euern Schritt
So spät hieher führt.
Shrewsbury. Große Königin,
Mein sorgenvolles Herz, um deinen Ruhm
Bekümmert, trieb mich heute nach dem Tower,
Wo Kurl und Nau, die Schreiber der Maria,
3910 Gefangen sitzen; denn noch einmal wollt' ich
Die Wahrheit ihres Zeugnisses erproben.
Bestürzt, verlegen weigert sich der Leutnant
Des Turms, mir die Gefangenen zu zeigen;
Durch Drohung nur verschafft' ich mir den Eintritt.
3915 — Gott! Welcher Anblick zeigte mir sich da!
Das Haar verwildert, mit des Wahnsinns Blicken,
Wie ein von Furien Gequälter, lag
Der Schotte Kurl auf seinem Lager. — Kaum
Erkennt mich der Unglückliche, so stürzt er
3920 Zu meinen Füßen — schreiend, meine Kniee
Umklammernd mit Verzweiflung, wie ein Wurm
Vor mir gekrümmt — fleht er mich an, beschwört mich,
Ihm seiner Königin Schicksal zu verkünden;
Denn ein Gerücht, daß sie zum Tod verurteilt sei,
3925 War in des Towers Klüfte eingedrungen.
Als ich ihm das bejahet nach der Wahrheit,
Hinzugefügt, daß es sein Zeugnis sei,
Wodurch sie sterbe, sprang er wütend auf,
Fiel seinen Mitgefangnen an, riß ihn

³⁹³⁰ Zu Boden, mit des Wahnsinns Riesenkraft,
Ihn zu erwürgen strebend. Kaum entrissen wir
Den Unglückſel'gen ſeines Grimmes Händen.
Nun kehrt' er gegen ſich die Wut, zerſchlug
Mit grimm'gen Fäuſten ſich die Bruſt, verfluchte ſich
³⁹³⁵ Und den Gefährten allen Höllengeiſtern.
Er habe falſch gezeugt, die Unglücksbriefe
An Babington, die er als echt beſchworen,
Sie ſeien falſch, er habe andre Worte
Geſchrieben, als die Königin diktiert,
³⁹⁴⁰ Der Böſewicht Nau hab' ihn dazu verleitet.
Drauf rannt' er an das Fenſter, riß es auf
Mit wütender Gewalt, ſchrie in die Gaſſen
Hinab, daß alles Volk zuſammenlief,
Er ſei der Schreiber der Maria, ſei
³⁹⁴⁵ Der Böſewicht, der ſie fälſchlich angeklagt;
Er ſei verflucht, er ſei ein falſcher Zeuge!
     Eliſabeth. Ihr ſagtet ſelbſt, daß er von Sinnen war.
Die Worte eines Raſenden, Verrückten,
Beweiſen nichts.
     Shrewsbury. Doch dieſer Wahnſinn ſelbſt
³⁹⁵⁰ Beweiſet deſto mehr! O Königin!
Laß dich beſchwören, übereile nichts,
Befiehl, daß man von neuem unterſuche!
     Eliſabeth. Ich will es tun — weil Ihr es wünſchet, Graf,
Nicht weil ich glauben kann, daß meine Peers
³⁹⁵⁵ In dieſer Sache übereilt gerichtet.
Euch zur Beruhigung erneure man
Die Unterſuchung. — Gut, daß es noch Zeit iſt!
An unſrer königlichen Ehre ſoll
Auch nicht der Schatten eines Zweifels haften.

Vierzehnter Auftritt.
Davison zu den Vorigen.

³⁹⁶⁰   **Eliſabeth.** Das Urteil, Sir, das ich in Eure Hand
Gelegt — Wo iſt's?
     Davison (im höchſten Erſtaunen). Das Urteil?
     Eliſabeth.   Das ich geſtern
Euch in Verwahrung gab —
     Davison.   Mir in Verwahrung?
     Eliſabeth. Das Volk beſtürmte mich, zu unterzeichnen.
Ich mußt' ihm ſeinen Willen tun, ich tat's,

3965 Gezwungen tat ich's, und in Eure Hände
Legt' ich die Schrift, ich wollte Zeit gewinnen;
Ihr wißt, was ich Euch sagte — Nun! Gebt her!
    Shrewsbury. Geht, werter Sir, die Sachen liegen anders;
Die Untersuchung muß erneuert werden.
3970   Davison. Erneuert? — Ewige Barmherzigkeit!
    Elisabeth. Bedenkt Euch nicht solang'. Wo ist die Schrift?
    Davison (in Verzweiflung).
Ich bin gestürzt, ich bin ein Mann des Todes!
    Elisabeth (hastig einfallend). Ich will nicht hoffen, Sir —
    Davison.   Ich bin verloren!
Ich hab' sie nicht mehr.
    Elisabeth.   Wie? Was?
    Shrewsbury.   Gott im Himmel!
3975   Davison. Sie ist in Burleighs Händen — schon seit gestern.
    Elisabeth. Unglücklicher! So habt Ihr mir gehorcht?
Befahl ich Euch nicht streng, sie zu verwahren?
    Davison. Das hast du nicht befohlen, Königin.
    Elisabeth. Willst du mich Lügen strafen, Elender?
3980 Wann hieß ich dir die Schrift an Burleigh geben?
    Davison. Nicht in bestimmten, klaren Worten — aber —
    Elisabeth. Nichtswürdiger! Du wagst es, meine Worte
Zu deuten? Deinen eignen blut'gen Sinn
Hineinzulegen? — Wehe dir, wenn Unglück
3985 Aus dieser eigenmächt'gen Tat erfolgt!
Mit deinem Leben sollst du mir's bezahlen.
— Graf Shrewsbury, Ihr sehet, wie mein Name
Gemißbraucht wird.
    Shrewsbury.   Ich sehe — O mein Gott!
    Elisabeth. Was sagt Ihr?
    Shrewsbury.   Wenn der Squire sich dieser Tat
3990 Vermessen hat auf eigene Gefahr
Und ohne deine Wissenschaft gehandelt,
So muß er vor den Richterstuhl der Peers
Gefodert werden, weil er deinen Namen
Dem Abscheu aller Zeiten preisgegeben.

Letzter Auftritt.

Die Vorigen. Burleigh, zuletzt Kent.

Burleigh (beugt ein Knie vor der Königin).
3995 Lang' lebe meine königliche Frau,

Und mögen alle Feinde dieser Insel
Wie diese Stuart enden!
(Shrewsbury verhüllt sein Gesicht, Davison ringt verzweiflungsvoll die Hände.)

    Elisabeth.   **Redet, Lord!**
Habt Ihr den tödlichen Befehl von mir
Empfangen?
    Burleigh.   Nein, Gebieterin! Ich empfing ihn
4000 Von Davison.
    Elisabeth.   Hat Davison ihn Euch
In meinem Namen übergeben?
    Burleigh.   Nein!
Das hat er nicht —
    Elisabeth.   Und Ihr vollstrecktet ihn,
Rasch, ohne meinen Willen erst zu wissen?
Das Urteil war gerecht, die Welt kann uns
4005 Nicht tadeln; aber Euch gebührte nicht,
Der Milde unsers Herzens vorzugreifen —
Drum seid verbannt von unserm Angesicht!
(Zu Davison.) Ein strengeres Gericht erwartet Euch,
Der seine Vollmacht frevelnd überschritten,
4010 Ein heilig anvertrautes Pfand veruntreut.
Man führ' ihn nach dem Tower! Es ist mein Wille,
Daß man auf Leib und Leben ihn verklage.
— Mein edler Talbot! Euch allein hab' ich
Gerecht erfunden unter meinen Räten;
4015 Ihr sollt fortan mein Führer sein, mein Freund —
    Shrewsbury. Verbanne deine treusten Freunde nicht,
Wirf sie nicht ins Gefängnis, die für dich
Gehandelt haben, die jetzt für dich schweigen!
— Mir aber, große Königin, erlaube,
4020 Daß ich das Siegel, das du mir zwölf Jahre
Vertraut, zurück in deine Hände gebe.
    Elisabeth (betroffen).
Nein, Shrewsbury! Ihr werdet mich jetzt nicht
Verlassen, jetzt —
    Shrewsbury.   Verzeih, ich bin zu alt,
Und diese grade Hand, sie ist zu starr,
4025 Um deine neuen Taten zu versiegeln.
    Elisabeth. Verlassen wollte mich der Mann, der mir
Das Leben rettete?
    Shrewsbury.   Ich habe wenig
Getan. — Ich habe deinen edlern Teil
Nicht retten können. Lebe, herrsche glücklich!

1030 Die Gegnerin ist tot. Du hast von nun an
Nichts mehr zu fürchten, brauchst nichts mehr zu achten!
(Geht ab.)

Elisabeth (zum Grafen Kent, der hereintritt).
Graf Lester komme her!

Kent. Der Lord läßt sich
Entschuldigen, er ist zu Schiff nach Frankreich.
(Sie bezwingt sich und steht mit ruhiger Fassung da. Der Vorhang fällt.)

Die Jungfrau von Orleans

Eine romantische Tragödie

Personen:

Karl der Siebente, König von Frankreich.
Königin Isabeau, seine Mutter.
Agnes Sorel, seine Geliebte.
Philipp der Gute, Herzog von Burgund.
Graf Dunois, Bastard von Orleans.
La Hire,
Du Chatel, } königliche Offiziere.
Erzbischof von Reims.
Chatillon, ein burgundischer Ritter.
Raoul, ein lothringischer Ritter.
Talbot, Feldherr der Engländer.
Lionel,
Fastolf, } englische Anführer.
Montgomery, ein Walliser.
Ratsherren von Orleans.
Ein englischer Herold.
Thibaut d'Arc, ein reicher Landmann.
Margot,
Louison, } seine Töchter.
Johanna,
Etienne,
Claude Marie, } ihre Freier.
Raimond,
Bertrand, ein andrer Landmann.
Die Erscheinung eines schwarzen Ritters.
Köhler und Köhlerweib.
Soldaten und Volk. Königliche Kronbediente, Bischöfe, Mönche,
    Marschälle, Magistratspersonen, Hofleute und andere stumme
    Personen im Gefolge des Krönungszuges.

———

Einleitung des Herausgebers.

Wie Schiller in Mannheim als Theaterdichter angestellt war und seine Dramen zu jener Zeit mit besonderer Berücksichtigung der dortigen Bühne und Schauspielerschaft entwarf, so arbeitete er jetzt für Weimar. Die Maria Stuart wurde schon einstudiert, ehe noch der letzte Akt vollendet war, und dies Bewußtsein, mit dem Theater Hand in Hand zu arbeiten, gab ihm staunenswerte Tatkraft. Zwei Tage nach der ersten Aufführung der Maria Stuart, eine Woche nur nach Vollendung der dichterischen Arbeit an diesem Trauerspiel, meldet er bereits Körner, er habe ein neues Drama vor. Am 1. Juli beginnt er, das heißt, arbeitet er an dem Plan. Vierzehn Tage später weiß er bereits so viel von seinem neuen Werke, daß er in einem Briefe an Körner schreibt: „Mein neues Stück wird auch durch den Stoff großes Interesse erregen. Hier ist eine Hauptperson, und gegen die, was das Interesse betrifft, alle übrigen Personen, deren keine geringe Zahl ist, in keine Betrachtung kommen. Aber der Stoff ist der reinen Tragödie würdig; und wenn ich ihm durch die Behandlung so viel geben kann, als ich der Maria Stuart habe geben können, so werde ich viel Glück damit machen. Sei doch so gut, mir — wenn Du kannst — einige Hexenprozesse und Schriften über diesen Gegenstand zu verschaffen. Ich streife bei meinem neuen Stück an diese Materien an und muß einige Hauptmotive daraus nehmen." — Wir sehen den Dichter hier noch mit der Geschichte ringen und vor allem über den Schluß noch keineswegs im Klaren, denn die „Hexenprozesse" sollen ihm einige Hauptmotive für sein Stück abgeben. Wieviel weiter ist er aber schon, als er vierzehn Tage später, am 28. Juli, an Körner schreibt: „Ich will Dir aus meinem neuen Plan kein Geheimnis machen; doch bitte ich, gegen niemand etwas davon zu erwähnen, weil mir das öffentliche Sprechen von Arbeiten, die noch nicht fertig sind, die Neigung dazu benimmt." — Das schreibt derselbe Schiller, der das Publikum geradezu zur Mitarbeit an seinem Don Karlos aufgefordert hatte. — „Das Mädchen von Orleans ist der Stoff, den ich bearbeite; der Plan ist balb fertig, ich hoffe, binnen vierzehn Tagen an die Ausführung gehen zu können. Poetisch ist der Stoff in vorzüglichstem Grade, so nämlich, wie ich mir ihn ausgedacht habe, und in hohem Grade rührend." — Hier hat also offenbar schon eine größere Loslösung von der Geschichte stattgefunden, wie das auch noch aus den folgenden Worten hervorgeht. — „Mir ist aber angst vor der Aufführung, eben weil ich sehr viel darauf halte und in Furcht bin, meine eigene Idee nicht erreichen zu können. In sechs Wochen muß ich wissen, wie ich mit der Sache daran bin. Auf das Hexenwesen werde ich mich nur wenig einlassen, und so weit ich es brauche, hoffe ich mit meiner eigenen Phantasie auszureichen. — — Das Mädchen von Orleans läßt sich in keinen so engen Schnürleib einzwängen als die Maria Stuart. Es wird zwar an Umfang der Bogen kleiner sein als dieses letztere Stück; aber die dramatische Handlung hat einen größeren Umfang und bewegt sich mit größerer Kühnheit und Freiheit."

Sehen wir hier ein schnelles Gestalten des Stoffes, ein — wenn wir so wollen — Anähneln an die eigene Dichternatur und die Persönlichkeit, so dauerten doch die Arbeiten bis zur Fertigstellung des Planes noch lange, wobei ja auch die rein historischen Studien einige Zeit beanspruchten! Vor dem 5. September hat Schiller die Ausarbeitung nicht begonnen, auch das wiederum noch so früh, daß er längere Zeit von dem jetzigen Prologe als von dem ersten Akte sprach, also über die Form noch keineswegs im klaren war. Im November gedieh das Werk bis zur Mitte des zweiten Aufzuges. Im Februar 1801 waren die ersten drei Akte so weit vollendet, daß er sie Goethe vorlesen konnte, der den Plan dieses Dramas noch nicht kannte. Am fünften März zog Schiller sich nach der Jenaischen Gartenstille und Abgeschlossenheit zurück, um sein Werk zu vollenden. Am 1. April war dann der vierte Aufzug, am 16. April das Ganze fertiggestellt. Wenige Tage darauf bekam es Goethe ganz zu hören, dann las der Dichter es den Damen vor.

Wenn Goethe sein Urteil dahin zusammenfaßt, daß Schillers Werk so brav, gut und schön sei, daß er ihm nichts zu vergleichen wisse, so scheint mir darin keineswegs eine absolute Anerkennung zu liegen, sondern nur das Geständnis, hier eine eigenartige, in sich berechtigte Gattung vor sich zu haben, die dem Wesen Schillers ganz entspreche und von ihm wirklich neu erschaffen sei. Wenn der Herzog sagt, die Dichtung habe auf ihn eine unerwartete Wirkung ausgeübt, so bedeutet dieses Urteil nur eine Zurückhaltung alles dessen, was er in weniger wohlwollendem Verhältnisse zu Schiller hätte sagen können. Etwas Neues, Unerwartetes, Eigenartiges war da entstanden. Ein Drama?

Eine Tragödie? — Der Herzog zweifelte, ob auf dem Theater ein Erfolg davon zu erwarten sei. Gewiß, eine Dichtung war da, und wer wollte dem dichterisch Bedeutenden die Anerkennung versagen! Aber das Seltsame geschah: die Weimarer Bühne verschloß sich dem Werke. Mag sein, daß der Herzog wirklich die Jagemann, Schillers Elisabeth in der „Maria Stuart", nicht als Jungfrau von Orleans sehen wollte. Schiller legte die Dichtung für Weimar zurück. Leipzig ging voran und brachte am 11. September 1801 die erste, am 17. in Schillers Anwesenheit bereits die dritte Aufführung, und zwar mit großem äußeren Erfolge. Es folgte Berlin am 23. November desselben Jahres; Weimar kam erst nach, als die Braut von Messina schon über die Bretter gegangen war, am 23. April 1803.

Eine romantische Tragödie nennt Schiller seine Dichtung; ob in bewußtem Gegensatz, gleichsam ostentativ zu dem Geschichtlichen seiner früheren Dramen, oder unbewußt dieses Gegensatzes, bleibt sich gleich. Jedenfalls soll dieser Zusatz die eigene Natur dieses Werkes bezeichnen. Daß nämlich die Jungfrau von Orleans wie der Wallenstein und die Maria Stuart eine bedeutende, geheimnisvoll anziehende, problematische Gestalt der Vergangenheit ist, und ihre Taten zu einem kritischen Zeitpunkte der Weltgeschichte geschehen, will recht wenig besagen. Die Geschichte hat hier nicht viel zu bedeuten. Im Wallenstein ist die Geschichte, so sehr auch der Dichter Einzelnes verändert und frei mit ihr schaltet, der Lebensnerv der Dichtung. Die hohe Auffassung ihres Begriffes ist geradezu der tragische Faktor, das ausschlaggebende Moment in der Handlung. In der Maria Stuart ist die Geschichte schon nicht viel mehr als der Hintergrund der Begebenheiten; daß Elisabeth am Schluß zum Siege, und England zur Ruhe und zu seiner Weltherrschaft kommt, hat höchstens episodischen Wert und ist nicht das Ziel, sondern nur das Ende der Handlung. Eine Beigabe ist die Geschichte in der Maria Stuart nur, mit der Aufgabe, den symbolischen Gestalten den nötigen Rückhalt und Wirklichkeitsausdruck zu verleihen. In der Jungfrau von Orleans ist die Geschichte etwas rein äußerlich Gegebenes, eine zufällige Bedingung, die eben mitgenommen werden muß. Was hat zum Beispiel die Jungfrau von Orleans mit Frankreich zu tun? Was mit bestimmten Zeitverhältnissen? Diese Dichtung wurzelt ganz in der Idee und kann heimatlos und zeitlos rein als Symbol gelten. Schiller schreibt an Goethe: Das Historische ist überwunden, und doch, soviel ich urteilen kann, in seinem möglichsten Umfange benutzt; die Motive sind alle poetisch und größtenteils von der naiven

Gattung. — Was den Dichter im Fiesko und im Wallenstein
noch so manche Mühe gekostet hatte, das Berücksichtigen des
Historischen, der Fakta, was umzuwandeln oder zu ändern er noch
eine Scheu trug, das erklärt er jetzt für überwunden. Das Bewußtsein der Freiheit des Dichters ist erwacht, sein Schöpfungs-
drang, seine Formkraft duldet keine Banden. Die Geschichte wird
möglichst benutzt; die Motive aber sind alle poetisch. Der Gegensatz wird noch schärfer, wenn Schiller, wohl auf Grund dieser
und jener Vorwürfe, sagt, er sei sehr wohl imstande, der romantischen Tragödie ein historisches Drama über denselben Stoff
gegenüberzustellen. Sein selbstherrlicher Schöpfergeist hatte sich
eine neue Kunstform errungen, die der Stufe seiner weiteren
Entwicklung entsprach.

Was im Wallenstein ahnungsvoll und unfaßbar hereinspielte,
das Jenseitige, überirdische, das wird hier zur Wirklichkeit
und greift bestimmend in die Handlung ein. Wunder geschehen,
das Göttliche tritt in die Erscheinung. Die Mutter Gottes, Maria,
befiehlt dem Bauernmädchen, sich zu waffnen, ihr Vaterland zu
retten und legt ihr die Bedingung auf, sich jeder irdischen Liebe
zu enthalten. Johanna bekommt unter seltsamen Umständen einen
Helm, zieht in den Krieg, und ihrer gottentflammten Begeisterung gelingt es, den Feind zu besiegen, als schon höchste Not
im Lande ist. Sie erkennt den König, den sie nie gesehen, aus
dem Hofstaate; allen, selbst dem Bischof ist sie das Wunder, das
ihnen Mut und Zutrauen einflößt. Sie kennt des Königs
Gebet, sie verkündigt den dreisten Gesandten den Tod des englischen Feldherrn. Sie besiegt an des Heeres Spitze die Feinde
und führt den Auftrag der Mutter Gottes aus. Sie prophezeit
die Zukunft Frankreichs. Ein schwarzer Ritter erscheint, das
Sinnbild ihres nahenden Verhängnisses. Diesem erliegt sie,
nachdem der Ritter in Nacht und Blitz und Donnerschlag versunken
ist. Der Himmel zieht die Hand von ihr zurück. Gott selbst spricht,
ein angerufenes Orakel, im Donner und entscheidet. Johanna
trägt die Verbannung und Achtung, sie läutert sich und findet
die überirdische Macht wieder, als die Ihrigen in Not sind und
ein Entscheidungskampf tobt. Zentnerschwere Eisenbanden zerreißt sie, und die Mauer ihres Turmes spaltet sich. Sie siegt
und stirbt.

Wir haben es hier aber nicht mit dem Aberglauben eines
Mädchens zu tun, der bei der Niedrigkeit ihrer Abstammung er-
klärlich wäre, sondern wir erleben selbst, wie wirklich der Himmel
für sie eingreift und Zeichen und Wunder tut. In dieser über-
irdischen Welt und ihrem Hineinspielen wie in der Veranlagung

des Mädchens beruht das Romantische dieser Tragödie. Romantisch nennt der Dichter diesen Boden der Begebenheiten, der zwar ein anderer ist als der, auf dem seine früheren Dramen spielten, aber doch dieselbe Wirklichkeit beansprucht. Denn das Wunder läßt sich nicht etwa rein geistig erklären, wie das auch wohl geschehen ist, daß nämlich im Menschen eine göttliche Offenbarung stattfinde, so oft die Ideen des Guten und Vollkommenen seinen Willen durchdrängen, daß der Mensch dann, gleichsam herausgehoben aus der Natur, Anteil am göttlichen Leben habe. Mag diese Erklärung für Johannas Offenbarungen ausreichen, die große Anzahl der andern Wunder ist mehr äußerlicher Art, und so sollen wir sie auch hinnehmen. Die Dichter der Romantischen Schule verachteten das Werk Schillers besonders eben wegen der Äußerlichkeiten und Wirklichkeiten des Jenseitig-Göttlichen. Sie wollten das in Dämmerlicht und Rätselspiel gehüllt haben, magisch aufleuchtend aus einem Halbdunkel, ohne das Wissen und Denken, in aller Schlichtheit des Geistes und Gefühls, naiv, kindlich, mit der Hintergrundsstimmung des Mittelalters. Und jedenfalls verlangt auch der Stoff so sehr nach einer derartigen Behandlung, daß man nur staunen kann, wie Schiller nach diesem hat greifen können. Der Stoff widerstrebte doch des Dichters ganzer Anlage, und keine innere Stimme riet ihm davon ab. Mit Gewalt mußte er ihn gefügig machen, mußte manches biegen und brechen. Bewundernswerte Kraft und Energie mußte er aufwenden. Schiller hatte für das Wesentliche des Stoffes keinen Sinn. Aber wir müssen die Sache von seinem Standpunkte aus betrachten. Ihn interessierte an der Jungfrau von Orleans auch ganz etwas andres, etwas rein Gedankliches und zwar — das muß dem Dramatiker zum Lobe gesagt werden — etwas rein Tragisches. Den Künstler, dem die Naivität gebrach in Geist und Ausdruck, packte die Idee, die er in dem Stoffe fand, und diese Idee mühte er sich, herauszuarbeiten. Ihretwegen wandte er seine ganze Formkraft an.

Was er darstellte, ist eine Variation eines Wallenstein-themas: Das Reine, Himmlische, Ideelle muß untergehen in der Welt der Zwecke, muß dem Alltäglichen zum Opfer fallen. Max und Thekla hatten das gezeigt. Die Jungfrau redet deutlicher. Kühnemann faßt sich S. 536 folgendermaßen über die Idee zusammen: Die Tragödie der Johanna ist die Tragödie der Träger der großen Mission, wie sie in allen Kreisen des Völkerdaseins und weltgeschichtlichen Katastrophen sich wiederholt. Solange seine Sendung den Genius trägt, zwingt er alle Geister. Wenn aber seine Aufgabe erfüllt ist und fortfällt, dann

fehlt ihm felber die Lebensluft, und unter den Menschen hört
die Scheu vor dem Genius auf. Der natürliche Haß des Ge-
meineren gegen das Höhere, des Gewöhnlichen gegen das Außerordentliche tritt in seine Rechte. Dies ist das tragische Lebens-
schicksal, das den wahrhaft Großen bereitet ist, denen, in welchen
der Wille einer Epoche sich mit göttlicher Kraft offenbarte und
hervorbrach. Um so furchtbarer ist für sie nach Erfüllung ihrer
Mission die Leere des Daseins. So erscheint hier wieder das
Leben selber als Tragödie. Auch in der Größe göttlichen Lebens
zu wirken bedeutet für den armen Menschen ein Verhängnis.

An dieser Idee erkennen wir wieder unsern Schiller, und
wir müssen die Größe und Tiefe bewundern, mit welcher sie
seine Dichtung zum Ausdruck bringt. Das mußte ihn reizen
zu gestalten; unter diesen Zweck stellte er alles, deswegen schaltete
er frei mit einem ihm wenig gemäßen Stoffe, deswegen schuf
er Menschen in freier Phantasie, deswegen verrückte er die
Grenzen des Dramas. Die Idee steckte in seiner Persönlichkeit
und in seinem eigensten Erleben.

Johanna d'Arc, die Hauptperson mit unvergleichlich
größtem Interesse, soll die naive reine Begeisterung für das
Vaterland erfüllen. Man bedenke die Lage Frankreichs und
das unsagbar klägliche Verhalten des Königs und halte dagegen,
was das Mädchen im Prologe Vaterland nennt, was dem Mädchen das Vaterland ist: Dieses Land des Ruhms, das schönste,
das die ew'ge Sonne sieht in ihrem Lauf, das Paradies der
Länder, das Gott liebt wie den Apfel seines Auges, die Fesseln
tragen eines fremden Volks! Hier scheiterte der Heiden Macht,
hier war das erste Kreuz, das Gnadenbild erhöht; hier ruht
der Staub des heil'gen Ludewig, von hier aus ward Jerusalem
erobert ... Der König soll aus der Welt verschwinden —
der den heil'gen Pflug beschützt, der die Trift beschützt und
fruchtbar macht die Erde, der die Leibeignen in die Freiheit
führt, der die Städte freudig stellt um seinen Thron, der dem
Schwachen beisteht und den Bösen schreckt, der den Neid nicht
kennet, denn er ist der Größte, der ein Mensch ist und ein Engel
der Erbarmung auf der feindsel'gen Erde. — — Diese Worte muß
man sich vergegenwärtigen, um die Reinheit ihrer Ideale zu
erkennen; es ist eben eine Reinheit, wie sie nur in der Ursprünglichkeit der Natur vorkommt, nur ein solches Wesen kann
sie aufbringen. Auch hinter der Kraft ihres Glaubens und ihrer
Begeisterung steckt eine frische Natur. Ihre Grundbedingung
ist, daß ihre Instinkte sie wie ein Schicksal treiben zu großen
unerhörten Taten, daß sie naiv, sich selbst ein Wunder ist und

handelt und zu handeln glaubt, ohne Bedenken, blind, ein Werkzeug der treibenden Mächte. Ein Kind muß sie sein, als Heer-
führerin, im Mordgewühl rührend. Das sind Bedingungen,
mit denen wir nicht von außen herantreten, sondern die sich
von selber ergeben, die in sich notwendig sind. Dann nur wird
sie nach Erledigung ihrer Aufgabe zwecklos sein und ohne Halt,
dann nur wird das rückgedrängte Weib erwachen können, erwachen müssen. Darin liegt die notwendige Untreue gegen die
Idee, von der sie anfangs getragen und begünstigt war.

Das darzustellen ist Schiller nun gar nicht gelungen und
konnte ihm nicht gelingen. Sie denkt und philosophiert und
deklamiert; sie ist sich nicht nur ihrer Aufgaben und Pflichten
bewußt und offenbart sie in allen Einzelheiten, sie ist auch außerhalb ihrer selbst kundig der Zukunft. Sie ist weit mehr als
das Werkzeug einer himmlischen Macht; sie ist in Dingen, die
nicht unmittelbar mit ihrer Sendung zusammenhängen, durchaus selbständige Prophetin. Ihr Monolog zu Beginn des
IV. Aktes bezeichnet wohl den Höhepunkt der Verfehltheit. Weit
besser ist das Folgende gestaltet, aber auch wohl in erster Linie
deshalb, weil sie schweigt und dadurch ihre Angst und ihre Ohnmacht sowie das Gefühl der nahen Berührung durch das Schicksal deutlich zum Ausdruck bringt. Ihre Selbstüberwindung in
Verkennung und Vereinsamung ist bedeutend besser gelungen
als ihr ganzes früheres Auftreten. Sie findet sich wieder und
findet in sich die letzte Kraft zum Glauben, die ihr Sieg und
Erlösung bringt.

Das vielfach angegriffene Motiv des Liebesverbotes ist ganz
gerecht und wohlbegründet, denn dessen Sinn ist, daß sie die
Einheit mit sich selbst und ihrer Aufgabe nicht verlieren dürfe,
und das muß sie denn doch ihrer menschlichen Natur gemäß.
Dabei aber kommen wir an einen andern, und zwar wohl an-
greifbaren Punkt. Das Motiv ihrer Schuld durch Liebe ist
wohl tragisch, aber nicht verständlich genug. Wie sich die
Johanna von Anfang an bis zur Begegnung mit Lionel gezeigt
hat, ist das unvermittelt-plötzliche Entstehen der Liebe in ihr
unmöglich. — Sie muß fallen, die Notwendigkeit steckt im Leben
selbst, wie wir schon sahen. Das Moment der Schuld ist an
sich zufällig. Hier ist es in Schillers Ausführung die „Liebe".
Aber irgendwie muß die Möglichkeit aufgezeigt sein zu ihrem Entstehen, und daß diese fehlt, ist entschieden ein Fehler in der
Charakterisierung der Johanna. Ein tieferer weiblicher Zug
hätte schon vorher in ihr heraustreten müssen. Ihrer plötzlichen
Empfindlichkeit schenken wir keinen Glauben. Von manchen

Kritikern wird ihr beglückendes, friedenstiftendes Tun nach
kriegerischen Taten angeführt — Burgund, Du Chatel —, auch
wohl gar der Umstand, daß sie äußerlich anmutig, liebreizend
dargestellt ist; man macht sogar den Versuch zu sagen, in dem
Mangel an psychologischer Motivierung liege nicht die Schwäche,
sondern die Macht des Motives, durch die der unbegreifliche Um=
schwung als etwas übernatürliches den andern Wundern des
Stückes an die Seite trete. Nach all den Wundern geht
aber dies psychologische um so weniger an, als von ihm ja
alles abhängt, und allen Boden lassen wir uns nicht unter den
Füßen fortnehmen. Der Umschwung bleibt menschlich unbe=
gründet. Wenn der Himmel selber mit einem Wunder sich gegen
sein Werkzeug wendete, so hörte ja noch mehr als jetzt das
persönliche Verschulden auf, und damit wäre die Tragödie auf=
gehoben. Bleiben wir bei der Erklärung, daß dem Dichter die
Motivierung der Liebesempfänglichkeit seiner Heldin nicht ge=
glückt ist, so haben wir auch nicht nötig, hier eine Parallele zum
antiken Schicksal zu ziehen, sondern wir haben eine moderne,
fest in sich fußende, dichterisch großgedachte Tragik.

In flacher Freskomanier sind die übrigen Gestalten dieses
Dramas ausgeführt. Die Stellung zum Vaterlande ist wie bei
der Jungfrau, so auch bei ihnen der Ton, auf den sie gestimmt
sind; dadurch wird auch sogleich der Unterschied und Gegensatz
ausgedrückt. Der König hat überhaupt kein eigentliches In=
teresse am Vaterland; er lebt nur sich selber, seinen Sinnen,
dem Genusse, in weicher, fast grauenerregender Leichtsinnigkeit.
Nach Böttigers Berichte beabsichtigte Schiller anfangs eine
breitere Sittenschilderung des französischen Hofes zu geben als
Kontrast zu der von einer Jungfrau betriebenen Bewegung.
Diese allzusehr an seine Jugenddramen gemahnende Idee, die
kaum ganz glaublich ist, findet doch wenigstens in der Person
des Königs eine Darstellung. Dieser Herrscher streift ganz nahe
die Unwürdigkeit und den Ekel, ihn rettet nur seine Liebens=
würdigkeit und seine Unbeholfenheit. Wie der König, so ist auch
seine Geliebte, Agnes Sorel eine scharfe Kontrastfigur zur
Johanna. Sie ist dem Dichter wohl geglückt und macht sich auch
in der bei Schiller so beliebten Szene der weiblichen Kontrast=
figuren, IV. 2, recht gut in ihrer weiblich warmen Unbedeutend=
heit. Dabei ist sie, weil ihr doch die Kraft nicht völlig fehlt,
auf des Königs Kosten durchaus sympathisch. Dem Grafen
Dunois, als dem Manne von hohem Adel, Mut, echt vater=
ländischer Gesinnung und entschiedenem Charakter, steht der niedere
Adel im Du Chatel und La Hire gegenüber, Staatsdienern,

königstreuen Rittern, denen Amt und Gehorsam die Stellung zum Vaterlande vorschreibt. Ihre Zeichnung ist etwas skizzenhaft.

Das Volk ist die rohe niedrige Menge, die heute Hosianna! und morgen Kreuzige! schreit, die schwankende, charakterlose aber gefährliche Masse. Dem gegenüber bedeuten die Bauern einen ruhenden Pol. Sie sind unbeteiligt an den großen Ereignissen, leben still und ruhig und einförmig vor sich hin. Der Staat ist ihnen nichts, der feste Boden, die sicher wandelnde Natur alles. Sie bewegen sich in vorgeschriebenem Kreise; Abweichungen davon sind gegen Gott und sein Gebot. Und doch aus ihrem Schoße schießt die rückgedämmte Kraft empor und leistet das Außerordentliche. Man muß bei ihrer Darstellung an Schillers Kulturgedichte denken, an die Entwicklungen, die er an den Ackerbau anknüpft.

Schematisch wie die Gruppe der Franzosen sind auch die Engländer gegeben. Freskoartig, flach, typisch, mehr als Stand wie als Individuum. Die Königin Isabeau auf ihrer Seite ist die Gemeinheit der Affekte, die Roheit der beleidigten Natur, mit der ihr allerdings innewohnenden zähen, bewundernswerten Kraft. Lionel ist der Soldatenmut. Nur Talbot ist Individuum, die Verkörperung des materiellen Sinnes, Wallenstein als Philosoph. Freilich ist er nur zu sehr als bloße Kraft gedacht, wie ja auch wohl sein Geist als schwarzer Ritter wiederkehrt, der Johanna den Untergang anzusagen. Er ist hier ganz die Abstraktion des „Zwecks", des „Lebens", der „Materie", die gekommen ist, die Idee zu stürzen. Schiller ist hier bei der Allegorie angelangt, die ja schon vielfach seine Gefahr zu werden drohte.

Ein bewundernswerter Dichter zeigt sich in der Jungfrau von Orleans als Theatervirtuos. Wir haben hier eine Technik, wie sie nie zuvor in der deutschen Literatur gesehen ist. Von einer Reihe höchst bühnenwirksamer Gegensätze sprachen wir schon. Es sei noch erwähnt die Szene, in der die Johanna dem Montgomery gegenüber ihren Haß, die andere, in der sie dann dem Burgund gegenüber ihre Liebe spielen und wirken läßt. Ferner der Monolog über den Fall und die Einsamkeit der Jungfrau im Gegensatz zu der Vollendung der Königskrönung und des Volksglückes. Nie sind einem Dichter solch glänzende Massenbewegungen auf der Bühne gelungen. Selbst Goethe kann sich darin nicht mit Schiller messen. Wie prunkvoll und dekorativ wirkt der Krönungszug an seiner Stelle! Wie lebendig versteht er die Schlachten und die Getümmel anzudeuten, trotzdem breitere Einzelszenen eingestreut werden! Wie

versteht er selbst die lahme Versöhnungsszene zu Beginn des
dritten Aufzuges durch Rührung dem Publikum schmackhaft zu
machen! In den letzten Aufzügen besonders, die wohl etwas
übereilt sind, versteht er wirksam shakespearische Technik zu
handhaben. Wie ist ihm trotz aller Buntheit die äußere Rundung
doch noch gelungen, von der er an Goethe schreibt: „Von
meinem letzten Akt auguriere ich viel Gutes, er erklärt den
ersten, und so beißt sich die Schlange in den Schwanz. Weil meine
Heldin darin auf sich allein steht und im Unglück von den
Göttern deseriert ist, so zeigt sich ihre Selbständigkeit und ihr
Charakteranspruch auf die Prophetenrolle deutlicher." — Mit
dem ersten Akt ist hier das Vorspiel gemeint.

Alle formellen Mittel zieht er zur Hilfe herbei. Der
Monolog wird zum Prunkstück und wirkt noch viel mehr als die
Reimverse der Maria Stuart, die in ihrer Rhythmik schon fast
zu selbständigen Liedern drängten. Hier ist die Musik sogar
verwendet, und spielt sie auch nur hinter der Szene, sie hilft
doch, indem sie in eine weiche, schmelzende Melodie übergeht,
indem die Flöten dann Motive wiederholen, Stimmung machen.
Es ist eine Arie wie in einer Oper. Auch die feste Geschlossenheit
der Verse macht den Monolog zum Liede und stellt einen Gegensatz zu dem sonstigen Sprechstil her. Der Reim ist öfter noch
und wirkungsvoller verwandt als in der Maria Stuart, das
Rhythmenspiel, das bewegende Abweichen vom Gleichfall der
Silben ist künstlicher und bewußter. Goethe liest ihm am 21. September 1800 seine an die Antike angelehnte Helena aus dem
Faust vor. Sofort bemächtigt sich Schiller der dort angewandten
sechsfüßigen Jamben und läßt sich durch diese Form zu einer
Ausführung verleiten, die viel zu breit und gewichtig ist für
die nur ganz episodische Bedeutung der Montgomeryszene. Rein
sprachlich bleibt die Jungfrau von Orleans aufs höchste zu bewundern; man fühlt, wie der Dichter seinem sprachlichen Meisterstücke, den Chören der Braut von Messina, entgegenreift. Daß
tragikomische Entgleisungen vorkommen, wie das dem Montgomery zugerufene: „Stirb, Freund!" oder daß gelegentlich dem
Pinsel jede Farbe ausgeht wie z. B. in den Worten an Burgund:
„Was irgend gut ist und von oben kommt, ist allgemein und ohne
Vorbehalt", tut der Tatsache keinen Abbruch, daß wir hier eins
der größten Sprachkunstwerke der deutschen Literatur vor uns
haben.

Prolog.

(Eine ländliche Gegend. Vorn zur Rechten ein Heiligenbild in einer Kapelle; zur Linken eine hohe Eiche.)

Erster Auftritt.

Thibaut d'Arc. Seine drei Töchter. Drei junge Schäfer, ihre Freier.

Thibaut. Ja, liebe Nachbarn! Heute sind wir noch
Franzosen, freie Bürger noch und Herren
Des alten Bodens, den die Väter pflügten;
Wer weiß, wer morgen über uns befiehlt!
5 Denn allerorten läßt der Engelländer
Sein sieghaft Banner fliegen, seine Rosse
Zerstampfen Frankreichs blühende Gefilde.
Paris hat ihn als Sieger schon empfangen,
Und mit der alten Krone Dagoberts
10 Schmückt es den Sprößling eines fremden Stamms.
Der Enkel unsrer Könige muß irren
Enterbt und flüchtig durch sein eignes Reich,
Und wider ihn im Heer der Feinde kämpft
Sein nächster Vetter und sein erster Pair,
15 Ja, seine Rabenmutter führt es an.
Rings brennen Dörfer, Städte. Näher stets
Und näher wälzt sich der Verheerung Rauch
An diese Täler, die noch friedlich ruhn.
   — Drum, liebe Nachbarn, hab' ich mich mit Gott
20 Entschlossen, weil ich's heute noch vermag,
Die Töchter zu versorgen; denn das Weib
Bedarf in Kriegesnöten des Beschützers,
Und treue Lieb' hilft alle Lasten heben.   (Zu dem ersten Schäfer.)
   — Kommt, Etienne! Ihr werbt um meine Margot.
25 Die Äcker grenzen nachbarlich zusammen,
Die Herzen stimmen überein — das stiftet
Ein gutes Ehband!
      (Zu dem zweiten.) Claude Marie! Ihr schweigt,
Und meine Louison schlägt die Augen nieder?

Werd' ich zwei Herzen trennen, die sich fanden,
30 Weil Ihr nicht Schätze mir zu bieten habt?
Wer hat jetzt Schätze? Haus und Scheune sind
Des nächsten Feindes oder Feuers Raub.
Die treue Brust des braven Manns allein
Ist ein sturmfestes Dach in diesen Zeiten.
35   Louison. Mein Vater!
     Claude Marie.   Meine Louison!
     Louison (Johanna umarmend).   Liebe Schwester!
     Thibaut. Ich gebe jeder dreißig Acker Landes
Und Stall und Hof und eine Herde. Gott
Hat mich gesegnet, und so segn' er euch!
     Margot (Johanna umarmend).
Erfreue unsern Vater! Nimm ein Beispiel!
40 Laß diesen Tag drei frohe Bande schließen.
     Thibaut. Geht! Machet Anstalt. Morgen ist die Hochzeit;
Ich will, das ganze Dorf soll sie mitfeiern.
     (Die zwei Paare gehen Arm in Arm geschlungen ab.)

Zweiter Auftritt.

Thibaut. Raimond. Johanna.

     Thibaut. Jeannette, deine Schwestern machen Hochzeit,
Ich seh' sie glücklich, sie erfreun mein Alter;
45 Du, meine Jüngste, machst mir Gram und Schmerz.
     Raimond. Was fällt Euch ein! Was scheltet Ihr die Tochter?
     Thibaut. Hier, dieser wackre Jüngling, dem sich keiner
Vergleicht im ganzen Dorf, der Treffliche,
Er hat dir seine Neigung zugewendet
50 Und wirbt um dich, schon ist's der dritte Herbst,
Mit stillem Wunsch, mit herzlichem Bemühn;
Du stößest ihn verschlossen, kalt zurück,
Noch sonst ein andrer von den Hirten allen
Mag dir ein gütig Lächeln abgewinnen.
55 — Ich sehe dich in Jugendfülle prangen,
Dein Lenz ist da, es ist die Zeit der Hoffnung,
Entfaltet ist die Blume deines Leibes;
Doch stets vergebens harr' ich, daß die Blume
Der zarten Lieb aus ihrer Knospe breche
60 Und freudig reife zu der goldnen Frucht!
O, das gefällt mir nimmermehr und deutet
Auf eine schwere Irrung der Natur!

Das Herz gefällt mir nicht, das streng und kalt
Sich zuschließt in den Jahren des Gefühls.

65   Raimond. Laßt's gut sein, Vater Arc! Laßt sie gewähren!
Die Liebe meiner trefflichen Johanna
Ist eine edle, zarte Himmelsfrucht,
Und still allmählich reist das Köstliche!
Jetzt liebt sie noch, zu wohnen auf den Bergen,
70 Und von der freien Heide fürchtet sie
Herabzusteigen in das niedre Dach
Der Menschen, wo die engen Sorgen wohnen.
Oft seh' ich ihr aus tiefem Tal mit stillem
Erstaunen zu, wenn sie auf hoher Trift
75 In Mitte ihrer Herde ragend steht,
Mit edelm Leibe, und den ernsten Blick
Herabsenkt auf der Erde kleine Länder.
Da scheint sie mir was Höhres zu bedeuten,
Und dünkt mir's oft, sie stamm' aus andern Zeiten.

80   Thibaut. Das ist es, was mir nicht gefallen will!
Sie flieht der Schwestern fröhliche Gemeinschaft,
Die öden Berge sucht sie auf, verlässet
Ihr nächtlich Lager vor dem Hahnenruf,
Und in der Schreckensstunde, wo der Mensch
85 Sich gern vertraulich an den Menschen schließt,
Schleicht sie, gleich dem einsiedlerischen Vogel,
Heraus ins graulich düstre Geisterreich
Der Nacht, tritt auf den Kreuzweg hin und pflegt
Geheime Zwiesprach' mit der Luft des Berges.
90 Warum erwählt sie immer diesen Ort
Und treibt gerade hieher ihre Herde?
Ich sehe sie zu ganzen Stunden sinnend
Dort unter dem Druidenbaume sitzen,
Den alle glückliche Geschöpfe fliehn.
95 Denn nicht geheur ist's hier; ein böses Wesen
Hat seinen Wohnsitz unter diesem Baum
Schon seit der alten grauen Heidenzeit.
Die Ältesten im Dorf erzählen sich
Von diesem Baume schauerhafte Mären;
100 Seltsamer Stimmen wundersamen Klang
Vernimmt man oft aus seinen düstern Zweigen.
Ich selbst, als mich in später Dämmrung einst
Der Weg an diesem Baum vorüberführte,
Hab' ein gespenstisch Weib hier sitzen sehn.
105 Das streckte mir aus weitgefaltetem

Gewande langsam eine dürre Hand
Entgegen, gleich als winkt' es; doch ich eilte
Fürbaß, und Gott befahl ich meine Seele.
    Raimond (auf das Heiligenbild in der Kapelle zeigend).
Des Gnadenbildes segenreiche Näh',
110 Das hier des Himmels Frieden um sich streut,
Nicht Satans Werk führt Eure Tochter her.
    Thibaut. O nein, nein! Nicht vergebens zeigt sich's mir
In Träumen an und ängstlichen Gesichten.
Zu dreien Malen hab' ich sie gesehn.
115 Zu Reims auf unsrer Könige Stuhle sitzen,
Ein funkelnd Diadem von sieben Sternen
Auf ihrem Haupt, das Zepter in der Hand,
Aus dem drei weiße Lilien entsprangen.
Und ich, ihr Vater, ihre beiden Schwestern
120 Und alle Fürsten, Grafen, Erzbischöfe,
Der König selber, neigten sich vor ihr.
Wie kommt mir solcher Glanz in meine Hütte?
O, das bedeutet einen tiefen Fall!
Sinnbildlich stellt mir dieser Warnungstraum
125 Das eitle Trachten ihres Herzens dar.
Sie schämt sich ihrer Niedrigkeit; weil Gott
Mit reicher Schönheit ihren Leib geschmückt,
Mit hohen Wundergaben sie gesegnet
Vor allen Hirtenmädchen dieses Tals,
130 So nährt sie sünd'gen Hochmut in dem Herzen,
Und Hochmut ist's, wodurch die Engel fielen,
Woran der Höllengeist den Menschen faßt.
    Raimond. Wer hegt bescheidnern tugendlichern Sinn
Als Eure fromme Tochter? Ist sie's nicht,
135 Die ihren ältern Schwestern freudig dient?
Sie ist die Hochbegabteste von allen;
Doch seht Ihr sie wie eine niedre Magd
Die schwersten Pflichten still gehorsam üben,
Und unter ihren Händen wunderbar
140 Gedeihen Euch die Herden und die Saaten;
Um alles, was sie schafft, ergießet sich
Ein unbegreiflich überschwenglich Glück.
    Thibaut. Jawohl! Ein unbegreiflich Glück — Mir kommt
Ein eigen Grauen an bei diesem Segen!
145 — Nichts mehr davon! Ich schweige. Ich will schweigen;
Soll ich mein eigen teures Kind anklagen?
Ich kann nichts tun, als warnen, für sie beten!

Doch warnen muß ich — Fliehe diesen Baum,
Bleib nicht allein und grabe keine Wurzeln
150 Um Mitternacht, bereite keine Tränke
Und schreibe keine Zeichen in den Sand!
Leicht aufzuritzen ist das Reich der Geister,
Sie liegen wartend unter dünner Decke,
Und leise hörend stürmen sie herauf.
155 Bleib nicht allein, denn in der Wüste trat
Der Satansengel selbst zum Herrn des Himmels.

Dritter Auftritt.

Bertrand tritt auf, einen Helm in der Hand. Thibaut. Raimond. Johanna.

Raimond. Still! Da kommt Bertrand aus der Stadt zurück.
Sieh, was er trägt!

Bertrand. Ihr staunt mich an, ihr seid
Verwundert ob des seltsamen Gerätes
160 In meiner Hand.

Thibaut. Das sind wir. Saget an,
Wie kamt Ihr zu dem Helm, was bringt Ihr uns
Das böse Zeichen in die Friedensgegend?

(Johanna, welche in beiden vorigen Szenen still und ohne Anteil auf der Seite gestanden, wird aufmerksam und tritt näher.)

Bertrand. Kaum weiß ich selbst zu sagen, wie das Ding
Mir in die Hand geriet. Ich hatte eisernes
165 Gerät mir eingekauft zu Vaucouleurs;
Ein großes Drängen fand ich auf dem Markt,
Denn flücht'ges Volk war eben angelangt
Von Orleans mit böser Kriegespost.
Im Aufruhr lief die ganze Stadt zusammen,
170 Und als ich Bahn mir mache durchs Gewühl,
Da tritt ein braun Böhmerweib mich an
Mit diesem Helm, faßt mich ins Auge scharf
Und spricht: „Gesell, Ihr suchet einen Helm,
Ich weiß, Ihr suchet einen. Da! Nehmt hin!
175 Um ein Geringes steht er Euch zu Kaufe."
— „Geht zu den Lanzenknechten, sagt' ich ihr,
Ich bin ein Landmann, brauche nicht des Helmes."
Sie aber ließ nicht ab und sagte ferner:
„Kein Mensch vermag zu sagen, ob er nicht
180 Des Helmes braucht. Ein stählern Dach fürs Haupt
Ist jetzo mehr wert als ein steinern Haus."
So trieb sie mich durch alle Gassen, mir

Den Helm aufnötigend, den ich nicht wollte.
Ich sah den Helm, daß er so blank und schön
185 Und würdig eines ritterlichen Haupts,
Und da ich zweifelnd in der Hand ihn wog,
Des Abenteuers Seltsamkeit bedenkend,
Da war das Weib mir aus den Augen, schnell,
Hinweggerissen hatte sie der Strom
190 Des Volkes, und der Helm blieb mir in Händen.

   Johanna (rasch und begierig danach greifend).
Gebt mir den Helm!
   Bertrand. Was frommt Euch dies Geräte?
Das ist kein Schmuck für ein jungfräulich Haupt.
   Johanna (entreißt ihm den Helm).
Mein ist der Helm, und mir gehört er zu.
   Thibaut. Was fällt dem Mädchen ein?
   Raimond.   Laßt ihr den Willen!
195 Wohl ziemt ihr dieser kriegerische Schmuck,
Denn ihre Brust verschließt ein männlich Herz.
Denkt nach, wie sie den Tigerwolf bezwang,
Das grimmig wilde Tier, das unsre Herden
Verwüstete, den Schrecken aller Hirten.
200 Sie ganz allein, die löwenherz'ge Jungfrau,
Stritt mit dem Wolf und rang das Lamm ihm ab,
Das er im blut'gen Rachen schon davontrug.
Welch tapfres Haupt auch dieser Helm bedeckt,
Er kann kein würdigeres zieren!
   Thibaut (zu Bertrand). Sprecht!
205 Welch neues Kriegesunglück ist geschehn?
Was brachten jene Flüchtigen?
   Bertrand.   Gott helfe
Dem König und erbarme sich des Landes!
Geschlagen sind wir in zwei großen Schlachten,
Mitten in Frankreich steht der Feind, verloren
210 Sind alle Länder bis an die Loire.
Jetzt hat er seine ganze Macht zusammen
Geführt, womit er Orleans belagert.
   Thibaut. Gott schütze den König!
   Bertrand.   Unermeßliches
Geschütz ist aufgebracht von allen Enden.
215 Und wie der Bienen dunkelnde Geschwader
Den Korb umschwärmen in des Sommers Tagen,
Wie aus geschwärzter Luft die Heuschreckwolke
Herunterfällt und meilenlang die Felder

Bedeckt in unabsehbarem Gewimmel,
220 So goß sich eine Kriegeswolke aus
Von Völkern über Orleans' Gefilde,
Und von der Sprachen unverständlichem
Gemisch verworren dumpf erbraust das Lager.
Denn auch der mächtige Burgund, der Länder-
225 Gewaltige, hat seine Mannen alle
Herbeigeführt, die Lütticher, Luxemburger
Die Hennegauer, die vom Lande Namur,
Und die das glückliche Brabant bewohnen,
Die üpp'gen Genter, die in Samt und Seide
230 Stolzieren, die von Seeland, deren Städte
Sich reinlich aus dem Meereswasser heben,
Die herdenmelkenden Holländer, die
Von Utrecht, ja vom äußersten Westfriesland,
Die nach dem Eispol schaun — sie folgen alle
235 Dem Heerbann des gewaltig herrschenden
Burgund und wollen Orleans bezwingen.
      Thibaut. O des unselig jammervollen Zwists,
Der Frankreichs Waffen wider Frankreich wendet!
      Bertrand. Auch sie, die alte Königin, sieht man
240 Die stolze Isabeau, die Bayerfürstin,
In Stahl gekleidet durch das Lager reiten,
Mit gift'gen Stachelworten alle Völker
Zur Wut aufregen wider ihren Sohn,
Den sie in ihrem Mutterschoß getragen!
245   Thibaut. Fluch treffe sie! Und möge Gott sie einst
Wie jene stolze Jesabel verderben!
      Bertrand. Der fürchterliche Salsbury, der Mauern-
Zertrümmerer, führt die Belagerung an,
Mit ihm des Löwen Bruder Lionel,
250 Und Talbot, der mit mörderischem Schwert
Die Völker niedermähet in den Schlachten.
In frechem Mute haben sie geschworen,
Der Schmach zu weihen alle Jungfrauen,
Und was das Schwert geführt, dem Schwert zu opfern.
255 Vier hohe Warten haben sie erbaut,
Die Stadt zu überragen; oben späht
Graf Salsbury mit mordbegier'gem Blick
Und zählt den schnellen Wandrer auf den Gassen.
Viel tausend Kugeln schon von Zentners Last
260 Sind in die Stadt geschleudert, Kirchen liegen
Zertrümmert, und der königliche Turm

Von Notre Dame beugt sein erhabnes Haupt.
Auch Pulvergänge haben sie gegraben,
Und über einem Höllenreiche steht
265 Die bange Stadt, gewärtig jede Stunde,
Daß es mit Donners Krachen sich entzünde.
(Johanna horcht mit gespannter Aufmerksamkeit und setzt sich den Helm auf.)
Thibaut. Wo aber waren denn die tapfern Degen
Saintrailles, La Hire und Frankreichs Brustwehr,
Der heldenmüt'ge Bastard, daß der Feind
270 So allgewaltig reißend vorwärts drang?
Wo ist der König selbst, und sieht er müßig
Des Reiches Not und seiner Städte Fall?
Bertrand. Zu Chinon hält der König seinen Hof,
Es fehlt an Volk, er kann das Feld nicht halten.
275 Was nützt der Führer Mut, der Helden Arm,
Wenn bleiche Furcht die Heere lähmt?
Ein Schrecken, wie von Gott herabgesandt,
Hat auch die Brust der Tapfersten ergriffen.
Umsonst erschallt der Fürsten Aufgebot.
280 Wie sich die Schafe bang zusammendrängen,
Wenn sich des Wolfes Heulen hören läßt,
So sucht der Franke, seines alten Ruhms
Vergessend, nur die Sicherheit der Burgen.
Ein einz'ger Ritter nur, hört' ich erzählen,
285 Hab' eine schwache Mannschaft aufgebracht
Und zieh' dem König zu mit sechzehn Fahnen.
Johanna (schnell). Wie heißt der Ritter?
Bertrand.   Baudricour. Doch schwerlich
Möcht' er des Feindes Kundschaft hintergehn,
Der mit zwei Heeren seinen Fersen folgt.
290 Johanna. Wo hält der Ritter? Sagt mir's, wenn Ihr's wisset.
Bertrand. Er steht kaum eine Tagereise weit
Von Vaucouleurs.
Thibaut (zu Johanna).   Was kümmert's dich! Du fragst
Nach Dingen, Mädchen, die dir nicht geziemen.
Bertrand. Weil nun der Feind so mächtig, und kein Schutz
295 Vom König mehr zu hoffen, haben sie
Zu Vaucouleurs einmütig den Beschluß
Gefaßt, sich dem Burgund zu übergeben.
So tragen wir nicht fremdes Joch und bleiben
Beim alten Königsstamme, ja vielleicht
300 Zur alten Krone fallen wir zurück,
Wenn einst Burgund und Frankreich sich versöhnen.

Johanna (in Begeisterung).

Nichts von Verträgen! Nichts von Übergabe!
Der Retter naht, er rüstet sich zum Kampf.
Vor Orleans soll das Glück des Feindes scheitern!
305 Sein Maß ist voll, er ist zur Ernte reif.
Mit ihrer Sichel wird die Jungfrau kommen
Und seines Stolzes Saaten niedermähn;
Herab vom Himmel reißt sie seinen Ruhm,
Den er hoch an den Sternen aufgehangen.
310 Verzagt nicht! Fliehet nicht! Denn eh' der Roggen
Gelb wird, eh' sich die Mondesscheibe füllt,
Wird kein engländisch Roß mehr aus den Wellen
Der prächtig strömenden Loire trinken.

Bertrand. Ach! Es geschehen keine Wunder mehr!

315 **Johanna.** Es geschehn noch Wunder! — Eine weiße Taube
Wird fliegen und mit Adlerskühnheit diese Geier
Anfallen, die das Vaterland zerreißen.
Darnieder kämpfen wird sie diesen stolzen
Burgund, den Reichsverräter, diesen Talbot,
320 Den himmelstürmend hunderthändigen:
Und diesen Salsbury, den Tempelschänder,
Und diese frechen Inselwohner alle
Wie eine Herde Lämmer vor sich jagen.
Der Herr wird mit ihr sein, der Schlachten Gott.
325 Sein zitterndes Geschöpf wird er erwählen,
Durch eine zarte Jungfrau wird er sich
Verherrlichen, denn er ist der Allmächt'ge!

Thibaut. Was für ein Geist ergreift die Dirn'?

Raimond.   Es ist
Der Helm, der sie so kriegerisch beseelt.
330 Seht Eure Tochter an! Ihr Auge blitzt,
Und glühend Feuer sprühen ihre Wangen!

Johanna. Dies Reich soll fallen? Dieses Land des Ruhms,
Das schönste, das die ew'ge Sonne sieht
In ihrem Lauf, das Paradies der Länder,
335 Das Gott liebt wie den Apfel seines Auges,
Die Fesseln tragen eines fremden Volks!
— Hier scheiterte der Heiden Macht. Hier war
Das erste Kreuz, das Gnadenbild erhöht;
Hier ruht der Staub des heil'gen Ludewig,
340 Von hier aus ward Jerusalem erobert.

Bertrand (erstaunt). Hört ihre Rede! Woher schöpfte sie

Die hohe Offenbarung? — Vater Arc!
Euch gab Gott eine wundervolle Tochter!

     Johanna. Wir sollen keine eigne Könige

345 Mehr haben, keinen eingebornen Herrn?
Der König, der nie stirbt, soll aus der Welt
Verschwinden — der den heil'gen Pflug beschützt,
Der die Trift beschützt und fruchtbar macht die Erde,
Der die Leibeignen in die Freiheit führt,

350 Der die Städte freudig stellt um seinen Thron —
Der dem Schwachen beisteht und den Bösen schreckt,
Der den Neid nicht kennet — denn er ist der Größte —,
Der ein Mensch ist und ein Engel der Erbarmung
Auf der feindsel'gen Erde. — Denn der Thron

355 Der Könige, der von Golde schimmert, ist
Das Obdach der Verlassenen; hier steht
Die Macht und die Barmherzigkeit — es zittert
Der Schuldige, vertrauend naht sich der Gerechte
Und scherzet mit den Löwen um den Thron!

360 Der fremde König, der von außen kommt,
Dem keines Ahnherrn heilige Gebeine
In diesem Lande ruhn, kann er es lieben?
Der nicht jung war mit unsern Jünglingen,
Dem unsre Worte nicht zum Herzen tönen,

365 Kann er ein Vater sein zu seinen Söhnen?

     Thibaut. Gott schütze Frankreich und den König! Wir
Sind friedliche Landleute, wissen nicht
Das Schwert zu führen, noch das kriegerische Roß
Zu tummeln. — Laßt uns still gehorchend harren,

370 Wen uns der Sieg zum König geben wird.
Das Glück der Schlachten ist das Urteil Gottes,
Und unser Herr ist, wer die heil'ge Ölung
Empfängt und sich die Kron' aussetzt zu Reims.
— Kommt an die Arbeit! Kommt! Und denke jeder

375 Nur an das Nächste! Lassen wir die Großen,
Der Erde Fürsten um die Erde losen;
Wir können ruhig die Zerstörung schauen,
Denn sturmfest steht der Boden, den wir bauen.
Die Flamme brenne unsre Dörfer nieder,

380 Die Saat zerstampfe ihrer Rosse Tritt,
Der neue Lenz bringt neue Saaten mit,
Und schnell erstehn die leichten Hütten wieder!

           (Alle außer der Jungfrau gehen ab.)

           ————

Vierter Auftritt.

Johanna allein.

Johanna. Lebt wohl, ihr Berge, ihr geliebten Triften,
Ihr traulich stillen Täler, lebet wohl!
385 Johanna wird nun nicht mehr auf euch wandeln,
Johanna sagt euch ewig Lebewohl!
Ihr Wiesen, die ich wässerte! Ihr Bäume,
Die ich gepflanzet, grünet fröhlich fort!
Lebt wohl, ihr Grotten und ihr kühlen Brunnen!
390 Du Echo, holde Stimme dieses Tals,
Die oft mir Antwort gab auf meine Lieder,
Johanna geht, und nimmer kehrt sie wieder!
    Ihr Plätze alle meiner stillen Freuden,
Euch lass' ich hinter mir auf immerdar!
395 Zerstreuet euch, ihr Lämmer, auf der Heiden!
Ihr seid jetzt eine hirtenlose Schar,
Denn eine andre Herde muß ich weiden
Dort auf dem blut'gen Felde der Gefahr.
So ist des Geistes Ruf an mich ergangen,
400 Mich treibt nicht eitles, irdisches Verlangen.
    Denn der zu Mosen auf des Horebs Höhen
Im feur'gen Busch sich flammend niederließ
Und ihm befahl, vor Pharao zu stehen,
Der einst den frommen Knaben Isais,
405 Den Hirten, sich zum Streiter auserjehen,
Der stets den Hirten gnädig sich bewies,
Er sprach zu mir aus dieses Baumes Zweigen:
„Geh hin! Du sollst auf Erden für mich zeugen.
    In rauhes Erz sollst du die Glieder schnüren,
410 Mit Stahl bedecken deine zarte Brust,
Nicht Männerliebe darf dein Herz berühren
Mit sünd'gen Flammen eitler Erdenlust.
Nie wird der Brautkranz deine Locke zieren,
Dir blüht kein lieblich Kind an deiner Brust;
415 Doch werd' ich dich mit kriegerischen Ehren,
Vor allen Erdenfrauen dich verklären.
    Denn wenn im Kampf die Mutigsten verzagen,
Wenn Frankreichs letztes Schicksal nun sich naht,
Dann wirst du meine Oriflamme tragen
420 Und, wie die rasche Schnitterin die Saat,
Den stolzen Überwinder niederschlagen;
Umwälzen wirst du seines Glückes Rad,

Errettung bringen Frankreichs Heldensöhnen,
Und Reims befrein und deinen König krönen!"
425   Ein Zeichen hat der Himmel mir verheißen,
Er sendet mir den Helm, er kommt von ihm,
Mit Götterkraft berühret mich sein Eisen,
Und mich durchflammt der Mut der Cherubim;
Ins Kriegsgewühl hinein will es mich reißen,
430 Es treibt mich fort mit Sturmes Ungestüm;
Den Feldruf hör' ich mächtig zu mir dringen,
Das Schlachtroß steigt, und die Trompeten klingen. (Sie geht ab.)

Erster Aufzug.

Erster Auftritt.

Dunois und Du Chatel.

Dunois. Nein, ich ertrag' es länger nicht. Ich sage
Mich los von diesem König, der unrühmlich
435 Sich selbst verläßt. Mir blutet in der Brust
Das tapfre Herz, und glühnde Tränen möcht' ich weinen,
Daß Räuber in das königliche Frankreich
Sich teilen mit dem Schwert, die edeln Städte,
Die mit der Monarchie gealtert sind,
440 Dem Feind die rost'gen Schlüssel überliefern,
Indes wir hier in tatenloser Ruh'
Die köstlich edle Rettungszeit verschwenden.
— Ich höre Orleans bedroht, ich fliege
Herbei aus der entlegnen Normandie,
445 Den König denk' ich kriegerisch gerüstet
An seines Heeres Spitze schon zu finden.
Und find' ihn — hier! umringt von Gaukelspielern
Und Troubadours, spitzfind'ge Rätsel lösend
Und der Sorel galante Feste gebend,
450 Als waltete im Reich der tiefste Friede!
— Der Connetable geht, er kann den Greul
Nicht länger ansehn. — Ich verlass' ihn auch
Und übergeb' ihn seinem bösen Schicksal.
Du Chatel. Da kommt der König!

Zweiter Auftritt.

König Karl zu den Vorigen.

455 **Karl.** Der Connetable schickt sein Schwert zurück
Und sagt den Dienst mir auf. — In Gottes Namen!
So sind wir eines mürr'schen Mannes los,
Der unverträglich uns nur meistern wollte.

Dunois. Ein Mann ist viel wert in so teurer Zeit;
460 Ich möcht' ihn nicht mit leichtem Sinn verlieren.

Karl. Das sagst du nur aus Lust des Widerspruchs;
Solang er da war, warst du nie sein Freund.

Dunois. Er war ein stolz verdrießlich schwerer Narr
Und wußte nie zu enden — diesmal aber
465 Weiß er's. Er weiß zu rechter Zeit zu gehn,
Wo keine Ehre mehr zu holen ist.

Karl. Du bist in deiner angenehmen Laune,
Ich will dich nicht drin stören. — Du Chatel!
Es sind Gesandte da vom alten König
470 René, belobte Meister im Gesang,
Und weit berühmt. — Man muß sie wohl bewirten
Und jedem eine goldne Kette reichen.
(Zum Bastard.) Worüber lachst du?

Dunois.   Daß du goldne Ketten
Aus deinem Munde schüttelst.

Du Chatel.   Sire! Es ist
475 Kein Geld in deinem Schatze mehr vorhanden.

Karl. So schaffe welches. — Edle Sänger dürfen
Nicht ungeehrt von meinem Hofe ziehn.
Sie machen uns den dürren Zepter blühn,
Sie flechten den unsterblich grünen Zweig
480 Des Lebens in die unfruchtbare Krone,
Sie stellen herrschend sich den Herrschern gleich,
Aus leichten Wünschen bauen sie sich Throne,
Und nicht im Raume liegt ihr harmlos Reich;
Drum soll der Sänger mit dem König gehen,
485 Sie beide wohnen auf der Menschheit Höhen!

Du Chatel. Mein königlicher Herr! Ich hab' dein Ohr
Verschont, solang noch Rat und Hilfe war;
Doch endlich löst die Notdurft mir die Zunge.
— Du hast nichts mehr zu schenken, ach! Du hast
490 Nicht mehr, wovon du morgen könntest leben!
Die hohe Flut des Reichtums ist zerflossen,
Und tiefe Ebbe ist in deinem Schatz.
Den Truppen ist der Sold noch nicht bezahlt,
Sie drohen murrend abzuziehn. — Kaum weiß
495 Ich Rat, dein eignes königliches Haus
Notdürftig nur, nicht fürstlich, zu erhalten.

Karl. Verpfände meine königlichen Zölle
Und laß dir Geld darleihn von den Lombarden.

Du Chatel. Sire, deine Kroneinkünfte, deine Zölle
500 Sind auf drei Jahre schon voraus verpfändet.

Dunois. Und unterdes geht Pfand und Land verloren.

Karl. Uns bleiben noch viel reiche schöne Länder.

Dunois. Solang es Gott gefällt und Talbots Schwert!
Wenn Orleans genommen ist, magst du
505 Mit deinem König René Schafe hüten.

Karl. Stets übst du deinen Witz an diesem König;
Doch ist es dieser länderlose Fürst,
Der eben heut mich königlich beschenkte.

Dunois. Nur nicht mit seiner Krone von Neapel,
510 Um Gottes willen nicht! Denn die ist feil,
Hab' ich gehört, seitdem er Schafe weidet.

Karl. Das ist ein Scherz, ein heitres Spiel, ein Fest,
Das er sich selbst und seinem Herzen gibt,
Sich eine schuldlos reine Welt zu gründen
515 In dieser rauh barbar'schen Wirklichkeit.
Doch was er Großes, Königliches will —
Er will die alten Zeiten wiederbringen,
Wo zarte Minne herrschte, wo die Liebe
Der Ritter große Heldenherzen hob,
520 Und edle Frauen zu Gerichte saßen,
Mit zartem Sinne alles Feine schlichtend.
In jenen Zeiten wohnt der heitre Greis,
Und wie sie noch in alten Liedern leben,
So will er sie wie eine Himmelstadt
525 In goldnen Wolken auf die Erde setzen —
Gegründet hat er einen Liebeshof,
Wohin die edlen Ritter sollen wallen,
Wo keusche Frauen herrlich sollen thronen,
Wo reine Minne wiederkehren soll,
530 Und mich hat er erwählt zum Fürst der Liebe.

Dunois. Ich bin so sehr nicht aus der Art geschlagen,
Daß ich der Liebe Herrschaft sollte schmähn.
Ich nenne mich nach ihr, ich bin ihr Sohn,
Und all mein Erbe liegt in ihrem Reich.
535 Mein Vater war der Prinz von Orleans,
Ihm war kein weiblich Herz unüberwindlich;
Doch auch kein feindlich Schloß war ihm zu fest.
Willst du der Liebe Fürst dich würdig nennen,
So sei der Tapfern Tapferster! — Wie ich
540 Aus jenen alten Büchern mir gelesen,
War Liebe stets mit hoher Rittertat

Gepaart, und Helden, hat man mich gelehrt,
Nicht Schäfer, saßen an der Tafelrunde.
Wer nicht die Schönheit tapfer kann beschützen,
545 Verdient nicht ihren goldnen Preis. — Hier ist
Der Fechtplatz! Kämpf' um deiner Väter Krone!
Verteidige mit ritterlichem Schwert
Dein Eigentum und edler Frauen Ehre.
Und hast du dir aus Strömen Feindesbluts
550 Die angestammte Krone kühn erobert,
Dann ist es Zeit und steht dir fürstlich an,
Dich mit der Liebe Myrten zu bekrönen.

Karl (zu einem Edelknecht, der hereintritt). Was gibt's?

Edelknecht.   Ratsherrn von Orleans flehn um Gehör.

Karl. Führ' sie herein!
                        (Edelknecht geht ab.)
                Sie werden Hilfe fodern;
555 Was kann ich tun, der selber hilflos ist!

_____

Dritter Auftritt.
Drei Ratsherren zu den Vorigen.

Karl. Willkommen, meine vielgetreuen Bürger
Aus Orleans! Wie steht's um meine gute Stadt?
Fährt sie noch fort, mit dem gewohnten Mut
Dem Feind zu widerstehn, der sie belagert?

560   Ratsherr. Ach, Sire! Es drängt die höchste Not, und
                                stündlich wachsend
Schwillt das Verderben an die Stadt heran.
Die äußern Werke sind zerstört, der Feind
Gewinnt mit jedem Sturme neuen Boden.
Entblößt sind von Verteidigern die Mauern,
565 Denn rastlos fechtend fällt die Mannschaft aus;
Doch wen'ge sehn die Heimatpforte wieder,
Und auch des Hungers Plage droht der Stadt.
Drum hat der edle Graf von Rochepierre,
Der drin befiehlt, in dieser höchsten Not
570 Vertragen mit dem Feind nach altem Brauch,
Sich zu ergeben auf den zwölften Tag,
Wenn binnen dieser Zeit kein Heer im Feld
Erschien, zahlreich genug, die Stadt zu retten.
                (Dunois macht eine heftige Bewegung des Zorns.)

Karl. Die Frist ist kurz.

Ratsherr.   Und jetzo ſind wir hier
575 Mit Feinds Geleit, daß wir dein fürſtlich Herz
Anflehen, deiner Stadt dich zu erbarmen
Und Hilf' zu ſenden binnen dieſer Friſt;
Sonſt übergibt er ſie am zwölften Tage.
   Dunois. Saintrailles konnte ſeine Stimme geben
580 Zu ſolchem ſchimpflichen Vertrag!
   Ratsherr.   Nein, Herr!
So lang der Tapfre lebte, durfte nie
Die Rede ſein von Fried' und Übergabe.
   Dunois. So iſt er tot!
   Ratsherr.   An unſern Mauern ſank
Der edle Held für ſeines Königs Sache.
585   Karl. Saintrailles tot! O, in dem einz'gen Mann
Sinkt mir ein Heer!
(Ein Ritter kommt und ſpricht einige Worte leiſe mit dem Baſtard, welcher betroffen
auffährt.)
   Dunois.   Auch das noch!
   Karl.   Nun! Was gibt's?
   Dunois. Graf Douglas ſendet her. Die ſchott'ſchen Völker
Empören ſich und drohen abzuziehn,
Wenn ſie nicht heut den Rückſtand noch erhalten.
590   Karl. Du Chatel!
Du Chatel (zuckt die Achſeln). Sire! Ich weiß nicht Rat.
   Karl.   Verſprich,
Verpfände, was du haſt, mein halbes Reich —
   Du Chatel. Hilft nichts! Sie ſind zu oft vertröſtet worden!
   Karl. Es ſind die beſten Truppen meines Heers!
Sie ſollen mich jetzt nicht, nicht jetzt verlaſſen!
   Ratsherr (mit einem Fußfall).
595 O König, hilf uns! Unſrer Not gedenke!
   Karl (verzweiflungsvoll).
Kann ich Armeen aus der Erde ſtampfen?
Wächſt mir ein Kornfeld in der flachen Hand?
Reißt mich in Stücken, reißt das Herz mir aus
Und münzet es ſtatt Goldes! Blut hab' ich
600 Für euch, nicht Silber hab' ich, noch Soldaten!
(Er ſieht die Sorel hereintreten und eilt ihr mit ausgebreiteten Armen entgegen.)

Vierter Auftritt.

Agnes Sorel, ein Käſtchen in der Hand, zu den Vorigen.

   Karl. O meine Agnes! Mein geliebtes Leben!
Du kommſt, mich der Verzweiflung zu entreißen!

Ich habe dich, ich flieh' an deine Brust,
Nichts ist verloren, denn du bist noch mein.

605   Sorel.   Mein teurer König!
(Mit ängstlich fragendem Blick umherschauend.) Dunois! Ist's wahr?
Du Chatel?
      Du Chatel. Leider!
      Sorel.   Ist die Not so groß?
Es fehlt am Sold? Die Truppen wollen abziehn?
      Du Chatel. Ja, leider ist es so!
      Sorel (ihm das Kästchen aufdringend). Hier, hier ist Gold,
Hier sind Juwelen — Schmelzt mein Silber ein —
610 Verkauft, verpfändet meine Schlösser — Leihet
Auf meine Güter in Provence — Macht alles
Zu Gelde und befriediget die Truppen!
Fort! Keine Zeit verloren!   (Treibt ihn fort.)
      Karl. Nun, Dunois? Nun, Du Chatel? Bin ich Euch
615 Noch arm, da ich die Krone aller Frauen
Besitze? — Sie ist edel wie ich selbst
Geboren; selbst das königliche Blut
Der Valois ist nicht reiner; zieren würde sie
Den ersten Thron der Welt — doch sie verschmäht ihn,
620 Nur meine Liebe will sie sein und heißen.
Erlaubte sie mir jemals ein Geschenk
Von höherm Wert, als eine frühe Blume
Im Winter oder seltne Frucht! Von mir
Nimmt sie kein Opfer an und bringt mir alle!
625 Wagt ihren ganzen Reichtum und Besitz
Großmütig an mein untersinkend Glück.
      Dunois. Ja, sie ist eine Rasende wie du
Und wirfst ihr Alles in ein brennend Haus
Und schöpfst ins lecke Faß der Danaiden
630 Dich wird sie nicht erretten, nur sich selbst
Wird sie mit dir verderben —
      Sorel.   Glaub' ihm nicht!
Er hat sein Leben zehenmal für dich
Gewagt und zürnt, daß ich mein Gold jetzt wage.
Wie? Hab' ich dir nicht alles froh geopfert,
635 Was mehr geachtet wird als Gold und Perlen,
Und sollte jetzt mein Glück für mich behalten?
Komm! Laß uns allen überflüss'gen Schmuck
Des Lebens von uns werfen! Laß mich dir
Ein edles Beispiel der Entsagung geben!
640 Verwandle deinen Hofstaat in Soldaten

Dein Gold in Eisen; alles, was du hast,
Wirf es entschlossen hin nach deiner Krone!
Komm! Komm! Wir teilen Mangel und Gefahr!
Das kriegerische Roß laß uns besteigen,
645 Den zarten Leib dem glühnden Pfeil der Sonne
Preisgeben, die Gewölke über uns
Zur Decke nehmen und den Stein zum Pfühl.
Der rauhe Krieger wird sein eignes Weh
Geduldig tragen, sieht er seinen König
650 Dem Ärmsten gleich ausdauern und entbehren!
    Karl (lächelnd). Ja, nun erfüllt sich mir ein altes Wort
Der Weissagung, das eine Nonne mir
Zu Clermont im prophet'schen Geiste sprach.
Ein Weib, verhieß die Nonne, würde mich
655 Zum Sieger machen über alle Feinde
Und meiner Väter Krone mir erkämpfen.
Fern sucht' ich sie im Feindeslager auf,
Das Herz der Mutter hofft' ich zu versöhnen;
Hier steht die Heldin, die nach Reims mich führt,
660 Durch deiner Agnes Liebe werd' ich siegen!
    Sorel. Du wirst's durch deiner Freunde tapfres Schwert.
    Karl. Auch von der Feinde Zwietracht hoff' ich viel.
Denn mir ist sichre Kunde zugekommen,
Daß zwischen diesen stolzen Lords von England
665 Und meinem Vetter von Burgund nicht alles mehr
So steht wie sonst. Drum hab' ich den La Hire
Mit Botschaft an den Herzog abgefertigt,
Ob mir's gelänge, den erzürnten Pair
Zur alten Pflicht und Treu' zurückzuführen. —
670 Mit jeder Stunde wart' ich seiner Ankunft.
    Du Chatel (am Fenster). Der Ritter sprengt soeben in den Hof.
    Karl. Willkommner Bote! Nun, so werden wir
Bald wissen, ob wir weichen oder siegen.

Fünfter Auftritt.

La Hire zu den Vorigen.

    Karl (geht ihm entgegen).
La Hire! Bringst du uns Hoffnung oder keine?
675 Erklär' dich kurz. Was hab' ich zu erwarten?
    La Hire. Erwarte nichts mehr als von deinem Schwert.
    Karl. Der stolze Herzog läßt sich nicht versöhnen?
O, sprich! Wie nahm er meine Botschaft auf?

   La Hire. Vor allen Dingen, und bevor er noch
680 Ein Ohr dir könne leihen, fodert er,
Daß ihm Du Chatel ausgeliefert werde,
Den er den Mörder seines Vaters nennt.
   Karl. Und — weigern wir uns dieser Schmachbedingung?
   La Hire. Dann sei der Bund zertrennt, noch eh' er anfing.
685   **Karl.** Hast du ihn drauf, wie ich dir anbefahl,
Zum Kampf mit mir gefodert auf der Brücke
Zu Montereau, allwo sein Vater fiel?
   La Hire. Ich warf ihm deinen Handschuh hin und sprach,
Du wolltest deiner Hoheit dich begeben
690 Und als ein Ritter kämpfen um dein Reich.
Doch er versetzte: nimmer tät's ihm not,
Um das zu fechten, was er schon besitze.
Doch wenn dich so nach Kämpfen lüstete,
So würdest du vor Orleans ihn finden,
695 Wohin er morgen willens sei zu gehn;
Und damit kehrt' er lachend mir den Rücken.
   Karl. Erhob sich nicht in meinem Parlamente
Die reine Stimme der Gerechtigkeit?
   La Hire. Sie ist verstummt vor der Parteien Wut.
700 Ein Schluß des Parlaments erklärte dich
Des Throns verlustig, dich und dein Geschlecht.
   Dunois. Ha, frecher Stolz des herrgewordnen Bürgers!
   Karl. Hast du bei meiner Mutter nichts versucht?
   La Hire. Bei deiner Mutter?
   Karl.   Ja! Wie ließ sie sich vernehmen?
   La Hire (nachdem er einige Augenblicke sich bedacht).
705 Es war gerad das Fest der Königskrönung,
Als ich zu Saint Denis eintrat. Geschmückt,
Wie zum Triumphe, waren die Pariser;
In jeder Gasse stiegen Ehrenbogen,
Durch die der engelländ'sche König zog.
710 Bestreut mit Blumen war der Weg, und jauchzend,
Als hätte Frankreich seinen schönsten Sieg
Erfochten, sprang der Pöbel um den Wagen.
   Sorel. Sie jauchzten — jauchzten, daß sie auf das Herz
Des liebevollen, sanften Königs traten!
715   **La Hire.** Ich sah den jungen Harry Lancaster,
Den Knaben, auf dem königlichen Stuhl
Sankt Ludwigs sitzen; seine stolzen Ohme
Bedford und Gloster standen neben ihm,

Und Herzog Philipp kniet' am Throne nieder
720 Und leistete den Eid für seine Länder.

    Karl. O ehrvergeßner Pair! Unwürd'ger Vetter!

    La Hire. Das Kind war bang und strauchelte, da es
Die hohen Stufen an dem Thron hinanstieg.
Ein böses Omen! murmelte das Volk,
725 Und es erhub sich schallendes Gelächter.
Da trat die alte Königin, deine Mutter,
Hinzu, und — mich entrüstet es zu sagen!

    Karl. Nun?

    La Hire.   In die Arme faßte sie den Knaben
Und setzt' ihn selbst auf deines Vaters Stuhl.

730   **Karl.** O Mutter! Mutter!

    La Hire.   Selbst die wütenden
Burgundier, die mordgewohnten Banden,
Erglüheten vor Scham bei diesem Anblick.
Sie nahm es wahr, und an das Volk gewendet,
Rief sie mit lauter Stimm': „Dankt mir's, Franzosen,
735 Daß ich den kranken Stamm mit reinem Zweig
Veredle, euch bewahre vor dem miß-
Gebornen Sohn des hirnverrückten Vaters!"

    (Der König verhüllt sich, Agnes eilt auf ihn zu und schließt ihn in ihre Arme, alle
        Umstehenden drücken ihren Abscheu, ihr Entsetzen aus.)

    Dunois. Die Wölfin! die wutschnaubende Megäre!

    Karl (nach einer Pause zu den Ratsherren).
Ihr habt gehört, wie hier die Sachen stehn.
740 Verweilt nicht länger, geht nach Orleans
Zurück und meldet meiner treuen Stadt:
Des Eides gegen mich entlaß' ich sie.
Sie mag ihr Heil beherzigen und sich
Der Gnade des Burgundiers ergeben;
745 Er heißt der Gute, er wird menschlich sein.

    Dunois. Wie, Sire? Du wolltest Orleans verlassen!

    Ratsherr (kniet nieder).
Mein königlicher Herr! Zieh deine Hand
Nicht von uns ab! Gib deine treue Stadt
Nicht unter Englands harte Herrschaft hin.
750 Sie ist ein edler Stein in deiner Krone,
Und keine hat den Königen, deinen Ahnherrn,
Die Treue heiliger bewahrt.

    Dunois.   Sind wir
Geschlagen? Ist's erlaubt, das Feld zu räumen,
Eh' noch ein Schwertstreich um die Stadt geschehn?

Schiller V.   11

755 Mit einem leichten Wörtlein, ehe Blut
Geflossen ist, denkst du die beste Stadt
Aus Frankreichs Herzen wegzugeben?

   Karl.   G'nug
Des Blutes ist geflossen, und vergebens!
Des Himmels schwere Hand ist gegen mich;
760 Geschlagen wird mein Heer in allen Schlachten,
Mein Parlament verwirft mich, meine Hauptstadt,
Mein Volk nimmt meinen Gegner jauchzend auf,
Die mir die Nächsten sind am Blut, verlassen,
Verraten mich, die eigne Mutter nährt
765 Die fremde Feindesbrut an ihren Brüsten.
 — Wir wollen jenseits der Loire uns ziehn
Und der gewalt'gen Hand des Himmels weichen,
Der mit dem Engelländer ist.

   Sorel. Das wolle Gott nicht, daß wir, an uns selbst
770 Verzweifelnd, diesem Reich den Rücken wenden!
Dies Wort kam nicht aus deiner tapfern Brust.
Der Mutter unnatürlich rohe Tat
Hat meines Königs Heldenherz gebrochen!
Du wirst dich wiederfinden, männlich fassen,
775 Mit edelm Mut dem Schicksal widerstehen,
Das grimmig dir entgegenkämpft.

   Karl (in düstres Sinnen verloren). Ist es nicht wahr?
Ein finster furchtbares Verhängnis waltet
Durch Valois' Geschlecht; es ist verworfen
Von Gott, der Mutter Lastertaten führten
780 Die Furien herein in dieses Haus.
Mein Vater lag im Wahnsinn zwanzig Jahre,
Drei ältre Brüder hat der Tod vor mir
Hinweggemäht, es ist des Himmels Schluß,
Das Haus des sechsten Karls soll untergehn.

785   **Sorel.** In dir wird es sich neu verjüngt erheben!
Hab' Glauben an dich selbst! — O! nicht umsonst
Hat dich ein gnädig Schicksal aufgespart
Von deinen Brüdern allen, dich, den Jüngsten,
Gerufen auf den ungehofften Thron.
790 In deiner sanften Seele hat der Himmel
Den Arzt für alle Wunden sich bereitet,
Die der Parteien Wut dem Lande schlug.
Des Bürgerkrieges Flammen wirst du löschen,
Mir sagt's das Herz, den Frieden wirst du pflanzen,
795 Des Frankenreiches neuer Stifter sein.

Karl. Nicht ich. Die rauhe, sturmbewegte Zeit
Heischt einen kraftbegabtern Steuermann.
Ich hätt' ein friedlich Volk beglücken können;
Ein wild empörtes kann ich nicht bezähmen,
800 Nicht mir die Herzen öffnen mit dem Schwert,
Die sich entfremdet mir in Haß verschließen.

Sorel. Verblendet ist das Volk, ein Wahn betäubt es;
Doch dieser Taumel wird vorübergehn,
Erwachen wird, nicht fern ist mehr ist der Tag,
805 Die Liebe zu dem angestammten König,
Die tief gepflanzt ist in des Franken Brust,
Der alte Haß, die Eifersucht erwachen,
Die beide Völker ewig feindlich trennt;
Den stolzen Sieger stürzt sein eignes Glück.
810 Darum verlasse nicht mit Übereilung
Den Kampfplatz, ring um jeden Fußbreit Erde,
Wie deine eigne Brust verteidige
Dies Orleans! Laß alle Fähren lieber
Versenken, alle Brücken niederbrennen,
815 Die über diese Scheide deines Reichs,
Das styg'sche Wasser der Loire, dich führen.

Karl. Was ich vermocht, hab' ich getan. Ich habe
Mich dargestellt zum ritterlichen Kampf
Um meine Krone. — Man verweigert ihn.
820 Umsonst verschwend' ich meines Volkes Leben,
Und meine Städte sinken in den Staub.
Soll ich, gleich jener unnatürlichen Mutter,
Mein Kind zerteilen lassen mit dem Schwert?
Nein, daß es lebe, will ich ihm entsagen.

825 **Dunois.** Wie, Sire? Ist das die Sprache eines Königs?
Gibt man so eine Krone auf? Es setzt
Der Schlechtste deines Volkes Gut und Blut
An seine Meinung, seinen Haß und Liebe;
Partei wird alles, wenn das blut'ge Zeichen
830 Des Bürgerkrieges ausgehangen ist.
Der Ackersmann verläßt den Pflug, das Weib
Den Rocken, Kinder, Greise waffnen sich,
Der Bürger zündet seine Stadt, der Landmann
Mit eignen Händen seine Saaten an,
835 Um dir zu schaden oder wohlzutun
Und seines Herzens Wollen zu behaupten.
Nichts schont er selber und erwartet sich
Nicht Schonung, wenn die Ehre ruft, wenn er

11*

Für seine Götter oder Götzen kämpft.
840 Drum weg mit diesem weichlichen Mitleiden,
Das einer Königsbrust nicht ziemt! Laß du
Den Krieg ausrasen, wie er angefangen,
Du hast ihn nicht leichtsinnig selbst entflammt.
Für seinen König muß das Volk sich opfern,
845 Das ist das Schicksal und Gesetz der Welt.
Der Franke weiß es nicht und will's nicht anders.
Nichtswürdig ist die Nation, die nicht
Ihr Alles freudig setzt an ihre Ehre.

   Karl (zu den Ratsherren). Erwartet keinen anderen Bescheid.
850 Gott schütz' euch! Ich kann nicht mehr.
   Dunois.   Nun, so kehre
Der Siegesgott auf ewig dir den Rücken,
Wie du dem väterlichen Reich. Du hast
Dich selbst verlassen; so verlass' ich dich.
Nicht Englands und Burgunds vereinte Macht,
855 Dich stürzt der eigne Kleinmut von dem Thron.
Die Könige Frankreichs sind geborne Helden,
Du aber bist unkriegerisch gezeugt.
 (Zu den Ratsherren.) Der König gibt euch auf. Ich aber will
In Orleans, meines Vaters Stadt, mich werfen
860 Und unter ihren Trümmern mich begraben.
     (Er will gehen. Agnes Sorel hält ihn auf.)
   Sorel (zum König). O, laß ihn nicht im Zorne von dir gehn!
Sein Mund spricht rauhe Worte, doch sein Herz
Ist treu wie Gold; es ist derselbe doch,
Der warm dich liebt und oft für dich geblutet.
865 Kommt, Dunois! Gesteht, daß Euch die Hitze
Des edeln Zorns zu weit geführt! — Du aber
Verzeih dem treuen Freund die heft'ge Rede!
O, kommt, kommt! Laßt mich eure Herzen schnell
Vereinigen, eh' sich der rasche Zorn
870 Unlöschbar, der verderbliche, entflammt!
   (Dunois fixiert den König und scheint eine Antwort zu erwarten.)
   Karl (zu Du Chatel). Wir gehen über die Loire. Laß mein
Gerät zu Schiffe bringen!
   Dunois (schnell zur Sorel).   Lebet wohl!
     (Wendet sich schnell und geht, Ratsherren folgen.)
   Sorel (ringt verzweiflungsvoll die Hände).
O, wenn er geht, so sind wir ganz verlassen!
— Folgt ihm, La Hire! O, sucht ihn zu begüt'gen!
       (La Hire geht ab.)

Sechster Auftritt.

Karl. Sorel. Du Chatel.

875 **Karl.** Ist denn die Krone ein so einzig Gut?
Ist es so bitter schwer, davon zu scheiden?
Ich kenne, was noch schwerer sich erträgt.
Von diesen trotzig herrischen Gemütern
Sich meistern lassen, von der Gnade leben
880 Hochsinnig eigenwilliger Vasallen,
Das ist das Harte für ein edles Herz
Und bittrer, als dem Schicksal unterliegen!
(Zu Du Chatel, der noch zaudert.) Tu, was ich dir befohlen!
Du Chatel (wirft sich zu seinen Füßen). O mein König!
Karl. Es ist beschlossen. Keine Worte weiter!
885 **Du Chatel.** Mach' Frieden mit dem Herzog von Burgund!
Sonst seh' ich keine Rettung mehr für dich.
Karl. Du rätst mir dieses, und dein Blut ist es,
Womit ich diesen Frieden soll versiegeln?
Du Chatel. Hier ist mein Haupt. Ich hab' es oft für dich
890 Gewagt in Schlachten, und ich leg' es jetzt
Für dich mit Freuden auf das Blutgerüste.
Befriedige den Herzog! überliefre mich
Der ganzen Strenge seines Zorns und laß
Mein fließend Blut den alten Haß versöhnen!
Karl (blickt ihn eine Zeitlang gerührt und schweigend an).
895 Ist es denn wahr? Steht es so schlimm mit mir,
Daß meine Freunde, die mein Herz durchschauen,
Den Weg der Schande mir zur Rettung zeigen?
Ja, jetzt erkenn' ich meinen tiefen Fall,
Denn das Vertraun ist hin auf meine Ehre.
900 **Du Chatel.** Bedenk' —
Karl. Kein Wort mehr! Bringe mich nicht auf!
Müßt' ich zehn Reiche mit dem Rücken schauen,
Ich rette mich nicht mit des Freundes Leben.
— Tu, was ich dir befohlen. Geh und laß
Mein Heergerät einschiffen.
Du Chatel. Es wird schnell
905 Getan sein. (Steht auf und geht. Agnes Sorel weint heftig.)

Siebenter Auftritt.

Karl und Agnes Sorel.

Karl (ihre Hand fassend). Sei nicht traurig, meine Agnes.
Auch jenseits der Loire liegt noch ein Frankreich,
Wir gehen in ein glücklicheres Land.

Da lacht ein milder, nie bewölkter Himmel,
Und leichtre Lüfte wehn, und sanftre Sitten
910 Empfangen uns; da wohnen die Gesänge,
Und schöner blüht das Leben und die Liebe.

    Sorel. O, muß ich diesen Tag des Jammers schauen!
Der König muß in die Verbannung gehn,
Der Sohn auswandern aus des Vaters Hause
915 Und seine Wiege mit dem Rücken schauen.
O angenehmes Land, das wir verlassen,
Nie werden wir dich freudig mehr betreten.

Achter Auftritt.
La Hire kommt zurück.   Karl und Sorel.

    Sorel. Ihr kommt allein. Ihr bringt ihn nicht zurück?
(Indem sie ihn näher ansieht.) La Hire! Was gibt's? Was sagt mir
                              Euer Blick?

920 Ein neues Unglück ist geschehn!
    La Hire.   Das Unglück
Hat sich erschöpft, und Sonnenschein ist wieder!
    Sorel. Was ist's? Ich bitt' Euch.
    La Hire (zum König).   Ruf die Abgesandten
Von Orleans zurück!
    Karl.   Warum? Was gibt's?
    La Hire. Ruf sie zurück! Dein Glück hat sich gewendet,
925 Ein Treffen ist geschehn, du hast gesiegt.
    Sorel. Gesiegt! O himmlische Musik des Wortes!
    Karl. La Hire! Dich täuscht ein fabelhaft Gerücht.
Gesiegt! Ich glaub' an keine Siege mehr.
    La Hire. O, du wirst bald noch größre Wunder glauben.
930 — Da kommt der Erzbischof. Er führt den Bastard
In deinen Arm zurück.
    Sorel.   O schöne Blume
Des Siegs, die gleich die edeln Himmelsfrüchte,
Fried' und Versöhnung, trägt!

Neunter Auftritt.
Erzbischof von Reims. Dunois. Du Chatel mit Raoul, einem geharnischten
Ritter, zu den Vorigen.

    Erzbischof (führt den Bastard zu dem König und legt ihre Hände ineinander).
                          Umarmt euch, Prinzen!
Laßt allen Groll und Hader jetzo schwinden,
935 Da sich der Himmel selbst für uns erklärt.
                (Dunois umarmt den König.)

Karl. Reißt mich aus meinem Zweifel und Erstaunen.
Was kündigt dieser feierliche Ernst mir an?
Was wirkte diesen schnellen Wechsel?

Erzbischof (führt den Ritter hervor und stellt ihn vor den König). Redet!

Raoul. Wir hatten sechzehn Fähnlein aufgebracht,
940 Lothringisch Volk, zu deinem Heer zu stoßen,
Und Ritter Baudricour aus Vaucouleurs
War unser Führer. Als wir nun die Höhen
Bei Vermanton erreicht und in das Tal,
Das die Yonne durchströmt, heruntersteigen,
945 Da stand in weiter Ebene vor uns der Feind,
Und Waffen blitzten, da wir rückwärts sahn.
Umrungen sahn wir uns von beiden Heeren,
Nicht Hoffnung war, zu siegen, noch zu fliehn;
Da sank dem Tapfersten das Herz, und alles,
950 Verzweiflungsvoll, will schon die Waffen strecken.
Als nun die Führer miteinander noch
Rat suchten und nicht fanden — sieh, da stellte sich
Ein seltsam Wunder unsern Augen dar!
Denn aus der Tiefe des Gehölzes plötzlich
955 Trat eine Jungfrau, mit behelmtem Haupt,
Wie eine Kriegesgöttin, schön zugleich
Und schrecklich anzusehn; um ihren Nacken
In dunkeln Ringen fiel das Haar; ein Glanz
Vom Himmel schien die Hohe zu umleuchten,
960 Als sie die Stimm' erhub und also sprach:
„Was zagt ihr, tapfre Franken! Auf den Feind!
Und wären sein mehr denn des Sands im Meere,
Gott und die heil'ge Jungfrau führt euch an!"
Und schnell dem Fahnenträger aus der Hand
965 Riß sie die Fahn', und vor dem Zuge her
Mit kühnem Anstand schritt die Mächtige.
Wir, stumm vor Staunen, selbst nicht wollend, folgen
Der hohen Fahn' und ihrer Trägerin,
Und auf den Feind gerad an stürmen wir.
970 Der, hochbetroffen, steht bewegungslos,
Mit weit geöffnet starrem Blick das Wunder
Anstaunend, das sich seinen Augen zeigt.
Doch schnell, als hätten Gottes Schrecken ihn
Ergriffen, wendet er sich um
975 Zur Flucht, und Wehr und Waffen von sich werfend,
Entschart das ganze Heer sich im Gefilde;
Da hilft kein Machtwort, keines Führers Ruf;

Bor Schrecken sinnlos, ohne rückzuschaun,
Stürzt Mann und Roß sich in des Flusses Bette
980 Und läßt sich würgen ohne Widerstand;
Ein Schlachten war's, nicht eine Schlacht zu nennen!
Zweitausend Feinde deckten das Gefild,
Die nicht gerechnet, die der Fluß verschlang,
Und von den Unsern ward kein Mann vermißt.
985 　　Karl. Seltsam, bei Gott! höchst wunderbar und seltsam!
　　Sorel. Und eine Jungfrau wirkte dieses Wunder?
Wo kam sie her? Wer ist sie?
　　Raoul. 　　　　　　Wer sie sei,
Will sie allein dem König offenbaren.
Sie nennt sich eine Seherin und Gott=
990 Gesendete Prophetin und verspricht
Orleans zu retten, eh' der Mond noch wechselt.
Ihr glaubt das Bolk und dürstet nach Gefechten.
Sie folgt dem Heer, gleich wird sie selbst hier sein.
　　(Man hört Glocken und ein Getlirr von Waffen, die aneinander geschlagen werden.)
Hört ihr den Auflauf? Das Geläut der Glocken?
995 Sie ist's, das Bolk begrüßt die Gottgesandte.
　　Karl (zu Du Chatel). Führt sie herein —
　　　　　　(Zum Erzbischof.) Was soll ich davon denken?
Ein Mädchen bringt mir Sieg, und eben jetzt,
Da nur ein Götterarm mich retten kann!
Das ist nicht in dem Laufe der Natur,
1000 Und darf ich — Bischof, darf ich Wunder glauben?
　　Biele Stimmen (hinter der Szene).
Heil, Heil der Jungfrau, der Erretterin!
　　Karl. Sie kommt!
　　　　　　(Zu Dunois.) Nehmt meinen Platz ein, Dunois!
Wir wollen dieses Wundermädchen prüfen.
Ist sie begeistert und von Gott gesandt,
1005 Wird sie den König zu entdecken wissen.
　　(Dunois setzt sich, der König steht zu seiner Rechten, neben ihm Agnes Sorel, der
Erzbischof mit den übrigen gegenüber, daß der mittlere Raum leer bleibt.)

————————

Zehnter Auftritt.

Die Vorigen. Johanna, begleitet von den Ratsherren und vielen Rittern,
welche den Hintergrund der Szene anfüllen; mit edelm Anstand tritt sie vorwärts
und schaut die Umstehenden der Reihe nach an.

　　Dunois (nach einer tiefen feierlichen Stille).
Bist du es, wunderbares Mädchen —

Johanna (unterbricht ihn, mit Klarheit und Hoheit ihn anschauend).

Bastard von Orleans! Du willst Gott versuchen!
Steh auf von diesem Platz, der dir nicht ziemt!
An diesen Größeren bin ich gesendet.

(Sie geht mit entschiedenem Schritt auf den König zu, beugt ein Knie vor ihm und steht sogleich wieder auf, zurücktretend. Alle Anwesenden drücken ihr Erstaunen aus. Dunois verläßt seinen Sitz, und es wird Raum vor dem König.)

1010 **Karl.** Du siehst mein Antlitz heut zum erstenmal;
Von wannen kommt dir diese Wissenschaft?

Johanna. Ich sah dich, wo dich niemand sah als Gott.

(Sie nähert sich dem König und spricht geheimnisvoll.)

In jüngst verwichner Nacht, besinne dich!
Als alles um dich her in tiefem Schlaf
1015 Begraben lag, da standst du auf von deinem Lager,
Und tatst ein brünstiges Gebet zu Gott.
Laß die hinausgehn, und ich nenne dir
Den Inhalt des Gebets.

Karl.   Was ich dem Himmel
Vertraut, brauch' ich vor Menschen nicht zu bergen.
1020 Entdecke mir den Inhalt meines Flehns,
So zweifl' ich nicht mehr, daß dich Gott begeistert.

Johanna. Es waren drei Gebete, die du tatst;
Gib wohl acht, Dauphin, ob ich dir sie nenne!
Zum ersten flehtest du den Himmel an,
1025 Wenn unrecht Gut an dieser Krone hafte,
Wenn eine andre schwere Schuld, noch nicht
Gebüßt, von deiner Väter Zeiten her,
Diesen tränenvollen Krieg herbeigerufen,
Dich zum Opfer anzunehmen für dein Volk
1030 Und auszugießen auf dein einzig Haupt
Die ganze Schale seines Zorns.

Karl (tritt mit Schrecken zurück).
Wer bist du, mächtig Wesen? Woher kommst du?

(Alle zeigen ihr Erstaunen.)

Johanna. Du tatst dem Himmel diese zweite Bitte:
Wenn es sein hoher Schluß und Wille sei,
1035 Das Zepter deinem Stamme zu entwinden,
Dir alles zu entziehn, was deine Väter,
Die Könige in diesem Reich, besaßen,
Drei einz'ge Güter flehtest du ihn an
Dir zu bewahren: die zufriedne Brust,
1040 Des Freundes Herz und deiner Agnes Liebe.

(Der König verbirgt das Gesicht, heftig weinend; große Bewegung des Erstaunens unter den Anwesenden. Nach einer Pause.)

Soll ich dein dritt' Gebet dir nun noch nennen?
   Karl. Genug! Ich glaube dir! So viel vermag
Kein Mensch! Dich hat der höchste Gott gesendet.
   Erzbischof. Wer bist du, heilig wunderbares Mädchen!
1045 Welch glücklich Land gebar dich? Sprich! Wer sind
Die gottgeliebten Eltern, die dich zeugten?
   Johanna. Ehrwürd'ger Herr, Johanna nennt man mich.
Ich bin nur eines Hirten niedre Tochter
Aus meines Königs Flecken Dom Remi,
1050 Der in dem Kirchensprengel liegt von Toul,
Und hütete die Schafe meines Vaters
Von Kind auf. Und ich hörte viel und oft
Erzählen von dem fremden Inselvolk,
Das über Meer gekommen, uns zu Knechten
1055 Zu machen und den fremdgebornen Herrn
Uns aufzuzwingen, der das Volk nicht liebt;
Und daß sie schon die große Stadt Paris
Inn' hätten und des Reiches sich ermächtigt.
Da rief ich flehend Gottes Mutter an,
1060 Von uns zu wenden fremder Ketten Schmach,
Uns den einheim'schen König zu bewahren.
Und vor dem Dorf, wo ich geboren, steht
Ein uralt Muttergottesbild, zu dem
Der frommen Pilgerfahrten viel geschahn,
1065 Und eine heil'ge Eiche steht darneben,
Durch vieler Wunder Segenskraft berühmt.
Und in der Eiche Schatten saß ich gern,
Die Herde weidend, denn mich zog das Herz.
Und ging ein Lamm mir in den wüsten Bergen
1070 Verloren, immer zeigte mir's der Traum,
Wenn ich im Schatten dieser Eiche schlief.
— Und einsmals, als ich eine lange Nacht
In frommer Andacht unter diesem Baum
Gesessen und dem Schlafe widerstand,
1075 Da trat die Heilige zu mir, ein Schwert
Und Fahne tragend, aber sonst, wie ich,
Als Schäferin gekleidet, und sie sprach zu mir:
„Ich bin's. Steh auf, Johanna! Laß die Herde.
Dich ruft der Herr zu einem anderen Geschäft!
1080 Nimm diese Fahne! Dieses Schwert umgürte dir!
Damit vertilge meines Volkes Feinde,
Und führe deines Herren Sohn nach Reims,
Und krön' ihn mit der königlichen Krone!"

Ich aber sprach: „Wie kann ich solcher Tat
1085 Mich unterwinden, eine zarte Magd,
Unkundig des verderblichen Gefechts!"
Und sie versetzte: „Eine reine Jungfrau
Vollbringt jedwedes Herrliche auf Erden,
Wenn sie der irdschen Liebe widersteht.
1090 Sieh mich an! Eine keusche Magd wie du
Hab' ich den Herrn, den göttlichen, geboren,
Und göttlich bin ich selbst!" — Und sie berührte
Mein Augenlid, und als ich aufwärts sah,
Da war der Himmel voll von Engelknaben,
1095 Die trugen weiße Lilien in der Hand,
Und süßer Ton verschwebte in den Lüften.
    — Und so drei Nächte nacheinander ließ
Die Heilige sich sehn und rief: „Steh auf, Johanna!
Dich ruft der Herr zu einem anderen Geschäft."
1100 Und als sie in der dritten Nacht erschien,
Da zürnte sie, und scheltend sprach sie dieses Wort:
„Gehorsam ist des Weibes Pflicht auf Erden,
Das harte Dulden ist ihr schweres Los;
Durch strengen Dienst muß sie geläutert werden;
1105 Die hier gedienet, ist dort oben groß."
Und also sprechend ließ sie das Gewand
Der Hirtin fallen, und als Königin
Der Himmel stand sie da im Glanz der Sonnen,
Und goldne Wolken trugen sie hinauf
1110 Langsam verschwindend in das Land der Wonnen.
    (Alle sind gerührt, Agnes Sorel, heftig weinend, verbirgt ihr Gesicht an des Königs Brust.)
        Erzbischof (nach einem langen Stillschweigen).
Vor solcher göttlicher Beglaubigung
Muß jeder Zweifel irdscher Klugheit schweigen.
Die Tat bewährt es, daß sie Wahrheit spricht;
Nur Gott allein kann solche Wunder wirken.
1115   Dunois. Nicht ihren Wundern, ihrem Auge glaub' ich,
Der reinen Unschuld ihres Angesichts.
        Karl. Und bin ich Sünd'ger solcher Gnade wert?
Untrüglich allerforschend Aug', du siehst
Mein Innerstes und kennest meine Demut!
1120   Johanna. Der Hohen Demut leuchtet hell dort oben;
Du beugtest dich, drum hat er dich erhoben.
        Karl. So werd' ich meinen Feinden widerstehn?
        Johanna. Bezwungen leg' ich Frankreich dir zu Füßen!
        Karl. Und Orleans, sagst du, wird nicht übergehn?

1125 **Johanna.** Eh' siehest du die Loire zurücke fließen.
Karl. Werd' ich nach Reims als Überwinder ziehn?
Johanna.   Durch tausend Feinde führ' ich dich dahin.
(Alle anwesende Ritter erregen ein Getöse mit ihren Lanzen und Schilden und geben
Zeichen des Muts.)
Dunois. Stell' uns die Jungfrau an des Heeres Spitze!
Wir folgen blind, wohin die Göttliche
1130 Uns führt! Ihr Seherauge soll uns leiten,
Und schützen soll sie dieses tapfre Schwert!
La Hire. Nicht eine Welt in Waffen fürchten wir,
Wenn sie einher vor unsern Scharen zieht.
Der Gott des Sieges wandelt ihr zur Seite;
1135 Sie führ' uns an, die Mächtige, im Streite!
(Die Ritter erregen ein großes Waffengetös und treten vorwärts.)
Karl. Ja, heilig Mädchen, führe du mein Heer,
Und seine Fürsten sollen dir gehorchen.
Dies Schwert der höchsten Kriegsgewalt, das uns
Der Kronfeldherr im Zorn zurückgesendet,
1140 Hat eine würdigere Hand gefunden.
Empfange du es, heilige Prophetin,
Und sei fortan —
Johanna.   Nicht also, edler Dauphin!
Nicht durch dies Werkzeug irdischer Gewalt
Ist meinem Herrn der Sieg verliehn. Ich weiß
1145 Ein ander Schwert, durch das ich siegen werde.
Ich will es dir bezeichnen, wie's der Geist
Mich lehrte; sende hin und laß es holen.
Karl. Nenn' es, Johanna.
Johanna.   Sende nach der alten Stadt
Fierboys, dort, auf Sankt Kathrinens Kirchhof,
1150 Ist ein Gewölb', wo vieles Eisen liegt,
Von alter Siegesbeute aufgehäuft.
Das Schwert ist drunter, das mir dienen soll.
An dreien goldnen Lilien ist's zu kennen,
Die auf der Klinge eingeschlagen sind.
1155 Dies Schwert laß holen, denn durch dieses wirst du siegen.
Karl. Man sende hin und tue, wie sie sagt.
Johanna. Und eine weiße Fahne laß mich tragen,
Mit einem Saum von Purpur eingefaßt.
Auf dieser Fahne sei die Himmelskönigin
1160 Zu sehen mit dem schönen Jesusknaben,
Die über einer Erdenkugel schwebt;
Denn also zeigte mir's die heil'ge Mutter.

Karl. Es sei so, wie du sagst.

Johanna (zum Erzbischof).   Ehrwürd'ger Bischof,
Legt Eure priesterliche Hand auf mich,
1165 Und sprecht den Segen über Eure Tochter! (Kniet nieder.)

Erzbischof. Du bist gekommen, Segen auszuteilen,
Nicht zu empfangen. — Geh mit Gottes Kraft!
Wir aber sind Unwürdige und Sünder. (Sie steht auf.)

Edelknecht. Ein Herold kommt vom engelländ'schen Feldherrn.

1170 **Johanna.** Laß ihn eintreten, denn ihn sendet Gott!
(Der König winkt dem Edelknecht, der hinausgeht.)

Eilfter Auftritt.

Der Herold zu den Vorigen.

Karl. Was bringst du, Herold? Sage deinen Auftrag.

Herold. Wer ist es, der für Karln von Valois,
Den Grafen von Ponthieu, das Wort hier führt?

Dunois. Nichtswürd'ger Herold! Niederträcht'ger Bube!
1175 Erfrechst du dich, den König der Franzosen
Auf seinem eignen Boden zu verleugnen?
Dich schützt dein Wappenrock, sonst solltest du —

Herold. Frankreich erkennt nur einen einz'gen König,
Und dieser lebt im engelländischen Lager.

1180 **Karl.** Seid ruhig, Vetter! Deinen Auftrag, Herold!

Herold. Mein edler Feldherr, den des Blutes jammert,
Das schon geflossen und noch fließen soll,
Hält seiner Krieger Schwert noch in der Scheide,
Und ehe Orleans im Sturme fällt,
1185 Läßt er noch gütlichen Vergleich dir bieten.

Karl. Laß hören!

Johanna (tritt hervor).   Sire! Laß mich an deiner Statt
Mit diesem Herold reden.

Karl.   Tu das, Mädchen!
Entscheide du, ob Krieg sei oder Friede.

Johanna (zum Herold).
Wer sendet dich und spricht durch deinen Mund?

1190 **Herold.** Der Briten Feldherr, Graf von Salsbury.

Johanna. Herold, du lügst! Der Lord spricht nicht durch dich.
Nur die Lebend'gen sprechen, nicht die Toten.

Herold. Mein Feldherr lebt in Fülle der Gesundheit
Und Kraft, und lebt euch allen zum Verderben.

1195 **Johanna.** Er lebte, da du abgingst. Diesen Morgen
Streckt' ihn ein Schuß aus Orleans zu Boden,
Als er vom Turm La Tournelle niedersah.

— Du lachſt, weil ich Entferntes dir verkünde?
Nicht meiner Rede, deinen Augen glaube!
1200 Begegnen wird dir ſeiner Leiche Zug,
Wenn deine Füße dich zurücke tragen!
Jetzt, Herold, ſprich und ſage deinen Auftrag.
  Herold. Wenn du Verborgnes zu enthüllen weißt,
So kennſt du ihn, noch eh' ich dir ihn ſage.
1205   **Johanna.** Ich brauch' ihn nicht zu wiſſen, aber du
Vernimm den meinen jetzt! und dieſe Worte
Verkündige den Fürſten, die dich ſandten!
— König von England, und ihr, Herzoge
Bedford und Gloſter, die das Reich verweſen!
1210 Gebt Rechenſchaft dem Könige des Himmels
Von wegen des vergoßnen Blutes! Gebt
Heraus die Schlüſſel alle von den Städten,
Die ihr bezwungen wider göttlich Recht!
Die Jungfrau kommt vom Könige des Himmels,
1215 Euch Frieden zu bieten oder blut'gen Krieg.
Wählt! Denn das ſag' ich euch, damit ihr's wiſſet:
Euch iſt das ſchöne Frankreich nicht beſchieden
Vom Sohne der Maria — ſondern Karl,
Mein Herr und Dauphin, dem es Gott gegeben,
1220 Wird königlich einziehen zu Paris,
Von allen Großen ſeines Reichs begleitet.
— Jetzt, Herold, geh und mach' dich eilends fort,
Denn eh' du noch das Lager magſt erreichen
Und Botſchaft bringen, iſt die Jungfrau dort
1225 Und pflanzt in Orleans das Siegeszeichen.
   (Sie geht, alles ſetzt ſich in Bewegung, der Vorhang fällt.)

Zweiter Aufzug.

(Gegend von Felſen begrenzt.)

Erſter Auftritt.

Talbot und **Lionel**, engliſche Heerführer. **Philipp**, Herzog von Burgund.
Ritter Faſtolf und **Chatillon** mit Soldaten und Fahnen.

  Talbot. Hier unter dieſen Felſen laſſet uns
Halt machen und ein feſtes Lager ſchlagen,
Ob wir vielleicht die flücht'gen Völker wieder ſammeln,
Die in dem erſten Schrecken ſich zerſtreut.
1230 Stellt gute Wachen aus, beſetzt die Höhn!
Zwar ſichert uns die Nacht vor der Verfolgung,

Und wenn der Gegner nicht auch Flügel hat,
So fürcht' ich keinen Überfall. — Dennoch
Bedarf's der Vorsicht, denn wir haben es
1235 Mit einem kecken Feind und sind geschlagen.
(Ritter Fastolf geht ab mit den Soldaten.)

    Lionel. Geschlagen! Feldherr, nennt das Wort nicht mehr!
Ich darf es mir nicht denken, daß der Franke
Des Engelländers Rücken heut gesehn.
— O Orleans! Orleans! Grab unsers Ruhms!
1240 Auf deinen Feldern liegt die Ehre Englands,
Beschimpfend lächerliche Niederlage!
Wer wird es glauben in der künft'gen Zeit!
Die Sieger bei Poitiers, Crequi
Und Azincourt gejagt von einem Weibe!

1245   **Burgund.** Das muß uns trösten. Wir sind nicht von
                                      Menschen
Besiegt, wir sind vom Teufel überwunden.

    Talbot. Vom Teufel unsrer Narrheit! Wie, Burgund?
Schreckt dies Gespenst des Pöbels auch die Fürsten?
Der Aberglaube ist ein schlechter Mantel
1250 Für Eure Feigheit — Eure Völker flohn zuerst.

    Burgund. Niemand hielt stand. Das Fliehn war allgemein.

    Talbot. Nein, Herr! Auf Euerm Flügel fing es an.
Ihr stürztet Euch in unser Lager, schreiend:
„Die Höll' ist los, der Satan kämpft für Frankreich!"
1255 Und brachtet so die Unsern in Verwirrung.

    Lionel. Ihr könnt's nicht leugnen. Euer Flügel wich
Zuerst.

    Burgund.   Weil dort der erste Angriff war.

    Talbot. Das Mädchen kannte unsers Lagers Blöße;
Sie wußte, wo die Furcht zu finden war.

1260   **Burgund.** Wie? Soll Burgund die Schuld des Unglücks
                                        tragen?

    Lionel. Wir Engelländer, waren wir allein,
Bei Gott! Wir hätten Orleans nicht verloren!

    Burgund. Nein — denn ihr hättet Orleans nie gesehn!
Wer bahnte euch den Weg in dieses Reich,
1265 Reicht' euch die treue Freundeshand, als ihr
An diese feindlich fremde Küste stieget?
Wer krönte euern Heinrich zu Paris
Und unterwarf ihm der Franzosen Herzen?
Bei Gott! Wenn dieser starke Arm euch nicht

1270 Hereingeführt, ihr sahet nie den Rauch
Von einem fränkischen Kamine steigen!
    Lionel. Wenn es die großen Worte täten, Herzog,
So hättet Ihr allein Frankreich erobert.
    Burgund. Ihr seid unlustig, weil euch Orleans
1275 Entging, und laßt nun euers Zornes Galle
An mir, dem Bundsfreund, aus. Warum entging
Uns Orleans als eurer Habsucht wegen?
Es war bereit, sich mir zu übergeben,
Ihr, euer Neid allein hat es verhindert.
1280   **Talbot.** Nicht Euretwegen haben wir's belagert.
    Burgund. Wie stünd's um euch, zög' ich mein Heer zurück?
    Lionel. Nicht schlimmer, glaubt mir, als bei Azincourt,
Wo wir mit Euch und mit ganz Frankreich fertig wurden.
    Burgund. Doch tat's euch sehr um unsre Freundschaft not,
1285 Und teuer kaufte sie der Reichsverweser.
    Talbot. Ja, teuer, teuer haben wir sie heut
Vor Orleans bezahlt mit unsrer Ehre.
    Burgund. Treibt es nicht weiter, Lord, es könnt' Euch reuen!
Verließ ich meines Herrn gerechte Fahnen,
1290 Lud auf mein Haupt den Namen des Verräters,
Um von dem Fremdling solches zu ertragen?
Was tu' ich hier und fechte gegen Frankreich?
Wenn ich dem Undankbaren dienen soll,
So will ich's meinem angebornen König.
1295   **Talbot.** Ihr steht in Unterhandlung mit dem Dauphin,
Wir wissen's, doch wir werden Mittel finden,
Uns vor Verrat zu schützen.
    Burgund.   Tod und Hölle!
Begegnet man mir so? — Chatillon!
Laß meine Völker sich zum Aufbruch rüsten;
1300 Wir gehn in unser Land zurück.
                    (Chatillon geht ab.)
    Lionel.   Glück auf den Weg!
Nie war der Ruhm des Briten glänzender,
Als da er, seinem guten Schwert allein
Vertrauend, ohne Helfershelfer focht.
Es kämpfe jeder seine Schlacht allein;
1305 Denn ewig bleibt es wahr: französisch Blut
Und englisch kann sich redlich nie vermischen.

Zweiter Auftritt.

Königin Isabeau, von einem Pagen begleitet, zu den Vorigen.

Isabeau. Was muß ich hören, Feldherrn? Haltet ein!
Was für ein hirnverrückender Planet
Verwirrt euch also die gesunden Sinne?
1810 Jetzt, da euch Eintracht nur erhalten kann,
Wollt ihr in Haß euch trennen und, euch selbst
Befehdend, euern Untergang bereiten?
Ich bitt' Euch, edler Herzog, ruft den raschen
Befehl zurück! — Und Ihr, ruhmvoller Talbot,
1815 Besänftiget den aufgebrachten Freund!
Kommt, Lionel, helft mir die stolzen Geister
Zufrieden sprechen und Versöhnung stiften.

    Lionel. Ich nicht, Mylady. Mir ist alles gleich.
Ich denke so: Was nicht zusammen kann
1820 Bestehen, tut am besten, sich zu lösen.

    Isabeau. Wie? Wirkt der Hölle Gaukelkunst, die uns
Im Treffen so verderblich war, auch hier
Noch fort, uns sinnverwirrend zu betören?
Wer fing den Zank an? Redet! — Edler Lord!
1825 (Zu Talbot.) Seid Ihr's, der seines Vorteils so vergaß,
Den werten Bundsgenossen zu verletzen?
Was wollt Ihr schaffen ohne diesen Arm?
Er baute Euerm König seinen Thron;
Er hält ihn noch und stürzt ihn, wenn er will;
1830 Sein Heer verstärkt Euch und noch mehr sein Name.
Ganz England, strömt' es alle seine Bürger
Auf unsre Küsten aus, vermöchte nicht
Dies Reich zu zwingen, wenn es einig ist;
Nur Frankreich konnte Frankreich überwinden.

1835   **Talbot.** Wir wissen den getreuen Freund zu ehren.
Dem falschen wehren, ist der Klugheit Pflicht.

    Burgund. Wer treulos sich des Dankes will entschlagen,
Dem fehlt des Lügners freche Stirne nicht.

    Isabeau. Wie, edler Herzog? Könntet Ihr so sehr
1840 Der Scham absagen und der Fürstenehre,
In jene Hand, die Euern Vater mordete,
Die Eurige zu legen? Wärt Ihr rasend
Genug, an eine redliche Versöhnung
Zu glauben mit dem Dauphin, den Ihr selbst
1845 An des Verderbens Rand geschleudert habt?
So nah dem Falle wolltet Ihr ihn halten,
Und Euer Werk wahnsinnig selbst zerstören?

Schiller V.   12

Hier stehen Eure Freunde. Euer Heil
Ruht in dem festen Bunde nur mit England.

1350 **Burgund.** Fern ist mein Sinn vom Frieden mit dem
                                                    Dauphin,
Doch die Verachtung und den Übermut
Des stolzen Englands kann ich nicht ertragen.

Isabeau. Kommt! Haltet ihm ein rasches Wort zugut.
Schwer ist der Kummer, der den Feldherrn drückt,
1355 Und ungerecht, Ihr wißt es, macht das Unglück.
Kommt! Kommt! Umarmt euch, laßt mich diesen Riß
Schnell heilend schließen, eh' er ewig wird.

Talbot. Was dünket Euch, Burgund? Ein edles Herz
Bekennt sich gern von der Vernunft besiegt.
1360 Die Königin hat ein kluges Wort geredet;
Laßt diesen Händedruck die Wunde heilen,
Die meine Zunge übereilend schlug.

Burgund. Madame sprach ein verständig Wort, und mein
Gerechter Zorn weicht der Notwendigkeit.

1365 **Isabeau.** Wohl! So besiegelt den erneuten Bund
Mit einem brüderlichen Kuß, und mögen
Die Winde das Gesprochene verwehen.

                (Burgund und Talbot umarmen sich.)

Lionel (betrachtet die Gruppe, für sich).

Glück zu dem Frieden, den die Furie stiftet!

Isabeau. Wir haben eine Schlacht verloren, Feldherrn;
1370 Das Glück war uns zuwider; darum aber
Entsink' euch nicht der edle Mut. Der Dauphin
Verzweifelt an des Himmels Schutz und ruft
Des Satans Kunst zu Hilfe; doch er habe
Umsonst sich der Verdammnis übergeben,
1375 Und seine Hölle selbst errett' ihn nicht.
Ein sieghaft Mädchen führt des Feindes Heer;
Ich will das eure führen, ich will euch
Statt einer Jungfrau und Prophetin sein.

Lionel. Madame, geht nach Paris zurück! Wir wollen
1380 Mit guten Waffen, nicht mit Weibern siegen.

Talbot. Geht! Geht! Seit Ihr im Lager seid, geht alles
Zurück, kein Segen ist mehr in unsern Waffen.

Burgund. Geht! Eure Gegenwart schafft hier nichts Gutes;
Der Krieger nimmt ein Ärgernis an Euch.

Isabeau (sieht einen um den andern erstaunt an).

1385 Ihr auch, Burgund? Ihr nehmet wider mich
Partei mit diesen undankbaren Lords?

Burgund. Geht! Der Soldat verliert den guten Mut,
Wenn er für Eure Sache glaubt zu fechten.

  Isabeau. Ich hab' kaum Frieden zwischen euch gestiftet,
1390 So macht ihr schon ein Bündnis wider mich?

  Talbot. Geht, geht mit Gott, Madame! Wir fürchten uns
Vor keinem Teufel mehr, sobald Ihr weg seid.

  Isabeau. Bin ich nicht eure treue Bundsgenossin?
Ist eure Sache nicht die meinige?

1395   **Talbot.** Doch Eure nicht die unsrige. Wir sind
In einem ehrlich guten Streit begriffen.

  Burgund. Ich räche eines Vaters blut'gen Mord;
Die fromme Sohnspflicht heiligt meine Waffen.

  Talbot. Doch grad heraus! Was Ihr am Dauphin tut,
1400 Ist weder menschlich gut, noch göttlich recht.

  Isabeau. Fluch soll ihn treffen bis ins zehnte Glied!
Er hat gefrevelt an dem Haupt der Mutter.

  Burgund. Er rächte einen Vater und Gemahl.

  Isabeau. Er warf sich auf zum Richter meiner Sitten!

1405   **Lionel.** Das war unehrerbietig von dem Sohn!

  Isabeau. In die Verbannung hat er mich geschickt.

  Talbot. Die öffentliche Stimme zu vollziehn.

  Isabeau. Fluch treffe mich, wenn ich ihm je vergebe!
Und eh' er herrscht in seines Vaters Reich —

1410   **Talbot.** Eh' opfert Ihr die Ehre seiner Mutter!

  Isabeau. Ihr wißt nicht, schwache Seelen,
Was ein beleidigt Mutterherz vermag.
Ich liebe, wer mir Gutes tut, und hasse,
Wer mich verletzt, und ist's der eigne Sohn,
1415 Den ich geboren, desto hassenswerter.
Dem ich das Dasein gab, will ich es rauben,
Wenn er mit ruchlos frechem Übermut
Den eignen Schoß verletzt, der ihn getragen.
Ihr, die ihr Krieg führt gegen meinen Sohn,
1420 Ihr habt nicht Recht noch Grund, ihn zu berauben.
Was hat der Dauphin Schweres gegen euch
Verschuldet? Welche Pflichten brach er euch?
Euch treibt die Ehrsucht, der gemeine Neid;
Ich darf ihn hassen, ich hab' ihn geboren.

1425   **Talbot.** Wohl, an der Rache fühlt er seine Mutter!

  Isabeau. Armsel'ge Gleisner, wie veracht' ich euch,
Die ihr euch selbst so wie die Welt belügt!
Ihr Engelländer streckt die Räuberhände
Nach diesem Frankreich aus, wo ihr nicht Recht

12*

1430 Noch gült'gen Anspruch habt auf so viel Erde,
Als eines Pferdes Huf bedeckt. — Und dieser Herzog,
Der sich den Guten schelten läßt, verkauft
Sein Vaterland, das Erbreich seiner Ahnen,
Dem Reichsfeind und dem fremden Herrn. — Gleichwohl
1435 Ist euch das dritte Wort Gerechtigkeit.
— Die Heuchelei veracht' ich. Wie ich bin,
So sehe mich das Aug' der Welt.
    Burgund.   **Wahr ist's!**
Den Ruhm habt Ihr mit starkem Geist behauptet.
    Isabeau.   Ich habe Leidenschaften, warmes Blut,
1440 Wie eine andre, und ich kam als Königin
In dieses Land, zu leben, nicht zu scheinen.
Sollt' ich der Freud' absterben, weil der Fluch
Des Schicksals meine lebensfrohe Jugend
Zu dem wahnsinn'gen Gatten hat gesellt?
1445 Mehr als das Leben lieb' ich meine Freiheit,
Und wer mich hier verwundet — Doch warum
Mit euch mich streiten über meine Rechte?
Schwer fließt das dicke Blut in euern Adern;
Ihr kennt nicht das Vergnügen, nur die Wut!
1450 Und dieser Herzog, der sein Leben lang
Geschwankt hat zwischen Bös und Gut, kann nicht
Von Herzen hassen, noch von Herzen lieben.
— Ich geh' nach Melun. Gebt mir diesen da,
(auf Lionel zeigend) Der mir gefällt, zur Kurzweil und Gesellschaft,
1455 Und dann macht, was ihr wollt! Ich frage nichts
Nach den Burgundern noch den Engelländern.
                      (Sie winkt ihrem Pagen und will gehen.)
    Lionel. Verlaßt Euch drauf. Die schönsten Frankenknaben,
Die wir erbeuten, schicken wir nach Melun.
    Isabeau (zurückkommend).
Wohl taugt ihr, mit dem Schwerte drein zu schlagen;
1460 Der Franke nur weiß Zierliches zu sagen. (Sie geht ab.)

Dritter Auftritt.
Talbot. Burgund. Lionel.

    Talbot. Was für ein Weib!
    Lionel.   Nun eure Meinung, Feldherrn!
Fliehn wir noch weiter oder wenden uns
Zurück, durch einen schnellen kühnen Streich
Den Schimpf des heut'gen Tages auszulöschen?

1465 **Burgund.** Wir sind zu schwach, die Völker sind zerstreut,
Zu neu ist noch der Schrecken in dem Heer.
   Talbot. Ein blinder Schrecken nur hat uns besiegt,
Der schnelle Eindruck eines Augenblicks.
Dies Furchtbild der erschreckten Einbildung
1470 Wird, näher angesehn, in Nichts verschwinden.
Drum ist mein Rat, wir führen die Armee
Mit Tagesanbruch über den Strom zurück,
Dem Feind entgegen.
   Burgund.   Überlegt —
   Lionel.   Mit Eurer
Erlaubnis. Hier ist nichts zu überlegen.
1475 Wir müssen das Verlorne schleunig wieder
Gewinnen oder sind beschimpft auf ewig.
   Talbot. Es ist beschlossen. Morgen schlagen wir.
Und dies Phantom des Schreckens zu zerstören,
Das unsre Völker blendet und entmannt,
1480 Laßt uns mit diesem jungfräulichen Teufel
Uns messen in persönlichem Gefecht.
Stellt sie sich unserm tapfern Schwert, nun dann,
So hat sie uns zum letztenmal geschadet;
Stellt sie sich nicht, und seid gewiß, sie meidet
1485 Den ernsten Kampf, so ist das Heer entzaubert.
   Lionel. So sei's! Und mir, mein Feldherr, überlasset
Dies leichte Kampfspiel, wo kein Blut soll fließen.
Denn lebend denk' ich das Gespenst zu fangen,
Und vor des Bastards Augen, ihres Buhlen,
1490 Trag' ich auf diesen Armen sie herüber
Zur Lust des Heers in das britann'sche Lager.
   Burgund. Versprechet nicht zu viel.
   Talbot.   Erreich' ich sie,
Ich denke sie so sanft nicht zu umarmen.
Kommt jetzo, die ermüdete Natur
1495 Durch einen leichten Schlummer zu erquicken,
Und dann zum Aufbruch mit der Morgenröte!
     (Sie gehen ab.)

Vierter Auftritt.

Johanna mit der Fahne, im Helm und Brustharnisch, sonst aber weiblich
gekleidet. **Dunois, La Hire, Ritter** und **Soldaten** zeigen sich oben auf dem
Felsenweg, ziehen still darüber hinweg und erscheinen gleich darauf auf der Szene.

   Johanna (zu den Rittern, die sie umgeben, indem der Zug oben immer
noch fortfährt). Erstiegen ist der Wall, wir sind im Lager!

Jetzt werft die Hülle der verschwiegnen Nacht
Von euch, die euern stillen Zug verhehlte,
1500 Und macht dem Feinde eure Schreckensnähe
Durch lauten Schlachtruf kund: Gott und die Jungfrau!
  Alle (rufen laut unter wildem Waffengetös).
Gott und die Jungfrau!
    (Trommeln und Trompeten.)
  Schildwache (hinter der Szene). Feinde! Feinde! Feinde!
  Johanna. Jetzt Fackeln her! Werft Feuer in die Zelte!
Der Flammen Wut vermehre das Entsetzen,
1505 Und drohend rings umfange sie der Tod!
    (Soldaten eilen fort, sie will folgen.)
  Dunois (hält sie zurück).
Du hast das deine nun erfüllt, Johanna!
Mitten ins Lager hast du uns geführt,
Den Feind hast du in unsre Hand gegeben.
Jetzt aber bleibe von dem Kampf zurück,
1510 Uns überlaß die blutige Entscheidung.
  La Hire. Den Weg des Siegs bezeichne du dem Heer,
Die Fahne trag uns vor in reiner Hand;
Doch nimm das Schwert, das tödliche, nicht selbst,
Versuche nicht den falschen Gott der Schlachten;
1515 Denn blind und ohne Schonung waltet er.
  Johanna. Wer darf mir Halt gebieten? Wer dem Geist
Vorschreiben, der mich führt? Der Pfeil muß fliegen,
Wohin die Hand ihn seines Schützen treibt.
Wo die Gefahr ist, muß Johanna sein;
1520 Nicht heut, nicht hier ist mir bestimmt zu fallen;
Die Krone muß ich sehn auf meines Königs Haupt.
Dies Leben wird kein Gegner mir entreißen,
Bis ich vollendet, was mir Gott geheißen. (Sie geht ab.)
  La Hire. Kommt, Dunois! Laßt uns der Heldin folgen
1525 Und ihr die tapfre Brust zum Schilde leihn!
    (Gehen ab.)

Fünfter Auftritt.
Englische Soldaten fliehen über die Bühne. Hierauf Talbot.

Erster. Das Mädchen! Mitten im Lager!
Zweiter. Nicht möglich! Nimmermehr! Wie kam sie in das
             Lager?
Dritter. Durch die Luft! Der Teufel hilft ihr!
Vierter und Fünfter. Flieht! Flieht! Wir sind alle des Todes!
    (Gehen ab.)

1530 **Talbot** (kommt). Sie hören nicht — Sie wollen mir nicht
stehn!
Gelöst sind alle Bande des Gehorsams;
Als ob die Hölle ihre Legionen
Verdammter Geister ausgespieen, reißt
Ein Taumelwahn den Tapfern und den Feigen
1535 Gehirnlos fort; nicht eine kleine Schar
Kann ich der Feinde Flut entgegenstellen,
Die wachsend, wogend in das Lager bringt!
— Bin ich der einzig Nüchterne, und alles
Muß um mich her in Fiebers Hitze rasen?
1540 Vor diesen fränk'schen Weichlingen zu fliehn,
Die wir in zwanzig Schlachten überwunden! —
Wer ist sie denn, die Unbezwingliche,
Die Schreckensgöttin, die der Schlachten Glück
Auf einmal wendet, und ein schüchtern Heer
1545 Von feigen Rehn in Löwen umgewandelt?
Eine Gauklerin, die die gelernte Rolle
Der Heldin spielt, soll wahre Helden schrecken?
Ein Weib entriß mir allen Siegesruhm?
      Soldat (stürzt herein). Das Mädchen! Flieh! Flieh, Feldherr!
      Talbot (stößt ihn nieder).   Flieh zur Hölle
1550 Du selbst! Den soll dies Schwert durchbohren,
Der mir von Furcht spricht und von feiger Flucht!
                (Er geht ab.)

Sechster Auftritt.

Der Prospekt öffnet sich. Man sieht das englische Lager in vollen Flammen stehen.
Trommeln, Flucht und Verfolgung. Nach einer Weile kommt Montgomery.

      Montgomery (allein). Wo soll ich hinfliehn? Feinde rings
              umher und Tod!
Hier der ergrimmte Feldherr, der mit drohndem Schwert
Die Flucht versperrend uns dem Tod entgegentreibt
1555 Dort die Fürchterliche, die verderblich um sich her
Wie die Brunst des Feuers raset — Und ringsum kein Busch,
Der mich verbärge, keiner Höhle sichrer Raum!
O, wär' ich nimmer über Meer hieher geschifft,
Ich Unglücksel'ger! Eitler Wahn betörte mich,
1560 Wohlfeilen Ruhm zu suchen in dem Frankenkrieg,
Und jetzo führt mich das verderbliche Geschick
In diese blut'ge Mordschlacht. — Wär' ich weit von hier

Daheim noch an der Savern' blühendem Gestad,
Im sichern Vaterhause, wo die Mutter mir
1565 In Gram zurückblieb und die zarte, süße Braut!
(Johanna zeigt sich in der Ferne.)
Weh mir! Was seh' ich! Dort erscheint die Schreckliche!
Aus Brandes Flammen, düster leuchtend, hebt sie sich
Wie aus der Hölle Rachen ein Gespenst der Nacht
Hervor. — Wohin entrinn' ich! Schon ergreift sie mich
1570 Mit ihren Feueraugen, wirft von fern
Der Blicke Schlingen nimmer fehlend nach mir aus.
Um meine Füße, fest und fester, wirret sich
Das Zauberknäul, daß sie gefesselt mir die Flucht
Versagen! Hinsehn muß ich, wie das Herz mir auch
1575 Dagegen kämpfe, nach der töblichen Gestalt!
(Johanna tut einige Schritte ihm entgegen und bleibt wieder stehen.)
Sie naht! Ich will nicht warten, bis die Grimmige
Zuerst mich anfällt! Bittend will ich ihre Knie
Umfassen, um mein Leben flehn; sie ist ein Weib,
Ob ich vielleicht durch Tränen sie erweichen kann!
(Indem er auf sie zugehen will, tritt sie ihm rasch entgegen.)

Siebenter Auftritt.

Johanna. Montgomery.

1580 **Johanna.** Du bist des Todes! Eine brit'sche Mutter zeugte
dich.

Montgomery (fällt ihr zu Füßen).

Halt ein, Furchtbare! Nicht den Unverteidigten
Durchbohre! Weggeworfen hab' ich Schwert und Schild;
Zu deinen Füßen sink' ich wehrlos, flehend hin.
Laß mir das Licht des Lebens, nimm ein Lösegeld!
1585 Reich an Besitztum wohnt der Vater mir daheim
Im schönen Lande Wallis, wo die schlängelnde
Savern' durch grüne Auen rollt den Silberstrom,
Und funfzig Dörfer kennen seine Herrschaft an.
Mit reichem Golde löst er den geliebten Sohn,
1590 Wenn er mich im Frankenlager lebend noch vernimmt.

Johanna. Betrogner Tor! Verlorner! In der Jungfrau
Hand

Bist du gefallen, die verderbliche, woraus
Nicht Rettung noch Erlösung mehr zu hoffen ist.
Wenn dich das Unglück in des Krokodils Gewalt
1595 Gegeben oder des gefleckten Tigers Klaun,

Wenn du der Löwenmutter junge Brut geraubt,
Du könntest Mitleid finden und Barmherzigkeit;
Doch tödlich ist's, der Jungfrau zu begegnen.
Denn dem Geisterreich, dem strengen, unverletzlichen,
1600 Verpflichtet mich der furchtbar bindende Vertrag.
Mit dem Schwert zu töten alles Lebende, das mir
Der Schlachten Gott verhängnisvoll entgegenschickt.

    Montgomery. Furchtbar ist deine Rede, doch dein Blick ist
                                           sanft;
Nicht schrecklich bist du in der Nähe anzuschaun,
1605 Es zieht das Herz mich zu der lieblichen Gestalt.
O, bei der Milde deines zärtlichen Geschlechts
Fleh' ich dich an. Erbarme meiner Jugend dich!

    Johanna. Nicht mein Geschlecht beschwöre! Nenne mich nicht
                                           Weib!
Gleichwie die körperlosen Geister, die nicht frein
1610 Auf ird'sche Weise, schließ' ich mich an kein Geschlecht
Der Menschen an, und dieser Panzer deckt kein Herz.

    Montgomery. O, bei der Liebe heilig waltendem Gesetz,
Dem alle Herzen huldigen, beschwör' ich dich!
Daheim gelassen hab' ich eine holde Braut,
1615 Schön, wie du selbst bist, blühend in der Jugend Reiz.
Sie harret weinend des Geliebten Wiederkunft.
O, wenn du selber je zu lieben hoffst, und hoffst
Beglückt zu sein durch Liebe, trenne grausam nicht
Zwei Herzen, die der Liebe heilig Bündnis knüpft!

1620   **Johanna.** Du rufest lauter irdisch fremde Götter an,
Die mir nicht heilig, noch verehrlich sind. Ich weiß
Nichts von der Liebe Bündnis, das du mir beschwörst,
Und nimmer kennen werd' ich ihren eiteln Dienst.
Verteidige dein Leben, denn dir ruft der Tod.

1625   **Montgomery.** O, so erbarme meiner jammervollen Eltern
                                           dich,
Die ich zu Haus verlassen. Ja, gewiß auch du
Verließest Eltern, die die Sorge quält um dich.

    Johanna. Unglücklicher! Und du erinnerst mich daran,
Wie viele Mütter dieses Landes kinderlos,
1630 Wie viele zarte Kinder vaterlos, wie viel
Verlobte Bräute Witwen worden sind durch euch!
Auch Englands Mütter mögen die Verzweiflung nun
Erfahren und die Tränen kennen lernen,
Die Frankreichs jammervolle Gattinnen geweint.

1635   **Montgomery.** O, schwer ist's, in der Fremde sterben
                                                    unbeweint.
     Johanna. Wer rief euch in das fremde Land, den blühnden
                                                         Fleiß
Der Felder zu verwüsten, von dem heim'schen Herd
Uns zu verjagen und des Krieges Feuerbrand
Zu werfen in der Städte friedlich Heiligtum?
1640 Ihr träumtet schon in euers Herzens eitelm Wahn,
Den freigebornen Franken in der Knechtschaft Schmach
Zu stürzen und dies große Land, gleichwie ein Boot,
An euer stolzes Meerschiff zu befestigen!
Ihr Toren! Frankreichs königliches Wappen hängt
1645 Am Throne Gottes. Eher rißt ihr einen Stern
Vom Himmelwagen als ein Dorf aus diesem Reich,
Dem unzertrennlich ewig einigen! — Der Tag
Der Rache ist gekommen; nicht lebendig mehr
Zurücke messen werdet ihr das heil'ge Meer,
1650 Das Gott zur Länderscheide zwischen euch und uns
Gesetzt, und das ihr frevelnd überschritten habt.
     Montgomery (läßt ihre Hand los).
O, ich muß sterben! Grausend faßt mich schon der Tod.
     Johanna. Stirb, Freund! Warum so zaghaft zittern vor
                                                dem Tod,
Dem unentfliehbaren Geschick? — Sieh mich an! Sieh!
1655 Ich bin nur eine Jungfrau, eine Schäferin
Geboren; nicht des Schwerts gewohnt ist diese Hand,
Die den unschuldig frommen Hirtenstab geführt.
Doch weggerissen von der heimatlichen Flur,
Vom Vaters Busen, von der Schwestern lieber Brust
1660 Muß ich hier, ich muß — mich treibt die Götterstimme, nicht
Eignes Gelüsten — euch zu bitterm Harm, mir nicht
Zur Freude, ein Gespenst des Schreckens würgend gehn,
Den Tod verbreiten und sein Opfer sein zuletzt!
Denn nicht den Tag der frohen Heimkehr werd' ich sehn.
1665 Noch vielen von den Euern werd' ich tödlich sein,
Noch viele Witwen machen, aber endlich werd'
Ich selbst umkommen und erfüllen mein Geschick.
— Erfülle du auch deines. Greife frisch zum Schwert,
Und um des Lebens süße Beute kämpfen wir.
     Montgomery (steht auf).
1670 Nun, wenn du sterblich bist wie ich und Waffen dich
Verwunden, kann's auch meinem Arm beschieden sein,
Zur Höll' dich sendend Englands Not zu endigen.

In Gottes gnäd'ge Hände leg' ich mein Geschick.
Ruf du, Verdammte, deine Höllengeister an,
1675 Dir beizustehen! Wehre deines Lebens dich!
(Er ergreift Schild und Schwert und dringt auf sie ein, kriegerische Musik erschallt in
der Ferne, nach einem kurzen Gefechte fällt Montgomery.)

Achter Auftritt.

Johanna (allein).

Dich trug dein Fuß zum Tode. — Fahre hin!
(Sie tritt von ihm weg und bleibt gedankenvoll stehen.)
Erhabne Jungfrau, du wirkst Mächtiges in mir!
Du rüstest den unkriegerischen Arm mit Kraft,
Dies Herz mit Unerbittlichkeit bewaffnest du.
1680 In Mitleid schmilzt die Seele, und die Hand erbebt,
Als bräche sie in eines Tempels heil'gen Bau,
Den blühenden Leib des Gegners zu verletzen;
Schon vor des Eisens blanker Schneide schaudert mir;
Doch wenn es not tut, alsbald ist die Kraft mir da,
1685 Und nimmer irrend in der zitternden Hand regiert
Das Schwert sich selbst, als wär' es ein lebend'ger Geist.

Neunter Auftritt.

Ein Ritter mit geschloßnem Visier. Johanna.

Ritter. Verfluchte! Deine Stunde ist gekommen,
Dich such' ich auf dem ganzen Feld der Schlacht,
Verderblich Blendwerk! Fahre zu der Hölle
1690 Zurück, aus der du aufgestiegen bist.

Johanna. Wer bist du, den sein böser Engel mir
Entgegenschickt? Gleich eines Fürsten ist
Dein Anstand, auch kein Brite scheinst du mir,
Denn dich bezeichnet die burgund'sche Binde,
1695 Vor der sich meines Schwertes Spitze neigt.

Ritter. Verworfne, du verdientest nicht zu fallen
Von eines Fürsten edler Hand. Das Beil
Des Henkers sollte dein verdammtes Haupt
Vom Rumpfe trennen, nicht der tapfre Degen
1700 Des königlichen Herzogs von Burgund.

Johanna. So bist du dieser edle Herzog selbst?

Ritter (schlägt das Visier auf).
Ich bin's. Elende, zittre und verzweifle!
Die Satanskünste schützen dich nicht mehr,
Du hast bis jetzt nur Schwächlinge bezwungen;
1705 Ein Mann steht vor dir.

Zehnter Auftritt.

Dunois und La Hire zu den Vorigen.

Dunois.   Wende dich, Burgund!
Mit Männern kämpfe, nicht mit Jungfrauen.
        La Hire. Wir schützen der Prophetin heilig Haupt;
Erst muß dein Degen diese Brust durchbohren —
        Burgund. Nicht diese buhlerische Circe fürcht' ich,
1710 Noch euch, die sie so schimpflich hat verwandelt.
Erröte, Bastard, Schande dir, La Hire,
Daß du die alte Tapferkeit zu Künsten
Der Höll' erniedrigst, den verächtlichen
Schildknappen einer Teufelsdirne machst.
1715 Kommt her! Euch allen biet' ich's! Der verzweifelt
An Gottes Schutz, der zu dem Teufel flieht.
            (Sie bereiten sich zum Kampf, Johanna tritt dazwischen.)
        Johanna. Haltet inne!

        Burgund.   Zitterst du für deinen Buhlen?
Vor deinen Augen soll er —   *(Dringt auf Dunois ein.)*
        Johanna.   Haltet inne!
Trennt sie, La Hire! — Kein französisch Blut soll fließen!
1720 Nicht Schwerter sollen diesen Streit entscheiden.
Ein andres ist beschlossen in den Sternen —
Auseinander, sag' ich — Höret und verehrt
Den Geist, der mich ergreift, der aus mir redet!
        Dunois. Was hältst du meinen aufgehobnen Arm
1725 Und hemmst des Schwertes blutige Entscheidung?
Das Eisen ist gezückt, es fällt der Streich,
Der Frankreich rächen und versöhnen soll.
        Johanna *(stellt sich in die Mitte und trennt beide Teile durch einen weiten Zwischenraum; zum Bastard).* Tritt auf die Seite!
            (Zu La Hire.) Bleib gefesselt stehen!
Ich habe mit dem Herzoge zu reden.
1730 *(Nachdem alles ruhig ist.)* Was willst du tun, Burgund? Wer ist der Feind,
Den deine Blicke mordbegierig suchen?
Dieser edle Prinz ist Frankreichs Sohn, wie du,
Dieser Tapfre ist dein Waffenfreund und Landsmann;
Ich selbst bin deines Vaterlandes Tochter.
1735 Wir alle, die du zu vertilgen strebst,
Gehören zu den Deinen — unsre Arme
Sind aufgetan, dich zu empfangen, unsre Knie
Bereit, dich zu verehren — unser Schwert

Hat keine Spitze gegen dich. Ehrwürdig
1740 Ist uns das Antlitz, selbst im Feindeshelm,
Das unsers Königs teure Züge trägt.
      Burgund. Mit süßer Rede schmeichlerischem Ton
Willst du, Sirene, deine Opfer locken.
Arglist'ge, mich betörst du nicht. Verwahrt
1745 Ist mir das Ohr vor deiner Rede Schlingen,
Und deines Auges Feuerpfeile gleiten
Am guten Harnisch meines Busens ab.
Zu den Waffen, Dunois!
Mit Streichen, nicht mit Worten laß uns fechten!
1750   **Dunois.** Erst Worte und dann Streiche. Fürchtest du
Vor Worten dich? Auch das ist Feigheit
Und der Verräter einer bösen Sache.
      Johanna. Uns treibt nicht die gebieterische Not
Zu deinen Füßen; nicht als Flehende
1755 Erscheinen wir vor dir. — Blick' um dich her!
In Asche liegt das engelländ'sche Lager,
Und eure Toten decken das Gefild.
Du hörst der Franken Kriegstrommete tönen,
Gott hat entschieden, unser ist der Sieg.
1760 Des schönen Lorbeers frisch gebrochnen Zweig
Sind wir bereit mit unserm Freund zu teilen.
— O, komm herüber! Edler Flüchtling, komm
Herüber, wo das Recht ist und der Sieg.
Ich selbst, die Gottgesandte, reiche dir
1765 Die schwesterliche Hand. Ich will dich rettend
Herüberziehn auf unsre reine Seite! —
Der Himmel ist für Frankreich. Seine Engel,
Du siehst sie nicht, sie fechten für den König;
Sie alle sind mit Lilien geschmückt.
1770 Lichtweiß, wie diese Fahn', ist unsre Sache;
Die reine Jungfrau ist ihr keusches Sinnbild.
      Burgund. Verstrickend ist der Lüge trüglich Wort,
Doch ihre Rede ist wie eines Kindes.
Wenn böse Geister ihr die Worte leihn,
1775 So ahmen sie die Unschuld siegreich nach.
Ich will nicht weiter hören. Zu den Waffen!
Mein Ohr, ich fühl's, ist schwächer als mein Arm.
      Johanna. Du nennst mich eine Zauberin, gibst mir Künste
Der Hölle schuld. Ist Frieden stiften, Haß
1780 Versöhnen ein Geschäft der Hölle? Kommt
Die Eintracht aus dem ew'gen Pfuhl hervor?

Was ist unschuldig, heilig, menschlich gut,
Wenn es der Kampf nicht ist ums Vaterland?
Seit wann ist die Natur so mit sich selbst
1785 Im Streite, daß der Himmel die gerechte Sache
Verläßt, und daß die Teufel sie beschützen?
Ist aber das, was ich dir sage, gut,
Wo anders als von oben konnt' ich's schöpfen?
Wer hätte sich auf meiner Schäfertrift
1790 Zu mir gesellt, das kind'sche Hirtenmädchen
In königlichen Dingen einzuweihn?
Ich bin vor hohen Fürsten nie gestanden,
Die Kunst der Rede ist dem Munde fremd.
Doch jetzt, da ich's bedarf, dich zu bewegen,
1795 Besitz' ich Einsicht, hoher Dinge Kunde,
Der Länder und der Könige Geschick
Liegt sonnenhell vor meinem Kindesblick,
Und einen Donnerkeil führ' ich im Munde.

     Burgund (lebhaft bewegt, schlägt die Augen zu ihr auf und betrachtet
sie mit Erstaunen und Rührung).
Wie wird mir? Wie geschieht mir? Ist's ein Gott,
1800 Der mir das Herz im tiefsten Busen wendet!
— Sie trügt nicht, diese rührende Gestalt!
Nein! nein! Bin ich durch Zaubers Macht geblendet,
So ist's durch eine himmlische Gewalt;
Mir sagt's das Herz, sie ist von Gott gesendet.
1805   Johanna. Er ist gerührt, er ist's! Ich habe nicht
Umsonst gefleht; des Zornes Donnerwolke schmilzt
Von seiner Stirne tränentauend hin,
Und aus den Augen, Friede strahlend, bricht
Die goldne Sonne des Gefühls hervor.
1810 — Weg mit den Waffen — drücket Herz an Herz!
Er weint, er ist bezwungen, er ist unser!
(Schwert und Fahne entsinken ihr, sie eilt auf ihn zu mit ausgebreiteten Armen und
umschlingt ihn mit leidenschaftlichem Ungestüm. La Hire und Dunois lassen die
Schwerter fallen und eilen ihn zu umarmen.)

Dritter Aufzug.

(Hoflager des Königs zu Chalons an der Marne.)
Erster Auftritt.
Dunois und La Hire.

    Dunois. Wir waren Herzensfreunde, Waffenbrüder,
Für eine Sache hoben wir den Arm

Und hielten fest in Not und Tod zusammen.
1815 Laßt Weiberliebe nicht das Band zertrennen,
Das jeden Schicksalswechsel ausgehalten!
  La Hire. Prinz, hört mich an!
   Dunois.   Ihr liebt das wunderbare Mädchen,
Und mir ist wohlbekannt, worauf Ihr sinnt.
Zum König denkt Ihr stehnden Fußes jetzt
1820 Zu gehen und die Jungfrau zum Geschenk
Euch zu erbitten. Eurer Tapferkeit
Kann er den wohlverdienten Preis nicht weigern.
Doch wißt — eh' ich in eines andern Arm
Sie sehe —
  La Hire. Hört mich, Prinz!
   Dunois.   Es zieht mich nicht
1825 Der Augen flüchtig schnelle Lust zu ihr.
Den unbezwungnen Sinn hat nie ein Weib
Gerührt, bis ich die Wunderbare sah,
Die eines Gottes Schickung diesem Reich
Zur Retterin bestimmt und mir zum Weibe,
1830 Und in dem Augenblick gelobt' ich mir
Mit heil'gem Schwur, als Braut sie heimzuführen.
Denn nur die Starke kann die Freundin sein
Des starken Mannes, und dies glühnde Herz
Sehnt sich, an einer gleichen Brust zu ruhn,
1835 Die seine Kraft kann fassen und ertragen.
  La Hire. Wie könnt' ich's wagen, Prinz, mein schwach
               Verdienst
Mit Euers Namens Heldenruhm zu messen!
Wo sich Graf Dunois in die Schranken stellt,
Muß jeder andre Mitbewerber weichen.
1840 Doch eine niedre Schäferin kann nicht
Als Gattin würdig Euch zur Seite stehn.
Das königliche Blut, das Eure Adern
Durchrinnt, verschmäht so niedrige Vermischung.
   Dunois. Sie ist das Götterkind der heiligen
1845 Natur wie ich und ist mir ebenbürtig.
Sie sollte eines Fürsten Hand entehren,
Die eine Braut der reinen Engel ist,
Die sich das Haupt mit einem Götterschein
Umgibt, der heller strahlt als ird'sche Kronen,
1850 Die jedes Größte, Höchste dieser Erden
Klein unter ihren Füßen liegen sieht!
Denn alle Fürstenthronen, aufeinander

Gestellt, bis zu den Sternen fortgebaut,
Erreichten nicht die Höhe, wo sie steht,
1855 In ihrer Engelsmajestät!
   La Hire. Der König mag entscheiden.
   Dunois.   Nein, sie selbst
Entscheide! Sie hat Frankreich frei gemacht,
Und selber frei muß sie ihr Herz verschenken.
   La Hire. Da kommt der König!

Zweiter Auftritt.

Karl. Agnes Sorel. Du Chatel, Erzbischof und Chatillon zu den Vorigen.

1860   **Karl** (zu Chatillon). Er kommt! Er will als seinen König mich
Erkennen, sagt Ihr, und mir huldigen?
   Chatillon. Hier, Sire, in deiner königlichen Stadt
Chalons will sich der Herzog, mein Gebieter,
Zu deinen Füßen werfen. — Mir befahl er,
1865 Als meinen Herrn und König dich zu grüßen;
Er folgt mir auf dem Fuß, gleich naht er selbst.
   Sorel. Er kommt! O schöne Sonne dieses Tags,
Der Freude bringt und Frieden und Versöhnung.
   Chatillon. Mein Herr wird kommen mit zweihundert Rittern,
1870 Er wird zu deinen Füßen niederknien;
Doch er erwartet, daß du es nicht duldest,
Als deinen Vetter freundlich ihn umarmest.
   Karl. Mein Herz glüht, an dem seinigen zu schlagen.
   Chatillon. Der Herzog bittet, daß des alten Streits
1875 Beim ersten Wiedersehn mit keinem Worte
Meldung gescheh'.
   Karl.   Versenkt im Lethe sei
Auf ewig das Vergangene. Wir wollen
Nur in der Zukunft heitre Tage sehn.
   Chatillon. Die für Burgund gefochten, alle sollen
1880 In die Versöhnung aufgenommen sein.
   Karl. Ich werde so mein Königreich verdoppeln!
   Chatillon. Die Königin Isabeau soll in dem Frieden
Mit eingeschlossen sein, wenn sie ihn annimmt.
   Karl. Sie führet Krieg mit mir, nicht ich mit ihr.
1885 Unser Streit ist aus, sobald sie selbst ihn endigt.
   Chatillon. Zwölf Ritter sollen bürgen für dein Wort.
   Karl. Mein Wort ist heilig.

Chatillon.   Und der Erzbischof
Soll eine Hostie teilen zwischen dir und ihm
Zum Pfand und Siegel redlicher Versöhnung.

1890 **Karl.** So sei mein Anteil an dem ew'gen Heil,
Als Herz und Handschlag bei mir einig sind.
Welch andres Pfand verlangt der Herzog noch?

Chatillon (mit einem Blick auf Du Chatel).
Hier seh' ich einen, dessen Gegenwart
Den ersten Gruß vergiften könnte. (Du Chatel geht schweigend.)

Karl.   Geh,
1895 Du Chatel! Bis der Herzog deinen Anblick
Ertragen kann, magst du verborgen bleiben! (Er folgt ihm mit den
Augen, dann eilt er ihm nach und umarmt ihn.)
Rechtschaffner Freund! Du wolltest mehr als dies
Für meine Ruhe tun!
                  (Du Chatel geht ab.)
Chatillon. Die andern Punkte nennt dies Instrument.
Karl (zum Erzbischof).
1900 Bringt es in Ordnung! Wir genehm'gen alles;
Für einen Freund ist uns kein Preis zu hoch.
Geht, Dunois! Nehmt hundert edle Ritter
Mit Euch und holt den Herzog freundlich ein.
Die Truppen alle sollen sich mit Zweigen
1905 Bekränzen, ihre Brüder zu empfangen.
Zum Feste schmücke sich die ganze Stadt,
Und alle Glocken sollen es verkünden,
Daß Frankreich und Burgund sich neu verbünden.
              (Ein Edelknecht kommt. Man hört Trompeten.)
Horch! Was bedeutet der Trompeten Ruf?

1910 **Edelknecht.** Der Herzog von Burgund hält seinen Einzug.
                  (Geht ab.)
Dunois (geht mit La Hire und Chatillon). Auf! Ihm entgegen
Karl (zur Sorel).
Agnes, du weinst? Beinah' gebricht auch mir
Die Stärke, diesen Auftritt zu ertragen.
Wie viele Todesopfer mußten fallen,
1915 Bis wir uns friedlich konnten wiedersehn!
Doch endlich legt sich jedes Sturmes Wut,
Tag wird es auf die dickste Nacht, und kommt
Die Zeit, so reifen auch die spätesten Früchte!
Erzbischof (am Fenster).
Der Herzog kann sich des Gedränges kaum

1920 Erledigen. Sie heben ihn vom Pferd,
Sie küssen seinen Mantel, seine Sporen.
  Karl. Es ist ein gutes Volk, in seiner Liebe
Raschlodernd wie in seinem Zorn. — Wie schnell
Vergessen ist's, daß eben dieser Herzog
1925 Die Väter ihnen und die Söhne schlug;
Der Augenblick verschlingt ein ganzes Leben!
— Faß dich, Sorel! Auch deine heft'ge Freude
Möcht' ihm ein Stachel in die Seele sein;
Nichts soll ihn hier beschämen noch betrüben.

———————

Dritter Auftritt.

**Herzog von Burgund. Dunois. La Hire. Chatillon und noch zwei andere
Ritter von des Herzogs Gefolge. Der Herzog bleibt am Eingang stehen; der König
bewegt sich gegen ihn, sogleich nähert sich Burgund, und in dem Augenblick, wo er sich
auf ein Knie will niederlassen, empfängt ihn der König in seinen Armen**

1930   **Karl.** Ihr habt uns überrascht; Euch einzuholen
Gedachten wir — Doch Ihr habt schnelle Pferde.
  Burgund. Sie trugen mich zu meiner Pflicht. (Er umarmt die
     Sorel und küßt sie auf die Stirne.) Mit Eurer
Erlaubnis, Base. Das ist unser Herrenrecht
Zu Arras, und kein schönes Weib darf sich
1935 Der Sitte weigern.
  Karl.   Eure Hofstatt ist
Der Sitz der Minne, sagt man, und der Markt,
Wo alles Schöne muß den Stapel halten.
  Burgund. Wir sind ein handeltreibend Volk, mein König.
Was köstlich wächst in allen Himmelstrichen,
1940 Wird ausgestellt zur Schau und zum Genuß
Auf unserm Markt zu Brügg, das höchste aber
Von allen Gütern ist der Frauen Schönheit.
  Sorel. Der Frauen Treue gilt noch höhern Preis;
Doch auf dem Markte wird sie nicht gesehn.
1945   **Karl.** Ihr steht in bösem Ruf und Leumund, Vetter,
Daß Ihr der Frauen schönste Tugend schmäht.
  Burgund. Die Ketzerei straft sich am schwersten selbst.
Wohl Euch, mein König! Früh hat Euch das Herz,
Was mich ein wildes Leben spät, gelehrt!
    (Er bemerkt den Erzbischof und reicht ihm die Hand.)
1950 Ehrwürdiger Mann Gottes! Euern Segen!
Euch trifft man immer auf dem rechten Platz;
Wer Euch will finden, muß im Guten wandeln.
  Erzbischof. Mein Meister rufe, wann er will, dies Herz

Ist freudensatt, und ich kann fröhlich scheiden,
1955 Da meine Augen diesen Tag gesehn!
    Burgund (zur Sorel).
Man spricht, Ihr habt Euch Eurer edeln Steine
Beraubt, um Waffen gegen mich daraus
Zu schmieden? Wie? Seid Ihr so kriegerisch
Gesinnt? War's Euch so ernst, mich zu verderben?
1960 Doch unser Streit ist nun vorbei; es findet
Sich alles wieder, was verloren war.
Auch Euer Schmuck hat sich zurückgefunden;
Zum Kriege wider mich war er bestimmt,
Nehmt ihn aus meiner Hand zum Friedenszeichen.
(Er empfängt von einem seiner Begleiter das Schmuckkästchen und überreicht es ihr geöffnet. Agnes Sorel sieht den König betroffen an.)
1965   **Karl.** Nimm das Geschenk, es ist ein zweifach teures Pfand
Der schönen Liebe mir und der Versöhnung.
    Burgund (indem er eine brillantne Rose in ihre Haare steckt).
Warum ist es nicht Frankreichs Königskrone?
Ich würde sie mit gleich geneigtem Herzen
Auf diesem schönen Haupt befestigen. *(Ihre Hand bedeutend fassend.)*
1970 Und — zählt auf mich, wenn Ihr dereinst des Freundes
Bedürfen solltet!
(Agnes Sorel, in Tränen ausbrechend, tritt auf die Seite, auch der König bekämpft eine große Bewegung; alle Umstehende blicken gerührt auf beide Fürsten.)
    Burgund (nachdem er alle der Reihe nach angesehen, wirft er sich in die Arme des Königs). O mein König!
(In demselben Augenblick eilen die drei burgundischen Ritter auf Dunois, La Hire und den Erzbischof zu und umarmen einander. Beide Fürsten liegen eine Zeitlang einander sprachlos in den Armen.)
Euch konnt' ich hassen! Euch konnt' ich entsagen!
    Karl. Still! Still! Nicht weiter!
    Burgund.   Diesen Engelländer
Konnt' ich krönen! Diesem Fremdling Treue schwören!
1975 Euch, meinen König, ins Verderben stürzen!
    Karl. Vergeßt es! Alles ist verziehen. Alles
Tilgt dieser einz'ge Augenblick. Es war
Ein Schicksal, ein unglückliches Gestirn!
    Burgund (faßt seine Hand).
Ich will gut machen! Glaubet mir, ich will's.
1980 Alle Leiden sollen Euch erstattet werden,
Euer ganzes Königreich sollt Ihr zurück
Empfangen, nicht ein Dorf soll daran fehlen!
    Karl. Wir sind vereint. Ich fürchte keinen Feind mehr.
    Burgund. Glaubt mir, ich führte nicht mit frohem Herzen

13*

1985 Die Waffen wider Euch. O wüßtet Ihr —
Warum habt Ihr mir diese nicht geschickt? (Auf die Sorel zeigend.)
Nicht widerstanden hätt' ich ihren Tränen.
— Nun soll uns keine Macht der Hölle mehr
Entzweien, da wir Brust an Brust geschlossen!
1990 Jetzt hab' ich meinen wahren Ort gefunden;
An diesem Herzen endet meine Irrfahrt.
    Erzbischof (tritt zwischen beide).
Ihr seid vereinigt, Fürsten! Frankreich steigt
Ein neu verjüngter Phönix aus der Asche,
Uns lächelt eine schöne Zukunft an.
1995 Des Landes tiefe Wunden werden heilen,
Die Dörfer, die verwüsteten, die Städte
Aus ihrem Schutt sich prangender erheben,
Die Felder decken sich mit neuem Grün.
Doch, die das Opfer euers Zwists gefallen,
2000 Die Toten stehen nicht mehr auf; die Tränen,
Die euerm Streit geflossen, sind und bleiben
Geweint! Das kommende Geschlecht wird blühn;
Doch das vergangne war des Elends Raub,
Der Enkel Glück erweckt nicht mehr die Väter.
2005 Das sind die Früchte euers Bruderzwists!
Laßt's euch zur Lehre dienen! Fürchtet die Gottheit
Des Schwerts, eh' ihr's der Scheid' entreißt. Loslassen
Kann der Gewaltige den Krieg, doch nicht,
Gelehrig wie der Falk sich aus den Lüften
2010 Zurückschwingt auf des Jägers Hand, gehorcht
Der wilde Gott dem Ruf der Menschenstimme.
Nicht zweimal kommt im rechten Augenblick
Wie heut die Hand des Retters aus den Wolken.
    Burgund. O Sire! Euch wohnt ein Engel an der Seite.
2015 — Wo ist sie? Warum seh' ich sie nicht hier?
    Karl. Wo ist Johanna? Warum fehlt sie uns
In diesem festlich schönen Augenblick,
Den sie uns schenkte?
    Erzbischof.   Sire! Das heil'ge Mädchen
Liebt nicht die Ruhe eines müß'gen Hofs,
2020 Und ruft sie nicht der göttliche Befehl
Ans Licht der Welt hervor, so meidet sie
Verschämt den eiteln Blick gemeiner Augen!
Gewiß bespricht sie sich mit Gott, wenn sie
Für Frankreichs Wohlfahrt nicht geschäftig ist;
2025 Denn allen ihren Schritten folgt der Segen.

Vierter Auftritt.

Johanna zu den Vorigen.

(Sie ist im Harnisch, aber ohne Helm, und trägt einen Kranz in den Haaren.)

Karl. Du kommst als Priesterin geschmückt, Johanna,
Den Bund, den du gestiftet, einzuweihn?

Burgund. Wie schrecklich war die Jungfrau in der Schlacht,
Und wie umstrahlt mit Anmut sie der Friede!
2030 — Hab' ich mein Wort gelöst, Johanna? Bist du
Befriedigt, und verdien' ich deinen Beifall?

Johanna. Dir selbst hast du die größte Gunst erzeigt.
Jetzt schimmerst du in segenvollem Licht,
Da du vorhin in blutrot düsterm Schein
2035 Ein Schreckensmond an diesem Himmel hingst.
(Sich umschauend.) Viel edle Ritter find' ich hier versammelt,
Und alle Augen glänzen freudenhell;
Nur einem Traurigen hab' ich begegnet,
Der sich verbergen muß, wo alles jauchzt.

2040 **Burgund.** Und wer ist sich so schwerer Schuld bewußt,
Daß er an unsrer Huld verzweifeln müßte?

Johanna. Darf er sich nahn? O, sage, daß er's darf!
Mach' dein Verdienst vollkommen! Eine Versöhnung
Ist keine, die das Herz nicht ganz befreit.
2045 Ein Tropfe Haß, der in dem Freudenbecher
Zurückbleibt, macht den Segenstrank zum Gift.
— Kein Unrecht sei so blutig, daß Burgund
An diesem Freudentag es nicht vergebe!

Burgund. Ha, ich verstehe dich!

Johanna.   Und willst verzeihn?

2050 Du willst es, Herzog? — Komm herein, Du Chatel!
(Sie öffnet die Tür und führt Du Chatel herein; dieser bleibt in der Entfernung stehen.)
Der Herzog ist mit seinen Feinden allen
Versöhnt, er ist es auch mit dir.
(Du Chatel tritt einige Schritte näher und sucht in den Augen des Herzogs zu lesen.)

Burgund.   Was machst du
Aus mir, Johanna? Weißt du, was du foderst?

Johanna. Ein güt'ger Herr tut seine Pforten auf
2055 Für alle Gäste, keinen schließt er aus;
Frei, wie das Firmament die Welt umspannt,
So muß die Gnade Freund und Feind umschließen.
Es schickt die Sonne ihre Strahlen gleich
Nach allen Räumen der Unendlichkeit;
2060 Gleichmessend gießt der Himmel seinen Tau
Auf alle durstenden Gewächse aus.

Was irgend gut ist und von oben kommt,
Ist allgemein und ohne Vorbehalt;
Doch in den Falten wohnt die Finsternis!

2065   **Burgund.** O sie kann mit mir schalten, wie sie will,
Mein Herz ist weiches Wachs in ihrer Hand.
— Umarmt mich, Du Chatel! Ich vergeb' Euch.
Geist meines Vaters, zürne nicht, wenn ich
Die Hand, die dich getötet, freundlich fasse.

2070 Ihr Todesgötter, rechnet mir's nicht zu,
Daß ich mein schrecklich Rachgelübde breche!
Bei euch dort unten in der ew'gen Nacht,
Da schlägt kein Herz mehr, da ist alles ewig,
Steht alles unbeweglich fest — doch anders

2075 Ist es hier oben in der Sonne Licht.
Der Mensch ist, der lebendig fühlende,
Der leichte Raub des mächt'gen Augenblicks.
    Karl (zur Johanna).
Was dank' ich dir nicht alles, hohe Jungfrau!
Wie schön hast du dein Wort gelöst!

2080 Wie schnell mein ganzes Schicksal umgewandelt!
Die Freunde hast du mir versöhnt, die Feinde
Mir in den Staub gestürzt und meine Städte
Dem fremden Joch entrissen. — Du allein
Vollbrachtest alles. — Sprich, wie lohn' ich dir!

2085   **Johanna.** Sei immer menschlich, Herr, im Glück, wie du's
Im Unglück warst, und auf der Größe Gipfel
Vergiß nicht, was ein Freund wiegt in der Not;
Du hast's in der Erniedrigung erfahren.
Verweigere nicht Gerechtigkeit und Gnade

2090 Dem Letzten deines Volks; denn von der Herde
Berief dir Gott die Retterin. — Du wirst
Ganz Frankreich sammeln unter deinen Zepter,
Der Ahn= und Stammherr großer Fürsten sein;
Die nach dir kommen, werden heller leuchten,

2095 Als die dir auf dem Thron vorangegangen.
Dein Stamm wird blühn, solang' er sich die Liebe
Bewahrt im Herzen seines Volks.
Der Hochmut nur kann ihn zum Falle führen,
Und von den niedern Hütten, wo dir jetzt

2100 Der Retter ausging, droht geheimnisvoll
Den schuldbefleckten Enkeln das Verderben!
    Burgund. Erleuchtet Mädchen, das der Geist beseelt!
Wenn deine Augen in die Zukunft dringen,

So sprich mir auch von meinem Stamm! Wird er
2105 Sich herrlich breiten, wie er angefangen?
      Johanna. Burgund! Hoch bis zur Throneshöhe hast
Du deinen Stuhl gesetzt, und höher strebt
Das stolze Herz, es hebt bis in die Wolken
Den kühnen Bau. — Doch eine Hand von oben
2110 Wird seinem Wachstum schleunig Halt gebieten.
Doch fürchte drum nicht deines Hauses Fall!
In einer Jungfrau lebt es glänzend fort,
Und zeptertragende Monarchen, Hirten
Der Völker, werden ihrem Schoß entblühn.
2115 Sie werden herrschen auf zwei großen Thronen,
Gesetze schreiben der bekannten Welt
Und einer neuen, welche Gottes Hand
Noch zudeckt hinter unbeschifften Meeren.
      Karl. O, sprich, wenn es der Geist dir offenbaret.
2120 Wird dieses Freundesbündnis, das wir jetzt
Erneut, auch noch die späten Enkelsöhne
Vereinigen?
      Johanna (nach einem Stillschweigen).
              Ihr Könige und Herrscher!
Fürchtet die Zwietracht! Wecket nicht den Streit
Aus seiner Höhle, wo er schläft; denn, einmal
2125 Erwacht, bezähmt er spät sich wieder! Enkel
Erzeugt er sich, ein eisernes Geschlecht,
Fortzündet an dem Brande sich der Brand.
— Verlangt nicht mehr zu wissen! Freuet euch
Der Gegenwart! Laßt mich die Zukunft still
2130 Bedecken!
      Sorel. Heilig Mädchen, du erforschest
Mein Herz, du weißt, ob es nach Größe eitel strebt;
Auch mir gib ein erfreuliches Orakel!
      Johanna. Mir zeigt der Geist nur große Weltgeschicke;
Dein Schicksal ruht in deiner eignen Brust!
2135   Dunois. Was aber wird dein eigen Schicksal sein,
Erhabnes Mädchen, das der Himmel liebt!
Dir blüht gewiß das schönste Glück der Erden,
Da du so fromm und heilig bist.
      Johanna. Das Glück
Wohnt droben in dem Schoß des ew'gen Vaters.
2140   Karl. Dein Glück sei fortan deines Königs Sorge!
Denn deinen Namen will ich herrlich machen
In Frankreich; selig preisen sollen dich

Die spätesten Geschlechter — und gleich jetzt
Erfüll' ich es. — Knie nieder! (Er zieht das Schwert und berührt sie
                              mit demselben.) Und steh auf
2145 Als eine Edle! Ich erhebe dich,
Dein König, aus dem Staube deiner dunkeln
Geburt. Im Grabe adl' ich deine Väter.
Du sollst die Lilie im Wappen tragen,
Den Besten sollst du ebenbürtig sein
2150 In Frankreich; nur das königliche Blut
Von Valois sei edler als das deine!
Der Größte meiner Großen fühle sich
Durch deine Hand geehrt; mein sei die Sorge,
Dich einem edeln Gatten zu vermählen.

2155   Dunois (tritt vor). Mein Herz erkor sie, da sie niedrig war;
Die neue Ehre, die ihr Haupt umglänzt,
Erhöht nicht ihr Verdienst, noch meine Liebe.
Hier in dem Angesichte meines Königs
Und dieses heil'gen Bischofs reich' ich ihr
2160 Die Hand als meiner fürstlichen Gemahlin,
Wenn sie mich würdig hält, sie zu empfangen.

      Karl. Unwiderstehlich Mädchen, du häufst Wunder
Auf Wunder! Ja, nun glaub' ich, daß dir nichts
Unmöglich ist. Du hast dies stolze Herz
2165 Bezwungen, das der Liebe Allgewalt
Hohn sprach bis jetzt.

      La Hire (tritt vor).   Johannas schönster Schmuck,
Kenn' ich sie recht, ist ihr bescheidnes Herz.
Der Huldigung des Größten ist sie wert,
Doch nie wird sie den Wunsch so hoch erheben.
2170 Sie strebt nicht schwindelnd irb'scher Hoheit nach;
Die treue Neigung eines redlichen
Gemüts genügt ihr und das stille Los,
Das ich mit dieser Hand ihr anerbiete.

      Karl. Auch du, La Hire? Zwei treffliche Bewerber,
2175 An Heldentugend gleich und Kriegesruhm!
— Willst du, die meine Feinde mir versöhnt,
Mein Reich vereinigt, mir die liebsten Freunde
Entzwein? Es kann sie einer nur besitzen,
Und jeden acht' ich solches Preises wert.
2180 So rede du, dein Herz muß hier entscheiden.

      Sorel (tritt näher). Die edle Jungfrau seh' ich überrascht,
Und ihre Wangen färbt die zücht'ge Scham.
Man geb' ihr Zeit, ihr Herz zu fragen, sich

Der Freundin zu vertrauen und das Siegel
2185 Zu lösen von der festverschloßnen Brust.
Jetzt ist der Augenblick gekommen, wo
Auch ich der strengen Jungfrau schwesterlich
Mich nahen, ihr den treu verschwiegnen Busen
Darbieten darf. — Man laß uns weiblich erst
2190 Das Weibliche bedenken und erwarte,
Was wir beschließen werden.

    Karl (im Begriff zu gehen).   Also sei's!

    Johanna. Nicht also, Sire! Was meine Wangen färbte,
War die Verwirrung nicht der blöden Scham.
Ich habe dieser edeln Frau nichts zu vertraun,
2195 Des ich vor Männern mich zu schämen hätte.
Hoch ehrt mich dieser edeln Ritter Wahl,
Doch nicht verließ ich meine Schäfertrift,
Um weltlich eitle Hoheit zu erjagen,
Noch mir den Brautkranz in das Haar zu flechten,
2200 Legt' ich die ehrne Waffenrüstung an.
Berufen bin ich zu ganz anderm Werk,
Die reine Jungfrau nur kann es vollenden.
Ich bin die Kriegerin des höchsten Gottes,
Und keinem Manne kann ich Gattin sein.

2205   **Erzbischof.** Dem Mann zur liebenden Gefährtin ist
Das Weib geboren; wenn sie der Natur
Gehorcht, dient sie am würdigsten dem Himmel!
Und hast du dem Befehle deines Gottes,
Der in das Feld dich rief, genug getan,
2210 So wirst du deine Waffen von dir legen
Und wiederkehren zu dem sanfteren
Geschlecht, das du verleugnet hast, das nicht
Berufen ist zum blut'gen Werk der Waffen.

    Johanna. Ehrwürd'ger Herr, ich weiß noch nicht zu sagen,
2215 Was mir der Geist gebieten wird zu tun;
Doch wenn die Zeit kommt, wird mir seine Stimme
Nicht schweigen, und gehorchen werd' ich ihr.
Jetzt aber heißt er mich mein Werk vollenden.
Die Stirne meines Herren ist noch nicht
2220 Gekrönt, das heil'ge Öl hat seine Scheitel
Noch nicht benetzt, noch heißt mein Herr nicht König.

    Karl. Wir sind begriffen auf dem Weg nach Reims.

    Johanna. Laß uns nicht still stehn, denn geschäftig sind
Die Feinde rings, den Weg dir zu verschließen.
2225 Doch mitten durch sie alle führ' ich dich!

   Dunois. Wenn aber alles wird vollendet sein,
Wenn wir zu Reims nun siegend eingezogen,
Wirst du mir dann vergönnen, heilig Mädchen —
   Johanna. Will es der Himmel, daß ich sieggekrönt
2230 Aus diesem Kampf des Todes wiederkehre,
So ist mein Werk vollendet — und die Hirtin
Hat kein Geschäft mehr in des Königs Hause.
   Karl (ihre Hand fassend).
Dich treibt des Geistes Stimme jetzt, es schweigt
Die Liebe in dem gotterfüllten Busen.
2235 Sie wird nicht immer schweigen, glaube mir!
Die Waffen werden ruhn, es führt der Sieg
Den Frieden an der Hand, dann kehrt die Freude
In jeden Busen ein, und sanftere
Gefühle wachen auf in allen Herzen.
2240 Sie werden auch in deiner Brust erwachen,
Und Tränen süßer Sehnsucht wirst du weinen,
Wie sie dein Auge nie vergoß — dies Herz,
Das jetzt der Himmel ganz erfüllt, wird sich
Zu einem irdschen Freunde liebend wenden —
2245 Jetzt hast du rettend Tausende beglückt,
Und einen zu beglücken wirst du enden!
   Johanna. Dauphin! Bist du der göttlichen Erscheinung
Schon müde, daß du ihr Gefäß zerstören,
Die reine Jungfrau, die dir Gott gesendet,
2250 Herab willst ziehn in den gemeinen Staub?
Ihr blinden Herzen! Ihr Kleingläubigen!
Des Himmels Herrlichkeit umleuchtet euch,
Vor euerm Aug' enthüllt er seine Wunder,
Und ihr erblickt in mir nichts als ein Weib.
2255 Darf sich ein Weib mit kriegerischem Erz
Umgeben, in die Männerschlacht sich mischen?
Weh mir, wenn ich das Rachschwert meines Gottes
In Händen führte und im eiteln Herzen
Die Neigung trüge zu dem irdschen Mann!
2260 Mir wäre besser, ich wär' nie geboren!
Kein solches Wort mehr, sag' ich euch, wenn ihr
Den Geist in mir nicht zürnend wollt entrüsten!
Der Männer Auge schon, das mich begehrt,
Ist mir ein Grauen und Entheiligung.
2265   **Karl.** Brecht ab! Es ist umsonst, sie zu bewegen.
   Johanna. Befiehl, daß man die Kriegstrommete blase!
Mich preßt und ängstigt diese Waffenstille,

Es jagt mich auf aus dieser müß'gen Ruh'
Und treibt mich fort, daß ich mein Werk erfülle,
2270 Gebietrisch mahnend meinem Schicksal zu.

Fünfter Auftritt.
Ein Ritter eilfertig.

Karl. Was ist's?

Ritter.   Der Feind ist über die Marne gegangen
Und stellt sein Heer zum Treffen.

Johanna (begeistert).   Schlacht und Kampf!
Jetzt ist die Seele ihrer Banden frei.
Bewaffnet euch, ich ordn' indes die Scharen. (Sie eilt hinaus.)
2275 **Karl.** Folgt ihr, La Hire — Sie wollen uns am Tore
Von Reims noch um die Krone kämpfen lassen!

Dunois. Sie treibt nicht wahrer Mut. Es ist der letzte
Versuch ohnmächtig wütender Verzweiflung.

Karl. Burgund, Euch sporn' ich nicht. Heut ist der Tag,
2280 Um viele böse Tage zu vergüten.

Burgund. Ihr sollt mit mir zufrieden sein.

Karl.   Ich selbst
Will Euch vorangehn auf dem Weg des Ruhms
Und in dem Angesicht der Krönungsstadt
Die Krone mir erfechten. — Meine Agnes,
2285 Dein Ritter sagt dir Lebewohl!

Agnes (umarmt ihn). Ich weine nicht, ich zittre nicht für dich,
Mein Glaube greift vertrauend in die Wolken!
So viele Pfänder seiner Gnade gab
Der Himmel nicht, daß wir am Ende trauern!
2290 Vom Sieg gekrönt umarm' ich meinen Herrn,
Mir sagt's das Herz, in Reims' bezwungnen Mauern.
(Trompeten erschallen mit mutigem Ton und gehen, während daß verwandelt wird,
in ein wildes Kriegsgetümmel über; das Orchester fällt ein bei offener Szene und wird
von kriegerischen Instrumenten hinter der Szene begleitet.)

(Der Schauplatz verwandelt sich in eine freie Gegend, die von Bäumen begrenzt wird.
Man sieht während der Musik Soldaten über den Hintergrund schnell wegziehen.)

Sechster Auftritt.
Talbot, auf Fastolf gestützt und von Soldaten begleitet. Gleich darauf Lionel.

Talbot. Hier unter diesen Bäumen setzt mich nieder,
Und ihr begebt euch in die Schlacht zurück;
Ich brauche keines Beistands, um zu sterben.
2295 **Fastolf.** O unglückselig jammervoller Tag!
(Lionel tritt auf.)

Zu welchem Anblick kommt Ihr, Lionel!
Hier liegt der Feldherr auf den Tod verwundet.
   Lionel. Das wolle Gott nicht! Edler Lord, steht auf!
Jetzt ist's nicht Zeit, ermattet hinzusinken.
2300 Weicht nicht dem Tod, gebietet der Natur
Mit Euerm mächt'gen Willen, daß sie lebe!
   Talbot. Umsonst! Der Tag des Schicksals ist gekommen,
Der unsern Thron in Frankreich stürzen soll.
Vergebens in verzweiflungsvollem Kampf
2305 Wagt' ich das Letzte noch, ihn abzuwenden.
Vom Strahl dahingeschmettert lieg' ich hier,
Um nicht mehr aufzustehn. — Reims ist verloren.
So eilt, Paris zu retten!
   Lionel. Paris hat sich vertragen mit dem Dauphin;
2310 Soeben bringt ein Eilbot' uns die Nachricht.
   Talbot (reißt den Verband ab).
So strömet hin, ihr Bäche meines Bluts,
Denn überdrüssig bin ich dieser Sonne!
   Lionel. Ich kann nicht bleiben. — Fastolf bringt den
                Feldherrn
An einen sichern Ort; wir können uns
2315 Nicht lange mehr auf diesem Posten halten.
Die Unsern fliehen schon von allen Seiten,
Unwiderstehlich dringt das Mädchen vor —
   Talbot. Unsinn, du siegst, und ich muß untergehn!
Mit der Dummheit kämpfen Götter selbst vergebens.
2320 Erhabene Vernunft, lichthelle Tochter
Des göttlichen Hauptes, weise Gründerin
Des Weltgebäudes, Führerin der Sterne,
Wer bist du denn, wenn du, dem tollen Roß
Des Aberwitzes an den Schweif gebunden,
2325 Ohnmächtig rufend, mit dem Trunkenen
Dich sehend in den Abgrund stürzen mußt!
Verflucht sei, wer sein Leben an das Große
Und Würd'ge wendet und bedachte Plane
Mit weisem Geist entwirft! Dem Narrenkönig
2330 Gehört die Welt!
   Lionel.   Mylord! Ihr habt nur noch
Für wenig Augenblicke Leben — Denkt
An Euern Schöpfer!
   Talbot.   Wären wir als Tapfre
Durch andre Tapfere besiegt, wir könnten
Uns trösten mit dem allgemeinen Schicksal,

2335 Das immer wechselnd seine Kugel dreht.
Doch solchem groben Gaukelspiel erliegen!
War unser ernstes arbeitsvolles Leben
Keines ernsthaftern Ausgangs wert?
     Lionel (reicht ihm die Hand).
Mylord, fahrt wohl! Der Tränen schuld'gen Zoll
2340 Will ich Euch redlich nach der Schlacht entrichten,
Wenn ich alsdann noch übrig bin. Jetzt aber
Ruft das Geschick mich fort, das auf dem Schlachtfeld
Noch richtend sitzt und seine Lose schüttelt.
Auf Wiedersehn in einer andern Welt!
2345 Kurz ist der Abschied für die lange Freundschaft.   (Geht ab.)
     Talbot. Bald ist's vorüber, und der Erde geb' ich,
Der ew'gen Sonne die Atome wieder,
Die sich zu Schmerz und Lust in mir gefügt.
Und von dem mächt'gen Talbot, der die Welt
2350 Mit seinem Kriegsruhm füllte, bleibt nichts übrig
Als eine Handvoll leichten Staubs. — So geht
Der Mensch zu Ende — und die einzige
Ausbeute, die wir aus dem Kampf des Lebens
Wegtragen, ist die Einsicht in das Nichts
2355 Und herzliche Verachtung alles dessen,
Was uns erhaben schien und wünschenswert. —

Siebenter Auftritt.

Karl. Burgund. Dunois. Du Chatel und Soldaten treten auf.

Burgund. Die Schanze ist erstürmt.
Dunois.   Der Tag ist unser.
Karl (Talbot bemerkend).
Seht, wer es ist, der dort vom Licht der Sonne
Den unfreiwillig schweren Abschied nimmt?
2360 Die Rüstung zeigt mir keinen schlechten Mann,
Geht, springt ihm bei, wenn ihm noch Hilfe frommt.
     (Soldaten aus des Königs Gefolge treten hinzu.)
     Fastolf. Zurück! Bleibt fern! Habt Achtung vor dem Toten,
Dem ihr im Leben nie zu nahn gewünscht!
     Burgund. Was seh' ich! Talbot liegt in seinem Blut!
     (Er geht auf ihn zu. Talbot blickt ihn starr an und stirbt.)
2365   **Fastolf.** Hinweg, Burgund! Den letzten Blick des Helden
Vergifte nicht der Anblick des Verräters!
     Dunois. Furchtbarer Talbot! Unbezwinglicher!
Nimmst du vorlieb mit so geringem Raum,

Und Frankreichs weite Erde konnte nicht
2370 Dem Streben deines Riesengeistes gnügen.
— Erst jetzo, Sire, begrüß' ich Euch als König;
Die Krone zitterte auf Euerm Haupt,
Solang' ein Geist in diesem Körper lebte.

      Karl (nachdem er den Toten stillschweigend betrachtet).

Ihn hat ein Höherer besiegt, nicht wir!
2375 Er liegt auf Frankreichs Erde, wie der Held
Auf seinem Schild, den er nicht lassen wollte.
Bringt ihn hinweg!

      (Soldaten heben den Leichnam auf und tragen ihn fort.)

              Fried' sei mit seinem Staube!
Ihm soll ein ehrenvolles Denkmal werden,
Mitten in Frankreich, wo er seinen Lauf
2380 Als Held geendet, ruhe sein Gebein!
So weit als er drang noch kein feindlich Schwert;
Seine Grabschrift sei der Ort, wo man ihn findet.

      Fastolf (gibt sein Schwert ab).

Herr, ich bin dein Gefangener.

      Karl (gibt ihm sein Schwert zurück).   Nicht also!
Die fromme Pflicht ehrt auch der rohe Krieg.
2385 Frei sollt Ihr Euerm Herrn zu Grabe folgen.
Jetzt eilt, Du Chatel! Meine Agnes zittert,
Entreißt sie ihrer Angst um uns, bringt ihr
Die Botschaft, daß wir leben, daß wir siegten,
Und führt sie im Triumph nach Reims!

      (Du Chatel geht ab.)

Achter Auftritt.
La Hire zu den Vorigen.

    Dunois.   La Hire,
2390 Wo ist die Jungfrau?

      La Hire.   Wie? Das frag' ich Euch.
An Eurer Seite fechtend ließ ich sie.

      Dunois. Von Euerm Arme glaubt' ich sie beschützt,
Als ich dem König beizuspringen eilte.

      Burgund. Im dichtsten Feindeshaufen sah ich noch
2395 Vor kurzem ihre weiße Fahne wehn.

      Dunois. Weh uns, wo ist sie? Böses ahnet mir!
Kommt, eilen wir, sie zu befrein. — Ich fürchte,
Sie hat der kühne Mut zu weit geführt,
Umringt von Feinden kämpft sie ganz allein,
2400 Und hilflos unterliegt sie jetzt der Menge.

Karl. Eilt, rettet sie!

La Hire. Ich folg' Euch, kommt!

Burgund. Wir alle!

(Sie eilen fort.)

———

(Eine andre öde Gegend des Schlachtfelds. Man sieht die Türme von Reims in der Ferne, von der Sonne beleuchtet.)

Neunter Auftritt.

Ein Ritter in ganz schwarzer Rüstung, mit geschloßnem Visier. Johanna verfolgt ihn bis auf die vordere Bühne, wo er stille steht und sie erwartet.

Johanna. Arglist'ger! Jetzt erkenn' ich deine Tücke!
Du hast mich trüglich durch verstellte Flucht
Vom Schlachtfeld weggelockt und Tod und Schicksal
2405 Von vieler Britensöhne Haupt entfernt.
Doch jetzt ereilt dich selber das Verderben.

Schwarzer Ritter. Warum verfolgst du mich und heftest dich
So wutentbrannt an meine Fersen? Mir
Ist nicht bestimmt, von deiner Hand zu fallen.

2410 **Johanna.** Verhaßt in tiefster Seele bist du mir,
Gleichwie die Nacht, die deine Farbe ist.
Dich wegzutilgen von dem Licht des Tags,
Treibt mich die unbezwingliche Begier.
Wer bist du? Öffne dein Visier. — Hätt' ich
2415 Den kriegerischen Talbot in der Schlacht
Nicht fallen sehn, so sagt' ich, du wärst Talbot.

Schwarzer Ritter. Schweigt dir die Stimme des Propheten-
geistes?

Johanna. Sie redet laut in meiner tiefsten Brust,
Daß mir das Unglück an der Seite steht.

2420 **Schwarzer Ritter.** Johanna d'Arc! Bis an die Tore Reims'
Bist du gedrungen auf des Sieges Flügeln.
Dir gnüge der erworbne Ruhm. Entlasse
Das Glück, das dir als Sklave hat gedient,
Eh' es sich zürnend selbst befreit; es haßt
2425 Die Treu', und keinem dient es bis ans Ende.

Johanna. Was heißest du in Mitte meines Laufs
Mich stille stehen und mein Werk verlassen?
Ich führ' es aus und löse mein Gelübde!

Schwarzer Ritter. Nichts kann dir, du Gewalt'ge, widerstehn,
2430 In jedem Kampfe siegst du. — Aber gehe
In keinen Kampf mehr. Höre meine Warnung!

Johanna. Nicht aus den Händen leg' ich dieses Schwert,
Als bis das stolze England niederliegt.

    Schwarzer Ritter. Schau' hin! Dort hebt sich Reims mit
                                  seinen Türmen,

2435 Das Ziel und Ende deiner Fahrt — Die Kuppel
Der hohen Kathedrale siehst du leuchten,
Dort wirst du einziehn im Triumphgepräng,
Deinen König krönen, dein Gelübde lösen.
— Geh nicht hinein! Kehr' um! Hör' meine Warnung!

2440   **Johanna.** Wer bist du, doppelzüngig falsches Wesen,
Das mich erschrecken und verwirren will?
Was maßest du dir an, mir falsch Orakel
Betrüglich zu verkündigen!

              (Der schwarze Ritter will abgehen, sie tritt ihm in den Weg.)

                            Nein, du stehst
Mir Rede oder stirbst von meinen Händen!

                     (Sie will einen Streich auf ihn führen.)

    Schwarzer Ritter *(berührt sie mit der Hand, sie bleibt unbeweglich stehen).*

2445 Töte, was sterblich ist!

           (Nacht, Blitz und Donnerschlag. Der Ritter versinkt.)

    Johanna *(steht anfangs erstaunt, faßt sich aber bald wieder).*

Es war nichts Lebendes. — Ein trüglich Bild
Der Hölle war's, ein widerspenst'ger Geist,
Heraufgestiegen aus dem Feuerpfuhl,
Mein edles Herz im Busen zu erschüttern.

2450 Wen fürcht' ich mit dem Schwerte meines Gottes?
Siegreich vollenden will ich meine Bahn,
Und käm' die Hölle selber in die Schranken,
Mir soll der Mut nicht weichen und nicht wanken!

                    (Sie will abgehen.)

Zehnter Auftritt.

Lionel. Johanna.

    Lionel. Verfluchte, rüste dich zum Kampf! Nicht beide
2455 Verlassen wir lebendig diesen Platz.
Du hast die Besten meines Volks getötet;
Der edle Talbot hat die große Seele
In meinen Busen ausgehaucht. — Ich räche
Den Tapfern oder teile sein Geschick.

2460 Und daß du wissest, wer dir Ruhm verleiht,
Er sterbe oder siege — Ich bin Lionel,
Der letzte von den Fürsten unsers Heers,

Und unbezwungen noch ist dieser Arm.
(Er dringt auf sie ein; nach einem kurzen Gefecht schlägt sie ihm das Schwert aus
der Hand.) Treuloses Glück! (Er ringt mit ihr.)

  Johanna (ergreift ihn von hinten zu am Helmbusch und reißt ihm den
Helm gewaltsam herunter, daß sein Gesicht entblößt wird, zugleich zuckt sie das
Schwert mit der Rechten). Erleide, was du suchtest,
2465 Die heil'ge Jungfrau opfert dich durch mich! (In diesem Augenblicke sieht sie ihm ins Gesicht, sein Anblick ergreift sie, sie bleibt unbeweglich stehen
und läßt dann langsam den Arm sinken.)

  Lionel. Was zauderst du und hemmst den Todesstreich?
Nimm mir das Leben auch, du nahmst den Ruhm,
Ich bin in deiner Hand, ich will nicht Schonung.
   (Sie gibt ihm ein Zeichen mit der Hand, sich zu entfernen.)
Entfliehen soll ich? Dir soll ich mein Leben
2470 Verdanken? — Eher sterben!

  Johanna (mit abgewandtem Gesicht). Rette dich!
Ich will nichts davon wissen, daß dein Leben
In meine Macht gegeben war.

  Lionel. Ich hasse dich und dein Geschenk — Ich will
Nicht Schonung. Töte deinen Feind, der dich
2475 Verabscheut, der dich töten wollte.

  Johanna. Töte mich
— Und fliehe!

  Lionel. Ha! Was ist das?

  Johanna (verbirgt das Gesicht). Wehe mir!

  Lionel (tritt ihr näher).
Du tötest, sagt man, alle Engelländer,
Die du im Kampf bezwingst. — Warum nur mich
Verschonen?

  Johanna (erhebt das Schwert mit einer raschen Bewegung gegen ihn,
läßt es aber, wie sie ihn ins Gesicht faßt, schnell wieder sinken).
   Heil'ge Jungfrau!

  Lionel. Warum nennst du
2480 Die Heil'ge? Sie weiß nichts von dir; der Himmel
Hat keinen Teil an dir.

  Johanna (in der heftigsten Beängstigung). Was hab' ich
Getan! Gebrochen hab' ich mein Gelübde!
   (Sie ringt verzweiflungsvoll die Hände.)

  Lionel (betrachtet sie mit Teilnahme und tritt ihr näher).
Unglücklich Mädchen! Ich beklage dich.
Du rührst mich; du hast Großmut ausgeübt
2485 An mir allein; ich fühle, daß mein Haß
Verschwindet, ich muß Anteil an dir nehmen!
— Wer bist du? Woher kommst du?

Schiller V.   14

Johanna.   Fort! Entfliehe!
Lionel. Mich jammert deine Jugend, deine Schönheit!
Dein Anblick dringt mir an das Herz. Ich möchte
2490 Dich gerne retten — Sage mir, wie kann ich's?
Komm! komm! Entsage dieser gräßlichen
Verbindung! Wirf sie von dir, diese Waffen!
     Johanna. Ich bin unwürdig, sie zu führen!
     Lionel.   Wirf
Sie von dir, schnell, und folge mir!
     Johanna (mit Entsetzen).   Dir folgen!
2495 **Lionel.** Du kannst gerettet werden. Folge mir!
Ich will dich retten, aber säume nicht.
Mich faßt ein ungeheurer Schmerz um dich,
Und ein unnennbar Sehnen, dich zu retten —
           (Bemächtigt sich ihres Armes.)
     Johanna. Der Bastard naht! Sie sind's! Sie suchen mich!
2500 Wenn sie dich finden —
     Lionel.   Ich beschütze dich!
     Johanna. Ich sterbe, wenn du fällst von ihren Händen!
     Lionel. Bin ich dir teuer?
     Johanna.   Heilige des Himmels!
     Lionel. Werd' ich dich wiedersehen? Von dir hören?
     Johanna. Nie! Niemals!
     Lionel.   Dieses Schwert zum Pfand, daß ich
2505 Dich wiedersehe! (Er entreißt ihr das Schwert.)
     Johanna.   Rasender, du wagst es?
     Lionel. Jetzt weich' ich der Gewalt, ich seh' dich wieder!
           (Er geht ab.)

Elfter Auftritt.
Dunois und La Hire. Johanna.

La Hire. Sie lebt! Sie ist's!
     Dunois.   Johanna, fürchte nichts!
Die Freunde stehen mächtig dir zur Seite.
     La Hire. Flieht dort nicht Lionel?
     Dunois.   Laß ihn entfliehn!
2510 Johanna, die gerechte Sache siegt.
Reims öffnet seine Tore, alles Volk
Strömt jauchzend seinem Könige entgegen —
     La Hire. Was ist der Jungfrau? Sie erbleicht, sie sinkt!
           (Johanna schwindelt und will sinken.)

Dunois. Sie ist verwundet — Reißt den Panzer auf —
2515 Es ist der Arm, und leicht ist die Verletzung.
La Hire. Ihr Blut entfließt!
Johanna.   Laßt es mit meinem Leben
Hinströmen!

(Sie liegt ohnmächtig in La Hires Armen.)

Vierter Aufzug.

(Ein festlich ausgeschmückter Saal, die Säulen sind mit Festons umwunden; hinter der
Szene Flöten und Hoboen.)

Erster Auftritt.

Johanna. Die Waffen ruhn, des Krieges Stürme schweigen,
Auf blut'ge Schlachten folgt Gesang und Tanz,
2520 Durch alle Straßen tönt der muntre Reigen,
Altar und Kirche prangt in Festesglanz,
Und Pforten bauen sich aus grünen Zweigen,
Und um die Säule windet sich der Kranz;
Das weite Reims faßt nicht die Zahl der Gäste,
2525 Die wallend strömen zu dem Völkerfeste.

Und einer Freude Hochgefühl entbrennet,
Und ein Gedanke schlägt in jeder Brust;
Was sich noch jüngst in blut'gem Haß getrennet,
Das teilt entzückt die allgemeine Lust.
2530 Wer nur zum Stamm der Franken sich bekennet,
Der ist des Namens stolzer sich bewußt;
Erneuert ist der Glanz der alten Krone,
Und Frankreich huldigt seinem Königssohne.

Doch mich, die all dies Herrliche vollendet,
2535 Mich rührt es nicht, das allgemeine Glück;
Mir ist das Herz verwandelt und gewendet,
Es flieht von dieser Festlichkeit zurück,
Ins brit'sche Lager ist es hingewendet,
Hinüber zu dem Feinde schweift der Blick,
2540 Und aus der Freude Kreis muß ich mich stehlen,
Die schwere Schuld des Busens zu verhehlen.

Wer? Ich? Ich? Ich eines Mannes Bild
In meinem reinen Busen tragen?
Dies Herz, von Himmelsglanz erfüllt,
2545 Darf einer ird'schen Liebe schlagen?
Ich, meines Landes Retterin,
Des höchsten Gottes Kriegerin,

14*

Für meines Landes Feind entbrennen!
Darf ich's der keuschen Sonne nennen,
2550 Und mich vernichtet nicht die Scham!
(Die Musik hinter der Szene geht in eine weiche, schmelzende Melodie über.)
Wehe! Weh' mir! Welche Töne!
Wie verführen sie mein Ohr!
Jeder ruft mir seine Stimme,
Zaubert mir sein Bild hervor!
2555 Daß der Sturm der Schlacht mich faßte,
Speere sausend mich umtönten
In des heißen Streites Wut!
Wieder fänd' ich meinen Mut!
Diese Stimmen, diese Töne,
2560 Wie umstricken sie mein Herz!
Jede Kraft in meinem Busen
Lösen sie in weichem Sehnen,
Schmelzen sie in Wehmutstränen!
(Nach einer Pause lebhafter.)
Sollt' ich ihn töten? Konnt' ich's, da ich ihm
2565 Ins Auge sah? Ihn töten! Eher hätt' ich
Den Mordstahl auf die eigne Brust gezückt!
Und bin ich strafbar, weil ich menschlich war?
Ist Mitleid Sünde? — Mitleid! Hörtest du
Des Mitleids Stimme und der Menschlichkeit
2570 Auch bei den andern, die dein Schwert geopfert?
Warum verstummte sie, als der Waliser dich,
Der zarte Jüngling, um sein Leben flehte?
Arglistig Herz! Du lügst dem ew'gen Licht,
Dich trieb des Mitleids fromme Stimme nicht!
2575 Warum mußt' ich ihm in die Augen sehn!
Die Züge schaun des edeln Angesichts!
Mit deinem Blick fing dein Verbrechen an,
Unglückliche! Ein blindes Werkzeug fodert Gott,
Mit blinden Augen mußtest du's vollbringen!
2580 Sobald du sahst, verließ dich Gottes Schild,
Ergriffen dich der Hölle Schlingen!
(Die Flöten wiederholen, sie versinkt in eine stille Wehmut.)
Frommer Stab! O, hätt' ich nimmer
Mit dem Schwerte dich vertauscht!
Hätt' es nie in deinen Zweigen,
Heil'ge Eiche, mir gerauscht!
2585 Wärst du nimmer mir erschienen,
Hohe Himmelskönigin!

Nimm, ich kann sie nicht verdienen,
Deine Krone, nimm sie hin!
2590   Ach, ich sah den Himmel offen
Und der Sel'gen Angesicht!
Doch auf Erden ist mein Hoffen,
Und im Himmel ist es nicht!
Mußtest du ihn auf mich laden,
2595 Diesen furchtbaren Beruf?
Konnt' ich dieses Herz verhärten,
Das der Himmel fühlend schuf!
    Willst du deine Macht verkünden,
Wähle sie, die frei von Sünden
2600 Stehn in deinem ew'gen Haus;
Deine Geister sende aus,
Die Unsterblichen, die Reinen,
Die nicht fühlen, die nicht weinen!
Nicht die zarte Jungfrau wähle,
2605 Nicht der Hirtin weiche Seele!
    Kümmert mich das Los der Schlachten,
Mich der Zwist der Könige?
Schuldlos trieb ich meine Lämmer
Auf des stillen Berges Höh'.
2610 Doch du rissest mich ins Leben,
In den stolzen Fürstensaal,
Mich der Schuld dahinzugeben,
Ach, es war nicht meine Wahl!

Zweiter Auftritt.
Agnes Sorel. Johanna.

Sorel (kommt in lebhafter Rührung; wie sie die Jungfrau erblickt, eilt sie auf sie zu und fällt ihr um den Hals; plötzlich besinnt sie sich, läßt sie los und fällt vor ihr nieder). Nein! Nicht so! Hier im Staub vor dir —
    Johanna (will sie aufheben).   Steh auf!
2615 Was ist dir? Du vergissest dich und mich.
    Sorel. Laß mich! Es ist der Freude Drang, der mich
Zu deinen Füßen niederwirft, ich muß
Mein überwallend Herz vor Gott ergießen;
Den Unsichtbaren bet' ich an in dir.
2620 Du bist der Engel, der mir meinen Herrn
Nach Reims geführt und mit der Krone schmückt.
Was ich zu sehen nie geträumt, es ist
Erfüllt! Der Krönungszug bereitet sich,

Der König steht im festlichen Ornat,
2625 Versammelt sind die Pairs, die Mächtigen
Der Krone, die Insignien zu tragen;
Zur Kathedrale wallend strömt das Volk,
Es schallt der Reigen, und die Glocken tönen.
O, dieses Glückes Fülle trag' ich nicht!
(Johanna hebt sie sanft in die Höhe. Agnes Sorel hält einen Augenblick inne, indem
sie der Jungfrau näher ins Auge sieht.)
2630 Doch du bleibst immer ernst und streng; du kannst
Das Glück erschaffen, doch du teilst es nicht.
Dein Herz ist kalt, du fühlst nicht unsre Freuden,
Du hast der Himmel Herrlichkeit gesehn.
Die reine Brust bewegt kein irdisch Glück.
(Johanna ergreift ihre Hand mit Heftigkeit, läßt sie aber schnell wieder fahren.)
2635 O, könntest du ein Weib sein und empfinden!
Leg' diese Rüstung ab, kein Krieg ist mehr,
Bekenne dich zum sanfteren Geschlechte!
Mein liebend Herz flieht scheu vor dir zurück,
So lange du der strengen Pallas gleichst.
2640   Johanna. Was foderst du von mir!
        Sorel.   Entwaffne dich!
Leg' diese Rüstung ab! Die Liebe fürchtet,
Sich dieser stahlbedeckten Brust zu nahn.
O, sei ein Weib, und du wirst Liebe fühlen!
        Johanna. Jetzt soll ich mich entwaffnen? Jetzt? Dem Tod
2645 Will ich die Brust entblößen in der Schlacht!
Jetzt nicht — o, möchte siebenfaches Erz
Vor euern Festen, vor mir selbst mich schützen!
        Sorel. Dich liebt Graf Dunois. Sein edles Herz,
Dem Ruhm nur offen und der Heldentugend,
2650 Es glüht für dich in heiligem Gefühl.
O, es ist schön, von einem Helden sich geliebt
Zu sehn — es ist noch schöner, ihn zu lieben!
(Johanna wendet sich mit Abscheu hinweg.)
Du hassest ihn! — Nein, nein, du kannst ihn nur
Nicht lieben! Doch wie solltest du ihn hassen?
2655 Man haßt nur den, der den Geliebten uns
Entreißt; doch dir ist keiner der Geliebte!
Dein Herz ist ruhig — Wenn es fühlen könnte —
        Johanna. Beklage mich! Beweine mein Geschick!
        Sorel. Was könnte dir zu deinem Glücke mangeln?
2660 Du hast dein Wort gelöst, Frankreich ist frei,
Bis in die Krönungsstadt hast du den König
Siegreich geführt und hohen Ruhm erstritten;

Dir huldiget, dich preist ein glücklich Volk;
Von allen Zungen überströmend fließt
2665 Dein Lob, du bist die Göttin dieses Festes;
Der König selbst mit seiner Krone strahlt
Nicht herrlicher als du.

      Johanna.   O, könnt' ich mich
Verbergen in den tiefsten Schoß der Erde!

      Sorel. Was ist dir? Welche seltsame Bewegung!
2670 Wer dürfte frei aufschaun an diesem Tage,
Wenn du die Blicke niederschlagen sollst!
Mich laß erröten, mich, die neben dir
So klein sich fühlt, zu deiner Heldenstärke sich,
Zu deiner Hoheit nicht erheben kann!
2675 Denn soll ich meine ganze Schwäche dir
Gestehen? — Nicht der Ruhm des Vaterlandes,
Nicht der erneute Glanz des Thrones, nicht
Der Völker Hochgefühl und Siegesfreude
Beschäftigt dieses schwache Herz. Es ist
2680 Nur einer, der es ganz erfüllt; es hat
Nur Raum für dieses einzige Gefühl:
Er ist der Angebetete, ihm jauchzt das Volk,
Ihn segnet es, ihm streut es diese Blumen,
Er ist der Meine, der Geliebte ist's.

2685   **Johanna.** O, du bist glücklich! Selig preise dich!
Du liebst, wo alles liebt! Du darfst dein Herz
Aufschließen, laut aussprechen dein Entzücken
Und offen tragen vor der Menschen Blicken!
Dies Fest des Reichs ist deiner Liebe Fest;
2690 Die Völker alle, die unendlichen,
Die sich in diesen Mauern flutend drängen,
Sie teilen dein Gefühl, sie heil'gen es;
Dir jauchzen sie, dir flechten sie den Kranz,
Eins bist du mit der allgemeinen Wonne,
2695 Du liebst das Allerfreuende, die Sonne,
Und was du siehst, ist deiner Liebe Glanz!

      Sorel (ihr um den Hals fallend).

O, du entzückst mich, du verstehst mich ganz!
Ja, ich verkannte dich, du kennst die Liebe,
Und was ich fühle, sprichst du mächtig aus.
2700 Von seiner Furcht und Scheue löst sich mir
Das Herz, es wallt vertrauend dir entgegen —

      Johanna (entreißt sich mit Heftigkeit ihren Armen).

Verlaß mich! Wende dich von mir! Beflecke

Dich nicht mit meiner pesterfüllten Nähe!
Sei glücklich, geh! Mich laß in tiefster Nacht
2705 Mein Unglück, meine Schande, mein Entsetzen
Verbergen —
       Sorel.   Du erschreckst mich, ich begreife
Dich nicht; doch ich begriff dich nie — und stets
Verhüllt war mir dein dunkel tiefes Wesen.
Wer möcht' es fassen, was dein heilig Herz,
2710 Der reinen Seele Zartgefühl erschreckt!
       Johanna. Du bist die Heilige! Du bist die Reine!
Sähst du mein Innerstes, du stießest schaudernd
Die Feindin von dir, die Verräterin!

Dritter Auftritt.

Dunois. Du Chatel und La Hire mit der Fahne der Johanna.

       Dunois. Dich suchen wir, Johanna. Alles ist
2715 Bereit; der König sendet uns, er will,
Daß du vor ihm die heil'ge Fahne tragest;
Du sollst dich schließen an der Fürsten Reihn,
Die Nächste an ihm selber sollst du gehn;
Denn er verleugnet's nicht, und alle Welt
2720 Soll es bezeugen, daß er dir allein
Die Ehre dieses Tages zuerkennt.
       La Hire. Hier ist die Fahne. Nimm sie, edle Jungfrau!
Die Fürsten warten, und es harrt das Volk.
       Johanna. Ich vor ihm herziehn! Ich die Fahne tragen!
2725   Dunois. Wem anders ziemt es! Welche andre Hand
Ist rein genug, das Heiligtum zu tragen!
Du schwangst sie im Gefechte; trage sie
Zur Zierde nun auf diesem Weg der Freude.
       (La Hire will ihr die Fahne überreichen, sie bebt schaudernd davor zurück.)
       Johanna. Hinweg! Hinweg!
       La Hire.   Was ist dir? Du erschrickst
2730 Vor deiner eignen Fahne! — Sieh sie an! (Er rollt die Fahne
auseinander.) Es ist dieselbe, die du siegend schwangst.
Die Himmelskönigin ist drauf gebildet,
Die über einer Erdenkugel schwebt;
Denn also lehrte dich's die heil'ge Mutter.
       Johanna (mit Entsetzen hinschauend).
2735 Sie ist's! Sie selbst! Ganz so erschien sie mir.
Seht, wie sie herblickt und die Stirne faltet,
Zornglühend aus den finstern Wimpern schaut!

Sorel. O, sie ist außer sich! Komm zu dir selbst!
Erkenne dich! Du siehst nichts Wirkliches!
2740 Das ist ihr irdisch nachgeahmtes Bild,
Sie selber wandelt in des Himmels Chören!

     Johanna. Furchtbare, kommst du, dein Geschöpf zu strafen?
Verderbe, strafe mich, nimm deine Blitze
Und laß sie fallen auf mein schuldig Haupt.
2745 Gebrochen hab' ich meinen Bund, entweiht,
Gelästert hab' ich deinen heil'gen Namen!

     Dunois. Weh' uns! Was ist das! Welch unsel'ge Reden!

     La Hire (erstaunt zu Du Chatel).
Begreift Ihr diese seltsame Bewegung?

     Du Chatel. Ich sehe, was ich seh'. Ich hab' es längst
2750 Gefürchtet.

     Dunois. Wie? Was sagt Ihr?

     Du Chatel.   Was ich denke,
Darf ich nicht sagen. Wollte Gott, es wäre
Vorüber, und der König wär' gekrönt!

     La Hire. Wie? Hat der Schrecken, der von dieser Fahne
Ausging, sich auf dich selbst zurück gewendet?
2755 Den Briten laß vor diesem Zeichen zittern,
Den Feinden Frankreichs ist es fürchterlich,
Doch seinen treuen Bürgern ist es gnädig.

     Johanna. Ja, du sagst recht! Den Freunden ist es hold,
Und auf die Feinde sendet es Entsetzen!
(Man hört den Krönungsmarsch.)

2760   **Dunois.** So nimm die Fahne! Nimm sie! Sie beginnen
Den Zug, kein Augenblick ist zu verlieren!
(Sie bringen ihr die Fahne auf, sie ergreift sie mit heftigem Widerstreben und geht
ab; die andern folgen.)

———————

(Die Szene verwandelt sich in einen freien Platz vor der Kathedralkirche.)

Vierter Auftritt.

Zuschauer erfüllen den Hintergrund, aus ihnen heraus treten Bertrand, Claude Marie
und Etienne und kommen vorwärts, in der Folge auch Margot und Louison. Der
Krönungsmarsch erschallt gedämpft aus der Ferne.

     Bertrand. Hört die Musik! Sie sind's! Sie nahen schon!
Was ist das Beste? Steigen wir hinauf
Auf die Plateforme, oder drängen uns
2765 Durchs Volk, daß wir vom Aufzug nichts verlieren?

     Etienne. Es ist nicht durchzukommen. Alle Straßen sind
Von Menschen vollgedrängt zu Roß und Wagen.
Laßt uns hieher an diese Häuser treten;

Hier können wir den Zug gemächlich sehen,
2770 Wenn er vorüber kommt!
    Claude Marie.   Ist's doch, als ob
Halb Frankreich sich zusammen hier gefunden!
So allgewaltig ist die Flut, daß sie
Auch uns im fernen lothringischen Land
Hat aufgehoben und hieher gespült!
    Bertrand.   Wer wird
2775 In seinem Winkel müßig sitzen, wenn
Das Große sich begibt im Vaterland!
Es hat auch Schweiß und Blut genug gekostet,
Bis daß die Krone kam aufs rechte Haupt!
Und unser König, der der wahre ist,
2780 Dem wir die Kron' itzt geben, soll nicht schlechter
Begleitet sein als der Pariser ihrer,
Den sie zu Saint Denis gekrönt! Der ist
Kein Wohlgesinnter, der von diesem Fest
Wegbleibt und nicht mitruft: Es lebe der König!

Fünfter Auftritt.
Margot und Louison treten zu ihnen.

2785   **Louison.** Wir werden unsre Schwester sehen, Margot!
Mir pocht das Herz.
    Margot.   Wir werden sie im Glanz
Und in der Hoheit sehn und zu uns sagen:
Es ist Johanna, es ist unsre Schwester!
    Louison. Ich kann's nicht glauben, bis ich sie mit Augen
2790 Gesehn, daß diese Mächtige, die man
Die Jungfrau nennt von Orleans, unsre Schwester
Johanna ist, die uns verloren ging.
            (Der Marsch kommt immer näher.)
    Margot. Du zweifelst noch! Du wirst's mit Augen sehn!
    Bertrand. Gebt acht! Sie kommen!

Sechster Auftritt.

Flötenspieler und Hoboisten eröffnen den Zug. Kinder folgen, weiß gekleidet, mit Zweigen in der Hand, hinter diesen zwei Herolde. Darauf ein Zug von Hellebardieren. Magistratspersonen in der Robe folgen. Hierauf zwei Marschälle mit dem Stabe, Herzog von Burgund, das Schwert tragend, Dunois mit dem Zepter, andere Große mit der Krone, dem Reichsapfel und dem Gerichtsstabe, andere mit Opfergaben; hinter diesen Ritter in ihrem Ordensschmuck; Chorknaben mit dem Rauchfaß, dann zwei Bischöfe mit der Ste. Ampoule; Erzbischof mit dem Kruzifix; ihm folgt Johanna mit der Fahne. Sie geht mit gesenktem Haupt und ungewissen Schritten, die Schwestern geben bei ihrem Anblick Zeichen des Erstaunens und der Freude. Hinter ihr kommt der König unter einem Thronhimmel, welchen vier Barone tragen. Hofleute folgen. Soldaten schließen. Wenn der Zug in die Kirche hinein ist, schweigt der Marsch.

Siebenter Auftritt.

Louison. Margot. Claude Marie. Etienne. Bertrand.

2795 **Margot.** Sahst du die Schwester?
  Claude Marie.   Die im goldnen Harnisch,
Die vor dem König herging mit der Fahne!
  Margot. Sie war's. Es war Johanna, unsre Schwester!
  Louison. Und sie erkannt' uns nicht! Sie ahnete
2800 Die Nähe nicht der schwesterlichen Brust.
Sie sah zur Erde und erschien so blaß,
Und unter ihrer Fahne ging sie zitternd —
Ich konnte mich nicht freun, da ich sie sah.
  Margot. So hab' ich unsre Schwester nun im Glanz
2805 Und in der Herrlichkeit gesehen. Wer hätte
Auch nur im Traum geahnet und gedacht,
Da sie die Herde trieb auf unsern Bergen,
Daß wir in solcher Pracht sie würden schauen.
  Louison. Der Traum des Vaters ist erfüllt, daß wir
Zu Reims uns vor der Schwester würden neigen.
2810 Das ist die Kirche, die der Vater sah
Im Traum, und alles hat sich nun erfüllt.
Doch der Vater sah auch traurige Gesichte;
Ach, mich bekümmert's, sie so groß zu sehn!
  Bertrand. Was stehn wir müßig hier? Kommt in die Kirche,
2815 Die heil'ge Handlung anzusehn!
  Margot.   Ja, kommt!
Vielleicht, daß wir der Schwester dort begegnen.
  Louison. Wir haben sie gesehen. Kehren wir
In unser Dorf zurück.
  Margot.   Was? Eh' wir sie
Begrüßt und angeredet?
  Louison.   Sie gehört
2820 Uns nicht mehr an; bei Fürsten ist ihr Platz
Und Königen. Wer sind wir, daß wir uns
Zu ihrem Glanze rühmend eitel drängen?
Sie war uns fremd, da sie noch unser war!
  Margot. Wird sie sich unser schämen, uns verachten?
2825 **Bertrand.** Der König selber schämt sich unser nicht,
Er grüßte freundlich auch den Niedrigsten.
Sei sie so hoch gestiegen, als sie will,
Der König ist doch größer!
    (Trompeten und Pauken erschallen aus der Kirche.)
  Claude Marie.   Kommt zur Kirche!
  (Sie eilen nach dem Hintergrund, wo sie sich unter dem Volke verlieren.)

Achter Auftritt.

Thibaut kommt, schwarz gekleidet; **Raimond** folgt ihm und will ihn zurückhalten.

Raimond. Bleibt, Vater Thibaut! Bleibt aus dem Gedränge
2830 Zurück! Hier seht Ihr lauter frohe Menschen,
Und Euer Gram beleidigt dieses Fest.
Kommt! Fliehn wir aus der Stadt mit eil'gen Schritten.

Thibaut. Sahst du mein unglückselig Kind? Hast du
Sie recht betrachtet?

Raimond.   O, ich bitt' Euch, flieht!

2835 **Thibaut.** Bemerktest du, wie ihre Schritte wankten,
Wie bleich und wie verstört ihr Antlitz war!
Die Unglückselige fühlt ihren Zustand;
Das ist der Augenblick, mein Kind zu retten,
Ich will ihn nutzen. (Er will gehen.)

Raimond.   Bleibt! Was wollt Ihr tun?

2840 **Thibaut.** Ich will sie überraschen, will sie stürzen
Von ihrem eiteln Glück, ja mit Gewalt
Will ich zu ihrem Gott, dem sie entsagt,
Zurück sie führen.

Raimond.   Ach, erwägt es wohl!
Stürzt Euer eigen Kind nicht ins Verderben!

2845 **Thibaut.** Lebt ihre Seele nur, ihr Leib mag sterben.
(Johanna stürzt aus der Kirche heraus ohne ihre Fahne, Volk bringt zu, aboriert sie
und küßt ihre Kleider, sie wird durch das Gedränge im Hintergrunde aufgehalten.)
Sie kommt! Sie ist's! Bleich stürzt sie aus der Kirche,
Es treibt die Angst sie aus dem Heiligtum.
Das ist das göttliche Gericht, das sich
An ihr verkündiget! —

Raimond.   Lebt wohl!
2850 Verlangt nicht, daß ich länger Euch begleite!
Ich kam voll Hoffnung, und ich geh' voll Schmerz.
Ich habe Eure Tochter wiedergesehn
Und fühle, daß ich sie aufs neu' verliere!
(Er geht ab. Thibaut entfernt sich auf der entgegengesetzten Seite.)

Neunter Auftritt.

Johanna. Volk. Hernach ihre Schwestern.

Johanna (hat sich des Volks erwehrt und kommt vorwärts).
Ich kann nicht bleiben — Geister jagen mich,
2855 Wie Donner schallen mir der Orgel Töne,
Des Doms Gewölbe stürzen auf mich ein,
Des freien Himmels Weite muß ich suchen!

Die Fahne ließ ich in dem Heiligtum,
Nie, nie soll diese Hand sie mehr berühren!
2860 — Mir war's, als hätt' ich die geliebten Schwestern,
Margot und Louison, gleich einem Traum
An mir vorübergleiten sehen. — Ach!
Es war nur eine täuschende Erscheinung!
Fern sind sie, fern und unerreichbar weit,
2865 Wie meiner Kindheit, meiner Unschuld Glück!

  Margot (hervortretend). Sie ist's! Johanna ist's!

  Louison (eilt ihr entgegen).   O, meine Schwester!

  Johanna. So war's kein Wahn — ihr seid es — ich
              umfass' euch,
Dich, meine Louison! Dich, meine Margot!
Hier in der fremden, menschenreichen Öde
2870 Umfang' ich die vertraute Schwesterbrust!

  Margot. Sie kennt uns noch, ist noch die gute Schwester.

  Johanna. Und eure Liebe führt euch zu mir her
So weit, so weit! Ihr zürnt der Schwester nicht,
Die lieblos ohne Abschied euch verließ!

2875   **Louison.** Dich führte Gottes dunkle Schickung fort.

  Margot. Der Ruf von dir, der alle Welt bewegt,
Der deinen Namen trägt auf allen Zungen,
Hat uns erweckt in unserm stillen Dorf
Und hergeführt zu dieses Festes Feier.
2880 Wir kommen, deine Herrlichkeit zu sehn,
Und wir sind nicht allein!

  Johanna (schnell).   Der Vater ist mit euch!
Wo, wo ist er? Warum verbirgt er sich?

  Margot. Der Vater ist nicht mit uns.

  Johanna.   Nicht? Er will sein Kind
Nicht sehn? Ihr bringt mir seinen Segen nicht?

2885   **Louison.** Er weiß nicht, daß wir hier sind.

  Johanna.   Weiß es nicht!
Warum nicht? — Ihr verwirret euch? Ihr schweigt
Und seht zur Erde! Sagt, wo ist der Vater?

  Margot. Seitdem du weg bist —

  Louison (winkt ihr).   Margot!

  Margot.   Ist der Vater
Schwermütig worden.

  Johanna.   Schwermütig!

  Louison.   Tröste dich!
2890 Du kennst des Vaters ahnungsvolle Seele!

Er wird sich fassen, sich zufrieden geben,
Wenn wir ihm sagen, daß du glücklich bist.

  Margot. Du bist doch glücklich? Ja, du mußt es sein,
Da du so groß bist und geehrt!

  Johanna.   Ich bin's,
2895 Da ich euch wiedersehe, eure Stimme
Vernehme, den geliebten Ton, mich heim
Erinnre an die väterliche Flur.
Da ich die Herde trieb auf unsern Höhen,
Da war ich glücklich wie im Paradies —
2900 Kann ich's nicht wieder sein, nicht wieder werden?
  (Sie verbirgt ihr Gesicht an Louisons Brust. Claude Marie, Etienne und Bertrand
   zeigen sich und bleiben schüchtern in der Ferne stehen.)

  Margot. Kommt, Etienne! Bertrand! Claude Marie!
Die Schwester ist nicht stolz; sie ist so sanft
Und spricht so freundlich, als sie nie getan,
Da sie noch in dem Dorf mit uns gelebt.
  (Jene treten näher und wollen ihr die Hand reichen; Johanna sieht sie mit starren
   Blicken an und fällt in ein tiefes Staunen.)

2905   **Johanna.** Wo war ich? Sagt mir! War das alles nur
Ein langer Traum, und ich bin aufgewacht?
Bin ich hinweg aus Dom Remi? Nicht wahr?
Ich war entschlafen unterm Zauberbaum,
Und bin erwacht, und ihr steht um mich her,
2910 Die wohlbekannten traulichen Gestalten?
Mir hat von diesen Königen und Schlachten
Und Kriegestaten nur geträumt. Es waren
Nur Schatten, die an mir vorüber gingen;
Denn lebhaft träumt sich's unter diesem Baum.
2915 Wie kämet ihr nach Reims? Wie käm' ich selbst
Hieher? Nie, nie verließ ich Dom Remi!
Gesteht mir's offen und erfreut mein Herz!

  Louison. Wir sind zu Reims. Dir hat von diesen Taten
Nicht bloß geträumt; du hast sie alle wirklich
2920 Vollbracht. — Erkenne dich, blick' um dich her!
Befühle deine glänzend goldne Rüstung!
  (Johanna fährt mit der Hand nach der Brust, besinnt sich und erschrickt.)

  Bertrand. Aus meiner Hand empfingt Ihr diesen Helm.

  Claude Marie. Es ist kein Wunder, daß Ihr denkt zu
             träumen:
Denn was Ihr ausgerichtet und getan,
2925 Kann sich im Traum nicht wunderbarer fügen.

Johanna (schnell). Kommt, laßt uns fliehn! Ich geh' mit
euch, ich kehre
In unser Dorf, in Vaters Schoß zurück.
Louison. O, komm! Komm mit uns!
Johanna. Diese Menschen alle
Erheben mich weit über mein Verdienst!
2930 Ihr habt mich kindisch, klein und schwach gesehn;
Ihr liebt mich, doch ihr betet mich nicht an!
Margot. Du wolltest allen diesen Glanz verlassen!
Johanna. Ich werf' ihn von mir, den verhaßten Schmuck,
Der euer Herz von meinem Herzen trennt,
2935 Und eine Hirtin will ich wieder werden.
Wie eine niedre Magd will ich euch dienen,
Und büßen will ich's mit der strengsten Buße,
Daß ich mich eitel über euch erhob!
(Trompeten erschallen.)

Zehnter Auftritt.

Der König tritt aus der Kirche; er ist im Krönungs=Ornat. Agnes Sorel, Erz=
bischof, Burgund, Dunois, La Hire, Du Chatel, Ritter, Hofleute und Volk.

Alle Stimmen (rufen wiederholt, während daß der König vorwärts
kommt). Es lebe der König! Karl der Siebente!
(Trompeten fallen ein. Auf ein Zeichen, das der König gibt, gebieten die Herolde
mit erhobenem Stabe Stillschweigen.)
2940 **König.** Mein gutes Volk! Habt Dank für eure Liebe!
Die Krone, die uns Gott aufs Haupt gesetzt,
Durchs Schwert ward sie gewonnen und erobert,
Mit edelm Bürgerblut ist sie benetzt;
Doch friedlich soll der Ölzweig sie umgrünen.
2945 Gedankt sei allen, die für uns gefochten,
Und allen, die uns widerstanden, sei
Verziehn, denn Gnade hat uns Gott erzeigt,
Und unser erstes Königswort sei — Gnade!
Volk. Es lebe der König! Karl der Gütige!
2950 **König.** Von Gott allein, dem höchsten Herrschenden,
Empfangen Frankreichs Könige die Krone.
Wir aber haben sie sichtbarerweise
Aus seiner Hand empfangen.
(Zur Jungfrau sich wendend.) Hier steht die Gottgesendete, die euch
2955 Den angestammten König wiedergab,
Das Joch der fremden Tyrannei zerbrochen!
Ihr Name soll dem heiligen Denis

Gleich sein, der dieses Landes Schützer ist,
Und ein Altar sich ihrem Ruhm erheben!

2960   **Volk.** Heil, Heil der Jungfrau, der Erretterin!
(Trompeten.)

    König (zur Johanna).
Wenn du von Menschen bist gezeugt, wie wir,
So sage, welches Glück dich kann erfreuen!
Doch wenn dein Vaterland dort oben ist,
Wenn du die Strahlen himmlischer Natur
2965 In diesem jungfräulichen Leib verhüllst,
So nimm das Band hinweg von unsern Sinnen
Und laß dich sehn in deiner Lichtgestalt,
Wie dich der Himmel sieht, daß wir anbetend
Im Staube dich verehren.
(Ein allgemeines Stillschweigen; jedes Auge ist auf die Jungfrau gerichtet.)

    Johanna (plötzlich aufschreiend).   Gott! Mein Vater!

Elfter Auftritt.

Thibaut tritt aus der Menge und steht ihr gerade gegenüber.

2970   **Mehrere Stimmen.** Ihr Vater!
    Thibaut.   Ja, ihr jammervoller Vater,
Der die Unglückliche gezeugt, den Gottes
Gericht hertreibt, die eigne Tochter anzuklagen.
    Burgund. Ha! Was ist das!
    Du Chatel.   Jetzt wird es schrecklich tagen!
    Thibaut (zum König).
Gerettet glaubst du dich durch Gottes Macht?
2975 Betrogner Fürst! Verblendet Volk der Franken!
Du bist gerettet durch des Teufels Kunst.
(Alle treten mit Entsetzen zurück.)
    Dunois. Rast dieser Mensch?
    Thibaut.   Nicht ich, du aber rasest,
Und diese hier, und dieser weise Bischof,
Die glauben, daß der Herr der Himmel sich
2980 Durch eine schlechte Magd verkünden werde.
Laß sehn, ob sie auch in des Vaters Stirn
Der dreisten Lüge Gaukelspiel behauptet,
Womit sie Volk und König hinterging.
Antworte mir im Namen des Dreieinen:
2985 Gehörst du zu den Heiligen und Reinen?
(Allgemeine Stille; alle Blicke sind auf sie gespannt; sie steht unbeweglich.)
    Sorel. Gott, sie verstummt!

Thibaut.   Das muß sie vor dem furchtbarn Namen,
Der in der Hölle Tiefen selbst
Gefürchtet wird! — Sie eine Heilige,
Von Gott gesendet? — An verfluchter Stätte
2990 Ward es ersonnen, unterm Zauberbaum,
Wo schon von alters her die bösen Geister
Den Sabbat halten. Hier verkaufte sie
Dem Feind der Menschen ihr unsterblich Teil,
Daß er mit kurzem Weltruhm sie verherrliche.
2995 Laßt sie den Arm aufstreifen, seht die Punkte,
Womit die Hölle sie gezeichnet hat!

Burgund. Entsetzlich! — Doch dem Vater muß man glauben,
Der wider seine eigne Tochter zeugt.

Dunois. Nein, nicht zu glauben ist dem Rasenden,
3000 Der in dem eignen Kind sich selber schändet!

Sorel (zur Johanna).
O rede! Brich dies unglücksel'ge Schweigen!
Wir glauben dir! Wir trauen fest auf dich!
Ein Wort aus deinem Mund, ein einzig Wort
Soll uns genügen. Aber sprich! Vernichte
3005 Die gräßliche Beschuldigung! Erkläre,
Du seist unschuldig, und wir glauben dir.
(Johanna steht unbeweglich; Agnes Sorel tritt mit Entsetzen von ihr hinweg.)

La Hire. Sie ist erschreckt. Erstaunen und Entsetzen
Schließt ihr den Mund. — Vor solcher gräßlichen
Anklage muß die Unschuld selbst erbeben.
3010 (Er nähert sich ihr.) Faß' dich, Johanna! Fühle dich! Die Unschuld
Hat eine Sprache, einen Siegerblick,
Der die Verleumdung mächtig niederblitzt!
In edelm Zorn erhebe dich, blick' auf,
Beschäme, strafe den unwürd'gen Zweifel,
3015 Der deine heil'ge Tugend schmäht!
(Johanna steht unbeweglich. La Hire tritt entsetzt zurück; die Bewegung vermehrt sich.)

Dunois. Was zagt das Volk? Was zittern selbst die Fürsten?
Sie ist unschuldig! Ich verbürge mich,
Ich selbst, für sie mit meiner Fürstenehre!
Hier werf' ich meinen Ritterhandschuh hin;
3020 Wer wagt's, sie eine Schuldige zu nennen?
(Ein heftiger Donnerschlag; alle stehen entsetzt.)

Thibaut. Antworte bei dem Gott, der droben donnert!
Sprich, du seist schuldlos. Leugn' es, daß der Feind
In deinem Herzen ist, und straf' mich Lügen!
(Ein zweiter stärkerer Schlag; das Volk entflieht zu allen Seiten.)

Schiller V.   15

Burgund. Gott schütz' uns! Welche fürchterliche Zeichen!
Du Chatel (zum König).

3025 Kommt! Kommt, mein König! Fliehet diesen Ort!
Erzbischof (zur Johanna).

Im Namen Gottes frag' ich dich. Schweigst du
Aus dem Gefühl der Unschuld oder Schuld?
Wenn dieses Donners Stimme für dich zeugt,
So fasse dieses Kreuz und gib ein Zeichen!
(Johanna bleibt unbeweglich. Neue heftige Donnerschläge. Der König, Agnes Sorel,
Erzbischof, Burgund, La Hire und Du Chatel gehen ab.)

Zwölfter Auftritt.

Dunois. Johanna.

3030   **Dunois.** Du bist mein Weib. Ich hab' an dich geglaubt
Beim ersten Blick, und also denk' ich noch.
Dir glaub' ich mehr als diesen Zeichen allen,
Als diesem Donner selbst, der droben spricht.
Du schweigst in edelm Zorn, verachtest es,
3035 In deine heil'ge Unschuld eingehüllt,
So schändlichen Verdacht zu widerlegen.
— Veracht' es, aber mir vertraue dich;
An deiner Unschuld hab' ich nie gezweifelt:
Sag' mir kein Wort; die Hand nur reiche mir
3040 Zum Pfand und Zeichen, daß du meinem Arme
Getrost vertraust und deiner guten Sache. (Er reicht ihr die Hand
hin, sie wendet sich mit einer zuckenden Bewegung von ihm hinweg; er bleibt in starrem
Entsetzen stehen.)

Dreizehnter Auftritt.

Johanna. Du Chatel. Dunois, zuletzt Raimond.

    Du Chatel (zurückkommend).

Johanna d'Arc! Der König will erlauben,
Daß Ihr die Stadt verlasset ungekränkt.
Die Tore stehn Euch offen. Fürchtet keine
3045 Beleidigung. Euch schützt des Königs Frieden.
Folgt mir, Graf Dunois! Ihr habt nicht Ehre,
Hier länger zu verweilen. — Welch ein Ausgang!
(Er geht. Dunois fährt aus seiner Erstarrung auf, wirft noch einen Blick auf Johanna
und geht ab. Diese steht einen Augenblick ganz allein. Endlich erscheint Raimond,
bleibt eine Weile in der Ferne stehen und betrachtet sie mit stillem Schmerz. Dann
tritt er auf sie zu und faßt sie bei der Hand.)

Raimond. Ergreift den Augenblick. Kommt! Kommt! Die
Straßen
Sind leer. Gebt mir die Hand. Ich will Euch führen.
(Bei seinem Anblick gibt sie das erste Zeichen der Empfindung, sieht ihn starr an und
blickt zum Himmel; dann ergreift sie ihn heftig bei der Hand und geht ab.)

Fünfter Aufzug.

(Ein wilder Wald, in der Ferne Köhlerhütten. Es ist ganz dunkel, heftiges Donnern
und Blitzen, dazwischen Schießen.)

Erster Auftritt.
Köhler und Köhlerweib.

3050 **Köhler.** Das ist ein grausam, mördrisch Ungewitter,
Der Himmel droht, in Feuerbächen sich
Herabzugießen, und am hellen Tag
Ist's Nacht, daß man die Sterne könnte sehn.
Wie eine losgelaßne Hölle tobt
3055 Der Sturm, die Erde bebt, und krachend beugen
Die alt verjährten Eschen ihre Krone.
Und dieser fürchterliche Krieg dort oben,
Der auch die wilden Tiere Sanftmut lehrt,
Daß sie sich zahm in ihre Gruben bergen,
3060 Kann unter Menschen keinen Frieden stiften.
Aus dem Geheul der Winde und des Sturms
Heraus hört ihr das Knallen des Geschützes;
Die beiden Heere stehen sich so nah,
Daß nur der Wald sie trennt, und jede Stunde
3065 Kann es sich blutig, fürchterlich entladen.
Köhlerweib. Gott steh uns bei! Die Feinde waren ja
Schon ganz aufs Haupt geschlagen und zerstreut,
Wie kommt's, daß sie aufs neu uns ängstigen?
Köhler. Das macht, weil sie den König nicht mehr fürchten.
3070 Seitdem das Mädchen eine Hexe ward
Zu Reims, der böse Feind uns nicht mehr hilft,
Geht alles rückwärts.
Köhlerweib.   Horch! Wer naht sich da?

Zweiter Auftritt.
Raimond und Johanna zu den Vorigen.

Raimond. Hier seh' ich Hütten. Kommt, hier finden wir
Ein Obdach vor dem wüt'gen Sturm. Ihr haltet's

15*

3075 Nicht länger aus; drei Tage schon seid Ihr
Herumgeirrt, der Menschen Auge fliehend,
Und wilde Wurzeln waren Eure Speise.
(Der Sturm legt sich, es wird hell und heiter.)
Es sind mitleid'ge Köhler. Kommt herein!
   Köhler. Ihr scheint der Ruhe zu bedürfen. Kommt!
3080 Was unser schlechtes Dach vermag, ist euer.
   Köhlerweib. Was will die zarte Jungfrau unter Waffen?
Doch freilich! Jetzt ist eine schwere Zeit,
Wo auch das Weib sich in den Panzer steckt!
Die Königin selbst, Frau Isabeau, sagt man,
3085 Läßt sich gewaffnet sehn in Feindes Lager,
Und eine Jungfrau, eines Schäfers Dirn,
Hat für den König, unsern Herrn, gefochten.
   Köhler. Was redet Ihr? Geht in die Hütte, bringt
Der Jungfrau einen Becher zur Erquickung!
(Köhlerweib geht nach der Hütte.)
   Raimond (zur Johanna).
3090 Ihr seht, es sind nicht alle Menschen grausam;
Auch in der Wildnis wohnen sanfte Herzen.
Erheitert Euch! Der Sturm hat ausgetobt,
Und friedlich strahlend geht die Sonne nieder.
   Köhler. Ich denk', ihr wollt zu unsers Königs Heer,
3095 Weil ihr in Waffen reiset. Seht euch vor!
Die Engelländer stehen nah gelagert,
Und ihre Scharen streifen durch den Wald.
   Raimond. Weh uns! Wie ist da zu entkommen?
   Köhler.   Bleibt,
Bis daß mein Bub zurück ist aus der Stadt,
3100 Der soll euch auf verborgnen Pfaden führen,
Daß ihr nichts zu befürchten habt. Wir kennen
Die Schliche.
   Raimond (zur Johanna). Legt den Helm ab und die Rüstung,
Sie macht Euch kenntlich und beschützt Euch nicht.
(Johanna schüttelt den Kopf.)
   Köhler. Die Jungfrau ist sehr traurig — Still! wer
                kommt da?

—————

Dritter Auftritt.

Köhlerweib kommt aus der Hütte mit einem Becher. **Köhlerbub.**

3105   **Köhlerweib.** Es ist der Bub, den wir zurück erwarten.
(Zur Johanna.)
Trinkt, edle Jungfrau! Mög's Euch Gott gesegnen!

Köhler (zu seinem Sohn).   Kommst du, Anet? Was bringst du?

Köhlerbub (hat die Jungfrau ins Auge gefaßt, welche eben den Becher an den Mund setzt; er erkennt sie, tritt auf sie zu und reißt ihr den Becher vom Munde)

Mutter! Mutter!

Was macht Ihr? Wen bewirtet Ihr? Das ist die Hexe
Von Orleans!

Köhler und **Köhlerweib**.   Gott sei uns gnädig!

(Bekreuzen sich und entfliehen.)

Vierter Auftritt.

Raimond.   Johanna.

Johanna (gefaßt und sanft).

3110 Du siehst, mir folgt der Fluch, und alles flieht mich;
Sorg' für dich selber und verlaß mich auch!

Raimond.   Ich Euch verlassen? Jetzt! Und wer soll Euer
Begleiter sein?

Johanna.   Ich bin nicht unbegleitet.
Du hast den Donner über mir gehört.

3115 Mein Schicksal führt mich. Sorge nicht, ich werde
Ans Ziel gelangen, ohne daß ich's suche.

Raimond.   Wo wollt Ihr hin? Hier stehn die Engelländer,
Die Euch die grimmig blut'ge Rache schwuren;
Dort stehn die Unsern, die Euch ausgestoßen,

3120 Verbannt —

Johanna.   Mich wird nichts treffen, als was sein muß.

Raimond.   Wer soll Euch Nahrung suchen? Wer Euch schützen
Vor wilden Tieren und noch wildern Menschen?
Euch pflegen, wenn Ihr krank und elend werdet?

Johanna.   Ich kenne alle Kräuter, alle Wurzeln;

3125 Von meinen Schafen lernt' ich das Gesunde
Vom Gift'gen unterscheiden. Ich verstehe
Den Lauf der Sterne und der Wolken Zug,
Und die verborgnen Quellen hör' ich rauschen.
Der Mensch braucht wenig, und an Leben reich

3130 Ist die Natur.

Raimond (faßt sie bei der Hand). Wollt Ihr nicht in Euch gehn?
Euch nicht mit Gott versöhnen — in den Schoß
Der heil'gen Kirche reuend wiederkehren?

Johanna.   Auch du hältst mich der schweren Sünde schuldig?

Raimond.   Muß ich nicht? Euer schweigendes Geständnis —

3135 **Johanna.**   Du, der mir in das Elend nachgefolgt,
Das einz'ge Wesen, das mir treu geblieben,
Sich an mich kettet, da mich alle Welt

Ausstieß, du hältst mich auch für die Verworfne,
Die ihrem Gott entsagt?

(Raimond schweigt.)

O, das ist hart!

3140   **Raimond** (erstaunt). Ihr wäret wirklich keine Zauberin?
    Johanna. Ich eine Zauberin!
    Raimond.   Und diese Wunder,
Ihr hättet sie vollbracht mit Gottes Kraft
Und seiner Heiligen?
    Johanna.   Mit welcher sonst?
    Raimond. Und Ihr verstummtet auf die gräßliche
3145 Beschuldigung? Ihr redet jetzt, und vor dem König,
Wo es zu reden galt, verstummtet Ihr!
    Johanna. Ich unterwarf mich schweigend dem Geschick,
Das Gott, mein Meister, über mich verhängte.
    Raimond. Ihr konntet Euerm Vater nichts erwidern!
3150 **Johanna.** Weil es vom Vater kam, so kam's von Gott,
Und väterlich wird auch die Prüfung sein.
    Raimond. Der Himmel selbst bezeugte Eure Schuld!
    Johanna. Der Himmel sprach; drum schwieg ich.
    Raimond.   Wie? Ihr konntet
Mit einem Wort Euch reinigen, und ließt
3155 Die Welt in diesem unglücksel'gen Irrtum?
    Johanna. Es war kein Irrtum, eine Schickung war's.
    Raimond. Ihr littet alle diese Schmach unschuldig,
Und keine Klage kam von Euern Lippen!
— Ich staune über Euch, ich steh' erschüttert,
3160 Im tiefsten Busen kehrt sich mir das Herz;
O, gerne nehm' ich Euer Wort für Wahrheit;
Denn schwer ward mir's, an Eure Schuld zu glauben.
Doch konnt' ich träumen, daß ein menschlich Herz
Das Ungeheure schweigend würde tragen!
3165 **Johanna.** Verdient' ich's, die Gesendete zu sein,
Wenn ich nicht blind des Meisters Willen ehrte!
Und ich bin nicht so elend, als du glaubst.
Ich leide Mangel, doch das ist kein Unglück
Für meinen Stand; ich bin verbannt und flüchtig,
3170 Doch in der Öde lernt' ich mich erkennen.
Da, als der Ehre Schimmer mich umgab,
Da war der Streit in meiner Brust; ich war
Die Unglückseligste, da ich der Welt
Am meisten zu beneiden schien. Jetzt bin ich
3175 Geheilt, und dieser Sturm in der Natur,

Der ihr das Ende drohte, war mein Freund;
Er hat die Welt gereinigt und auch mich.
In mir ist Friede — Komme, was da will,
Ich bin mir keiner Schwachheit mehr bewußt!

3180   **Raimond.** O, kommt, kommt, laßt uns eilen, Eure Unschuld
Laut, laut vor aller Welt zu offenbaren!
    Johanna. Der die Verwirrung sandte, wird sie lösen!
Nur wenn sie reif ist, fällt des Schicksals Frucht!
Ein Tag wird kommen, der mich reiniget.

3185 Und die mich jetzt verworfen und verdammt,
Sie werden ihres Wahnes inne werden,
Und Tränen werden meinem Schicksal fließen.
    Raimond. Ich sollte schweigend dulden, bis der Zufall —
    Johanna (ihn sanft bei der Hand fassend).
Du siehst nur das Natürliche der Dinge,

3190 Denn deinen Blick umhüllt das ird'sche Band.
Ich habe das Unsterbliche mit Augen
Gesehen — Ohne Götter fällt kein Haar
Vom Haupt des Menschen — Siehst du dort die Sonne
Am Himmel niedergehen? So gewiß

3195 Sie morgen wiederkehrt in ihrer Klarheit,
So unausbleiblich kommt der Tag der Wahrheit!

Fünfter Auftritt.

Die Vorigen. Königin Isabeau mit Soldaten erscheint im Hintergrund.

    Isabeau (noch hinter der Szene).
Dies ist der Weg ins engelländ'sche Lager!
    Raimond. Weh uns! Die Feinde!
(Soldaten treten auf, bemerken im Hervorkommen die Johanna und taumeln erschrocken zurück.)

    Isabeau.   Nun? Was hält der Zug?
    Soldaten. Gott steh uns bei!
    Isabeau.   Erschreckt euch ein Gespenst?

3200 Seid ihr Soldaten? Memmen seid ihr! — Wie? (Sie drängt sich durch die andern, tritt hervor und fährt zurück, wie sie die Jungfrau erblickt.)
Was seh' ich? Ha! (Schnell faßt sie sich und tritt ihr entgegen.)
                 Ergib dich! Du bist meine
Gefangene!
    Johanna.   Ich bin's.
      (Raimond entflieht mit Zeichen der Verzweiflung.)
    Isabeau (zu den Soldaten).   Legt sie in Ketten!
(Die Soldaten nahen sich der Jungfrau schüchtern; sie reicht den Arm hin und wird gefesselt.)

Ist das die Mächtige, Gefürchtete,
Die eure Scharen wie die Lämmer scheuchte,
3205 Die jetzt sich selber nicht beschützen kann?
Tut sie nur Wunder, wo man Glauben hat,
Und wird zum Weib, wenn ihr ein Mann begegnet?
(Zur Jungfrau.) Warum verließest du dein Heer? Wo bleibt
Graf Dunois, dein Ritter und Beschützer?

3210   Johanna.   Ich bin verbannt.
    Isabeau (erstaunt zurücktretend). Was? Wie? Du bist verbannt?
Verbannt vom Dauphin?
    Johanna.   Frage nicht! Ich bin
In deiner Macht; bestimme mein Geschick!
    Isabeau.   Verbannt, weil du vom Abgrund ihn gerettet,
Die Krone ihm hast aufgesetzt zu Reims,
3215 Zum König über Frankreich ihn gemacht?
Verbannt! Daran erkenn' ich meinen Sohn!
— Führt sie ins Lager! Zeiget der Armee
Das Furchtgespenst, vor dem sie so gezittert!
Sie eine Zauberin! Ihr ganzer Zauber
3220 Ist euer Wahn und euer feiges Herz!
Eine Närrin ist sie, die für ihren König
Sich opferte und jetzt den Königslohn
Dafür empfängt — Bringt sie zu Lionel!
Das Glück der Franken send' ich ihm gebunden;
3225 Gleich folg' ich selbst.
    Johanna.   Zu Lionel? Ermorde mich
Gleich hier, eh' du zu Lionel mich sendest.
    Isabeau (zu den Soldaten).
Gehorchet dem Befehle! Fort mit ihr! (Geht ab.)

Sechster Auftritt.

Johanna. Soldaten.

    Johanna (zu den Soldaten).
Engländer! Duldet nicht, daß ich lebendig
Aus eurer Hand entkomme! Rächet euch!
3230 Zieht eure Schwerter, taucht sie mir ins Herz,
Reißt mich entseelt zu eures Feldherrn Füßen!
Denkt, daß ich's war, die eure Trefflichsten
Getötet, die kein Mitleid mit euch trug,
Die ganze Ströme engelländ'schen Bluts
3235 Vergossen, euern tapfern Heldensöhnen
Den Tag der frohen Wiederkehr geraubt!

Nehmt eine blut'ge Rache! Tötet mich!
Ihr habt mich jetzt; nicht immer möchtet ihr
So schwach mich sehn —

3240 **Anführer der Soldaten.** Tut, was die Königin befahl!
Johanna. Sollt' ich
Noch unglücksel'ger werden, als ich war?
Furchtbare Heil'ge! Deine Hand ist schwer!
Hast du mich ganz aus deiner Huld verstoßen?
Kein Gott erscheint, kein Engel zeigt sich mehr;
3245 Die Wunder ruhn, der Himmel ist verschlossen.
(Sie folgt den Soldaten.)

(Das französische Lager.)

Siebenter Auftritt.

Dunois zwischen dem Erzbischof und Du Chatel.

Erzbischof. Bezwinget Euern finstern Unmut, Prinz!
Kommt mit uns! Kehrt zurück zu Euerm König!
Verlasset nicht die allgemeine Sache
In diesem Augenblick, da wir, aufs neu
3250 Bedränget, Euers Heldenarms bedürfen.

Dunois. Warum sind wir bedrängt? Warum erhebt
Der Feind sich wieder? Alles war getan,
Frankreich war siegend und der Krieg geendigt.
Die Retterin habt ihr verbannt; nun rettet
3255 Euch selbst! Ich aber will das Lager
Nicht wieder sehen, wo sie nicht mehr ist.

Du Chatel. Nehmt bessern Rat an, Prinz! Entlaßt uns nicht
Mit einer solchen Antwort!

Dunois. Schweigt, du Chatel!
Ich hasse Euch; von Euch will ich nichts hören.
3260 Ihr seid es, der zuerst an ihr gezweifelt.

Erzbischof. Wer ward nicht irr' an ihr und hätte nicht
Gewankt an diesem unglücksel'gen Tage,
Da alle Zeichen gegen sie bewiesen!
Wir waren überrascht, betäubt; der Schlag
3265 Traf zu erschütternd unser Herz. Wer konnte
In dieser Schreckensstunde prüfend wägen!
Jetzt kehrt uns die Besonnenheit zurück;
Wir sehn sie, wie sie unter uns gewandelt,
Und keinen Tadel finden wir an ihr.
3270 Wir sind verwirrt, wir fürchten, schweres Unrecht

Getan zu haben. — Reue fühlt der König,
Der Herzog klagt sich an, La Hire ist trostlos,
Und jedes Herz hüllt sich in Trauer ein.

    Dunois. Sie eine Lügnerin! Wenn sich die Wahrheit
3275 Verkörpern will in sichtbarer Gestalt,
So muß sie ihre Züge an sich tragen!
Wenn Unschuld, Treue, Herzensreinigkeit
Auf Erden irgend wohnt — auf ihren Lippen,
In ihren klaren Augen muß sie wohnen!

3280   **Erzbischof.** Der Himmel schlage durch ein Wunder sich
Ins Mittel und erleuchte dies Geheimnis,
Das unser sterblich Auge nicht durchdringt —
Doch wie sich's auch entwirren mag und lösen,
Eins von den beiden haben wir verschuldet:
3285 Wir haben uns mit höll'schen Zauberwaffen
Verteidigt oder eine Heilige verbannt!
Und beides ruft des Himmels Zorn und Strafen
Herab auf dieses unglückſel'ge Land!

Achter Auftritt.

Ein Edelmann zu den Vorigen, hernach Raimond.

    Edelmann. Ein junger Schäfer fragt nach deiner Hoheit,
3290 Er fodert dringend, mit dir selbst zu reden,
Er komme, sagt er, von der Jungfrau —

    Dunois.   Eile!
Bring ihn herein! Er kommt von ihr!

  (Edelmann öffnet dem Raimond die Türe. Dunois eilt ihm entgegen.)
                Wo ist sie?
Wo ist die Jungfrau?

    Raimond.   Heil Euch, edler Prinz!
Und Heil mir, daß ich diesen frommen Bischof,
3295 Den heil'gen Mann, den Schirm der Unterdrückten,
Den Vater der Verlaßnen bei Euch finde!

    Dunois. Wo ist die Jungfrau?

    Erzbischof.   Sag' es uns, mein Sohn!

    Raimond. Herr, sie ist keine schwarze Zauberin!
Bei Gott und allen Heiligen bezeug' ich's.
3300 Im Irrtum ist das Volk. Ihr habt die Unschuld
Verbannt, die Gottgesendete verstoßen!

    Dunois. Wo ist sie? Sage!

    Raimond.   Ihr Gefährte war ich
Auf ihrer Flucht in dem Ardennerwald;

Mir hat sie dort ihr Innerstes gebeichtet.
3305 In Martern will ich sterben, meine Seele
Hab' keinen Anteil an dem ew'gen Heil,
Wenn sie nicht rein ist, Herr, von aller Schuld!

 Dunois. Die Sonne selbst am Himmel ist nicht reiner!
Wo ist sie? Sprich!

 Raimond.   O, wenn Euch Gott das Herz
3310 Gewendet hat — So eilt! So rettet sie!
Sie ist gefangen bei den Engelländern.

 Dunois. Gefangen! Was!

 Erzbischof.   Die Unglückselige!

 Raimond. In den Ardennen, wo wir Obdach suchten,
Ward sie ergriffen von der Königin
3315 Und in der Engelländer Hand geliefert.
O, rettet sie, die euch gerettet hat,
Von einem grausenvollen Tode!

 Dunois. Zu den Waffen! Auf! Schlagt Lärmen! Rührt
         die Trommeln!

Führt alle Völker ins Gefecht! Ganz Frankreich
3320 Bewaffne sich! Die Ehre ist verpfändet,
Die Krone, das Palladium entwendet;
Setzt alles Blut, setzt euer Leben ein!
Frei muß sie sein, noch eh' der Tag sich endet!   (Gehen ab.)

(Ein Wartturm, oben eine Öffnung.)

Neunter Auftritt.
Johanna und Lionel.

 Fastolf (eilig hereintretend).
Das Volk ist länger nicht zu bändigen.
3325 Sie fodern wütend, daß die Jungfrau sterbe.
Ihr widersteht vergebens. Tötet sie,
Und werft ihr Haupt von dieses Turmes Zinnen!
Ihr fließend Blut allein versöhnt das Heer.

 Isabeau (kommt). Sie setzen Leitern an, sie laufen Sturm!
3330 Befriediget das Volk! Wollt Ihr erwarten,
Bis sie den ganzen Turm in blinder Wut
Umkehren und wir alle mit verderben?
Ihr könnt sie nicht beschützen. Gebt sie hin!

 Lionel. Laßt sie anstürmen! Laßt sie wütend toben!
3335 Dies Schloß ist fest, und unter seinen Trümmern
Begrab' ich mich, eh' mich ihr Wille zwingt.
— Antworte mir, Johanna! Sei die Meine,
Und gegen eine Welt beschütz' ich dich.

Isabeau. Seid Ihr ein Mann?
   Lionel.   Verstoßen haben dich
3340 Die Deinen; aller Pflichten bist du ledig
Für dein unwürdig Vaterland. Die Feigen,
Die um dich warben, sie verließen dich;
Sie wagten nicht den Kampf um deine Ehre.
Ich aber, gegen mein Volk und das deine
3345 Behaupt' ich dich. — Einst ließest du mich glauben,
Daß dir mein Leben teuer sei! Und damals
Stand ich im Kampf als Feind dir gegenüber;
Jetzt hast du keinen Freund als mich!
   Johanna.   Du bist
Der Feind mir, der verhaßte, meines Volks.
3350 Nichts kann gemein sein zwischen dir und mir.
Nicht lieben kann ich dich; doch wenn dein Herz
Sich zu mir neigt, so laß es Segen bringen
Für unsre Völker. — Führe deine Heere
Hinweg von meines Vaterlandes Boden,
3355 Die Schlüssel aller Städte gib heraus,
Die ihr bezwungen, allen Raub vergüte,
Gib die Gefangnen ledig, sende Geiseln
Des heiligen Vertrags, so biet' ich dir
Den Frieden an in meines Königs Namen.
3360   **Isabeau.** Willst du in Banden uns Gesetze geben?
  Johanna. Tu es beizeiten, denn du mußt es doch.
Frankreich wird nimmer Englands Fesseln tragen.
Nie, nie wird das geschehen! Eher wird es
Ein weites Grab für eure Heere sein.
3365 Gefallen sind euch eure Vesten, denkt
Auf eine sichre Rückkehr; euer Ruhm
Ist doch verloren, eure Macht ist hin.
  Isabeau. Könnt Ihr den Trotz der Rasenden ertragen?

Zehnter Auftritt.
Die Vorigen. Ein Hauptmann kommt eilig.

Hauptmann. Eilt, Feldherr, eilt, das Heer zur Schlacht zu
                stellen!
3370 Die Franken rücken an mit fliegenden Fahnen,
Von ihren Waffen blitzt das ganze Tal.
   Johanna (begeistert).
Die Franken rücken an! Jetzt, stolzes England,
Heraus ins Feld! Jetzt gilt es, frisch zu fechten!

Fastolf. Unsinnige, bezähme deine Freude!
3375 Du wirst das Ende dieses Tags nicht sehn.

Johanna. Mein Volk wird siegen, und ich werde sterben,
Die Tapfern brauchen meines Arms nicht mehr.

Lionel. Ich spotte dieser Weichlinge! Wir haben
Sie vor uns hergescheucht in zwanzig Schlachten,
3380 Eh' dieses Heldenmädchen für sie stritt!
Das ganze Volk veracht' ich bis auf eine,
Und diese haben sie verbannt. — Kommt, Fastolf!
Wir wollen ihnen einen zweiten Tag
Bei Crequi und Poitiers bereiten.
3385 Ihr, Königin, bleibt in diesem Turm, bewacht
Die Jungfrau, bis das Treffen sich entschieden;
Ich laß' Euch funfzig Ritter zur Bedeckung.

Fastolf. Was? Sollen wir dem Feind entgegengehn,
Und diese Wütende im Rücken lassen?

3390 **Johanna.** Erschreckt dich ein gefesselt Weib?

Lionel.   Gib mir
Dein Wort, Johanna, dich nicht zu befreien!

Johanna. Mich zu befreien ist mein einz'ger Wunsch.

Isabeau. Legt ihr dreifache Fesseln an! Mein Leben
Verbürg' ich, daß sie nicht entkommen soll.
(Sie wird mit schweren Ketten um den Leib und um die Arme gefesselt.)

Lionel (zur Johanna).
3395 Du willst es so! Du zwingst uns! Noch steht's bei dir!
Entsage Frankreich! Trage Englands Fahne,
Und du bist frei, und diese Wütenden,
Die jetzt dein Blut verlangen, dienen dir!

Fastolf (dringend). Fort, fort, mein Feldherr!

Johanna.   Spare deine Worte!
3400 Die Franken rücken an. Verteid'ge dich!
(Trompeten ertönen. Lionel eilt fort.)

Fastolf. Ihr wißt, was Ihr zu tun habt, Königin!
Erklärt das Glück sich gegen uns, seht Ihr,
Daß unsre Völker fliehen —

Isabeau (einen Dolch ziehend). Sorget nicht!
Sie soll nicht leben, unsern Fall zu sehn.

3405 **Fastolf** (zur Johanna). Du weißt, was dich erwartet. Jetzt
erflehe
Glück für die Waffen deines Volks! (Er geht ab.)

Elfter Auftritt.

Jſabeau. Johanna. Soldaten.

Johanna.   Das will ich!
Daran ſoll niemand mich verhindern. — Horch!
Das iſt der Kriegsmarſch meines Volks! Wie mutig
Er in das Herz mir ſchallt und ſiegverkündend!
3410 Verderben über England! Sieg den Franken!
Auf, meine Tapfern! Auf! Die Jungfrau iſt
Euch nah; ſie kann nicht vor euch her, wie ſonſt,
Die Fahne tragen — ſchwere Bande feſſeln ſie;
Doch frei aus ihrem Kerker ſchwingt die Seele
3415 Sich auf den Flügeln euers Kriegsgeſangs.

Jſabeau (zu einem Soldaten).
Steig auf die Warte dort, die nach dem Feld
Hin ſieht, und ſag’ uns, wie die Schlacht ſich wendet.
                    (Soldat ſteigt hinauf.)

Johanna. Mut, Mut, mein Volk! Es iſt der letzte Kampf!
Den einen Sieg noch, und der Feind liegt nieder!
3420 **Jſabeau.** Was ſieheſt du?
Soldat.   Schon ſind ſie aneinander.
Ein Wütender auf einem Berberroß,
Im Tigerfell, ſprengt vor mit den Gendarmen.
Johanna. Das iſt Graf Dunois! Friſch, wackrer Streiter!
Der Sieg iſt mit dir!
Soldat.   Der Burgunder greift
3425 Die Brücke an.
Jſabeau. Daß zehen Lanzen ihm
Ins falſche Herz eindrängen, dem Verräter!
Soldat. Lord Faſtolf tut ihm mannhaft Widerſtand.
Sie ſitzen ab, ſie kämpfen Mann für Mann,
Des Herzogs Leute und die Unſrigen.
3430 **Jſabeau.** Siehſt du den Dauphin nicht? Erkennſt du nicht
Die königlichen Zeichen?
Soldat.   Alles iſt
In Staub vermengt. Ich kann nichts unterſcheiden.
Johanna. Hätt’ er mein Auge, oder ſtünd’ ich oben,
Das Kleinſte nicht entginge meinem Blick!
3435 Das wilde Huhn kann ich im Fluge zählen,
Den Falk erkenn’ ich in den höchſten Lüften.
Soldat. Am Graben iſt ein fürchterlich Gedräng’:
Die Größten, ſcheint’s, die Erſten kämpfen dort.
Jſabeau. Schwebt unſre Fahne noch?

Soldat.   Hoch flattert sie.

3440 **Johanna.** Könnt' ich nur durch der Mauer Ritze schauen,
Mit meinem Blick wollt' ich die Schlacht regieren!

Soldat. Weh mir! was seh' ich! Unser Feldherr ist
Umzingelt!

Isabeau (zuckt den Dolch auf Johanna). Stirb, Unglückliche!

Soldat (schnell).   Er ist befreit.
Im Rücken faßt der tapfere Fastolf
3445 Den Feind — er bricht in seine dichtsten Scharen.

Isabeau (zieht den Dolch zurück). Das sprach dein Engel!

Soldat.   Sieg! Sieg! Sie entfliehen!

Isabeau. Wer flieht?

Soldat.   Die Franken, die Burgunder fliehn,
Bedeckt mit Flüchtigen ist das Gefilde.

Johanna. Gott! Gott! So sehr wirst du mich nicht verlassen!
3450 **Soldat.** Ein schwer Verwundeter wird dort geführt.
Viel Volk sprengt ihm zu Hilf', es ist ein Fürst.

Isabeau. Der Unsern einer oder Fränkischen?

Soldat. Sie lösen ihm den Helm; Graf Dunois ist's.

Johanna (greift mit krampfhafter Anstrengung in ihre Ketten).
Und ich bin nichts als ein gefesselt Weib!

3455 **Soldat.** Sieh! Halt! Wer trägt den himmelblauen Mantel,
Verbrämt mit Gold?

Johanna (lebhaft). Das ist mein Herr, der König!

Soldat. Sein Roß wird scheu — es überschlägt sich — stürzt —
Er windet schwer arbeitend sich hervor —
    (Johanna begleitet diese Worte mit leidenschaftlichen Bewegungen.)
Die Unsern nahen schon in vollem Lauf —
3460 Sie haben ihn erreicht — umringen ihn —

Johanna. O, hat der Himmel keine Engel mehr!

Isabeau (hohnlachend). Jetzt ist es Zeit! Jetzt, Retterin, errette!

Johanna (stürzt auf die Knie, mit gewaltsam heftiger Stimme betend).
Höre mich, Gott, in meiner höchsten Not!
Hinauf zu dir, in heißem Flehenswunsch,
3465 In deine Himmel send' ich meine Seele.
Du kannst die Fäden eines Spinngewebs
Stark machen wie die Taue eines Schiffs;
Leicht ist es deiner Allmacht, eh'rne Bande
In dünnes Spinngewebe zu verwandeln.
3470 Du willst, und diese Ketten fallen ab,
Und diese Turmwand spaltet sich. Du halfst
Dem Simson, da er blind war und gefesselt
Und seiner stolzen Feinde bittern Spott

Erduldete. — Auf dich vertrauend faßt' er
3475 Die Pfosten seines Kerkers mächtig an,
Und neigte sich und stürzte das Gebäude —
     Soldat. Triumph! Triumph!
     Isabeau.   Was ist's?
     Soldat.   Der König ist
Gefangen!
     Johanna (springt auf). So sei Gott mir gnädig!
(Sie hat ihre Ketten mit beiden Händen kraftvoll gefaßt und zerrissen. In demselben
Augenblick stürzt sie sich auf den nächststehenden Soldaten, entreißt ihm sein Schwert
und eilt hinaus. Alle sehen ihr mit starrem Erstaunen nach.)

Zwölfter Auftritt.
Vorige ohne Johanna.

Isabeau (nach einer langen Pause).
Was war das? Träumte mir? Wo kam sie hin?
3480 Wie brach sie diese zentnerschweren Bande?
Nicht glauben würd' ich's einer ganzen Welt,
Hätt' ich's nicht selbst gesehn mit meinen Augen.
     Soldat (auf der Warte). Wie? Hat sie Flügel? Hat der Sturm=
                                               wind sie
Hinabgeführt?
     Isabeau.   Sprich, ist sie unten?
     Soldat.   Mitten
3485 Im Kampfe schreitet sie — Ihr Lauf ist schneller
Als mein Gesicht — Jetzt ist sie hier — jetzt dort —
Ich sehe sie zugleich an vielen Orten!
— Sie teilt die Haufen — Alles weicht vor ihr;
Die Franken stehn, sie stellen sich aufs neu!
3490 — Weh mir! Was seh' ich? Unsre Völker werfen
Die Waffen von sich, unsre Fahnen sinken —
     Isabeau. Was? Will sie uns den sichern Sieg entreißen?
     Soldat. Grad' auf den König dringt sie an — Sie hat ihn
Erreicht — Sie reißt ihn mächtig aus dem Kampf.
3495 — Lord Fastolf stürzt — Der Feldherr ist gefangen.
     Isabeau. Ich will nicht weiter hören. Komm herab!
     Soldat. Flieht, Königin! Ihr werdet überfallen.
Gewaffnet Volk dringt an den Turm heran. (Er steigt herunter.)
     Isabeau (das Schwert ziehend). So fechtet, Memmen!

Dreizehnter Auftritt.
La Hire mit Soldaten kommt. Bei seinem Eintritt streckt das Volk der
Königin die Waffen.

     La Hire (naht ihr ehrerbietig). Königin, unterwerft Euch
3500 Der Allmacht. Eure Ritter haben sich

Ergeben, aller Widerstand ist unnütz!
— Nehmt meine Dienste an! Befehlt, wohin
Ihr wollt begleitet sein!

   Isabeau.   Jedweder Ort
Gilt gleich, wo ich dem Dauphin nicht begegne.
(Gibt ihr Schwert ab und folgt ihm mit den Soldaten.)

(Die Szene verwandelt sich in das Schlachtfeld.)

Vierzehnter Auftritt.

Soldaten mit fliegenden Fahnen erfüllen den Hintergrund. Vor ihnen der **König** und der **Herzog von Burgund**; in den Armen beider Fürsten liegt **Johanna**, tödlich verwundet, ohne Zeichen des Lebens. Sie treten langsam vorwärts. **Agnes Sorel** stürzt herein.

   Sorel (wirft sich an des Königs Brust).
3505 Ihr seid befreit — Ihr lebt — Ich hab' Euch wieder!

   König. Ich bin befreit — Ich bin's um diesen Preis!
(Zeigt auf Johanna.)

   Sorel. Johanna! Gott! Sie stirbt!

   Burgund.   Sie hat geendet!
Seht einen Engel scheiden! Seht, wie sie daliegt
Schmerzlos und ruhig wie ein schlafend Kind!
3510 Des Himmels Friede spielt um ihre Züge;
Kein Atem hebt den Busen mehr, doch Leben
Ist noch zu spüren in der warmen Hand.

   König. Sie ist dahin — Sie wird nicht mehr erwachen,
Ihr Auge wird das Ird'sche nicht mehr schauen.
3515 Schon schwebt sie droben, ein verklärter Geist,
Sieht unsern Schmerz nicht mehr und unsre Reue.

   Sorel. Sie schlägt die Augen auf, sie lebt!

   Burgund (erstaunt).   Kehrt sie
Uns aus dem Grab zurück? Zwingt sie den Tod?
Sie richtet sich empor! Sie steht!

   Johanna (steht ganz aufgerichtet und schaut umher). Wo bin ich?
3520   **Burgund.** Bei deinem Volk, Johanna! Bei den Deinen!

   König. In deiner Freunde, deines Königs Armen!

   Johanna (nachdem sie ihn lange starr angesehen).
Nein, ich bin keine Zauberin! Gewiß,
Ich bin's nicht.

   König. Du bist heilig, wie die Engel;
Doch unser Auge war mit Nacht bedeckt.

   Johanna (sieht heiter lächelnd umher).
3525 Und ich bin wirklich unter meinem Volk,

Schiller V.   16

Und bin nicht mehr verachtet und verstoßen?
Man flucht mir nicht, man sieht mich gütig an?
— Ja, jetzt erkenn' ich deutlich alles wieder!
Das ist mein König! Das sind Frankreichs Fahnen!
3530 Doch meine Fahne seh' ich nicht — Wo ist sie?
Nicht ohne meine Fahne darf ich kommen;
Von meinem Meister ward sie mir vertraut,
Vor seinem Thron muß ich sie niederlegen;
Ich darf sie zeigen, denn ich trug sie treu.
3535   **König** (mit abgewandtem Gesicht). **Gebt ihr die Fahne!**
(Man reicht sie ihr. Sie steht ganz frei aufgerichtet, die Fahne in der Hand. —
Der Himmel ist von einem rosichten Schein beleuchtet.)
     Johanna. Seht ihr den Regenbogen in der Luft?
Der Himmel öffnet seine goldnen Tore,
Im Chor der Engel steht sie glänzend da,
Sie hält den ew'gen Sohn an ihrer Brust,
3540 Die Arme streckt sie lächelnd mir entgegen.
Wie wird mir? — Leichte Wolken heben mich —
Der schwere Panzer wird zum Flügelkleide.
Hinauf — hinauf — die Erde flieht zurück —
Kurz ist der Schmerz, und ewig ist die Freude!
(Die Fahne entfällt ihr, sie sinkt tot darauf nieder. — Alle stehen lange in sprachloser
Rührung. — Auf einen leisen Wink des Königs werden alle Fahnen sanft auf sie
niedergelassen, daß sie ganz davon bedeckt wird.)

Die Braut von Messina

oder

Die feindlichen Brüder

Ein Trauerspiel mit Chören

———

Personen:

Donna Isabella, Fürstin von Messina.
Don Manuel, } ihre Söhne.
Don Cesar,
Beatrice.
Diego.
Boten.
Chor, besteht aus dem Gefolge der Brüder.
Die Ältesten von Messina, reden nicht.

———

Einleitung des Herausgebers.

Schon bei der Betrachtung des Wallenstein sahen wir, daß
die Griechen einen starken Einfluß auf die Entwicklung des
Schillerschen Kunststiles gehabt haben. Wenn wir bisher ein
langsames Rücktreten der Charaktere gegenüber der Handlung
feststellen konnten, so ist das nicht ohne Mitwirkung des Aristoteles und seiner Poetik geschehen. Wichtiger ist wohl noch die
Einsicht, welche Schiller in das griechische Drama gewann.
Bei seinem Interesse für das Problem der Form mußten ihm
die griechischen Meisterstücke ganz besonders zusagen. Nach Grundzügigkeit, nach Einfachheit ging sein Streben, und das fand er
in stilgerechter Ausprägung bei Aischylos, von dem Stolberg
vier Dramen übersetzt hatte, und in klarer Schönheit bei Sophokles. Auch als Euripidesübersetzer konnte er da noch manches
gewinnen. Das meiste aber gab ihm der König Ödipus des
Sophokles; er war ihm geradezu eine Offenbarung. Hier
sah er den schärfsten Ausdruck dessen, was er als tragisch empfand, und zwar liegt der Grund dafür darin, daß hier die Notwendigkeit im Schicksal hervortritt wie sonst nirgends. Alles Un-
heilbringende ist vor Beginn des Stückes geschehen; die Tragödie
zeigt dem Helden auf, daß es etwas Fürchterliches war, was er
getan hat; sie bringt ihm zum Bewußtsein, daß er nichtsahnend
seinen Vater erschlagen und seine Mutter geheiratet hat. Die Tragödie also, die Schiller wie keine zweite bewundert, bringt nur Enthüllungen. Man kann von analytischer Technik sprechen; diese imponierte ihm aber aus dem Grunde, da „das Geschehene als un-
abänderlich, seiner Natur nach viel fürchterlicher ist, und die Furcht,
daß etwas geschehen sein möchte, das Gemüt ganz anders
affiziert als die Furcht, daß etwas geschehen möchte". Wenn
dem Menschen klar wird, daß in Taten und Begebenheiten der
Vergangenheit das Verderben steckt, welches durch kein Handeln
der Gegenwart aufgehoben oder wieder gut gemacht werden
kann, dann ist allerdings ein grausig-starrer Eindruck des Ver-

hängnisses erreicht, ein beklemmend-fürchterlicher Eindruck der
Abhängigkeit.

In dieser Erkenntnis hatte Schiller schon den letzten drei
Dramen etwas Starr-Unabänderliches in die Tragik gemischt
und seine Helden ganz in der Hand ihres Schicksals gezeigt.
Noch ehe die Handlung des Wallenstein beginnt, ist der Unterhändler Sesin schon gefangen; ein Ausweg ist nicht mehr,
Wallenstein muß brechen mit dem Kaiser. Über Maria Stuart ist das
Todesurteil gesprochen, dem sie endlich zum Opfer fällt, und
die Jungfrau von Orleans hat das Gebot von der Mutter
Gottes erhalten, das sie notwendigerweise in Konflikt bringen
muß mit ihrer Natur als Mensch. Sie wird es nicht halten
können und daran zugrunde gehen müssen. Überall haben wir
hier Konflikte, die nicht mehr rein gelöst werden können, und
die hat Schiller eben jetzt als die echt tragischen erkannt. Das
Muster Ödipus allerdings erreicht keins seiner Stücke an Notwendigkeit und Starrheit, aber er glaubt auch lange, daß der
Ödipus wohl einzig in seiner Art sei. Der Orakelspruch, so
sieht er ein, hat einen Anteil an der Tragödie, der schlechterdings durch nichts anderes zu ersetzen ist. Auf dem Gebiete
des Geschichtsdramas besonders ist hier nichts zu machen. Aber
hier treffen ja auch seine tragischen Einsichten mit einem Wunsche
zusammen, der uns nach Vollendung seines großen historischen
Trauerspiels erstaunlich früh kommt: er ist des obligaten Historischen müde und hat Lust, sich seine Fabel in dem Felde der
freien Erfindung zu suchen. Wie das Historische in den auf
seinen Wallenstein folgenden Dramen langsam zurücktrat, sahen
wir schon; doch ist es wunderbar, daß Goethe schon im
März 1799 von einem solchen Stoffe Schillers weiß und
auch bereits die Anlage gut nennt. Noch erfahren wir
weiter nichts; treten doch auch mancherlei Ausführungen, mancherlei Entwürfe dazwischen. Es werden schließlich der Wallenstein, die Maria Stuart und die Jungfrau von Orleans erst
vollendet, es tauchen die Malteser, Warbeck, die Gräfin von Flan-
dern auf, es drängen sich die Theaterbearbeitungen von Nathan
und Iphigenie, die Übersetzung der Turandot ein. Aber doch
arbeitet er still weiter. Mitte Mai 1801 ist er sich über sein
Phantasiegebilde bereits so weit klar, daß er an Körner berichtet
von einem tragischen Gegenstande, der, den Chor mitgerechnet,
nur aus zwanzig Szenen und aus fünf Personen bestehe, und
dessen Interesse nicht sowohl in den handelnden Personen als in
der Handlung selbst liege, so wie im König Ödipus. Er hofft
etwa Anfang Juli die Arbeit beginnen zu können.

Krankheit macht ihn aber längere Zeit arbeitsunfähig. Die Briefe geben reichlich Kunde von seinem weiteren Schaffen. Im August schreibt er an Goethe: Ich bin in diesen Tagen nicht ohne Sukzeß mit meinem Stück beschäftigt gewesen, und ich habe noch bei keiner Arbeit so viel gelernt als bei dieser. Es ist ein Ganzes, das ich leichter übersehe und auch leichter regiere; auch ist es eine dankbarere und erfreulichere Aufgabe, einen einfachen Stoff reich und gehaltvoll zu machen, als einen zu reichen und breiten Gegenstand einzuschränken. — Hier tritt das Männliche seiner Natur so stark hervor: das Neuschaffen, das Ausgestalten mit Aufwendung aller seiner Gaben, die weiteste Entfaltung seines Könnens ist ihm doch das Erfreulichste. Er hat noch nie so viel gelernt wie bei diesem Drama: er arbeitet immer; alle Kräfte, alle Bewußtheit und alle Instinkte läßt er spielen, bis er wieder den kongenialen, den möglichst vollständigen Ausdruck seines Wesens gefunden hat, und der ist hier vorhanden wie noch nirgends. Das ist das Ergebnis seiner Arbeit, das ist das Erfreuliche und Dankbare. —

Im September heißt es in einem Briefe an Körner: Es sind die Feindlichen Brüder oder, wie ich es taufen werde, die Braut von Messina. Über dem langen Hin= und Herschwanken von einem Stoffe zum andern habe ich zuerst nach diesem gegriffen, und zwar aus dreierlei Gründen: 1. war ich damit, in Absicht auf den Plan, der sehr einfach ist, am weitesten; 2. bedurfte ich eines gewissen Stachels der Neuheit in der Form, und einer solchen Form, die einen Schritt näher zur antiken Tragödie wäre — welches hier der Fall ist; denn das Stück läßt sich wirklich zu einer Äschyleischen Tragödie an; 3. mußte ich etwas wählen, was nicht de longue haleine ist, weil ich nach der langen Pause notwendig bedarf, wieder etwas fertig vor mir zu sehen. Ich muß auf jeden Fall am Ende des Jahres damit zustande sein, weil es Ende Januar (31.) zum Geburtstag unserer Herzogin aufgeführt zu werden bestimmt ist. — Und diese Motive Schillers wollen doch auch nicht übersehen sein. Seine männlich=drängende Kraft bedurfte eines Ansporns, und den gab ihm die eigenartig kühne, neue Form. Die andere Bewegung und Rhythmik reizte ihn, das Antike, der Chor. Dazu kommt schließlich mit fast komischer Wichtigkeit: das neue Theaterstück! Damit aber hatte es diesmal seine eigene Bewandtnis, denn obgleich bereits am 15. November über die Hälfte des Stückes fertig war, wurde es doch nicht so früh abgeschlossen, daß es am Geburtstage der Herzogin hätte aufgeführt werden können. Im übrigen aber muß Schiller schon in den Januartagen erklären,

„daß sein neues Stück für das Theater wohl keine Spekulation sei, da das Theater im allgemeinen gar nicht aufs Poetische eingerichtet sei. Die Handlung wird zwar theatralisch genug sein, aber die Ausführung ist durchaus lyrisch für den gemeinen Zweck und, ich darf mit gutem Gewissen hinzusetzen, für das Talent gemeiner Schauspieler zu antik." Weiter geht aus Schillers Briefen aus jener Zeit noch hervor, daß er sich bis in die letzten Tage vor Abschluß des Werks über die Form des Schlusses nicht ganz klar gewesen ist. Am 31. Januar 1803 war die Braut von Messina fertig.

Am 4. Februar las er es in einer „sehr gemischten Gesellschaft von Fürsten, Schauspielern, Damen und Schulmeistern" vor, und seine Hoffnung hebt sich, es mit dem Chor auf die Bühne bringen zu können. Wirklich konnte auch in Weimar die Uraufführung am 19. März 1803 stattfinden, nachdem es manche schwere Mühe gekostet hatte, die Bühnenkräfte im Sprechen der bewegten Verse zu schulen. Über diese Aufführung schreibt Schiller den bedeutsamen Brief an Körner: Vor neun Tagen ist die Braut von Messina hier zum ersten Male gegeben und vorgestern wiederholt worden. Der Eindruck war bedeutend und ungewöhnlich stark; auch imponierte es dem jüngeren Teile des Publikums so sehr, daß man mir nach dem Stücke am Schauspielhause ein Vivat brachte, welches man sich sonst hier noch niemals herausnahm. Über den Chor und das vorwaltend Lyrische in dem Stücke sind die Stimmen natürlich sehr geteilt, da noch ein großer Teil des ganzen deutschen Publikums seine prosaischen Begriffe von dem Natürlichen in einem Dichterwerke nicht ablegen kann. Es ist der alte und der ewige Streit, den wir beizulegen nicht hoffen dürfen. Was mich selbst betrifft, so kann ich wohl sagen, daß ich in der Vorstellung der Braut von Messina zum ersten Male den Eindruck einer wahren Tragödie bekam. Der Chor hielt das Ganze trefflich zusammen, und ein hoher, furchtbarer Ernst waltete durch die ganze Handlung. Goethe ist es auch so ergangen; er meint, der theatralische Boden wäre durch diese Erscheinung zu etwas Höherem eingeweiht worden. — An Körner aber, der die Übermittelung des Manuskriptes an das Leipziger Theater übernahm, schreibt er, er solle ja nicht sagen, daß in dem Stücke der Chor der alten Tragödie auf die moderne Bühne gebracht sei; sie sollen ihn unwissend spielen: er fürchtet das Vorurteil. Am 14. Juni fand in Berlin die Erstaufführung statt.

Schiller nennt die Braut von Messina seinen ersten Versuch einer Tragödie in strenger Form und versteht unter strenger

Form die der griechischen Tragödie, genauer noch die des Sopho=
kleischen Ödipus. Wenn er nun auch wohl scherzweise meint, er
hätte vielleicht im dichterischen Wettkampf auch als Zeitgenosse
des Sophokles einmal einen Preis davongetragen, so lag ihm
doch nichts ferner, als etwa eine genaue Wiedergabe der griechi=
schen Tragik geben zu wollen, und sei es auch nur in ihren Grund=
tendenzen. Er ist sich des Humboldtischen Urteils wohl bewußt
und ist auch stolz darauf, daß jener ihn den modernsten
aller neuen Dichter genannt hat und ihn also im größten
Gegensatz mit allem gedacht hat, was antik heißt. Und wenn wir
heute ein Wort jener zeitgenössischen Kritik zu unterschreiben
bereit sind, so ist es dies Wort Humboldts. Die Braut von
Messina lehrt das am deutlichsten. Schillers männliche Kraft
hat sich hier die Möglichkeit des völligen Ausdrucks
seines Wesens, seiner dichterischen Persönlichkeit geschaffen.
Die Jugenddramen zeigten uns Stimmungen, Erregungen, Phan=
tasien, der Don Karlos die Begeisterungskraft, den typischen
Idealismus dieses Jünglings; die riesige Formkraft des Mannes
zeigte uns der Wallenstein um so deutlicher, als der reine Künstler
hier den zufälligen, bedingten Menschen fast niedergerungen hatte.
Freier tritt dann bei allem Formsinn des Dichters Eigenart
wieder in der Maria Stuart hervor, die in der Jungfrau von
Orleans schon geradezu über das Historische triumphiert. Ethische
Probleme, Lebensergebnisse, tiefe Gedanken über Welt und
Menschheit verrieten die letzten Dramen alle und zeigten dadurch
so viel tiefere Blicke in die Persönlichkeit des Dichters als seine
mitreißenden, berauschenden Jugenddramen. Tiefer nur liegen
jetzt die Lebensresultate.

Aber Schillers Entwickelung geht weiter. Wie Winkelried
die Speere seiner Gegner, so faßte Schiller alle Ströme der Kultur
seiner Zeit mit starkem Arm und richtete sie in seine Brust. Nur
in stetem Wandel und Werden ist solch ein Mensch zu denken
— das hatte schon in einem Dialoge von 1782 sein Edwin behauptet —,
und das ist der Grund, weswegen auch seine Kunst eine stets
wachsende, reifende ist. Denn die Kunst ist ihm nicht mehr und
nicht weniger als der Ausdruck seiner Persönlichkeit. In
all diesem steckt der Satz begründet, daß Schiller der modernste
Dichter seiner Zeit genannt werden muß.

Der Hintergrund des Staats, der Geschichte, der Kultur legte
nicht nur der Eigenart des Dichters Fesseln an, sondern beein=
trächtigte auch das darzustellende Menschliche. Dieses konnte in
bedingten Verhältnissen, in bestimmten Färbungen nicht rein
und hell herauskommen, weder die reine Menschheit noch die

reine Tragik. Sein Suchen und Trachten ging dahin, einen
Stoff zu finden, der außerhalb, der mindestens am Anfang dieser
festen Zustände lag. Ursprüngliche Naturen wollte er darstellen
in ihren rein menschlichen Beziehungen, oder wie Kühnemann sagt:
das Leben in der großen Einfachheit seiner ewigen Urform, in
den elementaren Trieben der menschlichen Natur und in seiner
sittlichen Urgesetzlichkeit. — Was konnte er Einfacheres finden als
die Familie, als die Mutter in ihren Beziehungen zu ihren
Kindern, als das Verhältnis der Kinder zueinander, als Liebe,
als Haß, als Volk und Herrscher und als Volk und Heimat!
Nach Messina verlegt er seine Handlung, in ein Land, wo noch
die alte heidnische Kultur im Boden steckt, wo die Araber herüber-
greifen und das Christentum Wurzel gefaßt hat. Hier gibt es
keinen Dogmenzwang, hier herrscht nur ein poetischer Grund-
glaube, das Abhängigkeitsgefühl des Naturmenschen von göttlichen Mächten, Furcht und Trotz. Hier gelten die Ahnungen und
Träume, die Orakelworte des arabischen Sterndeuters und die
Prophezeiungen des frommen Mönches. Hier sind keine romantischen Äußerlichkeiten wie in der Jungfrau von Orleans, hier
ist das natürliche Gefühl einer Abhängigkeit von geheimen, über-
irdischen Gewalten, das echte mythische Gefühl einer wollenden
und bestimmenden Macht, das aus dem Mangel an Einsicht
in natürliche Zusammenhänge entspringen muß.

Ein Haß ist da zwischen zwei Brüdern, ein Haß von Geburt her.
Ihr Vater, der Fürst, ist tot. Nachkommen sind sie eines alten Räu-
bergeschlechts, in dem Gewalttat sich vererbte. Nur die Gewalttätigen
aber konnten auch Herren bleiben über dies Volk. Die jungen Fürsten
sind auseinandergeflogen ins Land, ein jeder mit seinen Mannen.
Mutterliebe will sie versöhnen, sie ruft sie herbei und will Frieden
stiften unter ihnen und Freude im Hause erwecken. Eine Schwester
hat sie ihnen erzogen, heimlich in der Stille eines Klosters. Aber
beide Söhne kennen das Mädchen, beide lieben sie, heimlich vor
sich und der Mutter, und auch das Mädchen, eingesponnen sich
selber in ein Geheimnis, verschweigt ihre an sich harmlosen Erlebnisse. Nach friedsamem, hoffnungsvollem Eingang muß sich
alles enthüllen, aber aus dem Schweigen tritt langsam das Verderben. Die Brüder sind schon versöhnt, sie suchen die unbekannte
Schwester und wollen der Mutter die Braut zuführen. Da sieht
der Jüngere die Geliebte im Arm des Älteren und ersticht ihn,
wähnend, jener habe ihn betrogen und ihm die Braut geraubt.
Auf die geradezu komödienhaft große Verwirrung, die uns trotz
aller Zufälligkeit doch gebannt hält — ein Abbild menschlichen
Irrens —, folgt der Brudermord. Dem raschen Morde aber folgt

zögernd die Klarheit. Der stolze Mörder findet nur im Selbst=
mord Sühne vor sich. Haß und Gewalt sind zu Ende, Klarheit
und Ruhe herrschen. Es ist fast wie nach einem Naturschauspiel.

Wie schön ist das Weib, das Frieden stiften will, wie rührend
das betrogene in ihrer Hilflosigkeit. Heiter, fast hoffnungsfreudig
beginnt das Stück, ernst und schwer klingt es aus. Starr ist die
Abhängigkeit, die Kleinheit des Lebens zum Ausdruck gelangt,
eindrücklich durch die fast stilisiert=einfachen Gestalten. Die Affekte,
Liebe und Haß, sind tot, der Stolz und die Bitterkeit der Menschen
sind gerichtet, die Götter haben recht behalten. Die Schuld ist
aufgehoben, ganz gesühnt, das ist das Höchste; was schadet es,
daß das Leben dahin ist! In diesem knappen Rahmen welche
Fülle! Welche Konzentration!

Wie beim Ödipus haben wir hier das geheime Aufwachsen
eines Kindes, das laut eines alten Fluches der Familie Unheil
bringen soll. Dies Kind wird durch Geheimhaltung gerade das
Werkzeug des Geschickes, und dadurch bricht die Vernichtung herein.
Unnatürliche Liebe haben wir auch in Schillers Dichtung und
ebenso den Verwandtenmord. Hätte Schiller aber wie Sophokles
alles Geschehen nur aus einem alten Orakel und dem Fluche folgen
lassen, hätte er nicht mehr getan, als Vorbestimmtes geschehen
lassen, so wäre seine Dichtung durchaus antik und nur eine Kopie.
Darin aber liegt gerade das Moderne, daß Schiller hier eine
andere Auffassung vom Schicksal bekundet als Sophokles. Trotz
aller Prophezeiungen und Träume liegt das Schicksal in den
Menschen, in Don Cesar und seiner Veranlagung besonders.
Das Temperament dieses Mannes bereitet ihm schließlich das
Schicksal. Ödipus kann sein Geschick weder durch Tun noch durch
Lassen beeinflussen. Die Vorbestimmungen in unserem Stücke geben
den Eindruck treibender Gewalt; die Notwendigkeit dieser Gewalt
und ihre dichterische Motivierung aber steckt im Innern der
Menschen. Schillers Menschen leiden nicht allein, sie tun auch;
Schiller will und kann nicht wie Sophokles die Geringwertigkeit
und Erfolglosigkeit alles menschlichen Strebens darstellen. Da=
für steht ihm denn doch der Mensch zu hoch. Ödipus hat un=
wissend gehandelt. Don Cesar aber weiß, daß er seinen
Bruder mordet, er lädt Schuld auf sich freiwillig. Darin steckt
eine höhere Bewertung des Menschen; er ist nicht nur Werkzeug. —
So gewinnt auch sein freiwilliger Tod an sittlicher Bedeutung:
Der gewaltsame junge Fürst, der in jäher Eifersucht und Zorn
den Bruder erschlug, erkennt seinen Irrtum, er faßt sich zusammen,
er muß hören, wie die Mutter ihn den schlechteren Sohn nennt,
wie die Schwester den Ermordeten liebt; er wälzt jedoch seine

Tat nicht auf das Schicksal, sondern ist sich der vollen Selbst-
verantwortung bewußt. Er wächst zu sittlicher Würde. Seinen
Mangel an Beherrschung, seine Knechtung durch aufwallende
Leidenschaft büßt er ab. Nicht klagend, nicht bitter gibt er sich
den Tod; als die Mutter ihn anfleht, sich zu erhalten, als die
Schwester selbst ihm zeigt, daß sie um ihn weint, daß er ihr
lieb und wert ist, da geht er ruhig in den Tod. Dieser Tod ist
die höchste Erhebung des Helden, eine Tat, die ihn erhaben macht.
Der Liebe gewiß, versöhnt, stirbt er freiwillig, nicht aus Stolz,
aus Verdruß, aus Unmut, sondern im Gegenteil, aus Rechts-
gefühl, in Selbstlosigkeit am Altar der sittlichen Idee.

Natürlich beruht nicht das ganze Schicksal auf diesem Einen.
Auch der anderen Art und Natur ist beteiligt an der Schuld,
vor allem wohl ihr Mangel an Wahrheit und Offenheit. Im
übrigen aber beruht gerade auf der Begebenheit der dichterische
Wert dieses Dramas, die Charakteristik ist oberflächlicher. Aber
auch das gehört zum Stil dieses Dramas. Die Individuen sind
nebensächlich, der Handlung allein gebührt das ganze
Interesse. Waren schon in der Maria Stuart und mehr
noch in der Jungfrau von Orleans ganze Gruppen von Personen
schematisch ausgeführt und mehr nach Typen und Ständen gezeichnet, so hat Schiller sich hier Menschen ausgesucht, die eine
individuelle Ausführung nicht vertragen. Er macht hier künstlich
eine Schwäche zur Tugend. Jedenfalls ist die Oberflächenbehand-
lung hier ganz stilgerecht. Der Familienzug der Verschlossenheit
herrscht vor. Isabella ist „die" Mutter; sie ist bei aller Liebe
und Wehmut und Frömmigkeit durchaus nicht weichlich, sondern hat als Tochter eines hohen und wilden Geschlechtes stolze und
vermessene Worte den Göttern gegenüber. Der ältere Sohn
ist milder, aber doch wie der harte Vater versonnen, schwerfällig;
die Tochter ist wie die Mutter in ihrer Jugend, der jüngere Sohn
ist gewaltsam, heißblütig. Im Kern sind sie aber alle von Adel
und Größe.

Man hat dem Dichter all die Fehlerchen nachgerechnet, die
er in der Motivierung gerade dieses Stückes gemacht hat. Nun
muß ja natürlich eine Motivierung bis zu einem gewissen Grade
da sein, aber es ist doch auch nicht zu leugnen, daß sie
hier nur mit Leichtigkeit oder Andeutung stattfinden darf,
eben um nicht den Eindruck der Bestimmtheit, gar den der Wirklichkeit zu machen. Man hat hier Gestalten, die nur dazu dienen
sollen, einen dichterisch bedeutenden Vorgang zu versinnlichen
und als stilisierte Gebilde eine ferne Welt genialer Ideen und
Empfindungen zu beleben, mit Maßstäben gemessen, die von

Hebbel, Ibsen und neueren Psychologiedichtern genommen sind, ohne zu begreifen, daß hier die Individuen gar keine Rolle spielen, daß man es eigentlich gar nicht mit Individuen zu tun hat. Wir wollen auch hier die einzelnen Einwendungen gar nicht betrachten, da sie im Prinzip als überflüssig zurückzuweisen sind. Wir wollen gerade andrerseits das Moment noch betrachten, das diese Tragödie völlig der Überwirklichkeit, der reinen Sphäre des Stils zuweist, nämlich den Chor.

Was Schiller auch immer von früheren Dramatikern übernommen hat, er hat nichts kopiert. Als geborener Theatraliker hat er ihm eine höhere Bedeutung und Wirksamkeit zu geben sich bemüht. So steht es auch hier mit dem Chore. Ist er den Griechen die Stimme der ruhigen Betrachtung und Erwägung, ist er ihnen das lyrische Zwischenspiel und schließlich auch das unveränderlich Feste, die ruhende Idee im Streit der Leidenschaften und Gefühle, so geht Schiller weiter. Er gibt dem Chor einen doppelten Charakter: einen allgemeinen menschlichen nämlich, wenn er sich im Zustand der ruhigen Reflexion befindet, und einen spezifischen, wenn er in Leidenschaft gerät und zur handelnden Person wird. In der ersten Qualität ist er gleichsam außer dem Stücke und bezieht sich also mehr auf den Zuschauer. Er hat als solcher eine überlegenheit über die handelnden Personen, aber bloß diejenige, welche der Ruhige über den Passionierten hat; er steht am sichern Ufer, wenn das Schiff mit den Wellen kämpft. In der zweiten Qualität, als selbsthandelnde Person, soll er die ganze Blindheit, Beschränktheit, dumpfe Leidenschaftlichkeit der Masse darstellen, und so hilft er die Hauptfigur herausheben. — Schiller hat also dem Chor, dem er die Aufgabe des griechischen Chores beläßt, starke Farben gegeben, die Farbe des niederen Volks einer rauhen Zeit. Das fremde Herrschergeschlecht hat diese Männer in der Gewalt; sie murren über Krieg und Fehde und wollen, wie die zu Anfang auftretenden Ältesten von Messina, lieber Frieden und Ruhe. Aber sie sind sich ihrer Kraftlosigkeit bewußt, sie wissen, daß ihrer Haltlosigkeit, ihrer Dumpfheit eine eiserne Faust not tut und ein Hirn, das für sie denkt. Ohne Entschiedenheit im übrigen kennen sie nur die zähe Mannentreue der Gewohnheit, die Neigung der Herde zum Hirten. Sonst sind ihre sittlichen Grundbegriffe nicht sonderlich tief. Ist ihr Leben doch auch nur Krieg und Friede, im Kriege der Mord und Raub, im Frieden Jagd und Seefahrt und die Liebe zum Weib. Aber uralter Weisheit Schätze haben sie aufgespeichert im Innern, und von Vätern her tragen sie in sich ein richtiges Maß der Dinge. Sie sind ein Spiegel der Begebenheiten, und das

Schrecklichste und Maßloseste erscheint darin milder und kleiner.
— Diese größere Bühnenwirksamkeit des Chores im Vergleich
mit den Griechen trägt ja auch eine Unwahrheit in sich, denn
der Chor kann eben nicht einen doppelten Charakter haben, jetzt
das Schwert ziehen und hadern, jetzt ruhig unparteiische Weis=
heit reden; aber die Bemühung der Verlebendigung, die moderne
Auffassung Schillers muß anerkannt werden. Die Motivierung
ist auch hier wieder so schwach wie bei den handelnden Personen.

Wie aber konnte der Dichter hier seinen Sinn betätigen für
ursprüngliche Zustände, wie konnte er deren Bedeutsamkeit auf=
zeigen für die Entwicklung, für die Zukunft. Wie konnte er
die Reflexion, die sich sonst so oft störend in Dialog und
Szenenfluß drängte, hier auf den Chor konzentrieren, dem ja
gerade die Betrachtung zu Gesichte stand. Wieder wurde ihm aus
einer Not eine Tugend. Welche Gelegenheit hatte er zur Ent=
faltung seiner Gedanken und Bilder, wie konnte er in Versen und
Rhythmen seine wundervollen Kräfte zeigen, wie konnte er über
alles das Gewand seiner Sprache breiten, im stolzen Fluß der
Falten und Linien. Bewegtere, festlichere, prunkvollere Verse
hat unsere deutsche Literatur nicht.

Man hat die Bewußtheit, das Künstliche dieser Dichtung
getadelt. Wenn man aber an einem Dichter das Charakteristischste
angreift und verwirft, so charakterisiert man dadurch seine eigene
Kritik als eine höchst beschränkte. Die Konstruktion in höchstem
Sinne ist nur möglich auf dem Boden der vollen Bewußtheit,
und wenn man ein solches Schaffen im Gegensatz zu dem in=
stinktiven als künstlich bezeichnet, so vergißt man, daß auch die
Architektur eine solche Kunst ist, und daß doch die Bezeichnung künst=
lich nicht in tadelndem Sinne auf sie angewendet werden darf.
Wir haben hier eine Übernahme der Klarheit und Grundzügig=
keit der griechischen Kunst, einen Stil in großen klassischen Linien,
Flächen und Räumen, einen Stil, der sich erhebt über das Kleine
und Zufällige, der letzte, höchste Werte ausdrückt, der das Leben
zeigt als Tragik in sich gegenüber den Gesetzen der sittlichen Welt.
Und das ist die Bedeutung der Braut von Messina: sie ist nicht
allein Schillers größtes Stilkunstwerk, das Meisterstück dieses
genialsten Dichter=Architekten, sondern gehört auch als Ausdruck
der Bestrebungen und Kulturbewegungen eines ganzen Zeitalters
zu den bedeutendsten Werken unserer Dichtung überhaupt.

(Die Szene ist eine geräumige Säulenhalle, auf beiden Seiten sind Eingänge, eine
große Flügeltüre in der Tiefe führt zu einer Kapelle.)

Donna Isabella in tiefer Trauer, die Ältesten von Messina stehen um sie her.

Isabella. Der Not gehorchend, nicht dem eignen Trieb,
Tret' ich, ihr greisen Häupter dieser Stadt,
Heraus zu euch aus den verschwiegenen
Gemächern meines Frauensaals, das Antlitz
5 Vor euern Männerblicken zu entschleiern.
Denn es geziemt der Witwe, die den Gatten
Verloren, ihres Lebens Licht und Ruhm,
Die schwarz umflorte Nachtgestalt dem Aug'
Der Welt in stillen Mauern zu verbergen;
10 Doch unerbittlich, allgewaltig treibt
Des Augenblicks Gebieterstimme mich
An das entwohnte Licht der Welt hervor.
    Nicht zweimal hat der Mond die Lichtgestalt
Erneut, seit ich den fürstlichen Gemahl
15 Zu seiner letzten Ruhestätte trug,
Der mächtigwaltend dieser Stadt gebot,
Mit starkem Arme gegen eine Welt
Euch schützend, die euch feindlich rings umlagert.
Er selber ist dahin, doch lebt sein Geist
20 In einem tapfern Heldenpaare fort
Glorreicher Söhne, dieses Landes Stolz.
Ihr habt sie unter euch in freud'ger Kraft
Aufwachsen sehen, doch mit ihnen wuchs
Aus unbekannt verhängnisvollem Samen
25 Auch ein unsel'ger Bruderhaß empor,
Der Kindheit frohe Einigkeit zerreißend,
Und reifte furchtbar mit dem Ernst der Jahre.
Nie hab' ich ihrer Eintracht mich erfreut;

An diesen Brüsten nährt' ich beide gleich;
30 Gleich unter sie verteil' ich Lieb' und Sorge,
Und beide weiß ich kindlich mir geneigt.
In diesem einz'gen Triebe sind sie eins,
In allem andern trennt sie blut'ger Streit.
     Zwar, weil der Vater noch gefürchtet herrschte,
35 Hielt er durch gleicher Strenge furchtbare
Gerechtigkeit die Heftigbrausenden im Zügel,
Und unter eines Joches Eisenschwere
Bog er vereinend ihren starren Sinn;
Nicht waffentragend durften sie sich nahn,
40 Nicht in denselben Mauern übernachten.
So hemmt' er zwar mit strengem Machtgebot
Den rohen Ausbruch ihres wilden Triebs;
Doch ungebessert in der tiefen Brust
Ließ er den Haß. Der Starke achtet es
45 Gering, die leise Quelle zu verstopfen,
Weil er dem Strome mächtig wehren kann.
     Was kommen mußte, kam. Als er die Augen
Im Tode schloß, und seine starke Hand
Sie nicht mehr bändigt, bricht der alte Groll,
50 Gleichwie des Feuers eingepreßte Glut,
Zur offnen Flamme sich entzündend, los.
Ich sag' euch, was ihr alle selbst bezeugt:
Messina teilte sich, die Bruderfehde
Löst' alle heil'gen Bande der Natur,
55 Dem allgemeinen Streit die Losung gebend,
Schwert traf auf Schwert, zum Schlachtfeld ward die Stadt,
Ja, diese Hallen selbst bespritzte Blut.
     Des Staates Bande sahet ihr zerreißen,
Doch mir zerriß im Innersten das Herz.
60 Ihr fühltet nur das öffentliche Leiden
Und fragtet wenig nach der Mutter Schmerz.
Ihr kamt zu mir und spracht dies harte Wort:
„Du siehst, daß deiner Söhne Bruderzwist
Die Stadt empört in bürgerlichem Streit,
65 Die, von dem bösen Nachbar rings umgarnt,
Durch Eintracht nur dem Feinde widersteht.
— Du bist die Mutter! Wohl, so siehe zu,
Wie du der Söhne blut'gen Hader stillst.
Was kümmert uns, die Friedlichen, der Zank
70 Der Herrscher? Sollen wir zugrunde gehn,
Weil deine Söhne wütend sich befehden?

Wir wollen uns selbst raten ohne sie
Und einem andern Herrn uns übergeben,
Der unser Bestes will und schaffen kann!"
75 So spracht ihr rauhen Männer, mitleidlos,
Für euch nur sorgend und für eure Stadt,
Und wälzet noch die öffentliche Not
Auf dieses Herz, das von der Mutter Angst
Und Sorgen schwer genug belastet war.
80 Ich unternahm das nicht zu Hoffende,
Ich warf mit dem zerrißnen Mutterherzen
Mich zwischen die Ergrimmten, Friede rufend.
Unabgeschreckt, geschäftig, unermüdlich
Beschick' ich sie, den einen um den andern,
85 Bis ich erhielt durch mütterliches Flehn,
Daß sie's zufrieden sind, in dieser Stadt
Messina, in dem väterlichen Schloß,
Unfeindlich sich von Angesicht zu sehn,
Was nie geschah, seitdem der Fürst verschieden.
90 Dies ist der Tag! Des Boten harr' ich stündlich,
Der mir die Kunde bringt von ihrem Anzug.
— Seid denn bereit, die Herrscher zu empfangen
Mit Ehrfurcht, wie's dem Untertanen ziemt.
Nur eure Pflicht zu leisten seid bedacht;
95 Fürs andre laßt uns andere gewähren!
Verderblich diesem Land und ihnen selbst
Verderbenbringend war der Söhne Streit;
Versöhnt, vereinigt, sind sie mächtig gnug,
Euch zu beschützen gegen eine Welt
100 Und Recht sich zu verschaffen — gegen euch!
(Die Ältesten entfernen sich schweigend, die Hand auf der Brust. Sie winkt einem
alten Diener, der zurückbleibt.)

———

Isabella. Diego.

Isabella. Diego!
Diego.   Was gebietet meine Fürstin?
Isabella. Bewährter Diener! Redlich Herz! Tritt näher!
Mein Leiden hast du, meinen Schmerz geteilt,
So teil' auch jetzt das Glück der Glücklichen.
5 Verpfändet hab' ich deiner treuen Brust
Mein schmerzlich süßes, heiliges Geheimnis.
Der Augenblick ist da, wo es ans Licht
Des Tages soll hervorgezogen werden.

Schiller V.   17

Zu lange schon erstickt' ich der Natur
110 Gewalt'ge Regung, weil noch über mich
Ein fremder Wille herrisch waltete.
Jetzt darf sich ihre Stimme frei erheben;
Noch heute soll dies Herz befriedigt sein,
Und dieses Haus, das lang' verödet war,
115 Versammle alles, was mir teuer ist.
    So lenke denn die alterschweren Tritte
Nach jenem wohlbekannten Kloster hin,
Das einen teuern Schatz mir aufbewahrt.
Du warst es, treue Seele, der ihn mir
120 Dorthin geflüchtet hat auf beßre Tage,
Den traur'gen Dienst der Traurigen erzeigend.
Du bringe fröhlich jetzt der Glücklichen
Das teure Pfand zurück.
                    (Man hört in der Ferne blasen.)
                            O, eile, eile
Und laß die Freude deinen Schritt verjüngen!
125 Ich höre kriegerischer Hörner Schall,
Der meiner Söhne Einzug mir verkündigt.
(Diego geht ab. Die Musik läßt sich noch von einer entgegengesetzten Seite immer
                    näher und näher hören.)
Isabella. Erregt ist ganz Messina. Horch! ein Strom
Verworrner Stimmen wälzt sich brausend her.
Sie sind's! Das Herz der Mutter, mächtig schlagend,
130 Empfindet ihrer Nähe Kraft und Zug.
Sie sind's! O meine Kinder, meine Kinder! (Sie eilt hinaus.)

————

Chor tritt auf. Er besteht aus zwei Halbchören, welche zu gleicher Zeit, von zwei
entgegengesetzten Seiten, der eine aus der Tiefe, der andere aus dem Vordergrund
eintreten, rund um die Bühne gehen und sich alsdann auf derselben Seite, wo jeder
eingetreten, in eine Reihe stellen. Den einen Halbchor bilden die ältern, den andern
die jüngern Ritter; beide sind durch Farbe und Abzeichen verschieden. Wenn beide
Chöre einander gegenüberstehen, schweigt der Marsch, und die beiden Chorführer reden.

    Erster Chor. (Cajetan.) Dich begrüß' ich in Ehrfurcht,
Prangende Halle,
Dich, meiner Herrscher
135 Fürstliche Wiege,
Säulengetragenes herrliches Dach.
    Tief in der Scheide
Ruhe das Schwert,
Vor den Toren gefesselt
140 Liege des Streits schlangenhaarichtes Scheusal.

Denn des gastlichen Hauses
Unverletzliche Schwelle
Hütet der Eid, der Erinnyen Sohn,
Der furchtbarste unter den Göttern der Hölle!

Zweiter Chor. (Bohemund.)

145 Zürnend ergrimmt mir das Herz im Busen,
Zu dem Kampf ist die Faust geballt,
Denn ich sehe das Haupt der Medusen,
Meines Feindes verhaßte Gestalt.
Kaum gebiet' ich dem kochenden Blute.
150 Gönn' ich ihm die Ehre des Worts?
Oder gehorch' ich dem zürnenden Mute?
Aber mich schreckt die Eumenide,
Die Beschirmerin dieses Orts,
Und der waltende Gottesfriede.

155 **Erster Chor.** (Cajetan.) Weisere Fassung
Ziemet dem Alter,
Ich, der Vernünftige, grüße zuerst.
(Zu dem zweiten Chor.) Sei mir willkommen,
Der du mit mir
160 Gleiche Gefühle
Brüderlich teilend,
Dieses Palastes
Schützende Götter
Fürchtend verehrst!
165 Weil sich die Fürsten gütlich besprechen,
Wollen auch wir jetzt Worte des Friedens
Harmlos wechseln mit ruhigem Blut,
Denn auch das Wort ist, das heilende, gut.
Aber treff' ich dich draußen im Freien,
170 Da mag der blutige Kampf sich erneuen,
Da erprobe das Eisen den Mut.

Der ganze Chor. Aber treff' ich dich draußen im Freien,
Da mag der blutige Kampf sich erneuen,
Da erprobe das Eisen den Mut.

Erster Chor. (Berengar.)
Dich nicht hass' ich! Nicht du bist mein Feind!
Eine Stadt ja hat uns geboren,
Jene sind ein fremdes Geschlecht.
Aber wenn sich die Fürsten befehden,
Müssen die Diener sich morden und töten,
Das ist die Ordnung, so will es das Recht.

Zweiter Chor. (Bohemund.) Mögen sie's wissen,

17*

Warum sie sich blutig
Hassend bekämpfen! Mich ficht es nicht an.
Aber wir fechten ihre Schlachten;
185 Der ist kein Tapfrer, kein Ehrenmann,
Der den Gebieter läßt verachten.

      Der ganze Chor. Aber wir fechten ihre Schlachten;
Der ist kein Tapfrer, kein Ehrenmann,
Der den Gebieter läßt verachten.

      Einer aus dem Chor. (Berengar.)
190 Hört, was ich bei mir selbst erwogen,
Als ich müßig daher gezogen
Durch des Korns hochwallende Gassen,
Meinen Gedanken überlassen.

      Wir haben uns in des Kampfes Wut
195 Nicht besonnen und nicht beraten,
Denn uns betörte das brausende Blut.

      Sind sie nicht unser, diese Saaten?
Diese Ulmen, mit Reben umsponnen,
Sind sie nicht Kinder unsrer Sonnen?
200 Könnten wir nicht in frohem Genuß
Harmlos vergnügliche Tage spinnen,
Lustig das leichte Leben gewinnen?
Warum ziehn wir mit rasendem Beginnen
Unser Schwert für das fremde Geschlecht?
205 Es hat an diesen Boden kein Recht.
Auf dem Meerschiff ist es gekommen
Von der Sonne rötlichtem Untergang;
Gastlich haben wir's aufgenommen
(Unsre Väter! Die Zeit ist lang),
210 Und jetzt sehen wir uns als Knechte
Untertan diesem fremden Geschlechte!

      Ein Zweiter. (Manfred.)
Wohl! Wir bewohnen ein glückliches Land,
Das die himmelumwandelnde Sonne
Ansieht mit immer freundlicher Helle,
215 Und wir könnten es fröhlich genießen;
Aber es läßt sich nicht sperren und schließen,
Und des Meers rings umgebende Welle,
Sie verrät uns dem kühnen Korsaren,
Der die Küste verwegen durchkreuzt.
220 Einen Segen haben wir zu bewahren,
Der das Schwert nur des Fremdlings reizt.
Sklaven sind wir in den eigenen Sitzen,

Das Land kann seine Kinder nicht schützen.
Nicht wo die goldene Ceres lacht
225 Und der friedliche Pan, der Flurenbehüter,
Wo das Eisen wächst in der Berge Schacht,
Da entspringen der Erde Gebieter.

    Erster Chor. (Cajetan.)
Ungleich verteilt sind des Lebens Güter
Unter der Menschen flücht'gem Geschlecht;
230 Aber die Natur, sie ist ewig gerecht.
Uns verlieh sie das Mark und die Fülle,
Die sich immer erneuend erschafft;
Jenen ward der gewaltige Wille
Und die unzerbrechliche Kraft.
235 Mit der furchtbaren Stärke gerüstet,
Führen sie aus, was dem Herzen gelüstet,
Füllen die Erde mit mächtigem Schall;
Aber hinter den großen Höhen
Folgt auch der tiefe, der donnernde Fall.
240   Darum lob' ich mir, niedrig zu stehen,
Mich verbergend in meiner Schwäche.
Jene gewaltigen Wetterbäche,
Aus des Hagels unendlichen Schloßen,
Aus den Wolkenbrüchen zusammengeflossen,
245 Kommen finster gerauscht und geschossen,
Reißen die Brücken und reißen die Dämme
Donnernd mit fort im Wogengeschwemme;
Nichts ist, das die Gewaltigen hemme.
Doch nur der Augenblick hat sie geboren,
250 Ihres Laufes furchtbare Spur
Geht verrinnend im Sande verloren,
Die Zerstörung verkündigt sie nur.
— Die fremden Eroberer kommen und gehen;
Wir gehorchen, aber wir bleiben stehen.
(Die hintere Türe öffnet sich; Donna Isabella erscheint zwischen ihren Söhnen Don
Manuel und Don Cesar.)

255   **Beide Chöre. (Cajetan.)** Preis ihr und Ehre,
Die uns dort aufgeht,
Eine glänzende Sonne!
Knieend verehr' ich dein herrliches Haupt.

    Erster Chor. (Cajetan.) Schön ist des Mondes
60 Mildere Klarheit
Unter der Sterne blitzendem Glanz;
Schön ist der Mutter

Liebliche Hoheit
Zwischen der Söhne feuriger Kraft;
265 Nicht auf der Erden
   Ist ihr Bild und ihr Gleichnis zu sehn.
     Hoch auf des Lebens
Gipfel gestellt,
Schließt sie blühend den Kreis des Schönen;
270 Mit der Mutter und ihren Söhnen
Krönt sich die herrlich vollendete Welt.
     Selber die Kirche, die göttliche, stellt nicht
Schöneres dar auf dem himmlischen Thron;
Höheres bildet
275 Selber die Kunst nicht, die göttlich geborne,
Als die Mutter mit ihrem Sohn.

       Zweiter Chor. (Bohemund.)
Freudig sieht sie aus ihrem Schoße
Einen blühenden Baum sich erheben,
Der sich ewig sprossend erneut.
280 Denn sie hat ein Geschlecht geboren,
Welches wandeln wird mit der Sonne
Und den Namen geben der rollenden Zeit.

    (Roger.) Völker verrauschen,
Namen verklingen,
285 Finstre Vergessenheit
Breitet die dunkelnachtenden Schwingen
Über ganzen Geschlechtern aus.
   Aber der Fürsten
Einsame Häupter
290 Glänzen erhellt,
Und Aurora berührt sie
Mit den ewigen Strahlen
Als die ragenden Gipfel der Welt.

Isabella (mit ihren Söhnen hervortretend).
Blick' nieder, hohe Königin des Himmels,
295 Und halte deine Hand auf dieses Herz,
Daß es der Übermut nicht schwellend hebe;
Denn leicht vergäße sich der Mutter Freude,
Wenn sie sich spiegelt in der Söhne Glanz;
Zum erstenmal, seitdem ich sie geboren,

300 Umfaß' ich meines Glückes Fülle ganz.
Denn bis auf diesen Tag mußt' ich gewaltsam
Des Herzens fröhliche Ergießung teilen;
Vergessen ganz mußt' ich den einen Sohn,
Wenn ich der Nähe mich des andern freute.
305 O, meine Mutterliebe ist nur eine,
Und meine Söhne waren ewig zwei!
— Sagt, darf ich ohne Zittern mich der süßen
Gewalt des trunknen Herzens überlassen?
(Zu Don Manuel.) Wenn ich die Hand des Bruders freundlich drücke,
310 Stoß' ich den Stachel nicht in deine Brust?
(Zu Don Cesar.) Wenn ich das Herz an seinem Anblick weide,
Ist's nicht ein Raub an dir? — O, ich muß zittern,
Daß meine Liebe selbst, die ich euch zeige,
Nur euers Hasses Flammen heft'ger schüre.
(Nachdem sie beide fragend angesehen.)
315 Was darf ich mir von euch versprechen? Redet!
Mit welchem Herzen kamet ihr hieher?
Ist's noch der alte unversöhnte Haß,
Den ihr mit herbringt in des Vaters Haus,
Und wartet draußen vor des Schlosses Toren
320 Der Krieg, auf Augenblicke nur gebändigt
Und knirschend in das eherne Gebiß,
Um alsobald, wenn ihr den Rücken mir
Gekehrt, mit neuer Wut sich zu entfesseln?

    Chor. (Bohemund.)

Krieg oder Frieden! Noch liegen die Lose
325 Dunkel verhüllt in der Zukunft Schoße!
Doch es wird sich, noch eh' wir uns trennen, entscheiden;
Wir stehen bereit und gerüstet zu beiden.

    Isabella (im ganzen Kreis umherschauend).

Und welcher furchtbar kriegerische Anblick!
Was sollen diese hier? Ist's eine Schlacht,
330 Die sich in diesen Sälen zubereitet?
Wozu die fremde Schar, wenn eine Mutter
Das Herz aufschließen will vor ihren Kindern?
Bis in den Schoß der Mutter fürchtet ihr
Der Arglist Schlingen, tückischen Verrat,
335 Daß ihr den Rücken euch besorglich deckt?
— O diese wilden Banden, die euch folgen,
Die raschen Diener euers Zorns, sie sind
Nicht eure Freunde! Glaubet nimmermehr,
Daß sie euch wohlgesinnt zum Besten raten!

340 Wie könnten sie's von Herzen mit euch meinen,
    Den Fremdlingen, dem eingedrungnen Stamm,
    Der aus dem eignen Erbe sie vertrieben,
    Sich über sie der Herrschaft angemaßt?
    Glaubt mir! Es liebt ein jeder, frei sich selbst
345 Zu leben nach dem eigenen Gesetz;
    Die fremde Herrschaft wird mit Neid ertragen.
    Von eurer Macht allein und ihrer Furcht
    Erhaltet ihr den gern versagten Dienst.
    Lernt dies Geschlecht, das herzlos falsche, kennen!
350 Die Schadenfreude ist's, wodurch sie sich
    An euerm Glück, an eurer Größe rächen.
    Der Herrscher Fall, der hohen Häupter Sturz
    Ist ihrer Lieder Stoff und ihr Gespräch,
    Was sich vom Sohn zum Enkel forterzählt,
355 Womit sie sich die Winternächte kürzen.
        — O meine Söhne! Feindlich ist die Welt
    Und falsch gesinnt! Es liebt ein jeder nur
    Sich selbst; unsicher, los' und wandelbar
    Sind alle Bande, die das leichte Glück
360 Geflochten — Laune löst, was Laune knüpfte —
    Nur die Natur ist redlich! Sie allein
    Liegt an dem ew'gen Ankergrunde fest,
    Wenn alles andre auf den sturmbewegten Wellen
    Des Lebens unstet treibt. Die Neigung gibt
365 Den Freund, es gibt der Vorteil den Gefährten;
    Wohl dem, dem die Geburt den Bruder gab!
    Ihn kann das Glück nicht geben! Anerschaffen
    Ist ihm der Freund, und gegen eine Welt
    Voll Kriegs und Truges steht er zweifach da!
        Chor. (Cajetan.)
370 Ja, es ist etwas Großes, ich muß es verehren,
    Um einer Herrscherin fürstlichen Sinn,
    Über der Menschen Tun und Verkehren
    Blickt sie mit ruhiger Klarheit hin.
    Uns aber treibt das verworrene Streben
375 Blind und sinnlos durchs wüste Leben.
        Isabella (zu Don Cesar.)
    Du, der das Schwert auf seinen Bruder zückt,
    Sieh dich umher in dieser ganzen Schar,
    Wo ist ein edler Bild als deines Bruders?
    (Zu Don Manuel.) Wer unter diesen, die du Freunde nennst,
380 Darf deinem Bruder sich zur Seite stellen?

Ein jeder ist ein Muster seines Alters,
Und keiner gleicht, und keiner weicht dem andern.
Wagt es, euch in das Angesicht zu sehn!
O Raserei der Eifersucht, des Neides!
385 Ihn würdest du aus Tausenden heraus
Zum Freunde dir gewählt, ihn an dein Herz
Geschlossen haben als den Einzigen;
Und jetzt, da ihn die heilige Natur
Dir gab, dir in der Wiege schon ihn schenkte,
390 Trittst du, ein Frevler an dem eignen Blut,
Mit stolzer Willkür ihr Geschenk mit Füßen,
Dich wegzuwerfen an den schlechtern Mann,
Dich an den Feind und Fremdling anzuschließen!
     Don Manuel. Höre mich, Mutter!
     Don Cesar.   Mutter, höre mich!
395 Isabella. Nicht Worte sind's, die diesen traur'gen Streit
Erledigen. Hier ist das Mein und Dein,
Die Rache von der Schuld nicht mehr zu sondern.
  — Wer möchte noch das alte Bette finden
Des Schwefelstroms, der glühend sich ergoß?
400 Des unterird'schen Feuers schreckliche
Geburt ist alles, eine Lavarinde
Liegt aufgeschichtet über dem Gesunden,
Und jeder Fußtritt wandelt auf Zerstörung.
  — Nur dieses eine leg' ich euch ans Herz:
405 Das Böse, das der Mann, der mündige,
Dem Manne zufügt, das, ich will es glauben,
Vergibt sich und versöhnt sich schwer. Der Mann
Will seinen Haß, und keine Zeit verändert
Den Ratschluß, den er wohlbesonnen faßt.
410 Doch euers Haders Ursprung steigt hinauf
In unverständ'ger Kindheit frühe Zeit,
Sein Alter ist's, was ihn entwaffnen sollte.
Fraget zurück, was euch zuerst entzweite;
Ihr wißt es nicht, ja, fändet ihr's auch aus,
415 Ihr würdet euch des kind'schen Haders schämen.
Und dennoch ist's der erste Kinderstreit,
Der, fortgezeugt in unglücksel'ger Kette,
Die neuste Unbill dieses Tags geboren.
Denn alle schwere Taten, die bis jetzt geschahn,
420 Sind nur des Argwohns und der Rache Kinder.
  — Und jene Knabenfehde wolltet ihr

Noch jetzt fortkämpfen, da ihr Männer seid?
(Beider Hände fassend.) O meine Söhne! Kommt, entschließet euch,
Die Rechnung gegenseitig zu vertilgen;
425 Denn gleich auf beiden Seiten ist das Unrecht.
Seid edel, und großherzig schenkt einander
Die unabtragbar ungeheure Schuld.
Der Siege göttlichster ist das Vergeben!
In euers Vaters Gruft werft ihn hinab,
430 Den alten Haß der frühen Kinderzeit!
Der schönen Liebe sei das neue Leben,
Der Eintracht, der Versöhnung sei's geweiht. (Sie tritt einen
Schritt zwischen beiden zurück, als wollte sie ihnen Raum geben, sich einander zu
nähern. Beide blicken zur Erde, ohne einander anzusehen.)

     Chor. (Cajetan.) Höret der Mutter vermahnende Rede,
Wahrlich, sie spricht ein gewichtiges Wort!
435 Laßt es genug sein und endet die Fehde,
Oder gefällt's euch, so setzet sie fort!
Was euch genehm ist, das ist mir gerecht,
Ihr seid die Herrscher, und ich bin der Knecht.

     Isabella (nachdem sie einige Zeit innegehalten und vergebens eine Äuße-
rung der Brüder erwartet, mit unterdrücktem Schmerz).
Jetzt weiß ich nichts mehr. Ausgeleert hab' ich
440 Der Worte Köcher und erschöpft der Bitten Kraft.
Im Grabe ruht, der euch gewaltsam bändigte,
Und machtlos steht die Mutter zwischen euch.
— Vollendet! Ihr habt freie Macht! Gehorcht
Dem Dämon, der euch sinnlos wütend treibt,
445 Ehrt nicht des Hausgotts heiligen Altar,
Laßt diese Halle selbst, die euch geboren,
Den Schauplatz werden euers Wechselmords!
Vor eurer Mutter Aug' zerstöret euch
Mit euern eignen, nicht durch fremde Hände.
450 Leib gegen Leib, wie das thebanische Paar,
Rückt aufeinander an, und wutvoll ringend
Umfanget euch mit eherner Umarmung!
Leben um Leben tauschend siege jeder,
Den Dolch einbohrend in des andern Brust,
455 Daß selbst der Tod nicht eure Zwietracht heile,
Die Flamme selbst, des Feuers rote Säule,
Die sich von euerm Scheiterhaufen hebt,
Sich zweigespalten voneinander teile,
Ein schaudernd Bild, wie ihr gestorben und gelebt. (Sie geht ab.
Die Brüder bleiben noch in der vorigen Entfernung voneinander stehen.)

Beide Brüder. Beide Chöre.

460 **Chor.** (Cajetan.) Es sind nur Worte, die sie gesprochen,
Aber sie haben den fröhlichen Mut
In der felsichten Brust mir gebrochen!
Ich nicht vergoß das verwandte Blut.
Rein zum Himmel erheb' ich die Hände;
465 Ihr seid Brüder! Bedenket das Ende!
    Don Cesar (ohne Don Manuel anzusehen).
Du bist der ältre Bruder, rede du!
Dem Erstgebornen weich' ich ohne Schande.
    Don Manuel (in derselben Stellung).
Sag' etwas Gutes, und ich folge gern
Dem edeln Beispiel, das der Jüngre gibt.
470 **Don Cesar.** Nicht weil ich für den Schuldigeren mich
Erkenne oder schwächer gar mich fühle —
    Don Manuel.
Nicht Kleinmuts zeiht Don Cesarn, wer ihn kennt;
Fühlt' er sich schwächer, würd' er stolzer reden.
    Don Cesar. Denkst du von deinem Bruder nicht geringer?
475 **Don Manuel.** Du bist zu stolz zur Demut, ich zur Lüge.
    Don Cesar. Verachtung nicht erträgt mein edles Herz.
Doch in des Kampfes heftigster Erbitterung
Gedachtest du mit Würde deines Bruders.
    — **Don Manuel.** Du willst nicht meinen Tod; ich habe Proben.
480 Ein Mönch erbot sich dir, mich meuchlerisch
Zu morden; du bestraftest den Verräter.
    Don Cesar (tritt etwas näher).
Hätt' ich dich früher so gerecht erkannt,
Es wäre vieles ungeschehn geblieben.
    Don Manuel. Und hätt' ich dir ein so versöhnlich Herz
485 Gewußt, viel Mühe spart' ich dann der Mutter.
    Don Cesar. Du wurdest mir viel stolzer abgeschildert.
    Don Manuel. Es ist der Fluch der Hohen, daß die Niedern
Sich ihres offnen Ohrs bemächtigen.
    Don Cesar (lebhaft). So ist's. Die Diener tragen alle Schuld!
490 **Don Manuel.** Die unser Herz in bitterm Haß entfremdet.
    Don Cesar. Die böse Worte hin und wieder trugen.
    Don Manuel. Mit falscher Deutung jede Tat vergiftet.
    Don Cesar. Die Wunde nährten, die sie heilen sollten.
    Don Manuel. Die Flamme schürten, die sie löschen konnten.
495 **Don Cesar.** Wir waren die Verführten, die Betrognen!

Don Manuel. Das blinde Werkzeug fremder Leidenschaft!
Don Cesar. Ist's wahr, daß alles andre treulos ist —
Don Manuel.
Und falsch! Die Mutter sagt's; du darfst es glauben!
Don Cesar.
So will ich diese Bruderhand ergreifen — (Er reicht ihm die Hand hin.)
Don Manuel (ergreift sie lebhaft).
500 Die mir die nächste ist auf dieser Welt.
(Beide stehen Hand in Hand und betrachten einander eine Zeitlang schweigend.)
     Don Cesar. Ich seh' dich an, und überrascht, erstaunt
Find' ich in dir der Mutter teure Züge.
     Don Manuel. Und eine Ähnlichkeit entdeckt sich mir
In dir, die mich noch wunderbarer rühret.
505   **Don Cesar.** Bist du es wirklich, der dem jüngern Bruder
So hold begegnet und so gütig spricht?
     Don Manuel. Ist dieser freundlich sanftgesinnte Jüngling
Der übelwollend mir gehäss'ge Bruder?
(Wiederum Stillschweigen; jeder steht in den Anblick des andern verloren.)
     Don Cesar. Du nahmst die Pferde von arab'scher Zucht
510 In Anspruch aus dem Nachlaß unsers Vaters.
Den Rittern, die du schicktest, schlug ich's ab.
     Don Manuel. Sie sind dir lieb. Ich denke nicht mehr dran.
     Don Cesar. Nein, nimm die Rosse, nimm den Wagen auch
Des Vaters, nimm sie, ich beschwöre dich.
515   **Don Manuel.** Ich will es tun, wenn du das Schloß am Meere
Beziehen willst, um das wir heftig stritten.
     Don Cesar. Ich nehm' es nicht, doch bin ich's wohl zufrieden,
Daß wir's gemeinsam brüderlich bewohnen.
     Don Manuel. So sei's! Warum ausschließend Eigentum
520 Besitzen, da die Herzen einig sind?
     Don Cesar. Warum noch länger abgesondert leben,
Da wir, vereinigt, jeder reicher werden?
     Don Manuel.
Wir sind nicht mehr getrennt, wir sind vereinigt. (Er eilt in seine
                                       Arme.)
     Erster Chor (zum zweiten). (Cajetan.)
Was stehen wir hier noch feindlich geschieden,
525 Da die Fürsten sich liebend umfassen?
Ihrem Beispiel folg' ich und biete dir Frieden;
Wollen wir einander denn ewig hassen?
Sind sie Brüder durch Blutes Bande,
Sind wir Bürger und Söhne von einem Lande.
                 (Beide Chöre umarmen sich.)

Ein Bote tritt auf.

Zweiter Chor (zu Don Cesar). (**Bohemund.**)

530 Den Späher, den du ausgesendet, Herr,
Erblick' ich wiederkehrend. Freue dich,
Don Cesar! Gute Botschaft harret dein,
Denn fröhlich strahlt der Blick des Kommenden.

    Bote. Heil mir und Heil der fluchbefreiten Stadt!
535 Des schönsten Anblicks wird mein Auge froh.
Die Söhne meines Herrn, die Fürsten seh' ich
In friedlichem Gespräche, Hand in Hand,
Die ich in heißer Kampfeswut verlassen.

    Don Cesar. Du siehst die Liebe aus des Hasses Flammen
540 Wie einen neuverjüngten Phönix steigen.

    Bote. Ein zweites leg' ich zu dem ersten Glück!
Mein Botenstab ergrünt von frischen Zweigen!

    Don Cesar (ihn beiseite führend). Laß hören, was du bringst!

    Bote.   Ein einz'ger Tag
Will alles, was erfreulich ist, versammeln.
545 Auch die Verlorene, nach der wir suchten,
Sie ist gefunden, Herr, sie ist nicht weit.

    Don Cesar. Sie ist gefunden! O, wo ist sie? Sprich!

    Bote. Hier in Messina, Herr, verbirgt sie sich.

    Don Manuel (zu dem ersten Halbchor gewendet).
Von hoher Röte Glut seh' ich die Wangen
550 Des Bruders glänzen, und sein Auge blitzt.
Ich weiß nicht, was es ist; doch ist's die Farbe
Der Freude, und mitfreuend teil' ich sie.

    Don Cesar (zu dem Boten).
Komm, führe mich! — Leb' wohl, Don Manuel!
Im Arm der Mutter finden wir uns wieder;
555 Jetzt fodert mich ein dringend Werk von hier. (Er will gehen.)

    Don Manuel. Verschieb' es nicht! Das Glück beglette dich!

    Don Cesar (besinnt sich und kommt zurück).
Don Manuel! Mehr, als ich sagen kann,
Freut mich dein Anblick. Ja, mir ahnet schon,
Wir werden uns wie Herzensfreunde lieben;
560 Der lang gebundne Trieb wird freud'ger nur
Und mächt'ger streben in der neuen Sonne.
Nachholen werd' ich das verlorne Leben.

    Don Manuel. Die Blüte deutet auf die schöne Frucht.

    Don Cesar. Es ist nicht recht, ich fühl's und table mich,

565 Daß ich mich jetzt aus deinen Armen reiße.
Denk' nicht, ich fühle weniger als du,
Weil ich die festlich schöne Stunde rasch zerschneide.
Don Manuel (mit sichtbarer Zerstreuung).
Gehorche du dem Augenblick! Der Liebe
Gehört von heute an das ganze Leben.
570   Don Cesar. Entdeckt' ich dir, was mich von hinnen ruft —
Don Manuel.
Laß mir dein Herz! Dir bleibe dein Geheimnis!
     Don Cesar. Auch kein Geheimnis trenn' uns ferner mehr,
Bald soll die letzte dunkle Falte schwinden!
(Zu dem Chor gewendet.) Euch künd' ich's an, damit ihr's alle wisset!
575 Der Streit ist abgeschlossen zwischen mir
Und dem geliebten Bruder! Den erklär' ich
Für meinen Todfeind und Beleidiger
Und werd' ihn hassen wie der Hölle Pforten,
Der den erloschnen Funken unsers Streits
580 Aufbläst zu neuen Flammen. Hoffe keiner,
Mir zu gefallen oder Dank zu ernten,
Der von dem Bruder Böses mir berichtet,
Mit falscher Dienstbegier den bittern Pfeil
Des raschen Worts geschäftig weitersendet.
585 — Nicht Wurzeln auf der Lippe schlägt das Wort,
Das unbedacht dem schnellen Zorn entflohen;
Doch von dem Ohr des Argwohns aufgefangen,
Kriecht es wie Schlingkraut endlos treibend fort
Und hängt ans Herz sich an mit tausend Ästen:
590 So trennen endlich in Verworrenheit
Unheilbar sich die Guten und die Besten!   (Er umarmt den Bruder
                     noch einmal und geht ab, von dem zweiten Chore begleitet.)

———————

Don Manuel und der erste Chor.

Chor. (Cajetan.)
Verwundrungsvoll, o Herr, betracht' ich dich,
Und fast muß ich dich heute ganz verkennen.
Mit karger Rede kaum erwiderst du
595 Des Bruders Liebesworte, der gutmeinend
Mit offnem Herzen dir entgegenkommt.
Versunken in dich selber stehst du da
Gleich einem Träumenden, als wäre nur
Dein Leib zugegen und die Seele fern.

600 Wer so dich sähe, möchte leicht der Kälte
Dich zeihn und stolz unfreundlichen Gemüts;
Ich aber will dich drum nicht fühllos schelten,
Denn heiter blickst du wie ein Glücklicher
Um dich, und Lächeln spielt um deine Wangen.

605   **Don Manuel.** Was soll ich sagen? Was erwidern? Mag
Der Bruder Worte finden! Ihn ergreift
Ein überraschend neu Gefühl; er sieht
Den alten Haß aus seinem Busen schwinden,
Und wundernd fühlt er sein verwandelt Herz.
610 Ich — habe keinen Haß mehr mitgebracht;
Kaum weiß ich noch, warum wir blutig stritten.
Denn über allen irb'schen Dingen hoch
Schwebt mir auf Freudensittichen die Seele,
Und in dem Glanzesmeer, das mich umfängt,
615 Sind alle Wolken mir und finstre Falten
Des Lebens ausgeglättet und verschwunden.
— Ich sehe diese Hallen, diese Säle
Und denke mir das freudige Erschrecken
Der überraschten, hocherstaunten Braut,
620 Wenn ich als Fürstin sie und Herrscherin
Durch dieses Hauses Pforten führen werde.
— Noch liebt sie nur den Liebenden! Dem Fremdling,
Dem Namenlosen hat sie sich gegeben.
Nicht ahnet sie, daß es Don Manuel,
625 Messinas Fürst ist, der die goldne Binde
Ihr um die schöne Stirne flechten wird.
Wie süß ist's, das Geliebte zu beglücken
Mit ungehoffter Größe Glanz und Schein!
Längst spart' ich mir dies höchste der Entzücken;
630 Wohl bleibt es stets sein höchster Schmuck allein;
Doch auch die Hoheit darf das Schöne schmücken,
Der goldne Reif erhebt den Edelstein.
    Chor. (Cajetan.)
Ich höre dich, o Herr, vom langen Schweigen
Zum erstenmal den stummen Mund entsiegeln.
635 Mit Späheraugen folgt' ich dir schon längst,
Ein seltsam wunderbar Geheimnis ahnend;
Doch nicht erkühnt' ich mich, was du vor mir
In tiefes Dunkel hüllst, dir abzufragen.
Dich reizt nicht mehr der Jagden muntre Lust,
640 Der Rosse Wettlauf und des Falken Sieg.
Aus der Gefährten Aug' verschwindest du,

So oft die Sonne sinkt zum Himmelsrande,
Und keiner unsers Chors, die wir dich sonst
In jeder Kriegs= und Jagdgefahr begleiten,
645 Mag deines stillen Pfads Gefährte sein.
Warum verschleierst du bis diesen Tag
Dein Liebesglück mit dieser neid'schen Hülle?
Was zwingt den Mächtigen, daß er verhehle?
Denn Furcht ist fern von deiner großen Seele.

650   **Don Manuel.** Geflügelt ist das Glück und schwer zu binden;
Nur in verschloßner Lade wird's bewahrt.
Das Schweigen ist zum Hüter ihm gesetzt,
Und rasch entfliegt es, wenn Geschwätzigkeit
Voreilig wagt, die Decke zu erheben.
655 Doch jetzt, dem Ziel so nahe, darf ich wohl
Das lange Schweigen brechen, und ich will's.
Denn mit der nächsten Morgensonne Strahl
Ist sie die Meine, und des Dämons Neid
Wird keine Macht mehr haben über mich.
660 Nicht mehr verstohlen werd' ich zu ihr schleichen,
Nicht rauben mehr der Liebe goldne Frucht,
Nicht mehr die Freude haschen auf der Flucht,
Das Morgen wird dem schönen Heute gleichen;
Nicht Blitzen gleich, die schnell vorüberschießen
665 Und plötzlich von der Nacht verschlungen sind,
Mein Glück wird sein gleichwie des Baches Fließen,
Gleichwie der Sand des Stundenglases rinnt.

        Chor. (Cajetan.)
So nenne sie uns, Herr, die dich im stillen
Beglückt, daß wir dein Los beneidend rühmen
670 Und würdig ehren unsers Fürsten Braut.
Sag' an, wo du sie fandest, wo verbirgst,
In welches Orts verschwiegner Heimlichkeit?
Denn wir durchziehen schwärmend weit und breit
Die Insel auf der Jagd verschlungnen Pfaden;
675 Doch keine Spur hat uns dein Glück verraten,
So daß ich bald mich überreden möchte,
Es hülle sie ein Zaubernebel ein.

        Don Manuel. Den Zauber lös' ich auf, denn heute noch
Soll, was verborgen war, die Sonne schauen.
680 Vernehmet denn und hört, wie mir geschah!
Fünf Monde sind's, es herrschte noch im Lande
Des Vaters Macht und beugete gewaltsam
Der Jugend starren Nacken in das Joch.

Nichts kannt' ich, als der Waffen wilde Freuden
685 Und als des Weidwerks kriegerische Lust.
— Wir hatten schon den ganzen Tag gejagt
Entlang des Waldgebirges — da geschah's,
Daß die Verfolgung einer weißen Hindin
Mich weit hinweg aus euerm Haufen riß.
690 Das scheue Tier floh durch des Tales Krümmen,
Durch Busch und Kluft und bahnenlos Gesträpp,
Auf Wurfes Weite sah ich's stets vor mir,
Doch konnt' ich's nicht erreichen, noch erzielen,
Bis es zuletzt an eines Gartens Pforte mir
695 Verschwand. Schnell von dem Roß herab mich werfend,
Dring' ich ihm nach, schon mit dem Speere zielend;
Da seh' ich wundernd das erschrockne Tier
Zu einer Nonne Füßen zitternd liegen,
Die es mit zarten Händen schmeichelnd kost.
700 Bewegungslos starr' ich das Wunder an,
Den Jagdspieß in der Hand, zum Wurf ausholend.
Sie aber blickt mit großen Augen flehend
Mich an. So stehn wir schweigend gegeneinander —
Wie lange Frist, das kann ich nicht ermessen,
705 Denn alles Maß der Zeiten war vergessen.
Tief in die Seele drückt sie mir den Blick,
Und umgewandelt schnell ist mir das Herz.
— Was ich nun sprach, was die Holdsel'ge mir
Erwidert, möge niemand mich befragen,
710 Denn wie ein Traumbild liegt es hinter mir
Aus früher Kindheit dämmerhellen Tagen.
An meiner Brust fühlt' ich die ihre schlagen,
Als die Besinnungskraft mir wiederkam.
Da hört' ich einer Glocke helles Läuten,
715 Den Ruf zur Hora schien es zu bedeuten,
Und schnell, wie Geister in die Luft verwehen,
Entschwand sie mir und ward nicht mehr gesehen.

      Chor. (Cajetan.) Mit Furcht, o Herr, erfüllt mich dein Bericht.
Raub hast du an dem Göttlichen begangen,
720 Des Himmels Braut berührt mit sündigem Verlangen,
Denn furchtbar heilig ist des Klosters Pflicht.

      Don Manuel. Jetzt hatt' ich eine Straße nur zu wandeln;
Das unstet schwanke Sehnen war gebunden,
Dem Leben war sein Inhalt ausgefunden;
725 Und wie der Pilger sich nach Osten wendet,
Wo ihm die Sonne der Verheißung glänzt,

Schiller V.   18

So kehrte sich mein Hoffen und mein Sehnen
Dem einen hellen Himmelspunkte zu.
Kein Tag entstieg dem Meer und sank hinunter,
730 Der nicht zwei glücklich Liebende vereinte.
Geflochten still war unsrer Herzen Bund,
Nur der allsehnde Äther über uns
War des verschwiegnen Glücks vertrauter Zeuge;
Es brauchte weiter keines Menschen Dienst.
735 Das waren goldne Stunden, sel'ge Tage!
— Nicht Raub am Himmel war mein Glück, denn noch
Durch kein Gelübde war das Herz gefesselt,
Das sich auf ewig mir zu eigen gab.

      Chor. (Cajetan.) So war das Kloster eine Freistatt nur
740 Der zarten Jugend, nicht des Lebens Grab?

      Don Manuel. Ein heilig Pfand ward sie dem Gotteshaus
Vertraut, das man zurück einst werde fodern.

      Chor. (Cajetan.)
Doch welches Blutes rühmt sie sich zu sein?
Denn nur vom Edeln kann das Edle stammen.

745   **Don Manuel.** Sich selber ein Geheimnis wuchs sie auf,
Nicht kennt sie ihr Geschlecht, noch Vaterland.

      Chor. (Cajetan.) Und leitet keine dunkle Spur zurück
Zu ihres Daseins unbekannten Quellen?

      Don Manuel. Daß sie von edelm Blut, gesteht der Mann,
750 Der einz'ge, der um ihre Herkunft weiß.

      Chor. (Cajetan.) Wer ist der Mann? Nichts halte mir zurück,
Denn wissend nur kann ich dir nützlich raten.

      Don Manuel. Ein alter Diener naht von Zeit zu Zeit,
Der einz'ge Bote zwischen Kind und Mutter.

755   **Chor.** (Cajetan.) Von diesem Alten hast du nichts erforscht?
Feigherzig und geschwätzig ist das Alter.

      Don Manuel. Nie wagt' ich's, einer Neugier nachzugeben,
Die mein verschwiegnes Glück gefährden konnte.

      Chor. (Cajetan.) Was aber war der Inhalt seiner Worte,
760 Wenn er die Jungfrau zu besuchen kam?

      Don Manuel. Auf eine Zeit, die alles lösen werde,
Hat er von Jahr zu Jahren sie vertröstet.

      Chor. (Cajetan.) Und diese Zeit, die alles lösen soll,
Hat er sie näher deutend nicht bezeichnet?

765   **Don Manuel.** Seit wenig Monden drohete der Greis
Mit einer nahen Änderung ihres Schicksals.

      Chor. (Cajetan.) Er drohte, sagst du? Also fürchtest du,
Ein Licht zu schöpfen, das dich nicht erfreut?

Don Manuel. Ein jeder Wechsel schreckt den Glücklichen;
770 Wo kein Gewinn zu hoffen, droht Verlust.
Chor. (Cajetan.)
Doch konnte die Entdeckung, die du fürchtest,
Auch deiner Liebe günst'ge Zeichen bringen.
Don Manuel.
Auch stürzen konnte sie mein Glück; drum wählt' ich
Das Sicherste, ihr schnell zuvorzukommen.
Chor. (Cajetan.)
775 Wie das, o Herr? Mit Furcht erfüllst du mich,
Und eine rasche Tat muß ich besorgen.
Don Manuel. Schon seit den letzten Monden ließ der Greis
Geheimnisvolle Winke sich entfallen,
Daß nicht mehr ferne sei der Tag, der sie
780 Den Ihrigen zurücke geben werde.
Seit gestern aber sprach er's deutlich aus,
Daß mit der nächsten Morgensonne Strahl —
Dies aber ist der Tag, der heute leuchtet —
Ihr Schicksal sich entscheidend werde lösen.
785 Kein Augenblick war zu verlieren; schnell
War mein Entschluß gefaßt und schnell vollstreckt.
In dieser Nacht raubt' ich die Jungfrau weg
Und brachte sie verborgen nach Messina.
Chor. (Cajetan.) Welch kühn verwegen=räuberische Tat!
790 — Verzeih, o Herr, die freie Tadelrede!
Doch solches ist des weisern Alters Recht,
Wenn sich die rasche Jugend kühn vergißt.
Don Manuel. Unfern vom Kloster der Barmherzigen,
In eines Gartens abgeschiedner Stille,
795 Der von der Neugier nicht betreten wird,
Trennt' ich mich eben jetzt von ihr, hieher
Zu der Versöhnung mit dem Bruder eilend.
In banger Furcht ließ ich sie dort allein
Zurück, die sich nichts weniger erwartet,
800 Als in dem Glanz der Fürstin eingeholt
Und auf erhabnem Fußgestell des Ruhms
Vor ganz Messina ausgestellt zu werden.
Denn anders nicht soll sie mich wiedersehn
Als in der Größe Schmuck und Staat und festlich
805 Von Euerm ritterlichen Chor umgeben.
Nicht will ich, daß Don Manuels Verlobte
Als eine Heimatlose, Flüchtige
Der Mutter nahen soll, die ich ihr gebe;

18*

Als eine Fürstin fürstlich will ich sie
810 Einführen in die Hofburg meiner Väter.
     Chor. (Cajetan.)
Gebiete, Herr! Wir harren deines Winks.
     Don Manuel. Ich habe mich aus ihrem Arm gerissen,
Doch nur mit ihr werd' ich beschäftigt sein.
Denn nach dem Basar sollt ihr mich anjetzt
815 Begleiten, wo die Mohren zum Verkauf
Ausstellen, was das Morgenland erzeugt
An edelm Stoff und feinem Kunstgebild.
Erst wählet aus die zierlichen Sandalen,
Der zartgeformten Füße Schutz und Zier;
820 Dann zum Gewande wählt das Kunstgewebe
Des Indiers, hellglänzend wie der Schnee
Des Ätna, der der Nächste ist dem Licht,
Und leicht umfließ es, wie der Morgenduft,
Den zarten Bau der jugendlichen Glieder.
825 Von Purpur sei, mit zarten Fäden Goldes
Durchwirkt der Gürtel, der die Tunika
Unter dem zücht'gen Busen reizend knüpft.
Dazu den Mantel wählt, von glänzender
Seide gewebt, in bleichem Purpur schimmernd;
830 Über der Achsel heft' ihn eine goldne
Zikade. Auch die Spangen nicht vergeßt,
Die schönen Arme reizend zu umzirken;
Auch nicht der Perlen und Korallen Schmuck,
Der Meeresgöttin wundersame Gaben.
835 Um die Locken winde sich ein Diadem,
Gefüget aus dem köstlichsten Gestein,
Worin der feurig glühende Rubin
Mit dem Smaragd die Farbenblitze kreuze;
Oben im Haarschmuck sei der lange Schleier
840 Befestigt, der die glänzende Gestalt
Gleich einem hellen Lichtgewölk umfließe,
Und mit der Myrte jungfräulichem Kranze
Vollende krönend sich das schöne Ganze.
     Chor. (Cajetan.) Es soll geschehen, Herr, wie du gebietest,
845 Denn fertig und vollendet findet sich
Dies alles auf dem Basar ausgestellt.
     Don Manuel. Den schönsten Zelter führet dann hervor
Aus meinen Ställen; seine Farbe sei
Lichtweiß, gleichwie des Sonnengottes Pferde,
850 Von Purpur sei die Decke, und Geschirr

Und Zügel reich besetzt mit edeln Steinen,
Denn tragen soll er meine Königin.
Ihr selber haltet euch bereit, im Glanz
Des Ritterstaates, unterm freud'gen Schall
855 Der Hörner, eure Fürstin heimzuführen.
Dies alles zu besorgen, geh' ich jetzt,
Zwei unter euch erwähl' ich zu Begleitern;
Ihr andern wartet mein. Was ihr vernahmt,
Bewahrt's in euers Busens tiefem Grunde,
860 Bis ich das Band gelöst von euerm Munde. (Er geht ab, von zweien
aus dem Chor begleitet.)

————————

Chor. (Cajetan.) Sage, was werden wir jetzt beginnen,
Da die Fürsten ruhen vom Streit,
Auszufüllen die Leere der Stunden
Und die lange unendliche Zeit?
865 Etwas fürchten und hoffen und sorgen
Muß der Mensch für den kommenden Morgen,
Daß er die Schwere des Daseins ertrage
Und das ermüdende Gleichmaß der Tage,
Und mit erfrischendem Windesweben
70 Kräuselnd bewege das stockende Leben.
Einer aus dem Chor. (Manfred.)
Schön ist der Friede! Ein lieblicher Knabe
Liegt er gelagert am ruhigen Bach,
Und die hüpfenden Lämmer grasen
Lustig um ihn auf dem sonnichten Rasen;
75 Süßes Tönen entlockt er der Flöte,
Und das Echo des Berges wird wach,
Oder im Schimmer der Abendröte
Wiegt ihn in Schlummer der murmelnde Bach. —
Aber der Krieg auch hat seine Ehre,
80 Der Beweger des Menschengeschicks;
Mir gefällt ein lebendiges Leben,
Mir ein ewiges Schwanken und Schwingen und Schweben
Auf der steigenden, fallenden Welle des Glücks.
Denn der Mensch verkümmert im Frieden,
85 Müßige Ruh ist das Grab des Muts.
Das Gesetz ist der Freund des Schwachen,
Alles will es nur eben machen,
Möchte gerne die Welt verflachen;

Aber der Krieg läßt die Kraft erscheinen,
890 Alles erhebt er zum Ungemeinen,
Selber dem Feigen erzeugt er den Mut.

        Ein Zweiter. (Berengar.)

Stehen nicht Amors Tempel offen?
Wallet nicht zu dem Schönen die Welt?
Da ist das Fürchten! Da ist das Hoffen!
895 König ist hier, wer den Augen gefällt!
Auch die Liebe beweget das Leben,
Daß sich die graulichten Farben erheben.
Reizend betrügt sie die glücklichen Jahre,
Die gefällige Tochter des Schaums;
900 In das Gemeine und Traurigwahre
Webt sie die Bilder des goldenen Traums.

        Ein Dritter. (Cajetan.)

Bleibe die Blume dem blühenden Lenze,
Scheine das Schöne! Und flechte sich Kränze,
Wem die Locken noch jugendlich grünen;
905 Aber dem männlichen Alter ziemt's,
Einem ernsteren Gott zu dienen.

        Erster. (Manfred.)

Der strengen Diana, der Freundin der Jagden,
Lasset uns folgen ins wilde Gehölz,
Wo die Wälder am dunkelsten nachten,
910 Und den Springbock stürzen vom Fels.
Denn die Jagd ist ein Gleichnis der Schlachten,
Des ernsten Kriegsgotts lustige Braut:
Man ist auf mit dem Morgenstrahl,
Wenn die schmetternden Hörner laden
915 Lustig hinaus in das dampfende Tal,
Über Berge, über Klüfte,
Die ermatteten Glieder zu baden
In den erfrischenden Strömen der Lüfte!

        Zweiter. (Berengar.) Oder wollen wir uns der blauen
920 Göttin, der ewig bewegten, vertrauen,
Die uns mit freundlicher Spiegelhelle
Ladet in ihren unendlichen Schoß?
Bauen wir auf der tanzenden Welle
Uns ein lustig schwimmendes Schloß?
925 Wer das grüne, kristallene Feld
Pflügt mit des Schiffes eilendem Kiele,
Der vermählt sich das Glück, dem gehört die Welt;
Ohne die Saat erblüht ihm die Ernte!

Denn das Meer ist der Raum der Hoffnung
930 Und der Zufälle launisch Reich;
Hier wird der Reiche schnell zum Armen,
Und der Ärmste dem Fürsten gleich.
Wie der Wind mit Gedankenschnelle
Läuft um die ganze Windesrose,
935 Wechseln hier des Geschickes Lose,
Dreht das Glück seine Kugel um,
Auf den Wellen ist alles Welle,
Auf dem Meer ist kein Eigentum.

     Dritter. (Cajetan.) Aber nicht bloß im Wellenreiche,
940 Auf der wogenden Meeresflut,
Auch auf der Erde, so fest sie ruht
Auf den ewigen alten Säulen,
Wanket das Glück und will nicht weilen.
— Sorge gibt mir dieser neue Frieden,
945 Und nicht fröhlich mag ich ihm vertrauen;
Auf der Lava, die der Berg geschieden,
Möcht' ich nimmer meine Hütte bauen.
Denn zu tief schon hat der Haß gefressen,
Und zu schwere Taten sind geschehn,
950 Die sich nie vergeben und vergessen;
Noch hab' ich das Ende nicht gesehn,
Und mich schrecken ahnungsvolle Träume!
Nicht Wahrsagung reden soll mein Mund;
Aber sehr mißfällt mir dies Geheime,
955 Dieser Ehe segenloser Bund,
Diese lichtscheu krummen Liebespfade,
Dieses Klosterraubs verwegne Tat;
Denn das Gute liebt sich das Gerade,
Böse Früchte trägt die böse Saat.

960   **(Berengar.)** Auch ein Raub war's, wie wir alle wissen,
Der des alten Fürsten ehliches Gemahl
In ein frevelnd Ehebett gerissen,
Denn sie war des Vaters Wahl.
Und der Ahnherr schüttete im Zorne
965 Grauenvoller Flüche schrecklichen Samen
Auf das sündige Ehebett aus.
Greueltaten ohne Namen,
Schwarze Verbrechen verbirgt dies Haus.

     Chor. (Cajetan.) Ja, es hat nicht gut begonnen,
970 Glaubt mir, und es endet nicht gut;

Denn gebüßt wird unter der Sonnen
Jede Tat der verblendeten Wut.
Es ist kein Zufall und blindes Los,
Daß die Brüder sich wütend selbst zerstören;
975 Denn verflucht ward der Mutter Schoß,
Sie sollte den Haß und den Streit gebären.
— Aber ich will es schweigend verhüllen,
Denn die Rachgötter schaffen im stillen;
Zeit ist's, die Unfälle zu beweinen,
980 Wenn sie nahen und wirklich erscheinen. (Der Chor geht ab.)

———

(Die Szene verwandelt sich in einen Garten, der die Aussicht auf das Meer eröffnet.
Aus einem anstoßenden Gartensaale tritt)

Beatrice (geht unruhig auf und nieder, nach allen Seiten umherspähend.
Plötzlich steht sie still und horcht).

Er ist es nicht — Es war der Winde Spiel,
Die durch der Pinie Wipfel sausend streichen;
Schon neigt die Sonne sich zu ihrem Ziel;
Mit trägem Schritt seh' ich die Stunden schleichen,
985 Und mich ergreift ein schauderndes Gefühl,
Es schreckt mich selbst das wesenlose Schweigen.
Nichts zeigt sich mir, wie weit die Blicke tragen;
Er läßt mich hier in meiner Angst verzagen.
       Und nahe hör' ich wie ein rauschend Wehr
990 Die Stadt, die völkerwimmelnde, ertosen;
Ich höre fern das ungeheure Meer
An seine Ufer dumpferbrandend stoßen;
Es stürmen alle Schrecken auf mich her,
Klein fühl' ich mich in diesem Furchtbargroßen,
995 Und fortgeschleudert, wie das Blatt vom Baume,
Verlier' ich mich im grenzenlosen Raume.
       Warum verließ ich meine stille Zelle?
Da lebt' ich ohne Sehnsucht, ohne Harm!
Das Herz war ruhig wie die Wiesenquelle,
1000 An Wünschen leer, doch nicht an Freuden arm.
Ergriffen jetzt hat mich des Lebens Welle,
Mich faßt die Welt in ihren Riesenarm;
Zerrissen hab' ich alle frühern Bande,
Vertrauend eines Schwures leichtem Pfande.

1005 Wo waren die Sinne?
Was hab' ich getan?
Ergriff mich betörend
Ein rasender Wahn?
    Den Schleier zerriß ich
1010 Jungfräulicher Zucht,
Die Pforten durchbrach ich der heiligen Zelle!
Umstrickte mich blendend ein Zauber der Hölle?
Dem Manne folgt' ich,
Dem kühnen Entführer, in sträflicher Flucht.
1015   O, komm mein Geliebter!
Wo bleibst du und säumest? Befreie, befreie
Die kämpfende Seele! Mich naget die Reue,
Es faßt mich der Schmerz;
Mit liebender Nähe versichre mein Herz!
1020   Und sollt' ich mich dem Manne nicht ergeben,
Der in der Welt allein sich an mich schloß?
Denn ausgesetzt ward ich ins fremde Leben,
Und frühe schon hat mich ein strenges Los
(Ich darf den dunkeln Schleier nicht erheben)
1025 Gerissen von dem mütterlichen Schoß.
Nur einmal sah ich sie, die mich geboren,
Doch wie ein Traum ging mir das Bild verloren.
    Und so erwuchs ich still am stillen Orte,
In Lebensglut den Schatten beigesellt,
1030 — Da stand er plötzlich an des Klosters Pforte,
Schön wie ein Gott und männlich wie ein Held.
O, mein Empfinden nennen keine Worte!
Fremd kam er mir aus einer fremden Welt,
Und schnell, als wär' es ewig so gewesen,
1035 Schloß sich der Bund, den keine Menschen lösen.
    Vergib, du Herrliche, die mich geboren,
Daß ich, vorgreifend den verhängten Stunden,
Mir eigenmächtig mein Geschick erkoren.
Nicht frei erwählt' ich's, es hat mich gefunden;
1040 Ein dringt der Gott auch zu verschloßnen Toren;
Zu Perseus' Turm hat er den Weg gefunden,
Dem Dämon ist sein Opfer unverloren.
Wär' es an öde Klippen angebunden
Und an des Atlas himmeltragende Säulen,
1045 So wird ein Flügelroß es dort ereilen.
    Nicht hinter mich begehr' ich mehr zu schauen,
In keine Heimat sehn' ich mich zurück;

Der Liebe will ich liebend mich vertrauen;
Gibt es ein schönres als der Liebe Glück?
1050 Mit meinem Los will ich mich gern bescheiden,
Ich kenne nicht des Lebens andre Freuden.
    Nicht kenn' ich sie und will sie nimmer kennen,
Die sich die Stifter meiner Tage nennen,
Wenn sie von dir mich, mein Geliebter, trennen.
1055 Ein ewig Rätsel bleiben will ich mir;
Ich weiß genug, ich lebe dir!
(Aufmerkend.) Horch, der lieben Stimme Schall!
— Nein, es war der Widerhall
Und des Meeres dumpfes Brausen,
1060 Das sich an den Ufern bricht;
Der Geliebte ist es nicht!
Weh mir! Weh mir! Wo er weilet?
Mich umschlingt ein kaltes Grausen!
Immer tiefer
1065 Sinkt die Sonne! Immer öder
Wird die Öde! Immer schwerer
Wird das Herz — Wo zögert er? (Sie geht unruhig umher.)
    Aus des Gartens sichern Mauern
Wag' ich meinen Schritt nicht mehr.
1070 Kalt ergriff mich das Entsetzen,
Als ich in die nahe Kirche
Wagte meinen Fuß zu setzen;
Denn mich trieb's mit mächt'gem Drang,
Aus der Seele tiefsten Tiefen,
1075 Als sie zu der Hora riefen,
Hinzuknien an heil'ger Stätte,
Zu der Göttlichen zu flehn,
Nimmer konnt' ich widerstehn.
Wenn ein Lauscher mich erspähte?
1080 Voll von Feinden ist die Welt,
Arglist hat auf allen Pfaden,
Fromme Unschuld zu verraten,
Ihr betrüglich Netz gestellt.
Grauend hab' ich's schon erfahren,
1085 Als ich aus des Klosters Hut
In die fremden Menschenscharen
Mich gewagt mit frevelm Mut.
Dort bei jenes Festes Feier,
Da der Fürst begraben ward,
1090 Mein Erkühnen büßt' ich teuer;

Nur ein Gott hat mich bewahrt —
Da der Jüngling mir, der fremde,
Nahte, mit dem Flammenauge,
Und mit Blicken, die mich schreckten,
1095 Mir das Innerste durchzuckten,
In das tiefste Herz mir schaute.
Noch durchschauert kaltes Grauen,
Da ich's denke, mir die Brust!
Nimmer, nimmer kann ich schauen
1100 In die Augen des Geliebten,
Dieser stillen Schuld bewußt!
(Aufhorchend.) Stimmen im Garten!
Er ist's, der Geliebte!
Er selber! Jetzt täuschte
1105 Kein Blendwerk mein Ohr.
Es naht, es vermehrt sich!
In seine Arme!
An seine Brust! (Sie eilt mit ausgebreiteten Armen nach der Tiefe des
Gartens. Don Cesar tritt ihr entgegen.)

Don Cesar. Beatrice. Der Chor.

Beatrice (mit Schrecken zurückfliehend). Weh mir! Was seh' ich!
(In demselben Augenblick tritt auch der Chor ein.)

Don Cesar.   Holde Schönheit, fürchte nichts!
1110 (Zu dem Chor.) Der rauhe Anblick eurer Waffen schreckt
Die zarte Jungfrau. Weicht zurück und bleibt
In ehrerbiet'ger Ferne!
(Zu Beatricen.)   Fürchte nichts!
Die holde Scham, die Schönheit ist mir heilig.
(Der Chor hat sich zurückgezogen. Er tritt ihr näher und ergreift ihre Hand.)
Wo warst du? Welches Gottes Macht entrückte,
1115 Verbarg dich diese lange Zeit? Dich hab' ich
Gesucht, nach dir geforschet; wachend, träumend
Warst du des Herzens einziges Gefühl,
Seit ich bei jenem Leichenfest des Fürsten
Wie eines Engels Lichterscheinung dich
1120 Zum erstenmal erblickte. Nicht verborgen
Blieb dir die Macht, mit der du mich bezwangst.
Der Blicke Feuer und der Lippe Stammeln,
Die Hand, die in der deinen zitternd lag,
Verriet sie dir — ein kühneres Geständnis

1125 Verbot des Ortes ernste Majestät.
— Der Messe Hochamt rief mich zum Gebet,
Und da ich von den Knieen jetzt erstanden,
Die ersten Blicke schnell auf dich sich heften,
Warst du aus meinen Augen weggerückt;
1130 Doch nachgezogen mit allmächt'gen Zaubers Banden
Hast du mein Herz mit allen seinen Kräften.
Seit diesem Tage such' ich rastlos dich;
An aller Kirchen und Paläste Pforten,
An allen offnen und verborgnen Orten,
1135 Wo sich die schöne Unschuld zeigen kann,
Hab' ich das Netz der Späher ausgebreitet;
Doch meiner Mühe sah ich keine Frucht,
Bis endlich heut, von einem Gott geleitet,
Des Spähers glückbekrönte Wachsamkeit
1140 In dieser nächsten Kirche dich entdeckte. (Hier macht Beatrice, welche
in dieser ganzen Zeit zitternd und abgewandt gestanden, eine Bewegung des Schreckens.)
Ich habe dich wieder, und der Geist verlasse
Eher die Glieder, eh' ich von dir scheide!
Und daß ich fest sogleich den Zufall fasse
Und mich verwahre vor des Dämons Neide,
1145 So red' ich dich vor diesen Zeugen allen
Als meine Gattin an und reiche dir
Zum Pfande des die ritterliche Rechte. (Er stellt sie dem Chor dar.)
Nicht forschen will ich, wer du bist — Ich will
Nur dich von dir; nichts frag' ich nach dem andern.
1150 Daß deine Seele wie dein Ursprung rein,
Hat mir dein erster Blick verbürget und beschworen;
Und wärst du selbst die Niedrigste geboren,
Du müßtest dennoch meine Liebe sein,
Die Freiheit hab' ich und die Wahl verloren.
1155   Und daß du wissen mögest, ob ich auch
Herr meiner Taten sei und hoch genug
Gestellt auf dieser Welt, auch das Geliebte
Mit starkem Arm zu mir emporzuheben,
Bedarf's nur, meinen Namen dir zu nennen.
1160 — Ich bin Don Cesar, und in dieser Stadt
Messina ist kein Größrer über mir. (Beatrice schaudert zurück; er be-
merkt es und fährt nach einer kleinen Weile fort.)
Dein Staunen lob' ich und dein sittsam Schweigen;
Schamhafte Demut ist der Reize Krone,
Denn ein Verborgenes ist sich das Schöne,
1165 Und es erschrickt vor seiner eignen Macht.

— Ich geh' und überlasse dich dir selbst,
Daß sich dein Geist von seinem Schrecken löse,
Denn jedes Neue, auch das Glück, erschreckt.
(Zu dem Chor.) Geht ihr — sie ist's von diesem Augenblick! —
1170 Die Ehre meiner Braut und eurer Fürstin;
Belehret sie von ihres Standes Größe!
Bald kehr' ich selbst zurück, sie heimzuführen,
Wie's meiner würdig ist und ihr gebührt. (Er geht ab.)

Beatrice und der Chor.

    Chor. (Bohemund.) Heil dir, o Jungfrau,
1175 Liebliche Herrscherin!
Dein ist die Krone,
Dein ist der Sieg!
Als die Erhalterin
Dieses Geschlechtes,
1180 Künftiger Helden
Blühende Mutter, begrüß' ich dich!
    (Roger.) Dreifaches Heil dir!
Mit glücklichen Zeichen,
Glückliche, trittst du
1185 In ein götterbegünstigtes, glückliches Haus,
Wo die Kränze des Ruhmes hängen,
Und das goldene Zepter in stetiger Reihe
Wandert vom Ahnherrn zum Enkel hinab.
    (Bohemund.) Deines lieblichen Eintritts
1190 Werden sich freuen
Die Penaten des Hauses,
Die hohen, die ernsten,
Verehrten Alten;
An der Schwelle empfangen
1195 Wird dich die immer blühende Hebe
Und die goldne Viktoria,
Die geflügelte Göttin,
Die auf der Hand schwebt des ewigen Vaters,
Ewig die Schwingen zum Siege gespannt.
1200   **(Roger.)** Nimmer entweicht
Die Krone der Schönheit
Aus diesem Geschlechte;
Scheidend reicht
Eine Fürstin der andern
1205 Den Gürtel der Anmut

Und den Schleier der züchtigen Scham.
Aber das Schönste
Erlebt mein Auge,
Denn ich sehe die Blume der Tochter,
1210 Ehe die Blume der Mutter verblüht.

      Beatrice (aus ihrem Schrecken erwachend).

Wehe mir! In welche Hand
Hat das Unglück mich gegeben!
Unter allen,
Welche leben,
1215 Nicht in diese sollt' ich fallen!
    Jetzt versteh' ich das Entsetzen,
Das geheimnisvolle Grauen,
Das mich schaudernd stets gefaßt,
Wenn man mir den Namen nannte
1220 Dieses furchtbaren Geschlechtes,
Das sich selbst vertilgend haßt,
Gegen seine eignen Glieder
Wütend mit Erbittrung rast!
Schaudernd hört' ich oft und wieder
1225 Von dem Schlangenhaß der Brüder,
Und jetzt reißt mein Schreckenschicksal
Mich, die Arme, Rettungslose,
In den Strudel dieses Hasses,
Dieses Unglücks mich hinein! (Sie flieht in den Gartensaal.)

———————

Chor. (Bohemund.)
1230 Den begünstigten Sohn der Götter beneid' ich,
Den beglückten Besitzer der Macht!
Immer das Köstlichste ist sein Anteil,
Und von allem, was hoch und herrlich
Von den Sterblichen wird gepriesen,
1235 Bricht er die Blume sich ab.

    (Roger.) Von den Perlen, welche der tauchende Fischer
Auffängt, wählt er die reinsten für sich.
Für den Herrscher legt man zurück das Beste,
Was gewonnen ward mit gemeinsamer Arbeit;
1240 Wenn sich die Diener durchs Los vergleichen,
Ihm ist das Schönste gewiß.

    (Bohemund.) Aber eines doch ist sein köstlichstes Kleinod,
Jeder andre Vorzug sei ihm gegönnt,

Dieses beneid' ich ihm unter allem,
1245 Daß er heimführt die Blume der Frauen,
Die das Entzücken ist aller Augen,
Daß er sie eigen besitzt.

(Roger.) Mit dem Schwerte springt der Korsar an die Küste
In dem nächtlich ergreifenden Überfall;
1250 Männer führt er davon und Frauen
Und ersättigt die wilde Begierde;
Nur die schönste Gestalt darf er nicht berühren,
Die ist des Königes Gut.

(Bohemund.) Aber jetzt folgt mir, zu bewachen den Eingang
1255 Und die Schwelle des heiligen Raums,
Daß kein Ungeweihter in dieses Geheimnis
Dringe, und der Herrscher uns lobe,
Der das Köstlichste, was er besitzet,
Unsrer Bewahrung vertraut.

(Der Chor entfernt sich nach dem Hintergrunde.)

———

(Die Szene verwandelt sich in ein Zimmer im Innern des Palastes.)
Donna Isabella steht zwischen **Don Manuel** und **Don Cesar.**

1260 **Isabella.** Nun endlich ist mir der erwünschte Tag,
Der langersehnte, festliche, erschienen —
Vereint seh' ich die Herzen meiner Kinder,
Wie ich die Hände leicht zusammenfüge,
Und im vertrauten Kreis zum erstenmal
1265 Kann sich das Herz der Mutter freudig öffnen.
Fern ist der fremden Zeugen rohe Schar,
Die zwischen uns sich kampfgerüstet stellte.
Der Waffen Klang erschreckt mein Ohr nicht mehr,
Und wie der Eulen nachtgewohnte Brut
1270 Von der zerstörten Brandstatt, wo sie lang
Mit altverjährtem Eigentum genistet,
Auffliegt in düsterm Schwarm, den Tag verdunkelnd,
Wenn sich die lang vertriebenen Bewohner
Heimkehrend nahen mit der Freude Schall,
1275 Den neuen Bau lebendig zu beginnen,
So flieht der alte Haß mit seinem nächtlichen
Gefolge, dem hohläugichten Verdacht,
Der scheelen Mißgunst und dem bleichen Neide,
Aus diesen Toren murrend zu der Hölle,
1280 Und mit dem Frieden zieht geselliges
Vertrau'n und holde Eintracht lächelnd ein. (Sie hält inne.)

— Doch nicht genug, daß dieser heut'ge Tag
Jedem von beiden einen Bruder schenkt,
Auch eine Schwester hat er euch geboren.
1285 — Ihr staunt? Ihr seht mich mit Verwunderung an?
Ja, meine Söhne! Es ist Zeit, daß ich
Mein Schweigen breche und das Siegel löse
Von einem lang verschlossenen Geheimnis.
— Auch eine Tochter hab' ich euerm Vater
1290 Geboren, eine jüngre Schwester lebt
Euch noch, ihr sollt noch heute sie umarmen.
     Don Cesar.
Was sagst du, Mutter? Eine Schwester lebt uns,
Und nie vernahmen wir von dieser Schwester!
     Don Manuel.   Wohl hörten wir in früher Kinderzeit,
1295 Daß eine Schwester uns geboren worden;
Doch in der Wiege schon, so ging die Sage,
Nahm sie der Tod hinweg.
     Isabella.   Die Sage lügt!
Sie lebt!
     Don Cesar. Sie lebt, und du verschwiegest uns?
     Isabella. Von meinem Schweigen geb' ich Rechenschaft.
1300 Hört, was gesäet ward in früher Zeit
Und jetzt zur frohen Ernte reifen soll.
— Ihr wart noch zarte Knaben, aber schon
Entzweite euch der jammervolle Zwist,
Der ewig nie mehr wiederkehren möge,
1305 Und häufte Gram auf eurer Eltern Herz.
Da wurde euerm Vater eines Tages
Ein seltsam wunderbarer Traum. Ihm deuchte,
Er säh' aus seinem hochzeitlichen Bette
Zwei Lorbeerbäume wachsen, ihr Gezweig
1310 Dicht ineinander flechtend. Zwischen beiden
Wuchs eine Lilie empor. Sie ward
Zur Flamme, die, der Bäume dicht Gezweig
Und das Gebälk ergreifend, prasselnd aufschlug
Und, um sich wütend, schnell das ganze Haus
1315 In ungeheurer Feuerflut verschlang.
Erschreckt von diesem seltsamen Gesichte
Befragt' der Vater einen sternekundigen
Arabier, der sein Orakel war,
An dem sein Herz mehr hing, als mir gefiel,
1320 Um die Bedeutung. Der Arabier
Erklärte: wenn mein Schoß von einer Tochter

Entbunden würde, töten würde sie ihm
Die beiden Söhne, und sein ganzer Stamm
Durch sie vergehn. Und ich ward Mutter einer Tochter;
1325 Der Vater aber gab den grausamen
Befehl, die Neugeborene alsbald
Ins Meer zu werfen. Ich vereitelte
Den blut'gen Vorsatz und erhielt die Tochter
Durch eines treuen Knechts verschwiegnen Dienst.

1330   Don Cesar. Gesegnet sei er, der dir hilfreich war!
O, nicht an Rat gebricht's der Mutterliebe!

    Isabella. Der Mutterliebe mächt'ge Stimme nicht
Allein trieb mich, das Kindlein zu verschonen.
Auch mir ward eines Traumes seltsames
1335 Orakel, als mein Schoß mit dieser Tochter
Gesegnet war: Ein Kind, wie Liebesgötter schön,
Sah ich im Grase spielen, und ein Löwe
Kam aus dem Wald, der in dem blut'gen Rachen
Die frisch gejagte Beute trug und ließ
1340 Sie schmeichelnd in den Schoß des Kindes fallen.
Und aus den Lüften schwang ein Adler sich
Herab, ein zitternd Reh in seinen Fängen
Und legt es schmeichelnd in den Schoß des Kindes;
Und beide, Löw' und Adler, legen fromm
1345 Gepaart sich zu des Kindes Füßen nieder.
— Des Traums Verständnis löste mir ein Mönch,
Ein gottgeliebter Mann, bei dem das Herz
Rat fand und Trost in jeder ird'schen Not.
Der sprach: „Genesen würd' ich einer Tochter,
1350 Die mir der Söhne streitende Gemüter
In heißer Liebesglut vereinen würde."
— Im Innersten bewahrt' ich mir dies Wort;
Dem Gott der Wahrheit mehr als dem der Lüge
Vertrauend, rettet' ich die Gottverheißne,
1355 Des Segens Tochter, meiner Hoffnung Pfand,
Die mir des Friedens Werkzeug sollte sein,
Als euer Haß sich wachsend stets vermehrte.

    Don Manuel (seinen Bruder umarmend).
Nicht mehr der Schwester braucht's, der Liebe Band
Zu flechten, aber fester soll sie's knüpfen.

1360   Isabella. So ließ ich an verborgner Stätte sie
Von meinen Augen fern, geheimnisvoll
Durch fremde Hand erziehn. Den Anblick selbst
Des lieben Angesichts, den heißersehnten,

Schiller V.   19

Versagt' ich mir, den strengen Vater scheuend;
1365 Der, von des Argwohns ruheloser Pein
Und finster grübelndem Verdacht genagt,
Auf allen Schritten mir die Späher pflanzte.

　　　Don Cesar. Drei Monde aber deckt den Vater schon
Das stille Grab. Was wehrte dir, o Mutter,
1370 Die lang Verborgne an das Licht hervor
Zu ziehn und unsre Herzen zu erfreuen?

　　　Isabella. Was sonst als euer unglückfel'ger Streit,
Der, unauslöschlich wütend, auf dem Grab
Des kaum entseelten Vaters sich entflammte,
1375 Nicht Raum noch Stätte der Versöhnung gab?
Konnt' ich die Schwester zwischen eure wild
Entblößten Schwerter stellen? Konntet ihr
In diesem Sturm die Mutterstimme hören?
Und sollt' ich sie, des Friedens teures Pfand,
1380 Den letzten heil'gen Anker meiner Hoffnung,
An euers Hasses Wut unzeitig wagen?
— Erst mußtet ihr's ertragen, euch als Brüder
Zu sehn, eh' ich die Schwester zwischen euch
Als einen Friedensengel stellen konnte.
1385 Jetzt kann ich's, und ich führe sie euch zu.
Den alten Diener hab' ich ausgesendet,
Und stündlich harr' ich seiner Wiederkehr,
Der, ihrer stillen Zuflucht sie entreißend,
Zurück an meine mütterliche Brust
1390 Sie führt und in die brüderlichen Arme.

　　　Don Manuel. Und sie ist nicht die Einz'ge, die du heut
In deine Mutterarme schließen wirst.
Es zieht die Freude ein durch alle Pforten,
Es füllt sich der verödete Palast
1395 Und wird der Sitz der blühnden Anmut werden.
— Vernimm, o Mutter, jetzt auch mein Geheimnis.
Eine Schwester gibst du mir, ich will dafür
Dir eine zweite liebe Tochter schenken.
Ja, Mutter! Segne deinen Sohn! — Dies Herz,
1400 Es hat gewählt; gefunden hab' ich sie,
Die mir durchs Leben soll Gefährtin sein.
Eh' dieses Tages Sonne sinkt, führ' ich
Die Gattin dir Don Manuels zu Füßen.

　　　Isabella. An meine Brust will ich sie freudig schließen,
1405 Die meinen Erstgebornen mir beglückt;

Auf ihren Pfaden soll die Freude sprießen,
Und jede Blume, die das Leben schmückt,
Und jedes Glück soll mir den Sohn belohnen,
Der mir die schönste reicht der Mutterkronen!

1410   Don Cesar. Verschwende, Mutter, deines Segens Fülle
Nicht an den einen erstgebornen Sohn!
Wenn Liebe Segen gibt, so bring' auch ich
Dir eine Tochter, solcher Mutter wert,
Die mich der Liebe neu Gefühl gelehrt.
1415 Eh' dieses Tages Sonne sinkt, führt auch
Don Cesar seine Gattin dir entgegen.

        Don Manuel. Allmächt'ge Liebe! Göttliche! Wohl nennt
Man dich mit Recht die Königin der Seelen!
Dir unterwirft sich jedes Element,
1420 Du kannst das Feindlichstreitende vermählen;
Nichts lebt, was deine Hoheit nicht erkennt,
Und auch des Bruders wilden Sinn hast du
Besiegt, der unbezwungen stets geblieben.
                            (Don Cesar umarmend.)
Jetzt glaub' ich an dein Herz und schließe dich
1425 Mit Hoffnung an die brüderliche Brust;
Nicht zweifl' ich mehr an dir, denn du kannst lieben.

        Isabella. Dreimal gesegnet sei mir dieser Tag,
Der mir auf einmal jede bange Sorge
Vom schwerbeladnen Busen hebt! Gegründet
1430 Auf festen Säulen seh' ich mein Geschlecht,
Und in der Zeiten Unermeßlichkeit
Kann ich hinabsehn mit zufriednem Geist.
Noch gestern sah ich mich im Witwenschleier,
Gleich einer Abgeschiednen, kinderlos,
1435 In diesen öden Sälen ganz allein,
Und heute werden in der Jugend Glanz
Drei blühnde Töchter mir zur Seite stehen.
Die Mutter zeige sich, die glückliche,
Von allen Weibern, die geboren haben,
1440 Die sich mit mir an Herrlichkeit vergleicht!
— Doch welcher Fürsten königliche Töchter
Erblühen denn an dieses Landes Grenzen,
Davon ich Kunde nie vernahm? Denn nicht
Unwürdig wählen konnten meine Söhne!

1445   Don Manuel. Nur heute, Mutter, fodre nicht, den Schleier
Hinwegzuheben, der mein Glück bedeckt.
Es kommt der Tag, der alles lösen wird.

                                    19*

Am besten mag die Braut sich selbst verkünden;
Des sei gewiß, du wirst sie würdig finden.

1450   **Isabella.** Des Vaters eignen Sinn und Geist erkenn' ich
In meinem erstgebornen Sohn! Der liebte
Von jeher, sich verborgen in sich selbst
Zu spinnen und den Ratschluß zu bewahren
Im unzugangbar fest verschlossenen Gemüt!
1455 Gern mag ich dir die kurze Frist vergönnen;
Doch mein Sohn Cesar, des bin ich gewiß,
Wird jetzt mir eine Königstochter nennen.

    Don Cesar. Nicht meine Weise ist's, geheimnisvoll
Mich zu verhüllen, Mutter. Frei und offen,
1460 Wie meine Stirne, trag' ich mein Gemüt;
Doch was du jetzt von mir begehrst zu wissen,
Das, Mutter — laß mich's redlich dir gestehn,
Hab' ich mich selbst noch nicht gefragt. Fragt man,
Woher der Sonne Himmelsfeuer flamme?
1465 Die alle Welt verklärt, erklärt sich selbst;
Ihr Licht bezeugt, daß sie vom Lichte stamme.
Ins klare Auge sah ich meiner Braut,
Ins Herz des Herzens hab' ich ihr geschaut,
Am reinen Glanz will ich die Perle kennen;
1470 Doch ihren Namen kann ich dir nicht nennen.

    Isabella. Wie, mein Sohn Cesar? Kläre mir das auf!
Zu gern dem ersten mächtigen Gefühl
Vertrautest du wie einer Götterstimme.
Auf rascher Jugendtat erwart' ich dich,
1475 Doch nicht auf töricht kindischer. Laß hören,
Was deine Wahl gelenkt!

    Don Cesar.   Wahl, meine Mutter?
Ist's Wahl, wenn des Gestirnes Macht den Menschen
Ereilt in der verhängnisvollen Stunde?
Nicht, eine Braut zu suchen, ging ich aus,
1480 Nicht wahrlich solches Eitle konnte mir
Zu Sinne kommen in dem Haus des Todes;
Denn dorten fand ich, die ich nicht gesucht.
Gleichgültig war und nichtsbedeutend mir
Der Frauen leer geschwätziges Geschlecht;
1485 Denn eine zweite sah ich nicht wie dich,
Die ich gleich wie ein Götterbild verehre.
Es war des Vaters ernste Totenfeier;
Im Volksgedräng' verborgen wohnten wir
Ihr bei, du weißt's, in unbekannter Kleidung;

1490 So hatteſt du's mit Weisheit angeordnet,
Daß unſers Haders wild ausbrechende
Gewalt des Feſtes Würde nicht verletze.
— Mit ſchwarzem Flor behangen war das Schiff
Der Kirche, zwanzig Genien umſtanden
1495 Mit Fackeln in den Händen den Altar,
Vor dem der Totenſarg erhaben ruhte,
Mit weißbekreuztem Grabeſtuch bedeckt.
Und auf dem Grabtuch ſahe man den Stab
Der Herrſchaft liegen und die Fürſtenkrone,
500 Den ritterlichen Schmuck der goldnen Sporen,
Das Schwert mit diamantenem Gehäng'.
— Und alles lag in ſtiller Andacht knieend,
Als ungeſehen jetzt vom hohen Chor
Herab die Orgel anfing ſich zu regen
505 Und hundertſtimmig der Geſang begann.
Und als der Chor noch fortklung, ſtieg der Sarg
Mitſamt dem Boden, der ihn trug, allmählich
Verſinkend in die Unterwelt hinab;
Das Grabtuch aber überſchleierte,
510 Weit ausgebreitet, die verborgne Mündung,
Und auf der Erde blieb der irdſche Schmuck
Zurück, dem Niederfahrenden nicht folgend —
Doch auf den Seraphsflügeln des Geſangs
Schwang die befreite Seele ſich nach oben,
15 Den Himmel ſuchend und den Schoß der Gnade.
— Dies alles, Mutter, ruf' ich dir, genau
Beſchreibend, ins Gedächtnis jetzt zurück,
Daß du erkenneſt, ob zu jener Stunde
Ein weltlich Wünſchen mir im Herzen war.
20 Und dieſen feſtlich ernſten Augenblick
Erwählte ſich der Lenker meines Lebens,
Mich zu berühren mit der Liebe Strahl.
Wie es geſchah, frag' ich mich ſelbſt vergebens.

    Iſabella.   Vollende dennoch! Laß mich alles hören!
5   **Don Ceſar.**   Woher ſie kam, und wie ſie ſich zu mir
Gefunden, dieſes frage nicht. Als ich
Die Augen wandte, ſtand ſie mir zur Seite,
Und dunkel mächtig, wunderbar ergriff
Im tiefſten Innerſten mich ihre Nähe.
10 Nicht ihres Weſens ſchöner Außenſchein,
Nicht ihres Lächelns holder Zauber war's,
Die Reize nicht, die auf der Wange ſchweben,

Selbst nicht der Glanz der göttlichen Gestalt:
Es war ihr tiefstes und geheimstes Leben,
1535 Was mich ergriff mit heiliger Gewalt;
Wie Zaubers Kräfte unbegreiflich weben.
Die Seelen schienen ohne Worteslaut
Sich ohne Mittel geistig zu berühren,
Als sich mein Atem mischte mit dem ihren;
1540 Fremd war sie mir und innig doch vertraut,
Und klar auf einmal fühlt' ich's in mir werden:
Die ist es, oder keine sonst auf Erden!

      Don Manuel (mit Feuer einfallend).

Das ist der Liebe heil'ger Götterstrahl,
Der in die Seele schlägt und trifft und zündet;
1545 Wenn sich Verwandtes zum Verwandten findet,
Da ist kein Widerstand und keine Wahl!
Es löst der Mensch nicht, was der Himmel bindet.
— Dem Bruder fall' ich bei, ich muß ihn loben,
Mein eigen Schicksal ist's, was er erzählt,
1550 Den Schleier hat er glücklich aufgehoben
Von dem Gefühl, das dunkel mich beseelt.

      Isabella. Den eignen freien Weg, ich seh' es wohl,
Will das Verhängnis gehn mit meinen Kindern.
Vom Berge stürzt der ungeheure Strom,
1555 Wühlt sich sein Bette selbst und bricht sich Bahn;
Nicht des gemeßnen Pfades achtet er,
Den ihm die Klugheit vorbedächtig baut.
So unterwerf' ich mich, wie kann ich's ändern?
Der unregiersam stärkern Götterhand,
1560 Die meines Hauses Schicksal dunkel spinnt.
Der Söhne Herz ist meiner Hoffnung Pfand,
Sie denken groß, wie sie geboren sind.

———————

Isabella. Don Manuel. Don Cesar. Diego zeigt sich an der Türe.

      Isabella. Doch sieh! Da kommt mein treuer Knecht zurück!
Nur näher, näher, redlicher Diego!
1565 Wo ist mein Kind? — Sie wissen alles! Hier
Ist kein Geheimnis mehr. Wo ist sie? Sprich!
Verbirg sie länger nicht! Wir sind gefaßt,
Die höchste Freude zu ertragen. Komm! (Sie will mit ihm nach der
Türe gehen.) Was ist das? Wie? Du zögerst? Du verstummst?
1570 Das ist kein Blick, der Gutes mir verkündet!

Was ist dir? Sprich! Ein Schauder faßt mich an.
Wo ist sie? Wo ist Beatrice? (Will hinaus.)
    Don Manuel (für sich, betroffen).   Beatrice!
    Diego (hält sie zurück).   Bleib!
    Isabella. Wo ist sie? Mich entseelt die Angst.
    Diego.   Sie folgt
Mir nicht. Ich bringe dir die Tochter nicht.
1575   Isabella. Was ist geschehn? Bei allen Heil'gen, rede!
    Don Cesar. Wo ist die Schwester? Unglücksel'ger, rede!
    Diego. Sie ist geraubt! Gestohlen von Korsaren!
O, hätt' ich nimmer diesen Tag gesehn!
    Don Manuel. Faß' dich, o Mutter!
    Don Cesar.   Mutter, sei gefaßt!
1580 Bezwinge dich, bis du ihn ganz vernommen!
    Diego. Ich machte schnell mich auf, wie du befohlen,
Die oft betretne Straße nach dem Kloster
Zum letztenmal zu gehn. Die Freude trug mich
Auf leichten Flügeln fort.
    Don Cesar.   Zur Sache!
    Don Manuel.   Rede!
1585   Diego. Und da ich in die wohlbekannten Höfe
Des Klosters trete, die ich oft betrat,
Nach deiner Tochter ungeduldig frage,
Seh' ich des Schreckens Bild in jedem Auge,
Entsetzt vernehm' ich das Entsetzliche. (Isabella sinkt bleich und zitternd
                      auf einen Sessel. Don Manuel ist um sie beschäftigt.)
1590   Don Cesar. Und Mauren, sagst du, raubten sie hinweg?
Sah man die Mauren? Wer bezeugte dies?
    Diego. Ein maurisch Räuberschiff gewahrte man
In einer Bucht, unfern dem Kloster ankernd.
    Don Cesar. Manch Segel rettet sich in diese Buchten
1595 Vor des Orkanes Wut. Wo ist das Schiff?
    Diego. Heut frühe sah man es in hoher See
Mit voller Segel Kraft das Weite suchen.
    Don Cesar. Hört man von anderm Raub noch, der geschehn?
Dem Mauren gnügt einfache Beute nicht.
1600   Diego. Hinweggetrieben wurde mit Gewalt
Die Rinderherde, die dort weidete.
    Don Cesar. Wie konnten Räuber aus des Klosters Mitte
Die Wohlverschloßne heimlich raubend stehlen?
    Diego. Des Klostergartens Mauern waren leicht
1605 Auf hoher Leiter Sprossen überstiegen.

Don Cesar. Wie brachen sie ins Innerste der Zellen?
Denn fromme Nonnen hält der strenge Zwang.

Diego. Die noch durch kein Gelübde sich gebunden,
Sie durfte frei im Freien sich ergehn!

1610 **Don Cesar.** Und pflegte sie des freien Rechtes oft
Sich zu bedienen? Dieses sage mir!

Diego. Oft sah man sie des Gartens Stille suchen;
Der Wiederkehr vergaß sie heute nur.

Don Cesar (nachdem er sich eine Weile bedacht).

Raub, sagst du! War sie frei genug dem Räuber,
1615 So konnte sie in Freiheit auch entfliehen.

Isabella (steht auf). Es ist Gewalt! Es ist verwegner Raub!
Nicht pflichtvergessen konnte meine Tochter
Aus freier Neigung dem Entführer folgen!
— Don Manuel! Don Cesar! Eine Schwester

1620 Dacht' ich euch zuzuführen; doch ich selbst
Soll jetzt sie euerm Heldenarm verdanken!
In eurer Kraft erhebt euch, meine Söhne!
Nicht ruhig duldet es, daß eure Schwester
Des frechen Diebes Beute sei. Ergreift

1625 Die Waffen! Rüstet Schiffe aus! Durchforscht
Die ganze Küste! Durch alle Meere setzt
Dem Räuber nach! Erobert euch die Schwester!

Don Cesar.

Leb' wohl! Zur Rache flieg' ich, zur Entdeckung!

(Er geht ab. Don Manuel, aus einer tiefen Zerstreuung erwachend, wendet sich be-
unruhigt zu Diego.)

Don Manuel. Wann, sagst du, sei sie unsichtbar geworden?
1630 **Diego.** Seit diesem Morgen erst ward sie vermißt.

Don Manuel (zu Donna Isabella).

Und Beatrice nennt sich deine Tochter?

Isabella. Dies ist ihr Name! Eile! Frage nicht!

Don Manuel. Nur eines noch, o Mutter, laß mich wissen —

Isabella. Fliege zur Tat! Des Bruders Beispiel folge!

1635 **Don Manuel.** In welcher Gegend, ich beschwöre dich —

Isabella (ihn forttreibend).

Sieh meine Tränen! meine Todesangst!

Don Manuel. In welcher Gegend hieltst du sie verborgen?

Isabella. Verborgner nicht war sie im Schoß der Erde!

Diego. O, jetzt ergreift mich plötzlich bange Furcht.

1640 **Don Manuel.** Furcht, und worüber? Sage, was du weißt!

Diego. Daß ich des Raubes unschuldig Ursach' sei.

Isabella. Unglücklicher, entdecke, was geschehn!

Diego. Ich habe dir's verhehlt, Gebieterin,
Dein Mutterherz mit Sorge zu verschonen.
1645 Am Tage, als der Fürst beerdigt ward,
Und alle Welt, begierig nach dem neuen,
Der ernsten Feier sich entgegendrängte,
Lag deine Tochter — denn die Kunde war
Auch in des Klosters Mauern eingedrungen —
1650 Lag sie mir an mit unabläss'gem Flehn,
Ihr dieses Festes Anblick zu gewähren.
Ich Unglückseliger ließ mich bewegen,
Verhüllte sie in ernste Trauertracht,
Und also war sie Zeugin jenes Festes.
1655 Und dort, befürcht' ich, in des Volks Gewühl,
Das sich herbeigedrängt von allen Enden,
Ward sie vom Aug' des Räubers ausgespäht,
Denn ihrer Schönheit Glanz birgt keine Hülle.

    Don Manuel (vor sich, erleichtert).
Glücksel'ges Wort, das mir das Herz befreit!
1660 Das gleicht ihr nicht! Dies Zeichen trifft nicht zu.

    Isabella. Wahnsinn'ger Alter! So verrietst du mich!

    Diego. Gebieterin! Ich dacht' es gut zu machen.
Die Stimme der Natur, die Macht des Bluts
Glaubt' ich in diesem Wunsche zu erkennen;
1665 Ich hielt es für des Himmels eignes Werk,
Der mit verborgen ahnungsvollem Zuge
Die Tochter hintrieb zu des Vaters Grab!
Der frommen Pflicht wollt' ich ihr Recht erzeigen,
Und so, aus guter Meinung, schafft' ich Böses!

    Don Manuel (vor sich).
1670 Was steh' ich hier in Furcht und Zweifels Qualen?
Schnell will ich Licht mir schaffen und Gewißheit. (Will gehen.)

    Don Cesar (der zurückkommt).
Verzieh, Don Manuel, gleich folg' ich dir.

    Don Manuel.
Folge mir nicht! Hinweg! Mir folge niemand! (Er geht ab.)

    Don Cesar (sieht ihm verwundert nach).
Was ist dem Bruder? Mutter, sage mir's!

1675   **Isabella.** Ich kenn' ihn nicht mehr. Ganz verkenn' ich ihn.

    Don Cesar. Du siehst mich wiederkehren, meine Mutter;
Denn in des Eifers heftiger Begier
Vergaß ich, um ein Zeichen dich zu fragen,
Woran man die verlorne Schwester kennt.
1680 Wie find' ich ihre Spuren, eh' ich weiß,

Aus welchem Ort die Räuber sie gerissen?
Das Kloster nenne mir, das sie verbarg.

    Isabella. Der heiligen Cäcilia ist's gewidmet,
Und hinterm Waldgebirge, das zum Ätna
1685 Sich langsam steigend hebt, liegt es versteckt,
Wie ein verschwiegner Aufenthalt der Seelen.

    Don Cesar. Sei gutes Muts! Vertraue deinen Söhnen!
Die Schwester bring' ich dir zurück, müßt' ich
Durch alle Länder sie und Meere suchen.
1690 Doch eines, Mutter, ist es, was mich kümmert:
Die Braut verließ ich unter fremdem Schutz.
Nur dir kann ich das teure Pfand vertrauen,
Ich sende sie dir her, du wirst sie schauen;
An ihrer Brust, an ihrem lieben Herzen
1695 Wirst du des Grams vergessen und der Schmerzen. (Er geht ab.)

    Isabella. Wann endlich wird der alte Fluch sich lösen,
Der über diesem Hause lastend ruht?
Mit meiner Hoffnung spielt ein tückisch Wesen,
Und nimmer stillt sich seines Neides Wut.
1700 So nahe glaubt' ich mich dem sichern Hafen,
So fest vertraut' ich auf des Glückes Pfand,
Und alle Stürme glaubt' ich eingeschlafen,
Und freudig winkend sah ich schon das Land
Im Abendglanz der Sonne sich erhellen:
1705 Da kommt ein Sturm, aus heitrer Luft gesandt,
Und reißt mich wieder in den Kampf der Wellen! (Sie geht nach
                                          dem innern Hause, wohin ihr Diego folgt.)

(Die Szene verwandelt sich in den Garten.)

    Beide Chöre. Zuletzt Beatrice.
(Der Chor des Don Manuel kommt in festlichem Aufzug, mit Kränzen geschmückt und
die oben beschriebnen Brautgeschenke begleitend; der Chor des Don Cesar will ihm
                    den Eintritt verwehren.)

    Erster Chor. (Cajetan.)
Du würdest wohl tun, diesen Platz zu leeren.

    Zweiter Chor. (Bohemund.)
Ich will's, wenn beßre Männer es begehren.

    Erster Chor. (Cajetan.) Du könntest merken, daß du lästig bist.

    Zweiter Chor. (Bohemund.)
1710 Deswegen bleib' ich, weil es dich verdrießt.

Erster Chor. (Cajetan.)
Hier ist mein Platz. Wer darf zurück mich halten?
  Zweiter Chor. (Bohemund.)
Ich darf es tun, ich habe hier zu walten.
  Erster Chor. (Cajetan.)
Mein Herrscher sendet mich, Don Manuel.
  Zweiter Chor. (Bohemund.)
Ich stehe hier auf meines Herrn Befehl.
  Erster Chor. (Cajetan.)
1715 Dem ältern Bruder muß der jüngre weichen.
  Zweiter Chor. (Bohemund.)
Dem Erstbesitzenden gehört die Welt.
  Erster Chor. (Cajetan.)
Verhaßter, geh und räume mir das Feld!
  Zweiter Chor. (Bohemund.)
Nicht, bis sich unsre Schwerter erst vergleichen.
  Erster Chor. (Cajetan.)
Find' ich dich überall in meinen Wegen?
  Zweiter Chor. (Bohemund.)
1720 Wo mir's gefällt, da tret' ich dir entgegen.
  Erster Chor. (Cajetan.)
Was hast du hier zu horchen und zu hüten?
  Zweiter Chor. (Bohemund.)
Was hast du hier zu fragen, zu verbieten?
  Erster Chor. (Cajetan.)
Dir steh' ich nicht zu Red' und Antwort hier.
  Zweiter Chor. (Bohemund.)
Und nicht des Wortes Ehre gönn' ich dir.
  Erster Chor. (Cajetan.)
1725 Ehrfurcht gebührt, o Jüngling, meinen Jahren.
  Zweiter Chor. (Bohemund.)
In Tapferkeit bin ich wie du erfahren!
  Beatrice (stürzt heraus).
Weh mir, was wollen diese wilden Scharen?
  Erster Chor (Cajetan) (zum zweiten).
Nichts acht' ich dich und deine stolze Miene!
  Zweiter Chor. (Bohemund.)
Ein beßrer ist der Herrscher, dem ich diene!
1730   Beatrice. O, weh mir, weh mir, wenn er jetzt erschiene!
  Erster Chor. (Cajetan.)
Du lügst! Don Manuel besiegt ihn weit!
  Zweiter Chor. (Bohemund.)
Den Preis gewinnt mein Herr in jedem Streit.

Beatrice. Jetzt wird er kommen, dies ist seine Zeit!

    Erster Chor. (Cajetan.)

Wäre nicht Friede, Recht verschaff' ich mir!

    Zweiter Chor. (Bohemund.)

1735 Wär's nicht die Furcht, kein Friede wehrte dir.

    Beatrice. O, wär' er tausend Meilen weit von hier!

    Erster Chor. (Cajetan.)

Das Gesetz fürcht' ich, nicht deiner Blicke Trutz.

    Zweiter Chor. (Bohemund.)

Wohl tust du dran, es ist des Feigen Schutz.

    Erster Chor. (Cajetan.) Fang an, ich folge!

    Zweiter Chor. (Bohemund.)   Mein Schwert ist heraus!

    Beatrice (in der heftigsten Beängstigung).

1740 Sie werden handgemein, die Degen blitzen!

Ihr Himmelsmächte, haltet ihn zurück!

Werft euch in seinen Weg, ihr Hindernisse,

Eine Schlinge legt, ein Netz um seine Füße,

Daß er verfehle diesen Augenblick!

1745 Ihr Engel alle, die ich flehend bat,

Ihn herzuführen, täuschet meine Bitte,

Weit, weit von hier entfernet seine Schritte! (Sie eilt hinein. Indem

        die Chöre einander anfallen, erscheint Don Manuel.)

Don Manuel. Der Chor.

Don Manuel. Was seh' ich! Haltet ein!

    Erster Chor (Cajetan, Berengar, Manfred) (zum zweiten).

                  Komm an! Komm an!

    Zweiter Chor. (Bohemund, Roger, Hippolyt.)

Nieder mit ihnen! Nieder!

    Don Manuel (tritt zwischen sie, mit gezogenem Schwert).

              Haltet ein!

1750 Erster Chor. (Cajetan.) Es ist der Fürst.

    Zweiter Chor. (Bohemund.) Der Bruder! Haltet Friede!

    Don Manuel. Den streck' ich tot auf dieses Rasens Grund,

Der mit gezuckter Augenwimper nur

Die Fehde fortsetzt und dem Gegner droht!

Rast ihr? Was für ein Dämon reizt euch an,

1755 Des alten Zwistes Flammen aufzublasen,

Der zwischen uns, den Fürsten, abgetan

Und ausgeglichen ist auf immerdar?

— Wer fing den Streit an? Redet! Ich will's wissen.

Erster Chor. (Cajetan, Berengar.) Sie standen hier —
Zweiter Chor (Roger, Bohemund) (unterbrechend).
                                                    Sie kamen —
   Don Manuel (zum ersten Chor).   Rede du!
   Erster Chor. (Cajetan.)
1760 Wir kamen her, mein Fürst, die Hochzeitgaben
   Zu überreichen, wie du uns befahlst.
   Geschmückt zu einem Feste, keineswegs
   Zum Krieg bereit, du siehst es, zogen wir
   In Frieden unsern Weg, nichts Arges denkend
1765 Und trauend dem beschworenen Vertrag;
   Da fanden wir sie feindlich hier gelagert
   Und uns den Eingang sperrend mit Gewalt.
   Don Manuel. Unsinnige! Ist keine Freistatt sicher
   Genug vor eurer blinden, tollen Wut?
1770 Auch in der Unschuld still verborgnen Sitz
   Bricht euer Hader friedestörend ein?
   (Zum zweiten Chor.) Weiche zurück! Hier sind Geheimnisse,
   Die deine kühne Gegenwart nicht dulden.
   (Da derselbe zögert.) Zurück! Dein Herr gebietet dir's durch mich,
1775 Denn wir sind jetzt ein Haupt und ein Gemüt,
   Und mein Befehl ist auch der seine. Geh!
   (Zum ersten Chor.) Du bleibst und wahrst des Eingangs!
   Zweiter Chor. (Bohemund.)   Was beginnen?
   Die Fürsten sind versöhnt, das ist die Wahrheit,
   Und in der hohen Häupter Span und Streit
1780 Sich unberufen, vielgeschäftig drängen,
   Bringt wenig Dank und öfterer Gefahr.
   Denn wenn der Mächtige des Streits ermüdet,
   Wirft er behend auf den geringen Mann,
   Der arglos ihm gedient, den blut'gen Mantel
1785 Der Schuld, und leicht gereinigt steht er da.
   Drum mögen sich die Fürsten selbst vergleichen;
   Ich acht' es für geratner, wir gehorchen.
   (Der zweite Chor geht ab, der erste zieht sich nach dem Hintergrund der Szene zurück. In demselben Augenblicke stürzt Beatrice heraus und wirft sich in Don Manuels Arme.)

Beatrice. Don Manuel.
   Beatrice. Du bist's. Ich habe dich wieder. Grausamer!
   Du hast mich lange, lange schmachten lassen,
1790 Der Furcht und allen Schrecknissen zum Raub
   Dahingegeben! — Doch nichts mehr davon!

Ich habe dich, in deinen lieben Armen
Ist Schutz und Schirm vor jeglicher Gefahr.
Komm! Sie sind weg! Wir haben Raum zur Flucht,
1795 Fort, laß uns keinen Augenblick verlieren! (Sie will ihn mit sich
                                    fortziehen und sieht ihn jetzt erst genauer an.)
Was ist dir? So verschlossen feierlich
Empfängst du mich, entziehst dich meinen Armen,
Als wolltest du mich lieber ganz verstoßen?
Ich kenne dich nicht mehr. Ist dies Don Manuel,
1800 Mein Gatte, mein Geliebter?
          Don Manuel.   Beatrice!
          Beatrice. Nein, rede nicht! Jetzt ist nicht Zeit zu Worten!
Fort laß uns eilen, schnell! Der Augenblick
Ist kostbar —
          Don Manuel.   Bleib! Antworte mir!
          Beatrice.   Fort! Fort!
Eh' diese wilden Männer wiederkehren!
1805   Don Manuel. Bleib! Jene Männer werden uns nicht schaden!
          Beatrice.
Doch, doch, du kennst sie nicht. O, komm! Entfliehe!
          Don Manuel.
Von meinem Arm beschützt, was kannst du fürchten?
          Beatrice. O, glaube mir, es gibt hier mächt'ge Menschen!
          Don Manuel. Geliebte, keinen mächtigern als mich.
1810   Beatrice. Du gegen diese vielen ganz allein?
          Don Manuel.
Ich ganz allein! Die Männer, die du fürchtest —
          Beatrice.
Du kennst sie nicht, du weißt nicht, wem sie dienen.
          Don Manuel. Mir dienen sie, und ich bin ihr Gebieter.
          Beatrice. Du bist — Ein Schrecken fliegt durch meine Seele!
1815   Don Manuel. Lerne mich endlich kennen, Beatrice!
Ich bin nicht der, der ich dir schien zu sein,
Der arme Ritter nicht, der Unbekannte,
Der liebend nur um deine Liebe warb.
Wer ich wahrhaftig bin, was ich vermag,
1820 Woher ich stamme, hab' ich dir verborgen.
          Beatrice.
Du bist Don Manuel nicht! Weh mir, wer bist du?
          Don Manuel.
Don Manuel heiß' ich — doch ich bin der Höchste,
Der diesen Namen führt in dieser Stadt;
Ich bin Don Manuel, Fürst von Messina.

1825 **Beatrice.** Du wärst Don Manuel, Don Cesars Bruder?

Don Manuel. Don Cesar ist mein Bruder.

Beatrice. Ist dein Bruder?

Don Manuel.
Wie? Dies erschreckt dich? Kennst du den Don Cesar?
Kennst du noch sonsten jemand meines Bluts?

Beatrice. Du bist Don Manuel, der mit dem Bruder
1830 In Hasse lebt und unversöhnter Fehde?

Don Manuel. Wir sind versöhnt, seit heute sind wir Brüder,
Nicht von Geburt nur, nein, von Herzen auch.

Beatrice. Versöhnt, seit heute!

Don Manuel. Sage mir, was ist das?
Was bringt dich so in Aufruhr? Kennst du mehr
1835 Als nur den Namen bloß von meinem Hause?
Weiß ich dein ganz Geheimnis? Hast du nichts,
Nichts mir verschwiegen oder vorenthalten?

Beatrice. Was denkst du? Wie? Was hätt' ich zu gestehen?

Don Manuel. Von deiner Mutter hast du mir noch nichts
1840 Gesagt. Wer ist sie? Würdest du sie kennen,
Wenn ich sie dir beschriebe, dir sie zeigte?

Beatrice. Du kennst sie — kennst sie und verbargest mir?

Don Manuel. Weh dir und wehe mir, wenn ich sie kenne!

Beatrice. O, sie ist gütig wie das Licht der Sonne!
1845 Ich seh' sie vor mir, die Erinnerung
Belebt sich wieder, aus der Seele Tiefen
Erhebt sich mir die göttliche Gestalt.
Der braunen Locken dunkle Ringe seh' ich
Des weißen Halses edle Form beschatten!
1850 Ich seh' der Stirne rein gewölbten Bogen,
Des großen Auges dunkelhellen Glanz,
Auch ihrer Stimme seelenvolle Töne
Erwachen mir —

Don Manuel. Weh mir! Du schilderst sie!

Beatrice. Und ich entfloh ihr! konnte sie verlassen,
1855 Vielleicht am Morgen eben dieses Tags,
Der mich auf ewig ihr vereinen sollte!
O, selbst die Mutter gab ich hin für dich!

Don Manuel. Messinas Fürstin wird dir Mutter sein.
Zu ihr bring' ich dich jetzt; sie wartet deiner.

1860 **Beatrice.** Was sagst du? Deine Mutter und Don Cesars?
Zu ihr mich bringen? Nimmer, nimmermehr!

Don Manuel. Du schauderst? Was bedeutet dies Entsetzen?
Ist meine Mutter keine Fremde dir?
    Beatrice. O unglückselig traurige Entdeckung!
1865 O, hätt' ich nimmer diesen Tag gesehn!
    Don Manuel. Was kann dich ängstigen, nun du mich kennst,
Den Fürsten findest in dem Unbekannten?
    Beatrice. O, gib mir diesen Unbekannten wieder,
Mit ihm auf ödem Eiland wär' ich selig!
    Don Cesar (hinter der Szene).
1870 Zurück! Welch vieles Volk ist hier versammelt?
    Beatrice. Gott! Diese Stimme! Wo verberg' ich mich?
    Don Manuel. Erkennst du diese Stimme? Nein, du hast
Sie nie gehört und kannst sie nicht erkennen!
    Beatrice. O, laß uns fliehen! Komm und weile nicht!
1875   **Don Manuel.** Was fliehn? Es ist des Bruders Stimme, der
Mich sucht; zwar wundert mich, wie er entdeckte —
    Beatrice. Bei allen Heiligen des Himmels, meid' ihn!
Begegne nicht dem heftig Stürmenden,
Laß dich von ihm an diesem Ort nicht finden!
1880   **Don Manuel.** Geliebte Seele, dich verwirrt die Furcht!
Du hörst mich nicht, wir sind versöhnte Brüder!
    Beatrice. O Himmel, rette mich aus dieser Stunde!
    Don Manuel. Was ahnet mir! Welch ein Gedanke faßt
Mich schaudernd? — Wär' es möglich — Wäre dir
1885 Die Stimme keine fremde? — Beatrice!
Du warst — Mir grauet, weiter fortzufragen —
Du warst — bei meines Vaters Leichenfeier?
    Beatrice. Weh mir!
    Don Manuel.   Du warst zugegen?
    Beatrice.   Zürne nicht!
    Don Manuel. Unglückliche, du warst?
    Beatrice.   Ich war zugegen.
1890   **Don Manuel.** Entsetzen!
    Beatrice.   Die Begierde war zu mächtig!
Vergib mir! Ich gestand dir meinen Wunsch;
Doch plötzlich ernst und finster, ließest du
Die Bitte fallen, und so schwieg auch ich.
Doch weiß ich nicht, welch bösen Sternes Macht
1895 Mich trieb mit unbezwinglichem Gelüsten.
Des Herzens heißen Drang mußt' ich vergnügen;
Der alte Diener lieh mir seinen Beistand;
Ich war dir ungehorsam, und ich ging. (Sie schmiegt sich an ihn;
        indem tritt Don Cesar herein, von dem ganzen Chor begleitet.)

Beide Brüder. Beide Chöre. Beatrice.

Zweiter Chor. (Bohemund.) (Zu Don Cesar.)
Du glaubst uns nicht. Glaub' deinen eignen Augen!
Don Cesar (tritt heftig ein und fährt beim Anblick seines Bruders mit
Entsetzen zurück.)
1900 Blendwerk der Hölle! Was? In seinen Armen!
(Näher tretend, zu Don Manuel.)
Giftvolle Schlange! Das ist deine Liebe!
Deswegen logst du tückisch mir Versöhnung!
O, eine Stimme Gottes war mein Haß!
Fahre zur Hölle, falsche Schlangenseele! (Er ersticht ihn.)
1905 **Don Manuel.** Ich bin des Todes — Beatrice! — Bruder!
(Er sinkt und stirbt. Beatrice fällt neben ihm ohnmächtig nieder.)
Erster Chor. (Cajetan.)
Mord! Mord! Herbei! Greift zu den Waffen alle!
Mit Blut gerächet sei die blut'ge Tat!
(Alle ziehen die Degen.)
Zweiter Chor. (Bohemund.)
Heil uns! Der lange Zwiespalt ist geendigt.
Nur einem Herrscher jetzt gehorcht Messina.
Erster Chor. (Cajetan, Berengar, Manfred.)
1910 Rache! Rache! Der Mörder falle! falle!
Ein sühnend Opfer dem Gemordeten!
Zweiter Chor. (Bohemund, Roger, Hippolyt.)
Herr, fürchte nichts, wir stehen treu zu dir!
Don Cesar (mit Ansehen zwischen sie tretend).
Zurück! Ich habe meinen Feind getötet,
Der mein vertrauend redlich Herz betrog,
1915 Die Bruderliebe mir zum Fallstrick legte.
Ein furchtbar gräßlich Ansehn hat die Tat,
Doch der gerechte Himmel hat gerichtet.
Erster Chor. (Cajetan.)
Weh dir, Messina! Wehe! Wehe! Wehe!
Das gräßlich Ungeheure ist geschehn
1920 In deinen Mauern. Wehe deinen Müttern
Und Kindern, deinen Jünglingen und Greisen!
Und wehe der noch ungebornen Frucht!
Don Cesar. Die Klage kommt zu spät. Hier schaffet Hilfe!
(Auf Beatricen zeigend.) Ruft sie ins Leben! Schnell entfernet sie
1925 Von diesem Ort des Schreckens und des Todes!
— Ich kann nicht länger weilen, denn mich ruft
Die Sorge fort um die geraubte Schwester.

Schiller V   20

— Bringt sie in meiner Mutter Schloß und sprecht:
Es sei ihr Sohn, Don Cesar, der sie sende!
(Er geht ab; die ohnmächtige Beatrice wird von dem zweiten Chor auf eine Bank
gesetzt und so hinweggetragen; der erste Chor bleibt bei dem Leichnam zurück, um
welchen auch die Knaben, die die Brautgeschenke tragen, in einem Halbkreis herumstehen.)

————

Chor. (Cajetan.)

1930 Sagt mir! Ich kann's nicht fassen und deuten,
Wie es so schnell sich erfüllend genaht.
Längst wohl sah ich im Geist mit weiten
Schritten das Schreckensgespenst herschreiten
Dieser entsetzlichen, blutigen Tat.
1935 Dennoch übergießt mich ein Grauen,
Da sie vorhanden ist und geschehen,
Da ich erfüllt muß vor Augen schauen,
Was ich in ahndender Furcht nur gesehen.
All mein Blut in den Adern erstarrt
1940 Vor der gräßlich entschiedenen Gegenwart.

Einer aus dem Chor. (Manfred.)

Lasset erschallen die Stimme der Klage!
Holder Jüngling!
Da liegt er entseelt
Hingestreckt in der Blüte der Tage!
1945 Schwer umfangen von Todesnacht,
An der Schwelle der bräutlichen Kammer!
Aber über dem Stummen erwacht
Lauter, unermeßlicher Jammer.

Ein Zweiter. (Cajetan.) Wir kommen, wir kommen,

1950 Mit festlichem Prangen
Die Braut zu empfangen;
Es bringen die Knaben
Die reichen Gewande, die bräutlichen Gaben;
Das Fest ist bereitet, es warten die Zeugen;
1955 Aber der Bräutigam höret nicht mehr.
Nimmer erweckt ihn der fröhliche Reigen,
Denn der Schlummer der Toten ist schwer.

Ganzer Chor. Schwer und tief ist der Schlummer der Toten;

Nimmer erweckt ihn die Stimme der Braut,
1960 Nimmer des Histhorns fröhlicher Laut;
Starr und fühllos liegt er am Boden!

Ein Dritter. (Cajetan.)

Was sind Hoffnungen, was sind Entwürfe,

Die der Mensch, der vergängliche, baut?
Heute umarmtet ihr euch als Brüder,
1965 Einig gestimmt mit Herzen und Munde.
Diese Sonne, die jetzo nieder
Geht, sie leuchtete eurem Bunde!
Und jetzt liegst du dem Staube vermählt,
Von des Brudermords Händen entseelt,
1970 In dem Busen die gräßliche Wunde!
Was sind Hoffnungen, was sind Entwürfe,
Die der Mensch, der flüchtige Sohn der Stunde,
Aufbaut auf dem betrüglichen Grunde?

      Chor. (Berengar.) Zu der Mutter will ich dich tragen,
1975 Eine unbeglückende Last!
Diese Zypresse laßt uns zerschlagen
Mit der mördrischen Schneide der Axt,
Eine Bahre zu flechten aus ihren Zweigen.
Nimmer soll sie Lebendiges zeugen,
1980 Die die tödliche Frucht getragen;
Nimmer in fröhlichem Wuchs sich erheben,
Keinem Wandrer mehr Schatten geben;
Die sich genährt auf des Mordes Boden,
Soll verflucht sein zum Dienst der Toten!

1985   **Erster.** (Manfred.) Aber wehe dem Mörder, wehe,
Der dahingeht in törichtem Mut!
Hinab, hinab in der Erde Ritzen
Rinnet, rinnet, rinnet dein Blut.
Drunten aber im Tiefen sitzen
1990 Lichtlos, ohne Gesang und Sprache,
Der Themis Töchter, die nie vergessen,
Die Untrüglichen, die mit Gerechtigkeit messen,
Fangen es auf in schwarzen Gefäßen,
Rühren und mengen die schreckliche Rache.

1995   **Zweiter.** (Berengar.) Leicht verschwindet der Taten Spur
Von der sonnenbeleuchteten Erde,
Wie aus dem Antlitz die leichte Gebärde.
Aber nichts ist verloren und verschwunden,
Was die geheimnisvoll waltenden Stunden
2000 In den dunkel schaffenden Schoß aufnahmen.
Die Zeit ist eine blühende Flur,
Ein großes Lebendiges ist die Natur,
Und alles ist Frucht, und alles ist Samen.

      Dritter. (Cajetan.) Wehe, wehe dem Mörder, wehe,
2005 Der sich gesät die tödliche Saat!

Ein andres Antlitz, eh' sie geschehen,
Ein anderes zeigt die vollbrachte Tat.
   Mutvoll blickt sie und kühn dir entgegen,
Wenn der Rache Gefühle den Busen bewegen;
2010 Aber ist sie geschehn und begangen,
   Blickt sie dich an mit erbleichenden Wangen.
Selber die schrecklichen Furien schwangen
Gegen Orestes die höllischen Schlangen,
Reizten den Sohn zu dem Muttermord an.
2015 Mit der Gerechtigkeit heiligen Zügen
   Wußten sie listig sein Herz zu betrügen,
Bis er die tödliche Tat nun getan.
Aber da er den Schoß jetzt geschlagen,
Der ihn empfangen und liebend getragen,
2020 Siehe, da kehrten sie
   Gegen ihn selber
Schrecklich sich um.
Und er erkannte die furchtbaren Jungfraun,
Die den Mörder ergreifend fassen,
2025 Die von jetzt an ihn nimmer lassen,
   Die ihn mit ewigem Schlangenbiß nagen,
Die von Meer zu Meer ihn ruhelos jagen
Bis in das delphische Heiligtum.
    (Der Chor geht ab, den Leichnam Don Manuels auf einer Bahre tragend.)

        (Die Säulenhalle.)
 (Es ist Nacht; die Szene ist von oben herab durch eine große Lampe erleuchtet.)
     Donna Isabella und Diego treten auf.

   Isabella. Noch keine Kunde kam von meinen Söhnen,
2030 Ob eine Spur sich fand von der Verlornen?
   Diego. Noch nichts, Gebieterin. Doch hoffe alles
Von deiner Söhne Ernst und Emsigkeit!
   Isabella. Wie ist mein Herz geängstiget, Diego!
Es stand bei mir, dies Unglück zu verhüten.
2035   Diego. Drück' nicht des Vorwurfs Stachel in dein Herz!
An welcher Vorsicht ließest du's ermangeln?
   Isabella. Hätt' ich sie früher an das Licht gezogen,
   Wie mich des Herzens Stimme mächtig trieb!

Diego. Die Klugheit wehrte dir's, du tateſt weiſe,
2040 Doch der Erfolg ruht in des Himmels Hand.

Iſabella. Ach, ſo iſt keine Freude rein! Mein Glück
Wär' ein vollkommnes ohne dieſen Zufall.

Diego. Dies Glück iſt nur verzögert, nicht zerſtört;
Genieße du jetzt deiner Söhne Frieden!

2045 **Iſabella.** Ich habe ſie einander Herz an Herz
Umarmen ſehn — ein nie erlebter Anblick!

Diego. Und nicht ein Schauſpiel bloß, es ging von Herzen,
Denn ihr Geradſinn haßt der Lüge Zwang.

Iſabella. Ich ſeh' auch, daß ſie zärtlicher Gefühle,
2050 Der ſchönen Neigung fähig ſind; mit Wonne
Entdeck' ich, daß ſie ehren, was ſie lieben.
Der ungebundnen Freiheit wollen ſie
Entſagen, nicht dem Zügel des Geſetzes
Entzieht ſich ihre brauſend wilde Jugend,
2055 Und ſittlich ſelbſt blieb ihre Leidenſchaft.
— Ich will dir's jetzo gern geſtehn, Diego,
Daß ich mit Sorge dieſem Augenblick,
Der aufgeſchloßnen Blume des Gefühls
Mit banger Furcht entgegenſah. Die Liebe
2060 Wird leicht zur Wut in heftigen Naturen.
Wenn in den aufgehäuſten Feuerzunder
Des alten Haſſes auch noch dieſer Blitz,
Der Eiferſucht feindſel'ge Flamme ſchlug —
Mir ſchaudert, es zu denken — ihr Gefühl,
2065 Das niemals einig war, gerade hier
Zum erſtenmal unſelig ſich begegnet —
Wohl mir! Auch dieſe donnerſchwere Wolke,
Die über mir ſchwarz drohend niederhing,
Sie führte mir ein Engel ſtill vorüber,
2070 Und leicht nun atmet die befreite Bruſt.

Diego. Ja, freue deines Werkes dich! Du haſt
Mit zartem Sinn und ruhigem Verſtand
Vollendet, was der Vater nicht vermochte
Mit aller ſeiner Herrſchermacht. Dein iſt
2075 Der Ruhm; doch auch dein Glücksſtern iſt zu loben!

Iſabella. Vieles gelang mir! Viel auch tat das Glück!
Nichts Kleines war es, ſolche Heimlichkeit
Verhüllt zu tragen dieſe langen Jahre,
Den Mann zu täuſchen, den umſichtigſten
2080 Der Menſchen, und ins Herz zurückzudrängen

Den Trieb des Bluts, der mächtig, wie des Feuers
Verschloßner Gott, aus seinen Banden strebte!
    Diego. Ein Pfand ist mir des Glückes lange Gunst,
Daß alles sich erfreulich lösen wird.

2085   **Isabella.** Ich will nicht eher meine Sterne loben,
Bis ich das Ende dieser Taten sah.
Daß mir der böse Genius nicht schlummert,
Erinnert warnend mich der Tochter Flucht.
— Schilt oder lobe meine Tat, Diego!
2090 Doch dem Getreuen will ich nichts verbergen.
Nicht tragen konnt' ich's, hier in müß'ger Ruh'
Zu harren des Erfolgs, indes die Söhne
Geschäftig forschen nach der Tochter Spur.
Gehandelt hab' auch ich. Wo Menschenkunst
2095 Nicht zureicht, hat der Himmel oft geraten.
    Diego. Entdecke mir, was mir zu wissen ziemt.
    Isabella. Einsiedelnd auf des Ätna Höhen haust
Ein frommer Klausner, von uralters her
Der Greis genannt des Berges, welcher näher
2100 Dem Himmel wohnend als der andern Menschen
Tief wandelndes Geschlecht, den ird'schen Sinn
In leichter, reiner Ätherluft geläutert
Und von dem Berg der aufgewälzten Jahre
Hinabsieht in das aufgelöste Spiel
2105 Des unverständlich krummgewundnen Lebens.
Nicht fremd ist ihm das Schicksal meines Hauses;
Oft hat der heil'ge Mann für uns den Himmel
Gefragt und manchen Fluch hinweggebetet.
Zu ihm hinauf gesandt hab' ich alsbald
2110 Des raschen Boten jugendliche Kraft,
Daß er mir Kunde von der Tochter gebe,
Und stündlich harr' ich dessen Wiederkehr.
    Diego. Trügt mich mein Auge nicht, Gebieterin,
So ist's derselbe, der dort eilend naht,
2115 Und Lob fürwahr verdient der Emsige!

Bote. Die Vorigen.

    Isabella. Sag' an, und weder Schlimmes hehle mir
Noch Gutes, sondern schöpfe rein die Wahrheit!
Was gab der Greis des Bergs dir zum Bescheide?

Bote. Ich soll mich schnell zurückbegeben, war
2120 Die Antwort, die Verlorne sei gefunden.

Isabella. Glückfel'ger Mund, erfreulich Himmelswort,
Stets hast du das Erwünschte mir verkündet!
Und welchem meiner Söhne war's verliehen,
Die Spur zu finden der Verlornen?

2125 **Bote.** Die Tiefverborgne fand dein ältster Sohn.

Isabella. Don Manuel ist es, dem ich sie verdanke!
Ach, stets war dieser mir ein Kind des Segens!
— Hast du dem Greis auch die geweihte Kerze
Gebracht, die zum Geschenk ich ihm gesendet,
2130 Sie anzuzünden seinem Heiligen?
Denn was von Gaben sonst der Menschen Herzen
Erfreut, verschmäht der fromme Gottesdiener.

Bote. Die Kerze nahm er schweigend von mir an,
Und zum Altar hintretend, wo die Lampe
2135 Dem Heil'gen brannte, zündet' er sie flugs
Dort an, und schnell in Brand steckt' er die Hütte,
Worin er Gott verehrt seit neunzig Jahren.

Isabella. Was sagst du? Welches Schrecknis nennst du mir?

Bote. Und dreimal Wehe! Wehe! rufend, stieg er
2140 Herab vom Berg; mir aber winkt' er schweigend,
Ihm nicht zu folgen, noch zurückzuschauen.
Und so, gejagt von Grausen, eilt' ich her!

Isabella. In neuer Zweifel wogende Bewegung
Und ängstlich schwankende Verworrenheit
2145 Stürzt mich das Widersprechende zurück.
Gefunden sei mir die verlorne Tochter
Von meinem ältsten Sohn Don Manuel?
Die gute Rede kann mir nicht gedeihen,
Begleitet von der unglückfel'gen Tat.

2150 **Bote.** Blick' hinter dich, Gebieterin! Du siehst
Des Klausners Wort erfüllt vor deinen Augen;
Denn alles müßt' mich trügen, oder dies
Ist die verlorne Tochter, die du suchst,
Von deiner Söhne Ritterschar begleitet.

(Beatrice wird von dem zweiten Halbchor auf einem Tragsessel gebracht und auf der vordern Bühne niedergesetzt. Sie ist noch ohne Leben und Bewegung.)

———

Isabella. Diego. Bote. Beatrice. Chor. (Bohemund, Roger, Hippolyt und die neun andern Ritter Don Cesars.)

2155 **Chor.** (Bohemund.) Des Herrn Geheiß erfüllend, setzen wir
Die Jungfrau hier zu deinen Füßen nieder,

Gebieterin. — Also befahl er uns
Zu tun und dir zu melden dieses Wort:
Es sei dein Sohn Don Cesar, der sie sende!
   Isabella (ist mit ausgebreiteten Armen auf sie zugeeilt und tritt mit
2160 Schrecken zurück). O Himmel! Sie ist bleich und ohne Leben!
   Chor. (Bohemund.)
Sie lebt! Sie wird erwachen! Gönn' ihr Zeit,
Von dem Erstaunlichen sich zu erholen,
Das ihre Geister noch gebunden hält.
   Isabella.
Mein Kind! Kind meiner Schmerzen, meiner Sorgen!
2165 So sehen wir uns wieder! So mußt du
Den Einzug halten in des Vaters Haus!
O, laß an meinem Leben mich das deinige
Anzünden! An die mütterliche Brust
Will ich dich pressen, bis, vom Todesfrost
2170 Gelöst, die warmen Adern wieder schlagen!
(Zum Chor.) O, sprich! Welch Schreckliches ist hier geschehn?
Wo fandst du sie? Wie kam das teure Kind
In diesen kläglich jammervollen Zustand?
   Chor. (Bohemund.)
Erfahr es nicht von mir, mein Mund ist stumm.
2175 Dein Sohn Don Cesar wird dir alles deutlich
Verkündigen, denn er ist's, der sie sendet.
   Isabella. Mein Sohn Don Manuel, so willst du sagen?
   Chor. (Bohemund.) Dein Sohn Don Cesar sendet sie dir zu.
   Isabella (zu dem Boten).
War's nicht Don Manuel, den der Seher nannte?
2180   Bote. So ist es, Herrin, das war seine Rede.
   Isabella. Welcher es sei, er hat mein Herz erfreut;
Die Tochter dank' ich ihm, er sei gesegnet!
O, muß ein neid'scher Dämon mir die Wonne
Des heiß erflehten Augenblicks verbittern!
2185 Ankämpfen muß ich gegen mein Entzücken!
Die Tochter seh' ich in des Vaters Haus,
Sie aber sieht nicht mich, vernimmt mich nicht,
Sie kann der Mutter Freude nicht erwidern.
O, öffnet euch, ihr lieben Augenlichter!
2190 Erwärmet euch, ihr Hände! Hebe dich,
Lebloser Busen, und schlage der Lust!
Diego! Das ist meine Tochter — Das
Die Langverborgne, die Gerettete,
Vor aller Welt kann ich sie jetzt erkennen!

Chor. (Bohemund.)
2195 Ein seltsam neues Schrecknis glaub' ich ahnend
Vor mir zu sehn und stehe wundernd, wie
Das Irrsal sich entwirren soll und lösen.

Isabella (zum Chor, der Bestürzung und Verlegenheit ausdrückt).
O, ihr seid undurchdringlich harte Herzen!
Vom ehrnen Harnisch eurer Brust, gleichwie
2200 Von einem schroffen Meeresfelsen, schlägt
Die Freude meines Herzens mir zurück!
Umsonst in diesem ganzen Kreis umher
Späh' ich nach einem Auge, das empfindet.
Wo weilen meine Söhne, daß ich Anteil
2205 In einem Auge lese; denn mir ist,
Als ob der Wüste unmitleid'ge Scharen,
Des Meeres Ungeheuer mich umständen!

Diego. Sie schlägt die Augen auf! Sie regt sich, lebt!
Isabella. Sie lebt! Ihr erster Blick sei auf die Mutter!
2210   Diego. Das Auge schließt sie schaudernd wieder zu.
Isabella (zum Chor).
Weiche zurück! Sie schreckt der fremde Anblick.

Chor (tritt zurück). (Bohemund.)
Gern meid' ich's, ihrem Blicke zu begegnen.
Diego. Mit großen Augen mißt sie staunend dich.
Beatrice. Wo bin ich? Diese Züge sollt' ich kennen.
2215   Isabella. Langsam kehrt die Besinnung ihr zurück.
Diego. Was macht sie? Auf die Knie senkt sie sich.
Beatrice. O schönes Engelsantlitz meiner Mutter!
Isabella. Kind meines Herzens! Komm in meine Arme!
Beatrice. Zu deinen Füßen sieh die Schuldige!
2220   Isabella. Ich habe dich wieder! Alles sei vergessen!
Diego. Betracht' auch mich! Erkennst du meine Züge?
Beatrice. Des redlichen Diego greises Haupt!
Isabella. Der treue Wächter deiner Kinderjahre.
Beatrice. So bin ich wieder in dem Schoß der Meinen?
2225   Isabella. Und nichts soll uns mehr scheiden als der Tod.
Beatrice. Du willst mich nicht mehr in die Fremde stoßen?
Isabella. Nichts trennt uns mehr; das Schicksal ist befriedigt.
Beatrice (sinkt an ihre Brust).
Und find' ich wirklich mich an deinem Herzen?
Und alles war ein Traum, was ich erlebte?
2230 Ein schwerer, fürchterlicher Traum — O Mutter!
Ich sah ihn tot zu meinen Füßen fallen!
— Wie komm' ich aber hieher? Ich besinne

Mich nicht. — Ach, wohl mir, wohl, daß ich gerettet
In deinen Armen bin! Sie wollten mich
2235 Zur Fürstin Mutter von Messina bringen.
Eher ins Grab!

    Isabella.   Komm zu dir, meine Tochter!
Messinas Fürstin —

    Beatrice.   Nenne sie nicht mehr!
Mir gießt sich bei dem unglücksel'gen Namen
Ein Frost des Todes durch die Glieder.

    Isabella.   Höre mich!
2240   **Beatrice.** Sie hat zwei Söhne, die sich tödlich hassen;
Don Manuel, Don Cesar nennt man sie.

    Isabella. Ich bin's ja selbst! Erkenne deine Mutter!

    Beatrice. Was sagst du? Welches Wort hast du geredet?

    Isabella. Ich, deine Mutter, bin Messinas Fürstin.

2245   **Beatrice.** Du bist Don Manuels Mutter und Don Cesars?

    Isabella. Und deine Mutter! Deine Brüder nennst du!

    Beatrice. Weh, weh mir! O, entsetzensvolles Licht!

    Isabella. Was ist dir? Was erschüttert dich so seltsam?

    Beatrice (wild um sich herschauend, erblickt den Chor).
Das sind sie, ja! Jetzt, jetzt erkenn' ich sie.
2250 Mich hat kein Traum getäuscht. Die sind's! Die waren
Zugegen — Es ist fürchterliche Wahrheit!
Unglückliche, wo habt ihr ihn verborgen?
(Sie geht mit heftigem Schritt auf den Chor zu, der sich von ihr abwendet. Ein
Trauermarsch läßt sich in der Ferne hören.)

    Chor. Weh! Wehe!

    Isabella.   Wen verborgen? Was ist wahr?
Ihr schweigt bestürzt — Ihr scheint sie zu verstehn.
2255 Ich les' in euern Augen, eurer Stimme
Gebrochnen Tönen etwas Unglücksel'ges,
Das mir zurückgehalten wird. Was ist's?
Ich will es wissen. Warum heftet ihr
So schreckenvolle Blicke nach der Türe?
2260 Und was für Töne hör' ich da erschallen?

    Chor. (Bohemund.)
Es naht sich! Es wird sich mit Schrecken erklären.
Sei stark, Gebieterin, stähle dein Herz!
Mit Fassung ertrage, was dich erwartet,
Mit männlicher Seele den tödlichen Schmerz!

2265   **Isabella.** Was naht sich? Was erwartet mich? — Ich höre

Der Totenklage fürchterlichen Ton
Das Haus durchdringen. — Wo sind meine Söhne?
(Der erste Halbchor bringt den Leichnam Don Manuels auf einer Bahre getragen, die
er auf der leer gelassenen Seite der Szene niedersetzt. Ein schwarzes Tuch ist darüber
gebreitet.)

Isabella. Beatrice. Diego. Beide Chöre.

    Erster Chor. (Cajetan.) Durch die Straßen der Städte,
Vom Jammer gefolget,
2270 Schreitet das Unglück.
Lauernd umschleicht es
Die Häuser der Menschen,
Heute an dieser
Pforte pocht es,
2275 Morgen an jener,
Aber noch keinen hat es verschont.
Die unerwünschte
Schmerzliche Botschaft
Früher oder später
2280 Bestellt es an jeder
Schwelle, wo ein Lebendiger wohnt.
    (Berengar.) Wenn die Blätter fallen
In des Jahres Kreise,
Wenn zum Grabe wallen
2285 Entnervte Greise,
Da gehorcht die Natur
Ruhig nur
Ihrem alten Gesetze,
Ihrem ewigen Brauch;
2290 Da ist nichts, was den Menschen entsetze!
    Aber das Ungeheure auch
Lerne erwarten im irdischen Leben!
Mit gewaltsamer Hand
Löset der Mord auch das heiligste Band;
2295 In sein stygisches Boot
Raffet der Tod
Auch der Jugend blühendes Leben!
    (Cajetan.) Wenn die Wolken getürmt den Himmel schwärzen,
Wenn dumpftosend der Donner hallt,
2300 Da, da fühlen sich alle Herzen
In des furchtbaren Schicksals Gewalt.
Aber auch aus entwölkter Höhe
Kann der zündende Donner schlagen.

Darum in deinen fröhlichen Tagen
2305 Fürchte des Unglücks tückische Nähe!
Nicht an die Güter hänge dein Herz,
Die das Leben vergänglich zieren!
Wer besitzt, der lerne verlieren;
Wer im Glück ist, der lerne den Schmerz!

2310 **Isabella.** Was soll ich hören? Was verhüllt dies Tuch?
(Sie macht einen Schritt gegen die Bahre, bleibt aber unschlüssig zaudernd stehen.)
Es zieht mich grausend hin und zieht mich schaudernd
Mit dunkler, kalter Schreckenshand zurück.
(Zu Beatricen, welche sich zwischen sie und die Bahre geworfen.)
Laß mich! Was es auch sei, ich will's enthüllen!
(Sie hebt das Tuch auf und entdeckt Don Manuels Leichnam.)
O himmlische Mächte, es ist mein Sohn!
(Sie bleibt mit starrem Entsetzen stehen. — Beatrice sinkt mit einem Schreie des
Schmerzens neben der Bahre nieder.)
Chor. (Cajetan. Berengar. Manfred.)
2315 Unglückliche Mutter! Es ist dein Sohn!
Du hast es gesprochen, das Wort des Jammers,
Nicht meinen Lippen ist es entflohn.

Isabella. Mein Sohn! Mein Manuel! — O ewige
Erbarmung! So muß ich dich wiederfinden!
2320 Mit deinem Leben mußtest du die Schwester
Erkaufen aus des Räubers Hand! — Wo war
Dein Bruder, daß sein Arm dich nicht beschützte?
— O Fluch der Hand, die diese Wunde grub!
Fluch ihr, die den Verderblichen geboren,
2325 Der mir den Sohn erschlug! Fluch seinem ganzen
Geschlecht!
Chor.   Weh! Wehe! Wehe! Wehe!
Isabella.   So haltet ihr mir Wort, ihr Himmelsmächte?
Das, das ist eure Wahrheit? Wehe dem,
Der euch vertraut mit redlichem Gemüt!
2330 Worauf hab' ich gehofft, wovor gezittert,
Wenn dies der Ausgang ist? — O, die ihr hier
Mich schreckenvoll umsteht, an meinem Schmerz
Die Blicke weidend, lernt die Lügen kennen,
Womit die Träume uns, die Seher täuschen!
2335 Glaube noch einer an der Götter Mund!
— Als ich mich Mutter fühlte dieser Tochter,
Da träumte ihrem Vater eines Tags,
Er säh' aus seinem hochzeitlichen Bette

Zwei Lorbeerbäume wachsen. Zwischen ihnen
2340 Wuchs eine Lilie empor; sie ward
Zur Flamme, die der Bäume dicht Gezweig ergriff
Und um sich wütend schnell das ganze Haus
In ungeheurer Feuerflut verschlang.
Erschreckt von diesem seltsamen Gesichte,
2345 Befrug der Vater einen Vogelschauer
Und schwarzen Magier um die Bedeutung.
Der Magier erklärte: wenn mein Schoß
Von einer Tochter sich entbinden würde,
So würde sie die beiden Söhne ihm
2350 Ermorden und vertilgen seinen Stamm!
      Chor. (Cajetan und Bohemund.)
Gebieterin, was sagst du? Wehe! Wehe!
      Isabella. Darum befahl der Vater, sie zu töten;
Doch ich entrückte sie dem Jammerschicksal.
— Die arme Unglückselige! Verstoßen
2355 Ward sie als Kind aus ihrer Mutter Schoß,
Daß sie, erwachsen, nicht die Brüder morde!
Und jetzt durch Räubershände fällt der Bruder;
Nicht die Unschuldige hat ihn getötet!
      Chor. Weh! Wehe! Wehe! Wehe!
      Isabella.   Keinen Glauben
2360 Verdiente mir des Götzendieners Spruch;
Ein beßres Hoffen stärkte meine Seele.
Denn mir verkündigte ein andrer Mund,
Den ich für wahrhaft hielt, von dieser Tochter:
„In heißer Liebe würde sie dereinst
2365 Der Söhne Herzen mir vereinigen."
— So widersprachen die Orakel sich,
Den Fluch zugleich und Segen auf das Haupt
Der Tochter legend. Nicht den Fluch hat sie
Verschuldet, die Unglückliche! Nicht Zeit
2370 Ward ihr gegönnt, den Segen zu vollziehen;
Ein Mund hat wie der andere gelogen!
Die Kunst der Seher ist ein eitles Nichts;
Betrüger sind sie, oder sind betrogen.
Nichts Wahres läßt sich von der Zukunft wissen,
2375 Du schöpfest drunten an der Hölle Flüssen,
Du schöpfest droben an dem Quell des Lichts.
      Erster Chor. (Cajetan.)
Weh! Wehe! Was sagst du? Halt ein! halt ein!
Bezähme der Zunge verwegenes Toben!

Die Orakel sehen und treffen ein;
2380 Der Ausgang wird die Wahrhaftigen loben.

    Isabella. Nicht zähmen will ich meine Zunge, laut,
Wie mir das Herz gebietet, will ich reden.
Warum besuchen wir die heil'gen Häuser
Und heben zu dem Himmel fromme Hände?
2385 Gutmüt'ge Toren, was gewinnen wir
Mit unserm Glauben? So unmöglich ist's,
Die Götter, die hochwohnenden, zu treffen,
Als in den Mond mit einem Pfeil zu schießen.
Vermauert ist dem Sterblichen die Zukunft,
2390 Und kein Gebet durchbohrt den ehrnen Himmel.
Ob rechts die Vögel fliegen oder links,
Die Sterne so sich oder anders fügen,
Nicht Sinn ist in dem Buche der Natur,
Die Traumkunst träumt, und alle Zeichen trügen.

    Zweiter Chor. (Bohemund.)
2395 Halt ein, Unglückliche! Wehe! Wehe!
Du leugnest der Sonne leuchtendes Licht
Mit blinden Augen! Die Götter leben;
Erkenne sie, die dich furchtbar umgeben!

    Beatrice. O Mutter! Mutter! Warum hast du mich
2400 Gerettet! Warum warfst du mich nicht hin
Dem Fluch, der, eh' ich war, mich schon verfolgte?
Blödsicht'ge Mutter! Warum dünktest du
Dich weiser als die alles Schauenden,
Die Nah' und Fernes aneinander knüpfen
2405 Und in der Zukunft späte Saaten sehn?
Dir selbst und mir, uns allen zum Verderben
Hast du den Todesgöttern ihren Raub,
Den sie gefodert, frevelnd vorenthalten!
Jetzt nehmen sie ihn zweifach, dreifach selbst.
2410 Nicht dank' ich dir das traurige Geschenk,
Dem Schmerz, dem Jammer hast du mich erhalten!

    Erster Chor. (Cajetan.) (In heftiger Bewegung nach der Türe sehend.)
Brechet auf, ihr Wunden!
Fließet, fließet!
In schwarzen Güssen
2415 Stürzet hervor, ihr Bäche des Bluts!

    (Berengar.) Eherner Füße
Rauschen vernehm' ich,
Höllischer Schlangen

Zischendes Tönen,
2420 Ich erkenne der Furien Schritt!
(Cajetan.) Stürzet ein, ihr Wände!
Versink, o Schwelle,
Unter der schrecklichen Füße Tritt!
Schwarze Dämpfe, entsteiget, entsteiget
2425 Qualmend dem Abgrund! Verschlinget des Tages
Lieblichen Schein!
Schützende Götter des Hauses, entweichet!
Lasset die rächenden Göttinnen ein!

Don Cesar. Isabella. Beatrice. Der Chor.

(Beim Eintritt des Don Cesar zerteilt sich der Chor in fliehender Bewegung vor ihm,
er bleibt allein in der Mitte der Szene stehen.)

Beatrice. Weh mir, er ist's!

Isabella (tritt ihm entgegen). O mein Sohn Cesar! Muß ich so
2430 Dich wiedersehen? O, blick' her und sieh
Den Frevel einer gottverfluchten Hand! (Führt ihn zu dem Leichnam.)

Don Cesar (tritt mit Entsetzen zurück, das Gesicht verhüllend).

Erster Chor. (Cajetan. Berengar.)
Brechet auf, ihr Wunden!
Fließet, fließet!
In schwarzen Güssen
2435 Strömet hervor, ihr Bäche des Bluts!

Isabella. Du schauderst und erstarrst! — Ja, das ist alles,
Was dir noch übrig ist von deinem Bruder!
Da liegen meine Hoffnungen. Sie stirbt
Im Keim, die junge Blume euers Friedens,
2440 Und keine schönen Früchte sollt' ich schauen.

Don Cesar. Tröste dich, Mutter! Redlich wollten wir
Den Frieden, aber Blut beschloß der Himmel.

Isabella. O, ich weiß, du liebtest ihn, ich sah entzückt
Die schönen Bande zwischen euch sich flechten!
2445 An deinem Herzen wolltest du ihn tragen,
Ihm reich ersetzen die verlornen Jahre.
Der blut'ge Mord kam deiner schönen Liebe
Zuvor. — Jetzt kannst du nichts mehr als ihn rächen.

Don Cesar.
Komm, Mutter, komm! Hier ist kein Ort für dich.
2450 Entreiß dich diesem unglücksel'gen Anblick! (Er will sie fortziehen.)

Isabella (fällt ihm um den Hals).
Du lebst mir noch! Du jetzt mein einziger!
    Beatrice. Weh, Mutter! Was beginnst du?
    Don Cesar.   Weine dich aus
An diesem treuen Busen! Unverloren
Ist dir der Sohn, denn seine Liebe lebt
2455 Unsterblich fort in deines Cesars Brust.
    Erster Chor. (Cajetan, Berengar, Manfred.)
Brechet auf, ihr Wunden!
Redet, ihr stummen!
In schwarzen Fluten
Stürzet hervor, ihr Bäche des Bluts!
2460 Isabella (beider Hände fassend). O meine Kinder!
    Don Cesar.   Wie entzückt es mich,
In deinen Armen sie zu sehen, Mutter!
Ja, laß sie deine Tochter sein! Die Schwester —
    Isabella (unterbricht ihn).
Dir dank' ich die Gerettete, mein Sohn!
Du hieltest Wort, du hast sie mir gesendet.
    Don Cesar (erstaunt).
2465 Wen, Mutter, sagst du, hab' ich dir gesendet?
    Isabella. Sie mein' ich, die du vor dir siehst, die Schwester.
    Don Cesar. Sie meine Schwester?
    Isabella.   Welche andre sonst?
    Don Cesar. Meine Schwester?
    Isabella.   Die du selber mir gesendet!
    Don Cesar. Und seine Schwester!
    Chor.   Wehe! Wehe! Wehe!
2470 Beatrice. O meine Mutter!
    Isabella.   Ich erstaune — Redet!
    Don Cesar. So sei der Tag verflucht, der mich geboren!
    Isabella. Was ist dir? Gott!
    Don Cesar.   Verflucht der Schoß, der mich
Getragen! — Und verflucht sei deine Heimlichkeit,
Die all dies Gräßliche verschuldet! Falle
2475 Der Donner nieder, der dein Herz zerschmettert!
Nicht länger halt' ich schonend ihn zurück!
Ich selber, wiß' es, ich erschlug den Bruder;
In ihren Armen überrascht' ich ihn;
Sie ist es, die ich liebe, die zur Braut
2480 Ich mir gewählt — den Bruder aber fand ich
In ihren Armen. — Alles weißt du nun!
— Ist sie wahrhaftig seine, meine Schwester,

So bin ich schuldig einer Greueltat,
Die keine Reu' und Büßung kann versöhnen!
Chor. (Bohemund.)

2485 Es ist gesprochen, du hast es vernommen;
Das Schlimmste weißt du, nichts ist mehr zurück!
Wie die Seher verkündet, so ist es gekommen;
Denn noch kein niemand entfloh dem verhängten Geschick.
Und wer sich vermißt, es klüglich zu wenden,
2490 Der muß es selber erbauend vollenden.

      Isabella. Was kümmert's mich noch, ob die Götter sich
Als Lügner zeigen, oder sich als wahr
Bestätigen? Mir haben sie das Ärgste
Getan. Trotz biet' ich ihnen, mich noch härter
2495 Zu treffen, als sie trafen. Wer für nichts mehr
Zu zittern hat, der fürchtet sie nicht mehr.
Ermordet liegt mir der geliebte Sohn,
Und von dem Lebenden scheid' ich mich selbst.
Er ist mein Sohn nicht — Einen Basilisken
2500 Hab' ich erzeugt, genährt an meiner Brust,
Der mir den bessern Sohn zu Tode stach.
— Komm, meine Tochter! Hier ist unsers Bleibens
Nicht mehr — den Rachegeistern überlass' ich
Dies Haus. Ein Frevel führte mich herein,
2505 Ein Frevel treibt mich aus. Mit Widerwillen
Hab' ich's betreten und mit Furcht bewohnt,
Und in Verzweiflung räum' ich's. Alles dies
Erleid' ich schuldlos; doch bei Ehren bleiben
Die Orakel, und gerettet sind die Götter. (Sie geht ab. Diego folgt ihr.)

      Beatrice. Don Cesar. Der Chor.

    Don Cesar (Beatricen zurückhaltend).

2510 Bleib, Schwester! Scheide du nicht so von mir!
Mag mir die Mutter fluchen, mag dies Blut
Anklagend gegen mich zum Himmel rufen,
Mich alle Welt verdammen! Aber du
Fluche mir nicht! Von dir kann ich's nicht tragen.

      Beatrice (zeigt mit abgewandtem Gesicht auf den Leichnam).

2515   **Don Cesar.** Nicht den Geliebten hab' ich dir getötet!
Den Bruder hab' ich dir und hab' ihn mir
Gemordet. — Dir gehört der Abgeschiedne jetzt
Nicht näher an als ich, der Lebende,

Und ich bin mitleidswürdiger als er,
2520 Denn er schied rein hinweg, und ich bin schuldig.
    Beatrice (bricht in heftige Tränen aus).
      Don Cesar. Weine um den Bruder, ich will mit dir weinen,
Und mehr noch — rächen will ich ihn! Doch nicht
Um den Geliebten weine! Diesen Vorzug,
Den du dem Toten gibst, ertrag ich nicht.
2525 Den einz'gen Trost, den letzten, laß mich schöpfen
Aus unsers Jammers bodenloser Tiefe,
Daß er dir näher nicht gehört als ich,
Denn unser furchtbar aufgelöstes Schicksal
Macht unsre Rechte gleich, wie unser Unglück.
2530 In einen Fall verstrickt, drei liebende
Geschwister, gehen wir vereinigt unter
Und teilen gleich der Tränen traurig Recht.
Doch wenn ich denken muß, daß deine Trauer
Mehr dem Geliebten als dem Bruder gilt,
2535 Dann mischt sich Wut und Neid in meinen Schmerz,
Und mich verläßt der Wehmut letzter Trost.
Nicht freudig, wie ich gerne will, kann ich
Das letzte Opfer seinen Manen bringen;
Doch sanft nachsenden will ich ihm die Seele,
2540 Weiß ich nur, daß du meinen Staub mit seinem
In einem Aschenkruge sammeln wirst.
    (Den Arm um sie schlingend, mit einer leidenschaftlich zärtlichen Heftigkeit.)
Dich lieb' ich, wie ich nichts zuvor geliebt,
Da du noch eine Fremde für mich warst.
Weil ich dich liebte über alle Grenzen,
2545 Trag' ich den schweren Fluch des Brudermords;
Liebe zu dir war meine ganze Schuld.
    — Jetzt bist du meine Schwester, und dein Mitleid
Fodr' ich von dir als einen heil'gen Zoll.
    (Er sieht sie mit ausforschenden Blicken und schmerzlicher Erwartung an, dann wendet er sich mit Heftigkeit von ihr.)
Nein, nein, nicht sehen kann ich diese Tränen —
2550 In dieses Toten Gegenwart verläßt
Der Mut mich, und die Brust zerreißt der Zweifel.
    — Laß mich im Irrtum! Weine im Verborgnen!
Sieh nie mich wieder — niemals mehr! — Nicht dich,
Nicht deine Mutter will ich wiedersehen!
2555 Sie hat mich nie geliebt! Verraten endlich
Hat sich ihr Herz, der Schmerz hat es geöffnet.
Sie nannt' ihn ihren bessern Sohn! — So hat sie
Verstellung ausgeübt ihr ganzes Leben!

— Und du bist falsch wie sie! Zwinge dich nicht!
2560 Zeig' deinen Abscheu! Mein verhaßtes Antliz
Sollst du nicht wieder sehn! Geh hin auf ewig! (Er geht ab.
Sie steht unschlüssig, im Kampf widersprechender Gefühle, dann reißt sie sich los und geht.)

———————

Chor. (Cajetan.)

———————————————————————

Wohl dem! Selig muß ich ihn preisen,
Der in der Stille der ländlichen Flur,
Fern von des Lebens verworrenen Kreisen,
2565 Kindlich liegt an der Brust der Natur!
Denn das Herz wird mir schwer in der Fürsten Palästen,
Wenn ich herab vom Gipfel des Glücks
Stürzen sehe die Höchsten, die Besten
In der Schnelle des Augenblicks!
2570 Und auch der hat sich wohl gebettet,
Der aus der stürmischen Lebenswelle
Zeitig gewarnt sich herausgerettet
In des Klosters friedliche Zelle.
Der die stachelnde Sucht der Ehren
2575 Von sich warf und die eitle Lust,
Und die Wünsche, die ewig begehren,
Eingeschläfert in ruhiger Brust,
Ihn ergreift in dem Lebensgewühle
Nicht der Leidenschaft wilde Gewalt;
2580 Nimmer in seinem stillen Asyle
Sieht er der Menschheit traur'ge Gestalt.
Nur in bestimmter Höhe ziehet
Das Verbrechen hin und das Ungemach,
Wie die Pest die erhabenen Orte fliehet;
2585 Dem Qualm der Städte wälzt es sich nach.

(Berengar, Bohemund und Manfred.)
Auf den Bergen ist Freiheit! Der Hauch der Grüfte
Steigt nicht hinauf in die reinen Lüfte;
Die Welt ist vollkommen überall,
Wo der Mensch nicht hinkommt mit seiner Qual.

(Der ganze Chor wiederholt.)
Auf den Bergen usw.

———————

Don Cesar. Der Chor.
Don Cesar (gefaßter).
2590 Das Recht des Herrschers üb' ich aus zum letztenmal,

21*

Dem Grab zu übergeben diesen teuern Leib;
Denn dieses ist der Toten letzte Herrlichkeit.
Vernehmt denn meines Willens ernstlichen Beschluß,
Und wie ich's euch gebiete, also übt es aus
2595 Genau. — Euch ist in frischem Angedenken noch
Das ernste Amt; denn nicht von langen Zeiten ist's,
Daß ihr zur Gruft begleitet euers Fürsten Leib.
Die Totenklage ist in diesen Mauern kaum
Verhallt, und eine Leiche drängt die andre fort
2600 Ins Grab, daß eine Fackel an der andern sich
Anzünden, auf der Treppe Stufen sich der Zug
Der Klagemänner fast begegnen mag.
So ordnet denn ein feierlich Begräbnisfest
In dieses Schlosses Kirche, die des Vaters Staub
2605 Verwahrt, geräuschlos bei verschloßnen Pforten an,
Und alles werde, wie es damals war, vollbracht!

       Chor. (Bohemund.)
Mit schnellen Händen soll dies Werk bereitet sein,
O Herr; denn aufgerichtet steht der Katafalk,
Ein Denkmal jener ernsten Festlichkeit, noch da,
2610 Und an den Bau des Todes rührte keine Hand.

       Don Cesar.
Das war kein glücklich Zeichen, daß des Grabes Mund
Geöffnet blieb im Hause der Lebendigen.
Wie kam's, daß man dies unglückselige Gerüst
Nicht nach vollbrachtem Dienste alsobald zerbrach?

       Chor. (Bohemund.)
2615 Die Not der Zeiten und der jammervolle Zwist,
Der gleich nachher, Messina feindlich teilend, sich
Entflammt, zog unsre Augen von den Toten ab,
Und öde blieb, verschlossen dieses Heiligtum.

       Don Cesar.
Ans Werk denn eilet ungesäumt! Noch diese Nacht
2620 Vollende sich das mitternächtliche Geschäft!
Die nächste Sonne finde von Verbrechen rein
Das Haus und leuchte einem fröhlichern Geschlecht!
      (Ein Teil der Ritter entfernt sich mit Don Manuels Leichnam.)

       Chor. (Cajetan.)
Soll ich der Mönche fromme Brüderschaft hieher
Berufen, daß sie nach der Kirche altem Brauch
2625 Das Seelenamt verwalte und mit heil'gem Lied
Zur ew'gen Ruh' einsegne den Begrabenen?

Don Cesar.

Ihr frommes Lied mag fort und fort an unserm Grab
Auf ew'ge Zeiten schallen bei der Kerze Schein;
Doch heute nicht bedarf es ihres reinen Amts,
2630 Der blut'ge Mord verscheucht das Heilige.

Chor. (Cajetan.)

Beschließe nichts gewaltsam Blutiges, o Herr,
Wider dich selber wütend mit Verzweiflungstat!
Denn auf der Welt lebt niemand, der dich strafen kann,
Und fromme Büßung kauft den Zorn des Himmels ab.

Don Cesar.

2635 Nicht auf der Welt lebt, wer mich richtend strafen kann,
Drum muß ich selber an mir selber es vollziehn.
Bußfert'ge Sühne, weiß ich, nimmt der Himmel an;
Doch nur mit Blute büßt sich ab der blut'ge Mord.

Chor. (Cajetan.)

Des Jammers Fluten, die auf dieses Haus gestürmt,
2640 Ziemt dir zu brechen, nicht zu häufen Leid auf Leid.

Don Cesar. Den alten Fluch des Hauses lös' ich sterbend auf.
Der freie Tod nur bricht die Kette des Geschicks.

Chor. (Cajetan.)

Zum Herrn bist du dich schuldig dem verwaisten Land,
Weil du des andern Herrscherhauptes uns beraubt.

2645 **Don Cesar.** Zuerst den Todesgöttern zahl' ich meine Schuld;
Ein andrer Gott mag sorgen für die Lebenden.

Chor. (Cajetan.)

Soweit die Sonne leuchtet, ist die Hoffnung auch;
Nur von dem Tod gewinnt sich nichts! Bedenk' es wohl!

Don Cesar. Du selbst bedenke schweigend deine Dienerpflicht!
2650 Mich laß dem Geist gehorchen, der mich furchtbar treibt;
Denn in das Innre kann kein Glücklicher mir schaun.
Und ehrst du fürchtend auch den Herrscher nicht in mir,
Den Verbrecher fürchte, den der Flüche schwerster drückt!
Das Haupt verehre des Unglücklichen,
2655 Das auch den Göttern heilig ist! — Wer das erfuhr,
Was ich erleide und im Busen fühle,
Gibt keinem Irdischen mehr Rechenschaft.

Donna Isabella. Don Cesar. Der Chor.

Isabella (kommt mit zögernden Schritten und wirft unschlüssige Blicke
auf Don Cesar. Endlich tritt sie ihm näher und spricht mit gefaßtem Ton).

Dich sollten meine Augen nicht mehr schauen,

So hatt' ich mir's in meinem Schmerz gelobt;
2660 Doch in der Luft verwehen die Entschlüsse,
Die eine Mutter, unnatürlich wütend,
Wider des Herzens Stimme faßt. — Mein Sohn!
Mich treibt ein unglückseliges Gerücht
Aus meines Schmerzens öden Wohnungen
2665 Hervor. — Soll ich ihm glauben? Ist es wahr,
Daß mir ein Tag zwei Söhne rauben soll?

   Chor. (Cajetan.) Entschlossen siehst du ihn, festen Muts,
Hinab zu gehen mit freiem Schritte
Zu des Todes traurigen Toren.
2670 Erprobe du jetzt die Kraft des Bluts,
Die Gewalt der rührenden Mutterbitte!
Meine Worte hab' ich umsonst verloren.

   Isabella. Ich rufe die Verwünschungen zurück,
Die ich im blinden Wahnsinn der Verzweiflung
2675 Auf dein geliebtes Haupt herunter rief.
Eine Mutter kann des eignen Busens Kind,
Das sie mit Schmerz geboren, nicht verfluchen.
Nicht hört der Himmel solche sündige
Gebete; schwer von Tränen fallen sie
2680 Zurück von seinem leuchtenden Gewölbe.
— Lebe, mein Sohn! Ich will den Mörder lieber sehn
Des einen Kindes, als um beide weinen.

   Don Cesar.
Nicht wohl bedenkst du, Mutter, was du wünschest
Dir selbst und mir. Mein Platz kann nicht mehr sein
2685 Bei den Lebendigen. Ja, könntest du
Des Mörders gottverhaßten Anblick auch
Ertragen, Mutter, ich ertrüge nicht
Den stummen Vorwurf deines ew'gen Grams.

   Isabella.
Kein Vorwurf soll dich kränken, keine laute,
2690 Noch stumme Klage in das Herz dir schneiden.
In milder Wehmut wird der Schmerz sich lösen.
Gemeinsam trauernd wollen wir das Unglück
Beweinen und bedecken das Verbrechen.

   Don Cesar (faßt ihre Hand, mit sanfter Stimme).
Das wirst du, Mutter. Also wird's geschehn.
2695 In milder Wehmut wird dein Schmerz sich lösen.
Dann, Mutter, wenn ein Totenmal den Mörder
Zugleich mit dem Gemordeten umschließt,
Ein Stein sich wölbet über beider Staube,

Dann wird der Fluch entwaffnet sein, dann wirst
2700 Du deine Söhne nicht mehr unterscheiden;
Die Tränen, die dein schönes Auge weint,
Sie werden einem wie dem andern gelten;
Ein mächtiger Vermittler ist der Tod.
Da löschen alle Zornesflammen aus,
2705 Der Haß versöhnt sich, und das schöne Mitleid
Neigt sich ein weinend Schwesterbild mit sanft
Anschmiegender Umarmung auf die Urne.
Drum, Mutter, wehre du mir nicht, daß ich
Hinunter steige und den Fluch versöhne.

2710   **Isabella.** Reich ist die Christenheit an Gnadenbildern,
Zu denen wallend ein gequältes Herz
Kann Ruhe finden. Manche schwere Bürde
Ward abgeworfen in Lorettos Haus,
Und segensvolle Himmelskraft umweht
2715 Das Heil'ge Grab, das alle Welt entsündigt.
Vielkräftig auch ist das Gebet der Frommen;
Sie haben reichen Vorrat an Verdienst,
Und auf der Stelle, wo ein Mord geschah,
Kann sich ein Tempel reinigend erheben.

2720   **Don Cesar.** Wohl läßt der Pfeil sich aus dem Herzen ziehn,
Doch nie wird das verletzte mehr gesunden.
Lebe, wer's kann, ein Leben der Zerknirschung,
Mit strengen Bußkasteiungen allmählich
Abschöpfend eine ew'ge Schuld. Ich kann
2725 Nicht leben, Mutter, mit gebrochnem Herzen.
Aufblicken muß ich freudig zu den Frohen,
Und in den Äther greifen über mir
Mit freiem Geist. — Der Neid vergiftete mein Leben
Da wir noch deine Liebe gleich geteilt.
2730 Denkst du, daß ich den Vorzug werde tragen,
Den ihm dein Schmerz gegeben über mich?
Der Tod hat eine reinigende Kraft,
In seinem unvergänglichen Palaste
Zu echter Tugend reinem Diamant
2735 Das Sterbliche zu läutern und die Flecken
Der mangelhaften Menschheit zu verzehren.
Weit, wie die Sterne abstehn von der Erde,
Wird er erhaben stehen über mir,
Und hat der alte Neid uns in dem Leben
2740 Getrennt, da wir noch gleiche Brüder waren,
So wird er rastlos mir das Herz zernagen,

Nun er das Ewige mir abgewann
Und jenſeits alles Wettſtreits wie ein Gott
In der Erinnerung der Menſchen wandelt.

2745 **Iſabella.** O, hab' ich euch nur darum nach Meſſina
Gerufen, um euch beide zu begraben?
Euch zu verſöhnen, rief ich euch hieher,
Und ein verderblich Schickſal kehret all
Mein Hoffen in ſein Gegenteil mir um!

2750 **Don Cäſar.** Schilt nicht den Ausgang, Mutter! Es erfüllt
Sich alles, was verſprochen ward. Wir zogen ein
Mit Friedenshoffnungen in dieſe Tore,
Und friedlich werden wir zuſammen ruhn,
Verſöhnt auf ewig, in dem Haus des Todes.

2755 **Iſabella.** Lebe, mein Sohn! Laß deine Mutter nicht
Freundlos im Land der Fremdlinge zurück,
Rohherziger Verhöhnung preisgegeben,
Weil ſie der Söhne Kraft nicht mehr beſchützt.

Don Cäſar. Wenn alle Welt dich herzlos kalt verhöhnt,
2760 So flüchte du dich hin zu unſerm Grabe
Und rufe deiner Söhne Gottheit an;
Denn Götter ſind wir dann, wir hören dich;
Und wie des Himmels Zwillinge dem Schiffer
Ein leuchtend Sternbild, wollen wir mit Troſt
2765 Dir nahe ſein und deine Seele ſtärken.

Iſabella. Lebe, mein Sohn! Für deine Mutter lebe!
Ich kann's nicht tragen, alles zu verlieren!
(Sie ſchlingt ihre Arme mit leidenſchaftlicher Heftigkeit um ihn; er macht ſich ſanft
von ihr los und reicht ihr die Hand mit abgewandtem Geſicht.)

Don Cäſar. Leb' wohl!

Iſabella. Ach, wohl erfahr' ich's ſchmerzlich fühlend nun,
2770 Daß nichts die Mutter über dich vermag!
Gibt's keine andre Stimme, welche dir
Zum Herzen mächt'ger als die meine dringt?
(Sie geht nach dem Eingang der Szene.)
Komm, meine Tochter! Wenn der tote Bruder
Ihn ſo gewaltig nachzieht in die Gruft,
2775 So mag vielleicht die Schweſter, die geliebte,
Mit ſchöner Lebenshoffnung Zauberſchein
Zurück ihn locken in das Licht der Sonne.

Beatrice erscheint am Eingang der Szene. **Donna Isabella.** **Don Cesar und
der Chor.**

    Don Cesar (bei ihrem Anblick heftig bewegt sich verhüllend).
O Mutter! Mutter! Was ersannest du?
    Isabella (führt sie vorwärts).
Die Mutter hat umsonst zu ihm gefleht;
2780 Beschwöre du, erfleh' ihn, daß er lebe!
    Don Cesar. Arglist'ge Mutter! Also prüfst du mich!
In neuen Kampf willst du zurück mich stürzen?
Das Licht der Sonne mir noch teuer machen
Auf meinem Wege zu der ew'gen Nacht?
2785 — Da steht der holde Lebensengel mächtig
Vor mir, und tausend Blumen schüttet er
Und tausend goldne Früchte lebenduftend
Aus reichem Füllhorn strömend vor mir aus;
Das Herz geht auf im warmen Strahl der Sonne,
2790 Und neu erwacht in der erstorbnen Brust
Die Hoffnung wieder und die Lebenslust.
    Isabella. Fleh' ihn, dich oder niemand wird er hören,
Daß er den Stab nicht raube dir und mir.
    Beatrice. Ein Opfer fodert der geliebte Tote;
2795 Es soll ihm werden, Mutter — Aber mich
Laß dieses Opfer sein! Dem Tode war ich
Geweiht, eh' ich das Leben sah. Mich fodert
Der Fluch, der dieses Haus verfolgt, und Raub
Am Himmel ist das Leben, das ich lebe.
2800 Ich bin's, die ihn gemordet, eures Streits
Entschlafne Furien gewecket — Mir
Gebührt es, seine Manen zu versöhnen!
    Chor. (Cajetan.) O jammervolle Mutter! Hin zum Tod
Drängen sich eifernd alle deine Kinder
2805 Und lassen dich allein, verlassen stehen
Im freudlos öden, liebeleeren Leben.
    Beatrice. Du, Bruder, rette dein geliebtes Haupt!
Für deine Mutter lebe! Sie bedarf
Des Sohns; erst heute fand sie eine Tochter,
2810 Und leicht entbehrt sie, was sie nie besaß.
    Don Cesar (mit tief verwundeter Seele).
Wir mögen leben, Mutter, oder sterben,
Wenn sie nur dem Geliebten sich vereinigt!
    Beatrice. Beneidest du des Bruders toten Staub?

Don Cesar. Er lebt in deinem Schmerz ein selig Leben;
2815 Ich werde ewig tot sein bei den Toten.

Beatrice. O Bruder!

Don Cesar (mit dem Ausdruck der heftigsten Leidenschaft).

                   Schwester, weinest du um mich?

Beatrice. Lebe für unsre Mutter!

Don Cesar (läßt ihre Hand los, zurücktretend). Für die Mutter?

Beatrice (neigt sich an seine Brust).

Lebe für sie, und tröste deine Schwester!

Chor. (Bohemund.) Sie hat gesiegt! Dem rührenden Flehen
2820 Der Schwester konnt' er nicht widerstehen.

Trostlose Mutter! Gib Raum der Hoffnung,
Er erwählt das Leben, dir bleibt dein Sohn! (In diesem Augenblick läßt sich ein Chorgesang hören; die Flügeltüre wird geöffnet, man sieht in der Kirche den Katafalk aufgerichtet und den Sarg von Kandelabern umgeben.)

Don Cesar (gegen den Sarg gewendet).

Nein, Bruder! Nicht dein Opfer will ich dir
Entziehen — deine Stimme aus dem Sarg
2825 Ruft mächt'ger dringend als der Mutter Tränen
Und mächt'ger als der Liebe Flehn. Ich halte
In meinen Armen, was das ird'sche Leben
Zu einem Los der Götter machen kann —
Doch ich, der Mörder, sollte glücklich sein,
2830 Und deine heil'ge Unschuld ungerächet
Im tiefen Grabe liegen? — Das verhüte
Der allgerechte Lenker unsrer Tage,
Daß solche Teilung sei in seiner Welt!
— Die Tränen sah ich, die auch mir geflossen;
2835 Befriedigt ist mein Herz, ich folge dir. (Er durchsticht sich mit einem Dolch und gleitet sterbend an seiner Schwester nieder, die sich der Mutter in die Arme wirft.)

Chor. (Cajetan.) (Nach einem tiefen Schweigen.)

Erschüttert steh' ich, weiß nicht, ob ich ihn
Bejammern, oder preisen soll sein Los.
Dies eine fühl' ich und erkenn' es klar:
Das Leben ist der Güter höchstes nicht,
2840 Der Übel größtes aber ist die Schuld.

Schillers Werke

Auswahl in zehn Teilen

Auf Grund der Hempelschen Ausgabe

neu herausgegeben

mit Einleitungen und Anmerkungen versehen

von

Dr. Arthur Kutscher

Professor an der Universität München

Mit drei Beilagen in Gravüre
und zwei Faksimilebeilagen

Berlin — Leipzig
Deutsches Verlagshaus Bong & Co.

Schillers Werke

Sechster Teil

Wilhelm Tell — Die Huldigung der Künste
Demetrius — Unterhaltungsschriften

Herausgegeben

von

Dr. Arthur Kutscher

Professor an der Universität München

———

Berlin — Leipzig

Deutsches Verlagshaus Bong & Co.

Buchdruckerei Oswald Schmidt G. m. b. H. Leipzig

Wilhelm Tell

Schauspiel

———

Personen:

Hermann Geßler, Reichsvogt in Schwyz und Uri.
Werner, Freiherr von Attinghausen, Bannerherr.
Ulrich von Rudenz, sein Neffe.

Werner Stauffacher,
Konrad Hunn,
Itel Reding,
Hans auf der Mauer,   } Landleute aus Schwyz.
Jörg im Hofe,
Ulrich der Schmied,
Jost von Weiler,

Walter Fürst,
Wilhelm Tell,
Rösselmann, der Pfarrer,
Petermann, der Sigrist,   } aus Uri.
Kuoni, der Hirt,
Werni, der Jäger,
Ruodi, der Fischer,

Arnold vom Melchthal,
Konrad Baumgarten,
Meier von Sarnen,
Struth von Winkelried,   } aus Unterwalden.
Klaus von der Flüe,
Burkhart am Bühel,
Arnold von Sewa,

Pfeifer von Luzern.
Kunz von Gersau.
Jenni, Fischerknabe.
Seppi, Hirtenknabe.
Gertrud, Stauffachers Gattin.
Hedwig, Tells Gattin, Fürsts Tochter.
Berta von Bruneck, eine reiche Erbin.

Armgard,
Mechthild,
Elsbeth,
Hildegard, } Bäuerinnen.

Walter,
Wilhelm, } Tells Knaben.

Frießhardt,
Leuthold, } Söldner.

Rudolf der Harras, Geßlers Stallmeister.
Johannes Parricida, Herzog von Schwaben.
Stüssi, der Flurschütz.
Der Stier von Uri.
Ein Reichsbote.
Fronvogt.
Meister Steinmetz, Gesellen und Handlanger.
Öffentliche Ausrufer.
Barmherzige Brüder.
Geßlerische und Landenbergische Reiter.
Viele Landleute, Männer und Weiber aus den Waldstätten.

Einleitung des Herausgebers.

Lebendige Berührungen hatten Goethe auf seiner dritten Schweizerreise den Gedanken an ein Epos über die Sage von Wilhelm Tell eingegeben. In späten Erinnerungen, den Tags- und Jahresheften, erzählt Goethe unter dem Jahre 1804 folgendes von dem Aufgeben dieses seines Planes: Ich hatte mit Schiller diese Angelegenheit oft besprochen und ihn mit meiner lebhaften Schilderung jener Felswände und gedrängten Zustände oft genug unterhalten, dergestalt, daß sich für ihn dieses Thema nach seiner Weise zurechtstellen und formen mußte. Auch er machte mich mit seinen Ansichten bekannt, und ich entbehrte nichts an einem Stoff, der bei mir den Reiz der Neuheit und des unmittelbaren Anschauens verloren hatte, und überließ ihm daher denselben gerne und förmlich, wie ich ihm schon früher mit den Kranichen des Ibykus und manchem andern Thema getan hatte; da sich denn aus jener obigen Darstellung verglichen mit dem Schillerschen Drama deutlich ergibt, daß ihm alles vollkommen angehört, und daß er mir nichts als die Anregung und eine lebendigere Anschauung schuldig sein mag, als ihm die einfache Legende hätte gewähren können. — Was Goethe hier schließlich feststellt, ist entschieden richtig: der Tell ist Schillers eigenes Werk. Er hat von Goethe scheinbar nur eine Reihe von Eindrücken verwertet. Manches mochte in Schiller haften bleiben, was ihm Goethe zu erzählen wußte über den Charakter, die Sitten und Gebräuche der Menschen, wie seine Beobachtung dieselben festzuhalten wußte. Auch die Eigenart der Natur, hebt Goethe besonders hervor, sei aus seinen Erinnerungen und Darstellungen benutzt worden. Das sind aber schließlich Dinge, die Schiller auch seinen eigenen zahlreichen und gründlichen Quellen und Studien verdanken konnte.

Viel wichtiger, ja direkt folgenschwer wurde für Schiller die Bemerkung Goethes, es trete hier der sonderbare Fall ein, daß das Märchen durch die Poesie des Bearbeiters erst zu seiner

vollkommenen Wahrheit gelange, während man doch sonst, um
etwas zu leisten, die Geschichte zur Fabel machen müsse. Goethe
schreibt, er wolle ihm darüber mehr erzählen. Er meint, in dem
Stoffe des Wilhelm Tell habe die Volkssage, habe das Märchen
schon ein geschlossenes und im einzelnen durchgeführtes Kunst=
werk geschaffen, dem die feine Hand eines Dichters, dem liebe=
voll schonende Bearbeitung die Wahrheit der großen Form
verleihen müsse. Mit fast weiblich zarten, erkennenden Sinnen hat
Goethe dies herausgefühlt. Daß Schiller hier vor dem Stoffe
eine ihm uneigentümliche, sonst nirgendwo ähnlich hervortretende
Scheu bekundet, daß er seine freie, zufahrende Formkraft nicht
daran tasten läßt, ist auf Goethes Einwirkung zurückzuführen.
Neben dieser Grundauffassung des Stoffes kann mög=
licherweise Schillers Tell noch etwas von Goethe angenommen
haben. Goethe betont nämlich die Bedeutung des Ört=
lichen und des volklich Bestimmten, und Schiller erwähnt
denn auch schon bald darauf an Goethe, daß die streng um=
schriebene charakteristische Lokalität und die gewisse historische
Gebundenheit dem Stoffe einen eigentümlichen Reiz verleihe.
Diese Erkenntnis nimmt an Schiller wunder, bei dem wir doch
bisher eine wachsende Neigung zu reinen Phantasiegebilden, eine
Abwendung vom historisch Bestimmten festgestellt haben. Goethe,
der doch gewiß nicht imstande gewesen wäre, ein ähnliches
Werk aus den Urstoffen zu erschaffen, hat in Schiller den Sinn
für die richtige Auffassung wie auch für die richtige Be=
arbeitung der eigentümlichen Fabel geweckt. Goethe hatte
dafür die feinen Instinkte, die ihn richtig leiteten. Schiller war
in seiner Kunsterkenntnis auf ganz anderen Bahnen; er hätte
dem Tell aus sich selbst heraus wohl eine andere Form gegeben.
Er war doch auch bisher noch nicht von einer ganz bestimmten
Linie der Entwicklung abgewichen. Jetzt meint er: Aus der be=
deutenden Enge des gegebenen Stoffes wird alles geistreiche
Leben hervorgehen. Es wird darin liegen, daß man durch die
Macht der Taten recht sehr beschränkt und in dieser Beschränkung
innig und intensiv gerührt und beschäftigt wird. Zugleich öffnet
sich aus diesem schönen Stoffe wieder ein Blick in eine gewisse
Weite des Menschengeschlechts, wie zwischen hohen Bergen eine
Durchsicht in freie Fernen sich auftut.

Im Jahre 1802 hat Schiller verschiedentlich an dem Stoffe
herumgetastet. Die Braut von Messina drängte sich vielfach
dazwischen und nahm schließlich bis zu ihrer Vollendung seine
ganze Tätigkeit in Anspruch. Auch zum Warbeck schwenkte er
verschiedentlich ab, die Turandot=Übersetzung beschäftigte ihn

und die Übersetzung der Picardschen Lustspiele. Wie der Tell
dann allmählich Boden gewann, geht aus einem wichtigen Briefe
an Körner vom 9. September 1802 hervor, worin es heißt: Du
hast vielleicht schon im vorigen Jahre davon reden hören, daß
ich einen Wilhelm Tell bearbeite, denn selbst vor meiner
Dresdner Reise wurde deshalb aus Berlin und Hamburg bei
mir angefragt. Es war mir niemals in den Sinn gekommen.
Weil aber die Nachfrage nach diesem Stück immer wiederholt
wurde, so wurde ich aufmerksam darauf und fing an, Tschudis
schweizerische Geschichte zu studieren. Nun ging mir ein
Licht auf; denn dieser Schriftsteller hat einen so treuherzigen,
herodotischen, ja fast homerischen Geist, daß er einen poetisch zu
stimmen imstande ist. Ob nun gleich der Tell einer dramatischen Handlung nichts weniger als günstig scheint,
da die Handlung dem Ort und der Zeit nach ganz zerstreut auseinander liegt, da sie großenteils eine Staatsaktion ist und (das
Märchen mit dem Hut und Apfel ausgenommen) der Darstellung widerstrebt: so habe ich doch bis jetzt so viele poetische
Operationen damit vorgenommen, daß sie aus dem Historischen
heraus und ins Poetische eingetreten ist. Übrigens brauche ich
Dir nicht zu sagen, daß es eine verteufelte Aufgabe ist; denn wenn
ich auch von allen Erwartungen, die das Publikum und das
Zeitalter gerade zu diesem Stoffe mitbringt, wie billig, ab-
strahiere, so bleibt mir doch eine sehr hohe poetische Foderung
zu erfüllen — weil hier ein ganzes, lokalbedingtes Volk, ein
ganzes und entferntes Zeitalter und, was die Hauptsache ist, ein
ganz örtliches, ja beinahe individuelles und einziges Phänomen
mit dem Charakter der höchsten Notwendigkeit und Wahrheit soll
zur Anschauung gebracht werden. Indes stehen schon die Säulen
des Gebäudes fest, und ich hoffe, einen soliden Bau zustande
zu bringen.

Dieser instruktive Brief bedarf kaum weiterer Erklärung.
Im Gegensatz zu den meisten früheren dramatischen Arbeiten
steht hier der Plan weit über ein halbes Jahr vor Beginn der
Ausarbeitung ziemlich genau fest und ebenso die Eigenart der
Behandlung. Im Mai 1803 legt er wirklich Hand an. Bald
überblickt er das Stück schon so weit, daß Iffland in Berlin die
Nachricht erhält, es sei noch vor Ablauf des Jahres fertig. Es soll,
sagt Schiller, ein mächtiges Ding werden und die Bühnen
von Deutschland erschüttern. Mit besonderem Fleiß ist er im
Herbst an seinem Tell beschäftigt. An Iffland schreibt er zu
Anfang Dezember: Gern wollte ich Ihnen das Stück aktenweise zu-
schicken, aber es entsteht nicht aktenweise, sondern die Sache

erfodert, daß ich gewisse Handlungen, die zusammen ge=
hören, durch alle fünf Akte durchführe, und dann erst zu andern
übergehe. Doch verspreche ich Ihnen gewiß, im Laufe des Ja=
nuars die drei ersten Akte zu übersenden und den vierten
auch vor dem Letzten abzuliefern, so daß Sie nach Empfang
des letzten Aktes ohne Übereilung der Sache in drei Wochen
spielen können. — Erst Mitte Januar 1804 bekommt Goethe
den ersten Akt zu lesen. Er lobt ihn stark und sagt, das
sei überhaupt kein erster Akt, sondern ein ganzes Stück;
allerdings war der erste Akt in der Fassung, wie Goethe
ihn las, noch länger und umfaßte auch die Szenen Atting=
hausens, die jetzt dem zweiten Akte zugeteilt sind. Wenige Tage
später schickt er an Goethe das Rütli. Iffland antwortet auf den
ersten Akt überschwenglich: Ich habe gelesen, verschlungen, mein
Knie gebogen, und mein Herz, meine Tränen, mein jagendes
Blut hat Ihrem Geiste, Ihrem Herzen mit Entzücken gehuldigt!
— O bald, bald, bald mehr! — Weber, der seltne Genia=
lität und hohes Gefühl hat, hat schon die Musik begonnen.
Nur bald mehr! Blätter, Zettel — was Sie geben können!
Ich reiche Hand und Herz Ihrem Genius entgegen. Welch ein
Werk! Welche Fülle, Kraft, Blüte und Allgewalt! Gott er=
halte Sie, Amen!

Am 18. Februar 1804 war der Tell fertig, und Goethe
bekam das ganze Manuskript. Einen Monat später, am
17. März, fand die Uraufführung in Weimar statt, die schon
am 19. und 24. März wiederholt wurde. Schiller, der doch
so begeistert von der Aufführung seiner Braut von Messina ge=
schrieben hatte, sagt jetzt, der Tell habe einen größeren Effekt ge=
macht als seine anderen Stücke. In Berlin fand die Erst=
aufführung am 4. Juli desselben Jahres statt; der Erfolg ver=
langte in acht Tagen eine dreimalige Wiederholung.

Cotta gab im Oktober 1804 eine Auflage von 7000 Exem=
plaren heraus, „Zum Neujahrsgeschenk auf 1805", mit einem
kolorierten Kupfer, den Schwur auf dem Rütli darstellend, und
mit drei Kupfern, welche den Titelhelden, den Schwur auf
dem Rütli und Geßler wiedergaben. Eine zweite Ausgabe
kam heraus in Kleinoktav, ohne Kupfer. Die 7000 Exemplare
waren bald vergriffen; die zweite nötig gewordene Auflage war
3000 Exemplare stark.

Die beiden aufeinander folgenden Werke, die Braut von
Messina und Wilhelm Tell sind stilistisch die denkbar größten
Gegensätze. Die Braut von Messina ganz Form in aller

Strenge und Härte, rein und klar aus der Theorie entstammt, eine Kristallisation aus Schillers Ansichten vom Wesen der Kunst, der Inbegriff dessen, was ihm Tragik heißt, voll höchster Konzentration und Geschlossenheit, ganz Phantasie und freiestes Erfinden. Der Wilhelm Tell breiteste, lockerste Aneinanderfügung, freieste Freskotechnik, Flächenmalerei, im Gang der Begebenheiten ganz der Phantasie eines fremden Volkes entnommen, ausgeführt unter mancherlei Selbstausschaltung auf Freundes Rat, kongenial nachgeschaffen, angelehnt an ganz bestimmte örtliche, volkliche und zeitliche Eigenheiten, ohne jede Tragik, durchaus poetisches Bühnenschaustück. Der Jungfrau von Orleans steht der Tell näher, aber doch auch nur szenenweise. Der Tell ist ganz Bühnenwerk, das kraft des genialen Schwunges der Begeisterung, kraft der wahrhaft dichterischen Auffassung des Einzelnen wie der Führung der ganzen Bewegung, kraft des fortreißenden Gegenstandes und seiner bedeutungsvollen Ferne, kraft der einfach-großen, flachen, bunten, reizvollen Bilder, kraft der sicheren Wirksamkeit seiner Technik zum Lieblingswerke der deutschen Volksbühne geworden ist. Das Problemlos-Flache, das Leichtverständliche, Leichtverdauliche ist hier der springende Punkt. Das ist kein Vorwurf, sondern eine Erklärung für die Popularität. Denn Schillers Kunst kann gar nicht genug gerühmt werden, die es verstand, diesen vom Volke großartig angelegten Gegenstand der Bühne einzugliedern, die es verstand, alles bis auf den letzten Rest herauszuholen, was darin steckte, und, angelangt auf einem solchen Punkte der Kunstanschauung und Formbeherrschung, völlige Selbstentäußerung zu üben in Erkenntnis der auf diesem Gebiete stärkeren Volkskraft. Das bleibt neben der Kongenialität im Gestalten Schillers hohes Verdienst über den Stoff hinaus. Es braucht hier nicht darauf hingewiesen zu werden, daß der geborene Dramatiker mit dem Fabelmaterial weit höhere dichterische Wirkungen zu erzielen imstande ist als die Vorlage.

Ein Volksstück soll der Tell sein nach Schillers eigenen Aussagen, Herz und Sinne soll es interessieren; er sagt direkt mit Hinblick auf die Theaterwirkung, es solle „ein echtes Stück für das Publikum" sein. Hier fällt das große Wort: Ich habe ihn (den Tell) mit Liebe gearbeitet, und was aus dem Herzen kommt, geht zum Herzen. — Wie Schiller sich hier zeigte, so sieht der Volksschiller aus. Wir wissen, daß er in Wirklichkeit ganz anders aussieht, daß er sich uns zum Beispiel in der Braut von Messina weit offener und schärfer zeigt — aber das ist nichts fürs Volk. Hier ist alles faßlicher, mehr an der Oberfläche,

gröber, wenn man so will. Das Helle, Schwungvolle, Mit=
reißende, das den meisten im Leben so sehr fehlt, hier finden
sie es, hier holen sie sich ein Licht für ihre Dunkelheit, Mut
für ihr Zagen, Glauben, Kraft für ihre Ohnmacht. Hier sprudelt
die vollste Quelle im Bereiche des Theaters, und solange der
Blinden und Zerschlagenen und Ausgezehrten kein Ende ist, soll
uns der ganze Tell eine der erfreulichsten Bühnendichtungen sein.

Kann es für ein Volksstück einen geeigneteren Gegenstand
geben als das Erwachen des Volksbewußtseins? Gibt es etwas
Passenderes für ein Festspiel, als die Erhebung zur Selbst=
behauptung, als die Verteidigung von Recht und Freiheit? Und
der Tell ist nicht nur den Schweizern ein Festspiel, „das" Natio=
nalstück, für das sie sich bedankt haben durch Weihung des
Felsens, der aus dem Vierwaldstätter See emporsteigt zum
Rütli: er ist es allem deutschen Volke. Die Schweizer glauben
so zu sein, wie Schiller das Volk darstellt, sagt ihr größter
Dichter Gottfried Keller. Der Deutsche ist so; ein jeder
fühlt sich selbst an die Wurzeln seines Seins gepackt. Es
braucht nicht erwähnt zu werden, was der Tell gewirkt hat zur
Hebung deutschen Volksbewußtseins, als vor hundert Jahren
Deutschland unter dem Joche des Korsen stand, denn eine solche
Wirkung tut der Tell noch heute überall. Der Tell ist eine
deutsche Nationaldichtung. Man hat auch wohl die Jungfrau
von Orleans ein Lied vom Vaterlande genannt. Wie ist die
Johanna erfüllt von der Idee des Vaterlandes, wie heißt es
dort mutig: Nichtswürdig ist die Nation, die nicht ihr Alles
freudig setzt an ihre Ehre! Aber das Vaterland in seiner wahren
Bedeutung tritt dort nirgends klar hervor; konstruiert ist ein
Vaterland, welches alle Gestalten durch Aufdeckung ihrer Stellung
zu ihm charakterisieren hilft. Das große Volk ist teilnahmslos
und stumpf, höchstens schwankend. In einem stark ironisch
gefärbten Lichte zeigt sich dort das Vaterland. Im Tell erst tritt
es hervor in seinem echten Werte für Volk und Kultur, und der
Dichter offenbart uns die Bedeutung des Vaterlandes, indem
er uns den Kampf zeigt, den es kostet, und den Preis, mit dem
es lohnt. Wir sehen die Sicherheit und Einheit unserer
edelsten Kräfte gewährleistet durch das Bestehen des Vater=
landes. Das ist das Erfreuliche, das Gewaltige dieser Dichtung.
Wenn der alte Bannerherr Attinghausen dem Rudenz zuruft:
Ans Vaterland, ans teure schließ dich an, das halte fest mit deinem
ganzen Herzen! Hier sind die starken Wurzeln deiner Kraft;
dort in der fremden Welt stehst du allein, ein schwankes Rohr,
das jeder Sturm zerknickt — so faßt er damit den Markpunkt der

ganzen Dichtung. Die Romantiker lobten den Wilhelm Tell am
meisten von Schillers Werken; eben dieser nationale Gedanke
war der Grund dafür nächst dem Umstande, daß sie hier die
Poesie aus der Geschichte herausgearbeitet fanden. Schillers
Romantik dagegen war ihnen fremd.

Ein Märchen kann man Schillers Dichtung wohl nicht nennen,
dazu ist doch die Bewußtheit, die formelle Ausgestaltung, die
Bestimmtheit des Zuständlichen nicht leicht und naiv genug. In
keiner seiner späteren Dichtungen aber ist das allerdings so un-
auffällig wie hier, und das ist wohl die Einwirkung der Grundfabel
und ihrer inneren Bedingungen. Das Volk selbst ist der Held
des Stückes. Es führt einen Existenzkampf; seine Rechte, seine
Freiheiten sind ihm angetastet. Aus Urväterzeiten her war
es gewohnt, sein eigenes Leben zu führen, seinem Charakter
und dessen Eigenarten gemäß. Es ist zu einem Ganzen ver-
wachsen mit seinem Lande, es steht in den Gesetzen der großen
Natur. Wie über das Land die Gesetze der Natur walten,
unwillkürlich, einfach, sicher, so steht das Volk unter dem
Kaiser: Ein Herr muß sein. Aber jede Willkür, jede persönliche Beeinflussung, jedes kleine Hineingreifen tastet ihnen
an den Charakter, an die Existenzbedingungen. Ihr Verhältnis
zum Kaiser ist ein freies; er aber will es zu einem Zwang machen,
unterwürfig, gehorsam, pflichtig sollen sie ihm sein. Da ihnen
das widerstrebt, wendet er Gewalt an. Um die Selbstverständlich-
keit und Natürlichkeit der Empörung des Volkes zu zeigen, läßt
die Volksdichtung den Gedanken an eine Erhebung, an gemein-
sames Abwerfen des Joches in der Familie geboren werden; ein
Weib spricht ihn aus. Schiller führt die Symbolik weiter.
Er führt uns das Volk in seinen Urberufen vor: Jäger, Hirt und
Fischer, in seinen Urgemeinschaften: Familie, Freundschaft, Volks-
genossenschaft, er läßt drei Lebensalter den Urbund schließen:
Jüngling, Mann und Greis, die zugleich Vertreter der drei
Kantone sind. Wir sahen schon wiederholt, wie dem Dichter
die Darstellung solcher einfachen Verhältnisse lag. Seine Ge-
dichte schon sind voll davon. Gerade aber für dieses Stück —
wie vorher in der Braut von Messina — paßt diese Eigenart
des Dichters. Wieder ist hier eine Tugend geworden aus einer
dramatischen Schwäche. Attinghausen naht sich seinem Ende; der
Adel hat ausgewirtschaftet. Tells Sohn, das Bürgerkind, muß
kniend von dem Sterbenden den Segen empfangen. Das freie
Bürgertum ist groß geworden, ihm gehört die Zukunft. So segnet
die Vergangenheit das neue Geschlecht. Die sittliche Erhebung
ist erfolgt aus der dem Volke selber innewohnenden Kraft. Die

Sonne steigt herrlich aus der Nacht empor nach der Rütliszene, welche des Volkes Mündigkeit und Reise gewährleistet. Das ganze Volk aber, seine Eigenart, seine Größe wie seine Schwäche ist in Tells Gestalt symbolisiert worden. Dies Individuum ist ein Sinnbild für das Ganze.

Ein großer Knick scheint durch die Handlung zu gehen. Bis zum Ende des zweiten Aufzuges wächst hochschwellend eine Woge an; das Volk steht auf und ist bereit, mit dem Schwerte der Güter Höchstes zu verteidigen. Tell tritt zwar gleich zu Anfang als beherzter Retter Baumgartens auf, zieht sich aber ausdrücklich von dem Bunde der Eidgenossen zurück. Das Interesse steht durchaus auf seiten der Rütlibündler, die sich zur Befreiung von der tyrannischen Unterdrückung zusammenschließen. Fast als wollte Schiller den Menschenrat und den Bundeswert ironisieren, tritt dann bis zum Schlußakt die Bedeutung der Verbündeten zurück. Sie haben einen Termin ausgemacht zum Losschlagen, und sie bleiben dabei; Tell wird gefangen, der Beste des Volkes — sie warten; Berta ist gefangen — sie warten: Das Christfest abzuwarten schwuren wir. Dagegen reißt nun der eine Mann, Tell, das ganze Interesse an sich. In schroffer Gegensätzlichkeit der Stimmung folgt auf den Rütlibund die Szene, die uns Tell als Hausvater in seiner Familie zeigt. Dies ist die Vorbereitung für die Apfelschußszene. Er grüßt den Popanz auf der Stange nicht, das Sinnbild tyrannischer Laune und Willkür, dafür soll er den Apfel vom Haupte seines Kindes schießen, dafür soll der Vater das Leben des Kindes aufs Spiel setzen. Er wird in seinen heiligsten Gefühlen, also als Familienvater angegriffen; die Willkür Geßlers beleidigt die Natur des Mannes. Der Schuß kostet Tell fürchterliche Kämpfe, aber er tut ihn, um nicht mit seinem Kinde zusammen das Leben zu verlieren. Hätte er das Kind zu Tode getroffen, dann hätte der zweite Pfeil Geßlers Brust durchbohrt. So aber wendet er sich schweigend zum Gehen. Geßler ruft ihn zurück und fragt nach dem zweiten Pfeil. Tell sagt ihm die Wahrheit. Nun wird er gefangen genommen, unschädlich gemacht. Tell war dem Kaiser ergeben genug, seinen Vertreter, den Landvogt, zu respektieren, auch als er den grausamen, die Natur verhöhnenden Befehl des Apfelschusses gab. Nicht gleich damals legte er den Pfeil an auf den Vogt; er bedurfte einer zweiten Aufrüttelung. Da Geßler ihm sein Leben nicht rauben kann, nimmt er ihm die Freiheit, vielleicht für ewig. Tell sieht nun, es ist Zeit. Er benutzt die Gelegenheit zu entkommen und erschießt den verhaßten Herrn. Tell arbeitet nicht mit dem Rütlibunde zusammen; allein vollbringt er die Tat und

greift dadurch dem Handeln der Geschworenen vor. Wie er
in der Anfangsszene Baumgarten gerettet hat, so rettet er jetzt
das Land. Der Starke ist am mächtigsten allein! Unbesonnen
handelt er und sagt auch: Wär' ich besonnen, hieß ich nicht der
Tell. Der Rütlibund, der sich doch einen bestimmten Termin
gesetzt, kommt durch diesen Einzelnen in einen bösen Konflikt:
soll er jetzt sofort handeln oder warten?

Diesen in der Volksdichtung schärfer ausgeprägten Konflikt
hat Schiller möglichst auszumerzen sich bemüht. Schillers Drama
rückt die Taten beider näher zusammen, so daß Tells Tat glück=
licherweise zur rechten Zeit erfolgt. Gewiß, immer noch greift
er dem Volke vor, der Einzelne führt die Handlung und ent=
scheidet, wenn auch als typischer Vertreter des Volks. Die
Rütliszene aber hat das Bewußtsein gegeben, daß das Volk
reif und mündig ist; es befindet sich zwischen Tell und dem
Volke, zwischen dem Manne der Tat und den Männern des
Rates ein unsichtbarer, aber fühlbarer, fließender Zusammen=
hang. Es ist eben doch eine Bewegung in beiden Parteien, eine
höhere, innere Einheit.

Einige andere Verdienste Schillers müssen dabei noch ins Licht
gerückt werden. Er hat geschwankt, ob er diese Trennung
von Held und Volk vornehmen sollte, wohl weil er fürchtete, die
Einheit zwischen ihnen nicht darstellen zu können. Einmal gedachte
er überhaupt die Eidgenossen fortzulassen und nur Tell herrlich
zum Ausdruck zu bringen. Dann auch wieder sann er nach,
ob nicht Tell vielleicht unter den Abgesandten gewesen sein
könnte, die man an den Kaiser schickt, um den Landvogt zu
verklagen — doch ist es nicht nötig, diese letztere Erwägung auf=
zufassen als eine Bemühung, eine engere Verbindung zwischen
ihm und den Volksmännern herzustellen; Schiller konnte diesen
Gedanken auch fassen als ein Motiv für den Haß Geßlers auf
Tell. Endlich dachte er auch einmal daran, von Jünglingen
den Versuch unternehmen zu lassen, den gefangenen Tell zu
befreien. Hier wäre dann die Volkskraft losgebrochen und fast
in Gemeinschaft mit Tells Mordentschlüssen. Aber Schiller
wollte dann diese Tat der Jünglinge durch die Alten verhindern
lassen, die ihnen die Verschwörung und die nahe Erlösung des
Landes entdecken. In dem Entschluß der Jünglinge sind ja
Züge, die sich teilweise decken mit Gottfried Kellers Gedanken;
der läßt nämlich die Rütliszenen erst nach der Apfelschußszene
aufführen, das heißt, er läßt durch diese unerhörte Vergewal=
tigung des besten Mannes das Volk erst seine Kräfte zum letzten
Entschlusse finden. — Die Trennung Tells von den

Eidgenossen jedenfalls nahm Schiller dann doch vor, und zwar im Gegensatz zu der Quelle. Dies ist ein Zug, durch welchen Tell höchst individualistisch wirkt. Merkwürdig ähnlich sieht er da dem Tell, wie ihn Goethe später als den seinen darstellt, siehe Eckermanns Gespräche vom 6. Mai 1827. Doch bleibt ja die Frage, ob Goethes Tell auch wirklich schon früher so ausgesehen hat. Goethes Tell soll ein kolossal kräftiger Lastträger sein, fähig und entschlossen, nur die unmittelbarsten, persönlichen Übel abzuwehren. Das Höhere und Bessere der menschlichen Natur, das Gefühl der Freiheit und Sicherheit unter dem Schutze der vaterländischen Gesetze, das Gefühl der Schmach, sich unterjocht und mißhandelt zu sehen, die zum Entschlusse reisende Willenskraft, ein verhaßtes Joch abzuwerfen, war den Walter Fürst, Stauffacher, Winkelried zugeteilt, während Tell und Geßler persönlich gegeneinander stehen und unmittelbar aufeinander wirken sollten. — Möglich, daß aber auch Schillers Tell diesen höchst straffen Realismus von der Gestalt Goethescher Phantasie angenommen hat.

Nun brauchte Schiller nicht abzuweichen von Tschudis Chronik in der Folge der Begebenheiten. Tell stand allein und wirkte um so mächtiger, je weniger sein Tun sich nach dem der andern richtet. Die große Einheit hat Schiller besonders dadurch erzeugt, daß er von Geßlers Tod die Entscheidung in jedem Sinne abhängen läßt. Mit seinem Tode ist das Land gerettet. Viel sicherer kommt das in Schillers Dichtung heraus als in Tschudis Darstellung. Rein auf Schillers Phantasie und Erfindung ist nur zurückzuführen der Tod Attinghausens, Rudenz und Berta, Johannes Parricida. Die in den gegebenen Stoff hineingeschaffene Liebesszene zwischen Rudenz und Berta, aber auch die Parricidaszenen fallen stark ab und sind ganz mißlungen. Was die Liebesszene ausdrücken will, ist dichterisch richtig und gut: das ursprünglich empfindende, einfache Weib soll dem verblendeten Manne die rechte Stellung zur Heimat wieder anweisen. Aber die Künstlichkeit, schon der Einführung, mehr noch des Tones und Ausdrucks zwischen beiden, steht in grellem Kontraste zu der Natürlichkeit der anderen Menschen und Vorgänge. Bei der Apfelschußszene nimmt sich Rudenz viel besser aus. Daß es aber schließlich nur die Geliebte und deren Not ist, die ihn den Rütlibündlern zutreibt, oder genauer, daß dies die Veranlassung ist, sich ihnen anzuschließen, daß er gar nicht um der Sache willen, sondern um von ihnen in seiner persönlichen Liebessache Hilfe zu erbitten, zu ihnen kommt, ist ein Motiv, das auch nicht gerade für einen Mann erwärmen kann, der anfangs bereit war, um eines Weibes willen Land und Volksgenossen zu verraten. Parricida kommt ganz von außen herein und ist durchaus unorganisch. Er ist wie Tells Monolog eine Konstruktion der ethischen Zweifel und Bedenken des Dichters. Schiller hat Tells Mordtat nicht von ganzer Seele anerkannt. Er sucht nachträglich durch eine Vergleichung Tells mit dem Königsmörder das Reinere und Berechtigtere seiner Tat nachzuweisen. Das ginge ja noch an, so äußerlich es auch ist, und so sehr es deutlich macht, daß Schiller zweifelte, die Tat innerlich ganz begründet zu haben. Aber leider ist es Tell, der hier den Vergleich selber zieht, Tell, der richtet und breit daherredet. Das steht ihm durchaus nicht und kommt ihm auch gar nicht zu.

Auch dem Monologe kann der Vorwurf nicht erspart bleiben, daß er als Form psychologisch schwach ist. Man führt dagegen an, er sei nötig. Das ist richtig; es ist nötig, daß Tell solches denkt und sinnt; daß er aber klügelt und in Bildern redet, ist gegen seinen Charakter. Tell arbeitet in sich, er ist aber kein Mann langen Beratens. Was er denkt, was ihn quält und treibt, ist nach der Flucht aus dem Schiffe ganz selbstverständlich. Es würde viel gewaltiger wirken, wenn er nach dem Gespräche mit Stüssi losschösse, ohne sich vorher wortreich vor uns verteidigt und förmlich entschlossen zu haben. Das ist ein Zugeständnis, das wir heute kaum mehr dem Theater zugeben. Auch für ein Volksstück bedürfte es solchen Mittels nicht mehr.

Schiller versteht es, die alte Volksüberlieferung durchaus zu vereinen mit dem theatralisch Wirksamen. Die Tragödie und ihre bisherigen szenarischen Mittel läßt er hier weit hinter sich; mit ganz anderem Apparat wird hier gearbeitet. Die Landschaft und ihr bunter Reiz spielt direkt mit und trägt nicht wenig zur Beliebtheit des Ganzen bei, so gewiß wie sie auch innerlich einige Notwendigkeit hat. Fast zu weit allerdings geht Schiller, wenn er die erste feierliche Rütliszene von folgendem pompösen Augen= und Ohrenschmaus beschließen läßt: Indem sie zu drei verschiedenen Seiten in größter Ruhe abgehen, fällt das Orchester mit einem prachtvollen Schwung ein; die leere Szene bleibt noch eine Zeitlang offen und zeigt das Schauspiel der aufgehenden Sonne über den Eisgebirgen. — Im übrigen bringen die Anmerkungen noch manchen Beitrag zur Bedeutung des Landschaftlichen in unserem Stücke. Schiller beabsichtigte ja, die Schweiz zu besuchen, und zwar vor Vollendung des Dramas; er kam aber nicht dazu. Die Größe und Gewaltigkeit der Natur wie auch das Lieblich=Idyllische hat Schiller

2*

jedenfalls trotz aller Unbekanntheit sehr gut nachempfunden
und zur Darstellung gebracht, und wenn man sich überlegt,
was er wohl noch geändert haben würde, wenn er nach
Fertigstellung alles kennen gelernt hätte, so läßt sich doch kaum
etwas finden. Jedenfalls bedeuten die Kleinigkeiten nichts, die
seine Kommentatoren ihm nachrechnen. Wie die Menschen, ist
auch die Landschaft ganz in der bunten, breiten Freskotechnik
gehalten: sie wirkt nicht durch Beschreibung, sondern sie erklärt
durch ihr Dasein und ihre Schönheit die Liebe des Volkes
zu seiner Heimat.

Endlich soll nicht vergessen werden, daß Schiller sich
bemüht hat, auch lautlich und sprachlich die Eigenart der
Gegend wiederzugeben; kein anderes Drama Schillers hat eine
so volkstümlich und örtlich gefärbte Sprache. Es ist allerdings
schade, daß er darin so weit gegangen ist, daß da die Anmerkungen vielfach helfen müssen. Kein Mensch braucht doch
z. B. zu wissen, was ein Ruffi ist; das hat ja auch Schiller
selber sich mühsam zusammengelesen.

Schillers wichtigste Quellen waren: Ägidii Tschudi,
gewesenen Landammanns zu Glarus Chronikon Helveticum, ge-
druckt 1724. Scheuchzer, Naturgeschichte des Schweizerlandes.
Zürich 1746. Fäsi, Staats= und Erdbeschreibung der Helveti-
schen Eidgenossenschaft. Zürich 1766. Meiners Briefe über die
Schweiz. Stuttgart 1792. Ebel, Schilderung der Gebirgsvölker
der Schweiz. Tübingen 1798. Johannes von Müller Der
Geschichten Schweizerischer Eidgenossenschaft erster Teil; auch
Teil II. Leipzig 1786. Chroniken von Stumpf 1548 und
Etterlin 1752.

Erster Aufzug.

Erste Szene.

(Hohes Felsenufer des Vierwaldstätter Sees, Schwyz gegenüber.)
Der See macht eine Bucht ins Land, eine Hütte ist unweit dem Ufer, **Fischerknabe** fährt sich in einem Kahn. über den See hinweg sieht man die grünen Matten, Dörfer und Höfe von Schwyz im hellen Sonnenschein liegen. Zur Linken des Zuschauers zeigen sich die Spitzen des Haken, mit Wolken umgeben; zur Rechten im fernen Hintergrund sieht man die Eisberge. Noch ehe der Vorhang aufgeht, hört man den Kuhreihen und das harmonische Geläut der Herdenglocken, welches sich auch bei eröffneter Szene noch eine Zeitlang fortsetzt.

Fischerknabe (singt im Kahn).
Melodie des Kuhreihens.

Es lächelt der See, er ladet zum Bade,
Der Knabe schlief ein am grünen Gestade,
    Da hört er ein Klingen,
    Wie Flöten so süß,
5   Wie Stimmen der Engel
    Im Paradies.
Und wie er erwachet in seliger Lust,
Da spülen die Wasser ihm um die Brust,
    Und es ruft aus den Tiefen:
10   Lieb Knabe bist mein!
    Ich locke den Schläfer,
    Ich zieh' ihn herein.

Hirte (auf dem Berge).
Variation des Kuhreihens.

    Ihr Matten, lebt wohl,
    Ihr sonnigen Weiden!
15   Der Senne muß scheiden,
    Der Sommer ist hin.
Wir fahren zu Berg, wir kommen wieder,
Wenn der Kuckuck ruft, wenn erwachen die Lieder,
Wenn mit Blumen die Erde sich kleidet neu,
20 Wenn die Brünnlein fließen im lieblichen Mai.

Ihr Matten, lebt wohl,
Ihr sonnigen Weiden!
Der Senne muß scheiden;
Der Sommer ist hin.

Alpenjäger (erscheint gegenüber auf der Höhe des Felsen).
Zweite Variation.

25 Es donnern die Höhen, es zittert der Steg,
Nicht grauet dem Schützen auf schwindlichtem Weg;
Er schreitet verwegen
Auf Feldern von Eis;
Da pranget kein Frühling,
30 Da grünet kein Reis;
Und unter den Füßen ein neblichtes Meer,
Erkennt er die Städte der Menschen nicht mehr;
Durch den Riß nur der Wolken
Erblickt er die Welt,
35 Tief unter den Wassern
Das grünende Feld.

(Die Landschaft verändert sich, man hört ein dumpfes Krachen von den Bergen.
Schatten von Wolken laufen über die Gegend.)

Ruodi der Fischer kommt aus der Hütte. **Werni der Jäger** steigt vom
Felsen, **Kuoni der Hirt** kommt mit dem Melknapf auf der Schulter. **Seppi,**
sein Handbube, folgt ihm.

Ruodi. Mach' hurtig, Jenni! Zieh die Naue ein!
Der graue Talvogt kommt, dumpf brüllt der Firn,
Der Mythenstein zieht seine Haube an,
40 Und kalt her bläst es aus dem Wetterloch;
Der Sturm, ich mein', wird da sein, eh' wir's denken.

Kuoni. 's kommt Regen, Fährmann. Meine Schafe fressen
Mit Begierde Gras, und Wächter scharrt die Erde.

Werni. Die Fische springen, und das Wasserhuhn
45 Taucht unter. Ein Gewitter ist im Anzug.

Kuoni (zum Buben).
Lug', Seppi: ob das Vieh sich nicht verlaufen.

Seppi. Die braune Liesel kenn' ich am Geläut.

Kuoni. So fehlt uns keine mehr, die geht am weitsten.

Ruodi. Ihr habt ein schön Geläute, Meister Hirt.

Werni.
50 Und schmuckes Vieh — Ist's Euer eignes, Landsmann?

Kuoni. Bin nit so reich — 's ist meines gnäd'gen Herrn,
Des Attinghäusers, und mir zugezählt.

Ruodi. Wie schön der Kuh das Band zu Halse steht!

Kuoni. Das weiß sie auch, daß sie den Reihen führt,
55 Und nähm' ich ihr's, sie hörte auf zu fressen.
Ruodi. Ihr seid nicht klug! Ein unvernünft'ges Vieh —
Werni. Ist bald gesagt. Das Tier hat auch Vernunft.
Das wissen wir, die wir die Gemsen jagen.
Die stellen klug, wo sie zur Weide gehn,
60 'ne Vorhut aus, die spitzt das Ohr und warnet
Mit heller Pfeife, wenn der Jäger naht.
Ruodi (zum Hirten). Treibt Ihr jetzt heim?
Kuoni.   Die Alp ist abgeweidet.
Werni. Glückfel'ge Heimkehr, Senn!
Kuoni.   Die wünsch' ich Euch.
Von Eurer Fahrt kehrt sich's nicht immer wieder.
65 **Ruodi.** Dort kommt ein Mann in voller Hast gelaufen.
Werni. Ich kenn' ihn, 's ist der Baumgart von Alzellen.
              Konrad Baumgarten (atemlos hereinstürzend).
Baumgarten. Um Gottes willen, Fährmann, Euern Kahn!
Ruodi. Nun, nun, was gibt's so eilig?
Baumgarten.   Bindet los!
Ihr rettet mich vom Tode! Setzt mich über!
70 **Kuoni.** Landsmann, was habt Ihr?
Werni.   Wer verfolgt Euch denn?
Baumgarten (zum Fischer).
Eilt, eilt, sie sind mir dicht schon an den Fersen!
Des Landvogts Reiter kommen hinter mir;
Ich bin ein Mann des Tods, wenn sie mich greifen.
Ruodi. Warum verfolgen Euch die Reisigen?
75 **Baumgarten.** Erst rettet mich, und dann steh' ich Euch Rede.
Werni. Ihr seid mit Blut befleckt, was hat's gegeben?
Baumgarten. Des Kaisers Burgvogt, der auf Roßberg saß —
Kuoni. Der Wolfenschießen! Läßt Euch der verfolgen?
Baumgarten. Der schadet nicht mehr, ich hab' ihn erschlagen.
          Alle (fahren zurück).
80 Gott sei Euch gnädig! Was habt Ihr getan?
Baumgarten. Was jeder freie Mann an meinem Platz!
Mein gutes Hausrecht hab' ich ausgeübt
Am Schänder meiner Ehr' und meines Weibes.
Kuoni. Hat Euch der Burgvogt an der Ehr' geschädigt?
85 **Baumgarten.** Daß er sein bös Gelüsten nicht vollbracht,
Hat Gott und meine gute Axt verhütet.
Werni. Ihr habt ihm mit der Axt den Kopf zerspalten?
Kuoni. O, laßt uns alles hören, Ihr habt Zeit,
Bis er den Kahn vom Ufer losgebunden.

80   **Baumgarten.** Ich hatte Holz gefällt im Wald, da kommt
Mein Weib gelaufen in der Angst des Todes.
„Der Burgvogt lieg' in meinem Haus, er hab'
Ihr anbefohlen, ihm ein Bad zu rüsten.
Drauf hab' er Ungebührliches von ihr
95 Verlangt, sie sei entsprungen, mich zu suchen."
Da lief ich frisch hinzu, so wie ich war,
Und mit der Axt hab' ich ihm's Bad gesegnet.
    Werni.
Ihr tatet wohl, kein Mensch kann Euch drum schelten.
    Kuoni. Der Wüterich! Der hat nun seinen Lohn!
100 Hat's lang' verdient ums Volk von Unterwalden.
    Baumgarten.
Die Tat ward ruchtbar; mir wird nachgesetzt —
Indem wir sprechen — Gott — verrinnt die Zeit —
                (Es fängt an zu donnern.)
    Kuoni. Frisch, Fährmann! Schaff' den Biedermann hinüber.
    Ruodi. Geht nicht. Ein schweres Ungewitter ist
105 Im Anzug. Ihr müßt warten.
    Baumgarten.   Heil'ger Gott!
Ich kann nicht warten. Jeder Aufschub tötet —
    Kuoni (zum Fischer).
Greif an mit Gott! Dem Nächsten muß man helfen;
Es kann uns allen Gleiches ja begegnen.
                (Brausen und Donnern.)
    Ruodi. Der Föhn ist los, Ihr seht, wie hoch der See geht;
110 Ich kann nicht steuern gegen Sturm und Wellen.
    Baumgarten (umfaßt seine Kniee).
So helf' Euch Gott, wie Ihr Euch mein erbarmet!
    Werni. Es geht ums Leben, sei barmherzig, Fährmann!
    Kuoni. 's ist ein Hausvater und hat Weib und Kinder!
                (Wiederholte Donnerschläge.)
    Ruodi. Was? Ich hab' auch ein Leben zu verlieren,
115 Hab' Weib und Kind daheim wie er. Seht hin,
Wie's brandet, wie es wogt und Wirbel zieht
Und alle Wasser aufrührt in der Tiefe.
— Ich wollte gern den Biedermann erretten;
Doch es ist rein unmöglich, Ihr seht selbst.
    Baumgarten (noch auf den Knien).
120 So muß ich fallen in des Feindes Hand,
Das nahe Rettungsufer im Gesichte!
— Dort liegt's! Ich kann's erreichen mit den Augen,
Hinüberdringen kann der Stimme Schall;

Da ist der Kahn, der mich hinübertrüge,
125 Und muß hier liegen, hilflos, und verzagen!
    Kuoni. Seht, wer da kommt!
    Werni.   Es ist der Tell aus Bürglen.
                (Tell mit der Armbrust.)
    Tell. Wer ist der Mann, der hier um Hilfe fleht?
    Kuoni. 's ist ein Alzeller Mann; er hat sein' Ehr'
Verteidigt und den Wolfenschieß erschlagen,
130 Des Königs Burgvogt, der auf Roßberg saß.
Des Landvogts Reiter sind ihm auf den Fersen.
Er fleht den Schiffer um die Überfahrt;
Der fürcht't sich vor dem Sturm und will nicht fahren.
    Ruodi. Da ist der Tell, er führt das Ruder auch;
135 Der soll mir's zeugen, ob die Fahrt zu. wagen.
    Tell. Wo's Not tut, Fährmann, läßt sich alles wagen.
         (Heftige Donnerschläge, der See rauscht auf.)
    Ruodi. Ich soll mich in den Höllenrachen stürzen?
Das täte keiner, der bei Sinnen ist.
    Tell. Der brave Mann denkt an sich selbst zuletzt.
140 Vertrau' auf Gott und rette den Bedrängten!
    Ruodi. Vom sichern Port läßt sich's gemächlich raten.
Da ist der Kahn, und dort der See! Versucht's!
    Tell. Der See kann sich, der Landvogt nicht erbarmen.
Versuch' es, Fährmann!
    Hirten und Jäger.   Rett' ihn! Rett' ihn! Rett' ihn!
145   Ruodi. Und wär's mein Bruder und mein leiblich Kind,
Es kann nicht sein; 's ist heut' Simons und Judä,
Da ras't der See und will sein Opfer haben.
    Tell. Mit eitler Rede wird hier nichts geschafft;
Die Stunde dringt, dem Mann muß Hilfe werden.
150 Sprich, Fährmann, willst du fahren?
    Ruodi.   Nein, nicht ich!
    Tell. In Gottes Namen denn! Gib her den Kahn!
Ich will's mit meiner schwachen Kraft versuchen.
    Kuoni. Ha, wackrer Tell!
    Werni.   Das gleicht dem Weidgesellen!
    Baumgarten. Mein Retter seid Ihr und mein Engel, Tell!
155   Tell. Wohl aus des Vogts Gewalt errett' ich Euch!
Aus Sturmes Nöten muß ein andrer helfen.
Doch besser ist's, Ihr fallt in Gottes Hand
Als in der Menschen!
           (Zu dem Hirten.) Landsmann, tröstet Ihr

Mein Weib, wenn mir was Menschliches begegnet.
160 Ich hab' getan, was ich nicht lassen konnte. (Er springt in den Kahn.)
    Kuoni (zum Fischer). Ihr seid ein Meister-Steuermann. Was sich
Der Tell getraut, das konntet Ihr nicht wagen?
    Ruodi. Wohl beßre Männer tun's dem Tell nicht nach,
Es gibt nicht zwei, wie der ist, im Gebirge.
    Werni (ist auf den Fels gestiegen).
165 Er stößt schon ab. Gott helf' dir, braver Schwimmer!
Sieh, wie das Schifflein auf den Wellen schwankt!
    Kuoni (am Ufer).
Die Flut geht drüber weg — Ich seh's nicht mehr.
Doch, halt, da ist es wieder! Kräftiglich
Arbeitet sich der Wackre durch die Brandung.
170   **Seppi.** Des Landvogts Reiter kommen angesprengt.
    Kuoni. Weiß Gott, sie sind's! Das war Hilf' in der Not.
        (Ein Trupp Landenbergischer Reiter.)
    Erster Reiter. Den Mörder gebt heraus, den ihr verborgen!
    Zweiter. Des Wegs kam er, umsonst verhehlt ihr ihn.
    Kuoni und Ruodi. Wen meint ihr, Reiter?
    Erster Reiter (entdeckt den Nachen). Ha, was seh' ich? Teufel!
175   **Werni** (oben). Ist's der im Nachen, den ihr sucht? — Reit zu!
Wenn ihr frisch beilegt, holt ihr ihn noch ein.
    Zweiter. Verwünscht! Er ist entwischt.
    Erster (zum Hirten und Fischer). Ihr habt ihm fortgeholfen.
Ihr sollt uns büßen! Fallt in ihre Herde!
Die Hütte reißet ein, brennt und schlagt nieder! (Eilen fort.)
180   **Seppi** (stürzt nach). O meine Lämmer!
    Kuoni (folgt).   Weh mir! Meine Herde!
    Werni. Die Wütriche!
    Ruodi (ringt die Hände).   Gerechtigkeit des Himmels!
Wann wird der Retter kommen diesem Lande? (Folgt ihnen.)

Zweite Szene.

(Zu Steinen in Schwyz. Eine Linde vor des Stauffachers Hause an der Landstraße, nächst der Brücke.)

Werner Stauffacher, Pfeifer von Luzern kommen im Gespräch.

    Pfeifer. Ja, ja, Herr Stauffacher, wie ich Euch sagte.
Schwört nicht zu Östreich, wenn Ihr's könnt vermeiden.
185 Haltet fest am Reich und wacker wie bisher.
Gott schirme Euch bei Eurer alten Freiheit!
        (Drückt ihm herzlich die Hand und will gehen.)

Stauffacher. Bleibt doch, bis meine Wirtin kommt! Ihr seid
Mein Gast zu Schwyz, ich in Luzern der Eure.

Pfeifer. Viel Dank! Muß heute Gersau noch erreichen.

190 — Was Ihr auch Schweres mögt zu leiden haben,
Von Eurer Vögte Geiz und Übermut,
Tragt's in Geduld! Es kann sich ändern, schnell,
Ein andrer Kaiser kann ans Reich gelangen.
Seid Ihr erst Österreichs, seid Ihr's auf immer.   (Er geht ab.

Stauffacher setzt sich kummervoll auf eine Bank unter der Linde. So findet ihn Gertrud,
seine Frau, die sich neben ihn stellt und ihn eine Zeitlang schweigend betrachtet.)

195   **Gertrud.** So ernst, mein Freund? Ich kenne dich nicht mehr.
Schon viele Tage seh' ich's schweigend an,
Wie finstrer Trübsinn deine Stirne furcht.
Auf deinem Herzen drückt ein still Gebresten;
Vertrau' es mir; ich bin dein treues Weib,
200 Und meine Hälfte fodr' ich deines Grams.

(Stauffacher reicht ihr die Hand und schweigt.)

Was kann dein Herz beklemmen, sag' es mir.
Gesegnet ist dein Fleiß, dein Glücksstand blüht,
Voll sind die Scheunen, und der Rinder Scharen,
Der glatten Pferde wohlgenährte Zucht
205 Ist von den Bergen glücklich heimgebracht
Zur Winterung in den bequemen Ställen.
— Da steht dein Haus, reich wie ein Edelsitz;
Von schönem Stammholz ist es neu gezimmert
Und nach dem Richtmaß ordentlich gefügt;
210 Von vielen Fenstern glänzt es wohnlich, hell;
Mit bunten Wappenschildern ist's bemalt
Und weisen Sprüchen, die der Wandersmann
Verweilend liest und ihren Sinn bewundert.

Stauffacher. Wohl steht das Haus gezimmert und gefügt,
215 Doch, ach — es wankt der Grund, auf dem wir bauten.

Gertrud. Mein Werner, sage, wie verstehst du das?

Stauffacher. Vor dieser Linde saß ich jüngst wie heut,
Das schön Vollbrachte freudig überdenkend,
Da kam daher von Küßnacht, seiner Burg,
220 Der Vogt mit seinen Reisigen geritten.
Vor diesem Hause hielt er wundernd an;
Doch ich erhub mich schnell, und unterwürfig,
Wie sich's gebührt, trat ich dem Herrn entgegen,
Der uns des Kaisers richterliche Macht
225 Vorstellt im Lande. „Wessen ist dies Haus?"
Fragt' er bösmeinend, denn er wußt' es wohl.

Doch schnell besonnen ich entgegn' ihm so:
„Dies Haus, Herr Vogt, ist meines Herrn, des Kaisers,
Und Eures und mein Lehen." — Da versetzt er:
230 „Ich bin Regent im Land an Kaisers Statt
Und will nicht, daß der Bauer Häuser baue
Auf seine eigne Hand und also frei
Hinleb', als ob er Herr wär' in dem Lande;
Ich werd' mich unterstehn, Euch das zu wehren."
235 Dies sagend, ritt er trutziglich von dannen,
Ich aber blieb mit kummervoller Seele,
Das Wort bedenkend, das der Böse sprach.

     Gertrud. Mein lieber Herr und Ehewirt! Magst du
Ein redlich Wort von deinem Weib vernehmen?
240 Des edeln Ibergs Tochter rühm' ich mich,
Des vielerfahrnen Manns. Wir Schwestern saßen,
Die Wolle spinnend, in den langen Nächten,
Wenn bei dem Vater sich des Volkes Häupter
Versammelten, die Pergamente lasen
245 Der alten Kaiser, und des Landes Wohl
Bedachten in vernünftigem Gespräch.
Aufmerkend hört' ich da manch kluges Wort,
Was der Verständ'ge denkt, der Gute wünscht,
Und still im Herzen hab' ich mir's bewahrt.
250 So höre denn und acht' auf meine Rede!
Denn, was dich preßte, sieh, das wußt' ich längst.
— Dir grollt der Landvogt, möchte gern dir schaden,
Denn du bist ihm ein Hindernis, daß sich
Der Schwyzer nicht dem neuen Fürstenhaus
255 Will unterwerfen, sondern treu und fest
Beim Reich beharren, wie die würdigen
Altvordern es gehalten und getan. —
Ist's nicht so, Werner? Sag' es, wenn ich lüge!

     Stauffacher. So ist's, das ist des Geßlers Groll auf mich.

260   **Gertrud.** Er ist dir neidisch, weil du glücklich wohnst,
Ein freier Mann auf deinem eignen Erb';
— Denn er hat keins. Vom Kaiser selbst und Reich
Trägst du dies Haus zu Lehn; du darfst es zeigen,
So gut der Reichsfürst seine Länder zeigt;
265 Denn über dir erkennst du keinen Herrn
Als nur den Höchsten in der Christenheit.
Er ist ein jüngrer Sohn nur seines Hauses,
Nichts nennt er sein als seinen Rittermantel;
Drum sieht er jedes Biedermannes Glück

270 Mit scheelen Augen gift'ger Mißgunst an.
Dir hat er längst den Untergang geschworen —
Noch stehst du unversehrt — Willst du erwarten,
Bis er die böse Lust an dir gebüßt?
Der kluge Mann baut vor.

Stauffacher.   Was ist zu tun?

Gertrud (tritt näher).
275 So höre meinen Rat! Du weißt, wie hier
Zu Schwyz sich alle Redlichen beklagen
Ob dieses Landvogts Geiz und Wüterei.
So zweifle nicht, daß sie dort drüben auch
In Unterwalden und im Urner Land
280 Des Dranges müd' sind und des harten Jochs;
Denn wie der Geßler hier, so schafft es frech
Der Landenberger drüben überm See.
Es kommt kein Fischerkahn zu uns herüber,
Der nicht ein neues Unheil und Gewalt=
285 Beginnen von den Vögten uns verkündet.
Drum tät' es gut, daß eurer etliche,
Die's redlich meinen, still zu Rate gingen,
Wie man des Drucks sich möcht' erledigen:
So acht' ich wohl, Gott würd' euch nicht verlassen
290 Und der gerechten Sache gnädig sein.
Hast du in Uri keinen Gastfreund, sprich,
Dem du dein Herz magst redlich offenbaren?

Stauffacher. Der wackern Männer kenn' ich viele dort
Und angesehen große Herrenleute,
295 Die mir geheim sind und gar wohl vertraut.
(Er steht auf.) Frau, welchen Sturm gefährlicher Gedanken
Weckst du mir in der stillen Brust! Mein Innerstes
Kehrst du ans Licht des Tages mir entgegen,
Und was ich mir zu denken still verbot,
300 Du sprichst's mit leichter Zunge kecklich aus.
— Hast du auch wohl bedacht, was du mir rätst?
Die wilde Zwietracht und den Klang der Waffen
Rufst du in dieses friedgewohnte Tal.
Wir wagten es, ein schwaches Volk der Hirten,
305 In Kampf zu gehen mit dem Herrn der Welt?
Der gute Schein nur ist's, worauf sie warten,
Um loszulassen auf dies arme Land
Die wilden Horden ihrer Kriegesmacht,
Darin zu schalten mit des Siegers Rechten

310 Und unterm Schein gerechter Züchtigung
Die alten Freiheitsbriefe zu vertilgen.
    Gertrud. Ihr seid auch Männer, wisset eure Art
Zu führen, und dem Mutigen hilft Gott!
    Stauffacher. O Weib! Ein furchtbar wütend Schreknis ist
315 Der Krieg; die Herde schlägt er und den Hirten.
    Gertrud. Ertragen muß man, was der Himmel sendet;
Unbilliges erträgt kein edles Herz.
    Stauffacher. Dies Haus erfreut dich, das wir neu erbauten.
Der Krieg, der ungeheure, brennt es nieder.
320   Gertrud. Wüßt' ich mein Herz an zeitlich Gut gefesselt,
Den Brand wärf' ich hinein mit eigner Hand.
    Stauffacher.
Du glaubst an Menschlichkeit! Es schont der Krieg
Auch nicht das zarte Kindlein in der Wiege.
    Gertrud. Die Unschuld hat im Himmel einen Freund!
325 — Sieh vorwärts, Werner, und nicht hinter dich!
    Stauffacher. Wir Männer können tapfer fechtend sterben;
Welch Schicksal aber wird das eure sein?
    Gertrud. Die letzte Wahl steht auch dem Schwächsten offen,
Ein Sprung von dieser Brücke macht mich frei.
    Stauffacher (stürzt in ihre Arme).
330 Wer solch ein Herz an seinen Busen drückt,
Der kann für Herd und Hof mit Freuden fechten,
Und keines Königs Heermacht fürchtet er.
Nach Uri fahr' ich stehnden Fußes gleich,
Dort lebt ein Gastfreund mir, Herr Walter Fürst
335 Der über diese Zeiten denkt wie ich.
Auch find' ich dort den edeln Bannerherrn
Von Attinghaus; obgleich von hohem Stamm,
Liebt er das Volk und ehrt die alten Sitten.
Mit ihnen beiden pfleg' ich Rats, wie man
340 Der Landesfeinde mutig sich erwehrt.
Leb' wohl! Und, weil ich fern bin, führe du
Mit klugem Sinn das Regiment des Hauses!
Dem Pilger, der zum Gotteshause wallt,
Dem frommen Mönch, der für sein Kloster sammelt,
345 Gib reichlich und entlaß ihn wohlgepflegt!
Stauffachers Haus verbirgt sich nicht. Zu äußerst
Am offnen Heerweg steht's, ein wirtlich Dach
Für alle Wandrer, die des Weges fahren.
    (Indem sie nach dem Hintergrund abgehen, tritt Wilhelm Tell mit Baumgarten
vorn auf die Szene.)

Tell (zu Baumgarten).

Ihr habt jetzt meiner weiter nicht vonnöten.
350 Zu jenem Hause gehet ein; dort wohnt
Der Stauffacher, ein Vater der Bedrängten.
Doch sieh, da ist er selber. Folgt mir, kommt!

(Gehen auf ihn zu; die Szene verwandelt sich.)

Dritte Szene.

(Öffentlicher Platz bei Altorf.)

(Auf einer Anhöhe im Hintergrund sieht man eine Feste bauen, welche schon so weit
gediehen, daß sich die Form des Ganzen darstellt. Die hintere Seite ist fertig, an der
vordern wird eben gebaut, das Gerüste steht noch, an welchem die Werkleute auf und
nieder steigen; auf dem höchsten Dach hängt der Schieferdecker. Alles ist in Bewegung
und Arbeit.)

Fronvogt. Meister Steinmetz. Gesellen und Handlanger.

Fronvogt (mit dem Stabe, treibt die Arbeiter).

Nicht lang' gefeiert, frisch! Die Mauersteine
Herbei, den Kalk, den Mörtel zugefahren!
355 Wenn der Herr Landvogt kommt, daß er das Werk
Gewachsen sieht! — Das schlendert wie die Schnecken.

(Zu zwei Handlangern, welche tragen.)

Heißt das geladen? Gleich das Doppelte!
Wie die Tagdiebe ihre Pflicht bestehlen!

Erster Gesell. Das ist doch hart, daß wir die Steine selbst
360 Zu unserm Twing und Kerker sollen fahren!

Fronvogt. Was murret ihr? Das ist ein schlechtes Volk,
Zu nichts anstellig, als das Vieh zu melken
Und faul herum zu schlendern auf den Bergen.

Alter Mann (ruht aus). Ich kann nicht mehr.

Fronvogt (schüttelt ihn).   Frisch, Alter, an die Arbeit!
365 **Erster Gesell.** Habt Ihr denn gar kein Eingeweid', daß Ihr
Den Greis, der kaum sich selber schleppen kann,
Zum harten Frondienst treibt?

Meister Steinmetz und Gesellen. 's ist himmelschreiend!

Fronvogt. Sorgt ihr für euch; ich tu', was meines Amts.

Zweiter Gesell.

Fronvogt, wie wird die Feste denn sich nennen,
370 Die wir da baun?

Fronvogt.   Zwing Uri soll sie heißen!
Denn unter dieses Joch wird man euch beugen.

Gesellen. Zwing Uri!

Fronvogt.   Nun, was gibt's dabei zu lachen?

Zweiter Gesell. Mit diesem Häuslein wollt Ihr Uri zwingen?

Erster Gesell.
Laß sehn, wie viel man solcher Maulwurfshaufen
375 Muß über'nander setzen, bis ein Berg
Draus wird, wie der geringste nur in Uri.
(Fronvogt geht nach dem Hintergrund.)
Meister Steinmetz. Den Hammer werf' ich in den tiefsten See,
Der mir gedient bei diesem Fluchgebäude!
(Tell und Stauffacher kommen.)
Stauffacher. O, hätt' ich nie gelebt, um das zu schauen!
380 **Tell.** Hier ist nicht gut sein. Laßt uns weiter gehn!
Stauffacher. Bin ich zu Uri, in der Freiheit Land?
Meister Steinmetz. O Herr, wenn Ihr die Keller erst gesehn
Unter den Türmen! Ja, wer die bewohnt,
Der wird den Hahn nicht fürder krähen hören.
385 **Stauffacher.** O Gott!
Steinmetz.   Seht diese Flanken, diese Strebepfeiler,
Die stehn, wie für die Ewigkeit gebaut!
Tell. Was Hände bauten, können Hände stürzen.
(Nach den Bergen zeigend.)
Das Haus der Freiheit hat uns Gott gegründet.
*(Man hört eine Trommel, es kommen Leute, die einen Hut auf einer Stange tragen,
ein Ausrufer folgt ihnen, Weiber und Kinder dringen tumultuarisch nach.)*
Erster Gesell. Was will die Trommel? Gebet acht!
Meister Steinmetz.   Was für
390 Ein Faßnachtsaufzug, und was soll der Hut?
Ausrufer. In des Kaisers Namen! Höret!
Gesellen.   Still doch! Höret!
Ausrufer. Ihr sehet diesen Hut, Männer von Uri!
Aufrichten wird man ihn auf hoher Säule,
Mitten in Altorf, an dem höchsten Ort,
395 Und dieses ist des Landvogts Will' und Meinung:
Dem Hut soll gleiche Ehre wie ihm selbst geschehn.
Man soll ihn mit gebognem Knie und mit
Entblößtem Haupt verehren. Daran will
Der König die Gehorsamen erkennen.
400 Verfallen ist mit seinem Leib und Gut
Dem Könige, wer das Gebot verachtet.
(Das Volk lacht laut auf, die Trommel wird gerührt, sie gehen vorüber.)
Erster Gesell. Welch neues Unerhörtes hat der Vogt
Sich ausgesonnen! Wir 'nen Hut verehren!
Sagt! Hat man je vernommen von dergleichen?
405 **Meister Steinmetz.** Wir unsre Knie beugen einem Hut!
Treibt er sein Spiel mit ernsthaft würd'gen Leuten?
Erster Gesell. Wär's noch die kaiserliche Kron'! So ist's

Der Hut von Österreich; ich sah ihn hangen
über dem Thron, wo man die Lehen gibt!
     Meister Steinmetz.
410 Der Hut von Österreich! Gebt acht, es ist
Ein Fallstrick, uns an Östreich zu verraten!
     Gesellen. Kein Ehrenmann wird sich der Schmach bequemen.
     Meister Steinmetz.
Kommt, laßt uns mit den andern Abred' nehmen.
          (Sie gehen nach der Tiefe.)
     Tell (zum Stauffacher).
Ihr wisset nun Bescheid. Lebt wohl, Herr Werner!
415   Stauffacher. Wo wollt Ihr hin? O, eilt nicht so von dannen!
     Tell. Mein Haus entbehrt des Vaters. Lebet wohl!
     Stauffacher. Mir ist das Herz so voll, mit Euch zu reden.
     Tell. Das schwere Herz wird nicht durch Worte leicht.
     Stauffacher. Doch könnten Worte uns zu Taten führen.
420   Tell. Die einz'ge Tat ist jetzt Geduld und Schweigen.
     Stauffacher. Soll man ertragen, was unleidlich ist?
     Tell. Die schnellen Herrscher sind's, die kurz regieren.
— Wenn sich der Föhn erhebt aus seinen Schlünden,
Löscht man die Feuer aus, die Schiffe suchen
425 Eilends den Hafen, und der mächt'ge Geist
Geht ohne Schaden spurlos über die Erde.
Ein jeder lebe still bei sich daheim;
Dem Friedlichen gewährt man gern den Frieden.
     Stauffacher. Meint Ihr?
     Tell.   Die Schlange sticht nicht ungereizt.
430 Sie werden endlich doch von selbst ermüden,
Wenn sie die Lande ruhig bleiben sehn.
     Stauffacher. Wir könnten viel, wenn wir zusammen stünden.
     Tell. Beim Schiffbruch hilft der einzelne sich leichter.
     Stauffacher. So kalt verlaßt Ihr die gemeine Sache?
435   Tell. Ein jeder zählt nur sicher auf sich selbst.
     Stauffacher. Verbunden werden auch die Schwachen mächtig.
     Tell. Der Starke ist am mächtigsten a l l e i n.
     Stauffacher. So kann das Vaterland auf Euch nicht zählen,
Wenn es verzweiflungsvoll zur Notwehr greift?
     Tell (gibt ihm die Hand).
440 Der Tell holt ein verlornes Lamm vom Abgrund
Und sollte seinen Freunden sich entziehen?
Doch, was ihr tut, laßt mich aus euerm Rat,
Ich kann nicht lange prüfen oder wählen;
Schiller VI.   3

Bedürft ihr meiner zu bestimmter Tat,
445 Dann ruft den Tell, es soll an mir nicht fehlen.
(Gehen ab zu verschiedenen Seiten. Ein plötzlicher Auflauf entsteht um das Gerüste.)
　　Meister Steinmetz (eilt hin). Was gibt's?
　　Erster Gesell (kommt vor, rufend).
　　　　　　　Der Schieferdecker ist vom Dach gestürzt.
　　　　　　Berta mit Gefolge.
　　Berta (stürzt herein).
Ist er zerschmettert? Rennet, rettet, helft!
Wenn Hilfe möglich, rettet, hier ist Gold!
(Wirft ihr Geschmeide unter das Volk.)
　　Meister. Mit Euerm Golde. — Alles ist Euch feil
450 Um Gold; wenn Ihr den Vater von den Kindern
Gerissen und den Mann von seinem Weibe,
Und Jammer habt gebracht über die Welt,
Denkt Ihr's mit Golde zu vergüten. Geht!
Wir waren frohe Menschen, eh' Ihr kamt;
455 Mit Euch ist die Verzweiflung eingezogen.
　　Berta (zu dem Fronvogt, der zurückkommt). Lebt er?
　　　　(Fronvogt gibt ein Zeichen des Gegenteils.)
　　　　　　　O unglücksel'ges Schloß, mit Flüchen
Erbaut, und Flüche werden dich bewohnen! (Geht ab.)

Vierte Szene.
(Walter Fürsts Wohnung.)
Walter Fürst und **Arnold vom Melchthal** treten zugleich ein von verschiedenen Seiten.

　　Melchthal. Herr Walter Fürst —
　　Walter Fürst. 　　　　Wenn man uns überraschte!
Bleibt, wo Ihr seid. Wir sind umringt von Spähern.
460 　　**Melchthal.** Bringt Ihr mir nichts von Unterwalden? nichts
Von meinem Vater? Nicht ertrag' ich's länger,
Als ein Gefangner müßig hier zu liegen.
Was hab' ich denn so Sträfliches getan,
Um mich gleich einem Mörder zu verbergen?
465 Dem frechen Buben, der die Ochsen mir,
Das trefflichste Gespann, vor meinen Augen
Weg wollte treiben auf des Vogts Geheiß,
Hab' ich den Finger mit dem Stab gebrochen.
　　Walter Fürst. Ihr seid zu rasch. Der Bube war des Vogts;
470 Von Eurer Obrigkeit war er gesendet.
Ihr wart in Straf' gefallen, mußtet Euch,
Wie schwer sie war, der Buße schweigend fügen.

Melchthal. Ertragen sollt' ich die leichtfert'ge Rede
Des Unverschämten: „Wenn der Bauer Brot
175 Wollt' essen, mög' er selbst am Pfluge ziehn!"
In die Seele schnitt mir's, als der Bub' die Ochsen,
Die schönen Tiere, von dem Pfluge spannte;
Dumpf brüllten sie, als hätten sie Gefühl
Der Ungebühr, und stießen mit den Hörnern;
480 Da übernahm mich der gerechte Zorn,
Und meiner selbst nicht Herr, schlug ich den Boten.

    Walter Fürst. O, kaum bezwingen wir das eigne Herz;
Wie soll die rasche Jugend sich bezähmen!

    Melchthal. Mich jammert nur der Vater. Er bedarf
485 So sehr der Pflege, und sein Sohn ist fern.
Der Vogt ist ihm gehässig, weil er stets
Für Recht und Freiheit redlich hat gestritten.
Drum werden sie den alten Mann bedrängen,
Und niemand ist, der ihn vor Unglimpf schütze.
490 — Werde mit mir, was will, ich muß hinüber.

    Walter Fürst. Erwartet nur und faßt Euch in Geduld,
Bis Nachricht uns herüberkommt vom Walde.
— Ich höre klopfen, geht! Vielleicht ein Bote
Vom Landvogt — Geht hinein — Ihr seid in Uri
495 Nicht sicher vor des Landenbergers Arm;
Denn die Tyrannen reichen sich die Hände.

    Melchthal. Sie lehren uns, was wir tun sollten.

    Walter Fürst.   **Geht!**
Ich ruf' Euch wieder, wenn's hier sicher ist.
             (Melchthal geht hinein.)
Der Unglückselige, ich darf ihm nicht
500 Gestehen, was mir Böses schwant. Wer klopft?
So oft die Türe rauscht, erwart' ich Unglück.
Verrat und Argwohn lauscht in allen Ecken;
Bis in das Innerste der Häuser dringen
Die Boten der Gewalt; bald tät' es Not,
505 Wir hätten Schloß und Riegel an den Türen.
   (Er öffnet und tritt erstaunt zurück, da Werner Stauffacher hereintritt.)
Was seh' ich? Ihr, Herr Werner! Nun, bei Gott!
Ein werter, teurer Gast — Kein beßrer Mann
Ist über diese Schwelle noch gegangen.
Seid hoch willkommen unter meinem Dach!
510 Was führt Euch her? Was sucht Ihr hier in Uri?

    Stauffacher *(ihm die Hand reichend).*
Die alten Zeiten und die alte Schweiz.

Walter Fürst.
Die bringt Ihr mit Euch. Sieh, mir wird so wohl,
Warm geht das Herz mir auf bei Euerm Anblick.
— Setzt Euch, Herr Werner! Wie verließet Ihr
515 Frau Gertrud, Eure angenehme Wirtin,
Des weisen Ibergs hochverständ'ge Tochter?
Von allen Wandrern aus dem deutschen Land,
Die über Meinrads Zell nach Welschland fahren,
Rühmt jeder Euer gastlich Haus. Doch sagt,
520 Kommt Ihr soeben frisch von Flüelen her
Und habt Euch nirgend sonst noch umgesehn,
Eh' Ihr den Fuß gesetzt auf diese Schwelle?

Stauffacher (setzt sich). Wohl ein erstaunlich neues Werk hab' ich
Bereiten sehen, das mich nicht erfreute.

Walter Fürst.
525 O Freund, da habt Ihr's gleich mit einem Blicke!

Stauffacher. Ein solches ist in Uri nie gewesen.
Seit Menschendenken war kein Twinghof hier,
Und fest war keine Wohnung als das Grab.

Walter Fürst.
Ein Grab der Freiheit ist's. Ihr nennt's mit Namen.

530 **Stauffacher.** Herr Walter Fürst, ich will Euch nicht verhalten,
Nicht eine müß'ge Neugier führt mich her;
Mich drücken schwere Sorgen. Drangsal hab' ich
Zu Haus verlassen, Drangsal find' ich hier.
Denn ganz unleidlich ist's, was wir erdulden,
535 Und dieses Dranges ist kein Ziel zu sehn.
Frei war der Schweizer von uralters her,
Wir sind's gewohnt, daß man uns gut begegnet.
Ein solches war im Lande nie erlebt,
Solang' ein Hirte trieb auf diesen Bergen.

540 **Walter Fürst.** Ja, es ist ohne Beispiel, wie sie's treiben!
Auch unser edler Herr von Attinghausen,
Der noch die alten Zeiten hat gesehn,
Meint selber, es sei nicht mehr zu ertragen.

Stauffacher. Auch drüben unterm Wald geht Schweres vor,
545 Und blutig wird's gebüßt. Der Wolfenschießen,
Des Kaisers Vogt, der auf dem Roßberg hauste,
Gelüsten trug er nach verbotner Frucht;
Baumgartens Weib, der haushält zu Alzellen,
Wollt' er zu frecher Ungebühr mißbrauchen,
550 Und mit der Axt hat ihn der Mann erschlagen.

Walter Fürſt. O, die Gerichte Gottes ſind gerecht!
— Baumgarten, ſagt Ihr? Ein beſcheidner Mann!
Er iſt gerettet doch und wohl geborgen?
    Stauffacher. Euer Eidam hat ihn übern See geflüchtet;
555 Bei mir zu Steinen halt' ich ihn verborgen.
— Noch Greulichers hat mir derſelbe Mann
Berichtet, was zu Sarnen iſt geſchehn;
Das Herz muß jedem Biedermanne bluten.
    Walter Fürſt (aufmerkſam). Sagt an, was iſt's?
    Stauffacher. Im Melchtal, da, wo man
560 Eintritt bei Kerns, wohnt ein gerechter Mann,
Sie nennen ihn den Heinrich von der Halden,
Und ſeine Stimm' gilt was in der Gemeinde.
    Walter Fürſt.
Wer kennt ihn nicht! Was iſt's mit ihm? Vollendet!
    Stauffacher. Der Landenberger büßte ſeinen Sohn
565 Um kleinen Fehlers willen, ließ die Ochſen,
Das beſte Paar, ihm aus dem Pfluge ſpannen;
Da ſchlug der Knab' den Knecht und wurde flüchtig.
    Walter Fürſt (in höchſter Spannung).
Der Vater aber — ſagt, wie ſteht's um den?
    Stauffacher. Den Vater läßt der Landenberger fodern,
570 Zur Stelle ſchaffen ſoll er ihm den Sohn,
Und da der alte Mann mit Wahrheit ſchwört,
Er habe von dem Flüchtling keine Kunde,
Da läßt der Vogt die Folterknechte kommen —
    Walter Fürſt (ſpringt auf und will ihn auf die andre Seite führen).
O ſtill, nichts mehr!
    Stauffacher (mit ſteigendem Ton). „Iſt mir der Sohn entgangen,
575 So hab' ich dich!" — Läßt ihn zu Boden werfen,
Den ſpitz'gen Stahl ihm in die Augen bohren —
    Walter Fürſt. Barmherz'ger Himmel!
    Melchthal (ſtürzt heraus). In die Augen, ſagt Ihr?
    Stauffacher (erſtaunt zum Walter Fürſt). Wer iſt der Jüngling?
    Melchthal (faßt ihn mit krampfhafter Heftigkeit).
In die Augen? Redet!
    Walter Fürſt. O der Beſammernswürdige!
    Stauffacher. Wer iſt's?
    (Da Walter Fürſt ihm ein Zeichen gibt.)
580 Der Sohn iſt's? Allgerechter Gott!
    Melchthal. Und ich
Muß ferne ſein! — In ſeine beiden Augen?
    Walter Fürſt. Bezwinget Euch! Ertragt es wie ein Mann!

Melchthal.

Um meiner Schuld, um meines Frevels willen!
— Blind also? Werklich blind, und ganz geblendet?

585   **Stauffacher.** Ich sagt's. Der Quell des Sehns ist ausgeflossen,
Das Licht der Sonne schaut er niemals wieder.

Walter Fürst. Schont seines Schmerzens!

Melchthal.   Niemals! niemals wieder!

(Er drückt die Hand vor die Augen und schweigt einige Momente, dann wendet er sich
von dem einen zu dem andern und spricht mit sanfter, von Tränen erstickter Stimme.)

O, eine edle Himmelsgabe ist
Das Licht des Auges! Alle Wesen leben
590 Vom Lichte, jedes glückliche Geschöpf —
Die Pflanze selbst kehrt freudig sich zum Lichte,
Und er muß sitzen, fühlend, in der Nacht,
Im ewig Finstern — ihn erquickt nicht mehr
Der Matten warmes Grün, der Blumen Schmelz;
595 Die roten Firnen kann er nicht mehr schauen.
Sterben ist nichts — doch leben und nicht sehen,
Das ist ein Unglück. Warum seht ihr mich
So jammernd an? Ich hab' zwei frische Augen
Und kann dem blinden Vater keines geben,
600 Nicht einen Schimmer von dem Meer des Lichts,
Das glanzvoll, blendend mir ins Auge dringt.

Stauffacher. Ach, ich muß Euern Jammer noch vergrößern,
Statt ihn zu heilen. Er bedarf noch mehr!
Denn alles hat der Landvogt ihm geraubt;
605 Nichts hat er ihm gelassen als den Stab,
Um nackt und blind von Tür zu Tür zu wandern.

Melchthal. Nichts als den Stab dem augenlosen Greis!
Alles geraubt und auch das Licht der Sonne,
Des Ärmsten allgemeines Gut! Jetzt rede
610 Mir keiner mehr von Bleiben, von Verbergen!
Was für ein feiger Elender bin ich,
Daß ich auf meine Sicherheit gedacht
Und nicht auf deine! — Dein geliebtes Haupt
Als Pfand gelassen in des Wütrichs Händen!
615 Feigherz'ge Vorsicht, fahre hin! Auf nichts
Als blutige Vergeltung will ich denken.
Hinüber will ich — keiner soll mich halten —
Des Vaters Auge von dem Landvogt fodern!
Aus allen seinen Reisigen heraus
620 Will ich ihn finden! Nichts liegt mir am Leben,

Wenn ich den heißen, ungeheuern Schmerz
In seinem Lebensblute kühle. (Er will gehen.)
    Walter Fürst.   Bleibt!
Was könnt Ihr gegen ihn? Er sitzt zu Sarnen
Auf seiner hohen Herrenburg und spottet
625 Ohnmächt'gen Zorns in seiner sichern Feste.
    Melchthal. Und wohnt' er droben auf dem Eispalast
Des Schreckhorns oder höher, wo die Jungfrau
Seit Ewigkeit verschleiert sitzt — ich mache
Mir Bahn zu ihm; mit zwanzig Jünglingen,
630 Gesinnt wie ich, zerbrech' ich seine Feste.
Und wenn mir niemand folgt, und wenn ihr alle,
Für eure Hütten bang und eure Herden,
Euch dem Tyrannenjoche beugt — die Hirten
Will ich zusammenrufen im Gebirg',
635 Dort, unterm freien Himmelsdache, wo
Der Sinn noch frisch ist und das Herz gesund,
Das ungeheuer Gräßliche erzählen.
    Stauffacher (zu Walter Fürst).
Es ist auf seinem Gipfel — Wollen wir
Erwarten, bis das Äußerste —
    Melchthal.   Welch Äußerstes
640 Ist noch zu fürchten, wenn der Stern des Auges
In seiner Höhle nicht mehr sicher ist?
— Sind wir denn wehrlos? Wozu lernten wir
Die Armbrust spannen und die schwere Wucht
Der Streitaxt schwingen? Jedem Wesen ward
645 Ein Notgewehr in der Verzweiflungsangst.
Es stellt sich der erschöpfte Hirsch und zeigt
Der Meute sein gefürchtetes Geweih,
Die Gemse reißt den Jäger in den Abgrund,
Der Pflugstier selbst, der sanfte Hausgenoß
650 Des Menschen, der die ungeheure Kraft
Des Halses duldsam unters Joch gebogen,
Springt auf, gereizt, wetzt sein gewaltig Horn
Und schleudert seinen Feind den Wolken zu.
    Walter Fürst. Wenn die drei Lande dächten wie wir drei,
655 So möchten wir vielleicht etwas vermögen.
    Stauffacher. Wenn Uri ruft, wenn Unterwalden hilft,
Der Schwyzer wird die alten Bünde ehren.
    Melchthal. Groß ist in Unterwalden meine Freundschaft,
Und jeder wagt mit Freuden Leib und Blut,
660 Wenn er am andern einen Rücken hat

Und Schirm. O fromme Väter dieses Landes!
Ich stehe nur ein Jüngling zwischen euch,
Den Vielerfahrnen — meine Stimme muß
Bescheiden schweigen in der Landsgemeinde.
565 Nicht, weil ich jung bin und nicht viel erlebte,
Verachtet meinen Rat und meine Rede;
Nicht lüstern jugendliches Blut, mich treibt
Des höchsten Jammers schmerzliche Gewalt,
Was auch den Stein des Felsen muß erbarmen.
570 Ihr selbst seid Väter, Häupter eines Hauses,
Und wünscht euch einen tugendhaften Sohn,
Der euers Hauptes heil'ge Locken ehre
Und euch den Stern des Auges fromm bewache.
O, weil ihr selbst an euerm Leib und Gut
575 Noch nichts erlitten, eure Augen sich
Noch frisch und hell in ihren Kreisen regen,
So sei euch darum unsre Not nicht fremd.
Auch über euch hängt das Thrannenschwert,
Ihr habt das Land von Östreich abgewendet;
580 Kein anderes war meines Vaters Unrecht,
Ihr seid in gleicher Mitschuld und Verdammnis.
    Stauffacher (zu Walter Fürst).
Beschließet Ihr! Ich bin bereit, zu folgen.
    Walter Fürst. Wir wollen hören, was die edeln Herrn
Von Sillinen, von Attinghausen raten;
585 Ihr Name, denk' ich, wird uns Freunde werben.
    Melchthal. Wo ist ein Name in dem Waldgebirg'
Ehrwürdiger als Eurer und der Eure?
An solcher Namen echte Währung glaubt
Das Volk, sie haben guten Klang im Lande.
590 Ihr habt ein reiches Erb' von Vätertugend
Und habt es selber reich vermehrt — Was braucht's
Des Edelmanns? Laßt's uns allein vollenden!
Wären wir doch allein im Land! Ich meine,
Wir wollten uns schon selbst zu schirmen wissen.
595   Stauffacher. Die Edeln drängt nicht gleiche Not mit uns;
Der Strom, der in den Niederungen wütet,
Bis jetzt hat er die Höhn noch nicht erreicht.
Doch ihre Hilfe wird uns nicht entstehn,
Wenn sie das Land in Waffen erst erblicken.
600   Walter Fürst. Wäre ein Obmann zwischen uns und Östreich,
So möchte Recht entscheiden und Gesetz.
Doch der uns unterdrückt, ist unser Kaiser

Und höchster Richter — so muß Gott uns helfen
Durch unsern Arm. Erforschet Ihr die Männer
705 Von Schwyz, ich will in Uri Freunde werben;
Wen aber senden wir nach Unterwalden? —
     Melchthal. Mich sendet hin — Wem läg' es näher an —
     Walter Fürst. Ich geb's nicht zu; Ihr seid mein Gast, ich muß
Für Eure Sicherheit gewähren!
     Melchthal.   Laßt mich!
710 Die Schliche kenn' ich und die Felsensteige;
Auch Freunde find' ich g'nug, die mich dem Feind
Verhehlen und ein Obdach gern gewähren.
     Stauffacher. Laßt ihn mit Gott hinüber gehn! Dort drüben
Ist kein Verräter — So verabscheut ist
715 Die Tyrannei, daß sie kein Werkzeug findet.
Auch der Alzeller soll uns nid dem Wald
Genossen werben und das Land erregen.
     Melchthal. Wie bringen wir uns sichre Kunde zu,
Daß wir den Argwohn der Tyrannen täuschen?
720   **Stauffacher.** Wir könnten uns zu Brunnen oder Treib
Versammeln, wo die Kaufmannsschiffe landen.
     Walter Fürst. So offen dürfen wir das Werk nicht treiben.
— Hört meine Meinung: Links am See, wenn man
Nach Brunnen fährt, dem Mythenstein grad über,
725 Liegt eine Matte heimlich im Gehölz,
Das Rütli heißt sie bei dem Volk der Hirten,
Weil dort die Waldung ausgereutet ward.
Dort ist's, wo unsre Landmark und die Eure (zu Melchthal)
Zusammengrenzen, und in kurzer Fahrt
730 (zu Stauffacher) Trägt Euch der leichte Kahn von Schwyz herüber.
Auf öden Pfaden können wir dahin
Bei Nachtzeit wandern und uns still beraten.
Dahin mag jeder zehn vertraute Männer
Mitbringen, die herzeinig sind mit uns,
35 So können wir gemeinsam das Gemeine
Besprechen und mit Gott es frisch beschließen.
     Stauffacher. So sei's! Jetzt reicht mir Eure biedre Rechte,
Reicht Ihr die Eure her, und so wie wir
Drei Männer jetzo unter uns die Hände
40 Zusammenflechten, redlich, ohne Falsch,
So wollen wir drei Länder auch zu Schutz
Und Trutz zusammenstehn auf Tod und Leben!
     Walter Fürst und Melchthal. Auf Tod und Leben!
(Sie halten die Hände noch einige Pausen lang zusammengeflochten und schweigen.)

Melchthal.   Blinder, alter Vater!
Du kannst den Tag der Freiheit nicht mehr schauen;
745 Du sollst ihn hören. Wenn von Alp zu Alp
Die Feuerzeichen flammend sich erheben,
Die festen Schlösser der Tyrannen fallen,
In deine Hütte soll der Schweizer wallen,
Zu deinem Ohr die Freudenkunde tragen,
750 Und hell in deiner Nacht soll es dir tagen!
(Sie gehen auseinander.)

Zweiter Aufzug.

Erste Szene.
(Edelhof des Freiherrn von Attinghausen.)

Ein gotischer Saal, mit Wappenschildern und Helmen verziert. Der Freiherr,
ein Greis von fünfundachtzig Jahren, von hoher edler Statur, an einem Stabe,
worauf ein Gemsenhorn, und in ein Pelzwams gekleidet. Kuoni und noch sechs
Knechte stehen um ihn her mit Rechen und Sensen. — Ulrich von Rudenz tritt
ein in Ritterkleidung.

Rudenz. Hier bin ich, Oheim — Was ist Euer Wille?
Attinghausen. Erlaubt, daß ich nach altem Hausgebrauch
Den Frühtrunk erst mit meinen Knechten teile. (Er trinkt aus einem
Becher, der dann in der Reihe herumgeht.)
Sonst war ich selber mit in Feld und Wald,
755 Mit meinem Auge ihren Fleiß regierend,
Wie sie mein Banner führte in der Schlacht;
Jetzt kann ich nichts mehr, als den Schaffner machen,
Und kommt die warme Sonne nicht zu mir,
Ich kann sie nicht mehr suchen auf den Bergen.
760 Und so in enger stets und engerm Kreis,
Beweg' ich mich dem engsten und letzten,
Wo alles Leben still steht, langsam zu.
Mein Schatte bin ich nur, bald nur mein Name.
Kuoni (zu Rudenz mit dem Becher). Ich bring's Euch, Junker.
(Da Rudenz zaudert, den Becher zu nehmen.) Trinket frisch! Es geht
765 Aus einem Becher und aus einem Herzen.
Attinghausen. Geht, Kinder, und wenn's Feierabend ist,
Dann reden wir auch von des Lands Geschäften. (Knechte gehen ab.)
Attinghausen und Rudenz.
Attinghausen. Ich sehe dich gegürtet und gerüstet,
Du willst nach Altorf in die Herrenburg?
70 **Rudenz.** Ja, Oheim, und ich darf nicht länger säumen.

Attinghausen (setzt sich).
Hast du's so eilig? Wie? Ist deiner Jugend
Die Zeit so karg gemessen, daß du sie
An deinem alten Oheim mußt ersparen?
    Rudenz. Ich sehe, daß Ihr meiner nicht bedürft,
775 Ich bin ein Fremdling nur in diesem Hause.
    Attinghausen (hat ihn lange mit den Augen gemustert).
Ja, leider bist du's. Leider ist die Heimat
Zur Fremde dir geworden! — Uli! Uli!
Ich kenne dich nicht mehr. In Seide prangst du,
Die Pfauenfeder trägst du stolz zur Schau
780 Und schlägst den Purpurmantel um die Schultern;
Den Landmann blickst du mit Verachtung an
Und schämst dich seiner traulichen Begrüßung.
    Rudenz. Die Ehr', die ihm gebührt, geb' ich ihm gern;
Das Recht, das er sich nimmt, verweigr' ich ihm.
785   **Attinghausen.** Das ganze Land liegt unterm schweren Zorn
Des Königs. Jedes Biedermannes Herz
Ist kummervoll ob der tyrannischen Gewalt,
Die wir erdulden. Dich allein rührt nicht
Der allgemeine Schmerz, dich siehet man
790 Abtrünnig von den Deinen auf der Seite
Des Landesfeindes stehen, unsrer Not
Hohnsprechend, nach der leichten Freude jagen
Und buhlen um die Fürstengunst, indes
Dein Vaterland von schwerer Geißel blutet.
    Rudenz.
795 Das Land ist schwer bedrängt — Warum, mein Oheim?
Wer ist's, der es gestürzt in diese Not?
Es kostete ein einzig leichtes Wort,
Um augenblicks des Dranges los zu sein
Und einen gnäd'gen Kaiser zu gewinnen.
800 Weh ihnen, die dem Volk die Augen halten,
Daß es dem wahren Besten widerstrebt!
Um eignen Vorteils willen hindern sie,
Daß die Waldstätte nicht zu Östreich schwören,
Wie ringsum alle Lande doch getan.
805 Wohl tut es ihnen, auf der Herrenbank
Zu sitzen mit dem Edelmann — den Kaiser
Will man zum Herrn, um keinen Herrn zu haben.
    Attinghausen. Muß ich das hören und aus deinem Munde.
    Rudenz. Ihr habt mich aufgefodert, laßt mich enden!
810 — Welche Person ist's, Oheim, die Ihr selbst

Hier spielt? Habt Ihr nicht höhern Stolz, als hier
Landammann oder Bannerherr zu sein
Und neben diesen Hirten zu regieren?
Wie? Ist's nicht eine rühmlichere Wahl,
815 Zu huldigen dem königlichen Herrn,
Sich an sein glänzend Lager anzuschließen,
Als Eurer eignen Knechte Pair zu sein
Und zu Gericht zu sitzen mit dem Bauer?
      Attinghausen. Ach, Uli! Uli! Ich erkenne sie,
820 Die Stimme der Verführung! Sie ergriff
Dein offnes Ohr, sie hat dein Herz vergiftet.
      Rudenz. Ja, ich verberg' es nicht — in tiefer Seele
Schmerzt mich der Spott der Fremdlinge, die uns
Den Bauernadel schelten. Nicht ertrag' ich's,
825 Indes die edle Jugend ringsumher
Sich Ehre sammelt unter Habsburgs Fahnen,
Auf meinem Erb' hier müßig still zu liegen
Und bei gemeinem Tagewerk den Lenz
Des Lebens zu verlieren. Anderswo
830 Geschehen Taten, eine Welt des Ruhms
Bewegt sich glänzend jenseits dieser Berge —
Mir rosten in der Halle Helm und Schild;
Der Kriegsdrommete mutiges Getön,
Der Heroldsruf, der zum Turniere ladet,
835 Er dringt in diese Täler nicht herein;
Nichts als den Kuhreihn und der Herdeglocken
Einförmiges Geläut' vernehm' ich hier.
      Attinghausen. Verblendeter, vom eiteln Glanz verführt!
Verachte dein Geburtsland! Schäme dich
840 Der uralt frommen Sitte deiner Väter!
Mit heißen Tränen wirst du dich dereinst
Heim sehnen nach den väterlichen Bergen,
Und dieses Herdenreihens Melodie,
Die du in stolzem Überdruß verschmähst,
845 Mit Schmerzenssehnsucht wird sie dich ergreifen,
Wenn sie dir anklingt auf der fremden Erde.
O, mächtig ist der Trieb des Vaterlands!
Die fremde, falsche Welt ist nicht für dich,
Dort an dem stolzen Kaiserhof bleibst du
850 Dir ewig fremd mit deinem treuen Herzen!
Die Welt, sie fodert andre Tugenden,
Als du in diesen Tälern dir erworben.
— Geh hin, verkaufe deine freie Seele,

Nimm Land zu Lehen, werd ein Fürstenknecht,
855 Da du ein Selbstherr sein kannst und ein Fürst
Auf deinem eignen Erb' und freien Boden.
Ach, Uli! Uli! Bleibe bei den Deinen!
Geh nicht nach Altorf! O verlaß sie nicht,
Die heil'ge Sache deines Vaterlands!
860 — Ich bin der Letzte meines Stamms. Mein Name
Endet mit mir. Da hängen Helm und Schild;
Die werden sie mir in das Grab mitgeben.
Und muß ich denken bei dem letzten Hauch,
Daß du mein brechend Auge nur erwartest,
865 Um hinzugehn vor diesen neuen Lehenhof
Und meine edeln Güter, die ich frei
Von Gott empfing, von Östreich zu empfangen!
     Rudenz. Vergebens widerstreben wir dem König,
Die Welt gehört ihm; wollen wir allein
870 Uns eigensinnig steifen und verstocken,
Die Länderkette ihm zu unterbrechen,
Die er gewaltig rings um uns gezogen?
Sein sind die Märkte, die Gerichte, sein
Die Kaufmannsstraßen, und das Saumroß selbst,
875 Das auf dem Gotthard ziehet, muß ihm zollen.
Von seinen Ländern wie mit einem Netz
Sind wir umgarnet rings und eingeschlossen.
— Wird uns das Reich beschützen? Kann es selbst
Sich schützen gegen Östreichs wachsende Gewalt?
880 Hilft Gott uns nicht, kein Kaiser kann uns helfen.
Was ist zu geben auf der Kaiser Wort,
Wenn sie in Geld= und Kriegesnot die Städte,
Die untern Schirm des Adlers sich geflüchtet,
Verpfänden dürfen und dem Reich veräußern?
885 — Nein, Oheim! Wohltat ist's und weise Vorsicht,
In diesen schweren Zeiten der Parteiung
Sich anzuschließen an ein mächtig Haupt.
Die Kaiserkrone geht von Stamm zu Stamm,
Die hat für treue Dienste kein Gedächtnis;
890 Doch um den mächt'gen Erbherrn wohl verdienen,
Heißt Saaten in die Zukunft streun.
     Attinghausen.   Bist du so weise?
Willst heller sehn als deine edeln Väter,
Die um der Freiheit kostbarn Edelstein
Mit Gut und Blut und Heldenkraft gestritten?
895 — Schiff' nach Luzern hinunter, frage dort,

Wie Östreichs Herrschaft lastet auf den Ländern!
Sie werden kommen, unsre Schaf' und Rinder
Zu zählen, unsre Alpen abzumessen,
Den Hochflug und das Hochgewilde bannen
900 In unsern freien Wäldern, ihren Schlagbaum
An unsre Brücken, unsre Tore setzen,
Mit unsrer Armut ihre Länderkäufe,
Mit unserm Blute ihre Kriege zahlen.
— Nein, wenn wir unser Blut dran setzen sollen,
905 So sei's für uns! Wohlfeiler kaufen wir
Die Freiheit als die Knechtschaft ein!
          Rudenz.   Was können wir,
Ein Volk der Hirten, gegen Albrechts Heere?
          Attinghausen. Lern' dieses Volk der Hirten kennen, Knabe!
Ich kenn's, ich hab' es angeführt in Schlachten,
910 Ich hab' es fechten sehen bei Favenz.
Sie sollen kommen, uns ein Joch aufzwingen,
Das wir entschlossen sind nicht zu ertragen!
— O, lerne fühlen, welches Stamms du bist!
Wirf nicht für eiteln Glanz und Flitterschein
915 Die echte Perle deines Wertes hin!
Das Haupt zu heißen eines freien Volks,
Das dir aus Liebe nur sich herzlich weiht,
Das treulich zu dir steht in Kampf und Tod —
Das sei dein Stolz, des Adels rühme dich!
920 Die angebornen Bande knüpfe fest;
Ans Vaterland, ans teure, schließ dich an,
Das halte fest mit deinem ganzen Herzen!
Hier sind die starken Wurzeln deiner Kraft;
Dort in der fremden Welt stehst du allein,
925 Ein schwankes Rohr, das jeder Sturm zerknickt.
O komm, du hast uns lang' nicht mehr gesehn,
Versuch's mit uns nur einen Tag — nur heute
Geh nicht nach Altorf! Hörst du? Heute nicht;
Den einen Tag nur schenke dich den Deinen! (Er faßt seine Hand.)
930   **Rudenz.** Ich gab mein Wort — Laßt mich — Ich bin gebunden.
          Attinghausen (läßt seine Hand los, mit Ernst).
Du bist gebunden — Ja, Unglücklicher,
Du bist's, doch nicht durch Wort und Schwur,
Gebunden bist du durch der Liebe Seile! (Rudenz wendet sich weg.)
— Verbirg dich, wie du willst. Das Fräulein ist's
935 Berta von Bruneck, die zur Herrenburg
Dich zieht, dich fesselt an des Kaisers Dienst.

Das Ritterfräulein willst du dir erwerben
Mit deinem Abfall von dem Land. Betrüg dich nicht!
Dich anzulocken, zeigt man dir die Braut;
940 Doch deiner Unschuld ist sie nicht beschieden.

  Rudenz.

Genug hab' ich gehört. Gehabt Euch wohl! (Er geht ab.)

  Attinghausen.

Wahnsinn'ger Jüngling, bleib! — Er geht dahin!
Ich kann ihn nicht erhalten, nicht erretten.
So ist der Wolfenschießen abgefallen
945 Von seinem Land — so werden andre folgen;
Der fremde Zauber reißt die Jugend fort,
Gewaltsam strebend über unsre Berge.
— O unglücksel'ge Stunde, da das Fremde
In diese still beglückten Täler kam,
950 Der Sitten fromme Unschuld zu zerstören!
  Das Neue dringt herein mit Macht, das Alte,
Das Würd'ge scheidet, andre Zeiten kommen,
Es lebt ein andersdenkendes Geschlecht!
Was tu' ich hier? Sie sind begraben alle,
955 Mit denen ich gewaltet und gelebt.
Unter der Erde schon liegt meine Zeit;
Wohl dem, der mit der neuen nicht mehr braucht zu leben!

              (Geht ab.)

Zweite Szene.

(Eine Wiese, von hohen Felsen und Wald umgeben.)

(Auf dem Felsen sind Steige mit Geländern, auch Leitern, von denen man nachher die
Landleute herabsteigen sieht. Im Hintergrunde zeigt sich der See, über welchem anfangs
ein Mondregenbogen zu sehen ist. Den Prospekt schließen hohe Berge, hinter welchen
noch höhere Eisgebirge ragen. Es ist völlig Nacht auf der Szene, nur der See und
die weißen Gletscher leuchten im Mondenlicht.)

Melchthal, Baumgarten, Winkelried, Meier von Sarnen, Burkhart am Bühel,
Arnold von Sewa, Klaus von der Flüe und noch vier andere Landleute, alle
bewaffnet.

  Melchthal (noch hinter der Szene).

Der Bergweg öffnet sich, nur frisch mir nach!
Den Fels erkenn' ich und das Kreuzlein drauf;
960 Wir sind am Ziel, hier ist das Rütli.

      (Treten auf mit Windlichtern.)

  Winkelried.   Horch!

Sewa. Ganz leer.

Meier.   's ist noch kein Landmann da. Wir sind
Die Ersten auf dem Platz, wir Unterwaldner.
Melchthal. Wie weit ist's in der Nacht?
Baumgarten.   Der Feuerwächter
Vom Selisberg hat eben Zwei gerufen. (Man hört in der Ferne läuten.)
965   **Meier.** Still! Horch!
Am Bühel.   Das Mettenglöcklein in der Waldkapelle
Klingt hell herüber aus dem Schwyzerland.
Von der Flüe. Die Luft ist rein und trägt den Schall so weit.
Melchthal. Geh'n einige und zünden Reisholz an,
Daß es loh brenne, wenn die Männer kommen!
          (Zwei Landleute gehen.)
970   **Sewa.** 's ist eine schöne Mondennacht. Der See
Liegt ruhig da als wie ein ebner Spiegel.
Am Bühel. Sie haben eine leichte Fahrt.
Winkelried (zeigt nach dem See).   Ha, seht!
Seht dorthin! Seht ihr nichts?
Meier.   Was denn? — Ja, wahrlich!
Ein Regenbogen mitten in der Nacht!
975   **Melchthal.** Es ist das Licht des Mondes, das ihn bildet.
Von der Flüe. Das ist ein seltsam wunderbares Zeichen!
Es leben viele, die das nicht gesehn.
Sewa. Er ist doppelt; seht, ein blässerer steht drüber.
Baumgarten. Ein Nachen fährt soeben drunter weg.
980   **Melchthal.** Das ist der Stauffacher mit seinem Kahn,
Der Biedermann läßt sich nicht lang' erwarten. (Geht mit Baum-
          garten nach dem Ufer.)
Meier. Die Urner sind es, die am längsten säumen.
Am Bühel. Sie müssen weit umgehen durchs Gebirg',
Daß sie des Landvogts Kundschaft hintergehen.
(Unterdessen haben die zwei Landleute in der Mitte des Platzes ein Feuer angezündet.)
985   **Melchthal** (am Ufer). Wer ist da? Gebt das Wort!
Stauffacher (von unten).   Freunde des Landes.
Alle gehen nach der Tiefe, den Kommenden entgegen. Aus dem Kahn steigen
Stauffacher, Itel Reding, Hans auf der Mauer, Jörg im Hofe, Konrad Hunn,
Ulrich der Schmied, Jost von Weiler und noch drei andere Landleute, gleichfalls
          bewaffnet.
Alle (rufen). Willkommen!
Indem die übrigen in der Tiefe verweilen und sich begrüßen, kommt **Melchthal**
          mit **Stauffacher** vorwärts.
Melchthal.   O Herr Stauffacher! Ich hab' ihn
Gesehn, der mich nicht wiedersehen konnte!
Die Hand hab' ich gelegt auf seine Augen,

Und glühend Rachgefühl hab' ich gesogen
990 Aus der erloschnen Sonne seines Blicks.

Stauffacher.

Sprecht nicht von Rache! Nicht Geschehnes rächen,
Gedrohtem Übel wollen wir begegnen.
— Jetzt sagt, was Ihr im Unterwaldner Land
Geschafft und für gemeine Sach' geworben,
995 Wie die Landleute denken, wie Ihr selbst
Den Stricken des Verrats entgangen seid.

Melchthal. Durch der Surennen furchtbares Gebirg',
Auf weit verbreitet öden Eisesfeldern,
Wo nur der heisre Lämmergeier krächzt,
1000 Gelangt' ich zu der Alpentrift, wo sich
Aus Uri und vom Engelberg die Hirten
Anrufend grüßen und gemeinsam weiden,
Den Durst mir stillend mit der Gletscher Milch,
Die in den Runsen schäumend niederquillt.
1005 In den einsamen Sennhütten kehrt' ich ein,
Mein eigner Wirt und Gast, bis daß ich kam
Zu Wohnungen gesellig lebender Menschen.
— Erschollen war in diesen Tälern schon
Der Ruf des neuen Greuels, der geschehn,
1010 Und fromme Ehrfurcht schaffte mir mein Unglück
Vor jeder Pforte, wo ich wandernd klopfte.
Entrüstet fand ich diese graden Seelen
Ob dem gewaltsam neuen Regiment;
Denn so wie ihre Alpen fort und fort
1015 Dieselben Kräuter nähren, ihre Brunnen
Gleichförmig fließen, Wolken selbst und Winde
Den gleichen Strich unwandelbar befolgen,
So hat die alte Sitte hier vom Ahn
Zum Enkel unverändert fort bestanden.
1020 Nicht tragen sie verwegne Neuerung
Im altgewohnten gleichen Gang des Lebens.
— Die harten Hände reichten sie mir dar,
Von den Wänden langten sie die rost'gen Schwerter,
Und aus den Augen blitzte freudiges
1025 Gefühl des Muts, als ich die Namen nannte,
Die im Gebirg' dem Landmann heilig sind,
Den Eurigen und Walter Fürsts. Was Euch
Recht würde dünken, schwuren sie zu tun,
Euch, schwuren sie, bis in den Tod zu folgen.
1030 — So eilt' ich sicher unterm heil'gen Schirm

Schiller VI.   4

Des Gastrechts von Gehöfte zu Gehöfte,
Und als ich kam ins heimatliche Tal,
Wo mir die Vettern viel verbreitet wohnen,
Als ich den Vater fand, beraubt und blind,
1035 Auf fremdem Stroh, von der Barmherzigkeit
Mildtät'ger Menschen lebend —

      Stauffacher.   Herr im Himmel!
      Melchthal.

Da weint' ich nicht! Nicht in ohnmächt'gen Tränen
Goß ich die Kraft des heißen Schmerzens aus;
In tiefer Brust wie einen teuern Schatz
1040 Verschloß ich ihn und dachte nur auf Taten.
Ich kroch durch alle Krümmen des Gebirgs,
Kein Tal war so versteckt, ich späht' es aus;
Bis an der Gletscher eisbedeckten Fuß
Erwartet' ich und fand bewohnte Hütten,
1045 Und überall, wohin mein Fuß mich trug,
Fand ich den gleichen Haß der Tyrannei;
Denn bis an diese letzte Grenze selbst
Belebter Schöpfung, wo der starre Boden
Aufhört zu geben, raubt der Vögte Geiz.
1050 Die Herzen alle dieses biedern Volks
Erregt' ich mit dem Stachel meiner Worte,
Und unser sind sie all mit Herz und Mund.

      Stauffacher. Großes habt Ihr in kurzer Frist geleistet.
      Melchthal. Ich tat noch mehr. Die beiden Festen sind's,
1055 Roßberg und Sarnen, die der Landmann fürchtet;
Denn hinter ihren Felsenwällen schirmt
Der Feind sich leicht und schädiget das Land.
Mit eignen Augen wollt' ich es erkunden,
Ich war zu Sarnen und besah die Burg.

1060   Stauffacher. Ihr wagtet Euch bis in des Tigers Höhle?
      Melchthal. Ich war verkleidet dort in Pilgerstracht,
Ich sah den Landvogt an der Tafel schwelgen —
Urteilt, ob ich mein Herz bezwingen kann;
Ich sah den Feind, und ich erschlug ihn nicht.

1065   Stauffacher. Fürwahr, das Glück war Eurer Kühnheit hold.
(Unterdessen sind die andern Landleute vorwärts gekommen und nähern sich den beiden.)
Doch jetzo sagt mir, wer die Freunde sind
Und die gerechten Männer, die Euch folgten?
Macht mich bekannt mit ihnen, daß wir uns
Zutraulich nahen und die Herzen öffnen!

1070   Meier. Wer kennte Euch nicht, Herr, in den drei Landen?

Ich bin der Mei'r von Sarnen; dies hier ist
Mein Schwestersohn, der Struth von Winkelried.

      Stauffacher. Ihr nennt mir keinen unbekannten Namen.
Ein Winkelried war's, der den Drachen schlug
1075 Im Sumpf bei Weiler und sein Leben ließ
In diesem Strauß.

      Winkelried.   Das war mein Ahn, Herr Werner.

      Melchthal (zeigt auf zwei Landleute).
Die wohnen hinterm Wald, sind Klosterleute
Vom Engelberg — Ihr werdet sie drum nicht
Verachten, weil sie eigne Leute sind
1080 Und nicht wie wir frei sitzen auf dem Erbe.
Sie lieben's Land, sind sonst auch wohl berufen.

      Stauffacher (zu den beiden).
Gebt mir die Hand! Es preise sich, wer keinem
Mit seinem Leibe pflichtig ist auf Erden;
Doch Redlichkeit gedeiht in jedem Stande.

1085   Konrad Hunn. Das ist Herr Reding, unser Altlandammann.

      Meier. Ich kenn' ihn wohl. Er ist mein Widerpart,
Der um ein altes Erbstück mit mir rechtet.
— Herr Reding, wir sind Feinde vor Gericht;
Hier sind wir einig. (Schüttelt ihm die Hand.)

      Stauffacher.   Das ist brav gesprochen.

      Winkelried.
1090 Hört ihr? Sie kommen. Hört das Horn von Uri!
(Rechts und links sieht man bewaffnete Männer mit Windlichtern die Felsen herabsteigen.)
      Auf der Mauer.
Seht! Steigt nicht selbst der fromme Diener Gottes,
Der würd'ge Pfarrer mit herab? Nicht scheut er
Des Weges Mühen und das Graun der Nacht,
Ein treuer Hirte für das Volk zu sorgen.

1095   Baumgarten. Der Sigrist folgt ihm und Herr Walter Fürst;
Doch nicht den Tell erblick' ich in der Menge.

Walter Fürst, Rösselmann der Pfarrer, Petermann der Sigrist, Kuoni der
Hirt, Werni der Jäger, Ruodi der Fischer und noch fünf andere Landleute.
Alle zusammen, dreiunddreißig an der Zahl, treten vorwärts und stellen sich um das
Feuer.

      Walter Fürst. So müssen wir auf unserm eignen Erb'
Und väterlichen Boden uns verstohlen
Zusammen schleichen, wie die Mörder tun,
1100 Und bei der Nacht, die ihren schwarzen Mantel
Nur dem Verbrechen und der sonnenscheuen

Verschwörung leihet, unser gutes Recht
Uns holen, das doch lauter ist und klar
Gleichwie der glanzvoll offne Schoß des Tages.

1105   **Melchthal.** Laßt's gut sein! Was die dunkle Nacht gesponnen,
Soll frei und fröhlich an das Licht der Sonnen.
    Rösselmann.
Hört, was mir Gott ins Herz gibt, Eidgenossen!
Wir stehen hier statt einer Landsgemeinde
Und können gelten für ein ganzes Volk.
1110 So laßt uns tagen nach den alten Bräuchen
Des Lands, wie wir's in ruhigen Zeiten pflegen;
Was ungesetzlich ist in der Versammlung,
Entschuldige die Not der Zeit. Doch Gott
Ist überall, wo man das Recht verwaltet,
1115 Und unter seinem Himmel stehen wir.

    Stauffacher. Wohl, laßt uns tagen nach der alten Sitte!
Ist es gleich Nacht, so leuchtet unser Recht.
    Melchthal. Ist gleich die Zahl nicht voll, das Herz ist hier
Des ganzen Volks, die Besten sind zugegen.
1120   **Konrad Hunn.** Sind auch die alten Bücher nicht zur Hand,
Sie sind in unsre Herzen eingeschrieben.
    Rösselmann. Wohlan, so sei der Ring sogleich gebildet!
Man pflanze auf die Schwerter der Gewalt!
    Auf der Mauer. Der Landesammann nehme seinen Platz,
1125 Und seine Waibel stehen ihm zur Seite!
    Sigrist. Es sind der Völker dreie. Welchem nun
Gebührt's, das Haupt zu geben der Gemeinde?
    Meier. Um diese Ehr' mag Schwyz mit Uri streiten;
Wir Unterwaldner stehen frei zurück.
1130   **Melchthal.** Wir stehn zurück; wir sind die Flehenden,
Die Hilfe heischen von den mächt'gen Freunden.
    Stauffacher. So nehme Uri denn das Schwert; sein Banner
Zieht bei den Römerzügen uns voran.
    Walter Fürst. Des Schwertes Ehre werde Schwyz zuteil;
1135 Denn seines Stammes rühmen wir uns alle.
    Rösselmann.
Den edeln Wettstreit laßt mich freundlich schlichten;
Schwyz soll im Rat, Uri im Felde führen.
    Walter Fürst (reicht dem Stauffacher die Schwerter). So nehmt!
    Stauffacher.   Nicht mir, dem Alter sei die Ehre!
    Im Hofe. Die meisten Jahre zählt Ulrich der Schmied.

Auf der Mauer.
1140 Der Mann ist wacker, doch nicht freien Stands;
Kein eigner Mann kann Richter sein in Schwyz.

      Stauffacher.
Steht nicht Herr Reding hier, der Altlandammann?
Was suchen wir noch einen Würdigern?

      Walter Fürst. Er sei der Ammann und des Tages Haupt!
1145 Wer dazu stimmt, erhebe seine Hände!
            (Alle heben die rechte Hand auf.)

      Reding (tritt in die Mitte).
Ich kann die Hand nicht auf die Bücher legen,
So schwör' ich droben bei den ew'gen Sternen,
Daß ich mich nimmer will vom Recht entfernen.
(Man richtet die zwei Schwerter vor ihm auf, der Ring bildet sich um ihn her, Schwyz
hält die Mitte, rechts stellt sich Uri und links Unterwalden. Er steht auf sein Schlacht-
schwert gestützt.)
Was ist's, das die drei Völker des Gebirgs
1150 Hier an des Sees unwirtlichem Gestade
Zusammenführte in der Geisterstunde?
Was soll der Inhalt sein des neuen Bunds,
Den wir hier unterm Sternenhimmel stiften?

      Stauffacher (tritt in den Ring).
Wir stiften keinen neuen Bund; es ist
1155 Ein uralt Bündnis nur von Väter Zeit,
Das wir erneuern! Wisset, Eidgenossen!
Ob uns der See, ob uns die Berge scheiden,
Und jedes Volk sich für sich selbst regiert,
So sind wir eines Stammes doch und Bluts,
1160 Und eine Heimat ist's, aus der wir zogen.

      Winkelried. So ist es wahr, wie's in den Liedern lautet,
Daß wir von fern her in das Land gewallt?
O, teilt's uns mit, was Euch davon bekannt,
Daß sich der neue Bund am alten stärke!

1165   **Stauffacher.** Hört, was die alten Hirten sich erzählen.
— Es war ein großes Volk, hinten im Lande
Nach Mitternacht, das litt von schwerer Teurung.
In dieser Not beschloß die Landsgemeinde,
Daß je der zehnte Bürger nach dem Los
1170 Der Väter Land verlasse. Das geschah!
Und zogen aus, wehklagend, Männer und Weiber,
Ein großer Heerzug, nach der Mittagsonne,
Mit dem Schwert sich schlagend durch das deutsche Land,
Bis an das Hochland dieser Waldgebirge.
1175 Und eher nicht ermüdete der Zug,

Bis daß sie kamen in das wilde Tal,
Wo jetzt die Muotta zwischen Wiesen rinnt.
Nicht Menschenspuren waren hier zu sehen,
Nur eine Hütte stand am Ufer einsam.
1180 Da saß ein Mann und wartete der Fähre.
Doch heftig wogete der See und war
Nicht fahrbar; da besahen sie das Land
Sich näher und gewahrten schöne Fülle
Des Holzes und entdeckten gute Brunnen
1185 Und meinten, sich im lieben Vaterland
Zu finden. Da beschlossen sie zu bleiben,
Erbaueten den alten Flecken Schwyz
Und hatten manchen sauren Tag, den Wald
Mit weitverschlungnen Wurzeln auszuroden.
1190 Drauf als der Boden nicht mehr Gnügen tat
Der Zahl des Volks, da zogen sie hinüber
Zum schwarzen Berg, ja bis ans Weißland hin,
Wo, hinter ew'gem Eiseswall verborgen,
Ein andres Volk in andern Zungen spricht.
1195 Den Flecken Stanz erbauten sie am Kernwald,
Den Flecken Altorf in dem Tal der Reuß.
Doch blieben sie des Ursprungs stets gedenk;
Aus all den fremden Stämmen, die seitdem
In Mitte ihres Lands sich angesiedelt,
1200 Finden die Schwyzer Männer sich heraus;
Es gibt das Herz, das Blut sich zu erkennen. (Reicht rechts und links
                                  die Hand hin.)

      Auf der Mauer.
Ja, wir sind eines Herzens, eines Bluts!
      Alle (sich die Hände reichend).
Wir sind ein Volk, und einig wollen wir handeln.
      Stauffacher. Die andern Völker tragen fremdes Joch,
1205 Sie haben sich dem Sieger unterworfen.
Es leben selbst in unsern Landesmarken
Der Sassen viel, die fremde Pflichten tragen,
Und ihre Knechtschaft erbt auf ihre Kinder.
Doch wir, der alten Schweizer echter Stamm,
1210 Wir haben stets die Freiheit uns bewahrt.
Nicht unter Fürsten bogen wir das Knie,
Freiwillig wählten wir den Schirm der Kaiser.
      Rösselmann.
Frei wählten wir des Reiches Schutz und Schirm;
So steht's bemerkt in Kaiser Friedrichs Brief.

1215 **Stauffacher.** Denn herrenlos ist auch der Freiste nicht.
Ein Oberhaupt muß sein, ein höchster Richter,
Wo man das Recht mag schöpfen in dem Streit.
Drum haben unsre Väter für den Boden,
Den sie der alten Wildnis abgewonnen,
1220 Die Ehr' gegönnt dem Kaiser, der den Herrn
Sich nennt der deutschen und der welschen Erde,
Und, wie die andern Freien seines Reichs,
Sich ihm zu edelm Waffendienst gelobt;
Denn dieses ist der Freien einz'ge Pflicht,
1225 Das Reich zu schirmen, das sie selbst beschirmt.

    Melchthal. Was drüber ist, ist Merkmal eines Knechts.

    Stauffacher. Sie folgten, wenn der Heribann erging,
Dem Reichspanier und schlugen seine Schlachten.
Nach Welschland zogen sie gewappnet mit,
1230 Die Römerkron' ihm auf das Haupt zu setzen.
Daheim regierten sie sich fröhlich selbst
Nach altem Brauch und eigenem Gesetz;
Der höchste Blutbann war allein des Kaisers.
Und dazu ward bestellt ein großer Graf,
1235 Der hatte seinen Sitz nicht in dem Lande.
Wenn Blutschuld kam, so rief man ihn herein,
Und unter offnem Himmel, schlicht und klar,
Sprach er das Recht und ohne Furcht der Menschen.
Wo sind hier Spuren, daß wir Knechte sind?
1240 Ist einer, der es anders weiß, der rede!

    Im Hofe. Nein, so verhält sich alles, wie Ihr sprecht,
Gewaltherrschaft ward nie bei uns geduldet.

    Stauffacher. Dem Kaiser selbst versagten wir Gehorsam,
Da er das Recht zu Gunst der Pfaffen bog.
1245 Denn als die Leute von dem Gotteshaus
Einsiedeln uns die Alp in Anspruch nahmen,
Die wir beweidet seit der Väter Zeit,
Der Abt hersürzog einen alten Brief,
Der ihm die herrenlose Wüste schenkte —
1250 Denn unser Dasein hatte man verhehlt —,
Da sprachen wir: „Erschlichen ist der Brief!
Kein Kaiser kann, was unser ist, verschenken;
Und wird uns Recht versagt vom Reich, wir können
In unsern Bergen auch des Reichs entbehren."
1255 — So sprachen unsre Väter! Sollen wir
Des neuen Joches Schändlichkeit erdulden,
Erleiden von dem fremden Knecht, was uns

In seiner Macht kein Kaiser durfte bieten?
— Wir haben diesen Boden uns erschaffen
1260 Durch unsrer Hände Fleiß, den alten Wald,
Der sonst der Bären wilde Wohnung war,
Zu einem Sitz für Menschen umgewandelt;
Die Brut des Drachen haben wir getötet,
Der aus den Sümpfen giftgeschwollen stieg;
1265 Die Nebeldecke haben wir zerrissen,
Die ewig grau um diese Wildnis hing,
Den harten Fels gesprengt, über den Abgrund
Dem Wandersmann den sichern Steg geleitet;
Unser ist durch tausendjährigen Besitz
1270 Der Boden — und der fremde Herrenknecht
Soll kommen dürfen und uns Ketten schmieden
Und Schmach antun auf unsrer eignen Erde?
Ist keine Hilfe gegen solchen Drang?

(Eine große Bewegung unter den Landleuten.)

Nein, eine Grenze hat Tyrannenmacht.
1275 Wenn der Gedrückte nirgends Recht kann finden,
Wenn unerträglich wird die Last — greift er
Hinauf getrosten Mutes in den Himmel
Und holt herunter seine ew'gen Rechte,
Die droben hangen unveräußerlich
1280 Und unzerbrechlich wie die Sterne selbst.
Der alte Urstand der Natur kehrt wieder,
Wo Mensch dem Menschen gegenübersteht;
Zum letzten Mittel, wenn kein andres mehr
Verfangen will, ist ihm das Schwert gegeben.
1285 Der Güter höchstes dürfen wir verteid'gen
Gegen Gewalt — Wir stehn vor unser Land,
Wir stehn vor unsre Weiber, unsre Kinder!

Alle (an ihre Schwerter schlagend).

Wir stehn vor unsre Weiber, unsre Kinder!

Rösselmann (tritt in den Ring).

Eh' ihr zum Schwerte greift, bedenkt es wohl!
1290 Ihr könnt es friedlich mit dem Kaiser schlichten.
Es kostet euch ein Wort, und die Tyrannen,
Die euch jetzt schwer bedrängen, schmeicheln euch.
— Ergreift, was man euch oft geboten hat,
Trennt euch vom Reich, erkennet Östreichs Hoheit —

Auf der Mauer.

1295 Was sagt der Pfarrer? Wir zu Östreich schwören!

Am Bühel. Hört ihn nicht an!

Winkelried.   Das rät uns ein Verräter,
Ein Feind des Landes!
    Reding.   Ruhig, Eidgenossen!
    Sewa. Wir Östreich huldigen, nach solcher Schmach!
    Von der Flüe. Wir uns abtrotzen lassen durch Gewalt,
1300 Was wir der Güte weigerten!
    Meier.   Dann wären
Wir Sklaven und verdienten, es zu sein!
    Auf der Mauer.
Der sei gestoßen aus dem Recht der Schweizer,
Wer von Ergebung spricht an Österreich!
— Landammann, ich bestehe drauf; dies sei
1305 Das erste Landsgesetz, das wir hier geben.
    Melchthal. So sei's! Wer von Ergebung spricht an Östreich,
Soll rechtlos sein und aller Ehren bar,
Kein Landmann nehm' ihn auf an seinem Feuer.
    Alle (heben die rechte Hand auf). Wir wollen es, das sei Gesetz!
    Reding (nach einer Pause).   Es ist's.
1310   **Rösselmann.** Jetzt seid ihr frei, ihr seid's durch dies Gesetz.
Nicht durch Gewalt soll Österreich ertrotzen,
Was es durch freundlich Werben nicht erhielt —
    Jost von Weiler. Zur Tagesordnung, weiter!
    Reding.   Eidgenossen!
Sind alle sanften Mittel auch versucht?
1315 Vielleicht weiß es der König nicht; es ist
Wohl gar sein Wille nicht, was wir erdulden.
Auch dieses letzte sollten wir versuchen,
Erst unsre Klage bringen vor sein Ohr,
Eh' wir zum Schwerte greifen. Schrecklich immer,
1320 Auch in gerechter Sache, ist Gewalt.
Gott hilft nur dann, wenn Menschen nicht mehr helfen.
    Stauffacher (zu Konrad Hunn).
Nun ist's an Euch, Bericht zu geben. Redet!
    Konrad Hunn. Ich war zu Rheinfeld an des Kaisers Pfalz,
Wider der Vögte harten Druck zu klagen,
1325 Den Brief zu holen unsrer alten Freiheit,
Den jeder neue König sonst bestätigt.
Die Boten vieler Städte fand ich dort,
Vom schwäb'schen Lande und vom Lauf des Rheins,
Die all erhielten ihre Pergamente
1330 Und kehrten freudig wieder in ihr Land.
Mich, euern Boten, wies man an die Räte,
Und die entließen mich mit leerem Trost:

„Der Kaiser habe diesmal keine Zeit;
Er würde sonst einmal wohl an uns denken.“
1335 — Und als ich traurig durch die Säle ging
Der Königsburg, da sah ich Herzog Hansen
In einem Erker weinend stehn, um ihn
Die edlen Herrn von Wart und Tegerfeld,
Die riefen mir und sagten: „Helft euch selbst!
1340 Gerechtigkeit erwartet nicht vom König.
Beraubt er nicht des eignen Bruders Kind
Und hinterhält ihm sein gerechtes Erbe?
Der Herzog fleht' ihn um sein Mütterliches,
Er habe seine Jahre voll, es wäre
1345 Nun Zeit, auch Land und Leute zu regieren.
Was ward ihm zum Bescheid? Ein Kränzlein setzt' ihm
Der Kaiser auf: das sei die Zier der Jugend.“
          Auf der Mauer. Ihr habt's gehört. Recht und Gerechtigkeit
Erwartet nicht vom Kaiser! Helft euch selbst!
1350   Reding.   Nichts andres bleibt uns übrig. Nun gebt Rat,
Wie wir es klug zum frohen Ende leiten.
          Walter Fürst (tritt in den Ring).
Abtreiben wollen wir verhaßten Zwang;
Die alten Rechte, wie wir sie ererbt
Von unsern Vätern, wollen wir bewahren,
1355 Nicht ungezügelt nach dem Neuen greifen.
Dem Kaiser bleibe, was des Kaisers ist;
Wer einen Herrn hat, dien' ihm pflichtgemäß.
          Meier. Ich trage Gut von Österreich zu Lehen.
          Walter Fürst.
Ihr fahret fort, Östreich die Pflicht zu leisten.
1360   Jost von Weiler. Ich steure an die Herrn von Rapperswell.
          Walter Fürst. Ihr fahret fort, zu zinsen und zu steuern.
          Rösselmann. Der großen Frau zu Zürch bin ich vereidet.
          Walter Fürst. Ihr gebt dem Kloster, was des Klosters ist.
          Stauffacher. Ich trage keine Lehen als des Reichs.
          Walter Fürst.
1365 Was sein muß, das geschehe, doch nicht drüber!
Die Vögte wollen wir mit ihren Knechten
Verjagen und die festen Schlösser brechen;
Doch, wenn es sein mag, ohne Blut. Es sehe
Der Kaiser, daß wir notgedrungen nur
1370 Der Ehrfurcht fromme Pflichten abgeworfen.
Und sieht er uns in unsern Schranken bleiben,
Vielleicht besiegt er staatsklug seinen Zorn;

Denn bill'ge Furcht erwecket sich ein Volk,
Das mit dem Schwerte in der Faust sich mäßigt.
1375   Reding. Doch lasset hören! Wie vollenden wir's?
Es hat der Feind die Waffen in der Hand,
Und nicht, fürwahr! in Frieden wird er weichen.
    Stauffacher. Er wird's, wenn er in Waffen uns erblickt;
Wir überraschen ihn, eh' er sich rüstet.
1380   Meier. Ist bald gesprochen, aber schwer getan.
Uns ragen in dem Land zwei feste Schlösser,
Die geben Schirm dem Feind und werden furchtbar,
Wenn uns der König in das Land sollt' fallen.
Roßberg und Sarnen muß bezwungen sein,
1385 Eh' man ein Schwert erhebt in den drei Landen.
    Stauffacher.
Säumt man solang, so wird der Feind gewarnt;
Zu viele sind's, die das Geheimnis teilen.
    Meier. In den Waldstätten find't sich kein Verräter.
    Rösselmann. Der Eifer auch, der gute, kann verraten.
    Walter Fürst.
1390 Schiebt man es auf, so wird der Twing vollendet
In Altorf, und der Vogt befestigt sich.
    Meier. Ihr denkt an Euch.
    Sigrist.   Und Ihr seid ungerecht.
    Meier (auffahrend). Wir ungerecht! Das darf uns Uri bieten!
    Reding. Bei Euerm Eide! Ruh'!
    Meier.   Ja, wenn sich Schwyz
1395 Versteht mit Uri, müssen wir wohl schweigen.
    Reding. Ich muß euch weisen vor der Landsgemeinde,
Daß ihr mit heft'gem Sinn den Frieden stört!
Stehn wir nicht alle für dieselbe Sache?
    Winkelried. Wenn wir's verschieben bis zum Fest des Herrn,
1400 Dann bringt's die Sitte mit, daß alle Sassen
Dem Vogt Geschenke bringen auf das Schloß;
So können zehen Männer oder zwölf
Sich unverdächtig in der Burg versammeln;
Die führen heimlich spitz'ge Eisen mit,
1405 Die man geschwind kann an die Stäbe stecken;
Denn niemand kommt mit Waffen in die Burg.
Zunächst im Wald hält dann der große Haufe,
Und wenn die andern glücklich sich des Tors
Ermächtiget, so wird ein Horn geblasen
1410 Und jene brechen aus dem Hinterhalt.
So wird das Schloß mit leichter Arbeit unser.

Melchthal. Den Roßberg übernehm' ich zu ersteigen,
Denn eine Dirn' des Schlosses ist mir hold,
Und leicht betör' ich sie, zum nächtlichen
1415 Besuch die schwanke Leiter mir zu reichen;
Bin ich droben erst, zieh' ich die Freunde nach.

Reding. Ist's aller Wille, daß verschoben werde?
(Die Mehrheit erhebt die Hand.)

Stauffacher (zählt die Stimmen).
Es ist ein Mehr von zwanzig gegen zwölf!

Walter Fürst. Wenn am bestimmten Tag die Burgen fallen,
1420 So geben wir von einem Berg zum andern
Das Zeichen mit dem Rauch; der Landsturm wird
Aufgeboten, schnell, im Hauptort jedes Landes.
Wenn dann die Vögte sehn der Waffen Ernst,
Glaubt mir, sie werden sich des Streits begeben
1425 Und gern ergreifen friedliches Geleit,
Aus unsern Landesmarken zu entweichen.

Stauffacher. Nur mit dem Geßler fürcht' ich schweren Stand,
Furchtbar ist er mit Reisigen umgeben;
Nicht ohne Blut räumt er das Feld; ja selbst
1430 Vertrieben, bleibt er furchtbar noch dem Land.
Schwer ist's und fast gefährlich, ihn zu schonen.

Baumgarten. Wo's halsgefährlich ist, da stellt mich hin!
Dem Tell verdank' ich mein gerettet Leben.
Gern schlag' ich's in die Schanze für das Land,
1435 Mein' Ehr' hab' ich beschützt, mein Herz befriedigt.

Reding. Die Zeit bringt Rat. Erwartet's in Geduld!
Man muß dem Augenblick auch was vertrauen.
— Doch seht, indes wir nächtlich hier noch tagen,
Stellt auf den höchsten Bergen schon der Morgen
1440 Die glühende Hochwacht aus! Kommt, laßt uns scheiden,
Eh' uns des Tages Leuchten überrascht.

Walter Fürst.
Sorgt nicht, die Nacht weicht langsam aus den Tälern.
(Alle haben unwillkürlich die Hüte abgenommen und betrachten mit stiller Sammlung
die Morgenröte.)

Rösselmann. Bei diesem Licht, das uns zuerst begrüßt
Von allen Völkern, die tief unter uns
1445 Schweratmend wohnen in dem Qualm der Städte,
Laßt uns den Eid des neuen Bundes schwören.
— Wir wollen sein ein einzig Volk von Brüdern,
In keiner Not uns trennen und Gefahr.
(Alle sprechen es nach mit erhobenen drei Fingern.)

— Wir wollen frei sein, wie die Väter waren,
1450 Eher den Tod, als in der Knechtschaft leben.
(Wie oben.)
— Wir wollen trauen auf den höchsten Gott
Und uns nicht fürchten vor der Macht der Menschen.
(Wie oben. Die Landleute umarmen einander.)
Stauffacher. Jetzt gehe jeder seines Weges still
Zu seiner Freundschaft und Genoßame!
1455 Wer Hirt ist, wintre ruhig seine Herde
Und werb' im stillen Freunde für den Bund!
— Was noch bis dahin muß erduldet werden,
Erduldet's! Laßt die Rechnung der Thrannen
Anwachsen, bis ein Tag die allgemeine
1460 Und die besondre Schuld auf einmal zahlt.
Bezähme jeder die gerechte Wut
Und spare für das Ganze seine Rache;
Denn Raub begeht am allgemeinen Gut,
Wer selbst sich hilft in seiner eignen Sache.
(Indem sie zu drei verschiedenen Seiten in größter Ruhe abgehen, fällt das Orchester
mit einem prachtvollen Schwung ein; die leere Szene bleibt noch eine Zeitlang offen
und zeigt das Schauspiel der aufgehenden Sonne über den Eisgebirgen.)

Dritter Aufzug.
Erste Szene.
(Hof vor Tells Hause.)
Er ist mit der Zimmeraxt, Hedwig mit einer häuslichen Arbeit beschäftigt.
Walter und Wilhelm in der Tiefe spielen mit einer kleinen Armbrust.

Walter (singt).

1465   Mit dem Pfeil, dem Bogen
             Durch Gebirg und Tal
             Kommt der Schütz gezogen
             Früh am Morgenstrahl.

             Wie im Reich der Lüfte
1470   König ist der Weih,
             Durch Gebirg und Klüfte
             Herrscht der Schütze frei.

             Ihm gehört das Weite,
             Was sein Pfeil erreicht,
1475   Das ist seine Beute,
             Was da kreucht und fleugt.
(Kommt gesprungen.)
Der Strang ist mir entzwei. Mach' mir ihn, Vater!

Tell. Ich nicht. Ein rechter Schütze hilft sich selbst.
(Knaben entfernen sich.)

Hedwig. Die Knaben fangen zeitig an zu schießen.

1480 **Tell.** Früh übt sich, was ein Meister werden will.

Hedwig. Ach, wollte Gott, sie lernten's nie!

Tell. Sie sollen alles lernen. Wer durchs Leben
Sich frisch will schlagen, muß zu Schutz und Trutz
Gerüstet sein.

Hedwig. Ach, es wird keiner seine Ruh'
1485 Zu Hause finden.

Tell. Mutter, ich kann's auch nicht,
Zum Hirten hat Natur mich nicht gebildet;
Rastlos muß ich ein flüchtig Ziel verfolgen;
Dann erst genieß' ich meines Lebens recht,
Wenn ich mir's jeden Tag aufs neu' erbeute.

1490 **Hedwig.** Und an die Angst der Hausfrau denkst du nicht,
Die sich indessen, deiner wartend, härmt.
Denn mich erfüllt's mit Grausen, was die Knechte
Von euern Wagefahrten sich erzählen;
Bei jedem Abschied zittert mir das Herz,
1495 Daß du mir nimmer werdest wiederkehren.
Ich sehe dich, im wilden Eisgebirg
Verirrt, von einer Klippe zu der andern
Den Fehlsprung tun, seh', wie die Gemse dich
Rückspringend mit sich in den Abgrund reißt,
1500 Wie eine Windlawine dich verschüttet,
Wie unter dir der trügerische Firn
Einbricht, und du hinabsinkst, ein lebendig
Begrabner, in die schauerliche Gruft.
Ach, den verwegnen Alpenjäger hascht
1505 Der Tod in hundert wechselnden Gestalten!
Das ist ein unglückseliges Gewerb',
Das halsgefährlich führt am Abgrund hin!

Tell. Wer frisch umherspäht mit gesunden Sinnen,
Auf Gott vertraut und die gelenke Kraft,
1510 Der ringt sich leicht aus jeder Fahr und Not;
Den schreckt der Berg nicht, der darauf geboren.
(Er hat seine Arbeit vollendet, legt das Gerät hinweg.)
Jetzt, mein' ich, hält das Tor auf Jahr und Tag.
Die Axt im Haus erspart den Zimmermann. (Nimmt den Hut.)

Hedwig. Wo gehst du hin?

Tell. Nach Altorf, zu dem Vater.

1515 **Hedwig.** Sinnst du auch nichts Gefährliches? Gesteh mir's!

Tell. Wie kommst du darauf, Frau?

Hedwig.   Es spinnt sich etwas
Gegen die Vögte. Auf dem Rütli ward
Getagt, ich weiß, und du bist auch im Bunde.

Tell. Ich war nicht mit dabei — doch werd' ich mich
1520 Dem Lande nicht entziehen, wenn es ruft.

Hedwig. Sie werden dich hinstellen, wo Gefahr ist;
Das schwerste wird dein Anteil sein, wie immer.

Tell. Ein jeder wird besteuert nach Vermögen.

Hedwig. Den Unterwaldner hast du auch im Sturme
1525 Über den See geschafft — Ein Wunder war's,
Daß ihr entkommen — Dachtest du denn gar nicht
An Kind und Weib?

Tell.   Lieb Weib, ich dacht' an euch;
Drum rettet' ich den Vater seinen Kindern.

Hedwig. Zu schiffen in dem wüt'gen See! Das heißt
1530 Nicht Gott vertrauen! Das heißt Gott versuchen.

Tell. Wer gar zu viel bedenkt, wird wenig leisten.

Hedwig. Ja, du bist gut und hilfreich, dienest allen,
Und wenn du selbst in Not kommst, hilft dir keiner.

Tell. Verhüt' es Gott, daß ich nicht Hilfe brauche!
(Er nimmt die Armbrust und Pfeile.)

1535 Hedwig. Was willst du mit der Armbrust? Laß sie hier!

Tell. Mir fehlt der Arm, wenn mir die Waffe fehlt.
(Die Knaben kommen zurück.)

Walter. Vater, wo gehst du hin?

Tell.   Nach Altorf, Knabe,
Zum Ehni — Willst du mit?

Walter.   Ja, freilich will ich.

Hedwig. Der Landvogt ist jetzt dort. Bleib weg von Altorf!
1540 Tell. Er geht, noch heute.

Hedwig.   Drum laß ihn erst fort sein!
Gemahn' ihn nicht an dich, du weißt, er grollt uns.

Tell. Mir soll sein böser Wille nicht viel schaden,
Ich tue recht und scheue keinen Feind.

Hedwig. Die recht tun, eben die haßt er am meisten.
1545 Tell. Weil er nicht an sie kommen kann. Mich wird
Der Ritter wohl in Frieden lassen, mein' ich.

Hedwig. So, weißt du das?

Tell.   Es ist nicht lange her,
Da ging ich jagen durch die wilden Gründe
Des Schächentals auf menschenleerer Spur;
1550 Und da ich einsam einen Felsensteig

Verfolgte, wo nicht auszuweichen war,
Denn über mir hing schroff die Felswand her,
Und unten rauschte fürchterlich der Schächen,
(Die Knaben drängen sich rechts und links an ihn und sehen mit gespannter Neugier
an ihm hinauf.)
Da kam der Landvogt gegen mich daher,
1555 Er ganz allein mit mir, der auch allein war,
Bloß Mensch zu Mensch, und neben uns der Abgrund.
Und als der Herre mein ansichtig ward
Und mich erkannte, den er kurz zuvor
Um kleiner Ursach' willen schwer gebüßt,
1560 Und sah mich mit dem stattlichen Gewehr
Daher geschritten kommen, da verblaßt' er,
Die Knie versagten ihm, ich sah es kommen,
Daß er jetzt an die Felswand würde sinken.
— Da jammerte mich sein, ich trat zu ihm
1565 Bescheidentlich und sprach: Ich bin's, Herr Landvogt.
Er aber konnte keinen armen Laut
Aus seinem Munde geben. Mit der Hand nur
Winkt' er mir schweigend, meines Wegs zu gehn;
Da ging ich fort und sandt' ihm sein Gefolge.

1570　**Hedwig.** Er hat vor dir gezittert! Wehe dir!
Daß du ihn schwach gesehn, vergibt er nie.

　　　　Tell. Drum meid' ich ihn, und er wird mich nicht suchen.

　　　　Hedwig. Bleib heute nur dort weg. Geh lieber jagen!

　　　　Tell. Was fällt dir ein?

　　　　Hedwig. 　　　　　　Mich ängstigt's. Bleibe weg!

1575　**Tell.** Wie kannst du dich so ohne Ursach quälen?

　　　　Hedwig. Weil's keine Ursach hat — Tell, bleibe hier!

　　　　Tell. Ich hab's versprochen, liebes Weib, zu kommen.

　　　　Hedwig. Mußt du, so geh — nur lasse mir den Knaben!

　　　　Walter. Nein, Mütterchen. Ich gehe mit dem Vater.

1580　**Hedwig.** Wälti, verlassen willst du deine Mutter?

　　　　Walter. Ich bring' dir auch was hübsches mit vom Ehni.
　　　　　　　　　(Geht mit dem Vater.)

　　　　Wilhelm. Mutter, ich bleibe bei dir!

　　　　Hedwig (umarmt ihn). 　　　　　Ja, du bist
Mein liebes Kind, du bleibst mir noch allein! *(Sie geht an das*
Hoftor und folgt den Abgehenden lange mit den Augen.)

Zweite Szene.

(Eine eingeschlossene wilde Waldgegend, Staubbäche stürzen von den Felsen.)

Berta im Jagdkleid. Gleich darauf Rudenz.

Berta. Er folgt mir. Endlich kann ich mich erklären.

Rudenz (tritt rasch ein).

1585 Fräulein, jetzt endlich find' ich Euch allein,
Abgründe schließen rings umher uns ein;
In dieser Wildnis fürcht' ich keinen Zeugen,
Vom Herzen wälz' ich dieses lange Schweigen —

Berta. Seid Ihr gewiß, daß uns die Jagd nicht folgt?

1590 **Rudenz.** Die Jagd ist dort hinaus. Jetzt oder nie!
Ich muß den teuren Augenblick ergreifen,
Entschieden sehen muß ich mein Geschick,
Und sollt' es mich auf ewig von Euch scheiden.
— O, waffnet Eure güt'gen Blicke nicht

1595 Mit dieser finstern Strenge! Wer bin ich,
Daß ich den kühnen Wunsch zu Euch erhebe?
Mich hat der Ruhm noch nicht genannt; ich darf
Mich in die Reih' nicht stellen mit den Rittern,
Die siegberühmt und glänzend Euch umwerben.

1600 Nichts hab' ich als mein Herz voll Treu' und Liebe —

Berta (ernst und streng).
Dürft Ihr von Liebe reden und von Treue,
Der treulos wird an seinen nächsten Pflichten?

(Rudenz tritt zurück.)

Der Sklave Österreichs, der sich dem Fremdling
Verkauft, dem Unterdrücker seines Volks?

1605 **Rudenz.** Von Euch, mein Fräulein, hör' ich diesen Vorwurf?
Wen such' ich denn als Euch auf jener Seite?

Berta. Mich denkt Ihr auf der Seite des Verrats
Zu finden? Eher wollt' ich meine Hand
Dem Geßler selbst, dem Unterdrücker, schenken

1610 Als dem naturvergeßnen Sohn der Schweiz,
Der sich zu seinem Werkzeug machen kann!

Rudenz. O Gott, was muß ich hören!

Berta.   Wie? Was liegt
Dem guten Menschen näher als die Seinen?
Gibt's schönre Pflichten für ein edles Herz,

1615 Als ein Verteidiger der Unschuld sein,
Das Recht der Unterdrückten zu beschirmen?
— Die Seele blutet mir um Euer Volk;
Ich leide mit ihm, denn ich muß es lieben,

Das so bescheiden ist und doch voll Kraft;
1620 Es zieht mein ganzes Herz mich zu ihm hin;
Mit jedem Tage lern' ich's mehr verehren.
— Ihr aber, den Natur und Ritterpflicht
Ihm zum geborenen Beschützer gaben,
Und der's verläßt, der treulos übertritt
1625 Zum Feind und Ketten schmiedet seinem Land,
Ihr seid's, der mich verletzt und kränkt; ich muß
Mein Herz bezwingen, daß ich Euch nicht hasse.
   Rudenz. Will ich denn nicht das Beste meines Volks?
Ihm unter Östreichs mächt'gem Zepter nicht
1630 Den Frieden.
   Berta. Knechtschaft wollt Ihr ihm bereiten!
Die Freiheit wollt Ihr aus dem letzten Schloß,
Das ihr noch auf der Erde blieb, verjagen.
Das Volk versteht sich besser auf sein Glück;
Kein Schein verführt sein sicheres Gefühl.
1635 Euch haben sie das Netz ums Haupt geworfen —
   Rudenz. Berta! Ihr haßt mich, Ihr verachtet mich!
   Berta. Tät' ich's, mir wäre besser! Aber den
Verachtet sehen und verachtungswert,
Den man gern lieben möchte —
   Rudenz.   Berta! Berta!
1640 Ihr zeiget mir das höchste Himmelsglück
Und stürzt mich tief in einem Augenblick.
   Berta. Nein, nein, das Edle ist nicht ganz erstickt
In Euch! Es schlummert nur, ich will es wecken;
Ihr müßt Gewalt ausüben an Euch selbst,
1645 Die angestammte Tugend zu ertöten;
Doch wohl Euch, sie ist mächtiger als Ihr,
Und trotz Euch selber seid Ihr gut und edel!
   Rudenz. Ihr glaubt an mich! O Berta, alles läßt
Mich Eure Liebe sein und werden!
   Berta.   Seid,
1650 Wozu die herrliche Natur Euch machte!
Erfüllt den Platz, wohin sie Euch gestellt!
Zu Euerm Volke steht und Euerm Lande
Und kämpft für Euer heilig Recht!
   Rudenz.   Weh mir!
Wie kann ich Euch erringen, Euch besitzen,
1655 Wenn ich der Macht des Kaisers widerstrebe?
Ist's der Verwandten mächt'ger Wille nicht,
Der über Eure Hand tyrannisch waltet?

Berta. In den Waldstätten liegen meine Güter,
Und ist der Schweizer frei, so bin auch ich's.
560   **Rudenz.** Berta! welch einen Blick tut Ihr mir auf!
    Berta. Hofft nicht durch Ostreichs Gunst mich zu erringen;
Nach meinem Erbe strecken sie die Hand,
Das will man mit dem großen Erb' vereinen.
Dieselbe Ländergier, die Eure Freiheit
565 Verschlingen will, sie drohet auch der meinen!
— O Freund, zum Opfer bin ich ausersehn,
Vielleicht, um einen Günstling zu belohnen —
Dort, wo die Falschheit und die Ränke wohnen,
Hin an den Kaiserhof will man mich ziehn;
570 Dort harren mein verhaßter Ehe Ketten;
Die Liebe nur — die Eure kann mich retten!
    Rudenz. Ihr könntet Euch entschließen, hier zu leben,
In meinem Vaterlande mein zu sein?
O Berta, all mein Sehnen in das Weite,
575 Was war es, als ein Streben nur nach Euch?
Euch sucht' ich einzig auf dem Weg des Ruhms,
Und all mein Ehrgeiz war nur meine Liebe.
Könnt Ihr mit mir Euch in dies stille Tal
Einschließen und der Erde Glanz entsagen —
580 O, dann ist meines Strebens Ziel gefunden;
Dann mag der Strom der wildbewegten Welt
Ans sichre Ufer dieser Berge schlagen!
Kein flüchtiges Verlangen hab' ich mehr
Hinauszusenden in des Lebens Weiten.
585 Dann mögen diese Felsen um uns her
Die undurchdringlich feste Mauer breiten,
Und dies verschloßne sel'ge Tal allein
Zum Himmel offen und gelichtet sein!
    Berta. Jetzt bist du ganz, wie dich mein ahnend Herz
590 Geträumt, mich hat mein Glaube nicht betrogen!
    Rudenz. Fahr hin, du eitler Wahn, der mich betört!
Ich soll das Glück in meiner Heimat finden.
Hier, wo der Knabe fröhlich aufgeblüht,
Wo tausend Freudespuren mich umgeben,
Wo alle Quellen mir und Bäume leben,
Im Vaterland willst du die Meine werden!
Ach, wohl hab' ich es stets geliebt! Ich fühl's,
Es fehlte mir zu jedem Glück der Erden.
    Berta. Wo wär' die sel'ge Insel aufzufinden,
Wenn sie nicht hier ist in der Unschuld Land?

5*

Hier, wo die alte Treue heimisch wohnt,
Wo sich die Falschheit noch nicht hingefunden,
Da trübt kein Neid die Quelle unsers Glücks,
Und ewig hell entfliehen uns die Stunden.
1705 — Da seh' ich dich im echten Männerwert,
Den Ersten von den Freien und den Gleichen;
Mit reiner, freier Huldigung verehrt,
Groß, wie ein König wirkt in seinen Reichen.
    Rudenz. Da seh' ich dich, die Krone aller Frauen,
1710 In weiblich reizender Geschäftigkeit,
In meinem Haus den Himmel mir erbauen
Und, wie der Frühling seine Blumen streut,
Mit schöner Anmut mir das Leben schmücken
Und alles rings beleben und beglücken!
1715   **Berta.** Sieh, teurer Freund, warum ich trauerte,
Als ich dies höchste Lebensglück dich selbst
Zerstören sah. — Weh mir! Wie stünd's um mich,
Wenn ich dem stolzen Ritter müßte folgen,
Dem Landbedrücker, auf sein finstres Schloß!
1720 — Hier ist kein Schloß. Mich scheiden keine Mauern
Von einem Volk, das ich beglücken kann!
    Rudenz. Doch wie mich retten, wie die Schlinge lösen,
Die ich mir töricht selbst ums Haupt gelegt?
    Berta. Zerreiße sie mit männlichem Entschluß!
1725 Was auch draus werde — steh zu deinem Volk!
Es ist dein angeborner Platz.
(Jagdhörner in der Ferne.)
Die Jagd
Kommt näher. Fort, wir müssen scheiden! Kämpfe
Fürs Vaterland, du kämpfst für deine Liebe!
Es ist ein Feind, vor dem wir alle zittern,
1730 Und eine Freiheit macht uns alle frei!
(Gehen ab.)

Dritte Szene.

(Wiese bei Altorf. Im Vordergrund Bäume, in der Tiefe der Hut auf einer Stange.
Der Prospekt wird begrenzt durch den Bannberg, über welchem ein Schneegebirg
emporragt.)

Frießhardt und Leuthold halten Wache.

    Frießhardt. Wir passen auf umsonst. Es will sich niemand
Heran begeben und dem Hut sein' Reverenz
Erzeigen. 's war doch sonst wie Jahrmarkt hier;

Jetzt ist der ganze Anger wie verödet,
1735 Seitdem der Popanz auf der Stange hängt.

Leuthold. Nur schlecht Gesindel läßt sich sehn und schwingt
Uns zum Verdrieße die zerlumpten Mützen.
Was rechte Leute sind, die machen lieber
Den langen Umweg um den halben Flecken,
1740 Eh' sie den Rücken beugen vor dem Hut.

Frießhardt. Sie müssen über diesen Platz, wenn sie
Vom Rathaus kommen um die Mittagstunde.
Da meint' ich schon, 'nen guten Fang zu tun,
Denn keiner dachte dran, den Hut zu grüßen.
1745 Da sieht's der Pfaff, der Rösselmann — kam just
Von einem Kranken her — und stellt' sich hin
Mit dem Hochwürdigen, grad vor die Stange —
Der Sigrist mußte mit dem Glöcklein schellen:
Da fielen all aufs Knie, ich selber mit,
1750 Und grüßten die Monstranz, doch nicht den Hut. —

Leuthold. Höre, Gesell, es fängt mir an zu deuchten,
Wir stehen hier am Pranger vor dem Hut;
's ist doch ein Schimpf für einen Reitersmann,
Schildwach zu stehn vor einem leeren Hut,
1755 Und jeder rechte Kerl muß uns verachten.
— Die Reverenz zu machen einem Hut,
Es ist doch, traun! ein närrischer Befehl!

Frießhardt. Warum nicht einem leeren, hohlen Hut?
Bückst du dich doch vor manchem hohlen Schädel.

Hildegard, Mechthild und Elsbeth treten auf mit Kindern und stellen sich um die Stange.

1760 **Leuthold.** Und du bist auch so ein dienstfert'ger Schurke
Und brächtest wackre Leute gern ins Unglück.
Mag, wer da will, am Hut vorübergehn,
Ich drück' die Augen zu und seh' nicht hin.

Mechthild.
Da hängt der Landvogt! Habt Respekt, ihr Buben!

1765 **Elsbeth.** Wollt's Gott, er ging' und ließ' uns seinen Hut;
Es sollte drum nicht schlechter stehn ums Land!

Frießhardt (verscheucht sie).
Wollt ihr vom Platz? Verwünschtes Volk der Weiber!
Wer fragt nach euch? Schickt eure Männer her,
Wenn sie der Mut sticht, dem Befehl zu trotzen.

(Weiber gehen.)

Tell mit der Armbrust tritt auf, den Knaben an der Hand führend; sie gehen an dem Hut vorbei gegen die vordere Szene, ohne darauf zu achten.

Walter (zeigt nach dem Bannberg).

1770 Vater, ist's wahr, daß auf dem Berge dort
Die Bäume bluten, wenn man einen Streich
Drauf führte mit der Axt?
    Tell.   Wer sagt das, Knabe?
    Walter.   Der Meister Hirt erzählt's. Die Bäume seien
Gebannt, sagt er, und wer sie schädige,
1775 Dem wachse seine Hand heraus zum Grabe.
    Tell.   Die Bäume sind gebannt, das ist die Wahrheit.
— Siehst du die Firnen dort, die weißen Hörner,
Die hoch bis in den Himmel sich verlieren?
    Walter.   Das sind die Gletscher, die des Nachts so donnern
1780 Und uns die Schlaglawinen niedersenden.
    Tell.   So ist's, und die Lawinen hätten längst
Den Flecken Altorf unter ihrer Last
Verschüttet, wenn der Wald dort oben nicht
Als eine Landwehr sich dagegen stellte.
    Walter (nach einigem Besinnen).
1785 Gibt's Länder, Vater, wo nicht Berge sind?
    Tell.   Wenn man hinuntersteigt von unsern Höhen,
Und immer tiefer steigt, den Strömen nach,
Gelangt man in ein großes ebnes Land,
Wo die Waldwasser nicht mehr brausend schäumen,
1790 Die Flüsse ruhig und gemächlich ziehn;
Da sieht man frei nach allen Himmelsräumen,
Das Korn wächst dort in langen, schönen Auen,
Und wie ein Garten ist das Land zu schauen.
    Walter. Ei, Vater, warum steigen wir denn nicht
1795 Geschwind hinab in dieses schöne Land,
Statt daß wir uns hier ängstigen und plagen?
    Tell.   Das Land ist schön und gütig wie der Himmel;
Doch die's bebauen, sie genießen nicht
Den Segen, den sie pflanzen.
    Walter.   Wohnen sie
1800 Nicht frei, wie du, auf ihrem eignen Erbe?
    Tell.   Das Feld gehört dem Bischof und dem König.
    Walter.   So dürfen sie doch frei in Wäldern jagen?
    Tell.   Dem Herrn gehört das Wild und das Gefieder.
    Walter.   Sie dürfen doch frei fischen in dem Strom?
1805   **Tell.**   Der Strom, das Meer, das Salz gehört dem König
    Walter.   Wer ist der König denn, den alle fürchten?
    Tell.   Es ist der eine, der sie schützt und nährt.
    Walter.   Sie können sich nicht mutig selbst beschützen?

Tell. Dort darf der Nachbar nicht dem Nachbar trauen.

1810   **Walter.** Vater, es wird mir eng' im weiten Land;
Da wohn' ich lieber unter den Lawinen.

    Tell. Ja, wohl ist's besser, Kind, die Gletscherberge
Im Rücken haben als die bösen Menschen.
(Sie wollen vorübergehen.)

    Walter. Ei, Vater, sieh den Hut dort auf der Stange!

1815   **Tell.** Was kümmert uns der Hut? Komm, laß uns gehen!
(Indem er abgehen will, tritt ihm Frießhardt mit vorgehaltener Pike entgegen.)

    Frießhardt. In des Kaisers Namen! Haltet an und steht!

    Tell (greift in die Pike).
Was wollt Ihr? Warum haltet Ihr mich auf?

    Frießhardt.
Ihr habt's Mandat verletzt; Ihr müßt uns folgen.

    Leuthold. Ihr habt dem Hut nicht Reverenz bewiesen.

1820   **Tell.** Freund, laß mich gehen!

    Frießhardt.   Fort, fort ins Gefängnis!

    Walter. Den Vater ins Gefängnis! Hilfe! Hilfe!
(In die Szene rufend.) Herbei, ihr Männer, gute Leute, helft!
Gewalt, Gewalt! Sie führen ihn gefangen.

Rösselmann der Pfarrer und Petermann der Sigrist kommen herbei mit
drei andern Männern.

    Sigrist. Was gibt's?

    Rösselmann.   Was legst du Hand an diesen Mann?

1825   **Frießhardt.** Er ist ein Feind des Kaisers, ein Verräter!

    Tell (faßt ihn heftig). Ein Verräter, ich!

    Rösselmann.   Du irrst dich, Freund! das ist
Der Tell, ein Ehrenmann und guter Bürger.

    Walter (erblickt Walter Fürsten und eilt ihm entgegen).
Großvater, hilf! Gewalt geschieht dem Vater.

    Frießhardt. Ins Gefängnis, fort!

    Walter Fürst (herbeieilend).   Ich leiste Bürgschaft, haltet!

1830 — Um Gottes willen, Tell, was ist geschehen?
Melchthal und Stauffacher kommen.

    Frießhardt. Des Landvogts oberherrliche Gewalt
Verachtet er und will sie nicht erkennen.

    Stauffacher. Das hätt' der Tell getan?

    Melchthal.   Das lügst du, Bube!

    Leuthold. Er hat dem Hut nicht Reverenz bewiesen.

1835   **Walter Fürst.** Und darum soll er ins Gefängnis? Freund,
Nimm meine Bürgschaft an und laß ihn ledig!

    Frießhardt. Bürg' du für dich und deinen eignen Leib!
Wir tun, was unsers Amtes. Fort mit ihm!

Melchthal (zu den Landleuten).

Nein, das ist schreiende Gewalt! Ertragen wir's,
1840 Daß man ihn fortführt, frech, vor unsern Augen?

      Sigrist. Wir sind die Stärkern. Freunde, duldet's nicht!
Wir haben einen Rücken an den andern!

      Frießhardt. Wer widersetzt sich dem Befehl des Vogts?

      Noch drei Landleute (herbeieilend).

Wir helfen euch. Was gibt's? Schlagt sie zu Boden!
              Hildegard, Mechthild und Elsbeth kommen zurück.

1845   **Tell.** Ich helfe mir schon selbst. Geht, gute Leute!
Meint ihr, wenn ich die Kraft gebrauchen wollte,
Ich würde mich vor ihren Spießen fürchten?

      Melchthal (zu Frießhardt).

Wag's, ihn aus unsrer Mitte wegzuführen!

      Walter Fürst und Stauffacher. Gelassen! Ruhig!

      Frießhardt (schreit).   Aufruhr und Empörung!
               (Man hört Jagdhörner.)

1850   **Weiber.** Da kommt der Landvogt!

      Frießhardt (erhebt die Stimme).   Meuterei! Empörung!

      Stauffacher. Schrei, bis du berstest, Schurke!

      Rösselmann und Melchthal.   Willst du schweigen?

      Frießhardt (ruft noch lauter).

Zu Hilf', zu Hilf' den Dienern des Gesetzes!

      Walter Fürst.

Da ist der Vogt! Weh uns, was wird das werden!
    Geßler zu Pferd, den Falken auf der Faust, Rudolf der Harras, Berta
und Rudenz, ein großes Gefolge von bewaffneten Knechten, welche einen
        Kreis von Piken um die ganze Szene schließen.

      Rudolf der Harras. Platz, Platz dem Landvogt!

      Geßler.   Treibt sie auseinander!

1855 Was läuft das Volk zusammen? Wer ruft Hilfe?
               (Allgemeine Stille.)

Wer war's? Ich will es wissen.
         (Zu Frießhardt.) Du tritt vor!
Wer bist du, und was hältst du diesen Mann?
         (Er gibt den Falken einem Diener.)

      Frießhardt. Gestrenger Herr, ich bin dein Waffenknecht
Und wohlbestellter Wächter bei dem Hut.

1860 Diesen Mann ergriff ich über frischer Tat,
Wie er dem Hut den Ehrengruß versagte.
Verhaften wollt' ich ihn, wie du befahlst,
Und mit Gewalt will ihn das Volk entreißen.

Geßler (nach einer Pause).

Verachtest du so deinen Kaiser, Tell,
1865 Und mich, der hier an seiner Statt gebietet,
Daß du die Ehr' versagst dem Hut, den ich
Zur Prüfung des Gehorsams aufgehangen?
Dein böses Trachten hast du mir verraten.

Tell. Verzeiht mir, lieber Herr! Aus Unbedacht,
1870 Nicht aus Verachtung Eurer ist's geschehn.
Wär' ich besonnen, hieß' ich nicht der Tell,
Ich bitt' um Gnad', es soll nicht mehr begegnen.

Geßler (nach einigem Stillschweigen).

Du bist ein Meister auf der Armbrust, Tell,
Man sagt, du nehmst es auf mit jedem Schützen?

1875 **Walter.** Und das muß wahr sein, Herr — 'nen Apfel schießt
Der Vater dir vom Baum auf hundert Schritte.

Geßler. Ist das dein Knabe, Tell?

Tell. Ja, lieber Herr.

Geßler. Hast du der Kinder mehr?

Tell. Zwei Knaben, Herr.

Geßler. Und welcher ist's, den du am meisten liebst?

1880 **Tell.** Herr, beide sind sie mir gleich liebe Kinder.

Geßler. Nun, Tell, weil du den Apfel triffst vom Baume
Auf hundert Schritte, so wirst du deine Kunst
Vor mir bewähren müssen. Nimm die Armbrust —
Du hast sie gleich zur Hand — und mach' dich fertig,
1885 Einen Apfel von des Knaben Kopf zu schießen.
Doch will ich raten, ziele gut, daß du
Den Apfel treffest auf den ersten Schuß;
Denn fehlst du ihn, so ist dein Kopf verloren.

(Alle geben Zeichen des Schreckens.)

Tell. Herr, welches Ungeheure sinnet Ihr
1890 Mir an? — Ich soll vom Haupte meines Kindes —
— Nein, nein doch, lieber Herr, das kömmt Euch nicht
Zu Sinn. Verhüt's der gnäd'ge Gott! — das könnt Ihr
Im Ernst von einem Vater nicht begehren!

Geßler. Du wirst den Apfel schießen von dem Kopf
895 Des Knaben. Ich begehr's und will's.

Tell. Ich soll
Mit meiner Armbrust auf das liebe Haupt
Des eignen Kindes zielen? — Eher sterb' ich!

Geßler. Du schießest oder stirbst mit deinem Knaben.

Tell. Ich soll der Mörder werden meines Kinds!

1900 Herr, Ihr habt keine Kinder, wisset nicht,
　　　Was sich bewegt in eines Vaters Herzen.

　　　　　Geßler. Ei, Tell, du bist ja plötzlich so besonnen!
　　　Man sagte mir, daß du ein Träumer seist
　　　Und dich entfernst von andrer Menschen Weise.
1905 Du liebst das Seltsame — drum hab' ich jetzt
　　　Ein eigen Wagstück für dich ausgesucht.
　　　Ein andrer wohl bedächte sich — Du drückst
　　　Die Augen zu und greifst es herzhaft an.

　　　　　Berta. Scherzt nicht, o Herr, mit diesen armen Leuten!
1910 Ihr seht sie bleich und zitternd stehn. So wenig
　　　Sind sie Kurzweils gewohnt aus Euerm Munde.

　　　　　Geßler. Wer sagt Euch, daß ich scherze?
　　　　　（Greift nach einem Baumzweige, der über ihn herhängt.）
　　　　　　　　　　　　　　　　　　Hier ist der Apfel.
　　　Man mache Raum — Er nehme seine Weite,
　　　Wie's Brauch ist — Achtzig Schritte geb' ich ihm —
1915 Nicht weniger noch mehr. Er rühmte sich,
　　　Auf ihrer hundert seinen Mann zu treffen —
　　　Jetzt, Schütze, triff und fehle nicht das Ziel!

　　　　　Rudolf der Harras.
　　　Gott, das wird ernsthaft — Falle nieder, Knabe,
　　　Es gilt, und fleh' den Landvogt um dein Leben!

　　　　　Walter Fürst （beiseite zu Melchthal, der kaum seine Ungeduld bezwingt）.
1920 Haltet an Euch, ich fleh' Euch drum, bleibt ruhig!

　　　　　Berta （zum Landvogt）.
　　　Laßt es genug sein, Herr! Unmenschlich ist's,
　　　Mit eines Vaters Angst also zu spielen.
　　　Wenn dieser arme Mann auch Leib und Leben
　　　Verwirkt durch seine leichte Schuld, bei Gott!
1925 Er hätte jetzt zehnfachen Tod empfunden.
　　　Entlaßt ihn ungekränkt in seine Hütte,
　　　Er hat Euch kennen lernen; dieser Stunde
　　　Wird er und seine Kindeskinder denken.

　　　　　Geßler. Öffnet die Gasse! — Frisch, was zauderst du?
1930 Dein Leben ist verwirkt, ich kann dich töten;
　　　Und sieh, ich lege gnädig dein Geschick
　　　In deine eigne kunstgeübte Hand.
　　　Der kann nicht klagen über harten Spruch,
　　　Den man zum Meister seines Schicksals macht.
1935 Du rühmst dich deines sichern Blicks. Wohlan!
　　　Hier gilt es, Schütze, deine Kunst zu zeigen;

Das Ziel ist würdig, und der Preis ist groß!
Das Schwarze treffen in der Scheibe, das
Kann auch ein andrer; der ist mir der Meister,
1940 Der seiner Kunst gewiß ist überall,
Dem's Herz nicht in die Hand tritt, noch ins Auge.

Walter Fürst (wirft sich vor ihm nieder).
Herr Landvogt, wir erkennen Eure Hoheit;
Doch lasset Gnad' vor Recht ergehen, nehmt
Die Hälfte meiner Habe, nehmt sie ganz!
1945 Nur dieses Gräßliche erlasset einem Vater!

Walter Tell. Großvater, knie nicht vor dem falschen Mann!
Sagt, wo ich hinstehn soll! Ich fürcht' mich nicht.
Der Vater trifft den Vogel ja im Flug,
Er wird nicht fehlen auf das Herz des Kindes.

Stauffacher.
1950 Herr Landvogt, rührt Euch nicht des Kindes Unschuld?

Rösselmann. O, denket, daß ein Gott im Himmel ist,
Dem Ihr müßt Rede stehn für Eure Taten!

Geßler (zeigt auf den Knaben).
Man bind' ihn an die Linde dort!

Walter Tell.   Mich binden!
Nein, ich will nicht gebunden sein. Ich will
1955 Still halten wie ein Lamm und auch nicht atmen.
Wenn ihr mich bindet, nein, so kann ich's nicht,
So werd' ich toben gegen meine Bande.

Rudolf der Harras.
Die Augen nur laß dir verbinden, Knabe!

Walter Tell. Warum die Augen? Denket Ihr, ich fürchte
1960 Den Pfeil von Vaters Hand? — Ich will ihn fest
Erwarten und nicht zucken mit den Wimpern.
— Frisch, Vater, zeig's, daß du ein Schütze bist!
Er glaubt dir's nicht, er denkt uns zu verderben —
Dem Wütrich zum Verdrusse schieß und triff!
(Er geht an die Linde, man legt ihm den Apfel auf.)

Melchthal (zu den Landleuten).
1965 Was? Soll der Frevel sich vor unsern Augen
Vollenden? Wozu haben wir geschworen?

Stauffacher. Es ist umsonst. Wir haben keine Waffen;
Ihr seht den Wald von Lanzen um uns her.

Melchthal. O, hätten wir's mit frischer Tat vollendet!
1970 Verzeih's Gott denen, die zum Aufschub rieten!

Geßler (zu Tell).

Ans Werk! Man führt die Waffen nicht vergebens.
Gefährlich ist's, ein Mordgewehr zu tragen,
Und auf den Schützen springt der Pfeil zurück.
Dies stolze Recht, das sich der Bauer nimmt,
1975 Beleidiget den höchsten Herrn des Landes.
Gewaffnet sei niemand, als wer gebietet.
Freut's euch, den Pfeil zu führen und den Bogen,
Wohl, so will ich das Ziel euch dazu geben.

　　　　Tell (spannt die Armbrust und legt den Pfeil auf).

Öffnet die Gasse! Platz!

　　　　Stauffacher.

1980 Was, Tell? Ihr wolltet — Nimmermehr! Ihr zittert,
Die Hand erbebt Euch, Eure Kniee wanken —

　　　　Tell (läßt die Armbrust sinken).

Mir schwimmt es vor den Augen!

　　　　Weiber.　　　　　　　Gott im Himmel!

　　　　Tell (zum Landvogt).

Erlasset mir den Schuß! Hier ist mein Herz!
(Er reißt die Brust auf.) Ruft Eure Reisigen und stoßt mich nieder!

1985 　　　　**Geßler.** Ich will dein Leben nicht, ich will den Schuß.
— Du kannst ja alles, Tell! An nichts verzagst du;
Das Steuerruder führst du wie den Bogen;
Dich schreckt kein Sturm, wenn es zu retten gilt.
Jetzt, Retter, hilf dir selbst — Du rettest alle!

　　　　Tell (steht in fürchterlichem Kampf, mit den Händen zuckend, und die
rollenden Augen bald auf den Landvogt, bald zum Himmel gerichtet. Plötzlich greift
er in seinen Köcher, nimmt einen zweiten Pfeil heraus und steckt ihn in seinen Koller.
Der Landvogt bemerkt alle diese Bewegungen).

　　　　Walter Tell (unter der Linde).

1990 Vater, schieß zu! Ich fürcht' mich nicht.

　　　　Tell.　　　　　　Es muß! (Er rafft sich zusammen und legt an.)

　　　　Rudenz (der die ganze Zeit über in der heftigsten Spannung gestanden
und mit Gewalt an sich gehalten, tritt hervor).

Herr Landvogt, weiter werdet Ihr's nicht treiben,
Ihr werdet nicht! Es war nur eine Prüfung —
Den Zweck habt Ihr erreicht. Zu weit getrieben,
Verfehlt die Strenge ihres weisen Zwecks,
1995 Und allzu straff gespannt, zerspringt der Bogen.

　　　　Geßler. Ihr schweigt, bis man Euch aufruft!

　　　　Rudenz.　　　　　　　Ich will reden!

Ich darf's! Des Königs Ehre ist mir heilig;
Doch solches Regiment muß Haß erwerben.

Das ist des Königs Wille nicht — Ich darf's
2000 Behaupten — Solche Grausamkeit verdient
Mein Volk nicht, dazu habt Ihr keine Vollmacht.
     Geßler. Ha, Ihr erkühnt Euch!
     Rudenz.   Ich hab' still geschwiegen
Zu allen schweren Taten, die ich sah;
Mein sehend Auge hab' ich zugeschlossen,
2005 Mein überschwellend und empörtes Herz
Hab' ich hinabgedrückt in meinen Busen.
Doch länger schweigen, wär' Verrat zugleich
An meinem Vaterland und an dem Kaiser.
     Berta (wirft sich zwischen ihn und den Landvogt).
O Gott, Ihr reizt den Wütenden noch mehr.
2010   **Rudenz.** Mein Volk verließ ich, meinen Blutsverwandten
Entsagt' ich, alle Bande der Natur
Zerriß ich, um an Euch mich anzuschließen.
Das Beste aller glaubt' ich zu befördern,
Da ich des Kaisers Macht befestigte.
2015 Die Binde fällt von meinen Augen — Schaudernd
Seh' ich an einen Abgrund mich geführt.
Mein freies Urteil habt Ihr irr' geleitet,
Mein redlich Herz verführt — Ich war daran,
Mein Volk in bester Meinung zu verderben.
2020   **Geßler.** Verwegner, diese Sprache deinem Herrn?
     Rudenz. Der Kaiser ist mein Herr, nicht Ihr. Frei bin ich
Wie Ihr geboren, und ich messe mich
Mit Euch in jeder ritterlichen Tugend.
Und stündet Ihr nicht hier in Kaisers Namen,
2025 Den ich verehre, selbst wo man ihn schändet,
Den Handschuh wärf' ich vor Euch hin, Ihr solltet
Nach ritterlichem Brauch mir Antwort geben.
— Ja, winkt nur Euren Reisigen! Ich stehe
Nicht wehrlos da, wie die —
         (Auf das Volk zeigend.) Ich hab' ein Schwert,
2030 Und wer mir naht —
     Stauffacher (ruft).   Der Apfel ist gefallen!
    (Indem sich alle nach dieser Seite gewendet, und Berta zwischen Rudenz und den
        Landvogt sich geworfen, hat Tell den Pfeil abgedrückt.)
Rösselmann. Der Knabe lebt!
Viele Stimmen.   Der Apfel ist getroffen!
    (Walter Fürst schwankt und droht zu sinken, Berta hält ihn.)
Geßler (erstaunt). Er hat geschossen? Wie? Der Rasende!
Berta. Der Knabe lebt! Kommt zu Euch, guter Vater!

Walter Tell (kommt mit dem Apfel gesprungen).
Vater, hier ist der Apfel! Wußt' ich's ja,
2035 Du würdest deinen Knaben nicht verletzen.

    Tell (stand mit vorgebognem Leib, als wollt' er dem Pfeil folgen — die Armbrust entsinkt seiner Hand. Wie er den Knaben kommen sieht, eilt er ihm mit ausgebreiteten Armen entgegen und hebt ihn mit heftiger Inbrunst zu seinem Herzen hinauf; in dieser Stellung sinkt er kraftlos zusammen. Alle stehen gerührt).

    Berta. O güt'ger Himmel!

    Walter Fürst (zu Vater und Sohn).   Kinder! meine Kinder!

    Stauffacher. Gott sei gelobt!

    Leuthold.   Das war ein Schuß! Davon
Wird man noch reden in den spätsten Zeiten.

    Rudolf der Harras.
Erzählen wird man von dem Schützen Tell,
2040 Solang die Berge stehn auf ihrem Grunde.
        (Reicht dem Landvogt den Apfel.)

    Geßler. Bei Gott! der Apfel mitten durch geschossen!
Es war ein Meisterschuß, ich muß ihn loben.

    Rösselmann. Der Schuß war gut; doch wehe dem, der ihn
Dazu getrieben, daß er Gott versuchte!

    Stauffacher.
2045 Kommt zu Euch, Tell, steht auf, Ihr habt Euch männlich
Gelöst, und frei könnt Ihr nach Hause gehen.

    Rösselmann.
Kommt, kommt und bringt der Mutter ihren Sohn!
        (Sie wollen ihn wegführen.)

    Geßler. Tell, höre!

    Tell (kommt zurück).   Was befehlt Ihr, Herr?

    Geßler.
                        Du stecktest
Noch einen zweiten Pfeil zu dir — Ja, ja,
2050 Ich sah es wohl — Was meintest du damit?

    Tell (verlegen). Herr, das ist also bräuchlich bei den Schützen.

    Geßler. Nein, Tell, die Antwort laß' ich dir nicht gelten;
Es wird was anders wohl bedeutet haben.
Sag' mir die Wahrheit frisch und fröhlich, Tell!
2055 Was es auch sei, dein Leben sichr' ich dir.
Wozu der zweite Pfeil?

    Tell.
                  Wohlan, o Herr,
Weil Ihr mich meines Lebens habt gesichert,
So will ich Euch die Wahrheit gründlich sagen. (Er zieht den Pfeil
    aus dem Koller und sieht den Landvogt mit einem furchtbaren Blick an.)
Mit diesem zweiten Pfeil durchschoß ich — Euch,
2060 Wenn ich mein liebes Kind getroffen hätte,
Und Eurer — wahrlich! hätt' ich nicht gefehlt.

Geßler. Wohl, Tell! Des Lebens hab' ich dich gesichert,
Ich gab mein Ritterwort, das will ich halten.
Doch weil ich deinen bösen Sinn erkannt,
2065 Will ich dich führen lassen und verwahren,
Wo weder Mond noch Sonne dich bescheint,
Damit ich sicher sei vor deinen Pfeilen.
Ergreift ihn, Knechte! Bindet ihn! (Tell wird gebunden.)
          Stauffacher.   Wie, Herr?
So könntet Ihr an einem Manne handeln,
2070 An dem sich Gottes Hand sichtbar verkündigt?
          Geßler. Laß sehn, ob sie ihn zweimal retten wird.
— Man bring' ihn auf mein Schiff! Ich folge nach
Sogleich, ich selbst will ihn nach Küßnacht führen.
          Rösselmann. Ihr wollt ihn außer Lands gefangen führen?
2075   **Landleute.** Das dürft Ihr nicht, das darf der Kaiser nicht,
Das widerstreitet unsern Freiheitsbriefen!
          Geßler. Wo sind sie? Hat der Kaiser sie bestätigt?
Er hat sie nicht bestätigt! Diese Gunst
Muß erst erworben werden durch Gehorsam.
2080 Rebellen seid ihr alle gegen Kaisers
Gericht und nährt verwegene Empörung.
Ich kenn' euch alle, ich durchschau' euch ganz;
Den nehm' ich jetzt heraus aus eurer Mitte;
Doch alle seid ihr teilhaft seiner Schuld.
2085 Wer klug ist, lerne schweigen und gehorchen. (Er entfernt sich, Berta,
          Rudenz, Harras und Knechte folgen, Frießhardt und Leuthold bleiben zurück.)
          Walter Fürst (in heftigem Schmerz.)
Es ist vorbei; er hat's beschlossen, mich
Mit meinem ganzen Hause zu verderben!
          Stauffacher (zum Tell).
O, warum mußtet Ihr den Wütrich reizen!
          Tell. Bezwinge sich, wer meinen Schmerz gefühlt!
2090   **Stauffacher.** O, nun ist alles, alles hin! Mit Euch
Sind wir gefesselt alle und gebunden!
          Landleute (umringen den Tell).
Mit Euch geht unser letzter Trost dahin!
          Leuthold (nähert sich).
Tell, es erbarmt mich — doch ich muß gehorchen.
          Tell. Lebt wohl!
          Walter Tell (sich mit heftigem Schmerz an ihn schmiegend).
          O Vater! Vater! Lieber Vater!
          Tell (hebt die Arme zum Himmel).
2095 Dort droben ist dein Vater! Den ruf an!

Stauffacher. Tell, sag' ich Euerm Weibe nichts von Euch?

Tell (hebt den Knaben mit Inbrunst an seine Brust).

Der Knab' ist unverletzt; mir wird Gott helfen.

(Reißt sich schnell los und folgt den Waffenknechten.)

Vierter Aufzug.

Erste Szene.

(Östliches Ufer des Vierwaldstätter Sees. Die seltsam gestalteten schroffen Felsen im Westen schließen den Prospekt. Der See ist bewegt, heftiges Rauschen und Tosen, dazwischen Blitze und Donnerschläge.)

Kunz von Gersau. Fischer und Fischerknabe.

Kunz. Ich sah's mit Augen an, Ihr könnt mir's glauben;
's ist alles so geschehn, wie ich Euch sagte.

2100 **Fischer.** Der Tell gefangen abgeführt nach Küßnacht,
Der beste Mann im Land, der bravste Arm,
Wenn's einmal gelten sollte für die Freiheit!

Kunz. Der Landvogt führt ihn selbst den See herauf;
Sie waren eben dran, sich einzuschiffen,

2105 Als ich von Flüelen abfuhr; doch der Sturm,
Der eben jetzt im Anzug ist, und der
Auch mich gezwungen, eilends hier zu landen,
Mag ihre Abfahrt wohl verhindert haben.

Fischer. Der Tell in Fesseln, in des Vogts Gewalt!

2110 O, glaubt, er wird ihn tief genug vergraben,
Daß er des Tages Licht nicht wieder sieht!
Denn fürchten muß er die gerechte Rache
Des freien Mannes, den er schwer gereizt!

Kunz. Der Altlandammann auch, der edle Herr

2115 Von Attinghausen, sagt man, lieg' am Tode.

Fischer. So bricht der letzte Anker unsrer Hoffnung!
Der war es noch allein, der seine Stimme
Erheben durfte für des Volkes Rechte!

Kunz. Der Sturm nimmt überhand. Gehabt Euch wohl!

2120 Ich nehme Herberg' in dem Dorf; denn heut
Ist doch an keine Abfahrt mehr zu denken. (Geht ab.)

Fischer. Der Tell gefangen, und der Freiherr tot!
Erheb die freche Stirne, Tyrannei,
Wirf alle Scham hinweg! Der Mund der Wahrheit

2125 Ist stumm, das sehnde Auge ist geblendet,
Der Arm, der retten sollte, ist gefesselt!

Knabe. Es hagelt schwer. Kommt in die Hütte, Vater,
Es ist nicht kommlich, hier im Freien hausen.

    Fischer. Raset, ihr Winde! Flammt herab, ihr Blitze!
130 Ihr Wolken berstet! Gießt herunter, Ströme
Des Himmels, und ersäuft das Land! Zerstört
Im Keim die ungeborenen Geschlechter!
Ihr wilden Elemente, werdet Herr!
Ihr Bären, kommt, ihr alten Wölfe wieder
135 Der großen Wüste! euch gehört das Land.
Wer wird hier leben wollen ohne Freiheit?

    Knabe. Hört, wie der Abgrund tost, der Wirbel brüllt,
So hat's noch nie gerast in diesem Schlunde!

    Fischer. Zu zielen auf des eignen Kindes Haupt,
140 Solches ward keinem Vater noch geboten!
Und die Natur soll nicht in wildem Grimm
Sich drob empören? O, mich soll's nicht wundern,
Wenn sich die Felsen bücken in den See,
Wenn jene Zacken, jene Eisestürme,
145 Die nie auftauten seit dem Schöpfungstag,
Von ihren hohen Kulmen niederschmelzen,
Wenn die Berge brechen, wenn die alten Klüfte
Einstürzen, eine zweite Sündflut alle
Wohnstätten der Lebendigen verschlingt!

    (Man hört läuten.)

150   **Knabe.** Hört Ihr, sie läuten droben auf dem Berg.
Gewiß hat man ein Schiff in Not gesehn
Und zieht die Glocke, daß gebetet werde. *(Steigt auf eine Anhöhe.)*

    Fischer. Wehe dem Fahrzeug, das, jetzt unterwegs,
In dieser furchtbarn Wiege wird gewiegt!
155 Hier ist das Steuer unnütz und der Steurer;
Der Sturm ist Meister, Wind und Welle spielen
Ball mit dem Menschen. Da ist nah und fern
Kein Busen, der ihm freundlich Schutz gewährte!
Handlos und schroff ansteigend starren ihm
160 Die Felsen, die unwirtlichen, entgegen
Und weisen ihm nur ihre steinern schroffe Brust.

    Knabe *(deutet links).*
Vater, ein Schiff, es kommt von Flüelen her.

    Fischer. Gott helf den armen Leuten! Wenn der Sturm
In dieser Wasserkluft sich erst verfangen,
165 Dann rast er um sich mit des Raubtiers Angst,
Das an des Gitters Eisenstäbe schlägt;
Die Pforte sucht er heulend sich vergebens,

Denn ringsum schränken ihn die Felsen ein,
Die himmelhoch den engen Paß vermauern. (Er steigt auf die Anhöhe.)

2170   **Knabe.** Es ist das Herrenschiff von Uri, Vater,
Ich kenn's, am roten Dach und an der Fahne.

Fischer. Gerichte Gottes! Ja, er ist es selbst,
Der Landvogt, der da fährt! Dort schifft er hin
Und führt im Schiffe sein Verbrechen mit!

2175 Schnell hat der Arm des Rächers ihn gefunden;
Jetzt kennt er über sich den stärkern Herrn.
Diese Wellen geben nicht auf seine Stimme,
Diese Felsen bücken ihre Häupter nicht
Vor seinem Hute — Knabe, bete nicht!

2180 Greif nicht dem Richter in den Arm!

Knabe. Ich bete für den Landvogt nicht — Ich bete
Für den Tell, der auf dem Schiff sich mit befindet.

Fischer. O Unvernunft des blinden Elements!
Mußt du, um einen Schuldigen zu treffen,

2185 Das Schiff mitsamt dem Steuermann verderben!

Knabe. Sieh, sieh, sie waren glücklich schon vorbei
Am Buggisgrat; doch die Gewalt des Sturms,
Der von dem Teufelsmünster widerprallt,
Wirft sie zum großen Axenberg zurück.

2190 — Ich seh' sie nicht mehr.

Fischer.   Dort ist das Hackmesser,
Wo schon der Schiffe mehrere gebrochen.
Wenn sie nicht weislich dort vorüberlenken,
So wird das Schiff zerschmettert an der Fluh,
Die sich gähstozig absenkt in die Tiefe.

2195 — Sie haben einen guten Steuermann
Am Bord; könnt' einer retten, wär's der Tell;
Doch dem sind Arm' und Hände ja gefesselt.

Wilhelm Tell mit der Armbrust.
(Er kommt mit raschen Schritten, blickt erstaunt umher und zeigt die heftigste Bewegung. Wenn er mitten auf der Szene ist, wirft er sich nieder, die Hände zu der Erde und dann zum Himmel ausbreitend.)

Knabe (bemerkt ihn).
Sieh, Vater, wer der Mann ist, der dort kniet?

Fischer. Er faßt die Erde an mit seinen Händen

2200 Und scheint wie außer sich zu sein.

Knabe (kommt vorwärts).
Was seh' ich! Vater! Vater, kommt und seht!

Fischer (nähert sich).
Wer ist es? — Gott im Himmel! Was? der Tell?
Wie kommt Ihr hieher? Redet!

Knabe.   Wart Ihr nicht
Dort auf dem Schiff gefangen und gebunden?
2205 **Fischer.**   Ihr wurdet nicht nach Küßnacht abgeführt?
Tell (steht auf).   Ich bin befreit.
Fischer und Knabe.   Befreit! O Wunder Gottes!
Knabe. Wo kommt Ihr her?
Tell.   Dort aus dem Schiffe.
Fischer.   Was?
Knabe (zugleich). Wo ist der Landvogt?
Tell.   Auf den Wellen treibt er.
Fischer. Ist's möglich? Aber Ihr? Wie seid Ihr hier?
2210 Seid Euern Banden und dem Sturm entkommen?
Tell. Durch Gottes gnäd'ge Fürsehung. Hört an!
Fischer und Knabe. O, redet, redet!
Tell.   Was in Altorf sich
Begeben, wißt Ihr's?
Fischer.   Alles weiß ich, redet!
Tell. Daß mich der Landvogt fahen ließ und binden,
2215 Nach seiner Burg zu Küßnacht wollte führen?
Fischer. Und sich mit Euch zu Flüelen eingeschifft!
Wir wissen alles. Sprecht, wie Ihr entkommen?
Tell. Ich lag im Schiff, mit Stricken festgebunden,
Wehrlos, ein aufgegebner Mann. Nicht hofft' ich,
2220 Das frohe Licht der Sonne mehr zu sehn,
Der Gattin und der Kinder liebes Antlitz,
Und trostlos blickt' ich in die Wasserwüste —
Fischer. O armer Mann!
Tell.   So fuhren wir dahin,
Der Vogt, Rudolf der Harras und die Knechte.
2225 Mein Köcher aber mit der Armbrust lag
Am hintern Gransen bei dem Steuerruder.
Und als wir an die Ecke jetzt gelangt
Beim Kleinen Axen, da verhängt' es Gott,
Daß solch ein grausam mördrisch Ungewitter
2230 Gählings herfürbrach aus des Gotthards Schlünden,
Daß allen Ruderern das Herz entsank,
Und meinten alle, elend zu ertrinken.
Da hört' ich's, wie der Diener einer sich
Zum Landvogt wendet' und die Worte sprach:
2235 „Ihr sehet Eure Not und unsre, Herr,
Und daß wir all am Rand des Todes schweben.
Die Steuerleute aber wissen sich
Für großer Furcht nicht Rat und sind des Fahrens

6*

Nicht wohl berichtet. Nun aber ist der Tell
2240 Ein starker Mann und weiß ein Schiff zu steuern.
Wie, wenn wir sein jetzt brauchten in der Not?"
Da sprach der Vogt zu mir: „Tell, wenn du dir's
Getrautest, uns zu helfen aus dem Sturm,
So möcht' ich dich der Bande wohl entled'gen."
2245 Ich aber sprach: „Ja, Herr, mit Gottes Hilfe
Getrau' ich mir's und helf' uns wohl hiedannen."
So ward ich meiner Bande los und stand
Am Steuerruder und fuhr redlich hin;
Doch schielt' ich seitwärts, wo mein Schießzeug lag,
2250 Und an dem Ufer merkt' ich scharf umher,
Wo sich ein Vorteil auftät zum Entspringen.
Und wie ich eines Felsenriffs gewahre,
Das abgeplattet vorsprang in den See —

     Fischer. Ich kenn's, es ist am Fuß des Großen Axen,
2255 Doch nicht für möglich acht' ich's — so gar steil
Geht's an — vom Schiff es springend abzureichen —

     Tell. Schrie ich den Knechten, handlich zuzugehn,
Bis daß wir vor die Felsenplatte kämen;
Dort, rief ich, sei das Ärgste überstanden.
2260 Und als wir sie frisch rudernd bald erreicht,
Fleh' ich die Gnade Gottes an und drücke,
Mit allen Leibeskräften angestemmt,
Den hintern Gransen an die Felswand hin.
Jetzt schnell mein Schießzeug fassend, schwing' ich selbst
2265 Hochspringend auf die Platte mich hinauf,
Und mit gewalt'gem Fußstoß hinter mich
Schleudr' ich das Schifflein in den Schlund der Wasser —
Dort mag's, wie Gott will, auf den Wellen treiben!
So bin ich hier, gerettet aus des Sturms
2270 Gewalt und aus der schlimmeren der Menschen.

     Fischer. Tell, Tell! ein sichtbar Wunder hat der Herr
An Euch getan; kaum glaub' ich's meinen Sinnen.
Doch saget! Wo gedenket Ihr jetzt hin?
Denn Sicherheit ist nicht für Euch, wofern
2275 Der Landvogt lebend diesem Sturm entkommt.

     Tell. Ich hört' ihn sagen, da ich noch im Schiff
Gebunden lag, er woll' bei Brunnen landen
Und über Schwyz nach seiner Burg mich führen.

     Fischer. Will er den Weg dahin zu Lande nehmen?
2280   **Tell.** Er denkt's.

Fischer.   O, so verbergt Euch ohne Säumen!
Nicht zweimal hilft Euch Gott aus seiner Hand.
        Tell. Nennt mir den nächsten Weg nach Arth und Küßnacht.
        Fischer. Die offne Straße zieht sich über Steinen;
Doch einen kürzern Weg und heimlichern
2285 Kann Euch mein Knabe über Lowerz führen.
        Tell (gibt ihm die Hand).
Gott lohn' Euch Eure Guttat! Lebet wohl! (Geht und kehrt wieder
um.) — Habt Ihr nicht auch im Rütli mit geschworen?
Mir deucht, man nannt' Euch mir —
        Fischer.   Ich war dabei
Und hab' den Eid des Bundes mit beschworen.
2290   **Tell.** So eilt nach Bürglen, tut die Lieb' mir an!
Mein Weib verzagt um mich; verkündet ihr,
Daß ich gerettet sei und wohl geborgen.
        Fischer. Doch wohin, sag' ich ihr, daß Ihr geflohn?
        Tell. Ihr werdet meinen Schwäher bei ihr finden
2295 Und andre, die im Rütli mit geschworen.
Sie sollen wacker sein und gutes Muts:
Der Tell sei frei und seines Armes mächtig;
Bald werden sie ein Weitres von mir hören.
        Fischer. Was habt Ihr im Gemüt? Entdeckt mir's frei!
2300   **Tell.** Ist es getan, wird's auch zur Rede kommen. (Geht ab.)
        Fischer. Zeig' ihm den Weg, Jenni! Gott steh' ihm bei!
Er führt's zum Ziel, was er auch unternommen. (Geht ab.)

Zweite Szene.

(Edelhof zu Attinghausen.)

**Der Freiherr, in einem Armsessel sterbend. Walter Fürst, Stauffacher, Melchthal
und Baumgarten um ihn beschäftigt. Walter Tell, knieend vor dem Sterbenden.**

Walter Fürst. Es ist vorbei mit ihm, er ist hinüber.
        Stauffacher. Er liegt nicht wie ein Toter. Seht, die Feder
2305 Auf seinen Lippen regt sich! Ruhig ist
Sein Schlaf, und friedlich lächeln seine Züge.
        (Baumgarten geht an die Türe und spricht mit jemand.)
        Walter Fürst (zu Baumgarten). Wer ist's?
        Baumgarten (kommt zurück). Es ist Frau Hedwig, Eure Tochter;
Sie will Euch sprechen, will den Knaben sehn.
        (Walter Tell richtet sich auf.)
        Walter Fürst. Kann ich sie trösten? Hab' ich selber Trost?
2310 Häuft alles Leiden sich auf meinem Haupt?

Hedwig (hereinbringend).

Wo ist mein Kind? Laßt mich, ich muß es sehn!

Stauffacher.

Faßt Euch! Bedenkt, daß Ihr im Haus des Todes!

Hedwig (stürzt auf den Knaben). Mein Wälti! O, er lebt mir!

Walter Tell (hängt an ihr).   Arme Mutter!

Hedwig. Ist's auch gewiß? Bist du mir unverletzt?
(Betrachtet ihn mit ängstlicher Sorgfalt.)

2315 Und es ist möglich? Konnt' er auf dich zielen?
Wie konnt' er's? O, er hat kein Herz — Er konnte
Den Pfeil abdrücken auf sein eignes Kind!

Walter Fürst.

Er tat's mit Angst, mit schmerzzerrißner Seele;
Gezwungen tat er's, denn es galt das Leben.

2320 **Hedwig.** O, hätt' er eines Vaters Herz, eh' er's
Getan, er wäre tausendmal gestorben!

Stauffacher. Ihr solltet Gottes gnäd'ge Schickung preisen,
Die es so gut gelenkt!

Hedwig.   Kann ich vergessen,
Wie's hätte kommen können? — Gott des Himmels!
2325 Und lebt' ich achtzig Jahr' — Ich seh' den Knaben ewig
Gebunden stehn, den Vater auf ihn zielen,
Und ewig fliegt der Pfeil mir in das Herz.

Melchthal. Frau, wüßtet Ihr, wie ihn der Vogt gereizt!

Hedwig. O rohes Herz der Männer! Wenn ihr Stolz
2330 Beleidigt wird, dann achten sie nichts mehr;
Sie setzen in der blinden Wut des Spiels
Das Haupt des Kindes und das Herz der Mutter!

Baumgarten. Ist Eures Mannes Los nicht hart genug,
Daß Ihr mit schwerem Tadel ihn noch kränkt?
2335 Für seine Leiden habt Ihr kein Gefühl?

Hedwig (kehrt sich nach ihm um und sieht ihn mit einem großen Blick an)
Hast du nur Tränen für des Freundes Unglück?
— Wo waret Ihr, da man den Trefflichen
In Bande schlug? Wo war da Eure Hilfe?
Ihr sahet zu, Ihr ließt das Gräßliche geschehn;
2340 Geduldig littet Ihr's, daß man den Freund
Aus Eurer Mitte führte. Hat der Tell
Auch so an Euch gehandelt? Stand er auch
Bedauernd da, als hinter dir die Reiter
Des Landvogts drangen, als der wüt'ge See
2345 Vor dir erbrauste? Nicht mit müß'gen Tränen

Beklagt' er dich, in den Nachen sprang er, Weib
Und Kind vergaß er und befreite dich!
    Walter Fürst. Was konnten wir zu seiner Rettung wagen,
Die kleine Zahl, die unbewaffnet war!
    Hedwig (wirft sich an seine Brust).
2350 O Vater! Und auch du hast ihn verloren!
Das Land, wir alle haben ihn verloren!
Uns allen fehlt er, ach! wir fehlen ihm!
Gott rette seine Seele vor Verzweiflung.
Zu ihm hinab ins öde Burgverlies
2355 Dringt keines Freundes Trost. Wenn er erkrankte!
Ach, in des Kerkers feuchter Finsternis
Muß er erkranken. Wie die Alpenrose
Bleicht und verkümmert in der Sumpfesluft,
So ist für ihn kein Leben als im Licht
2360 Der Sonne, in dem Balsamstrom der Lüfte.
Gefangen! Er! Sein Atem ist die Freiheit;
Er kann nicht leben in dem Hauch der Grüfte.
    Stauffacher. Beruhigt Euch! Wir alle wollen handeln,
Um seinen Kerker aufzutun.
2365   **Hedwig.** Was könnt Ihr schaffen ohne ihn? — Solang
Der Tell noch frei war, ja, da war noch Hoffnung,
Da hatte noch die Unschuld einen Freund,
Da hatte einen Helfer der Verfolgte.
Euch alle rettete der Tell — ihr alle
2370 Zusammen könnt nicht seine Fesseln lösen!
    (Der Freiherr erwacht.)
    Baumgarten. Er regt sich, still!
    Attinghausen (sich aufrichtend).   Wo ist er?
    Stauffacher.   Wer?
    Attinghausen.   Er fehlt mir,
Verläßt mich in dem letzten Augenblick!
    Stauffacher. Er meint den Junker. Schickte man nach ihm?
    Walter Fürst. Es ist nach ihm gesendet. Tröstet Euch!
2375 Er hat sein Herz gefunden, er ist unser.
    Attinghausen. Hat er gesprochen für sein Vaterland?
    Stauffacher. Mit Heldenkühnheit.
    Attinghausen.   Warum kommt er nicht,
Um meinen letzten Segen zu empfangen?
Ich fühle, daß es schleunig mit mir endet.
2380   **Stauffacher.** Nicht also, edler Herr! Der kurze Schlaf
Hat Euch erquickt, und hell ist Euer Blick.
    Attinghausen. Der Schmerz ist Leben, er verließ mich auch.

Das Leiden ist so wie die Hoffnung aus.
(Er bemerkt den Knaben.) Wer ist der Knabe?

        Walter Fürst.   Segnet ihn, o Herr!

2385 Er ist mein Enkel und ist vaterlos.
(Hedwig sinkt mit dem Knaben vor dem Sterbenden nieder.)

        Attinghausen. Und vaterlos laß' ich euch alle, alle
Zurück. Weh mir, daß meine letzten Blicke
Den Untergang des Vaterlands gesehn!
Mußt' ich des Lebens höchstes Maß erreichen,
2390 Um ganz mit allen Hoffnungen zu sterben!

        Stauffacher (zu Walter Fürst).
Soll er in diesem finstern Kummer scheiden?
Erhellen wir ihm nicht die letzte Stunde
Mit schönem Strahl der Hoffnung? — Edler Freiherr!
Erhebet Euren Geist! Wir sind nicht ganz
2395 Verlassen, sind nicht rettungslos verloren.

        Attinghausen. Wer soll Euch retten?

        Walter Fürst.   Wir uns selbst. Vernehmt!
Es haben die drei Lande sich das Wort
Gegeben, die Thrannen zu verjagen.
Geschlossen ist der Bund; ein heil'ger Schwur
2400 Verbindet uns. Es wird gehandelt werden,
Eh' noch das Jahr den neuen Kreis beginnt.
Euer Staub wird ruhn in einem freien Lande.

        Attinghausen. O, saget mir! Geschlossen ist der Bund?

        Melchthal. Am gleichen Tage werden alle drei
2405 Waldstätte sich erheben. Alles ist
Bereit, und das Geheimnis wohlbewahrt
Bis jetzt, obgleich viel Hunderte es teilen.
Hohl ist der Boden unter den Thrannen;
Die Tage ihrer Herrschaft sind gezählt,
2410 Und bald ist ihre Spur nicht mehr zu finden.

        Attinghausen. Die festen Burgen aber in den Landen?

        Melchthal. Sie fallen alle an dem gleichen Tag.

        Attinghausen. Und sind die Edeln dieses Bunds teilhaftig?

        Stauffacher. Wir harren ihres Beistands, wenn es gilt;
2415 Jetzt aber hat der Landmann nur geschworen.

        Attinghausen (richtet sich langsam in die Höhe, mit großem Erstaunen).
Hat sich der Landmann solcher Tat verwogen,
Aus eignem Mittel, ohne Hilf' der Edeln,
Hat er der eignen Kraft so viel vertraut —
Ja, dann bedarf es unser nicht mehr;
2420 Getröstet können wir zu Grabe steigen,

Es lebt nach uns — durch andre Kräfte will
Das Herrliche der Menschheit sich erhalten. (Er legt seine Hand auf
das Haupt des Kindes, das vor ihm auf den Knien liegt.)
Aus diesem Haupte, wo der Apfel lag,
Wird euch die neue, beßre Freiheit grünen;
2425 Das Alte stürzt, es ändert sich die Zeit,
Und neues Leben blüht aus den Ruinen.

      Stauffacher (zu Walter Fürst).
Seht, welcher Glanz sich um sein Aug' ergießt!
Das ist nicht das Erlöschen der Natur,
Das ist der Strahl schon eines neuen Lebens.

2430   Attinghausen. Der Adel steigt von seinen alten Burgen
Und schwört den Städten seinen Bürgereid;
Im Üchtland schon, im Thurgau hat's begonnen,
Die edle Bern erhebt ihr herrschend Haupt,
Freiburg ist eine sichre Burg der Freien,
2435 Die rege Zürich waffnet ihre Zünfte
Zum kriegerischen Heer. Es bricht die Macht
Der Könige sich an ihren ew'gen Wällen — (Er spricht das Folgende
mit dem Ton eines Sehers — seine Rede steigt bis zur Begeisterung.)
Die Fürsten seh' ich und die edeln Herrn
In Harnischen herangezogen kommen,
2440 Ein harmlos Volk von Hirten zu bekriegen.
Auf Tod und Leben wird gekämpft, und herrlich
Wird mancher Paß durch blutige Entscheidung.
Der Landmann stürzt sich mit der nackten Brust,
Ein freies Opfer, in die Schar der Lanzen!
2445 Er bricht sie, und des Adels Blüte fällt,
Es hebt die Freiheit siegend ihre Fahne.
(Walter Fürsts und Stauffachers Hände fassend.)
Drum haltet fest zusammen — fest und ewig —
Kein Ort der Freiheit sei dem andern fremd —
Hochwachten stellet aus auf euren Bergen,
2450 Daß sich der Bund zum Bunde rasch versammle —
Seid einig — einig — einig — (Er fällt in das Kissen zurück, seine
Hände halten entseelt noch die andern gefaßt. Fürst und Stauffacher betrachten ihn
noch eine Zeitlang schweigend; dann treten sie hinweg, jeder seinem Schmerz überlassen.
Unterdessen sind die Knechte still hereingedrungen, sie nähern sich mit Zeichen eines
stillern oder heftigern Schmerzens, einige knien bei ihm nieder und weinen auf seine
Hand; während dieser stummen Szene wird die Burgglocke geläutet.)

           Rudenz zu den Vorigen.

      Rudenz (rasch eintretend).
Lebt er? O, saget, kann er mich noch hören?

Walter Fürst (deutet hin mit weggewandtem Gesicht).

Ihr seid jetzt unser Lehensherr und Schirmer,
Und dieses Schloß hat einen andern Namen.

Rudenz (erblickt den Leichnam und steht von heftigem Schmerz ergriffen).

2455 O güt'ger Gott! — Kommt meine Reu' zu spät?
Konnt' er nicht wen'ge Pulse länger leben,
Um mein geändert Herz zu sehn?
Verachtet hab' ich seine treue Stimme,
Da er noch wandelte im Licht! Er ist
2460 Dahin, ist fort auf immerdar und läßt mir
Die schwere, unbezahlte Schuld! — O, saget!
Schied er dahin im Unmut gegen mich?

Stauffacher. Er hörte sterbend noch, was Ihr getan,
Und segnete den Mut, mit dem Ihr spracht!

Rudenz (kniet an dem Toten nieder).

2465 Ja, heil'ge Reste eines teuren Mannes!
Entseelter Leichnam! Hier gelob' ich dir's
In deine kalte Totenhand: Zerrissen
Hab' ich auf ewig alle fremden Bande;
Zurückgegeben bin ich meinem Volk;
2470 Ein Schweizer bin ich, und ich will es sein
Von ganzer Seele. (Aufstehend.) Trauert um den Freund,
Den Vater aller, doch verzaget nicht!
Nicht bloß sein Erbe ist mir zugefallen,
Es steigt sein Herz, sein Geist auf mich herab,
2475 Und leisten soll euch meine frische Jugend,
Was euch sein greises Alter schuldig blieb.
— Ehrwürd'ger Vater, gebt mir Eure Hand!
Gebt mir die Eurige! Melchthal, auch Ihr!
Bedenkt Euch nicht! O wendet Euch nicht weg!
2480 Empfanget meinen Schwur und mein Gelübde!

Walter Fürst. Gebt ihm die Hand! Sein wiederkehrend Herz
Verdient Vertrauen.

Melchthal.   Ihr habt den Landmann nichts geachtet.
Sprecht, wessen soll man sich zu Euch versehn?

Rudenz. O, denket nicht des Irrtums meiner Jugend!

Stauffacher (zu Melchthal).

2485 Seid einig! war das letzte Wort des Vaters.
Gedenket dessen!

Melchthal.   Hier ist meine Hand!
Des Bauern Handschlag, edler Herr, ist auch
Ein Manneswort! Was ist der Ritter ohne uns?
Und unser Stand ist älter als der Eure.

2490   **Rudenz.** Ich ehr' ihn, und mein Schwert soll ihn beschützen.
        Melchthal. Der Arm, Herr Freiherr, der die harte Erde
Sich unterwirft und ihren Schoß befruchtet,
Kann auch des Mannes Brust beschützen.
        Rudenz.   Ihr
Sollt meine Brust, ich will die eure schützen,
2495 So sind wir einer durch den andern stark.
— Doch wozu reden, da das Vaterland
Ein Raub noch ist der fremden Thrannei?
Wenn erst der Boden rein ist von dem Feind,
Dann wollen wir's in Frieden schon vergleichen.
        (Nachdem er einen Augenblick inne gehalten.)
2500 Ihr schweigt? Ihr habt mir nichts zu sagen? Wie?
Verdien' ich's noch nicht, daß ihr mir vertraut?
So muß ich wider euren Willen mich
In das Geheimnis eures Bundes drängen.
Ihr habt getagt — geschworen auf dem Rütli —
2505 Ich weiß — weiß alles, was ihr dort verhandelt,
Und was mir nicht von euch vertrauet ward,
Ich hab's bewahrt gleich wie ein heilig Pfand.
Nie war ich meines Landes Feind, glaubt mir,
Und niemals hätt' ich gegen euch gehandelt. —
2510 Doch übel tatet ihr, es zu verschieben;
Die Stunde dringt, und rascher Tat bedarf's —
Der Tell ward schon das Opfer eures Säumens —
        Stauffacher. Das Christfest abzuwarten, schwuren wir.
        Rudenz. Ich war nicht dort, ich hab' nicht mit geschworen.
2515 Wartet ihr ab, ich handle.
        Melchthal.   Was? Ihr wolltet —
        Rudenz. Des Landes Vätern zähl' ich mich jetzt bei,
Und meine erste Pflicht ist, euch zu schützen.
        Walter Fürst. Der Erde diesen teuren Staub zu geben,
Ist Eure nächste Pflicht und heiligste.
2520   **Rudenz.** Wenn wir das Land befreit, dann legen wir
Den frischen Kranz des Siegs ihm auf die Bahre.
— O, Freunde! Eure Sache nicht allein,
Ich habe meine eigne auszufechten
Mit den Thrannen. Hört und wißt! Verschwunden
2525 Ist meine Berta, heimlich weggeraubt,
Mit kecker Freveltat aus unsrer Mitte!
        Stauffacher. Solcher Gewalttat hätte der Thrann
Wider die freie Edle sich verwogen?
        Rudenz. O meine Freunde! Euch versprach ich Hilfe,

2530 Und ich zuerst muß sie von euch erflehn.
Geraubt, entrissen ist mir die Geliebte.
Wer weiß, wo sie der Wütende verbirgt,
Welcher Gewalt sie frevelnd sich erkühnen,
Ihr Herz zu zwingen zum verhaßten Band!
2535 Verlaßt mich nicht, o, helft mir sie erretten!
Sie liebt euch, o, sie hat's verdient ums Land,
Daß alle Arme sich für sie bewaffnen —

    Walter Fürst. Was wollt Ihr unternehmen?

    Rudenz.   Weiß ich's? Ach!

In dieser Nacht, die ihr Geschick umhüllt,
2540 In dieses Zweifels ungeheurer Angst,
Wo ich nichts Festes zu erfassen weiß,
Ist mir nur dieses in der Seele klar:
Unter den Trümmern der Thyrannenmacht
Allein kann sie hervorgegraben werden;
2545 Die Festen alle müssen wir bezwingen,
Ob wir vielleicht in ihren Kerker dringen.

    Melchthal.

Kommt, führt uns an! Wir folgen Euch. Warum
Bis morgen sparen, was wir heut vermögen?
Frei war der Tell, als wir im Rütli schwuren;
2550 Das Ungeheure war noch nicht geschehen.
Es bringt die Zeit ein anderes Gesetz;
Wer ist so feig, der jetzt noch könnte zagen?

    Rudenz (zu Stauffacher und Walter Fürst).

Indes bewaffnet und zum Werk bereit,
Erwartet ihr der Berge Feuerzeichen;
2555 Denn schneller, als ein Botensegel fliegt,
Soll euch die Botschaft unsers Siegs erreichen,
Und seht ihr leuchten die willkommnen Flammen,
Dann auf die Feinde stürzt wie Wetters Strahl
Und brecht den Bau der Thyrannei zusammen! (Gehen ab.)

Dritte Szene.

(Die hohle Gasse bei Küßnacht.)

(Man steigt von hinten zwischen Felsen herunter, und die Wanderer werden, ehe sie
auf der Szene erscheinen, schon von der Höhe gesehen. Felsen umschließen die ganze
Szene; auf einem der vordersten ist ein Vorsprung, mit Gesträuch bewachsen.)

    Tell (tritt auf mit der Armbrust).

2560 Durch diese hohle Gasse muß er kommen;
Es führt kein andrer Weg nach Küßnacht. Hier

Vollend' ich's. Die Gelegenheit ist günstig.
Dort der Holunderstrauch verbirgt mich ihm,
Von dort herab kann ihn mein Pfeil erlangen;
2565 Des Weges Enge wehret den Verfolgern.
Mach' deine Rechnung mit dem Himmel, Vogt!
Fort mußt du, deine Uhr ist abgelaufen.

Ich lebte still und harmlos, das Geschoß
War auf des Waldes Tiere nur gerichtet,
2570 Meine Gedanken waren rein von Mord.
Du hast aus meinem Frieden mich heraus
Geschreckt; in gärend Drachengift hast du
Die Milch der frommen Denkart mir verwandelt;
Zum Ungeheuren hast du mich gewöhnt.
2575 Wer sich des Kindes Haupt zum Ziele setzte,
Der kann auch treffen in das Herz des Feinds.

Die armen Kindlein, die unschuldigen,
Das treue Weib muß ich vor deiner Wut
Beschützen, Landvogt! — Da, als ich den Bogenstrang
2580 Anzog, als mir die Hand erzitterte,
Als du mit grausam teuflischer Lust
Mich zwangst, aufs Haupt des Kindes anzulegen,
Als ich ohnmächtig flehend rang vor dir,
Damals gelobt' ich mir in meinem Innern
2585 Mit furchtbarm Eidschwur, den nur Gott gehört,
Daß meines nächsten Schusses erstes Ziel
Dein Herz sein sollte. Was ich mir gelobt
In jenes Augenblickes Höllenqualen,
Ist eine heil'ge Schuld, ich will sie zahlen.

2590 Du bist mein Herr und meines Kaisers Vogt;
Doch nicht der Kaiser hätte sich erlaubt,
Was du. Er sandte dich in diese Lande,
Um Recht zu sprechen — strenges, denn er zürnet —
Doch nicht, um mit der mörderischen Lust
2595 Dich jedes Greuels straflos zu erfrechen;
Es lebt ein Gott, zu strafen und zu rächen.

Komm du hervor, du Bringer bittrer Schmerzen,
Mein teures Kleinod jetzt, mein höchster Schatz!
Ein Ziel will ich dir geben, das bis jetzt
2600 Der frommen Bitte undurchdringlich war,
Doch dir soll es nicht widerstehn. — Und du,
Vertraute Bogensehne, die so oft
Mir treu gedient hat in der Freude Spielen,

Verlaß mich nicht im fürchterlichen Ernst!
2605 Nur jetzt noch halte fest, du treuer Strang,
Der mir so oft den herben Pfeil beflügelt!
Entränn' er jetzo kraftlos meinen Händen,
Ich habe keinen zweiten zu versenden.
          (Wanderer gehen über die Szene.)

Auf dieser Bank von Stein will ich mich setzen,
2610 Dem Wanderer zur kurzen Ruh' bereitet.
Denn hier ist keine Heimat — Jeder treibt
Sich an dem andern rasch und fremd vorüber
Und fraget nicht nach seinem Schmerz. Hier geht
Der sorgenvolle Kaufmann und der leicht
2615 Geschürzte Pilger, der andächt'ge Mönch,
Der düstre Räuber und der heitre Spielmann,
Der Säumer mit dem schwerbeladnen Roß,
Der ferne herkommt von der Menschen Ländern,
Denn jede Straße führt ans End' der Welt.
2620 Sie alle ziehen ihres Weges fort
An ihr Geschäft — und meines ist der Mord!

(Setzt sich.) Sonst, wenn der Vater auszog, liebe Kinder,
Da war ein Freuen, wenn er wieder kam;
Denn niemals kehrt' er heim, er bracht' euch etwas,
2625 War's eine schöne Alpenblume, war's
Ein seltner Vogel oder Ammonshorn,
Wie es der Wandrer findet auf den Bergen.
Jetzt geht er einem andern Weidwerk nach,
Am wilden Weg sitzt er mit Mordgedanken;
2630 Des Feindes Leben ist's, worauf er lauert.
— Und doch an euch nur denkt er, lieben Kinder,
Auch jetzt — euch zu verteid'gen, eure holde Unschuld
Zu schützen vor der Rache des Tyrannen,
Will er zum Morde jetzt den Bogen spannen!
2635 *(Steht auf.)* Ich laure auf ein edles Wild. Läßt sich's
Der Jäger nicht verdrießen, tagelang
Umherzustreifen in des Winters Strenge,
Von Fels zu Fels den Wagesprung zu tun,
Hinanzuklimmen an den glatten Wänden,
2640 Wo er sich anleimt mit dem eignen Blut,
Um ein armselig Grattier zu erjagen,
Hier gilt es einen köstlicheren Preis,
Das Herz des Todfeinds, der mich will verderben.
          (Man hört von ferne eine heitere Musik, welche sich nähert.)

Mein ganzes Leben lang hab' ich den Bogen
2645 Gehandhabt, mich geübt nach Schützenregel;
Ich habe oft geschossen in das Schwarze
Und manchen schönen Preis mir heimgebracht
Vom Freudenschießen. Aber heute will ich
Den Meisterschuß tun und das Beste mir
2650 Im ganzen Umkreis des Gebirgs gewinnen.
(Eine Hochzeit zieht über die Szene und durch den Hohlweg hinauf. Tell betrachtet
sie, auf seinen Bogen gelehnt; Stüßi der Flurschütz gesellt sich zu ihm.)

    Stüßi. Das ist der Klostermeir von Mörlischachen,
Der hier den Brautlauf hält — ein reicher Mann,
Er hat wohl zehen Senten auf den Alpen.
Die Braut holt er jetzt ab zu Imisee,
2655 Und diese Nacht wird hoch geschwelgt zu Küßnacht.
Kommt mit! 's ist jeder Biedermann geladen.

    Tell. Ein ernster Gast stimmt nicht zum Hochzeithaus.

    Stüßi. Drückt Euch ein Kummer, werft ihn frisch vom Herzen!
Nehmt mit, was kommt; die Zeiten sind jetzt schwer;
2660 Drum muß der Mensch die Freude leicht ergreifen.
Hier wird gefreit und anderswo begraben.

    Tell. Und oft kommt gar das eine zu dem andern.

    Stüßi. So geht die Welt nun. Es gibt allerwegen
Unglücks genug. Ein Ruffi ist gegangen
2665 Im Glarner Land, und eine ganze Seite
Vom Glärnisch eingesunken.

    Tell.   Wanken auch
Die Berge selbst? Es steht nichts fest auf Erden.

    Stüßi. Auch anderswo vernimmt man Wunderdinge.
Da sprach ich einen, der von Baden kam.
2670 Ein Ritter wollte zu dem König reiten,
Und unterwegs begegnet ihm ein Schwarm
Von Hornissen; die fallen auf sein Roß,
Daß es für Marter tot zu Boden sinkt,
Und er zu Fuße ankommt bei dem König.

2675   Tell. Dem Schwachen ist sein Stachel auch gegeben.
Armgard kommt mit mehreren Kindern und stellt sich an den Eingang des Hohlwegs.

    Stüßi. Man deutet's auf ein großes Landesunglück,
Auf schwere Taten wider die Natur.

    Tell. Dergleichen Taten bringet jeder Tag;
Kein Wunderzeichen braucht sie zu verkünden.

2680   Stüßi. Ja, wohl dem, der sein Feld bestellt in Ruh'
Und ungekränkt daheim sitzt bei den Seinen.

Tell. Es kann der Frömmste nicht im Frieden bleiben,
Wenn es dem bösen Nachbar nicht gefällt.
(Tell sieht oft mit unruhiger Erwartung nach der Höhe des Weges.)
  Stüssi. Gehabt Euch wohl — Ihr wartet hier auf jemand?
2685 **Tell.** Das tu' ich.
  Stüssi.   Frohe Heimkehr zu den Euren!
— Ihr seid aus Uri? Unser gnäd'ger Herr,
 Der Landvogt, wird noch heut von dort erwartet.
  Wanderer (kommt).
Den Vogt erwartet heut nicht mehr. Die Wasser
Sind ausgetreten von dem großen Regen,
2690 Und alle Brücken hat der Strom zerrissen.
(Tell steht auf.)
  Armgard (kommt vorwärts). Der Landvogt kommt nicht?
  Stüssi.   Sucht Ihr was an ihn?
  Armgard. Ach, freilich!
  Stüssi.   Warum stellet Ihr Euch denn
In dieser hohlen Gass' ihm in den Weg?
  Armgard. Hier weicht er mir nicht aus, er muß mich hören.
  Frießhardt (kommt eilfertig den Hohlweg herab und ruft in die Szene).
2695 Man fahre aus dem Weg! Mein gnäd'ger Herr,
Der Landvogt, kommt dicht hinter mir geritten.
(Tell geht ab.)
  Armgard (lebhaft). Der Landvogt kommt! (Sie geht mit ihren
Kindern nach der vordern Szene. Geßler und Rudolf der Harras zeigen sich
zu Pferd auf der Höhe des Wegs.)
  Stüssi (zu Frießhardt). Wie kamt Ihr durch das Wasser,
Da doch der Strom die Brücken fortgeführt?
  Frießhardt. Wir haben mit dem See gefochten, Freund,
2700 Und fürchten uns vor keinem Alpenwasser.
  Stüssi. Ihr wart zu Schiff in dem gewalt'gen Sturm?
  Frießhardt. Das waren wir. Mein Lebtag denk' ich dran!
  Stüssi. O, bleibt, erzählt!
  Frießhardt.   Laßt mich, ich muß voraus,
Den Landvogt muß ich in der Burg verkünden. (Ab.)
2705   **Stüssi.** Wärn gute Leute auf dem Schiff gewesen,
In Grund gesunken wär's mit Mann und Maus;
Dem Volk kann weder Wasser bei noch Feuer. (Er sieht sich um.)
Wo kam der Weidmann hin, mit dem ich sprach? (Geht ab.)
    Geßler und **Rudolf der Harras** zu Pferd.

  Geßler. Sagt, was Ihr wollt, ich bin des Kaisers Diener
2710 Und muß drauf denken, wie ich ihm gefalle.
Er hat mich nicht ins Land geschickt, dem Volk

Zu schmeicheln und ihm sanft zu tun — Gehorsam
Erwartet er; der Streit ist, ob der Bauer
Soll Herr sein in dem Lande oder der Kaiser.

2715   **Armgard.** Jetzt ist der Augenblick! Jetzt bring' ich's an!
(Nähert sich furchtsam.)

Geßler. Ich hab' den Hut nicht aufgesteckt zu Altorf
Des Scherzes wegen, oder um die Herzen
Des Volks zu prüfen; diese kenn' ich längst.
Ich hab' ihn aufgesteckt, daß sie den Nacken
2720 Mir lernen beugen, den sie aufrecht tragen.
Das Unbequeme hab' ich hingepflanzt
Auf ihren Weg, wo sie vorbeigehn müssen,
Daß sie drauf stoßen mit dem Aug' und sich
Erinnern ihres Herrn, den sie vergessen.

2725   **Rudolf.** Das Volk hat aber doch gewisse Rechte —

Geßler. Die abzuwägen, ist jetzt keine Zeit!
— Weitschicht'ge Dinge sind im Werk und Werden;
Das Kaiserhaus will wachsen; was der Vater
Glorreich begonnen, will der Sohn vollenden.
2730 Dies kleine Volk ist uns ein Stein im Weg —
So oder so — Es muß sich unterwerfen.
(Sie wollen vorüber. Die Frau wirft sich vor dem Landvogt nieder.)

Armgard.
Barmherzigkeit, Herr Landvogt! Gnade! Gnade!

Geßler. Was dringt Ihr Euch auf offner Straße mir
In Weg? Zurück!

Armgard.   Mein Mann liegt im Gefängnis;
2735 Die armen Waisen schrein nach Brot — Habt Mitleid,
Gestrenger Herr, mit unserm großen Elend!

Rudolf. Wer seid Ihr? Wer ist Euer Mann?

Armgard.   Ein armer
Wildheuer, guter Herr, vom Rigiberge,
Der überm Abgrund weg das freie Gras
2740 Abmähet von den schroffen Felsenwänden,
Wohin das Vieh sich nicht getraut zu steigen —

Rudolf (zum Landvogt).
Bei Gott, ein elend und erbärmlich Leben!
Ich bitt' Euch, gebt ihn los, den armen Mann!
Was er auch Schweres mag verschuldet haben,
2745 Strafe genug ist sein entsetzlich Handwerk.
(Zu der Frau.) Euch soll Recht werden. Drinnen auf der Burg
Nennt Eure Bitte — Hier ist nicht der Ort.

Armgard. Nein, nein, ich weiche nicht von diesem Platz,
Bis mir der Vogt den Mann zurückgegeben!
2750 Schon in den sechsten Mond liegt er im Turm
Und harret auf den Richterspruch vergebens.

Geßler. Weib, wollt Ihr mir Gewalt antun? Hinweg!

Armgard. Gerechtigkeit, Landvogt! Du bist der Richter
Im Lande an des Kaisers Statt und Gottes.
2755 Tu deine Pflicht! So du Gerechtigkeit
Vom Himmel hoffest, so erzeig' sie uns!

Geßler. Fort! Schafft das freche Volk mir aus den Augen!

Armgard (greift in die Zügel des Pferdes).
Nein, nein, ich habe nichts mehr zu verlieren.
— Du kommst nicht von der Stelle, Vogt, bis du
2760 Mir Recht gesprochen! Falte deine Stirne,
Rolle die Augen, wie du willst! Wir sind
So grenzenlos unglücklich, daß wir nichts
Nach deinem Zorn mehr fragen.

Geßler.   Weib, mach' Platz,
Oder mein Roß geht über dich hinweg.

2765 **Armgard.** Laß es über mich dahin gehn! Da — (Sie reißt
ihre Kinder zu Boden und wirft sich mit ihnen ihm in den Weg.) Hier lieg' ich
Mit meinen Kindern — Laß die armen Waisen
Von deines Pferdes Huf zertreten werden!
Es ist das Ärgste nicht, was du getan!

Rudolf. Weib, seid Ihr rasend?

Armgard (heftiger fortfahrend).   Tratest du doch längst
2770 Das Land des Kaisers unter deine Füße!
— O, ich bin nur ein Weib! Wär' ich ein Mann,
Ich wüßte wohl was Besseres, als hier
Im Staub zu liegen —
(Man hört die vorige Musik wieder auf der Höhe des Wegs, aber gedämpft.)

Geßler.   Wo sind meine Knechte?
Man reiße sie von hinnen, oder ich
2775 Vergesse mich und tue, was mich reuet.

Rudolf. Die Knechte können nicht hindurch, o Herr!
Der Hohlweg ist gesperrt durch eine Hochzeit.

Geßler. Ein allzu milder Herrscher bin ich noch
Gegen dies Volk — die Zungen sind noch frei,
2780 Es ist noch nicht ganz, wie es soll, gebändigt.
Doch es soll anders werden, ich gelob' es:
Ich will ihn brechen, diesen starren Sinn,
Den kecken Geist der Freiheit will ich beugen.
Ein neu Gesetz will ich in diesen Landen

2785 Verkündigen — Ich will — (Ein Pfeil durchbohrt ihn; er fährt mit der
Hand ans Herz und will sinken. Mit matter Stimme:) Gott sei mir gnädig!
      Rudolf.

Herr Landvogt — Gott! Was ist das? Woher kam das?
      Armgard (auffahrend).

Mord! Mord! Er taumelt, sinkt! Er ist getroffen!
Mitten ins Herz hat ihn der Pfeil getroffen!
      Rudolf (springt vom Pferde).

Welch gräßliches Ereignis — Gott — Herr Ritter —
2790 Ruft die Erbarmung Gottes an! — Ihr seid
Ein Mann des Todes!
      Geßler.   Das ist Tells Geschoß!
(Ist vom Pferd herab dem Rudolf Harras in den Arm gegleitet und wird auf der
Bank niedergelassen.)
      Tell (erscheint oben auf der Höhe des Felsen).

Du kennst den Schützen, suche keinen andern!
Frei sind die Hütten, sicher ist die Unschuld
Vor dir, du wirst dem Lande nicht mehr schaden.
        (Verschwindet von der Höhe. Volk stürzt herein.)
2795   **Stüssi** (voran). Was gibt es hier? Was hat sich zugetragen?
      Armgard. Der Landvogt ist von einem Pfeil durchschossen.
      Volk (im Hereinstürzen). Wer ist erschossen?
(Indem die vordersten von dem Brautzug auf die Szene kommen, sind die hintersten
noch auf der Höhe, und die Musik geht fort.)
      Rudolf der Harras.   Er verblutet sich.

Fort, schaffet Hilfe! Setzt dem Mörder nach!
— Verlorner Mann, so muß es mit dir enden;
800 Doch meine Warnung wolltest du nicht hören!
      Stüssi. Bei Gott! da liegt er bleich und ohne Leben!
      Viele Stimmen. Wer hat die Tat getan?
      Rudolf der Harras.   Rast dieses Volk,

Daß es dem Mord Musik macht? Laßt sie schweigen!
      (Musik bricht plötzlich ab, es kommt noch mehr Volk nach.)

Herr Landvogt, redet, wenn Ihr könnt! Habt Ihr
05 Mir nichts mehr zu vertrauen?
(Geßler gibt Zeichen mit der Hand, die er mit Heftigkeit wiederholt, da sie nicht gleich
verstanden werden.)
              Wo soll ich hin?

— Nach Küßnacht? — Ich versteh' Euch nicht. O, werdet
Nicht ungeduldig — Laßt das Irdische,
Denkt jetzt Euch mit dem Himmel zu versöhnen!
(Die ganze Hochzeitgesellschaft umsteht den Sterbenden mit einem fühllosen Grausen.)
      Stüssi. Sieh, wie er bleich wird — Jetzt, jetzt tritt der Tod
10 Ihm an das Herz — die Augen sind gebrochen.

                      7*

Armgard (hebt ein Kind empor).

Seht, Kinder, wie ein Wüterich verscheidet!

Rudolf der Harras.

Wahnsinnige Weiber, habt ihr kein Gefühl,
Daß ihr den Blick an diesem Schrecknis weidet?
— Helft — Leget Hand an! Steht mir niemand bei,
2815 Den Schmerzenspfeil ihm aus der Brust zu ziehn?

Weiber (treten zurück).

Wir ihn berühren, welchen Gott geschlagen!

Rudolf der Harras.   Fluch treff euch und Verdammnis!
(Zieht das Schwert.)

Stüßi (fällt ihm in den Arm).   Wagt es, Herr!

Eur Walten hat ein Ende. Der Thrann
Des Landes ist gefallen. Wir erdulden
2820 Keine Gewalt mehr. Wir sind freie Menschen.

Alle (tumultuarisch). Das Land ist frei!

Rudolf der Harras.   Ist es dahin gekommen?
Endet die Furcht so schnell und der Gehorsam?
(Zu den Waffenknechten, die hereindringen.)

Ihr seht die grausenvolle Tat des Mords,
Die hier geschehen — Hilfe ist umsonst.
2825 Vergeblich ist's, dem Mörder nachzusetzen.
Uns drängen andre Sorgen — Auf, nach Küßnacht,
Daß wir dem Kaiser seine Feste retten!
Denn aufgelöst in diesem Augenblick
Sind aller Ordnung, aller Pflichten Bande,
2830 Und keines Mannes Treu' ist zu vertrauen.

Indem er mit den Waffenknechten abgeht, erscheinen sechs **Barmherzige Brüder.**

Armgard.

Platz! Platz! da kommen die Barmherz'gen Brüder.

Stüßi. Das Opfer liegt — Die Raben steigen nieder.

Barmherzige Brüder (schließen einen Halbkreis um den Toten und
singen in tiefem Ton).

Rasch tritt der Tod den Menschen an,
Es ist ihm keine Frist gegeben;
2835 Es stürzt ihn mitten in der Bahn,
Es reißt ihn fort vom vollen Leben.
Bereitet oder nicht, zu gehen,
Er muß vor seinen Richter stehen!

Indem die letzten Zeilen wiederholt werden, fällt der Vorhang.

———

Fünfter Aufzug.

Erste Szene.

(Öffentlicher Platz bei Altorf.)

(Im Hintergrunde rechts die Feste Zwing Uri mit dem noch stehenden Baugerüste, wie in der dritten Szene des ersten Aufzugs; links eine Aussicht in viele Berge hinein, auf welchen allen Signalfeuer brennen. Es ist eben Tagesanbruch, Glocken ertönen aus verschiedenen Fernen.)

Ruodi, Kuoni, Werni, Meister Steinmetz und viele andre Landleute, auch Weiber und Kinder.

Ruodi. Seht ihr die Feursignale auf den Bergen?
2840   **Steinmetz.** Hört ihr die Glocken drüben überm Wald?
Ruodi. Die Feinde sind verjagt.
Steinmetz.   Die Burgen sind erobert.
Ruodi. Und wir im Lande Uri dulden noch
Auf unserm Boden das Tyrannenschloß?
Sind wir die letzten, die sich frei erklären?
2845   **Steinmetz.** Das Joch soll stehen, das uns zwingen wollte?
Auf, reißt es nieder!
Alle.   Nieder! nieder! nieder!
Ruodi. Wo ist der Stier von Uri?
Stier von Uri.   Hier. Was soll ich?
Ruodi. Steigt auf die Hochwacht, blast in Euer Horn,
Daß es weitschmetternd in die Berge schalle
2850 Und, jedes Echo in den Felsenklüften
Aufweckend, schnell die Männer des Gebirgs
Zusammenrufe!
    (Stier von Uri geht ab. Walter Fürst kommt.)
Walter Fürst.   Haltet, Freunde! Haltet!
Noch fehlt uns Kunde, was in Unterwalden
Und Schwyz geschehen. Laßt uns Boten erst
2855 Erwarten!
Ruodi.   Was erwarten? Der Tyrann
Ist tot, der Tag der Freiheit ist erschienen.
Steinmetz. Ist's nicht genug an diesen flammenden Boten,
Die rings herum auf allen Bergen leuchten?
Ruodi.
Kommt alle, kommt, legt Hand an, Männer und Weiber!
2860 Brecht das Gerüste! Sprengt die Bogen! Reißt
Die Mauern ein! Kein Stein bleib' auf dem andern!
Steinmetz. Gesellen, kommt! wir haben's aufgebaut,
Wir wissen's zu zerstören.

Alle.   Kommt, reißt nieder!
(Sie stürzen sich von allen Seiten auf den Bau.)
    Walter Fürst.

Es ist im Lauf. Ich kann sie nicht mehr halten.
Melchthal und Baumgarten kommen.
    Melchthal.

2865 Was? Steht die Burg noch, und Schloß Sarnen liegt
In Asche, und der Roßberg ist gebrochen?
    Walter Fürst.

Seid Ihr es, Melchthal? Bringt Ihr uns die Freiheit?
Sagt! Sind die Lande alle rein vom Feind?
    Melchthal (umarmt ihn).

Rein ist der Boden. Freut Euch, alter Vater!
2870 In diesem Augenblicke, da wir reden,
Ist kein Thrann mehr in der Schweizer Land.
    Walter Fürst.

O, sprecht, wie wurdet Ihr der Burgen mächtig?
    Melchthal. Der Rudenz war es, der das Sarner Schloß
Mit mannlich kühner Wagetat gewann.
2875 Den Roßberg hatt' ich nachts zuvor erstiegen.
— Doch höret, was geschah. Als wir das Schloß,
Vom Feind geleert, nun freudig angezündet,
Die Flamme prasselnd schon zum Himmel schlug,
Da stürzt der Diethelm, Geßlers Bub, hervor
2880 Und ruft, daß die Bruneckerin verbrenne.
    Walter Fürst. Gerechter Gott!
(Man hört die Balken des Gerüstes stürzen.)
    Melchthal.   Sie war es selbst, war heimlich
Hier eingeschlossen auf des Vogts Geheiß.
Rasend erhub sich Rudenz, denn wir hörten
Die Balken schon, die festen Pfosten stürzen
2885 Und aus dem Rauch hervor den Jammerruf
Der Unglückseligen.
    Walter Fürst.   Sie ist gerettet?
    Melchthal. Da galt Geschwindsein und Entschlossenheit!
— Wär' er nur unser Edelmann gewesen,
Wir hätten unser Leben wohl geliebt;
2890 Doch er war unser Eidgenoß, und Berta
Ehrte das Volk. So setzten wir getrost
Das Leben dran und stürzten in das Feuer.
    Walter Fürst. Sie ist gerettet?
    Melchthal.   Sie ist's. Rudenz und ich,
Wir trugen sie selbander aus den Flammen,

2895 Und hinter uns fiel krachend das Gebälk.
— Und jetzt, als sie gerettet sich erkannte,
Die Augen aufschlug zu dem Himmelslicht,
Jetzt stürzte mir der Freiherr an das Herz,
Und schweigend ward ein Bündnis jetzt beschworen,
2900 Das, fest gehärtet in des Feuers Glut,
Bestehen wird in allen Schicksalsproben.

    Walter Fürst. Wo ist der Landenberg?

    Melchthal.   Über den Brünig.
Nicht lag's an mir, daß er das Licht der Augen
Davontrug, der den Vater mir geblendet.
2905 Nach jagt' ich ihm, erreicht' ihn auf der Flucht
Und riß ihn zu den Füßen meines Vaters.
Geschwungen über ihm war schon das Schwert;
Von der Barmherzigkeit des blinden Greises
Erhielt er flehend das Geschenk des Lebens.
2910 Urfehde schwur er, nie zurückzukehren;
Er wird sie halten; unsern Arm hat er
Gefühlt.

    Walter Fürst. Wohl Euch, daß Ihr den reinen Sieg
Mit Blute nicht geschändet!

    Kinder (eilen mit Trümmern des Gerüstes über die Szene).
               Freiheit! Freiheit!
      (Das Horn von Uri wird mit Macht geblasen.)

    Walter Fürst. Seht, welch ein Fest! Des Tages werden sich
2915 Die Kinder spät als Greise noch erinnern.
  (Mädchen bringen den Hut auf einer Stange getragen; die ganze Szene füllt sich mit
  Volk an.)

    Ruodi. Hier ist der Hut, dem wir uns beugen mußten.

    Baumgarten. Gebt uns Bescheid, was damit werden soll.

    Walter Fürst. Gott! Unter diesem Hute stand mein Enkel.

    Mehrere Stimmen.
Zerstört das Denkmal der Tyrannenmacht!
2920 Ins Feuer mit ihm!

    Walter Fürst.   Nein, laßt ihn aufbewahren!
Der Tyrannei mußt' er zum Werkzeug dienen,
Er soll der Freiheit ewig Zeichen sein!
  (Die Landleute, Männer, Weiber und Kinder stehen und sitzen auf den Balken des
  zerbrochenen Gerüstes malerisch gruppiert in einem großen Halbkreis umher.)

    Melchthal. So stehen wir nun fröhlich auf den Trümmern
Der Tyrannei, und herrlich ist's erfüllt,
925 Was wir im Rütli schwuren, Eidgenossen.

    Walter Fürst. Das Werk ist angefangen, nicht vollendet.

Jetzt ist uns Mut und feste Eintracht not;
Denn, seid gewiß, nicht säumen wird der König,
Den Tod zu rächen seines Vogts und den
2930 Vertriebnen mit Gewalt zurückzuführen.

    Melchthal. Er zieh' heran mit seiner Heeresmacht!
Ist aus dem Innern doch der Feind verjagt;
Dem Feind von außen wollen wir begegnen.

    Ruodi. Nur wen'ge Pässe öffnen ihm das Land,
2935 Die wollen wir mit unsern Leibern decken.

    Baumgarten. Wir sind vereinigt durch ein ewig Band,
Und seine Heere sollen uns nicht schrecken!

            Rösselmann und Stauffacher kommen.

    Rösselmann (im Eintreten).
Das sind des Himmels furchtbare Gerichte.

    Landleute. Was gibt's?

    Rösselmann.   In welchen Zeiten leben wir!

    Walter Fürst.
2940 Sagt an, was ist es? — Ha, seid Ihr's, Herr Werner?
Was bringt Ihr uns?

    Landleute.   Was gibt's?

    Rösselmann.   Hört und erstaunet!

    Stauffacher. Von einer großen Furcht sind wir befreit —

    Rösselmann. Der Kaiser ist ermordet.

    Walter Fürst.   Gnäd'ger Gott!

    (Landleute machen einen Aufstand und umdrängen den Stauffacher.)

    Alle. Ermordet! Was? Der Kaiser! Hört! Der Kaiser!

2945   **Melchthal.** Nicht möglich! Woher kam Euch diese Kunde?

    Stauffacher. Es ist gewiß. Bei Bruck fiel König Albrecht
Durch Mörders Hand; ein glaubenwerter Mann,
Johannes Müller, bracht' es von Schaffhausen.

    Walter Fürst. Wer wagte solche grauenvolle Tat?

2950   **Stauffacher.** Sie wird noch grauenvoller durch den Täter.
Es war sein Neffe, seines Bruders Kind,
Herzog Johann von Schwaben, der's vollbrachte.

    Melchthal. Was trieb ihn zu der Tat des Vatermords?

    Stauffacher. Der Kaiser hielt das väterliche Erbe
2955 Dem ungeduldig Mahnenden zurück;
Es hieß, er denk' ihn ganz darum zu kürzen,
Mit einem Bischofshut ihn abzufinden.
Wie dem auch sei, der Jüngling öffnete
Der Waffenfreunde bösem Rat sein Ohr,
2960 Und mit den edeln Herrn von Eschenbach,
Von Tegerfelden, von der Wart und Palm

Beschloß er, da er Recht nicht konnte finden,
Sich Rach' zu holen mit der eignen Hand.

    Walter Fürst. O sprecht, wie ward das Gräßliche vollendet?

2965   **Stauffacher.** Der König ritt herab vom Stein zu Baden,
Gen Rheinfeld, wo die Hofstatt war, zu ziehn,
Mit ihm die Fürsten Hans und Leopold
Und ein Gefolge hochgeborner Herren.
Und als sie kamen an die Reuß, wo man
2970 Auf einer Fähre sich läßt übersetzen,
Da drängten sich die Mörder in das Schiff,
Daß sie den Kaiser vom Gefolge trennten.
Drauf, als der Fürst durch ein geackert Feld
Hinreitet — eine alte große Stadt
2975 Soll drunter liegen aus der Heiden Zeit —,
Die alte Feste Habsburg im Gesicht,
Wo seines Stammes Hoheit ausgegangen,
Stößt Herzog Hans den Dolch ihm in die Kehle,
Rudolf von Palm durchrennt ihn mit dem Speer,
2980 Und Eschenbach zerspaltet ihm das Haupt,
Daß er heruntersinkt in seinem Blut,
Gemordet von den Seinen, auf dem Seinen.
Am andern Ufer sahen sie die Tat;
Doch durch den Strom geschieden, konnten sie
2985 Nur ein ohnmächtig Wehgeschrei erheben;
Am Wege aber saß ein armes Weib,
In ihrem Schoß verblutete der Kaiser.

    Melchthal. So hat er nur sein frühes Grab gegraben,
Der unersättlich alles wollte haben!

2990   **Stauffacher.** Ein ungeheurer Schrecken ist im Land umher;
Gesperrt sind alle Pässe des Gebirgs,
Jedweder Stand verwahret seine Grenzen;
Die alte Zürich selbst schloß ihre Tore,
Die dreißig Jahr' lang offen standen, zu,
2995 Die Mörder fürchtend und noch mehr — die Rächer.
Denn mit des Bannes Fluch bewaffnet kommt
Der Ungarn Königin, die strenge Agnes,
Die nicht die Milde kennet ihres zarten
Geschlechts, des Vaters königliches Blut
3000 Zu rächen an der Mörder ganzem Stamm,
An ihren Knechten, Kindern, Kindeskindern,
Ja, an den Steinen ihrer Schlösser selbst.
Geschworen hat sie, ganze Zeugungen

Hinabzusenden in des Vaters Grab,
3005 In Blut sich wie in Maientau zu baden.
      Melchthal. Weiß man, wo sich die Mörder hingeflüchtet?
      Stauffacher. Sie flohen alsbald nach vollbrachter Tat
Auf fünf verschiednen Straßen auseinander
Und trennten sich, um nie sich mehr zu sehn.
3010 Herzog Johann soll irren im Gebirge.
      Walter Fürst. So trägt die Untat ihnen keine Frucht!
Rache trägt keine Frucht! Sich selbst ist sie
Die fürchterliche Nahrung, ihr Genuß
Ist Mord, und ihre Sättigung das Grausen.
3015   **Stauffacher.** Den Mördern bringt die Untat nicht Gewinn;
Wir aber brechen mit der reinen Hand
Des blut'gen Frevels segenvolle Frucht.
Denn einer großen Furcht sind wir entledigt;
Gefallen ist der Freiheit größter Feind,
3020 Und wie verlautet, wird das Zepter gehn
Aus Habsburgs Haus zu einem andern Stamm,
Das Reich will seine Wahlfreiheit behaupten.
      Walter Fürst und mehrere. Vernahmt Ihr was?
      Stauffacher.   Der Graf von Luxemburg
Ist von den mehrsten Stimmen schon bezeichnet.
3025   **Walter Fürst.** Wohl uns, daß wir beim Reiche treu gehalten;
Jetzt ist zu hoffen auf Gerechtigkeit!
      Stauffacher. Dem neuen Herrn tun tapfre Freunde not;
Er wird uns schirmen gegen Östreichs Rache.
      (Die Landleute umarmen einander.)
      Sigrist mit einem Reichsboten.

      Sigrist. Hier sind des Landes würd'ge Oberhäupter.
3030   **Rösselmann und mehrere.** Sigrist, was gibt's?
      Sigrist.   Ein Reichsbot' bringt dies Schreiben.
      Alle (zu Walter Fürst). Erbrecht und leset!
      Walter Fürst (liest).   „Den bescheidnen Männern
Von Uri, Schwyz und Unterwalden bietet
Die Königin Elsbeth Gnad' und alles Gutes."
      Viele Stimmen. Was will die Königin? Ihr Reich ist aus.
      Walter Fürst (liest).
3035 „In ihrem großen Schmerz und Witwenleid,
Worein der blut'ge Hinscheid ihres Herrn
Die Königin versetzt, gedenkt sie noch
Der alten Treu' und Lieb' der Schwyzerlande."
      Melchthal. In ihrem Glück hat sie das nie getan.
3040   **Rösselmann.** Still! Lasset hören!

Walter Fürst (liest). „Und sie versieht sich zu dem treuen Volk,
Daß es gerechten Abscheu werde tragen
Vor den verfluchten Tätern dieser Tat.
Darum erwartet sie von den drei Landen,
3045 Daß sie den Mördern nimmer Vorschub tun,
Vielmehr getreulich dazu helfen werden,
Sie auszuliefern in des Rächers Hand,
Der Lieb' gedenkend und der alten Gunst,
Die sie von Rudolfs Fürstenhaus empfangen."

(Zeichen des Unwillens unter den Landleuten.)

3050 **Viele Stimmen.** Der Lieb' und Gunst!
Stauffacher. Wir haben Gunst empfangen von dem Vater;
Doch wessen rühmen wir uns von dem Sohn?
Hat er den Brief der Freiheit uns bestätigt,
Wie vor ihm alle Kaiser doch getan?
3055 Hat er gerichtet nach gerechtem Spruch
Und der bedrängten Unschuld Schutz verliehn?
Hat er auch nur die Boten wollen hören,
Die wir in unsrer Angst zu ihm gesendet?
Nicht eins von diesem allen hat der König
3060 An uns getan, und hätten wir nicht selbst
Uns Recht verschafft mit eigner mut'ger Hand,
Ihn rührte unsre Not nicht an. Ihm Dank?
Nicht Dank hat er gesät in diesen Tälern.
Er stand auf einem hohen Platz, er konnte
3065 Ein Vater seiner Völker sein; doch ihm
Gefiel es, nur zu sorgen für die Seinen;
Die er gemehrt hat, mögen um ihn weinen!
Walter Fürst. Wir wollen nicht frohlocken seines Falls,
Nicht des empfangnen Bösen jetzt gedenken,
3070 Fern sei's von uns! Doch daß wir rächen sollten
Des Königs Tod, der nie uns Gutes tat,
Und die verfolgen, die uns nie betrübten,
Das ziemt uns nicht und will uns nicht gebühren.
Die Liebe will ein freies Opfer sein;
3075 Der Tod entbindet von erzwungnen Pflichten.
— Ihm haben wir nichts weiter zu entrichten.
Melchthal. Und weint die Königin in ihrer Kammer,
Und klagt ihr wilder Schmerz den Himmel an,
So seht Ihr hier ein angstbefreites Volk
3080 Zu eben diesem Himmel dankend flehen.
Wer Tränen ernten will, muß Liebe säen.

(Reichsbote geht ab.)

Stauffacher (zu dem Volk).

Wo ist der Tell? Soll er allein uns fehlen,
Der unsrer Freiheit Stifter ist? Das Größte
Hat er getan, das Härteste erduldet.
3085 Kommt alle, kommt, nach seinem Haus zu wallen,
Und rufet Heil dem Retter von uns allen! (Alle gehen ab.)

Zweite Szene.

(Tells Hausflur. Ein Feuer brennt auf dem Herd. Die offenstehende Türe zeigt ins Freie.)
Hedwig. Walter und Wilhelm.

Hedwig. Heut kommt der Vater. Kinder, liebe Kinder!
Er lebt, ist frei, und wir sind frei und alles!
Und euer Vater ist's, der's Land gerettet.

3090   **Walter.** Und ich bin auch dabei gewesen, Mutter!
Mich muß man auch mit nennen. Vaters Pfeil
Ging mir am Leben hart vorbei, und ich
Hab' nicht gezittert.

Hedwig (umarmt ihn). Ja, du bist mir wieder
Gegeben! Zweimal hab' ich dich geboren!
3095 Zweimal litt ich den Mutterschmerz um dich!
Es ist vorbei — Ich hab' euch beide, beide!
Und heute kommt der liebe Vater wieder!
                (Ein Mönch erscheint an der Haustüre.)
    Wilhelm.
Sieh, Mutter, sieh! Dort steht ein frommer Bruder;
Gewiß wird er um eine Gabe flehn.

3100   **Hedwig.** Führ' ihn herein, damit wir ihn erquicken;
Er fühl's, daß er ins Freudenhaus gekommen.
                (Geht hinein und kommt bald mit einem Becher wieder.)
    Wilhelm (zum Mönch).
Kommt, guter Mann! Die Mutter will Euch laben.
    Walter. Kommt, ruht Euch aus und geht gestärkt von dannen!
    Mönch (scheu umherblickend, mit zerstörten Zügen).
Wo bin ich? Saget an, in welchem Lande?
3105   **Walter.** Seid Ihr verirret, daß Ihr das nicht wißt?
Ihr seid zu Bürglen, Herr, im Lande Uri,
Wo man hineingeht in das Schächental.
    Mönch (zur Hedwig, welche zurückkommt).
Seid Ihr allein? Ist Euer Herr zu Hause?
    Hedwig. Ich erwart' ihn eben — doch was ist Euch, Mann?
3110 Ihr seht nicht aus, als ob Ihr Gutes brächtet.
— Wer Ihr auch seid, Ihr seid bedürftig, nehmt!
                (Reicht ihm den Becher.)

Mönch. Wie auch mein lechzend Herz nach Labung schmachtet,
Nichts rühr' ich an, bis Ihr mir zugesagt —

Hedwig. Berührt mein Kleid nicht, tretet mir nicht nah',
3115 Bleibt ferne stehn, wenn ich Euch hören soll!

Mönch. Bei diesem Feuer, das hier gastlich lodert,
Bei Eurer Kinder teuerm Haupt, das ich
Umfasse — (Ergreift die Knaben.)

Hedwig. Mann, was sinnet Ihr? Zurück
Von meinen Kindern! — Ihr seid kein Mönch! Ihr seid
3120 Es nicht! Der Friede wohnt in diesem Kleide;
In Euern Zügen wohnt der Friede nicht.

Mönch. Ich bin der unglückseligste der Menschen.

Hedwig. Das Unglück spricht gewaltig zu dem Herzen;
Doch Euer Blick schnürt mir das Innre zu.

3125 **Walter** (aufspringend). Mutter, der Vater! (Eilt hinaus.)

Hedwig.   O mein Gott!
(Will nach, zittert und hält sich an.)

Wilhelm (eilt nach).   Der Vater!

Walter (draußen). Da bist du wieder!

Wilhelm (draußen).   Vater, lieber Vater!

Tell (draußen). Da bin ich wieder. Wo ist eure Mutter?
(Treten herein.)

Walter. Da steht sie an der Tür' und kann nicht weiter;
So zittert sie für Schrecken und für Freude.

3130 **Tell.** O Hedwig! Hedwig! Mutter meiner Kinder!
Gott hat geholfen, uns trennt kein Thrann mehr.

Hedwig (an seinem Halse).
O Tell! Tell! Welche Angst litt ich um dich!
(Mönch wird aufmerksam.)

Tell. Vergiß sie jetzt und lebe nur der Freude!
Da bin ich wieder! Das ist meine Hütte!
3135 Ich stehe wieder auf dem Meinigen!

Wilhelm. Wo aber hast du deine Armbrust, Vater?
Ich seh' sie nicht.

Tell.   Du wirst sie nie mehr sehn.
An heil'ger Stätte ist sie aufbewahrt;
Sie wird hinfort zu keiner Jagd mehr dienen.

3140 **Hedwig.** O Tell! Tell! (Tritt zurück, läßt seine Hand los.)

Tell.   Was erschreckt dich, liebes Weib?

Hedwig.
Wie — wie kommst du mir wieder? — Diese Hand
— Darf ich sie fassen? — Diese Hand — O Gott!

Tell (herzlich und mutig).

Hat euch verteidigt und das Land gerettet;
Ich darf sie frei hinauf zum Himmel heben.

(Mönch macht eine rasche Bewegung, er erblickt ihn.)

3145 Wer ist der Bruder hier?

Hedwig.   Ach, ich vergaß ihn!
Sprich du mit ihm; mir graut in seiner Nähe.

Mönch (tritt näher).

Seid Ihr der Tell, durch den der Landvogt fiel?

Tell. Der bin ich, ich verberg' es keinem Menschen.

Mönch. Ihr seid der Tell! Ach, es ist Gottes Hand,
3150 Die unter Euer Dach mich hat geführt.

Tell (mißt ihn mit den Augen).

Ihr seid kein Mönch! Wer seid Ihr?

Mönch.   Ihr erschlugt
Den Landvogt, der Euch Böses tat. Auch ich
Hab' einen Feind erschlagen, der mir Recht
Versagte — Er war Euer Feind wie meiner —
3155 Ich hab' das Land von ihm befreit.

Tell (zurückfahrend.)   Ihr seid —
Entsetzen! — Kinder! Kinder, geht hinein!
Geh, liebes Weib! Geh, geh! — Unglücklicher,
Ihr wäret —

Hedwig.   Gott, wer ist es?

Tell.   Frage nicht!
Fort! Fort! Die Kinder dürfen es nicht hören.
3160 Geh aus dem Hause — weit hinweg — Du darfst
Nicht unter einem Dach mit diesem wohnen.

Hedwig. Weh mir, was ist das? Kommt!

(Geht mit den Kindern.)

Tell (zu dem Mönch).   Ihr seid der Herzog
Von Österreich — Ihr seid's! Ihr habt den Kaiser
Erschlagen, Euern Ohm und Herrn.

Johannes Parricida.   Er war
3165 Der Räuber meines Erbes.

Tell.   Euern Ohm!
Erschlagen, Euern Kaiser! Und Euch trägt
Die Erde noch! Euch leuchtet noch die Sonne!

Parricida. Tell, hört mich, eh' Ihr —

Tell.   Von dem Blute triefend
Des Vatermordes und des Kaisermords,
3170 Wagst du zu treten in mein reines Haus?

Du wagst's, dein Antlitz einem guten Menschen
Zu zeigen und das Gastrecht zu begehren?

    Parricida. Bei Euch hofft' ich Barmherzigkeit zu finden;
Auch Ihr nahmt Rach' an Euerm Feind.

    Tell.   Unglücklicher!
3175 Darfst du der Ehrsucht blut'ge Schuld vermengen
Mit der gerechten Notwehr eines Vaters?
Hast du der Kinder liebes Haupt verteidigt?
Des Herdes Heiligtum beschützt? das Schrecklichste,
Das Letzte von den Deinen abgewehrt?
3180 — Zum Himmel heb' ich meine reinen Hände,
Verfluche dich und deine Tat! Gerächt
Hab' ich die heilige Natur, die du
Geschändet — Nichts teil' ich mit dir — Gemordet
Hast du, ich hab' mein Teuerstes verteidigt.

3185   **Parricida.** Ihr stoßt mich von Euch, trostlos, in Verzweif=
                                     lung?

    Tell. Mich faßt ein Grausen, da ich mit dir rede.
Fort! Wandle deine fürchterliche Straße!
Laß rein die Hütte, wo die Unschuld wohnt!

    Parricida (wendet sich zu gehen).
So kann ich, und so will ich nicht mehr leben!

3190   **Tell.** Und doch erbarmt mich deiner — Gott des Himmels!
So jung, von solchem adeligen Stamm,
Der Enkel Rudolfs, meines Herrn und Kaisers,
Als Mörder flüchtig, hier an meiner Schwelle,
Des armen Mannes, flehend und verzweifelnd —
                    (Verhüllt sich das Gesicht.)
3195   **Parricida.** O, wenn Ihr weinen könnt, laßt mein Geschick
Euch jammern; es ist fürchterlich — Ich bin
Ein Fürst — ich war's — ich konnte glücklich werden,
Wenn ich der Wünsche Ungeduld bezwang.
Der Neid zernagte mir das Herz — Ich sah
3200 Die Jugend meines Vetters Leopold
Gekrönt mit Ehre und mit Land belohnt,
Und mich, der gleiches Alters mit ihm war,
In sklavischer Unmündigkeit gehalten —

    Tell. Unglücklicher, wohl kannte dich dein Ohm,
205 Da er dir Land und Leute weigerte!
Du selbst mit rascher, wilder Wahnsinnstat
Rechtfertigst furchtbar seinen weisen Schluß.
— Wo sind die blut'gen Helfer deines Mords?

Parricida. Wohin die Rachegeister sie geführt;
3210 Ich sah sie seit der Unglückstat nicht wieder.

Tell. Weißt du, daß dich die Acht verfolgt, daß du
Dem Freund verboten und dem Feind erlaubt?

Parricida. Darum vermeid' ich alle offne Straßen;
An keine Hütte wag' ich anzupochen,
3215 Der Wüste kehr' ich meine Schritte zu;
Mein eignes Schrecknis irr' ich durch die Berge
Und fahre schaudernd vor mir selbst zurück,
Zeigt mir ein Bach mein unglückselig Bild.
O, wenn Ihr Mitleid fühlt und Menschlichkeit —
(Fällt vor ihm nieder.)

3220 **Tell** (abgewendet). Steht auf! Steht auf!

Parricida. Nicht, bis Ihr mir die Hand gereicht zur Hilfe.

Tell. Kann ich Euch helfen? Kann's ein Mensch der Sünde?
Doch stehet auf! Was Ihr auch Gräßliches
Verübt — Ihr seid ein Mensch — Ich bin es auch;
3225 Vom Tell soll keiner ungetröstet scheiden —
Was ich vermag, das will ich tun.

Parricida (aufspringend und seine Hand mit Heftigkeit ergreifend).
O Tell!
Ihr rettet meine Seele von Verzweiflung.

Tell. Laßt meine Hand los! Ihr müßt fort. Hier könnt
Ihr unentdeckt nicht bleiben, könnt entdeckt
3230 Auf Schutz nicht rechnen. Wo gedenkt Ihr hin?
Wo hofft Ihr Ruh' zu finden?

Parricida. Weiß ich's? Ach!

Tell. Hört, was mir Gott ins Herz gibt! Ihr müßt fort
Ins Land Italien, nach Sankt Peters Stadt;
Dort werft Ihr Euch dem Papst zu Füßen, beichtet
3235 Ihm Eure Schuld und löset Eure Seele.

Parricida. Wird er mich nicht dem Rächer überliefern?

Tell. Was er Euch tut, das nehmet an von Gott!

Parricida. Wie komm' ich in das unbekannte Land?
Ich bin des Wegs nicht kundig, wage nicht,
3240 Zu Wanderern die Schritte zu gesellen.

Tell. Den Weg will ich Euch nennen, merket wohl!
Ihr steigt hinauf, dem Strom der Reuß entgegen,
Die wildes Laufes von dem Berge stürzt —

Parricida (erschrickt).
Seh' ich die Reuß? Sie floß bei meiner Tat.

3245 **Tell.** Am Abgrund geht der Weg, und viele Kreuze

Bezeichnen ihn, errichtet zum Gedächtnis
Der Wanderer, die die Lawin' begraben.

    Parricida. Ich fürchte nicht die Schrecken der Natur,
Wenn ich des Herzens wilde Qualen zähme.

3250   **Tell.** Vor jedem Kreuze fallet hin und büßet
Mit heißen Reuetränen Eure Schuld.
Und seid Ihr glücklich durch die Schreckensstraße,
Sendet der Berg nicht seine Windeswehen
Auf Euch herab von dem beeisten Joch,

3255 So kommt Ihr auf die Brücke, welche stäubet.
Wenn sie nicht einbricht unter Eurer Schuld,
Wenn Ihr sie glücklich hinter Euch gelassen,
So reißt ein schwarzes Felsentor sich auf —
Kein Tag hat's noch erhellt —, da geht Ihr durch,

3260 Es führt Euch in ein heitres Tal der Freude.
Doch schnellen Schritts müßt Ihr vorübereilen;
Ihr dürft nicht weilen, wo die Ruhe wohnt.

    Parricida. O Rudolf! Rudolf! Königlicher Ahn!
So zieht dein Enkel ein auf deines Reiches Boden!

3265   **Tell.** So immer steigend kommt Ihr auf die Höhen
Des Gotthards, wo die ew'gen Seen sind,
Die von des Himmels Strömen selbst sich füllen.
Dort nehmt Ihr Abschied von der deutschen Erde,
Und muntern Laufs führt Euch ein andrer Strom

3270 Ins Land Italien hinab. Euch das gelobte.

    (Man hört den Kuhreihen, von vielen Alphörnern geblasen.)

Ich höre Stimmen. Fort!

    Hedwig (eilt herein).   Wo bist du, Tell?
Der Vater kommt! Es nahn in frohem Zug
Die Eidgenossen alle —

    Parricida (verhüllt sich).   Wehe mir!
Ich darf nicht weilen bei den Glücklichen.

3275   **Tell.** Geh, liebes Weib! Erfrische diesen Mann,
Belad ihn reich mit Gaben; denn sein Weg
Ist weit, und keine Herberg' findet er.
Eile! Sie nahn.

    Hedwig.   Wer ist es?

    Tell.   Forsche nicht!
Und wenn er geht, so wende deine Augen,

3280 Daß sie nicht sehen, welchen Weg er wandelt!

*(Parricida geht auf den Tell zu mit einer raschen Bewegung; dieser aber bedeutet ihn
mit der Hand und geht. Wenn beide zu verschiedenen Seiten abgegangen, verändert
sich der Schauplatz, und man sieht in der*

Letzten Szene

den ganzen Talgrund vor Tells Wohnung, nebst den Anhöhen, welche ihn einschließen, mit Landleuten besetzt, welche sich zu einem Ganzen gruppieren. Andere kommen über einen hohen Steg, der über den Schächen führt, gezogen. **Walter Fürst** mit den beiden Knaben, **Melchthal** und **Stauffacher** kommen vorwärts; andere drängen nach; wie Tell heraustritt, empfangen ihn alle mit lautem Frohlocken.)

Alle. Es lebe Tell, der Schütz und der Erretter!

(Indem sich die vordersten um den Tell drängen und ihn umarmen, erscheinen noch **Rudenz** und **Berta,** jener die Landleute, diese die Hedwig umarmend. Die Musik vom Berge begleitet diese stumme Szene. Wenn sie geendigt, tritt Berta in die Mitte des Volks.)

Berta. Landleute! Eidgenossen! Nehmt mich auf
In euern Bund, die erste Glückliche,
Die Schutz gefunden in der Freiheit Land.
3285 In eure tapfre Hand leg' ich mein Recht,
Wollt ihr als eure Bürgerin mich schützen?

Landleute. Das wollen wir mit Gut und Blut.

Berta.   Wohlan!
So reich' ich diesem Jüngling meine Rechte,
Die freie Schweizerin dem freien Mann?

3290 **Rudenz.** Und frei erklär' ich alle meine Knechte.

(Indem die Musik von neuem rasch einfällt, fällt der Vorhang.)

Die Huldigung der Künste

Ein lyrisches Spiel

———————

Ihrer Kaiserlichen Hoheit

der Frau Erbprinzessin von Weimar

Maria Paulowna
Großfürstin von Rußland

in Ehrfurcht gewidmet

und vorgestellt auf dem Hoftheater zu Weimar am 12. November 1804

Perfonen:

Vater.
Mutter.
Jüngling.
Mädchen.
Chor von Landleuten
Genius.
Die fieben Künfte.

———

Einleitung des Herausgebers.

Der älteste Sohn des Herzog Karl August von Weimar, der Erbprinz Karl Friedrich, hatte sich vermählt mit der Großfürstin Maria Paulowna, der Tochter Kaiser Pauls I. von Rußland. Im November 1804 wurde das junge Paar in Weimar erwartet. Goethe, der so viele poetische Huldigungen geschrieben und so manchen Festtag damit verherrlicht hatte, mußte auf dem Hoftheater irgendeine Aufführung dem jungen Paar zu Ehren vorbereiten, um so mehr, als die Stadt und Bürgerschaft einen aufmerksamen Empfang rüstete, und man auch wohl zu diesem Ereignis etwas erwarten konnte. Es war schon fast zu spät geworden, noch etwas zu unternehmen. Schiller schreibt darüber: Etliche Tage vor ihrem Anzuge wurde Goethe angst, daß er allein sich auf nichts versehen habe — und die ganze Welt erwartete etwas von uns. In dieser Not setzte man mir zu, doch etwas Dramatisches zu erfinden; und da Goethe seine Erfindungskraft umsonst anstrengte, so mußte ich endlich mit der meinigen noch aushelfen. Ich arbeitete also in vier Tagen ein kleines Vorspiel aus, welches frischweg eingelernt und am 12. November gegeben wurde.

Wir haben hier Schillers letzte vollendete Dichtung vor uns, ein Festspiel wie der Tell, ein erhebendes Bühnenbild, aber nicht dem breiten Volke, sondern der fürstlichen Familie zugedacht, nicht im schlichten Volkston, sondern im Stil der reinen Geistigkeit, tiefsinniger Symbolik. Landleute bedeuten die Untertanen des Herzogtums; sie graben einen fremden Baum in die heimische Erde, einen Orangenbaum mit Früchten beladen und mit Bändern geschmückt. Aber so sehr ist das Ganze Symbol, daß es sich lediglich um das Bild handelt: Etwas Fremdes, Reiches, Kostbares, Zukunfttragendes soll hier die Bedingungen glücklichen, gedeihlichen Seins finden. Der Genius erklärt:

> „Darum grabt ihr diesen Baum
> Mit den Wurzeln in die Erde,
> Daß die Hohe heimisch werde
> In dem neuen Vaterland?"

Alle Lebensalter und Geschlechter des Volkes sind darum bemüht, aber doch fühlen sie sich nicht fähig, ihr aus sich selbst heraus die Heimat, den Reichtum, das Glück zu ersetzen, und deshalb wenden sie sich an den Genius; er soll ihnen die Macht geben, sie zu binden, ihr wohlgefällig zu sein. Der Genius des Schönen aber weiß in Weimar Rat. Nicht alles ist ihr fremd in diesem Lande. Die Göttinnen der Künste, die in dem Lande ihrer Jugend verstanden, sie zu beglücken, entfalten auch hier, und vielleicht hier noch reicher und schöner, ihr Können. Auch hier lebt eine schöne Architektur, die Skulptur ist tätig, die Malerei und vor allem die Poesie ist hier heimisch. Musik und Tanz haben hier eine Stätte. Wo aber konnte die Schauspielkunst so stolze Worte von sich sagen?

> „Mit allen seinen Tiefen, seinen Höhen,
> Roll' ich das Leben ab vor deinem Blick.
> Wenn du das große Spiel der Welt gesehen,
> So kehrst du reicher in dich selbst zurück;
> Denn wer den Sinn aufs Ganze hält gerichtet,
> Dem ist der Streit in seiner Brust geschlichtet."

In diesem Ausspruche haben wir zugleich einen klassischen Ausdruck für das, was dem Dichter das Drama und die Bühne war. — Alle Künste dann umfassen sich, der jungen Fürstin einen Teppich zu weben, über den ihr Leben hinwandeln soll. Aus der vereinten Macht der Künste erst vermag sich das wahre Leben in aller wirksamen Schönheit und Bedeutung aufzurichten.

Die Wirkung des Stückes zu seiner Gelegenheit war groß. Schiller schreibt: Es reüssierte über alle meine Hoffnung, und ich hätte vielleicht monatelang mich anstrengen können, ohne es dem ganzen Publikum so zu Dank zu machen, als es mir durch die flüchtige Arbeit gelungen ist.

Das lyrische Spiel, das einen großen Reichtum enthält von glücklichen aphoristischen Prägungen, wurde in einer kostbaren Einzelausgabe von Cotta gedruckt und erschien in demselben Jahre, 1805, in Schillers Theater.

Die Szene ist eine freie ländliche Gegend; in der Mitte ein Orangenbaum, mit Früchten beladen und mit Bändern geschmückt. Landleute sind eben beschäftigt, ihn in die Erde zu pflanzen, indem die Mädchen und Kinder ihn zu beiden Seiten an Blumenketten halten.

Vater. Wachse, wachse, blühender Baum
Mit der goldnen Früchtekrone,
Den wir aus der fremden Zone
Pflanzen in dem heimischen Raum!
5 Fülle süßer Früchte beuge
Deine immer grünen Zweige!
    Alle Landleute. Wachse, wachse, blühender Baum,
Strebend in den Himmelraum!
    Jüngling. Mit der duft'gen Blüte paare
10 Prangend sich die goldne Frucht!
Stehe in dem Sturm der Jahre,
Daure in der Zeiten Flucht!
    Alle. Stehe in dem Sturm der Jahre,
Daure in der Zeiten Flucht!
15   **Mutter.** Nimm ihn auf, o heil'ge Erde,
Nimm den zarten Fremdling ein!
Führer der gefleckten Herde,
Hoher Flurgott, pflege sein!
    Mädchen. Pflegt ihn, zärtliche Dryaden!
20 Schütz' ihn, schütz' ihn, Vater Pan!
Und ihr freien Oreaden,
Daß ihm keine Wetter schaden,
Fesselt alle Stürme an!
    Alle. Pflegt ihn, zärtliche Dryaden!
25 Schütz' ihn, schütz' ihn, Vater Pan!
    Jüngling. Lächle dir der warme Äther
Ewig klar und ewig blau!
Sonne, gib ihm deine Strahlen!
Erde, gib ihm deinen Tau!
30   **Alle.** Sonne, gib ihm deine Strahlen!
Erde, gib ihm deinen Tau!

Vater. Freude, Freude, neues Leben
Mögst du jedem Wandrer geben;
Denn die Freude pflanzte dich.
35 Mögen deine Nektargaben
Noch den spätsten Enkel laben,
Und erquicket segn' er dich!
    Alle. Freude, Freude, neues Leben
Mögst du jedem Wandrer geben;
40 Denn die Freude pflanzte dich.

(Sie tanzen in einem bunten Reihen um den Baum. Die Musik des Orchesters begleitet sie und geht allmählich in einen edleren Stil über, während daß man im Hintergrunde den Genius mit den sieben Göttinnen herabsteigen sieht. Die Landleute ziehen sich nach beiden Seiten der Bühne, indem der Genius in die Mitte tritt, und die drei bildenden Künste sich zu seiner Rechten, die vier redenden und musikalischen sich zu seiner Linken stellen.)

    Chor der Künste. Wir kommen von fern her,
Wir wandern und schreiten
Von Völkern zu Völkern,
Von Zeiten zu Zeiten;
45 Wir suchen auf Erden ein bleibendes Haus.
Um ewig zu wohnen
Auf ruhigen Thronen,
In schaffender Stille,
In wirkender Fülle,
50 Wir wandern und suchen und finden's nicht aus.
    Jüngling. Sieh, wer sind sie, die hier nahen,
Eine göttergleiche Schar!
Bilder, wie wir nie sie sahen;
Es ergreift mich wunderbar.
55   **Genius.** Wo die Waffen erklirren
Mit eisernem Klang,
Wo der Haß und der Wahn die Herzen verwirren,
Wo die Menschen wandeln im ewigen Irren,
Da wenden wir flüchtig den eilenden Gang.
60   **Chor der Künste.** Wir hassen die Falschen,
Die Götterverächter;
Wir suchen der Menschen
Aufricht'ge Geschlechter;
Wo kindliche Sitten
65 Uns freundlich empfahn,
Da bauen wir Hütten
Und siedeln uns an!
    Mädchen. Wie wird mir auf einmal!
Wie ist mir geschehn!

70 Es zieht mich zu ihnen mit dunkeln Gewalten;
Es sind mir bekannte, geliebte Gestalten
Und weiß doch, ich habe sie niemals gesehn!
  Alle Landleute. Wie wird mir auf einmal!
Wie ist mir geschehn!
75   **Genius.** Aber still! Da seh' ich Menschen,
Und sie scheinen hoch beglückt;
Reich mit Bändern und mit Kränzen,
Festlich ist der Baum geschmückt.
 — Sind dies nicht der Freude Spuren?
80 Redet! Was begibt sich hier?
  Vater. Hirten sind wir dieser Fluren,
Und ein Fest begehen wir.
  Genius. Welches Fest? O, lasset hören!
  Mutter. Unsrer Königin zu Ehren,
85 Der erhabnen, gütigen,
Die in unser stilles Tal
Niederstieg, uns zu beglücken,
Aus dem hohen Kaisersaal.
  Jüngling. Sie, die alle Reize schmücken,
90 Gütig wie der Sonne Strahl.
  Genius. Warum pflanzt ihr diesen Baum?
  Jüngling. Ach, sie kommt aus fernem Land,
Und ihr Herz blickt in die Ferne!
Fesseln möchten wir sie gerne
95 An das neue Vaterland.
  Genius. Darum grabt ihr diesen Baum
Mit den Wurzeln in die Erde,
Daß die Hohe heimisch werde
In dem neuen Vaterland?
100   **Mädchen.** Ach, so viele zarte Bande
Ziehen sie zum Jugendlande!
Alles, was sie dort verließ,
Ihrer Kindheit Paradies
Und den heil'gen Schoß der Mutter
105 Und das große Herz der Brüder
Und der Schwestern zarte Brust —
Können wir es ihr ersetzen?
Ist ein Preis in der Natur
Solchen Freuden, solchen Schätzen?
110   **Genius.** Liebe greift auch in die Ferne,
Liebe fesselt ja kein Ort.
Wie die Flamme nicht verarmet,

Zündet sich an ihrem Feuer
Eine andre wachsend fort —
115 Was sie Teures dort besessen,
Unverloren bleibt es ihr;
Hat sie Liebe dort verlassen,
Findet sie die Liebe hier.

　　　Mutter. Ach, sie tritt aus Marmorhallen,
120 Aus dem goldnen Saal der Pracht.
Wird die Hohe sich gefallen
Hier, wo über freien Auen
Nur die goldne Sonne lacht?

　　　Genius. Hirten, euch ist nicht gegeben,
125 In ein schönes Herz zu schauen!
Wisset, ein erhabner Sinn
Legt das Große in das Leben,
Und er sucht es nicht darin.

　　　Jüngling. O schöne Fremdlinge! Lehrt uns sie binden,
130 O, lehret uns, ihr wohlgefällig sein!
Gern wollten wir ihr duft'ge Kränze winden
Und führten sie in unsre Hütten ein!

　　　Genius. Ein schönes Herz hat bald sich heim gefunden,
Es schafft sich selbst, still wirkend, seine Welt.
135 Und wie der Baum sich in die Erde schlingt
Mit seiner Wurzeln Kraft und fest sich kettet,
So rankt das Edle sich, das Treffliche,
Mit seinen Taten an das Leben an.
Schnell knüpfen sich der Liebe zarte Bande;
140 Wo man beglückt, ist man im Vaterlande.

　　　Alle Landleute.

O schöner Fremdling! Sag', wie wir sie binden,
Die Herrliche, in unsern stillen Gründen?

　　　Genius. Es ist gefunden schon, das zarte Band,
Nicht alles ist ihr fremd in diesem Land;
145 Mich wird sie wohl und mein Gefolge kennen,
Wenn wir uns ihr verkündigen und nennen.

　　　(Hier tritt der Genius bis ans Proszenium; die sieben Göttinnen tun das gleiche,
so daß sie ganz vorn einen Halbkreis bilden. In dem Augenblick, wo sie vortreten,
enthüllen sie ihre Attribute, die sie bis jetzt unter den Gewändern verborgen gehalten.)

　　　Genius (gegen die Fürstin).

Ich bin der schaffende Genius des Schönen,
Und die mir folget, ist der Künste Schar.
Wir sind's, die alle Menschenwerke krönen,
150 Wir schmücken den Palast und den Altar.

Längst wohnten wir bei deinem Kaiserstamme,
Und sie, die Herrliche, die dich gebar,
Sie nährt uns selbst die heil'ge Opferflamme
Mit reiner Hand auf ihrem Hausaltar.
155 Wir sind dir nachgefolgt, von ihr gesendet;
Denn alles Glück wird nur durch uns vollendet.

Architektur (mit einer Mauerkrone auf dem Haupt, ein goldnes Schiff
in der Rechten). Mich sahst du thronen an der Newa Strom!
Dein großer Ahnherr rief mich nach dem Norden,
Und dort erbaut' ich ihm ein zweites Rom;
160 Durch mich ist es ein Kaisersitz geworden.
Ein Paradies der Herrlichkeit und Größe
Stieg unter meiner Zauberrute Schlag.
Jetzt rauscht des Lebens lustiges Getöse,
Wo vormals nur ein düstrer Nebel lag;
165 Die stolze Flottenrüstung seiner Maste
Erschreckt den alten Belt in seinem Meerpalaste.

Skulptur (mit einer Viktoria in der Hand).
Auch mich hast du mit Staunen oft gesehen,
Die ernste Bildnerin der alten Götterwelt.
Auf einen Felsen — er wird ewig stehen —
170 Hab' ich sein großes Heldenbild gestellt;
Und dieses Siegesbild, das ich erschaffen (die Viktoria zeigend),
Dein hoher Bruder schwingt's in mächt'ger Hand;
Es fliegt einher vor Alexanders Waffen,
Er hat's auf ewig an sein Heer gebannt.
175 Ich kann aus Ton nur Lebenloses bilden,
Er schafft sich ein gesittet Volk aus Wilden.

Malerei (mit Palette und Pinsel).
Auch mich, Erhabne, wirst du nicht verkennen,
Die heitre Schöpferin der täuschenden Gestalt.
Von Leben blitzt es, und die Farben brennen
180 Auf meinem Tuch mit glühender Gewalt.
Die Sinne weiß ich lieblich zu betrügen,
Ja durch die Augen täusch' ich selbst das Herz;
Mit des Geliebten nachgeahmten Zügen
Versüß' ich oft der Sehnsucht bittern Schmerz.
185 Die sich getrennt nach Norden und nach Süden,
Sie haben mich — und sind nicht ganz geschieden.

Poesie. Mich hält kein Band, mich fesselt keine Schranke,
Frei schwing' ich mich durch alle Räume fort.
Mein unermeßlich Reich ist der Gedanke,
190 Und mein geflügelt Werkzeug ist das Wort.

Was sich bewegt im Himmel und auf Erden,
Was die Natur tief im Verborgnen schafft,
Muß mir entschleiert und entsiegelt werden,
Denn nichts beschränkt die freie Dichterkraft;
195 Doch Schönres find' ich nichts, wie lang ich wähle,
Als in der schönen Form — die schöne Seele.

　　Musik (mit der Leier).

Der Töne Macht, die aus den Saiten quillet,
Du kennst sie wohl, du übst sie mächtig aus.
Was ahnungsvoll den tiefen Busen füllet,
200 Es spricht sich nur in meinen Tönen aus;
Ein holder Zauber spielt um deine Sinnen,
Ergieß' ich meinen Strom von Harmonieen,
In süßer Wehmut will das Herz zerrinnen,
Und von den Lippen will die Seele fliehn,
205 Und setz' ich meine Leiter an von Tönen,
Ich trage dich hinauf zum höchsten Schönen.

　　Tanz (mit der Cymbale).

Das hohe Göttliche, es ruht in ernster Stille;
Mit stillem Geist will es empfunden sein.
Das Leben regt sich gern in üpp'ger Fülle;
210 Die Jugend will sich äußern, will sich freun.
Die Freude führ' ich an der Schönheit Zügel,
Die gern die zarten Grenzen übertritt;
Dem schweren Körper geb' ich Zephirs Flügel,
Das Gleichmaß leg' ich in des Tanzes Schritt.
215 Was sich bewegt, lenk' ich mit meinem Stabe,
Die Grazie ist meine schöne Gabe.

　　Schauspielkunst (mit einer Doppelmaske).

Ein Janusbild laß' ich vor dir erscheinen,
Die Freude zeigt es hier und hier den Schmerz.
Die Menschheit wechselt zwischen Lust und Weinen,
220 Und mit dem Ernste gattet sich der Scherz.
Mit allen seinen Tiefen, seinen Höhen,
Roll' ich das Leben ab vor deinem Blick.
Wenn du das große Spiel der Welt gesehen,
So kehrst du reicher in dich selbst zurück;
225 Denn wer den Sinn aufs Ganze hält gerichtet,
Dem ist der Streit in seiner Brust geschlichtet.

　　Genius. Und alle, die wir hier vor dir erschienen,
Der hohen Künste heil'ger Götterkreis,
Sind wir bereit, o Fürstin, dir zu dienen;
230 Gebiete du, und schnell auf dein Geheiß,

Wie Thebens Mauer bei der Leier Tönen,
Belebt sich der empfindungslose Stein,
Entfaltet sich dir eine Welt des Schönen.
    Architektur. Die Säule soll sich an die Säule reihn.
235   **Skulptur.** Der Marmor schmelzen unter Hammers Schlägen.
    Malerei. Das Leben frisch sich auf der Leinwand regen.
    Musik. Der Strom der Harmonieen dir erklingen.
    Tanz. Der leichte Tanz den muntern Reigen schlingen.
    Schauspielkunst. Die Welt sich dir auf dieser Bühne spiegeln.
240   **Poesie.** Die Phantasie auf ihren mächt'gen Flügeln
Dich zaubern in das himmlische Gefild!
    Malerei. Und wie der Iris schönes Farbenbild
Sich glänzend aufbaut aus der Sonne Strahlen,
So wollen wir mit schön vereintem Streben,
245 Der hohen Schönheit sieben heil'ge Zahlen,
Dir, Herrliche, den Lebensteppich weben!
    Alle Künste (sich umfassend).
Denn aus der Kräfte schön vereintem Streben
Erhebt sich, wirkend, erst das wahre Leben.

Demetrius

Einleitung des Herausgebers.

Der Demetrius ist das letzte Werk, an dem Schiller gearbeitet hat; er ist, wenn auch nicht vollendet, so doch der vollständigste seiner dramatischen Entwürfe; er ist, wenn auch nicht in allen Einzelszenen deutlich geworden, so doch in der Idee ganz klar, und diese Idee tritt so wuchtig und bedeutend hervor, daß wir uns entschlossen haben, seinen fertigen dramatischen Hauptwerken dieses Fragment in seinen vollendeten Szenen und in einer knappen Skizze des weiteren Ganges der Handlung anzugliedern. Die vielfachen Studien und Bemerkungen zu weiteren Einzelheiten bringen wir in Teil 14 unserer Ausgabe.

Der Demetrius ist aus einer Konkurrenz mit dem Warbeck siegreich hervorgegangen, obgleich anfangs der Warbeck bedeutend weiter fortgeschritten war. Beide Stoffe behandeln ein verwandtes Problem: Der Fürstenthron eines mächtigen Reiches wird von jemandem in Anspruch genommen, der vorgibt, sein rechtmäßiger Eigentümer zu sein. Warbeck gibt sich für Richard von York, den zweiten der im Tower ermordeten Söhne Eduards, aus und will sich auf diese Weise Macht und Stellung verschaffen. Er ist ein Betrüger. Schiller erkannte das Mißliche, das darin lag, einen solchen Charakter zum Helden einer Tragödie zu machen; er bemühte sich daher, diesen Charakter auf alle Weise zu heben und ihm sogar ein edles Ansehen zu geben. Er wollte ihn so gestalten, daß man sagen sollte: Wenn er kein Prinz ist, so verdient er, einer zu sein. — Er wollte dafür sorgen, daß „eine gewisse poetische Dunkelheit, die er über sich selbst und seine Rolle hat, ein Aberglaube, eine Art von Wahnsinn" seine Moralität retten helfe. Die Vorteile des Dramas wären dann gewesen: Das Interesse für

9*

die Hauptperson und die Wichtigkeit einer solchen Rolle auf dem Theater, die wenigen Personen und die einfache Handlung, die dramatische Wirksamkeit einzelner Szenen, der glückliche Ausgang und die Popularität des Stoffes. Dem gegenüber ließ sich aber der Betrug als Grundlage der Begebenheiten nicht durchaus fortschaffen; ferner lag im Stoffe manches Unwahrscheinliche, das einer Motivierung große Schwierigkeiten bereitete, und ein rechter Abschluß war nicht vorhanden.

Beim Demetrius bedurfte es der Hauptarbeit nicht; der Held glaubte bis zu einem gewissen Zeitpunkte durchaus im Rechte zu sein, oder wenigstens konnte er so dargestellt werden; eine ganz andere Tragik ergab sich daraus, und ein farbenprächtiger, in der Geschichte bedeutender Hintergrund tat sich auf. Höchst interessant ist, daß Schiller vor endgültiger Entscheidung zwischen beiden Stoffen ein Schema ihres beiderseitigen Wertes und Unwerts aufstellt und dabei unter zwei Rubriken folgendes über den Demetrius äußert:

Gegen das Stück läßt sich anführen:	Für das Stück spricht:
1. Daß es eine Staatsaktion ist.	1. Die Größe des Vorwurfs und des Ziels.
2. Daß es abenteuerlich und unglaublich ist.	2. Das Interesse der Hauptperson.
3. Daß er fremd und ausländisch ist.	3. Viele glänzende dramatische Situationen.
4. Die Menge und Zerstreuung der Personen schadet dem Interesse.	4. Beziehung auf Rußland.
5. Die Größe und der Umfang, daß es kaum zu übersehen.	5. Der neue Boden, auf dem er spielt.
6. Die Schwierigkeit, es zu exekutieren auf den Theatern.	6. Daß das meiste daran schon erfunden ist.
7. Die Unregelmäßigkeit in Absicht auf Zeit und Ort.	7. Daß es ganz Handlung ist.
8. Die Größe der Arbeit.	8. Daß es viel für die Augen hat.

Wir sehen, wie seltsam hier hohe künstlerische Gesichtspunkte untermischt sind mit ganz äußerlichen. Und dabei war z. B. Punkt 4 auf der zuratenden Seite entschieden von großer Wichtigkeit.

Die Großfürstin Maria Paulowna von Rußland hatte den
Erbprinzen geheiratet und wurde über kurz oder lang in Weimar
erwartet, und da galt die Beziehung auf Rußland viel; das war
überhaupt Sensation. Auch das nahm Schiller mit, wenn er
konnte, obgleich es ihm nie den Ausschlag gegeben hätte; — wir
sehen allerdings an seinem Geisterseher fast nur Sensation. Entscheidend wurde, daß der Demetriusstoff alle Vorteile des Warbeck-
stoffes bot, ohne mit dem Anstößigen und dramatisch Gefährlichen belastet zu sein.

Der Streit war am 10. März 1804 entschieden; er wandte
sich dem Demetrius zu, denn er hatte die überragende Größe
erkannt. Die Arbeit aber verlief sehr unruhig. Gegen Ende
April reiste er auf einen Monat nach Berlin, dann erfolgte die
Geburt seiner jüngsten Tochter, dann zog ihn längere Krankheit ab. Im Oktober ist er noch so wenig fest in der Anlage
seines Werkes, daß er zwischen zwei Plänen schwankt. Daß der
Demetrius aber zunächst und auch in kürzester Zeit vollendet
werden sollte, geht daraus hervor, daß Schiller im Winter sogar
ein Personenverzeichnis mit den Namen der Weimarischen Schauspieler entwirft, daß er die Aufnahme des Stückes in die für das
Jahr 1805 festgesetzte Ausgabe seines Theaters, und zwar in Band V
bestimmt. Ende Januar arbeitet er wieder, im Februar packt
ihn ein heftiges Fieber, der Vorbote des Todes; im März ist
der kranke Mann „im Zuge", aber bald geht es nur sehr langsam weiter. Am 29. April arbeitet er zuletzt an dem Werke; am
30. April legt er sich nieder. Der Monolog der Marfa lag
nach seinem Tode auf dem Schreibtische.

An der Vollendung wollte sich Goethe nach eigenen Geständ-
nissen in den Tag- und Jahresheften versuchen. Hebbel hat
daran gedacht und schließlich eine andere Auffassung ersonnen;
Martin Greif hat einen Schluß geschrieben. Theatermänner und
Dilettanten haben uns den Stoff retten wollen, Franz von Mal-
titz, Gustav Kühne, O. F. Gruppe, Heinrich Laube, Heinrich von
Zimmermann, Otto Sievers und viele andere. Schiller hat zu
früh die Feder aus der Hand gelegt; auf seinen Bahnen kann
ihm keiner folgen, ohne den Abstand von seiner ausgeprägten
Eigenart aufzeigen zu müssen. Es fördert dieser Umstand wieder
die Einsicht in das Wesen der Kunst: Es handelt sich nicht
darum, eine Begebenheit in angedeuteter Richtung zu Ende zu
führen, was gewiß einfach wäre. Der Stoff ist nicht mehr bloß Stoff,
sondern durch die Eigenart der Auffassung ein Stück Schiller geworden. Also handelt es sich darum, diese eigentümliche
Wesenheit zum Ausdruck zu bringen. Das wird nach Schillers

Tode nie mehr der Fall sein können, denn Wiederholungen gibt
es nicht. Wer in dem Demetrius einen brauchbaren Stoff sieht
und ihn der Bühne dienstbar machen will, muß ihn nach seiner
eigenen Wesenheit gestalten; dann erst kann ein Kunstwerk daraus
entstehen, das allerdings immer in Gefahr stände, bei weniger
hoher Auffassung und Gestaltungskraft in den Schatten des
Schillerschen Fragmentes zu stehen zu kommen.

Wenn wir vom Tell absehen, fanden wir Schiller auf dem
Wege einer immer strengeren Auffassung des Begriffes der
Tragik. Die Braut von Messina drückte nach Schillers Absicht
die größte Starrheit im Gange des Verhängnisses aus; sie war
das Produkt der unbegrenzten Bewunderung vor dem König
Ödipus des Sophokles. Nach dem freien Ausleben im Tell nähert
sich Schiller nun wieder der festen Form, der starren inneren
Geschlossenheit, wie er sie als höchste Aufgabe des Dramatikers hatte ansehen lernen. Wie in seiner Braut von Messina
ist er auch im Demetrius weit von einer Übernahme der griechischen Tragik entfernt: er stellt seinen Helden in der menschen-
würdigen Freiheit der Entschließung dar. Und wie er darin
über die Vorbilder seiner Kunstanschauungen hinausgeht, erhebt
er sich auch darin über sie, daß er die in seinen großen historischen
Dramen erprobte breite, bunte Freskotechnik in der Darstellung der Bewegungen verwendet. So faßt der Demetrius sich
in der Tat zusammen zu einem Ausdruck vom höchsten Streben
und Können des Dichters, indem er hier zur geschlossenen Anwendung bringen wollte, was er im einzelnen geplant hatte. Unser Genuß ist allerdings mehr ein ahnender und muß in Schillers Sinne
so manches hinwegdenken und manches ausführen, um das ganze
Kunstwerk zu sehen. Hell, sicher und prächtig entfaltet sich ein
weites Bild, monumental ragt Demetrius daraus hervor, bronzen,
scharf im Vordergrunde, und über ihm schwebt, düster drohend,
die Tragik. So hat es Schiller gesehen. Demetrius ist kein
großes Geschichtsdrama, im Gegenteil, die Geschichte ist nur
ein Rahmen und will dem Helden nur Dimensionen geben.
Der Rahmen ist schwer, prunkvoll; ihm haftet etwas Barockes
an. Zwei Völker begegnen sich, Russen und Polen, um den
Herrscher gilt der Kampf, große Vorbereitungen sind nötig, der
Reichstag gibt seine gewichtige Stimme, Heere bewegen sich
gegeneinander und schlagen Schlachten, die Bevölkerung muß
Farbe geben, und die Großen und Kleinen mischen ihre Inter-
essen und Eigenwilligkeiten dazwischen: es ist ein reichlich buntes
Gewirr, ein Markt, ein Riesenhandel, nicht ohne Ironie und ein
Lächeln dem Einen zur Umrahmung gegeben. Aber in dem

Rahmen steht nur der Eine und sein erschütterndes Geschick. Das ist das Problem.

Demetrius, in Dienstbarkeit am Hofe des großen Woi= woden aufgewachsen, muß plötzlich in sich den totgeglaubten Sohn des Zaren Iwan Wasilowitsch erkennen, den berechtigten Thron= erben. Der edle, leidenschaftliche junge Mensch muß an sich glauben. Familienähnlichkeit und bedeutender Charakter, Macht seines Wesens sichern ihm Zutrauen und Glauben. Er ist der geborene Herrscher. Die Art seines Auftretens und seine ehrliche Überzeugung gewinnen ihm alles, was im Reichstage noch schwankte. Diese Reichstagsszene ist eine Exposition von bewun= dernswürdigstem Geschick, denn sie lehrt uns den Helden und seine Rechte im Streite der Parteien kennen und bringt uns Klar= heit über seine Vergangenheit. Demetrius wird gezwungen, zu beichten, was er über sich weiß, Erlebnisse, die Schiller ursprüng= lich, weitläufig aber undramatisch, auf der Bühne vor sich gehen lassen wollte. Der Reichstag ist sein, Demetrius wird aus nie= driger Stellung zu hohen Würden emporgerissen, er ist der berech= tigte Herrscher des ganzen Reiches und der Rächer der Erben Iwans. Der Kampf um die Krone beginnt mit der sicheren Feststellung seines Rechtes. Dieses Recht aber erscheint uns in den nächsten Szenen in sonderbarem Lichte; gerade die Freunde, die ersten Helfer halten sich wenig mit dem Rechte auf, ja kümmern sich gar nicht darum. Nur ihr eigener gemeiner kleiner Vorteil treibt sie an; sie erhoffen, wie die Freunde des Fiesko, ihren Nutzen aus dem Umsturz der Dinge. Dieser Umstand aber muß uns schrecken, da wir den Deme= trius bisher und noch mehr in den weiteren Szenen erkennen als den Mann, dessen Kraft und Macht in der Wahrheit seiner Überzeugungen, in der Unwandelbarkeit seines Glaubens beruht. Dieser Königsnatur ist die innere Sicherheit Grundbedingung. In Shakespearisch breit malenden Szenen müssen wir die Be= wegungen der Völker mitmachen; fast wie ein Epos, wie ein buntes, erzählendes, schilderndes Freskogemälde ist der Kampf zu schauen. Demetrius selbst, dem er gilt, tritt ganz zurück. Er wird geschoben. Aber das ist doch durchaus nicht zu tadeln, wie vielfach geschieht, sondern gehört wesentlich zum Eindruck des Tra= gischen dieses Dramas. Demetrius hat, wie er glaubt, der Kugel den Stoß gegeben. Nun rollt sie, aber nun muß er mit in ihrer Richtung, er wird geschleift, ob er will oder nicht. Grauenerregend ist dieser Eindruck, mit Krieg überziehen muß er sein Vaterland, verwüsten all die blühenden, fruchtbaren Provinzen, Blut muß fließen. Das hat er nicht gedacht, nicht gewollt. Er hat in die Radspeichen des Weltgeschickes gegriffen, und es ist aus seiner

Bahn geschleudert. Dunkel wächst eine Schuld heran, die er nicht
abwehren kann. Er findet sich darein als in ein Mittel zu höheren
Zwecken. Das Recht scheint allen auf seiner Seite, Demetrius
selber vertritt es mit der Kraft jugendlichen Glaubens, und
darum ist auch der Erfolg sein; selbst Mißgeschicke müssen sich zu
seinen Gunsten wenden. Sein Siegeslauf ist sicher und unaufhaltsam, das Land gehört ihm, die Städte unterwerfen sich, er ist
der Zar. Da kommt, als er auf der Höhe der Macht steht, ein
Mann, der ihm gesteht, er habe den wahren Demetrius ermordet,
sei aber dafür nicht belohnt worden von dem jetzigen Herrscher,
sondern sogar mit dem Tode bedroht. Darum habe er aus Rache ihn,
den vermeintlichen Demetrius, aufgezogen und, mit den Familien-
kleinodien geschmückt, durch Familienähnlichkeit unterstützt, für
den wahren Demetrius ausgegeben. Jetzt will er belohnt werden.
Damit ist Demetrius vernichtet. Er ist nur ein Werkzeug in der
Hand eines Betrügers, er dient der Rache eines käuflichen Mörders. Das trifft sein Wesen tödlich. Aus ist es mit der Herrscher-
kraft: „Du hast mir das Herz meines Lebens durchbohrt, du hast
mir den Glauben an mich selbst entrissen! Fahr hin, Mut und
Hoffnung! In einer Lüge bin ich befangen. Ich und die Wahrheit sind geschieden auf ewig!" Er hat den inneren Halt verloren.
Eins noch hält ihn ein wenig. „Diese großen Völker glauben
an mich. Nicht soll ich sie ins Unglück, in die Anarchie stürzen
und ihnen den Glauben nehmen." Sein Wille hält ihn noch aufrecht. Er spielt seine Rolle. Die ungeheuern Seelenqualen offenbaren seine Würde. Da ihm der innere Halt mangelt, greift er
nach dem äußeren, nach Härte, nach Trotz, nach Gewalt. Aber
die Bewußtheit des Betruges ist seinem Wesen entsetzlich, ver-
nichtend. Er ersticht den Betrüger. Das ist wohl die kleinste
Schuld, denn der hat ihm das Leben vergiftet und ist an allen
Taten und Völkerumwälzungen schuld. Er hat nun keinen Mitwisser mehr; — aber was hilft das einem solchen Menschen wie
er ist? Er weiß es ja, er selber steht vor sich da als der große
hohle Betrüger. Rußland und Polen liegen in Krieg. Wenn er
sich entdeckt, ist Polen verloren und alle, die für ihn ihr Leben
wagen. Und der Herrscher Rußlands hat Gift genommen. Er
muß bleiben und weiter spielen. Der Mutter gegenüber macht er
auch keinen Hehl daraus und inszeniert ein Bild der Rührung vor
allem Volke, mit vergiftetem Herzen. Und die arme Mutter ist aller
Hoffnung beraubt, ihr muß grauen vor diesem Fremden. Aber
mit dem Glauben an sich ist doch der Erfolg zu Ende; sein
Stern sinkt. Groß und edel erscheint uns dieser Mann immer
noch in der Kraft, sein entsetzliches Geschick durchzudulden und

unter Schuld und Schuld sich stumm zu bücken, in seiner tief=
menschlichen Sehnsucht nach Verständnis, nach Liebe, nach einem
Herzen. Und darin liegt denn auch der Schmerz, der uns
ergreift, als der Schuldlos=Schuldige, verleugnet von seiner
Mutter, unter den Dolchen der Verschwörer fällt.

Besonders herausgewachsen sind unter den anderen Gestalten
des Dramas die Marfa, in die ein jäher Umschwung zu später
Zeit noch kommt. Ihre Mutterliebe wird wach gerüttelt, sie wirft
das Klosterleben von sich, eilt aus der Abgeschiedenheit und Stille,
richtet sich hoch auf und weiß dem Zaren, dem Mörder ihrer
Kinder, zu trotzen. Aber ihre Mutterliebe ist rein, zu rein für
Lug und Trug. Sie erkennt den Demetrius als Fremden, und
ihr Schweigen bei der entscheidenden Frage bringt ihm den Tod.
Romanow erscheint in dem ganzen Drama als der Träger der
Zukunft, obgleich er im Kerker steckt. Doch ist er zum Herrscher
berufen und sollte in dem Stücke gleichsam als das Moment
der Ruhe, als die Versicherung der Ausgleichung nach dem
Kampfe dastehen. „Er soll das Schicksal ruhig reifen lassen
und sich nicht mit Blut beflecken", war Schillers Prinzip in der
Darstellung dieser Figur; und ihre Hauptszene sollte das Ge=
müt beruhigen durch ein erhabenes Ahnen höherer Dinge.
Die Gestalt war also in scharfem Gegensatze gedacht zu De=
metrius, gleichsam als organische Entwicklung mit der Sicher=
heit des Erfolges. Noch ist als wichtig zu nennen die Prin=
zessin Marina, ein Weib, um deren dämonischen Willen und
Einfluß sich ein Teil der Intrige sammelt.

Die Intrige spielt nun allerdings im Demetrius eine be=
deutende Rolle, und die Marina und ihre Herrschgier, welche dem
Demetrius Liebe heuchelt, um zu Macht und Stellung zu kommen,
nimmt sich dabei noch imponierend aus. Schlimm ist es aber, daß
schließlich die ganze Begebenheit nur die rohe Rache eines ge=
meinen Betrügers ist. Es entsteht ein grausiges Mißverhältnis
zwischen Ursache und Wirkung, ein Mißverhältnis, das
dichterisch nur als Ironie Geltung behalten kann. Ein unge=
heures Schicksal wird vor uns aufgerollt, es geht um Völker und
Kronen, ein edler Mensch wird zum Betrüger und Verbrecher,
und das Ganze ist das Werk eines finsteren Individuums;
die Uhr läuft genau so ab, wie dies Geschöpf sie konstruiert und
gestellt hat. Das Geschick vernichtet ja schließlich auch den
Meister dieser Höllenmaschine, aber was hat er anrichten dürfen?
Warum hat das Schicksal ihn geschaffen? Das sind gewichtige
Bedenken gegen den Demetrius.

Ort und Zeit sind überwunden, wie in der Jungfrau von

Orleans, wie im Tell. Wer fragt danach? Im Tell hat Schiller ein
bestimmtes Volk darstellen gelernt, und die Russen haben hier wirk=
lich Rasse; der Adel, das Klosterleben, die Dorfgemeinde, die Geist=
lichkeit hat Farbe und Charakter. Auch der Humor findet nach
langer Verbannung — seit dem Wallenstein — wieder seine
Stätte. Nichts ist mehr zu bedauern, als daß gerade dieses Werk
Fragment bleiben mußte.

Erster Aufzug.

Wenn der Vorhang aufgeht, sieht man die polnische Reichsversammlung in dem großen Senatsaale sitzen. Die hinterste Tiefe des Theaters ist eine drei Stufen hohe Estrade, mit rotem Teppich belegt, worauf der königliche Thron, mit einem Himmel bedeckt; zu beiden Seiten hängen die Wappen von Polen und Litauen. — Der **König** sitzt auf dem Thron; zu seiner Rechten und Linken auf der Estrade stehen die zehen Kronbeamten. Unter der Estrade zu beiden Seiten des Theaters sitzen die **Bischöfe, Palatinen** und **Kastellanen** mit bedecktem Haupt; hinter diesen stehen mit unbedecktem Haupt die **Landboten** in zwei Reihen, alle bewaffnet. Der **Erzbischof von Gnesen**, als der Primas des Reichs, sitzt dem Proszenium am nächsten; hinter ihm hält sein Kaplan ein goldnes Kreuz.

Erzbischof von Gnesen. So ist denn dieser stürmevolle Reichstag
Zum guten Ende glücklich eingeleitet;
König und Stände scheiden wohlgesinnt.
Der Adel willigt ein, sich zu entwaffnen,
5 Der widerspenst'ge Rokosz, sich zu lösen,
Der König aber gibt sein heilig Wort,
Abhilf' zu leisten den gerechten Klagen,
Nichts — —
Wie's die pacta conventa mit sich bringen.
10 Und nun im Innern Fried' ist, können wir
Die Augen auf das Ausland richten.
Ist es der Wille der erlauchten Stände,
Daß Prinz Demetrius, der Rußlands Krone
In Anspruch nimmt als Iwans echter Sohn,
15 Sich in den Schranken stelle, um sein Recht
Vor diesem Seym Walny zu erweisen?
  Kastellan von Krakau. Die Ehre fodert's und die Billigkeit;
Unziemlich wär's, ihm dies Gesuch zu weigern.
  Bischof von Wermeland. Die Dokumente seines Rechts=
              anspruches
20 Sind eingesehen und bewährt gefunden.
Man kann ihn hören.

Mehrere Landboten.   Hören muß man ihn.
Leo Sapieha. Ihn hören heißt ihn anerkennen.
Odowalsky.   Ihn
Nicht hören heißt ihn ungehört verwerfen.
Erzbischof von Gnesen. Ist's euch genehm, daß er vernommen
                                                    werde?
25 Ich frag' zum zweiten= und zum drittenmal.
Krongroßkanzler. Er stelle sich vor unsern Thron!
Senatoren.   Er rede!
Landboten. Wir wollen ihn hören.
(Krongroßmarschall gibt dem Türhüter ein Zeichen mit seinem Stabe. Dieser geht
hinaus, um zu öffnen.)
Leo Sapieha.   Schreibet nieder, Kanzler!
Ich mache Einspruch gegen dies Verfahren
Und gegen alles, was draus folgt, zuwider
30 Dem Frieden Polens mit der Kron' zu Moskau.
Demetrius tritt ein, geht einige Schritte auf den Thron zu und macht mit be-
decktem Haupt drei Verbeugungen, eine gegen den König, darauf gegen die Senatoren,
endlich gegen die Landboten; ihm wird von jedem Teile, dem es gilt, mit einer
Neigung des Haupts geantwortet. Alsdann stellt er sich so, daß er einen großen Teil
der Versammlung und des Publikums, von welchem angenommen wird, daß es im
Reichstag mit sitze, im Auge behält und dem königlichen Thron nur nicht den Rücken
wendet.
Erzbischof von Gnesen. Prinz Dmitri, Iwans Sohn! Wenn
                                           dich der Glanz
Der königlichen Reichsversammlung schreckt,
Des Anblicks Majestät die Zung' dir bindet,
So magst du, dir vergönnt es der Senat,
35 Dir nach Gefallen einen Anwalt wählen
Und eines fremden Mundes dich bedienen.
Demetrius. Herr Erzbischof, ich stehe hier, ein Reich
Zu fodern und ein königliches Zepter.
Schlecht stünde mir's, vor einem edeln Volk
40 Und seinem König und Senat zu zittern.
Ich sah noch nie solch einen hehren Kreis;
Doch dieser Anblick macht das Herz mir groß
Und schreckt mich nicht. Je würdigere Zeugen,
Um so willkommner sind sie mir; ich kann
45 Vor keiner glänzendern Versammlung reden.
Erzbischof von Gnesen. [Prinz Dmitri!] Die erlauchte Republik
Ist wohl geneigt, Euch [anzuhören. Redet!]
Demetrius. Großmächt'ger König! Würd'ge, mächtige
Bischöf' und Palatinen, gnäd'ge Herrn
50 Landboten der erlauchten Republik!

Verwundert, mit nachdenklichem Erstaunen
Erblick' ich mich, des Zaren Iwans Sohn,
Auf diesem Reichstag vor dem Volk der Polen.
Der Haß entzweite blutig beide Reiche,
55 Und Friede wurde nicht, solang er lebte.
Doch hat es jetzt der Himmel so gewendet,
Daß ich, sein Blut, der mit der Milch der Amme
Den alten Erbhaß in sich sog, als Flehender
Vor euch erscheinen und in Polens Mitte
60 Mein Recht mir suchen muß. Drum eh' ich rede,
Vergesset edelmütig, was geschehn,
Und daß der Zar, des Sohn ich mich bekenne,
Den Krieg in eure Grenzen hat gewälzt.
Ich stehe vor euch, ein beraubter Fürst,
65 Ich suche Schutz; der Unterdrückte hat
Ein heilig Recht an jede edle Brust.
Wer aber soll gerecht sein auf der Erde,
Wenn es ein großes, tapfres Volk nicht ist,
Das frei in höchster Machtvollkommenheit
70 Nur sich allein braucht Rechenschaft zu geben
Und, unbeschränkt von — — —
Der schönen Menschlichkeit gehorchen kann?
     Erzbischof von Gnesen. Ihr gebt Euch für des Zaren Iwans
                           Sohn.
Nicht wahrlich Euer Anstand widerspricht
75 Noch Eure Rede diesem stolzen Anspruch.
Doch überzeuget uns, daß Ihr der seid,
Dann hoffet alles von dem Edelmut
Der Republik. Sie hat den Russen nie
Im Feld gefürchtet; beides liebt sie gleich,
80 Ein edler Feind und ein gefäll'ger Freund zu sein.
     Demetrius. Iwan Wasilowitsch, der große Zar
Von Moskau, hatte fünf Gemahlinnen
Gefreit in seines Reiches langer Dauer.
Die erste aus dem heldenreichen Stamm
85 Der Romanow gab ihm den Feodor,
Der nach ihm herrschte. Einen einz'gen Sohn
Dmitri, die späte Blüte seiner Kraft,
Gebar ihm Marfa aus dem Stamm Nagoi,
Ein zartes Kind noch, da der Vater starb.
90 Zar Feodor, ein Jüngling schwacher Kraft
Und blöden Geists, ließ seinen obersten
Stallmeister walten, Boris Godunow,

Der mit verschlagner Hofkunst ihn beherrschte.
Födor war kinderlos, und keinen Erben
95 Versprach der Zarin unfruchtbarer Schoß.
Als nun der listige Bojar die Gunst
Des Volks mit Schmeichelkünsten sich erschlichen,
Erhub er seine Wünsche bis zum Thron.
Ein junger Prinz nur stand noch zwischen ihm
100 Und seiner stolzen Hoffnung, Prinz Dimitri
Iwanowitsch, der unterm Aug' der Mutter
Zu Uglitsch, ihrem Witwensitz, heranwuchs.
    Als nun sein schwarzer Anschlag zur Vollziehung
Gereift, sandt' er nach Uglitsch Mörder aus,
105 Den Zarowitsch zu töten und die Schuld
Der Tat [auf einen Zufall ... zu wälzen].
Ein Feuer ergriff in tiefer Mitternacht
Des Schlosses Flügel, wo der junge Fürst
Mit seinem Wärter abgesondert wohnte.
110 Ein Raub gewalt'ger Flammen war das Haus,
Der Prinz verschwunden aus dem Aug' der Menschen,
Und blieb's; als tot beweint' ihn alle Welt.
Bekannte Dinge meld' ich, die ganz Moskau kennt.

    Erzbischof von Gnesen. Was Ihr berichtet, ist uns allen kund.
115 Erschollen ist der Ruf durch alle Welt,
Daß Prinz Dimitri bei der Feuersbrunst
Zu Uglitsch seinen Untergang gefunden.
Und weil sein Tod dem Zar, der jetzo herrscht,
Zum Glück ausschlug, so trug man kein Bedenken,
120 Ihn anzuklagen dieses schweren Mords.
Doch nicht von seinem Tod ist jetzt die Rede!
Es lebt ja dieser Prinz! Er leb' in Euch,
Behauptet Ihr. Davon gebt uns Beweise!
Wodurch beglaubigt Ihr, daß Ihr der seid?
125 An welchen Zeichen soll man Euch erkennen?
Wie blieb — — — — — — — —
Und tretet jetzt nach sechszehnjähr'ger Stille,
Nicht mehr erwartet, an das Licht der Welt?

    Demetrius. Kein Jahr ist's noch, daß ich mich selbst gefunden;
130 Denn bis dahin lebt' ich mir selbst verborgen,
Nicht ahndend meine fürstliche Geburt.
Mönch unter Mönchen fand ich mich, als ich
Anfing, zum Selbstbewußtsein zu erwachen,
Und mich umgab der strenge Klosterzwang.
135 Der engen Pfaffenweise widerstand

Der mut'ge Geist, und dunkel mächtig in den Adern
Empörte sich das ritterliche Blut.
Das Mönchgewand warf ich entschlossen ab
Und floh nach Polen, wo der edle Fürst
140 Von Sendomir, der holde Freund der Menschen,
Mich gastlich aufnahm in sein Fürstenhaus
Und zu der Waffen edelm Dienst erzog.

     Erzbischof von Gnesen. Wie? Ihr kanntet Euch noch nicht,
Und doch erfüllte damals schon der Ruf
145 Die Welt, daß Prinz Demetrius noch lebe?
Zar Boris zitterte auf seinem Thron
Und stellte seine Saltaks an die Grenzen,
Um scharf auf jeden Wanderer zu achten.
Wie? Diese Sage ging nicht aus von Euch?
150 Ihr hättet Euch nicht für Demetrius
Gegeben?

     Demetrius. Ich erzähle, was ich weiß.
Ging ein Gerücht umher von meinem Dasein,
So hat geschäftig es ein Gott verbreitet.
Ich kannt' mich nicht. Im Haus des Palatins
155 Und unter seiner Dienerschar verloren,
Lebt' ich der Jugend fröhlich dunkle Zeit,
Mir selbst noch fremd. Mit stiller Huldigung
Verehrt' ich seine reizgeschmückte Tochter,
Doch damals von der Kühnheit weit entfernt,
160 Den Wunsch zu solchem Glück empor zu wagen.
Den Kastellan von Lemberg, ihren Freier,
Beleidigt meine Leidenschaft. Er setzt
Mich stolz zur Rede, und in blinder Wut
Vergißt er sich so weit, nach mir zu schlagen.
165 So schwer gereizet, greif' ich zum Gewehr;
Er, sinnlos wütend, stürzt in meinen Degen
Und fällt durch meine willenlose Hand.

     Mnischek. Ja, so verhält sich — — — — —

     Demetrius. Mein Unglück war das höchste! Ohne Namen,
170 Ein Russ' und Fremdling, hatt' ich einen Großen
Des Reichs getötet, hatte Mord verübt
Im Hause meines gastlichen Beschützers,
Ihm seinen Eidam, seinen Freund getötet.
Nichts half mir meine Unschuld; nicht das Mitleid
175 Des ganzen Hofgesindes, nicht die Gunst
Des edeln Palatinus kann mich retten;
Denn das Gesetz, das nur den Polen gnädig,

Doch streng ist allen Fremdlingen, verdammt mich.
Mein Urteil ward gefällt: ich sollte sterben.
180 Schon kniet' ich nieder an den Block des Todes,
Entblößte meinen Hals dem Schwert.
(Er hält inn' und — —)
In diesem Augenblicke ward ein Kreuz
Von Gold mit kostbarn Edelsteinen sichtbar,
Das in der Tauf' mir umgehangen ward.
185 Ich hatte, wie es Sitte ist bei uns,
Das heil'ge Pfand der christlichen Erlösung
Verborgen stets an meinem Hals getragen
Von Kindesbeinen an, und eben jetzt,
Wo ich vom süßen Leben scheiden sollte,
190 Ergriff ich es als meinen letzten Trost
Und drückt' es an den Mund mit frommer Andacht.
————————————————
Das Kleinod wird bemerkt; sein Glanz und Wert
Erregt Erstaunen, weckt die Neugier auf.
195 Ich werde losgebunden und befragt,
Doch weiß ich keiner Zeit mich zu besinnen,
Wo ich das Kleinod nicht an mir getragen.
Nun fügte sich's, daß drei Bojarenkinder,
Die der Verfolgung ihres Zars entflohn,
200 Bei meinem Herrn zu Sambor eingesprochen.
Sie sahn das Kleinod und erkannten es
An neun Smaragden, die mit Amethysten
Durchschlungen waren, für dasselbige,
Was Knäs Mestislawskoy dem jüngsten Sohn
205 Des Zaren bei der Taufe umgehangen.
Sie sehn mich näher an und sehn erstaunt
Ein seltsam Spielwerk der Natur, daß ich
Am rechten Arme kürzer bin geboren.
Als sie mich nun mit Fragen ängstigten,
210 Besann ich mich auf einen kleinen Psalter,
Den ich auf meiner Flucht mit mir geführt.
In diesem Psalter standen griechische Worte,
Vom Igumen mit eigner Hand hinein
Geschrieben. Selbst hatt' ich sie nie gelesen,
215 Weil ich der Sprach' nicht kundig bin. Der Psalter
Wird jetzt herbeigeholt, die Schrift gelesen;
Ihr Inhalt ist, daß Bruder Philaret
(Dies war mein Klostername), des Buchs Besitzer,
Prinz Dmitri sei, des Iwan jüngster Sohn,
220 Den Andrei, ein redlicher Diak,

In jener Mordnacht heimlich weggeflüchtet;
Urkunden dessen lägen aufbewahrt
In zweien Klöstern, die bezeichnet waren.
Hier stürzten die Bojaren mir zu Füßen,
225 Besiegt von dieser Zeugnisse Gewalt,
Und grüßten mich als ihres Zaren Sohn.
Und also gählings aus des Unglücks Tiefen
Riß mich das Schicksal auf des Glückes Höhn.

Erzbischof von Gnesen. [Seltsam! höchst außerordentlich und
seltsam!

230 Doch wunderbarlich sind der Vorsicht Wege]
Demetrius. Und jetzt fiel's auch wie Schuppen mir vom Auge!
Erinnrungen belebten sich auf einmal
Im fernsten Hintergrund vergangner Zeit;
Und wie die letzten Türme aus der Ferne
235 Erglänzen in der Sonne Gold, so wurden
Mir in der Seele zwei Gestalten hell,
Die höchsten Sonnengipfel des Bewußtseins.
Ich sah mich fliehn in einer dunkeln Nacht,
Und eine lohe Flamme sah ich steigen
240 In schwarzem Nachtgraun, als ich rückwärts sah.
Ein uralt frühes Denken mußt' es sein;
Denn was vorherging, was darauf gefolgt,
War ausgelöscht in langer Zeitenferne;
Nur abgerissen, einsam leuchtend, stand
245 Dies Schreckensbild mir im Gedächtnis da;
Doch wohl besann ich mich aus spätern Jahren,
Wie der Gefährten einer mich im Zorn
Den Sohn des Zars genannt. Ich hielt's für Spott
Und rächte mich dafür mit einem Schlage.
250 Dies alles traf jetzt blitzschnell meinen Geist,
Und vor mir stand's mit leuchtender Gewißheit,
Ich sei des Zaren totgeglaubter Sohn.
Es lösten sich mit diesem einz'gen Wort
Die Rätsel alle meines dunkeln Wesens.
255 Nicht bloß an Zeichen, die betrüglich sind,
In tiefster Brust, an meines Herzens Schlägen
Fühlt' ich — —
Und eher will ich's tropfenweis verspritzen,
Als — —

260 **Erzbischof von Gnesen.** Und sollen wir auf eine Schrift vertrauen,
Die sich durch Zufall bei Euch finden mochte?

Dem Zeugnis ein'ger Flüchtlinge vertraun?
Verzeihet, edler Jüngling! Euer Ton
Und Anstand ist gewiß nicht eines Lügners!
265 Doch könntet Ihr selbst der Betrogne sein;
[Es ist] dem Menschenherzen zu verzeihen,
[In] solchem großen Spiel sich zu betrügen.
Was stellt Ihr uns für Bürgen Eures Worts?
    Demetrius. Ich stelle funfzig Eideshelfer auf,
270 Piasten alle, freigeborne Polen
Untadeliges Rufs, die jegliches
Erhärten sollen, was ich hier behauptet.
Dort sitzt der edle Fürst von Sendomir,
Der Kastellan von Lublin ihm zur Seite,
275 Die zeugen mir's, ob ich Wahrheit geredet.

————————————————

    Erzbischof von Gnesen. Was nun bedünket den erlauchten
                                                  Ständen?
So vieler Zeugnisse vereinter Kraft
Muß sich der Zweifel überwunden geben.
280 Ein schleichendes Gerücht durchläuft schon längst
Die Welt, daß Dmitri, Iwans Sohn, noch lebe;
Zar Boris bestärkt's durch seine Furcht.
Ein Jüngling zeigt sich hier, an Alter, Bildung
Bis auf die Zufallsspiele der Natur
285 Ganz dem Verschwundnen ähnlich, den man sucht,
Durch ed——— des großen Anspruchs wert.
Aus Klostermauern ging er wunderbar,
Geheimnisvoll hervor, mit Rittertugend
Begabt, der nur der Mönche Zögling war;
290 Ein Kleinod zeigt er, das der Zarowitsch
Einst an sich trug, von dem er nie sich trennte;
Ein schriftlich Zeugnis noch von frommen Händen
Beglaubigt seine fürstliche Geburt,
Und kräft'ger noch aus seiner schlichten Rede
295 Und reinen Stirn spricht uns die Wahrheit an.
Nicht solche Züge borgt sich der Betrug;
Der hüllt sich täuschend ein in große Worte
Und in der Sprache rednerischen Schmuck.
Nicht länger denn versag' ich ihm den Namen,
300 Den er mit Fug und Recht in Anspruch nimmt,
Und meines alten Vorrechts mich bedienend,
Geb' ich als Primas ihm die erste Stimme.
    Erzbischof von Lemberg. Ich stimme wie der Primas.

Mehrere Bischöfe.   Wie der Primas.

Mehrere Palatinen. Auch ich!

Odowalsky.   Und ich!

Landboten (rasch aufeinander).   Wir alle!

Sapieha.   Gnäd'ge Herren!

305 Bedenkt es wohl! Man übereile nichts!
Ein edler Reichstag lasse sich nicht rasch
Hinreißen zu — — —

     Odowalsky.   Hier ist
Nichts zu bedenken; alles ist bedacht,
Unwiderleglich sprechen die Beweise.
310 Hier ist nicht Moskau; nicht Despotenfurcht
Schnürt hier die freie Seele zu. Hier darf
Die Wahrheit wandeln mit erhabnem Haupt.
Ich will's nicht hoffen, edle Herrn, daß hier
Zu Krakau auf dem Reichstag selbst der Polen
315 Der Zar von Moskau feile Sklaven habe.

— — — — — —

     Demetrius. O habet Dank, erlauchte — — —
Daß ihr der Wahrheit Zeichen anerkennt!
Und wenn ich auch nun der wahrhaftig bin,
320 Den ich mich nenne, o so duldet nicht,
Daß sich ein frecher Räuber meines Erbs
Anmaße und den Zepter länger schände,
Der mir, dem echten Zarowitsch, gebührt.

325 Daß ich den Thron erobre meiner Väter.
Die Gerechtigkeit hab' ich, ihr habt die Macht.
Es ist die große Sache aller Staaten
Und Thronen, daß gescheh', was Rechtens ist,
Und jedem auf der Welt das Seine werde;
330 Denn da, wo die Gerechtigkeit regiert,
Da freut sich jeder sicher seines Erbs,
Und über jedem Hause, jedem Thron
Schwebt der Vertrag wie eine Cherubswache.
Doch wo — — — — — —
335 Sich straflos festsetzt in dem fremden Erbe,
Da wankt der Staaten fester Felsengrund.
— — — — — — — Gerechtigkeit
Heißt der kunstreiche Bau des Weltgewölbes,
Wo alles eines, eines alles hält,
40 Wo mit dem einen alles stürzt und fällt.

— — — — — — — — — — —

10*

Demetrius. O sieh mich an, ruhmreicher Sigismund!
Großmächt'ger König! Greif in deine Brust
Und sieh dein eignes Schicksal in dem meinen!
345 Auch du erfuhrst die Schläge des Geschicks;
In der Gefangenschaft wardst du geboren,
In einem Kerker kamest du zur Welt,
Dein erster Blick fiel auf Gefängnismauern.
Du brauchtest einen Retter und Befreier,
350 Der aus dem Kerker auf den Thron dich hob.
Du fandest ihn. Großmut hast du erfahren,
O übe Großmut auch an mir, in mir

— — — — — — —

Und ihr, erhabne Männer des Senats,
355 Ehrwürd'ge Bischöfe, der Kirche Säulen,
Ruhmreiche Palatinen und Kastellanen,
Hier ist der Augenblick,
Zwei lang entzweite Völker zu versöhnen.
Erwerbet euch den Ruhm, daß Polens Kraft
360 Den Moskowitern ihren Zar gegeben,
Und in dem Nachbar, der euch feindlich drängte,
Erwerbt euch einen dankbarn Freund.
                                    Und ihr,
Landboten,
Zäumt eure schnellen Rosse, sitzet auf!
365 Euch öffnen sich des Glückes goldne Tore;
Mit euch will ich den Raub des Feindes teilen.
Moskau ist reich an Gütern; unermeßlich
An Gold und edeln Steinen ist der Schatz
Des Zars; ich kann die Freunde königlich
370 Belohnen, und ich will's. Wenn ich als Zar
Einziehe auf dem Kremel, dann, ich schwör's,
Soll sich der Ärmste unter euch, der mir
Dahin gefolgt, in Samt und Zobel kleiden,
Mit reichen Perlen sein Geschirr bedecken,
375 Und Silber sei das schlechteste Metall,
Um seiner Pferde Hufe zu beschlagen.
                    (Es entsteht eine große Bewegung unter den Landboten.)

Korela. — — — — — — —

Odowalsky. Soll der Kosak uns Ruhm und Beute rauben?
Wir haben Friede mit dem Tatarfürst
380 Und Türken, nichts zu fürchten von dem Schweden.
Schon lang verzehrt sich unser tapfrer Mut
J[m] — — Frieden, die müß'gen Schwerter rosten.

Auf, laßt uns fallen in das Land des Zars
Und einen dankbarn Bundesfreund gewinnen,
385 Indem wir Polens Macht und Größe mehren!

    Viele Landboten. Krieg! Krieg mit Moskau!

    Andre.   Man beschließe es!
Gleich sammle man die Stimmen!

    Sapieha (steht auf).   Krongroßmarschall!
Gebietet Stille! Ich verlang' das Wort.

    Eine Menge von Stimmen. Krieg! Krieg mit Moskau!

    Sapieha.   Ich verlang' das Wort.
390 Marschall, tut Euer Amt!

    (Großes Getöse in dem Saale und außerhalb desselben.)

    Krongroßmarschall.   Ihr seht, es ist
Vergebens.

    Sapieha.   Was? Der Marschall auch bestochen?
Ist keine Freiheit auf dem Reichstag mehr?
Werft Euren Stab hin und gebietet Schweigen!
Ich fodr' es, ich begehr's und will's.

    (Krongroßmarschall wirft seinen Stab in die Mitte des Saals; der Tumult legt sich.)

395 Was denkt ihr? Was beschließt ihr? Stehn wir nicht
In tiefem Frieden mit dem Zar zu Moskau?
Ich selbst als euer königlicher Bote
Errichtete den zwanzigjähr'gen Bund.
Ich habe meine rechte Hand erhoben
400 Zum feierlichen Eidschwur auf dem Kreml,
Und redlich hat der Zar uns Wort gehalten.
Was ist beschworne Treu? Was sind Verträge,
Wenn ein solenner Reichstag sie zerbrechen darf?

    Demetrius. Fürst Leo Sapieha! Ihr habt Frieden
405 Geschlossen, sagt Ihr, mit dem Zar zu Moskau?
Das habt Ihr nicht, denn ich bin dieser Zar.
In mir ist Moskaus Majestät; ich bin
Der Sohn des Iwan und sein rechter Erbe.
Wenn Polen Frieden schließen will mit Rußland,
410 Mit mir muß es geschehen! Euer Vertrag
Ist nichtig, mit dem Nichtigen errichtet.

    Odowalsky. Was kümmert Eur Vertrag uns? Damals haben
Wir so gewollt, und heute wollen wir anders.
Sind wir — — — — — — —

415   **Sapieha.** Ist es dahin gekommen? Will sich niemand
Erheben für das Recht, nun so will ich's.
Zerreißen will ich dies Geweb' der Arglist,

Aufdecken will ich alles, was ich weiß.
Ehrwürd'ger Primas! Wie? Bist du im Ernst
420 Gutmütig oder kannst dich so verstellen?
Seid ihr so gläubig, Senatoren? König,
Bist du so schwach? Ihr wißt nicht, wollt nicht wissen,
Daß Ihr ein Spielwerk seid des list'gen Woiwoda
Von Sendomir, der diesen Zar aufstellte,
425 Des ungemeßner Ehrgeiz in Gedanken
Das güterreiche Moskau schon verschlingt?
Muß ich's Euch sagen, daß bereits der Bund
Geknüpft ist und beschworen zwischen beiden?
Daß er die jüngste Tochter ihm verlobte?
430 Und soll die edle Republik sich blind
In die Gefahren eines Krieges stürzen,
Um den Woiwoden groß, um seine Tochter
Zur Zarin und zur Königin zu machen?
Bestochen hat er alles und erkauft.
435 Den Reichstag, weiß ich wohl, will er beherrschen;
Ich sehe seine Faktion gewaltig
In diesem Saal, und nicht genug, daß er
Den Seym Walny durch die Mehrheit leitet,
Bezogen hat er mit dreitausend Pferden
440 Den Reichstag und ganz Krakau überschwemmt
Mit seinen Lehensleuten. Eben jetzt
Erfüllen sie die Hallen dieses Hauses.
Man will die Freiheit unsrer Stimmen zwingen.
Doch keine Furcht bewegt mein tapfres Herz;
445 Solang noch Blut in meinen Adern rinnt,
Will ich die Freiheit meines Worts behaupten.
Wer wohl gesinnt ist, tritt zu mir herüber.
Solang ich Leben habe, soll kein Schluß
Durchgehn, der wider Recht ist und Vernunft.
450 Ich hab' mit Moskau Frieden abgeschlossen,
Und ich bin Mann dafür, daß man ihn halte.

Odowalsky. Man höre nicht auf ihn! Sammelt die Stimmen!

(Bischöfe von Krakau und Wilna stehen auf und gehen jeder an seiner Seite hinab,
um die Stimmen zu sammeln.)

Viele. Krieg! Krieg mit Moskau!

Erzbischof von Gnesen (zu Sapieha). Gebt Euch, edler Herr!
Ihr seht, daß Euch die Mehrheit widerstrebt.
455 Treibt's nicht zu einer unglücksel'gen Spaltung!

Krongroßkanzler (kommt von dem Thron herab, zu Sapieha).
Der König läßt Euch bitten, nachzugeben,
Herr Woiwod, und den Reichstag nicht zu spalten.
   Türhüter (heimlich zu Odowalsky).
Ihr sollt Euch tapfer halten, melden Euch
Die vor der Tür. Ganz Krakau steh' zu Euch.
   Krongroßmarschall (zu Sapieha).
460 Es sind so gute Schlüsse durchgegangen;
O gebt Euch! Um des andern Guten willen,
Was man beschlossen, fügt Euch in die Mehrheit!
   Bischof von Krakau (hat auf seiner Seite die Stimmen gesammelt).
Auf dieser rechten Bank ist alles einig.
   Sapieha. Laßt alles einig sein — ich sage nein.
465 Ich sage Veto, ich zerreiße den Reichstag.
Man schreite nicht weiter! Aufgehoben, null
Ist alles, was beschlossen ward!
(Allgemeiner Aufstand; der König steigt vom Thron, die Schranken werden eingestürzt;
es entsteht ein tumultuarisches Getöse. Landboten greifen zu den Säbeln und zucken
sie links und rechts auf Sapieha. Bischöfe treten auf beiden Seiten dazwischen und
verteidigen ihn mit ihren Stolen.)
         Die Mehrheit?
Was ist die Mehrheit? Mehrheit ist der Unsinn,
Verstand ist stets bei wen'gen nur gewesen.
470 Bekümmert sich ums Ganze, wer nichts hat?
Hat der Bettler eine Freiheit, eine Wahl?
Er muß dem Mächtigen, der ihn bezahlt,
Um Brot und Stiefel seine Stimm' verkaufen.
Man soll die Stimmen wägen und nicht zählen;
475 Der Staat muß untergehn, früh oder spät,
Wo Mehrheit siegt und Unverstand entscheidet.
   Odowalsky. Hört den Verräter!
   Landboten. Nieder mit ihm! Haut ihn in Stücken!
   Erzbischof von Gnesen
     (reißt seinem Kaplan das Kreuz aus der Hand und tritt dazwischen).
                Friede!
Soll Blut der Bürger auf dem Reichstag fließen?
480 Fürst Sapieha! Mäßigt Euch!
      (Zu den Bischöfen.)
          Bringt ihn
Hinweg! Macht eure Brust zu seinem Schilde!
Durch jene Seitentür entfernt ihn still,
Daß ihn die Menge nicht in Stücken reiße!
(Sapieha, noch immer mit den Blicken drohend, wird von den Bischöfen mit Gewalt
fortgezogen, indem der Erzbischof von Gnesen und von Lemberg die aufdringenden

Landboten von ihm abwehren. Unter heftigem Tumult und Säbelgeklirr leert sich
der Saal aus, daß nur Demetrius, Mnischek, Odowalsky und der Kosakenhetman
zurückbleiben.)

Odowalsky. Das schlug uns fehl.
435 Doch darum soll Euch Hilfe nicht entstehen;
Hält auch die Republik mit Moskau Frieden,
Wir führen's aus mit unsern eignen Kräften.

Korela. Wer hätt' auch das gedacht, daß er allein
Dem ganzen Reichstag würde Spitze bieten?

490 **Mnischek.** Der König kommt.

König Sigismundus, begleitet von dem **Krongroßkanzler, Krongroßmarschall**
und einigen **Bischöfen.**

König (zu Demetrius).   Mein Prinz, laßt Euch umarmen!
Die hohe Republik erzeigt Euch endlich
Gerechtigkeit; mein Herz hat es schon längst.
Tief rührt mich Euer Schicksal. Wohl muß es
Die Herzen aller Könige bewegen.

495 **Demetrius.** Vergessen hab' ich alles, was ich litt;
An Eurer Brust fühl' ich mich neugeboren.

König. Viel Worte lieb' ich nicht; doch was ein König
Vermag, der über reichere Vasallen
Gebietet als er selbst, biet' ich Euch an.
500 Ihr habt ein — — Schauspiel angesehn.
Denkt drum nicht schlimmer von der Polen Reich,
Weil wilder Sturm das Schiff des Staats bewegt.

Mnischek. In Sturmes Brausen lenkt der Steuermann
Das Fahrzeug still und führt's zum sichren Hafen.

505 **König.** Der Reichstag ist zerrissen.
Ich darf den Frieden mit dem Zar nicht brechen.
Doch Ihr habt mächt'ge Freunde. Will mein Adel
Auf eigene Gefahr sich für Euch waffnen,
Will der Kosak des Krieges Glücksspiel wagen:
510 Er ist ein freier Mann, ich kann's nicht wehren.

Mnischek. Der ganze Rokosz steht noch unter Waffen.
Gefällt dir's, Herr, so kann der wilde Strom,
Der gegen deine Hoheit sich empört,
Unschädlich über Moskau sich ergießen.

515 **König.** Die besten Waffen wird dir Rußland geben;
Dein bester Schirm ist deines Volkes Herz.
Rußland wird nur durch Rußland überwunden.
So wie du heute vor dem Reichstag sprachst,
So rede dort in Moskau zu den Bürgern;

520 Ihr Herz erobre dir, und du wirst herrschen.
   Durch fremde Waffen gründet sich kein Thron;
   Noch keinem Volk, das sich zu ehren wußte,
   Drang man den Herrscher wider Willen auf.
   Ich bin der Schweden geborener König,
525 Ich habe den Thron friedlich bestiegen,
   Ich habe — — — — — — —
   Und doch hab' ich den väterlichen Erbthron verloren,
   Weil mir die Volksgesinnung widerstrebt.

Marina tritt auf.

   Mnischek. Erhabne Hoheit, hier zu deinen Füßen
530 Wirft sich Marina, meine jüngste Tochter;
   Der Prinz von Moskau — — — —
   Du bist der hohe Schirmvogt unsres Hauses,
   Von deiner königlichen Hand allein
   Geziemt es ihr, den Gatten zu empfangen.

(Marina kniet vor dem König.)

535   **König.** Wohl, Vetter! Ist's Euch wohl genehm, will ich
   Des Vaters Stelle bei dem Zar vertreten.

(Zu Demetrius, dem er die Hand der Marina übergibt.)

   So führ' ich Euch in diesem schönen Pfande
   Des Glückes heitre Göttin zu. Und mög' es
   Mein Aug' erleben, dieses holde Paar
540 Sitzen zu sehen auf dem Thron zu Moskau!
   Marina. Herr! — — — — — — —
   Und deine Sklavin bleib' ich, wo ich bin.
   König. Steht auf, Zaritza! Dieser Platz ist nicht
   Für Euch, nicht für die zarische Verlobte.
545 Nicht für die Tochter meines ersten Woiwods!
   Ihr seid die jüngste unter Euren Schwestern;
   Doch Euer Geist fliegt ihrem Glücke vor,
   Und nach dem Höchsten strebt Ihr hochgesinnt.
   Demetrius. Sei Zeuge, großer König, meines Schwurs,
550 Ich leg' als Fürst ihn in des Fürsten Hand.
   Die Hand des edeln Fräuleins nehm' ich an
   Als ein kostbares Pfand des Glücks. Ich schwöre,
   Sobald ich meiner Väter Thron bestiegen,
   Als meine Braut sie festlich heimzuführen,
555 Wie's einer großen Königin geziemt.
   Zur Morgengabe schenk' ich meiner Braut
   Die Fürstentümer Pleskow und Groß=Neugard
   Mit allen Städten, Dörfern und Bewohnern,
   Mit allen Hoheitsrechten und Gewalten

560 Zum freien Eigentum auf ew'ge Zeit,
     Und diese Schenkung will ich ihr als Zar
     Bestätigen in meiner Hauptstadt Moskau.
     Dem edeln Woiwod zahl' ich zum Ersatz
     Für seine Rüstung eine Million
565 Dukaten polnischen Geprägs.

     So helf' mir Gott und seine Heiligen,
     Als ich dies treulich schwur und halten werde.
             König. Ihr werdet es; Ihr werdet nie — — —
570 Was Ihr dem edeln Woiwod schuldig seid,
     Der sein gewisses Glück an Eure Hoffnung,
     Ein teures Kind an Eure Hoffnung wagt.
     So seltner Freund ist köstlich zu bewahren!
     Drum, wenn Ihr glücklich seid, vergesset nie,
575 Auf welchen Sprossen Ihr zum Thron gestiegen,
     Und mit dem Kleide wechselt nicht das Herz!
     Denkt, daß Ihr Euch in Polen selbst gefunden,
     Liebt dieses Land, das Euch zum zweitenmal geboren!
             Demetrius. Nicht ohne — — — — — —
580 Gelang — — — — — —
     Ich bin erwachsen in der Niedrigkeit;
     Das schöne Band hab' ich verehren lernen,
     Das Mensch an Mensch mit Wechselneigung bindet.
             König. Ihr tretet aber in ein Reich jetzt ein,
585 Wo andre Sitten und — — — — —
     Hier in der Polen Land regiert die Freiheit,
     Der König selbst, wiewohl am Glanz der Höchste,
     Muß oft des — — — — Diener sein.
     Dort herrscht des Vaters heilige Gewalt;
590 Der Sklave dient mit leidendem Gehorsam,
     Der Herr gebietet ohne Rechenschaft.
             Demetrius. Die schöne Freiheit, die ich — — — —
     Will ich verpflanzen — — — — —
     Ich will aus Sklaven — — — Menschen machen;
595 Ich will nicht herrschen über Sklavenseelen.
             König. Tut's nicht zu rasch und lernt der Zeit gehorchen!
     Hört, Prinz — — — — — —
     Ich will Euch, Prinz, drei Lehren — — —
     Befolgt sie treu, wenn Ihr zum Reich gelangt!
600 Ein König gibt sie Euch, ein Greis, der viel
     Erfuhr, und Eure Jugend kann sie nutzen.
             Demetrius. O lehrt mich Eure Weisheit, großer König!

Ihr seid geehrt von einem stolzen Volk;
Wie mach' ich's, um dasselbe zu erreichen?

605 **König.** Ihr kommt vom Ausland, — — — — —
Euch führen fremde Feindeswaffen ein;
Dies erste Unrecht habt Ihr gut zu machen.
Drum zeiget Euch als Moskaus wahrer Sohn,
Indem Ihr Achtung tragt vor seinen Sitten.
610 Dem Polen haltet Wort und — — —
Denn Freunde braucht Ihr auf dem neuen Thron.
Der Arm, der Euch einführte, kann Euch stürzen.
Hoch haltet ihn, doch ahmet ihm nicht nach.
Nicht fremder Brauch gedeiht in einem Lande
615 — — — — — — — — —
Iwan Wasilowitsch'. Kein Volk wird groß,
Es kann mit Lappen fremder Felle sich zwar behängen,
Doch lebendig muß — — — — — —
Um Eures Landes — — — — —
620 Doch was Ihr auch beginnt — ehrt Eure Mutter!
Ihr findet eine Mutter!

Demetrius.   O mein König!

— — — — — — — — — —

König. Wohl habt Ihr Ursach', kindlich sie zu ehren.
Verehrt sie denn — Zwischen Euch und Eurem Volk
625 Steht sie, ein menschlich teures Band. Frei ist
Die Zargewalt von menschlichen Gesetzen,
Den — — Herrscher beschränkt kein Reichsvertrag.
Dort ist nichts Furchtbares als die Natur;
Kein beßres Pfand für Eure Menschlichkeit
630 Hat Euer Volk als Eure Kindesliebe.
Ich sage nichts mehr. Manches muß geschehn,
Eh' Ihr das goldne Widderfell erobert.
Erwartet keinen leichten Sieg!
Zar Boris herrscht mit Ansehn und mit Kraft,
635 Mit keinem Weichling geht Ihr in den Streit.
Wer durch Verdienst sich auf den Thron geschwungen,
Den stürzt der Wind der Meinung nicht so schnell.

— — — — — — — — — —

Doch seine Taten sind ihm statt der Ahnen.
640 Lebt wohl und — — — — — — —
Ich überlaß' Euch Eurem guten Glück.
Es hat Euch gerettet aus der Hand des Mords,
Es hat Euch zum zweitenmal vom Tod gerettet

Und durch ein Wunder Euch — — — —
645 Es wird sein Werk vollenden und Euch krönen.

———

Marina. Odowalsky.

Odowalsky. Nun, Fräulein, hab' ich meinen Auftrag wohl
Erfüllt, und wirst du meinen Eifer loben?
Marina. Recht gut, daß wir allein sind, Odowalsky;
Wir haben wicht'ge Dinge zu besprechen,
650 Davon der Prinz nichts wissen soll. Mag er
Der Götterstimme folgen, die ihn treibt!
Er glaub' an sich, so glaubt ihm auch die Welt.
Laß ihn nur jene Dunkelheit bewahren,
Die eine Mutter großer Taten ist.
655 Wir aber müssen hell sehn, müssen handeln.
Er gibt den Namen, die Begeisterung;
Wir müssen die Besinnung für ihn haben,
Und haben wir uns des Erfolgs versichert
Mit kluger Kunst, so wähn' er immerhin,
660 Daß es aus Himmelshöhn ihm zugefallen.
Odowalsky. Gebiete, Fräulein! Deinem Dienste leb' ich.
Dir weih' ich mich mit Gut und Blut. Ist es
Des Moskowiters Sache, die mich kümmert?
Du bist es, deine Größ' und Herrlichkeit,
665 An die ich Blut und Leben setzen will.
Ich hab' dich nicht besitzen können;
Ein güterloser — — — Vasall,
Durft' ich die Wünsche nicht zu dir erheben.
Verdienen aber will ich deine Gunst.
670 Dich groß zu machen, sei mein einzig Trachten.
Mag immer dann ein andrer dich besitzen,
Mein bist du doch, wenn du mein Werk nur bist.
Marina. Drum leg' ich auch mein ganzes Herz auf dich.
Du bist ein Mann der Ausführung.
675 Der König meint es falsch. Ich schau' ihn durch,
Ein abgeredet Spiel mit Sapieha
— — — — Zwar ist's ihm wohl gelegen,
Daß sich mein Vater, dessen Macht er fürchtet,
In dieser Unternehmung schwächt, daß sich
680 Der Bund des Adels, der ihm furchtbar war,
In diesem fremden Kriegeszug entladet;
Doch will er selbst neutral im Kampfe bleiben.
Des Kampfes Glück — — — Siegen wir,
So denkt er — — — das geschwächte Moskau;

685 Sind wir besiegt, so leichter hofft er uns
Sein Herrscherjoch in Polen aufzulegen.
Wir stehn allein, — — — — —
Sorgt er für sich, wir sorgen für das Unsre.

690 Du führst die Truppen nach Kiew. Dort lässest
Du sie dem Prinzen Treue schwören und mir.
Mir, hörst du? Es ist eine nöt'ge Vorsicht.
      Odowalsky. Dir! Es ist deine Sache, für die wir kämpfen,
In deine Pflichten werd' ich sie nehmen.

695   **Marina.** Nicht deinen Arm bloß will ich, auch dein Auge.
      Odowalsky. Sprich, meine Königin!
      Marina.   Du führst den Zarowitsch.
Bewach' ihn gut, weich nie von seiner Seite!
Von jedem Schritt gibst du mir Rechenschaft,
Wer zu ihm naht, — — — — —
700 Ja, sein geheimstes Denken laß mich wissen.
      Odowalsky. Vertrau' auf mich!
      Marina.   Laß ihn nicht aus den Augen!
Sei sein Beschützer, doch sein Hüter auch!
Mach' ihn zum Sieger — — — doch so,
Daß er uns immer brauche! Du verstehst mich.
705   **Odowalsky.** Vertrau' auf mich, er soll uns nie entbehren.
      Marina. Kein Mensch ist dankbar. Fühlt er sich als Zar,
Schnell wird er unsre Fessel von sich werfen.
Erzeigte Wohltat wird zum schweren Unrecht,
Wenn man sie wiedererstatten soll.
710 Der Russe haßt den Polen, muß ihn hassen;
Da ist kein festes Herzensband zu knüpfen.
     — — — — — — —

Glück oder Unglück, laß mich's schleunig haben!
Ich will in Kiew deiner Boten harren.
715 Wie Meilenzeiger stelle deine Boten,
Fertige sie aus in jeder Tageszeit,
Und wenn du mir das Heer entvölkern solltest!
     — — — — — — —

        [Es kommen viele Edelleute.
      Edelleute. Haben wir uns hören lassen, Patronin? Haben
                    wir's recht gemacht?
720 Wen sollen wir totschlagen? Gebiete über unsere Arme und
                               Säbel!

Marina. Wer will für mich zu Felde ziehn?
Edelleute.   Wir alle, alle!
Marina. In Kiew ist der Musterplatz. Dort wird
Mein Vater aufziehn mit dreitausend Pferden.
Mein Schwager gibt zweitausend. Von dem Don
725 Erwarten wir ein Hilfsheer von Kosaken,
Die unterhalb der Wasserfälle wohnen.]
        [Edelleute.]
Schaff' Geld Patronin, wir haben uns aufgezehrt auf dem
Langen Reichstag, erst lös' uns aus, wir haben uns festgegessen.
        [Andere.] Schaff' Geld, Patronin, und wir ziehen mit,
730 Wir machen dich zu Rußlands Königin.
        Marina. Der Bischof von Kaminiek und von Kulm
Schießt Geld auf Pfandschaft vor von Land und Leuten.
Verkauft, verpfändet eure Bauernhöfe,
Versilbert alles, steckt's in Pferd und Rüstung!
735 Der beste Landwirt ist der Krieg, er macht
Aus Eisen Gold. — Was ihr in Polen jetzt verliert,
Wird sich in Moskau zehnfach wiederfinden.
        Rokol. Es sitzen noch zweihundert in der Trinkstub'.
Wenn du dich zeigst und einen Becher leerst
740 Auf ihre Gesundheit, sind sie alle dein.
        Marina. Erwarte mich, du sollst mich hingeleiten.
        Alle. Du sollst Zarin werden, oder wir wollen nicht das
                                        Leben haben.
        Andre. Du hast uns neu gestiefelt und gekleidet,
Wir dienen dir mit unserm Herzensblut.
        Opalinsky, Ossolinsky, Zamosky und viele andere Edelleute kommen.
745 **Opalinsky.** Wir ziehen auch mit. Wir! Wir bleiben nicht
Allein zurück!
        Zamosky. Wir ziehen mit. Wir wollen auch
Teilnehmen an der Moskowotischen Beute.
        Ossolinsky. Patronin, nimm uns mit! Wir wollen dich
Zu Rußlands Zarin machen.
750 **Marina.** Wer sind denn die? Es ist gemein Gesindel.
        Ossolinsky. Stallknechte sind wir beim Starost von —
        Zamosky. Ich bin der Koch beim Kastellan von Wilna.
        Opalinsky. Und ich der Kutscher.
        Bielsky.   Ich der Bratenwender.
        Marina. Fy, Odowalsky, die sind doch zu schlecht!
755 **Stallknechte.** Piasten sind wir, freigeborne Polen!

Vermeng' uns nicht mit schlechtem Bauergesindel!
Wir sind von Stand, wir haben unsre Rechte.

    Odowalsky. Ja, auf dem Teppich werden sie geprügelt.

    [Zamosky.] Veracht' uns nicht, wir haben edle Herzen!

760   **Odowalsky.** Nimm sie in Sold, gib ihnen Pferd' und Stiefel,
Sie schlagen drein gleichwie der beste Mann.

    Marina. — — —   Geht!
Und zeigt euch wieder, wenn ihr menschlich aussseht!
Mein Haushofmeister soll euch Kleider geben.

765   **[Edelleute.]** Sorgst du auch dafür? Nein, dir entgeht nichts.
Gewiß, du bist zur Königin geboren!

    Marina. Ich weiß, so ist's, drum muß ich's werden.

    Ossolinsky. Besteig den weißen Zelter, waffne dich
Und, eine zweite Vanda, führe du
770 Zum sichern Siege deine mut'gen Scharen!

    Marina.
Mein Geist führt euch, der Krieg ist nicht für Weiber.

— — — — — — — —

[Schwört ihr mir Treue?

    Alle.   Juramus! Wir schwören!
                (Ziehen die Säbel.)

    Einige. Vivat Marina!

    Andere.   Russiae Regina!]
           Mnischek. Marina.

775   **Marina.** Warum so ernst, mein Vater, da das Glück
Uns lacht — — — — — — — —
Und alle Arme sich für uns bewaffnen?

    Mnischek. Das eben, meine Tochter! Alles, alles
Steht auf dem Spiel. In dieser Kriegesrüstung
780 Erschöpft sich deines Vaters ganze Kraft.
Wohl hab' ich Grund, es ernstlich zu bedenken;
Das Glück ist falsch, ich zittre vor den Folgen.

    Marina. Warum — — — — — — — —

    Mnischek. Gefährlich Mädchen, wozu hast du mich
785 Gebracht! Was bin ich für ein schwacher Vater,
Daß ich nicht deinem Dringen widerstand!
Ich bin der reichste Woiwoda des Reichs,
Der Erste nach dem König. Hätten wir
Uns damit nicht bescheiden, unsers Glücks
790 Genießen können mit vergnügter Seele?
Du strebtest höher — nicht das mäß'ge Los

Genügte dir der — — — — —
Erreichen wolltest du das höchste Ziel
Der Sterblichen und eine Krone tragen.
795 Ich allzu schwacher Vater möchte gern
Auf dich, mein Liebstes, alles Höchste häufen:
Ich lasse mich betören durch dein Flehn,
Ergreife — — — — — —
Und an den Zufall wag' ich das Gewisse!

800   **Marina.** Und wie, mein Vater? reut dich deine Güte?
Wer kann mit dem Geringern sich bescheiden,
Wer, dem das Höchste überm Haupte schwebte?

     Mnischek. Doch tragen deine Schwestern keine Kronen,
Doch sind sie hoch [beglückt]
805 — — — — — — —

     Marina. Was für ein Glück ist das, wenn ich vom Hause
Des Woiwods, meines Vaters, in das Haus
Des Palatinus, meines Gatten, ziehe?
Was wächst mir Neues zu aus diesem Tausch?
810 Und kann ich mich des nächsten Tages freuen,
Wenn er mir mehr nicht als der heut'ge bringt?
O unschmackhafte Wiederkehr des Alten!
O traurig leere Dasselbigkeit des Daseins!
Lohnt sich's der Müh', zu hoffen und zu streben?
815 Die Liebe oder Größe muß es sein,
Sonst alles andre ist mir gleich gemein.

     Mnischek. — — — — — — —

     Marina. Erheitre deine Stirn, mein — — —
Was soll — — — — — —
820 Wenn wir zuerst, wir selbst an uns verzagen?
Laß uns der Flut vertrauen, die uns trägt!
Nicht an die Opfer denke, die du bringst,
Denk' an den Preis, an das erreichte Ziel —
Wenn du dein Mädchen sitzen sehen wirst
825 Im Schmuck der Zarin auf dem Thron zu Moskau,
Wenn deine Enkel diese Welt beherrschen!

     Mnischek. Ich denke nichts, ich sehe nichts als dich,
Mein Mädchen, dich im Glanz der Königskrone!
Ich bin besiegt, all meine Zweifel schwinden;
830 Du foderst es, ich kann dir nichts versagen.

     Marina. Noch eine Bitte, lieber, süßer Vater,
Gewähre mir!

     Mnischek. Was wünschest du, mein Kind?

Marina. Soll ich zu Sambor eingeschlossen bleiben
Mit der unbänd'gen Sehnsucht in der Brust?
835 Jenseits des Dniepers wird mein Los geworfen —
Endlose Räume trennen mich davon —
Kann ich das tragen? O, der ungeduld'ge Geist
Wird auf der Folter der Erwartung liegen
Und dieses Raumes ungeheure Länge
840 Mit Angst ausmessen und mit Herzensschlägen.
    Mnischek. Was willst du? Was verlangst du?
    Marina. Laß mich in Kiow des Erfolges harren;
Dort schöpf' ich jedes Neue an der Quelle.
Dort an der Grenzmark beider Reiche
845 Dringt jedes neugebor — — —
Schnell bis zu mir, dort kann ich seine Post
Dem Wind ablauschen, dort kann ich die Wellen
Des Dniepers sehn, die aus Smolensko fließen.
Dort — — — — — —
850   **Mnischek.** Dein Geist strebt furchtbar. Mäß'ge dich, mein Kind!
    Marina. Ja du vergönnst mir's, ja du führst mich hin.
    Mnischek. Du führst mich hin! Muß ich nicht, was du willst?
    Marina. Herzvater, wenn ich Zarin bin zu Moskau,
Sieh, dann muß Kiow unsre Grenze sein.
855 Kiow muß mein sein, und du sollst's regieren.
Laß mich nur erst in Moskau Zarin sein,
Und große Anschläge sollen reifen!
    Mnischek. Mädchen, du träumst! Schon ist das große Moskau
Zu eng für deinen Geist; du willst schon Land
860 Auf Kosten deines Vaterlands — —
Abreißen.
    Marina. — — — Kiow — — —
Dort herrschten der Waräger alte Fürsten.
Ich hab' die alten Chroniken wohl inn' —
Vom Reich der Russen ist es abgerissen,
865 Zur alten Krone bring' ich es zurück!
    Mnischek. Still! Still! Das darf der Woiwoda nicht hören!
        (Man hört Trompeten.)
Sie brechen auf — — —

Zweiter Aufzug.

Erste Szene.

Ansicht eines griechischen Klosters
in einer öden Wintergegend am See Belosero. Ein Zug von Nonnen in schwarzen
Kleidern und Schleiern geht hinten über die Bühne. Marfa in einem weißen
Schleier steht von den übrigen abgesondert an einen Grabstein gelehnt. Olga
tritt aus dem Zuge heraus, bleibt einen Augenblick stehen, sie zu betrachten, und tritt
alsdann näher.

Olga. Treibt dich das Herz nicht auch heraus mit uns
Ins Freie der erwachenden Natur?
870 Die Sonne kommt, es weicht die lange Nacht,
Das Eis der Ströme bricht, der Schlitten wird
Zum Nachen, und die Wandervögel ziehn.
Geöffnet ist die Welt, uns alle lockt
Die neue Lust aus enger Klosters Zelle
875 Ins offne Heitre der verjüngten Flur.
Nur du willst, ewig deinem Gram zum Raub,
Die allgemeine Fröhlichkeit nicht teilen?
    Marfa. Laß mich allein und folge deinen Schwestern!
Ergehe sich in Lust, wer hoffen kann.
880 Mir kann das Jahr, das alle Welt verjüngt,
Nichts bringen; mir ist alles ein Vergangnes,
Liegt alles als gewesen hinter mir.
    Olga. Beweinst du ewig deinen Sohn und trauerst
Um die verlorne Herrlichkeit? Die Zeit,
885 Die Balsam gießt in jede Herzenswunde,
Verliert sie ihre Macht an dir allein?
Du warst die Zarin dieses großen Reichs,
Warst Mutter eines blühnden Sohns; er wurde
Durch ein entsetzlich Schicksal dir geraubt.
890 Ins öde Kloster sahst du dich verstoßen
Hier an den Grenzen der belebten Welt.
Doch sechzehnmal seit jenem Schreckenstage
Hat sich das Angesicht der Welt verjüngt;
Nur deines seh' ich ewig unverändert,
895 Ein Bild des Grabs, wenn alles um dich lebt.
Du gleichst der unbeweglichen Gestalt,
Wie sie der Künstler in den Stein geprägt,
Um ewig fort dasselbe zu bedeuten.
    Marfa. Ja, hingestellt hat mich die Zeit
900 Zum Denkmal eines schrecklichen Geschicks!

Ich will mich nicht beruhigen, will nicht
Vergessen. Das ist eine feige Seele,
Die eine Heilung annimmt von der Zeit,
Ersatz fürs Unersetzliche! Mir soll
905 Nichts meinen Gram abkaufen. Wie des Himmels
Gewölbe ewig mit dem Wandrer geht,
Ihn immer unermeßlich, ganz umfängt,
Wohin er fliehend auch die Schritte wende,
So geht mein Schmerz mit mir, wohin ich wandle;
910 Er schließt mich ein wie ein unendlich Meer,
Nie ausgeschöpft hat ihn mein ewig Weinen.

Olga. O sieh doch, was der Fischerknabe bringt,
Um den die Schwestern sich begierig drängen!
Er kommt von fern her, von bewohnten Grenzen,
915 Er bringt uns Botschaft aus der Menschen Land.
Der See ist auf, die Straßen wieder frei;
Reizt keine Neugier dich, ihn zu vernehmen?
Denn sind wir gleich gestorben für die Welt,
So hören wir doch gern von ihren Wechseln,
920 Und an dem Ufer ruhig mögen wir
Den Brand der Wellen mit Verwunderung schauen.

            Nonnen kommen zurück mit einem Fischerknaben.

Xenia. Sag' an, erzähle, was du Neues bringst!
Alexia. Was draußen lebt im Säkulum, erzähle!
Fischer. Laßt mich zu Worte kommen, heil'ge Frauen!
925 Xenia. Ist's Krieg? Ist's Friede?
Alexia.   Wer regiert die Welt?
Fischer. Ein Schiff ist zu Archangel angekommen,
Herab vom Eispol, wo die Welt erstarrt.
Olga. Wie kam ein Fahrzeug in dies wilde Meer?
Fischer. Es ist ein engelländisch Handelsschiff,
930 Den neuen Weg hat es zu uns gefunden.
Alexia. Was doch der Mensch nicht wagt für den Gewinn!
Xenia. So ist die Welt doch nirgends zu verschlossen!
Fischer. Das ist noch die geringste Neuigkeit,
Ganz anderes Geschick bewegt die Erde.
935 Alexia. O sprich, erzähle!
Olga.   Sage, was geschehn!
Fischer. Erstaunliches erlebt man in der Welt,
Die Toten stehen auf, Verstorbne leben.
Olga. Erklär' dich, sprich!
Fischer.   Prinz Dmitri, Iwans Sohn,

                                                    11*

Den wir als tot beweinen sechzehn Jahr',
940 Er lebt, er ist in Polen aufgestanden.
      Olga. Prinz Dmitri lebt?
      Marfa (auffahrend).   Mein Sohn!
      Olga.   Faß' dich! O halte,
Halte dein Herz, bis wir ihn ganz vernommen!
      Alexia. Wie kann er leben, der ermordet ward
Zu Uglitsch und im Feuer umgekommen?
945   Fischer. Er ist entkommen aus der Feuersnot,
In einem Kloster hat er Schutz gefunden,
Dort wuchs er auf in der Verborgenheit,
Bis seine Zeit kam, sich zu offenbaren.
      Olga (zur Marfa). Du zitterst, Fürstin, du erbleichst?
      Marfa.   Ich weiß
950 Daß es ein Wahn ist — doch so wenig noch
Bin ich verhärtet gegen Furcht und Hoffnung,
Daß mir das Herz in meinem Busen wankt.
      Olga. Warum wär' es ein Wahn? O hör' ihn, hör' ihn!
Wie könnte solch Gerücht sich ohne Grund
955 Verbreiten?
      Fischer.   Ohne Grund? Zu'n Waffen greift
Das ganze Volk der Litauer, der Polen.
Der große Fürst erhebt in seiner Hauptstadt!
      (Marfa, an allen Gliedern zitternd, muß sich an Olga und Alexia lehnen.)
      Xenia. O das wird ernsthaft! Rede, sage alles!
      Alexia. Sag' an, wo du das Neue aufgerafft?
960   Fischer. Ich aufgerafft? Ein Brief ist ausgegangen
Vom Zar in alle Lande seiner Herrschaft;
Den hat uns der Posadnik unsrer Stadt
Verlesen in versammelter Gemeinde.
Darinnen steht, daß man uns täuschen will,
965 Und daß wir dem Betrug nicht sollen glauben!
Drum eben glauben wir's; denn wär's nicht wahr,
Der große Fürst verachtete die Lüge.
      Marfa. Ist dies die Fassung, die ich mir errang?
Gehört mein Herz so sehr der Zeit noch an,
970 Daß mich ein leeres Wort im Innersten erschüttert?
Schon sechzehn Jahr' bewein' ich meinen Sohn,
Und glaubte nun auf einmal, daß er lebe?
      Olga. Du hast ihn sechzehn Jahr' als tot beweint,
Doch seine Asche hast du nie gesehn!
975 Nichts widerlegt die Wahrheit des Gerüchts.
Wacht doch die Vorsicht über dem Geschick

Der Völker und der Fürsten Haupt! — O öffne
Dein Herz der Hoffnung! Unerforschlich sind — —
— — — — — — — — — — —
980 — — — Wer kann der Allmacht Grenzen setzen?
      Marfa. Soll ich den Blick zurück ins Leben wenden, — — —
Von dem ich endlich abgeschieden war? —
— — — — — — nicht im Grab?
Nicht bei den Toten wohnte meine Hoffnung?
985 O sagt mir nichts mehr! Laßt mein Herz sich nicht
An dieses Trugbild hängen! Laßt mich nicht
Den teuren Sohn zum zweitenmal verlieren!
O, meine Ruh' ist hin, hin ist mein Friede!
Ich kann dies Wort nicht glauben, ach, und kann's
990 Nun ewig nicht mehr aus der Seele löschen!
Weh mir, erst jetzt verlier' ich meinen Sohn,
Jetzt weiß ich nicht mehr, ob ich bei den Toten,
Ob bei den Lebenden ihn suchen soll.
Endlosem Zweifel bin ich hingegeben!
           Man hört eine Glocke, Schwester Pförtnerin.
995   **Olga.** Was ruft die Glocke, Schwester Pförtnerin?
    Schwester Pförtnerin (kommt).
Der Archijerei steht vor den Pforten;
Er kommt vom großen Zar und will Gehör.
    Olga. Der Archijerei vor unsern Pforten!
Was führt ihn Außerordentliches her?
1000 Den weiten — — — — — —
    Xenia. Kommt alle, ihn nach Würden zu empfangen!
Sie gehen nach der Pforte; indem tritt der Archijerei ein; sie lassen sich alle vor
ihm auf ein Knie nieder; er macht das griechische Kreuz über sie.
    Hiob. Den Kuß des Friedens bring' ich euch im Namen
Des Vaters und des Sohnes und des Geists,
Der ausgeht von dem Vater.
    Olga.   Herr, wir küssen
1005 In Demut deine väterliche Hand.
Was — — Gebiete deinen Töchtern!
    Hiob. An Schwester Marfa lautet meine Sendung.
    Olga. Hier steht sie und erwartet dein Gebot.

           Hiob und Marfa.

    Hiob. Der große Fürst ist's, der mich an dich sendet
1010 — — — — — — denkt er dein,
Denn wie die Sonn' mit ihrem Flammenaug'
Die Welt durch— — und Fülle rings verbreitet,

So ist das Aug' des Herrschers überall;
Bis an die fernsten Enden seines Reichs
1015 Wacht seine Sorge, späht sein Blick umher.
     Marfa. Wie weit sein Arm trifft, hab' ich wohl erfahren.
     Hiob. Er kennt den hohen Geist, der dich beseelt.
——— ——— ——— ——— ———

Drum teilt er zürnend die Beleidigung,
1020 Die ein Verwegner dir zu bieten wagt.
     Marfa. ——— ——— ——— ——— ———
     Hiob. Ein frecher Trugner in der Polen Land,
Ein Renegat und Rostriga, der, sein
Gelübd' abschwörend, seinen Gott verleugnet,
1025 Mißbraucht den edeln Namen deines Sohns,
Den dir der Tod geraubt im Kindesalter.
Der dreiste Gaukler rühmt sich deines Bluts
Und gibt sich für des Zaren Iwans Sohn.

1030 Den Afterkönig, den er selbst erschaffen,
Mit Heereskraft in unsre Grenzen ein;
Das treue Herz der Reußen führt er irre
Und reizt sie auf zu Abfall und Verrat.
——— ——— ——— ——— ———

1035 Der Zar zu dir in väterlicher Meinung.
Du ehrst die Manen deines Sohns; du wirst
Nicht dulden, daß ein frecher Abenteurer
Ihm aus dem Grabe seinen Namen stiehlt
Und sich verwegen drängt in seine Rechte.
1040 Erklären wirst du laut vor aller Welt,
Daß du den ——— ——— ——— ——— ———
Du wirst nicht fremdes Bastardblut ernähren
An deinem Herzen, das so edel schlägt;
Du wirst, der Zar erwartet es von dir,
1045 Der schändlichen Erfindung widersprechen
Mit dem gerechten Zorn, den sie verdient.
     Marfa (hat während dieser Rede die heftigsten Bewegungen bekämpft).
Was hör' ich, Archijerei? O sagt an!
Durch welcher Zeichen und Beweise Kraft
Beglaubigt sich der kecke Abenteurer
1050 Als Iwans Sohn, den wir als tot beweinen?
     Hiob. Durch eine flücht'ge Ähnlichkeit mit Iwan,
Durch ——— ——— ——— ——— ———
Und durch ein köstlich Kleinod, das er zeigt,
Täuscht er die Menge, die sich gern betrügt.
1055 **Marfa.** Was für ein Kleinod? O, das sagt mir an!

Hiob. Ein goldnes Kreuz, belegt mit neun Smaragden,
Das ihm der Knäs Iwan Mstislawskoy,
So sagt er, in der Taufe umgehangen.
    Marfa. Was sagt Ihr? Dieses Kleinod weist er auf?
(Mit gezwungener Fassung.)

1060 Und wie behauptet er, daß er entkommen?
    Hiob. Ein treuer Diener und Diak hab' ihn
Dem Mord entrissen und dem Feuersbrand
Und nach Smolensko heimlich weggeführt.
    Marfa. Wo aber hielt er sich — wo gibt er vor,
1065 Daß er bis diese Stunde sich verborgen?
    Hiob. Im Kloster Tschudow sei er aufgewachsen,
Sich selber unbekannt; von dort hab' er
Nach Litauen und Polen sich geflüchtet,
Wo er dem Fürst von Sendomir gedient,
1070 Bis ihm ein Zufall seinen Stand entdeckt.
    Marfa. Mit solcher Fabel kann er Freunde finden,
Die Blut und Leben wagen an sein Glück?
    Hiob. O Zarin, falsches Herzens ist der Pole,
Und neidisch sieht er unsers Landes Flor.
1075 — — — — — — — — — — — — — — —
Den Krieg in unsern Grenzen anzuzünden!
    Marfa. Doch gäb' es selbst in Moskau gläub'ge Seelen,
Die dieses — — — — — berückt?
    Hiob. Der Völker Herz ist wankelmütig, Fürstin!
1080 Sie lieben die Veränderung; sie glauben
Durch eine neue Herrschaft zu gewinnen.
Der Lüge kecke Zuversicht reißt hin,
Das Wunderbare findet Gunst und Glauben.
Drum wünscht der Zar, daß du den Wahn des Volks
1085 Zerstreust, durch eine — — — — —
Dich — — — — — — — — — — — —
Der sich verwegen lügt zu deinem Sohn.
Mich freut's, dich so bewegt zu sehen; dich
Empört, ich seh's, das freche Gaukelspiel,
1090 Und deine Wangen färbt der edle Zorn.
    Marfa. Und wo — das sagt mir noch — verweilt er jetzt,
Der sich für unsern Sohn zu geben wagt?
    Hiob. Schon rückt er gegen Tschernigow heran;
Von Kiow, hört man, sei er aufgebrochen.
1095 Ihm folgt der Polen leichtberittne Schar
Samt einem Heerzug Donischer Kosaken.

Marfa. O höchste Allmacht, habe Dank, Dank, Dank,
Daß du mir endlich Rettung, Rache sendest!
     Hiob. Was ist dir, Marfa? Wie versteh' ich das?
1100   **Marfa.** O Himmelsmächte, führt ihn glücklich her!
Ihr Engel alle, schwebt um seine Fahnen!
     Hiob. Ist's möglich? Wie? Dich könnte der Betrüger —
     Marfa. Er ist mein Sohn. An diesen Zeichen allen
Erkenn' ich ihn. An deines Zaren Furcht
1105 Erkenn' ich ihn. Er ist's! Er lebt! Er naht!
Herab von deinem Thron, Tyrann! Erzittre!
Es lebt ein Sprößling noch von Ruriks Stamm;
Der wahre Zar, der rechte Erbe kommt,
Er kommt und fodert Rechnung von dem Seinen.
1110   **Hiob.** Wahnsinnige, bedenkst du, was du sagst?
     Marfa. Erschienen endlich ist der Tag der Rache,
Der Wiederherstellung. Der Himmel zieht
Aus Grabes Nacht die Unschuld an das Licht.
— — — — — — Mein Todfeind muß
1115 Zu meinen Füßen kriechend Gnade flehn.
O, meine heißen Wünsche sind erfüllt!
     Hiob. Kann dich der Haß zu solchem Grad verblenden?
     Marfa. Kann deinen Zar der Schrecken so verblenden,
Daß er Errettung hofft von mir — von mir,
1120 Der unermeßlich schwer Beleidigten?
Daß er dich an mich sendet, — — — —
— — — — — — — abzulisten!
Ich soll den Sohn verleugnen, den der Himmel
Mir durch ein Wunder aus dem Grabe ruft?
1125 Ihm, meines Hauses Mörder, zu Gefallen,
Der über mich unsäglich Weh gehäuft,
— — — — — — — soll ich
Die Rettung von mir stoßen, die mir Gott
In meinem tiefen Jammer endlich sendet?
1130   **Hiob.** — — — — — — — —
     Marfa. Nein, du entrinnst mir nicht.
Ich habe dich, ich lasse dich nicht los.
O, endlich kann ich meine Brust entladen,
Ausströmen endlich kann ich meinen Schmerz,
1135 Der tiefsten Seele lang verhaltnen Groll
Ins Antlitz meines Feinds! Wer war's, der mich
In diese Gruft der Lebenden verstieß
Mit allen frischen Kräften meiner Jugend,
Mit allen warmen Trieben meiner Brust?

1140 Wer riß den teuren Sohn mir von der Seite
Und sandte Mörder aus, ihn zu durchbohren?
O, keine Zunge nennt, was ich gelitten,
Wenn ich die langen, hellgestirnten Nächte
Mit ungestillter Sehnsucht durchgewacht,
1145 Der Stunden Lauf an meinen Tränen zählte!

Der Tag der Rettung und der Rache kommt;
Ich seh' den Mächtigen in meiner Macht.
  Hiob. Du glaubst — — — — —
  Marfa.   Er ist
1150 In meiner Macht. Ein Wort aus meinem Mund,
Ein einziges, kann sein Geschick entscheiden!
Das ist's, warum dein Herrscher mich beschickte!
Das ganze Volk der Reußen und der Polen
Sieht jetzt auf mich. Wenn ich den Zarowitsch
1155 Für meinen Sohn und Iwans anerkenne,

Verleugn' ich ihn, so ist er ganz verloren;
Denn wer wird glauben, daß die wahre Mutter,
Die Mutter, die, wie ich, beleidigt war,
1160 Verleugnen könnte ihres Herzens Sohn,
Mit ihres Hauses Mörder einverstanden?
Ein Wort nur kostet mich's, und alle Welt
Verläßt ihn als Betrüger. Ist's nicht so?
Dies Wort will man von mir — den großen Dienst,
1165 Gesteh's, kann ich dem Godunow erzeigen!
   Hiob. Dem ganzen Vaterland erzeigst du ihn.
Aus schwerer Kriegsnot rettest du das Reich,
Wenn du der Wahrheit Ehre gibst. Du selbst,
Du zweifelst nicht an deines Sohnes Tod
1170 Und könntest zeugen wider dein Gewissen?
   Marfa. Ich hab' um ihn getrauert sechzehn Jahr',
Doch seine Asche sah ich nie. Ich glaubte
Der allgemeinen Stimme seinen Tod
Und meinem Schmerz. Der allgemeinen Stimme
1175 Und meiner Hoffnung glaub' ich jetzt sein Leben.
Es wäre ruchlos, mit verwegnem Zweifel
Der höchsten Allmacht Grenzen setzen wollen.
Doch wär' er auch nicht meines Herzens Sohn,

1180 Er soll der Sohn doch meiner Rache sein.
Ich nehm' ihn an und auf an Kindes Statt,
Den mir der Himmel rächend hat geboren.

Hiob. [Unglückliche, dem Starken trotzest du!
Vor seinem Arme bist du nicht geborgen
1185 Auch in des Klosters heilger Sicherheit.]
      Marfa. Er kann mich töten; meine Stimme kann er
Im Grab ersticken oder Kerkersnacht,
Daß sie nicht mächtig durch die Welt erschalle.
Das kann er; doch mich reden lassen, was
1190 Ich nicht will, das vermag er nicht, dazu
Bringt er mich nicht durch — — — —
    — — — — [den Zweck hat er verloren!
      Hiob. Ist dies dein letztes Wort? Besinn dich wohl!
Bring' ich dem Zar nicht besseren Bescheid?
1195   **Marfa.** Er hoffe auf den Himmel, wenn er darf,
Auf seines Volkes Liebe, wenn er kann.
      Hiob. Unglückliche, du willst entschlossen dein Verderben.

    Du hältst dich an ein schwaches Rohr, das bricht;
1200 Du wirst mit ihm zugrunde gehen.]

      Marfa (allein). Es ist mein Sohn, ich will nicht daran zweifeln
Die wilden Stämme selbst der freien Wüste
Bewaffnen sich für ihn; der stolze Pole,
Der Palatinus, wagt die edle Tochter
1205 An seiner guten Sache reines Gold,
Und ich allein verwärf' ihn, seine Mutter?
Und mich allein durchschauerte der Sturm
Der Freude nicht, der schwindelnd alle Herzen
Ergreift und in Erschütterung bringt die Erde?
1210 Er ist mein Sohn; ich glaub' an ihn, ich will's.
Ich fasse mit lebendigem Vertrauen
Die Rettung an, die mir der Himmel sendet!
    Er ist's, er zieht mit Heereskraft heran,
Mich zu befreien, meine Schmach zu rächen!
1215 Hört seine Trommeln, seine Kriegstrompeten!
Ihr Völker, kommt von Morgen und Mittag
Aus euren Steppen, euren ew'gen Wäldern!
In allen Zungen, allen Trachten kommt!
Zäumet das Roß, das Renntier, das Kamel!
1220 Wie Meereswogen strömet zahllos her
Und dränget euch zu eures Königs Fahnen!
O, warum bin ich hier geengt, gebunden,
Beschränkt mit dem unendlichen Gefühl?
Du ew'ge Sonne, die den Erdenball

1225 Umkreist, sei du die Botin meiner Wünsche!
Du allverbreitet ungehemmte Luft,
Die schnell die weitste Wanderung vollendet,
O trag ihm meine glühnde Sehnsucht zu!
Ich habe nichts als mein Gebet und Flehn,
1230 Das schöpf' ich flammend aus der tiefsten Seele;
Beflügelt send' ich's zu des Himmels Höhn,
Wie eine Heerschar send' ich dir's entgegen!

Zweite Szene.

(Eine Anhöhe mit Bäumen umgeben.)

Eine weite und lachende Ferne eröffnet sich; man sieht einen schönen Strom durch die
Landschaft ausgegossen, die von dem jungen Grün der Saaten belebt ist. Näher und
ferner sieht man die Turmspitzen einiger Städte leuchten. Trommeln und Kriegsmusik
hinter der Szene. Odowalsky und andere Offiziere treten auf. Gleich darauf Demetrius.

Odowalsky. Laßt die Armee am Wald hinunterziehn,
Indes wir uns hier umschaun auf der Höhe.

Einige gehen. Demetrius tritt auf.

Demetrius (zurückfahrend).
1235 Ha! Welch ein Anblick!
          Odowalsky.   Herr, du siehst dein Reich
Vor dir geöffnet — das ist russisch Land.
Razin. Hier diese Säule trägt schon Moskaus Wappen,
Hier hört der Polen Herrschgebiete auf.
Demetrius. Ist das der Dnieper, der den stillen Strom
1240 Durch diese Auen gießt?
Odowalsky.
Dort fließt der Dnieper hinter Tschernigow,
Das ist die Desna, Herr, die — —
Und was du siehst, ist deines Reiches Boden.
Razin. Was dort am fernen Himmel glänzt, das sind
1245 Die Kuppeln von Sewerisch Novogrod.
Demetrius. Welch heitrer Anblick! Welche schöne Auen!
Odowalsky. Der Lenz hat sie mit seinem Schmuck bedeckt,
Denn Fülle Korns erzeugt der üpp'ge Boden.
Demetrius. Der Blick schweift hin im Unermeßlichen.
250 [Odowalsky.] Doch ist's ein kleiner Anfang nur, o Herr,
Des großen Russenreichs; denn unabsehbar
Streckt es der Morgensonne sich entgegen,
Und keine Grenzen hat es nach dem Nord
Als die lebend'ge Zeugungskraft der Erde.
255 Razin. Sieh, unser Zar ist ganz nachdenkend worden.
Demetrius. Auf diesen schönen Aun wohnt noch der Friede,

Und mit des Krieges furchtbarem Gerät
Erschein' ich jetzt, sie feindlich zu verheeren!
     Odowalsky.   Dergleichen, Herr, bedenkt man hinterdrein.
1260   Demetrius.   Du fühlst als Pole, ich bin Moskaus Sohn,
Es ist das Land, das mir das Leben gab.
Vergib mir, teurer Boden, heimische Erde,
Du heiliger Grenzpfeiler, den ich fasse,
Auf den mein Vater seinen Adler grub,
1265 Daß ich, dein Sohn, mit fremden Feindeswaffen
In deines Friedens ruhigen Tempel falle.
Mein Erb' zurückzufodern, komm' ich her,
Und den geraubten edeln Vaternamen.
Hier herrschten die Waräger, meine Ahnherrn,
1270 In langer Reih' seit dreißig Menschenaltern;
Ich bin der letzte ihres Stamms, dem Mord
Entrissen durch ein göttliches Verhängnis.

— — — — — — — — — — — —

————————

[Dritte Szene.]

(Ein russisches Dorf.)

Freier Platz vor der Kirche. Man hört die Sturmglocke. Gleb, Ilia und
Timoska eilen, mit Äxten bewaffnet, auf die Szene.

     Gleb (aus dem Hause kommend).

Was rennt das Volk?

     Ilia (aus einem andern Hause).

                            Wer zog die Feuerglocke?

1275   Timoska. Nachbarn, heraus! Kommt alle, kommt zu Rat!

Oleg und Igor mit vielen andern Landleuten, Weibern und Kindern, welche
Gepäcke tragen.

     Oleg. Flieht, flieht! Rette sich, wer kann!
     Gleb.   Was gibt's?
Wo kommt ihr her mit Weibern und mit Kindern?
     Igor. Flieht, flieht! Der Pole ist ins Land gefallen
Bei Moromesk und mordet, was er findet.
1280   Oleg. Flieht, flieht ins innre Land, in feste Städte!
Wir haben unsre Hütten angezündet,
Uns aufgemacht, ein ganzes Dorf, und fliehn
Landeinwärts zu dem Heer des Zaren.
     Timoska. Da kommt ein neuer Trupp von Flüchtigen.

Iwanske und Petruschke mit bewaffneten Landleuten treten an der entgegengesetzten Seite auf.

1285   Iwanske. Es leb' der Zar, der große Fürst Dimitri!
     Petruschke. Wer — — — — — — — kommt mit!
     Gleb. Wie? Was ist das?

Ilia. Wo eilt ihr hin?

Timoska. Wer seid ihr?

Iwanske. — — — — — —

Timoska. Was ist denn das? Da flieht ein ganzes Dorf
1290 Landeinwärts — — — — — —
Und ihr wollt hin, wo diese hergeflohn?
Wollt übergehen zu dem Feind des Landes?

Petruschke. Was Feind? Es ist kein Feind, der kommt; es ist
Ein Freund des Volks, der rechte Erb' des Landes
1295 — — — — — — —
Da kommt der Posadnik!

Posadnik (mit einer Rolle tritt auf).
Das ist ein böser Handel, Nachbarn und Ratsgenossen.
Gott helf uns aus der Verworrenheit! Gott erleucht' uns!

Landleute. Was gibt's, Posadnik?

1300 **Posadnik.** Da ist ein Schreiben angelangt von Zarowitsch,
Der bei dem Polenheere sich befindet,
Worin man uns — — — — — —
Was sollen wir tun?

Landleute. Leset das Schreiben! Lasset hören!

1305 **Andre.** Das Schreiben, leset!

Posadnik. Nun so höret denn!
Wir Dimitri Iwanowitsch von Gottes Gnaden, Zarowitsch
von ganz Rußland, Fürst von Uglitsch, Dmitrow und andern
Fürstentümern, nach meiner Geburt Herr und Erbe aller russischen Reiche, an alle unsern königlichen Gruß.

1310 **Gleb.** Das ist der ganze Titel unsrer Zaren.

Posadnik. Zar Iwan Wasilowitsch glorwürdigen Gedenkens —

seinen Kindern treu und hold zu sein. — — —
— Nun sind wir aber der wahre leibliche Sohn dieses Zaren,
1315 dem Boris Godunow nach dem Leben getrachtet, der aber durch
ein göttliches Geschick erhalten ward.
Wir kommen jetzo, unsern Erbthron einzunehmen,
In der einen Hand das Schwert und den Ölzweig in der andern,
Gnade den Treuen, Verderben den Widerspenstigen.
1320 Darum erinnern wir uns eures Eids,
Ermahnen euch, die Partei des Boris Godunow zu verlassen
Und uns als eurem erblichen Beherrscher
Und wahren Zar zu huldigen.
Werdet ihr das tun, so werden wir euch gnädig regieren,
1325 Wo nicht, so falle das vergossene Blut
Auf euer Haupt; denn eher stecken wir

Das Schwert nicht in die Scheide, bis wir den Thron
Unsrer Väter bestiegen.
    Timoska. — — — — — — — — —
1330   **Gleb.** Wie können wir dem Sohne unsers Herrn
Die Treu versagen und das Land verschließen?
    Ilia. —
    Timoska. Wie? Seid nicht so einfältig! Seid doch klug!
Wie könnt' er so was lügnerisch erfinden?
1335 Wenn er's nicht wäre, würd' er's sagen und behaupten?
    Gleb. Das denk' ich auch! Würde der Pole für einen Betrüger
Ins Feld ziehen?
    Timoska. Und ist er's wirklich, Nachbarn, wie's nicht anders,
Sagt, können wir dem Sohne unsers Herrn
1340 Die Treu' versagen und das Land verschließen?
    Ilia. Doch haben wir dem Boris Godunow
Als unserm Zar gehuldigt und geschworen.

Abriß der weiteren Handlung.

Lager des Demetrius. Er ist in der ersten Aktion geschlagen, aber die Armee des Zaren Boris siegt gewissermaßen
wider ihren Willen und verfolgt ihre Vorteile nicht. Demetrius,
in Verzweiflung, will sich töten und wird mit Mühe von
Korela und Odowalsky daran verhindert. Übermut der Kosaken 5
selbst gegen Demetrius.

Lager der Armee des Zaren Boris. Er selbst ist abwesend,
und dies schadet seiner Sache, weil er gefürchtet, aber nicht geliebt wird. Die Armee ist stark, aber unzuverlässig. Die Anführer sind uneinig und neigen sich zum Teil auf die Seite des 10
Demetrius aus verschiedenen Bewegungsgründen. Einer von
ihnen, Soltikow, erklärt sich aus Überzeugung für ihn. Sein
Übergang ist von den wichtigsten Folgen; ein großer Teil der
Armee fällt dem Demetrius zu.

Boris in Moskau. Noch zeigt er sich als absoluter Herr- 15
scher und hat treue Diener um sich; aber er ist schon erbittert
durch schlimme Nachrichten. Furcht vor einem Aufstand in
Moskau hält ihn ab, zur Armee zu gehen. Auch schämt er sich,
als Zar in Person gegen den Betrüger zu fechten. Szene zwischen
ihm und dem Erzbischof.

20

Unglücksboten kommen von allen Seiten, und die Gefahr wird immer dringender für Boris. Er hört vom Abfall des Landvolks und der Provinzialstädte, von der Untätigkeit und Meuterei der Armee, von den Bewegungen in Moskau, von Demetrius' Vordringen. Romanow, den er schwer beleidigt hat, kommt in Moskau an. Dies erregt neue Besorgnisse. Jetzt kommt die Nachricht, daß die Bojaren in das Lager des Demetrius fliehen, und daß die ganze Armee zu ihm übergeht.

Boris und Axinia. Der Zar erscheint rührend als Vater, und im Gespräch mit der Tochter schließt sich sein Innerstes auf.

Boris hat sich durch Verbrechen zum Herrscher gemacht, aber alle Pflichten des Herrschers übernommen und geleistet; dem Lande gegenüber ist er ein schätzbarer Fürst und ein wahrer Vater des Volks. Nur in Angelegenheiten seiner Person gegen einzelne ist er argwöhnisch, rachsüchtig und grausam. Sein Geist erhebt ihn wie sein Rang über alles, was ihn umgibt. Der lange Besitz der höchsten Gewalt, die gewohnte Beherrschung der Menschen und die despotische Form der Regierung haben seinen Stolz so genährt, daß es ihm unmöglich ist, seine Größe zu überleben. Er sieht klar, was ihm bevorsteht; aber noch ist er Zar und nicht erniedrigt, wenn er zu sterben beschließt.

Er glaubt an Vorherverkündigungen, und in seiner jetzigen Stimmung erscheinen ihm Dinge als bedeutend, die er sonst verachtet hatte. Ein besonderer Umstand, worin er eine Stimme des Schicksals findet, wird für ihn entscheidend.

Kurz vor seinem Tode ändert er seine Natur, wird sanfter auch gegen die Unglücksboten und schämt sich der Aufwallungen des Zorns, womit er die früheren empfing. Er läßt sich das Schlimmste erzählen und beschenkt sogar den Erzähler.

Sobald er das für ihn entscheidende Unglück vernimmt, geht er ab ohne weitere Erklärung mit Gelassenheit und Resignation. Kurz nachher tritt er in Mönchskleidern wieder auf und entfernt seine Tochter von seinem letzten Augenblicke. In einem Kloster soll sie Schutz vor Beleidigungen suchen; sein Sohn Feodor wird als ein Kind vielleicht weniger zu fürchten haben. Er nimmt das Gift und geht auf ein einsames Zimmer, um in der Stille zu sterben.

Allgemeine Verwirrung bei der Nachricht vom Tode des
Zaren. Die Bojaren bilden einen Reichsrat und herrschen im
Kreml. Romanow (nachheriger Zar und Stammvater des jetzt
regierenden Hauses) tritt auf an der Spitze einer bewaffneten
Macht, schwört an der Brust des Zaren seinem Sohn Feodor   5
den Eid der Treue und nötigt die Bojaren, seinem Beispiel zu
folgen. Rache und Ehrsucht sind fern von seiner Seele; er
folgt bloß dem Rechte. Axinien liebt er ohne Hoffnung und
wird, ohne es zu wissen, wieder geliebt.

———

Romanow eilt zur Armee, um diese für den jungen Zar   10
zu gewinnen. Aufruhr in Moskau, von den Anhängern des
Demetrius bewirkt. Das Volk reißt die Bojaren aus ihren
Häusern, bemächtigt sich des Feodor und der Axinia, setzt sie
gefangen und schickt Abgeordnete an Demetrius.

———

Demetrius in Tula auf dem Gipfel des Glücks. Die Armee   15
ist sein; man bringt ihm die Schlüssel vieler Städte. Moskau
allein scheint noch zu widerstehen. Er ist mild und liebenswürdig, zeigt eine edle Rührung bei der Nachricht vom Tode
des Boris, begnadigt einen entdeckten Anschlag gegen sein Leben,
verschmäht die knechtischen Ehrenbezeugungen der Russen und   20
will sie abschaffen. Die Polen dagegen, von denen er umgeben
ist, sind rauh und behandeln die Russen mit Verachtung. Demetrius verlangt nach einer Zusammenkunft mit seiner Mutter
und sendet Boten an Marina.

———

Unter der Menge von Russen, die sich in Tula zum De-   25
metrius drängen, erscheint ein Mann, den Demetrius sogleich
erkennt; er freut sich höchlich, ihn wiederzusehen. Er entfernt
alle andern, und sobald er mit diesem Manne allein ist, dankt
er ihm mit vollem Herzen als seinem Retter und Wohltäter.
Jener gibt zu verstehen, daß Demetrius allerdings eine große   30
Verbindlichkeit gegen ihn habe, und eine größere, als er selbst
wisse. Demetrius dringt in ihn, sich deutlicher zu erklären, und
der Mörder des echten Demetrius entdeckt nun den wahren Her-
gang der Sache. Für diesen Mord wurde er nicht belohnt, hatte
vielmehr von Boris nichts als den Tod zu erwarten. Dürstend   35
nach Rache, traf er auf einen Knaben, dessen Ähnlichkeit mit
dem Zar Iwan ihm auffiel. Dieser Umstand mußte benutzt
werden. Er nahm sich des Knaben an, floh mit ihm aus Uglitsch,
brachte ihn zu einem Geistlichen, den er für seinen Plan zu
gewinnen wußte, und übergab diesem das Kleinod, das er selbst   40

dem ermordeten Demetrius abgenommen hatte. Durch diesen
Knaben, den er nachher nie aus den Augen verloren, und dessen
Schritte er jederzeit unvermerkt geleitet hat, ist er nunmehr
gerächt. Sein Werkzeug, der falsche Demetrius, herrscht über
5 Rußland an Boris' Stelle.

Während dieser Erzählung geht im Demetrius eine un=
geheure Veränderung vor. Sein Stillschweigen ist furchtbar.
In dem Moment der höchsten Wut und Verzweiflung bringt ihn
der Mörder aufs äußerste, da er mit Trotz und Übermut seinen
10 Lohn fodert. Er stößt ihn nieder.

Monolog des Demetrius. Innerer Kampf, aber überwie=
gendes Gefühl der Notwendigkeit, sich als Zar zu behaupten.

Die Abgeordneten der Stadt Moskau kommen an und
unterwerfen sich dem Demetrius. Sie werden finster und mit
15 drohenden Anstalten empfangen. Unter ihnen ist der Patriarch.
Demetrius entsetzt ihn seiner Würde und verurteilt kurz darauf
einen vornehmen Russen, der an seiner Echtheit gezweifelt hatte.

Marfa und Olga erwarten den Demetrius unter einem
prächtigen Zelt. Marfa spricht von der bevorstehenden Zu=
20 sammenkunft mit mehr Zweifel und Furcht als Hoffnung und
zittert diesem Moment entgegen, der ihre höchste Glückseligkeit
sein sollte. Olga redet ihr zu, selbst ohne Glauben. Auf der
langen Reise hatten beide Zeit gehabt, sich an alle Umstände
zu erinnern; die erste Exaltation hatte dem Nachdenken Raum
25 gemacht. Das düstre Schweigen und die zurückschreckenden Blicke
der Wachen, die das Zelt umgeben, vermehren noch ihre Zweifel.

Die Trompeten erschallen. Marfa ist unschlüssig, ob sie
dem Demetrius entgegengehen soll. Jetzt steht er vor ihr, allein.
Der kleine Rest von Hoffnung in ihrem Herzen schwindet ganz
30 bei seinem Anblick. Ein unbekanntes Etwas tritt zwischen beide,
die Natur spricht nicht, sie sind ewig geschieden. Der erste
Moment war ein Versuch, sich zu nähern; Marfa ist die erste,
die eine zurückweichende Bewegung macht. Demetrius bemerkt
es und bleibt einen Augenblick betroffen stehen. Bedeutendes
35 Schweigen. —

Demetrius. Sagt dir das Herz nichts? Erkennst du dein
Blut nicht in mir?

Marfa (schweigt).

Demetrius. Die Stimme der Natur ist heilig und frei; ich
will sie weder zwingen noch erlügen. Hätte dein Herz bei
meinem Anblicke gesprochen, so hätte das meinige geantwortet;
du würdest einen frommen, einen liebenden Sohn in mir gefunden haben. Das Notwendige wäre mit Neigung, mit Liebe, 5
mit Innigkeit geschehen. Doch wenn du nicht als Mutter für
mich fühlst, so denk' als Fürstin, fasse dich als Königin! Das
Schicksal gab mich dir ungehofft zum Sohn; nimm du mich an
als ein Geschenk des Himmels! Wär' ich dein Sohn auch nicht,
der ich jetzt scheine, so raub' ich deinem Sohne nichts. Ich 10
raubte es deinem Feinde. Dich und dein Blut hab' ich gerächt,
habe dich aus der Gruft, in der du lebendig begraben warst,
gezogen und auf den Fürstenstuhl zurückgeführt. — Daß dein
Schicksal an meines befestigt ist, begreifst du. Du stehst mit
mir, und mit mir gehst du unter. Die Völker alle sehen auf 15
uns. —

Ich hasse die Gaukelei, und was ich nicht empfinde, mag ich
nicht zeigen; aber ich fühle wirklich eine Ehrfurcht gegen dich,
und dies Gefühl, das meine Knie vor dir beugt, es ist mein
Ernst. (Stummes Spiel der Marfa, das die innere Bewegung in ihr zu er- 20
kennen gibt.)

Demetrius. Entschließe dich! Laß deines Willens freie Handlung sein, was die Natur dir versagt. Ich fodere keine Heuchelei,
keine Lüge von dir; ich fodere wahre Gefühle. Scheine du
nicht meine Mutter, sei es! — Wirf das Vergangene von
dir, ergreife das Gegenwärtige mit ganzem Herzen! Bin ich 25
dein Sohn nicht, so bin ich der Zar; ich habe die Macht, ich
habe das Glück. — Der, welcher im Grabe liegt, ist Staub;
er hat kein Herz, dich zu lieben, kein Auge, dir zu lächeln.
Wende dich zu dem Lebenden —

(Marfa bricht in Tränen aus.)

Demetrius. O, diese goldnen Tropfen sind mir willkommen. 30
Laß sie fließen! Zeige dich so dem Volk!
(Auf einen Wink des Demetrius öffnet sich das Zelt, und die versammelten Russen
werden Zeugen dieser Szene.)

———

Einzug des Demetrius in Moskau. Große Pracht, aber
kriegerische Anstalten. Polen und Kosaken sind es, die den Zug
anführen. Das Düstre und Schreckliche mischt sich in die öffentliche Freude. Mißtrauen und Unglück umschweben das Ganze. 35

———

Romanow, der zu spät zur Armee kam, ist nach Moskau
zurückgekehrt, um Feodor und Arinien zu schützen. Alles ist

vergebens; er selbst wird gefangen gesetzt. Axinia flüchtet zur
Zarin Marfa und fleht zu ihren Füßen um Schutz vor den
Polen. Hier sieht sie Demetrius, und ihr Anblick entzündet bei
ihm eine heftige unwiderstehliche Leidenschaft. Axinia ver=
5 abscheut ihn.

Demetrius als Zar. Ein furchtbares Element trägt ihn,
aber er beherrscht es nicht; er wird von der Gewalt fremder
Leidenschaften geführt. — Sein inneres Bewußtsein erzeugt ein
allgemeines Mißtrauen; er hat keinen Freund, keine treue Seele.
10 Polen und Kosaken schaden ihm durch ihre Frechheit in der Mei=
nung des Volks. Selbst was ihm zur Ehre gereicht, seine Po=
pularität, Einfachheit und Verschmähung des steifen Zeremoniells
erregt Unzufriedenheit. Zuweilen verletzt er aus Unbedacht die
Gebräuche des Landes. Er verfolgt die Mönche, weil er viel
15 unter ihnen gelitten hat. Auch ist er nicht frei von despotischen
Launen in den Momenten des beleidigten Stolzes. — Odowalsky
weiß sich ihm stets notwendig zu machen, entfernt die Russen
aus seiner Nähe und behauptet seinen überwiegenden Einfluß.

Demetrius sinnt auf Untreue gegen Marina. Er spricht
20 darüber mit dem Erzbischof Hiob, der, um die Polen zu ent=
fernen, seinem Wunsche entgegenkommt und ihm von der zari=
schen Gewalt eine hohe Vorstellung gibt.

Marina erscheint in Moskau mit einem großen Gefolge. Zu=
sammenkunft mit Demetrius. Falscher und kalter Empfang zu
25 beiden Seiten; jedoch weiß sie, sich besser zu verstellen. Sie
dringt auf baldige Vermählung. Es werden Anstalten zu einem
rauschenden Feste gemacht.

Auf Geheiß der Marina wird Axinien ein Giftbecher gebracht.
Der Tod ist ihr willkommen. Sie fürchtete, dem Zaren zum Altar
30 folgen zu müssen.

Heftiger Schmerz des Demetrius. Mit zerrissenem Herzen
geht er zur Trauung mit Marina.

Nach der Trauung entdeckt ihm Marina, daß sie ihn nicht
für den echten Demetrius hält und nie dafür gehalten hat. Kalt
35 überläßt sie ihn sich selbst in einem fürchterlichen Zustande.

Unterdessen benutzt Schinskoj, einer der ehemaligen Feld=
herren des Zaren Boris, das wachsende Mißvergnügen des
Volks und wird das Haupt einer Verschwörung gegen Demetrius.

Romanow im Gefängnis wird durch eine überirdische Er=
scheinung getröstet. Axiniens Geist steht vor ihm, öffnet ihm einen 5
Blick in künftige, schönere Zeiten und befiehlt ihm, ruhig das
Schicksal reifen zu lassen und sich nicht mit Blut zu beflecken. Ro=
manow erhält einen Wink, daß er selbst zum Thron berufen sei.
Kurz nachher wird er zur Teilnehmung an der Verschwörung auf=
gefodert; er lehnt es ab.   10

Soltikow macht sich bittre Vorwürfe, daß er sein Vaterland
an den Demetrius verraten hat. Aber er will nicht zum zweiten=
mal ein Verräter sein, und aus Rechtlichkeit behauptet er wider
sein Gefühl die einmal ergriffene Partei. Da das Unglück ein=
mal geschehen ist, so sucht er es wenigstens zu vermindern und 15
die Macht der Polen zu schwächen. Er bezahlt diesen Versuch
mit seinem Leben; aber er nimmt seinen Tod als verdiente
Strafe an und bekennt dies sterbend dem Demetrius selbst.

Kasimir, ein Bruder der Lodoiska, einer jungen Polin,
die den Demetrius im Hause des Woiwoden von Sendomir 20
heimlich und ohne Hoffnung liebte, hat ihn auf Bitten seiner
Schwester auf dem Heerzuge begleitet und in jedem Gefecht
tapfer verteidigt. In dem Momente der höchsten Gefahr, da
alle übrigen Anhänger des Demetrius auf ihre Rettung denken,
bleibt Kasimir allein ihm getreu und opfert sich für ihn auf. 25

Die Verschwörung kommt zum Ausbruch. Demetrius ist bei
der Zarin Marfa, und die Aufrührer dringen in das Zimmer.
Die Würde und Kühnheit des Demetrius wirkt einige Augen=
blicke auf die Rebellen. Es gelingt ihm beinahe, sie zu ent=
waffnen, da er ihnen die Polen preisgeben will. Aber jetzt 30
stürzt Schinskoj mit einer andern wütenden Schar herein.
Von der Zarin wird eine bestimmte Erklärung gefodert, sie
soll das Kreuz darauf küssen, daß Demetrius ihr Sohn sei. Auf
eine so feierliche Art gegen ihr Gewissen zu zeugen, ist ihr un=
möglich. Stumm wendet sie sich ab von Demetrius und will 35
sich entfernen. „Sie schweigt?" ruft die tobende Menge, „sie
verleugnet ihn? So stirb denn, Betrüger!" — Und durchbohrt
liegt er zu den Füßen der Marfa.

Unterhaltungsschriften

Einleitung des Herausgebers.

———

Schillers Erzählungen stehen notwendig in der Schätzung seiner Dichtungen um ein bedeutendes zurück. Nur in der ersten und in einem Teile seiner zweiten Periode hat er sich damit befaßt, während die Zeit seiner Reife, seiner höchsten künstlerischen Tätigkeit, fast durchweg seiner dramatischen Muse gewidmet ist. Es ist seltsam, daß derselbe Dichter, der auf dem Hauptgebiete seiner Veranlagung, im Drama, dem XIX. Jahrhundert angehört, also der Zukunft, und zwar durchaus als ein keimkräftiger, einer, ohne den die Entwicklung des Dramas in der Weise, wie sie tatsächlich vor sich gegangen ist, gar nicht zu denken ist, — es ist seltsam, daß der auf anderen Gebieten seiner Tätigkeit ganz wie ein Mann des XVIII. Jahrhunderts aussieht. Man kann auch wohl von seinen philosophisch-ethisch-ästhetischen Aufsätzen sagen, daß sie von höchster Bedeutung gerade für die Kunstauffassung des XIX. Jahrhunderts gewesen sind, daß sie nicht hinwegzudenken sind, daß ohne sie vielleicht sogar die Kunstauffassung des XIX. Jahrhunderts eine beträchtlich andere gewesen wäre: eine vorwärtsweisende Bedeutung muß man dem Drama und der Kunstphilosophie Schillers zuerkennen. Eine abschließende, oder doch wenigstens eine in jener Zeit ruhende Bedeutung nur kann man seiner Erzählungskunst zusprechen. — Wir werden uns allerdings zu einer Ausnahme verstehen müssen. — Der Wert seiner Erzählungskunst beruht in dem Interesse, das auch die kleinste Betätigung einer solchen Persönlichkeit herausfordert. Selbständig-Neues, Bedeutendes für die Kunst schafft Schiller hier nicht, denn diese Gattung entspricht zu wenig der Eigenart seines künstlerischen Wesens. Gewiß: er bleibt nicht stehen bei den moralischen Erzählungen und deren englischen und französischen Vorbildern. Über diese Stufe der

Kunst, besonders was die Form betrifft, ist er denn doch hoch erhaben. Aber sind auch die Mittel verschieden, seine Zwecke sind
noch dieselben, nämlich die Unterhaltung. Er hat die meisten
seiner Erzählungen als Unterhaltungsstoff für seine Zeitschriften
gedacht. Und folgt er dabei auch nicht den moralischen Erzählungen,
welche ältere Mode waren, so folgt er eben neueren Vorbildern,
J. J. Engel, G. Meißner und anderen. Der Stoff sollte seine
Wirkung tun, und wo dann etwa noch in den reiferen Erzählungen ein psychologisches Problem, ein Menschlich-Bedeut-
sames hinzukam, da war es eben dann eine höhere Art der Unterhaltung.

Wir würden heute unter Erzählung etwas völlig anderes verstehen; auch Novelle ist ganz etwas anderes, wenn
auch unsere Vorstellung davon zum Beispiel dem Verbrecher aus
verlorener Ehre schon näher kommt. Am besten tun wir —
und nicht nur um unsertwillen, sondern eben auch um den Boden
zu bezeichnen, auf dem Schiller diese Prosasachen schuf — diese
Arbeiten Unterhaltungsschriften zu nennen. Dann werden
wir einige Kunst zu bewundern haben. Dann passen eben auch
alle hier abgedruckten Stücke unter einen Hut und charakterisieren
einerseits das Publikum jener Zeit durch die Art und Mannig-
faltigkeit des Stoffes, andrerseits aber auch Schillers Entwicklung,
die für den kurzen Zeitraum der Betätigung auf diesem Gebiete
immerhin eine große genannt werden muß. Die Eigenart aber
dieser Kunst im Gegensatz zu der älteren moralischen Erzählung
wollen wir an Hand der einzelnen Stücke betrachten.

1. Der Spaziergang unter den Linden. Als Herausgeber
des Württembergischen Repertoriums schrieb Schiller diesen Aufsatz für das erste Heft im Jahre 1782. Er ist mit K. unterzeichnet und verspricht „vielleicht Fortsetzungen". Es sind Weltanschauungskämpfe — man könnte heute sagen — aus Primaner-
jahren. Das Versenken in die Naturwissenschaft, die ersten
Ängste und Zweifel des jungen Mediziners hatten die Phantasien
und Gedankenwirbel in Tätigkeit gesetzt. Widersprüche streitet
er sich von der Seele, wenigstens versucht er es, denn der
Schluß läßt die Entscheidung offen; und wenn Schiller uns
Fortsetzungen gebracht hätte, ist nicht anzunehmen, daß er so
bald eine ehrliche, klare Schlußantwort hätte geben können.
Diesem Stoffe ist, da er ja nur einen Streit bringt, die Ge-
sprächsform, der Dialog durchaus natürlich. Schiller brachte ihn
ja auch sonst in seiner Zeitschrift bei Behandlung philosophischer
Fragen gerne zur Anwendung. Von dem großen antiken Vor-
bilde, von Plato abgesehen, konnte Schiller gerade bei bekannteren

neueren Philosophen eine Vorliebe für den Dialog finden. Es sei nur an Shaftesbury erinnert, dessen Geistesrichtung für die Stürmer und Dränger in der ersten Zeit bestimmend war. Man mag aber in der Verwendung des Dialogs auch nur die Zuneigung des Dramatikers zu lebhafter Entwicklung und dieser beweglichen Form sehen und die Vorbilder dann getrost fallen lassen.

Zwei Freunde, Wollmar und Edwin, haben sich in die Einsamkeit zurückgezogen und hängen ihren Gedanken nach. Der ältere Wollmar ist der Ernstere. Die Weite in der Gesamtauffassung des Weltgeschehens läßt ihn bei seiner noch mangelnden Reife und Tiefe und bei der Empfindsamkeit seines Wesens in Melancholie versinken. Wie Werther sieht er in dem Leben der Natur nur den Ausdruck eines ewig verschlingenden und ewig wiederkäuenden Ungeheuers. Tod und Untergang scheint ihm das Ziel aller Bewegung und vor allem des Lebens. Die Materie ist das Herrschende, der Staub, und ihm strebt alles zu. Alles erhebt sich daraus, um darin endlich wieder zu versinken. Unfrei und unmächtig sind wir. — Wir erinnern uns so manches Tones in Schillers Gedichten, der hier mitschwingt; und Karl Moor in seinem Monologe von Sein und Nichtsein ist ein Bruder Wollmars. Edwin aber stellt sich ihm gegenüber als die lebensfreudige, gesunde, tatkräftige Stimme im Dichter. Nach Leben, nach Genuß und Schaffen geht sein Streben, und auch davon finden wir in seinem übrigen gleichzeitigen Schaffen so viele Spuren. So schränkt der eine der Freunde den andern ein, und wir bekommen ein Bild der beiden lautesten Stimmen in des Dichters Brust. Der Schluß ist, wie der Stil Schillers das liebte, stark pointiert.

2. **Eine großmütige Handlung aus der neuesten Geschichte.** Minor schreibt in seiner Schillerbiographie, Bd. I, S. 503, über unsere Erzählung: Schiller verfolgt damit denselben Zweck, welchen Schubart in der Geschichte des menschlichen Herzens, der Vorlage zu den Räubern, vor Augen hatte: er will durch eine wahre Geschichte auf das praktische Leben einwirken und eine nachhaltigere Wirkung erzielen, als die Schauspieldichter und Romandichter durch ihre, zwischen Teufel und Engel in der Mitte schwebenden Helden jemals erreichen. — Schubart war auch im Stil Schillers Muster bei dieser wahrhaftigen Erzählung, welche für das zweite Stück des Württembergischen Repertoriums 1782 verfaßt wurde.

Wie schon früher in den Räubern und später in der Braut von Messina handelt es sich auch hier um die Liebe zweier

Brüder zu einem Mädchen, ein bei den Stürmern und Drängern
höchst beliebtes Thema der Familienverwicklung. In Schillers
Geisterseher spielt dieser Vorwurf, wenn auch nur episodisch, auch
eine Rolle. Selbstverständlich ist die Lage jedesmal eine ganz
andere; die Eigentümlichkeit der Behandlung in dieser Erzählung
ist, daß es sich um einen Kampf beider Brüder gegen die eigene
stark entwickelte Neigung zugunsten des anderen Bruders handelt.
Beide versuchen unter Aufopferung ihrer schönsten und reinsten
Leidenschaft einander einen Beweis ihrer Großmut zu geben.
Dies gelingt nur dem Jüngeren von beiden, während der erste
sein Unternehmen abbrechen muß. Der Erzähler unterbricht
sich an einer wichtigen Stelle und geht mit den Worten: „Das
Fräulein — doch nein! davon wird das Ende reden —" einer
Erklärung aus dem Wege, die uns erst am Schluß überraschen
soll. Wenn wir wollen, können wir hier von einer gewissen Kunst
in der Form des Erzählens reden, aber das ist nicht weit her.
Nicht auf die Form kommt es dem Dichter an, sondern auf die
Großmut der Handelnden; die allein will er stark zum Ausdruck bringen. Der Verfasser hat an richtiger Stelle das Fräulein schweigen lassen: Voll Gefühl für die traurige Lage
dieser beiden Unglücklichen wagt sie es nicht, ausschließlich für
einen zu urteilen, und unterwirft ihre Neigung dem Urteil der
brüderlichen Liebe. Der Dichter zögert dann, als ein weiterer
Zeitpunkt der Entscheidung da ist, den Leser aufzuklären, setzt aber
dann am Schluß alle Mittel daran, eine möglichst große Rührung
zu erzielen. Die Tränenquetsche des Meister Gellert arbeitet vorzüglich, und das ist der Endzweck der Sache.

Schiller hatte die Geschichte von Frau von Wolzogen, seiner
Gönnerin, und trat später der Familie der beiden Brüder
näher, von welchen unsere Geschichte erzählt, denn seine Schwiegermutter war die Schwester der beiden Großmütigen.

3. **Der Jüngling und der Greis.** Versuch eines Nichtstudier-
ten. Bestimmt läßt es sich nicht nachweisen, daß Schiller diesen
Aufsatz geschrieben oder doch auch nur größeren Anteil daran hatte.
Er ist wie der vorige im zweiten Stücke des Württembergischen
Repertoriums gedruckt, und man nimmt an, er sei die Ver-
arbeitung einer von Schillers Freunde Scharffenstein herrühren-
den Vorlage. Daher wohl auch die auf Scharffenstein bezügliche
Unterschrift — Schstn.

Wie in dem ersten Stücke dieser Prosaschriften haben wir
auch hier wieder einen Dialog als den natürlichen Ausdruck
zweier entgegengesetzten Naturen. Selim und Almar, die
Jugend und das Alter, streiten sich über den Sinn des Lebens.

Wie dort in dem ersten Dialoge Edwin, so vertritt hier Selim
die kraftvoll aufstrebende Lebensanschauung, das Zupacken und
das endlose Streben und Wirken als das Vorrecht der Jugend;
demgegenüber steht das abgeklärte Alter, welches das Glück der
Genügsamkeit, die Weisheit der Ruhe kennt. Bewegung, Ent=
wicklung ist das Element des einen, und der andere fragt ihn:
Jüngling, warum weilt dein Auge nicht lieber an jener noch
heiteren Strecke des Himmels, dein Ohr nicht am sanften Ge=
murmel dieser Quelle? Wir hören wohl den Brausekopf Schiller
heraus, wenn der Jüngling ausruft: Ich zittere vor dem Augen=
blick, wo ich ohne Wunsch und Hoffnung entschlummern und
erwachen müßte. Unaufhaltsames Streben ist das Element der
Seele. Beim Worte Genügsamkeit zersplittern die Stufen in
der unendlichen Leiter der Wesen. Dieser Durst, diese Unruhe,
mein Schmerz über meine Schwachheit entschleiert meine
Hoheit. Ich weine, nur ein Mensch zu sein; ich jauchze, ein
Gott sein zu können.

Das klingt durchaus nach Schiller: der Drang entschleiert
seine Hoheit. Der Streit bleibt unentschieden, Selim und Almar
gehen mit ihren Gegensätzen auseinander, aber Almar scheint
eine Fortsetzung anzukündigen, wie sie ja auch der Verfasser des
ersten Dialogs vorhatte: „Das nächste Mal werd' ich reden,
und du wirst mir antworten, wenn du unterdessen auf deinem
Fluge in keinen Sumpf stürzest."

Versuch eines Nichtstudierten ist das Stück überschrieben.
Dabei muß daran erinnert werden, daß „Nichtstudiert" hier im
Sinne Rousseaus so viel bedeuten soll wie „ursprünglich", „na=
türlich", „tief". Der Naturschriftsteller wird hier in Gegensatz
gestellt zu dem Wissenschaftler; Leidenschaft und Genie wird hier
ausgespielt gegen Kunst und Schule. Hatte doch zum Beispiel
in Herders Schriften das Wort Kunst den Sinn von Künstelei und
stellte geradezu einen Gegensatz zur Natur dar.

4. Merkwürdiges Beispiel einer weiblichen Rache. Im Charak=
ter ganz anders wie die bisherigen Prosadichtungen Schillers
stellt sich diese Arbeit dar. Sie ist zwei Jahre später verfaßt,
und es ist inzwischen schon zum Teil wahr geworden, was Minor
in seiner Schillerbiographie I, 503 zusammenfassend über die
Tendenzen des Dialoges „Der Jüngling und der Greis" sagt:
Wir erkennen deutlich, daß Schillers jugendliche Philosophie jetzt
die Frage nach den letzten Zielen und Zwecken aufzugeben im
Begriffe steht und sich dem handelnden und genießenden Leben
nähern will. — In den weiteren Prosaschriften sind es denn
auch — notwendige Erörterungen im Geisterseher ausgenommen —

nicht mehr philoſophiſche Probleme, die ihn beſchäftigen, ſondern
durchweg pſychologiſche. In einer der Rubriken ſeiner Zeit=
ſchrift Thalia wollte er zur Unterhaltung des Publikums Ge=
mälde merkwürdiger Menſchen und Handlungen, von einem
philoſophiſchen Standpunkt aus betrachtet, bringen. Ein ſolches
Gemälde fand er in Diderots Geſchichtenſammlung Jacques le fata-
liste et son maître, welche in Form einer Rahmenerzählung un=
zuſammenhängende Anekdoten mühelos aneinanderreihte. Dieſe
Sammlung war nicht gedruckt, ſondern wanderte ſchon vor dem
1784 erfolgten Tode des Verfaſſers in manchen Abſchriften an
deutſchen Höfen herum. Auch der Freiherr von Dalberg hatte
ein ſolches Manuſkript und gab es Schiller. Mit dem ſicheren
Blick des Dichters und mit ſeinem Verſtändnis für das Bedeutende
griff Schiller eine Epiſode heraus, welche von dem Marquis des
Arcis und der Madame de la Pommeraye handelt und etwa ein
Viertel der ganzen Sammlung ausmacht. Sie iſt weitaus das
Beſte, was in Diderots Sammlung enthalten iſt.

Er entſchloß ſich zu einer Überſetzung dieſes Stückes, welches
einen höchſt merkwürdigen Charakter und eine ebenſolche Hand=
lung darſtellt. Hier konnte der Herausgeber „neugefundene
Räder in dem unbegreiflichen Uhrwerk der Seele" aufzeigen, wie er
das ſeinen Leſern verſprochen hatte. Und nicht nur der Charakter
und ſeine Handlung konnten Schiller reizen, auch der Stil war
von einer Klarheit, Kürze und Schärfe, die ihn zu Bewunderung
hinriß, um ſo mehr als ihm ſelber all das noch ſo ganz fehlte. Er
konnte bei der Übertragung viel lernen. Geradezu dramatiſch
war zudem die Handlung und bot Momente der Aufregung, der
Spannung, verlief bis zum Schluß in der wirkungsvollſten Steige=
rung, ließ ſtarke Leidenſchaften zu Worte kommen und war reich
an intereſſanten Gruppierungen und Gegenſätzen. Noch neuer=
dings hat der franzöſiſche Dramatiker Victorien Sardou dieſen
Stoff ſeinem Drama Fernande zugrunde gelegt. Daß der Stoff
dazu herausfordert, läßt ſich nicht leugnen, und auch Schiller
ließ es nicht bei einer einfachen Überſetzung.

Das Außerordentliche hatte Schillers ganzes Intereſſe
und lag auch überhaupt den Stürmern und Drängern nahe.
Einen Mann wie Götz von Berlichingen, der ſich ſein Recht
gegen Kaiſer und Reich verſchafft, ſucht Goethe zu rechtfertigen,
indem er ſich auf die Seite ſeines Helden ſtellt. Schiller läßt
ſeinen Karl Moor hadern mit Staat und Geſellſchaft und gibt der
Leidenſchaft und der Natur ſeine Stimme. Die Kraft war
ihnen an ſich ſchon etwas Bewundernswürdiges, und ſo gerieten
ſie an die Verherrlichung großer Verbrecher, weil ſchon bei

jedem großen Verbrechen eine verhältnismäßig große Kraft in
Bewegung kommt. Die Leidenschaft war ihnen heilig, und
wo diese hervortrat, sahen sie ein Recht der Natur, eine mensch=
lich=rührende Ursprünglichkeit. Der Evangelist Rousseau predigte
hier Duldung und verdächtigte die gängige Rechtsvorstellung.
Nahm man doch einen gewaltigen Anlauf gegen die Hand=
habungen des Gesetzes und zog in Gedichten, Dramen und
Romanen den Einfluß der begleitenden Umstände und die
Psychologie entschuldigend herbei und wies immer wieder auf
die Natürlichkeit, auf das Verständliche als auf einen Milderungs=
grund hin. Wie oft wurde zum Beispiel die Kindesmörderin ent=
schuldigt! Toleranz forderte man für alles, was an Außerordent=
lichem der Persönlichkeit entsprang. Persönlichkeit, ihre Er=
haltung und ihre freie Betätigung galt selbst bei Verbrechern
als Absolution.

Schiller war einer der begeistertsten unter den Rousseau=
jüngern. Daß er sich zu dem Stoffe Diderots aber noch besonders
hingezogen fühlte, lag daran, daß hier eine außerordentliche
Frau im Mittelpunkte des Interesses stand, eine Frau, die weit
über das gemeine Maß hinausgewachsen war, deren Leidenschaft=
lichkeit eine seltene Größe erreichte. Angesehen und bewundert,
opfert sie ihren Ruf einem Manne, den sie liebt, und von dem
sie sich geliebt glaubt. Sie muß erkennen, daß sie sich einem
Unwürdigen geschenkt hat, und beschließt, sich dafür auf uner=
hörte Weise zu rächen. Sie spielt die Zufriedene, tut, als sehe
sie das Nachlassen seiner Neigung als berechtigt und natürlich
ein, und verflicht ihn in ein systematisch ausgesonnenes Spiel,
das ihm endlich zu erkennen gibt, daß er nicht die Liebe einer
edlen Frau, sondern das Getändel einer Straßendirne wert ist.
Sie weiß ihn so weit zu bringen, daß er sich in ein Geschöpf
verliebt, welches lange Zeit aus der Liebe ein Geschäft gemacht
hat; sie weiß seine Neigung zu diesem Geschöpfe zu steigern, bis
er sie zum Weibe begehrt; sie weiß ihn inzwischen durch Umständ=
lichkeiten und Hinausschieben dieser Verbindung in raffiniertester
Weise zu quälen und seine Sehnsucht und Ungeduld aufs höchste
zu spannen und entdeckt ihm endlich, nachdem die mühselig
Erworbene sein geworden ist, daß er eine Hure geheiratet hat.

Diderot steht diesen Begebenheiten als Moralist gegenüber,
Schiller wie der Regisseur eines Dramas. Sein Leben war
zweimal Weibern von krankhafter Leidenschaftlichkeit ver=
bunden gewesen; er kannte die Reizungen und Qualen der
freien Vereinigung, und ihre Neudichtung gab ihm Gelegen=
heit, alle Gemütskräfte zu betätigen. Er erkannte die Wahr=

heit des Stoffes, unterließ es aber keineswegs, im Äußeren und Einzelnen Diderots Darstellung zu ändern. Wortreicher, bewegter, leidenschaftlicher ist Schillers Form als das Original, geschickter in der Anordnung, bewußter und kunstvoller in der Steigerung. Bei Diderot spricht eine Erzählerin; sie selbst unterbricht den Gang der Begebenheiten oft genug mit Spott und Satire auf die Menschen, auf die Liebe der Männer und der Weiber; die Zuhörer reden dazwischen; französische Zustände spielen herein; auch der Autor führt gelegentlich das Wort. Schiller aber läßt den Verfasser erzählen, alle Nebendinge und Unterbrechungen, das Publikum, weitere Beziehungen fallen fort, um den Gang der Handlung geschlossener und dadurch ausdrucksvoller zu zeigen. Eine Episode, welche bei Diderot die junge Dirne mit einem Pfaffen hat, bleibt fort in Berücksichtigung Mannheimer Verhältnisse. Im allgemeinen ist der Stoff dadurch bei Schiller zu stärkerer Wirkung gelangt.

Nicht immer hat er im Stil die Ruhe und Klarheit seines Vorbildes erreicht, denn die eigene Leidenschaftlichkeit geht stellenweise mit ihm durch. Doch ist der Einfluß des französischen Meisters auf seinen Stil immerhin von Bedeutung gewesen. Einzelne Mißverständnisse der französischen Sprache sind nicht wichtig genug, um hier angeführt zu werden. Man sagt, für Schillers Reise sei das Nachwort von Bedeutung, in welchem er über Diderot und seinen moralischen Standpunkt urteilt. Schiller stehe nicht mehr ganz auf der Seite des rachsüchtigen Weibes, und ihre Leidenschaftlichkeit, die ihn gewiß stark interessiere, erwecke nicht seine Bewunderung. Er spreche sogar von einem Abscheu, den diese unnatürliche Tat notwendig erwecken müsse. — Dies Werk ist eben ein Abschlußwerk seiner Sturm- und Drangjahre, in welchem man starke Spuren der Zuneigung neben solchen der Abneigung entdeckt. Schiller sagt in jenem Nachworte, die kühne Neuheit dieser Intrige, die unverkennbare Wahrheit der Schilderung und der Stil haben ihn zu der Übersetzung verleitet. Dabei läßt sich aber der Anteil, welchen seine eigene Leidenschaftlichkeit an der Ausführung hatte, absolut nicht hinwegleugnen. Von einer reinen Kunst, etwa von einem objektiven Interesse am Stoffe, wie wir es beim Wallenstein finden, kann hier noch nicht die Rede sein. Daß er sich in einem gewissen Abstand von dem Dargestellten befindet, ergibt sich wohl aus der kühlen Schlußbetrachtung, aber es machte sich doch auch gar zu gut, wenn er als Herausgeber hier eine richtende Stellung zu Diderot einnahm. Das mußte den Lesern imponieren.

5. Der Verbrecher aus verlorener Ehre. Auf die Einleitung
der vorigen Erzählung, besonders auf die Auslassungen über die
Neigung der Stürmer und Dränger, außerordentliche Gemüts=
zustände, Leidenschaften und Verbrechen dichterisch zu behandeln,
muß ich zurückverweisen. Auch diese Erzählung trägt die Tendenz,
die Gesellschaftsmoral als eng und beschränkt, das Richtertum
als einseitig und kurzsichtig, die Rechtspflege als unzulänglichen
Buchstabendienst zu verdächtigen. Auch diese Erzählung ist noch
aus dem Reformbestreben der Stürmer und Dränger heraus=
geschrieben und will einen Beitrag liefern zum Verständnis von
Verbrechen, welche nach des Dichters Meinung durch Mitschuld
der Zustände in Gesellschaft und Rechtspflege entstanden sind.
Der Dichter will die Einsicht fördern in den Zusammenhang
schimpflicher Zustände im Volke und Freveltaten, indem er zeigt,
wie ein Mensch auch ohne seinen Willen Verbrecher werden kann.
Alle Unterdrückung des Individuums — das war ja die Predigt
der jungen Dichtergeneration — ist verderblich. Er zeigt hier an
einem Beispiel, wie fürchterlich sie sich rächen kann, und führt
uns dadurch die Unwürdigkeit und Reformationsbedürftigkeit
unserer Einrichtungen vor Augen. Duldung, Humanität ist das
Ziel dieser Bewegung.

Schillers Lehrer Abel, Professor der Philosophie an der
hohen Karlsschule, hat diese Geschichte auch behandelt und sie
den Interessen seiner Zeit gemäß in seiner Sammlung und
Erklärung merkwürdiger Erscheinungen aus dem menschlichen
Leben drucken lassen. Abel hat den Helden der Geschichte, den
Sonnenwirt Friedrich Schwan, selber noch gekannt, und Abels
Vater war der Oberamtmann, welcher am Ende der Geschichte
eine Rolle spielt. Die Begebenheit war sehr bekannt und lief
im Volksmunde um. Abel hatte daran ein starkes psychologisches
Interesse, und nichts liegt näher, als daß er den Schülern
in seinen Vorträgen an der Militär=Akademie von diesem merk=
würdigen Falle erzählt hat. Wir gehen wohl nicht fehl, wenn
wir darin die Quelle der Schillerschen Erzählung sehen, um so
weniger, als sich eine Reihe von größeren Übereinstimmungen
im einzelnen findet. Schillers wie Abels Geschichte ist in
zwei Abschnitte geteilt, die denselben Hauptinhalt haben, und
während Schiller mit den Worten einen Übergang sucht: „Den
folgenden Teil der Geschichte übergehe ich ganz; das bloß Ab=
scheuliche hat nichts Unterrichtendes für den Leser", bricht Abel
seinen ersten Teil mit den Worten ab: „Es wäre zu langweilig,
ein Verzeichnis seiner Verbrechen hier darzulegen." Die Aus=
gestaltung aber ist charakteristisch verschieden. Beide ausgehend

von dem Grundgedanken, daß in dem Helden von Anfang an
der Keim zu jeder Tugend wie zu jedem Laster gesteckt habe,
entfernen sich voneinander in dem höheren Sinne des Ganzen.
Abel steht auf einem fast theologischen Standpunkte und erzählt
die Begebenheit und Wandlung des Sonnenwirts, um darzulegen,
wie dieses Leben solchen Verbrechern eine Erziehung zum Jen=
seits sei, wie sie sich zu einer gewissen moralischen Größe ent=
wickeln könnten. Solche Fingerzeige zu geben lag Schiller nun
ganz fern. Wie in der vorhergehenden Erzählung will er erklären,
eine psychologische Linie der Entwicklung aufzeigen, die
Verirrungen eines Verbrechers als eines Ausgestoßenen, Miß=
handelten, zu Freveln Getriebenen darlegen. Es ist eine psycho=
logische Studie im Dienste der Menschheit, eine Arbeit von fast
kriminal=medizinischer, praktischer Bedeutung, denn in der ersten
Fassung hieß der Anfang: „Die Heilkunst und Diätetik, wenn die
Ärzte aufrichtig sein wollen, haben ihre besten Entdeckungen und
heilsamsten Vorschriften vor Kranken= und Sterbebetten gemacht.
Leichenöffnungen, Hospitäler und Narrenhäuser haben das helleste
Licht in der Physiologie angezündet. Die Seelenlehre, die
Moral, die gesetzgebende Gewalt sollten billig diesem
Beispiel folgen und ähnlicherweise aus Gefängnissen, Gerichts=
höfen und Kriminalakten — den Sektionsberichten des Lasters —
sich Belehrungen holen." — Es ist Menschenforschung,
die Schiller hier treibt, und mit fast wissenschaftlicher Ob=
jektivität berichtet er alles, was sich auf diesen Fall bezieht.
Eine und ebendieselbe Fertigkeit oder Begierde kann in tausen=
derlei Formen und Richtungen spielen, führt Schiller aus, kann
tausend widersprechende Phänomene bewirken, kann in tausend
Charakteren anders gemischt erscheinen, und tausend ungleiche
Charaktere und Handlungen können wieder aus einerlei Neigung
gesponnen sein, wenn auch der Mensch, von welchem die Rede
ist, nichts weniger denn eine solche Verwandtschaft ahnt. Schiller
spricht direkt von einem Linné der Menschen, von einem natur=
wissenschaftlichen Bestimmer nach Trieben und Neigungen. So
mancher würde seiner Veranlagung nach mit großen Verbrechern
in eine Klasse gehören, dessen Laster nur infolge der engen
Sphäre seiner Betätigung oder aus reiner Schwachheit nicht
zum Ausbruch kämen. Mit besserem Grunde gehörten vielleicht
solche Menschen zusammen, wie nach Linné eßbare und giftige
Pilze in einer Klasse sind. Die Seelenforschung soll nun den
moralischen Erscheinungen alle Aufmerksamkeit schenken, soll auf
die Beschaffenheit und Stellung der Dinge achten, welche einen
Menschen umgaben, bis der gesammelte Zunder in seinem

Inwendigen Feuer fing. Treue geschichtliche Darstellung
solcher Zusammenhänge soll dazu beitragen, den grausamen Hohn
und die stolze Sicherheit auszurotten, womit gemeiniglich die
ungeprüfte, aufrechtstehende Tugend auf die gefallene herunterblickt. Die erste Thaliafassung fügt noch in bezug auf die Praxis
hinzu: Wie manches Mädchen von seiner Erziehung würde
seine Unschuld gerettet haben, wenn es früher gelernt hätte, seine
gefallenen Schwestern in den Häusern der Freude minder lieblos zu richten! Wie manche Familie, von einem elenden Hirn-
gespinst politischer Ehre zugrund gerichtet, würde noch blühen,
wenn sie den Baugefangenen, der, seine Verschwendung zu büßen,
die Gassen säubert, um seine Lebensgeschichte hätte befragen wollen!

Und auf unsere Geschichte übergehend meint er dann und
spielt dabei auf die Anatomie an: „Die Leichenöffnung seines
Lasters unterrichtet vielleicht die Menschheit, und es ist möglich,
auch die Gerechtigkeit." Geschichtlich genaue, wissenschaftliche Darstellung soll uns zeigen, daß wir es hier nicht mit einem Geschöpfe
fremder Gattung, sondern mit einem verirrten Unsersgleichen zu
tun haben. Und so weit geht Schiller in dem Gefühle der Ver-
antwortlichkeit bei diesem Berichte, daß er es verschmäht, den
Leser warm zu machen und dadurch zugunsten seines Helden zu
beeinflussen. Hinreißender Vortrag möchte bestechen, und was
läge wohl bei Schillers Absichten ferner! Diese Manier ist
eine Usurpation des Schriftstellers und beleidigt die republikanische Freiheit des lesenden Publikums, dem es zukömmt, selbst
zu Gericht zu sitzen; sie ist zugleich eine Verletzung der Grenzengerechtigkeit, denn diese Methode gehört ausschließend und eigentümlich dem Redner und Dichter.

Schiller fühlt sich also bei Ausführung dieser Geschichte
nicht als Dichter, sondern als Geschichtschreiber: das ist das
Eigentümliche dieser Erzählung, die nun infolge der ziemlich
strengen Selbstentäußerung des Verfassers und infolge der knappen
geschlossenen Darbietung aller der für diesen Fall wesentlichen
Punkte und endlich ebenso durch ihren ruhig-würdigen und
doch gar nicht — wie beabsichtigt — kalten Stil eines der
bedeutendsten Kunstwerke Schillers geworden ist. Es ist
durchaus nicht allein die Vorliebe unserer Zeit für psychologische Ziselierarbeit, die uns diese Novelle Schillers besonders schätzen läßt, es ist gerade das Menschlich-Bedeutende,
das Menschlich-Wahre, das Lebensechte und -ernste. Hier
haben wir eine Erklärung für die große Verschiedenheit unseres und des Schillerschen Kunststiles. Diese Erzählung war
ihm keine Dichtung, sondern Geschichtschreibung. Er konnte

und wollte ſich perſönlich nicht darin abdrücken; er nahm
nicht Gelegenheit, den Stoff im einzelnen nach ſeinen Be-
ſonderheiten zu formen. Darum iſt auch dieſe Dichtung mit
Ausnahme des Grundgedankens und des Vorwortes für Schiller
gar nicht ſehr charakteriſtiſch; ſie läßt uns in ihm nur den feinen
Seelenkenner und Stiliſten bewundern. So manches andere
Gebiet Schillerſchen Könnens aber iſt hier außer Betrieb geſetzt;
es ruht faſt alles, was er Dichter nennt. Nun aber iſt das
Werk darum eine wahre Dichtung, weil wir hier, wie etwa in
Kleiſts Novellen, das Menſchlich-Große, das Natürlich-Ewige ſo
herb und ſcharf hervortreten ſehen. Dem gegenüber würde das
Bedingte, Individuelle, Zufällige des Dichters als klein und
verſchroben erſcheinen. Wir empfinden eine Einmiſchung des-
ſelben, weil ſie zu Gegenüberſtellungen zwingt, als ſtörend.
Wir ſtellen das Perſönliche, welches ſich in der Wahl ſolchen
Stoffes äußert und in der ſcharfen Herausgeſtaltung des Menſch-
lich-Schönen, viel höher, weil es uns als Kraft erſcheint, während das andere eine Schwäche, eine lyriſche Befangenheit iſt.
Wohlverſtanden, hier iſt von uns die Rede und unſeren Kunſt-
empfindungen. Dieſe Ausführungen ſollen einen Abſtand auf-
weiſen, ſollen Stilmerkmale geben und die Beſtimmung
Schillerſcher Eigenart erleichtern. Erkenntnis, nicht aber Tadel
oder Bewunderung iſt, wie ſchon des öfteren angeführt, unſere
Aufgabe.

Auch aus dem Grunde muß dieſe Novelle ausführlicher betrachtet werden, weil wir in ihrer ſtrengen inneren Form die
erſten Spuren einer größeren Wandlung entdecken. Schillers
Sinn für die Wirklichkeit, für das tatſächliche Geſchehen iſt erwacht und hat ſich hier produktiv geäußert. Dieſer Sinn ſollte
eine wichtige Periode in ſeinem Schaffen einleiten, nämlich
die Geſchichtsforſchung und verbunden damit die auf ihr
beruhende Dichtung, den Wallenſtein. Die Einleitungen zu
den Dramen mögen über das Anſchwellen und Abflauen dieſer
Bewegung des näheren unterrichten. Beruhigung und Läu-
terung des Dichters läßt ſich an dieſer Erzählung deutlich erkennen.

Er begnügt ſich natürlich nicht, den Gang der Begebenheiten nacheinander zu berichten wie ſein Lehrer Abel, ſondern
er ordnet das Einzelne zu einer größtmöglichen Wirkung an. Das
widerſpricht dem vorher Ausgeführten nicht, ſondern iſt nur ein
Mittel, das pſychologiſche Geſchehen verſtändlicher zu machen.
In dieſem Dienſte ſtehen auch einige ſehr glückliche Abweichungen
von ſeiner Vorlage. Schiller läßt im Gegenſatze zu Abel ſeinen

Helden, oder besser sein Subjekt, häßlich und schön in früher Jugend verachtet sein; die Episode mit dem Kinde, das den Zuchthäusler verabscheut und dadurch das Menschliche in ihm so tief verletzt, ist Schillers Erfindung. Viel sorgfältiger und ausführlicher ist bei Schiller die Ausführung des zweiten Teiles. Wie der Wilddieb zum Mörder wird, wie er durch den Wald flieht, wie er dem Räuberhauptmann entgegentritt und Mitglied und Haupt der Bande wird, vorher aber noch einmal in die Lage kommt, sich selbständig entschließen zu können, wie er dann dasteht in der Gesellschaft von Verbrechern und Dirnen, wie sein Gewissen sich regt und er wieder ein ordentlicher Mensch werden will, wie der Siebenjährige Krieg nach Menschenopfern verlangt und ihn der König noch nicht einmal dessen würdigt, wie er dann, fast gerettet, unter guten Menschen, durch ein freies Geständnis ein Ende macht: das ist meisterhaft wiedergegeben und heißt uns eine große Kunst. Es ist verständlich, daß gerade ein neuerer Dichter wie Hermann Kurz sich von dem Schicksal desselben Sonnenwirts angezogen fühlen mußte und eine schöne Novelle daraus schuf.

6. **Der Geisterseher.** Der Geisterseher ist die größte von Schillers Unterhaltungsgeschichten. Auch sie will, wie die vorhergehenden, dem Publikum etwas Merkwürdiges bringen; man soll über die Kühnheit des Zweckes erstaunen wie über die Seltsamkeit der Mittel, welcher sich die ungeheure Intrige hier bedient. Auch diese Erzählung spricht eine Warnung aus vor einer großen kulturellen Gefahr, auch hier handelt es sich dem Dichter um eine psychologisch interessante Entwicklung, und er verspricht, daß reine, strenge Wahrheit seine Feder leiten solle. Nur ist der Vorwurf hier kein allgemein menschlicher, rein psychologischer, sondern stark zeitlich gefärbt und überhaupt ganz aus den Strömungen der Zeit erwachsen. Der geschickte Herausgeber hatte hier einen Stoff gefunden, der aus dem Augenblicke, aus dem Neuesten gewählt war, welches gerade beim Publikum im Umlaufe war.

Weißenfels faßt sich in seiner Einleitung Cotta Bd. II. XXIII. trefflich über die zugrunde liegende Zeitbewegung zusammen: Die Reaktion gegen die Aufklärung, berechtigt, soweit Ansprüche des Herzens sich gegen den nüchternen Verstand geltend machten, nahm damals, besonders bei den höheren Ständen, die Farbe der Mystik an. Unbefriedigt oder auch geängstigt von den Ergebnissen des rein vernünftigen Denkens, suchte man den Rückweg zur Kirche, zu ihrem Dogma und ihren Wundern, und wandte auch vermeintlichen neuen Wundern, den Visionen

Swedenborgs, dem tierischen Magnetismus Mesmers, den Teufels-
austreibungen Geßners, den Totenbeschwörungen des Leipziger
Kaffeewirts Schrepfer, den Wunderkuren, der Geisterseherei und
dem Goldmacherschwindel des internationalen Abenteurers Cagliostro eine gespannte Aufmerksamkeit zu. In geheimen Orden
und Gesellschaften wurde der religiöse Mystizismus gepflegt
und natürliche Magie geübt; die Rosenkreuzerei nahm einen
neuen Aufschwung, und auch in den Freimaurerlogen gewannen
Stimmungen und Richtungen Boden, die Magiern wie Schrepfer
und Cagliostro Eingang gewährten.   So entstand mitten im
aufgeklärten Jahrhundert die Strömung, die an seinem Ende in
Preußen zu Wöllners Religionsedikt und zur Geisterseherei
Friedrich Wilhelms II., auf literarischem Gebiet in die Romantik
führte. Kein Zweifel, daß die Jesuiten die reaktionäre Stimmung
benutzt haben, ihre Macht trotz der im Jahre 1773 erfolgten
offiziellen Aufhebung ihres Ordens zu behaupten, und daß ihnen
dabei der Glaube an die neue Magie und das phantastische
Treiben der geheimen Gesellschaften willkommene Hilfsmittel
waren. Keine Frage auch, daß der Katholizismus damals neue
Macht über die Gemüter in Deutschland gewann, daß mystisch
katholisierende Bücher wie „Des erreurs et de la vérité" 1782
und „Saint Nicaise" 1786 in protestantischen Kreisen Ver-
breitung und Bewunderung fanden, daß protestantische Geistliche, wie der wundergläubige Lavater und der darmstädtische
Hofprediger Stark dazu neigten, die Grenzen zwischen den beiden
Bekenntnissen zu verwischen, und daß sie auch zu den Magiern,
im besonderen zu Schrepfer und Cagliostro, Beziehungen hatten.
    Daß auf der anderen Seite kein Stillschweigen herrschen
konnte, ist klar. Nicolai, der Hauptschreier in der Aufklärung,
die Berlinische Monatsschrift Biesters und Gedickes, Bode und
Wieland, später dann Goethe, lehnten sich mit Wissenschaft und
Dichtung, mit Ernst und Spott dagegen auf. Elisa von der
Reckes Enthüllungen aus ihrem Umgange mit Cagliostro traten
gegen jene Bewegungen auf. Cagliostro selber saß um die Mitte
der achtziger Jahre wegen seiner Verwickelung in den berühmten
Halsbandprozeß gefangen zu Paris. „Jesuiten, geheime Gesellschaften, Übertritte zum Katholizismus, Wunderschwindel aller
Art bildeten im Konzeptionsjahr des Geistersehers das Haupt-
thema der publizistischen Literatur", schreibt Weißenfels. Man
war erregt, man erging sich in ungeheuern Behauptungen und
Vermutungen. Cagliostro wurde mit den Jesuiten in Verbindung gebracht und von diesen wiederum die Umstrickung der
ganzen gebildeten Welt behauptet. Die Mächtigen vor allem

waren es, die sie zu beherrschen strebten; man hatte Beispiele, und neue phantasierte man hinzu.

Diese Tagesströmungen machte sich Schiller zunutze und erfand aus dem bunten Gemisch eine Erzählung, die den Neigungen und Neugierden des Publikums entgegenkam. Spannen und aufregen wollte er, und das ist ihm mit keinem Werke so sehr gelungen. Die Kritik erhebt ihn zum Dichter, und das Publikum verfolgte den Roman mit einem Interesse, welches der Zeitschrift sogar finanziell sehr zugute kam. Schiller hatte ohne tiefere Anteilnahme gearbeitet, und er setzte, was er im Herbst 1786 begonnen hatte, mehr gezwungen als freiwillig fort, nachdem er den Erfolg sah; doch war ihm der Fortgang noch ganz unklar. Längere Unterbrechungen erfolgten. Schiller wird gedrängt, die Fortsetzung zu liefern; das kostet ihn mehr Kopf als der Anfang, weil es nichts Kleines ist, in eine planlose Sache Plan zu bringen und so viele zerrissene Fäden wieder anzuknüpfen. Seine Briefe sind voll von Unwillen und Haß auf die Arbeit. Er spricht von Schmiererei und sündhaftem Zeitaufwande, von dem verfluchten Geisterseher, der ihm bis diese Stunde kein Interesse abgewinnen kann. Aber er wird bezahlt, und darum will er sich diesen Geschmack des Publikums zunutze machen und so viel Geld davon ziehen, als nur immer möglich ist. So quält er den Roman weiter, bis er am Anfang des Jahres 1789 unvermutet an Körner schreibt: „Stelle dir vor, daß mir der Geisterseher anfängt, lieb zu werden. Ich habe dieser Tage ein philosophisches Gespräch darin angefangen, das Gehalt hat. Ich muß den Prinzen durch Freigeisterei führen." Und so macht er denn den Prinzen zum Sprachrohr seiner philosophischen Neigungen und bringt dadurch ein ganz neues Element in den Roman hinein, ähnlich wie in den Don Karlos die Philosophie des Marquis Posa eindrang und das Gefäß zersprengte. Jedenfalls arbeitete Schiller aber doch wieder einmal an seinem Geisterseher, wenn auch nur ganz kurze Zeit; die Philosophie konnte schließlich nur Periode bleiben, und mit ihrem Ende erlosch auch wieder des Dichters Interesse. Es hätte gegolten, die Intrige weiterzuführen, aber dabei gingen doch schließlich die besseren Elemente in ihm nicht mit, ... er führte notdürftig ein paar Striche weiter, brach dann aber schnell ab. Die Erkenntnis der Nichtigkeit und Unwürdigkeit dieser Tributware duldete keine weitere Arbeit daran.

Hatte er schon im Don Karlos, auch in dem geplanten Imhof, das Pfaffentreiben und ihr Ringen um Gewalt behandelt, so

machte er hier eine geheime jeſuitiſche Geſellſchaft und ihre Macht=
beſtrebungen zum Ausgangspunkt einer unheimlichen, verbor=
genen Intrige von ſtaunenswerter Ausdehnung. Einem jungen
ſüddeutſchen Prinzen, der ſich längere Zeit in Venedig aufhält,
gelten ihre Bemühungen. Schiller legt dabei in der Darſtellung
das Schwergewicht auf die pſychologiſche Entwicklungsgeſchichte
des Prinzen, obgleich er häufig genug ſeinem Publikum zuliebe
mit beſonderem Intereſſe bei den Spukgeſchichten und bei der
weiterverſchlungenen Intrige bleibt. Einer raffinierten, klug=
beſonnenen Organiſation gelingt es, den Prinzen anfangs über
das Zuſammenſpielen Mehrerer in Unwiſſenheit zu erhalten. Man
beabſichtigt durch Glauben an Geiſter und Magie einen Angriff
auf ſeine Vernunft zu machen; aber der Scharfſinnigkeit des
Prinzen entgeht die Künſtlichkeit des Gewebes nicht, er fühlt,
was hier alles ineinander ſpielt, und wird ſich durch dieſe Ent=
deckung der Sicherheit und Zuverläſſigkeit ſeines Geiſtes bewußt.
Auch dieſen fehlgeſchlagenen Angriff weiß die Geſellſchaft auszu=
nutzen zu ihren Gunſten, und der Prinz merkt nichts davon, eben
weil er ein ſtarker Kopf iſt. Die Geiſter haben nichts geholfen, nun
verſucht man es mit dem Geiſte. Man ſpielt ihm Bücher in die
Hände; philoſophiſche Zuverſicht, Zweifel am Hergebrachten er=
wacht in ihm. Er wird frei von ſeiner proteſtantiſchen Kon=
feſſion, er ſtrebt einer Sittlichkeit zu, die in ſich ſelbſt ruht und
Gottes und der Unſterblichkeit nicht erſt bedarf, um feſt zu
ſtehen. Aber wie Schiller ſelber, angelangt an dieſem Punkte
der Anſchauungen, ſich weiterentwickelt zur freien, reinen Ethik,
wie er dieſe Stufe nun zum Hinaufſchreiten benutzt, ſo läßt er dem
Prinzen dieſe Höhe zum Verderben gereichen; er wird ſo um=
garnt, geſchwächt, die Kunſt der Verführer iſt ſo ruchlos und
mächtig, daß er hinabgezogen wird, daß er, wie beabſichtigt, ganz
in die Hände der geheimen Geſellſchaft gerät. Dieſes iſt aber nur
der Anfang ihrer Pläne. Nicht nur an ſeiner Perſon lag ihnen,
ſondern an einem Throne. Er iſt kein Thronerbe, ſollte aber
durch die Herrſchſucht ſeiner Gebieter ſo weit gebracht werden,
daß er ſich den Weg zum Throne durch ein Verbrechen bahnt. —
Im übrigen ſind wir ja durch die mangelhaften Aufzeichnungen
nicht in den Stand geſetzt, abſolute Klarheit über den beabſich=
tigten Schluß zu gewinnen, welcher ja aber auch ziemlich gleich=
gültig iſt.

Der Geiſterſeher iſt wie der Don Karlos ein Werk aus
des Dichters Entwicklungsjahren und iſt dadurch ſo notwendig form=
los geworden, als er mehrere Phaſen der Entwicklung bezeichnet;
die philoſophiſche Epiſode beſonders ſpricht davon. Ein Stück

bedeutenderer Weltanschauungskämpfe steckt darin, das als ein
wichtiges Zwischenglied zwischen den philosophischen Briefen und
den größeren ethischen Schriften nicht übersehen werden darf.
Das Übrige aber bedeutet uns herzlich wenig; die Erzählung setzt
ein mit lebendig buntem Getriebe; nachher bleibt doch kaum etwas
anderes als die Geschicklichkeit des Anordners zu loben, und wenn
man will, die Einfachheit und Klarheit des Stils. Wir verstehen, daß die große Masse diese bessere Kolportagekunst freudig
begrüßte und für Schillers größtes Werk hielt. Wir freuen
uns aber, daß der Dichter selbst sich unwillig davon abwandte
und seine kostbare Zeit zu würdigeren Taten benutzte.

Das Wichtigste der philosophischen Ansichten findet man in
unseren Anmerkungen, denn Schiller hat dies später bis auf
wenige Reste gestrichen.

7. **Spiel des Schicksals.** Ein Bruchstück aus einer wahren
Geschichte. Diese Erzählung offenbart kaum etwas Neues vor ihren
Vorgängerinnen. Des Dichters Stil hat sich zum rein epischen
entwickelt und zeigt, wie der Verfasser sich bemüht, so unpar-
teiisch und objektiv wie möglich zu schildern. Eine gewisse
Ruhe lagert über dem Berichte, denn so muß man auch hier
wieder die Form nennen. Es handelt sich um einen merkwürdigen
Fall seelischen Erlebens. Ein allmächtiger Minister, der sich
absolut sicher und im Besitze alles Vertrauens seines Fürsten
fühlt, wird von einem seiner Geschöpfe gestürzt und muß nach
Jahren der Macht und Pracht im Gefängnis, in einem Turm-
gewölbe unter der Erde schmachten jahrelang, ohne einen Menschen zu sehen. Dieses sucht Schiller darzustellen. Das Stoffliche, das Psychologische gibt er gewissenhaft wieder.
In dieser Erkenntnis steckt für uns auch die Kritik des Werkes.
Der seltsame Einzelfall ist genau beschrieben. Im Stil allein,
im Psychologischen ruht die künstlerische Bedeutung dieser
Erzählung. Einen Vergleich mit dem Verbrecher aus verlorener Ehre
kann sie nicht aushalten, denn das rein Menschliche ist uns dort
viel näher gebracht, wir sehen den Verbrecher vor uns wie ein
Wesen unserer Gattung. Der Minister H. ist aber ein Geschöpf
des achtzehnten Jahrhunderts von unangenehmer Einseitigkeit
und Enge. Das Stoffliche steht uns viel ferner, und das In-
trigenspiel gehört zu den Stilmerkmalen der Dichtung der Vergangenheit.

Auch hierbei spielte die Neugierde eine große Rolle, denn
man wußte hie und da, was Schillers Vorlage war, und wo
man darüber im unklaren war, konnte man bald erfahren, daß

es sich hier um den Oberften Rieger handelte, welcher im Dienste
des Herzogs Karl Eugen von Württemberg gestürzt war durch
den Grafen von Montmartin. Rieger war Schillers Taufpate,
und Schiller hatte auf seinen Tod ein überschwänglich rühmendes
Gedicht gemacht. Es ift klar, daß Schiller den Charakter hier
viel sachlicher beschreibt und ihm mit der Ruhe des interessierten
Betrachters gegenübersteht. Und doch macht Rieger sich hier,
wo Schiller manchen niedrigen Zug an ihm zeigt, noch bedeutend
vorteilhafter als im Leben. Bei der Zeichnung der Laufbahn
dieses Mannes bis zu seiner Höhe hat Schiller jedenfalls an
Goethes Karriere gedacht.

Der Spaziergang unter den Linden.

Wollmar und Edwin waren Freunde und wohnten in einer friedlichen Einsiedelei beisammen, in welche sie sich aus dem Geräusch der geschäftigen Welt zurückgezogen hatten, hier in aller philosophischen Muße die merkwürdige Schicksale ihres Lebens
5 zu entwickeln. Edwin, der Glückliche, umfaßte die Welt mit frohherziger Wärme, die der trübere Wollmar in die Trauerfarbe seines Mißgeschicks kleidete. Eine Allee von Linden war der Lieblingsplatz ihrer Betrachtungen. Einst an einem lieblichen Maientag spazierten sie wieder; ich erinnere mich folgenden
10 Gespräches:

Edwin. Der Tag ist so schön — die ganze Natur hat sich aufgeheitert, und Sie so nachdenkend, Wollmar?

Wollmar. Lassen Sie mich! Sie wissen, es ist meine Art, daß ich ihr ihre Launen verderbe.

15 Edwin. Aber ist es denn möglich, den Becher der Freude so anzuekeln?

Wollmar. Wenn man eine Spinne darin findet — warum nicht? Sehen Sie, Ihnen malt sich itzt die Natur wie ein rotwangichtes Mädchen an seinem Brauttag. Mir erscheint sie als
20 eine abgelegte Matrone, rote Schminke auf ihren grüngelben Wangen, geerbte Demanten in ihrem Haar. Wie sie sich in diesem Sonntagsaufputz belächelt! Aber es sind abgetragene Kleider und schon hunderttausendmal gewandt. Eben diesen grünen wallenden Schlepp trug sie schon vor Deukalion, ebenso
25 parfümiert und ebenso bunt verbrämt. Jahrtausendelang verzehrt sie nur mit dem Abtrag von der Tafel des Todes, kocht sich Schminke aus den Gebeinen ihrer eigenen Kinder und stutzt die Verwesung zu blendenden Flittern. Es ist ein unflätiges Ungeheuer, das von seinem eigenen Kot, viele tausendmal aufgewärmt,
30 sich mästet, seine Lumpen in neue Stoffe zusammenflickt und groß tut und sie zu Markte trägt und wieder zusammenreißt in garstige Lumpen. Junger Mensch, weißt du wohl auch,

in welcher Gesellschaft du vielleicht itzo spazierest? Dachtest du
je, daß dieses unendliche Rund das Grabmal deiner Ahnen ist?
daß dir die Winde, die dir die Wohlgerüche der Linden herunter=
bringen, vielleicht die zerstobene Kraft des Arminius in die
Nase blasen? daß du in der erfrischenden Quelle vielleicht die 5
zermalmten Gebeine unsrer großen Heinriche kostest? — Pfui!
Pfui! Die Erderschütterer Roms, die die majestätische Welt
in drei Teile rissen, wie Knaben einen Blumenstrauß unter sich
teilen und an die Hüte stecken, müssen vielleicht in den Gurgeln
ihrer verschnittenen Enkel einer wimmernden Opern=Arie fronen. 10
— Der Atome, der in Platos Gehirne dem Gedanken der Gott=
heit bebte, der im Herzen des Titus der Erbarmung zitterte,
zuckt vielleicht itzo der viehischen Brunst in den Adern der Sarda=
napale oder wird in dem Aas eines gehenkten Gaudiebs von
den Raben zerstreut. Schändlich! Schändlich! Wir haben aus 15
der geheiligten Asche unserer Väter unsere Harlekinsmasken
zusammengestoppelt; wir haben unsere Schellenkappen mit der
Weisheit der Vorwelt gefüttert. Sie scheinen das lustig zu
finden, Edwin?

    Edwin. Vergeben Sie! Ihre Betrachtungen eröffnen mir 20
komische Szenen. Wie? wenn unsere Körper nach eben den Ge=
setzen wanderten, wie man von unsern Geistern behauptet?
Wenn sie nach dem Tod der Maschine eben das Amt fortsetzen
müßten, das sie unter den Befehlen der Seele verwalteten; gleich=
wie die Geister der Abgeschiedenen die Beschäftigungen ihres 25
vorigen Lebens wiederholen — quae cura fuit vivis, eadem se-
quitur tellure repostos?

    Wollmar. So mag die Asche des Lykurgus noch bis itzt
und ewig im Ozean liegen!

    Edwin. Hören Sie dort die zärtliche Philomele schlagen? 30
Wie? wenn sie die Urne von Tibulls Asche wäre, der zärtlich
wie sie sang? Steigt vielleicht der erhabene Pindar in jenem
Adler zum blauen Schirmdach des Horizonts? Flattert vielleicht
in jenem buhlenden Zephir ein Atome Anakreons? Wer kann
es wissen, ob nicht die Körper der Süßlinge in zarten Puder= 35
flöckchen in die Locken ihrer Gebieterinnen fliegen? ob nicht die
Überbleibsel der Wucherer im hundertjährigen Rost an die ver=
scharrten Münzen gefesselt liegen? ob nicht die Leiber der Poly=
graphen verdammt sind, zu Lettern geschmolzen oder zu Papier
gewalkt zu werden, ewig nun unter dem Druck der Presse zu 40
ächzen und den Unsinn ihrer Kollegen verewigen zu helfen? Wer
kann mir beweisen, daß der schmerzliche Blasenstein unsers Nach=
bars nicht der Rest eines ungeschickten Arztes ist, der nunmehr

zur Strafe die ehemals mißhandelten Gänge des Harns, ein un-
gebetener Pförtner, hütet, so lang in diesen schimpflichen Kerker
gesprochen, bis die geweihte Hand eines Wundarztes den ver-
wünschten Prinzen erlöst? Sehen Sie, Wollmar! Aus eben
5 dem Kelche, woraus Sie die bittere Galle schöpfen, schöpft meine
Laune lustige Scherze.

    Wollmar. Edwin! Edwin! Wie Sie den Ernst wieder mit
lächelndem Witz übertünchen! — Man sage es doch unsern
Fürsten, die mit einer zuckenden Wimper zu vernichten meinen.
10 — Man sage es unsern Schönen, die mit einer farbichten Landschaft im Gesicht unsre Weisheit zur Närrin machen wollen. —
Man sage es den süßen Herrchen, die eine Hand voll blonde
Haare zu ihrem Gott machen. — Mögen sie zusehen, wie die
Schaufel des Totengräbers den Schädel Yoricks so unsanft strei-
15 chelt. Was dünkt sich ein Weib mit ihrer Schönheit, wenn der
große Cäsar eine anbrüchige Mauer flickt, den Wind abzuhalten?

    Edwin. Aber wo hinaus denn mit dem allem?

    Wollmar. Armselige Katastrophe einer armseligern Farce! —
Sehen Sie, Edwin! Das Schicksal der Seele ist in die Materie
20 geschrieben. Machen Sie nunmehr den glücklichen Schluß.

    Edwin. Gemach, Wollmar! Sie kommen ins Schwärmen.
Sie wissen, wie gern Sie da die Vorsicht mißhandeln.

    Wollmar. Lassen Sie mich fortfahren! Die gute Sache scheut
die Besichtigung nicht.

25   **Edwin.** Wollmar besichtige, wenn er glücklicher ist!

    Wollmar. O pfui! Da bohren Sie gerade in die gefähr-
lichste Wunde. Die Weisheit wäre also eine waschhafte Mäk-
lerin, die in jedem Hause schmarotzen geht und geschmeidig in
jede Laune plaudert, bei dem Unglücklichen die Gnade selbst
30 verleumdet, bei dem Glücklichen auch das Übel verzuckert. Ein
verdorbener Magen verschwätzt diesen Planeten zur Hölle, ein
Glas Wein kann seine Teufel vergöttern. Wenn unsre Launen
die Modelle unserer Philosophien sind — sagen Sie mir doch,
Edwin, in welcher wird die Wahrheit gegossen? Ich fürchte,
35 Edwin, Sie werden weise sein, wenn Sie erst finster werden.

    Edwin. Das möcht' ich nicht, um weise zu werden!

    Wollmar. Sie haben das Wort „glücklich" genannt. Wie
wird man das, Edwin? Arbeit ist die Bedingung des Lebens,
das Ziel Weisheit, und Glückseligkeit, sagen Sie, ist der Preis.
40 Tausend und abermal tausend Segel fliegen ausgespannt, die
glückliche Insel zu suchen im gestadlosen Meere und dieses
goldene Vlies zu erobern. Sage mir doch, du Weiser, wieviel
sind ihrer, die es finden? Ich sehe hier eine Flotte im ewigen

Ring des Bedürfniſſes herumgewirbelt, ewig von dieſem Ufer
ſtoßend, um ewig wieder daran zu landen, ewig landend, um
wieder davonzuſtoßen. Sie tummelt ſich in den Vorhöfen ihrer
Beſtimmung, kreuzt furchtſam längs dem Ufer, Proviant zu
holen und das Takelwerk zu flicken, und ſteuert ewig nie auf die 5
Höhe des Meeres. Es ſind diejenigen, die heute ſich abmüden,
auf daß ſie ſich morgen wieder abmüden können. Ich ziehe ſie
ab, und die Summe iſt um die Hälfte geſchmolzen. Wieder
andere reißt der Strudel der Sinnlichkeit in ein ruhmloſes Grab.
— Es ſind diejenige, die die ganze Kraft ihres Daſeins ver= 10
ſchwenden, den Schweiß der vorigen zu genießen. Man rechne
ſie weg, und ein armes Vierteil bleibt noch zurück. Bang und
ſchüchtern ſegelt es ohne Kompaß im Geleit der betrüglichen
Sterne auf dem furchtbaren Ozean fort; ſchon flimmt wie weißes
Gewölk am Rande des Horizonts die glückliche Küſte; „Land!" 15
ruft der Steuermann, und ſiehe, ein elendes Brettchen zerbirſtet,
das lecke Schiff verſinkt hart am Geſtade. Apparent rari nantes
in gurgite vasto. Ohnmächtig kämpft ſich der geſchickteſte
Schwimmer zum Lande; ein Fremdling in der ätheriſchen Zone,
irrt er einſam umher und ſucht tränenden Augs ſeine nordiſche 20
Heimat. So ziehe ich von der großen Summe Eurer freigebigen
Syſteme eine Million nach der andern ab. — Die Kinder freuen
ſich auf den Harniſch der Männer, und dieſe weinen, daß ſie
nimmermehr Kinder ſind. Der Strom unſers Wiſſens ſchlängelt
ſich rückwärts zu ſeiner Mündung, der Abend iſt dämmerig wie 25
der Morgen, in der nämlichen Nacht umarmen ſich Aurora und
Heſperus, und der Weiſe, der die Mauern der Sterblichkeit
durchbrechen wollte, ſinkt abwärts und wird wieder zum tän=
delnden Knaben. Nun, Edwin! Rechtfertigen Sie den Töpfer
gegen den Topf; antworten Sie, Edwin! 30

Edwin. Der Töpfer iſt ſchon gerechtfertigt, wenn der Topf
mit ihm rechten kann.

Wollmar. Antworten Sie!

Edwin. Ich ſage: wenn ſie auch die Inſel verfehlt, ſo iſt
doch die Fahrt nicht verloren. 35

Wollmar. Etwa das Aug' an den maleriſchen Landſchaften
zu weiden, die zur Rechten und Linken vorbeifliegen, Edwin?
Und darum in Stürmen herumgeworfen zu werden, darum an
ſpitzigen Klippen vorbeizuzittern, darum in der wogenden Wüſte
einem dreifachen Tode um den Rachen zu ſchwanken! — Reden 40
Sie nichts mehr! mein Gram iſt beredter als Ihre Zu=
friedenheit.

Edwin. Und soll ich darum das Veilchen unter die Füße treten, weil ich die Rose nicht erlangen kann? Oder soll ich diesen Maitag verlieren, weil ein Gewitter ihn verfinstern kann? Ich schöpfe Heiterkeit unter der wolkenlosen Bläue, die mir hernach seine stürmische Langeweile verkürzt. Soll ich die Blume nicht brechen, weil sie morgen nicht mehr riechen wird? Ich werfe sie weg, wenn sie welk ist, und pflücke ihre junge Schwester, die schon reizend aus der Knospe bricht. — —

Wollmar. Umsonst! Vergebens! Wohin nur ein Samen= korn des Vergnügens fiel, sprossen schon tausend Keime des Jammers. Wo nur eine Träne der Freude liegt, liegen tausend Tränen der Verzweiflung begraben. Hier an der Stelle, wo der Mensch jauchzte, krümmten sich tausend sterbende Insekten. In eben dem Augenblick, wo unser Entzücken zum Himmel wir= belt, heulen tausend Flüche der Verdammnis empor. Es ist ein betrügliches Lotto; die wenigen armseligen Treffer ver= schwinden unter den zahllosen Nieten. Jeder Tropfe Zeit ist eine Sterbeminute der Freuden, jeder wehende Staub der Leichen= stein einer begrabenen Wonne. Auf jeden Punkt im ewigen Uni= versum hat der Tod sein monarchisches Siegel gedrückt. Auf jeden Atomen les' ich die trostlose Aufschrift: „Vergangen!"

Edwin. Und warum nicht: „Gewesen?" Mag jeder Laut der Sterbegesang einer Seligkeit sein — er ist auch die Hymne der allgegenwärtigen Liebe. —Wollmar, an dieser Linde küßte mich meine Juliette zum erstenmal.

Wollmar (heftig davongehend). Junger Mensch! Unter dieser Linde hab' ich meine Laura verloren.

(Vielleicht Fortsetzungen.)   K.

Eine großmütige Handlung,
aus der neusten Geschichte.

Schauspiele und Romanen eröffnen uns die glänzendsten Züge des menschlichen Herzens; unsre Phantasie wird entzündet; unser Herz bleibt kalt; wenigstens ist die Glut, worein es auf diese Weise versetzt wird, nur augenblicklich und erfriert fürs praktische Leben. In dem nämlichen Augenblick, da uns die schmucklose Gutherzigkeit des ehrlichen Puffs bis beinahe zu Tränen rührt, zanken wir vielleicht einen anklopfenden Bettler mit Ungestüm ab. Wer weiß, ob nicht eben diese gekünstelte Existenz in einer idealischen Welt unsre Existenz in der wirklichen untergräbt? Wir schweben hier gleichsam um die zwei äußersten Enden der Moralität, Engel und Teufel, und die Mitte — den Menschen — lassen wir liegen.

Gegenwärtige Anekdote von zween Deutschen — mit stolzer
Freude schreib' ich das nieder — hat ein unabstreitbares Ver=
dienst — sie ist wahr. Ich hoffe, daß sie meine Leser wärmer
zurücklassen werde als alle Bände des Grandison und der Pamela.

Zwei Brüder — Baronen von Wrmb., hatten sich beide 5
in ein junges vortreffliches Fräulein von Wrthr. verliebt, ohne
daß der eine um des andern Leidenschaft wußte. Beider Liebe
war zärtlich und stark, weil sie die erste war. Das Fräulein
war schön und zur Empfindung geschaffen. Beide ließen ihre
Neigung zur ganzen Leidenschaft aufwachsen, weil keiner die Ge= 10
fahr kannte, die für sein Herz die schröcklichste war — seinen
Bruder zum Nebenbuhler zu haben. Beide verschonten das
Mädchen mit einem frühen Geständnis, und so hintergingen sich
beide, bis ein unerwartetes Begegnis ihrer Empfindungen das
ganze Geheimnis entdeckte.   15

Schon war die Liebe eines jeden bis auf den höchsten Grad
gestiegen, der unglückseligste Affekt, der im Geschlechte der Men=
schen beinah so grausame Verwüstungen angerichtet hat als sein
abscheuliches Gegenteil, hatte schon die ganze Fläche ihres Her=
zens eingenommen, daß wohl von keiner Seite eine Aufopferung 20
möglich war. Das Fräulein, voll Gefühl für die traurige Lage
dieser beiden Unglücklichen, wagte es nicht, ausschließend für
einen zu entscheiden, und unterwarf ihre Neigung dem Urteil
der brüderlichen Liebe.

Sieger in diesem zweifelhaften Kampf der Pflicht und Emp= 25
findung, den unsre Philosophen so allzeit fertig entscheiden und
der praktische Mensch so langsam unternimmt, sagte der ältere
Bruder zum jüngern: „Ich weiß, daß du mein Mädchen liebst,
feurig wie ich. Ich will nicht fragen, für wen ein älteres Recht
entscheidet. — Bleibe du hier, ich suche die weite Welt, ich will 30
streben, daß ich sie vergesse. Kann ich das — Bruder, dann ist
sie dein, und der Himmel segne deine Liebe! — Kann ich es
nicht — nun dann, so geh' auch du hin — und tu ein Gleiches!"

Er verließ gählings Deutschland und eilte nach Holland —
aber das Bild seines Mädchens eilte ihm nach. Fern von dem 35
Himmelsstrich seiner Liebe, aus einer Gegend verbannt, die seines
Herzens ganze Seligkeit einschloß, in der er allein zu leben ver=
mochte, erkrankte der Unglückliche, wie die Pflanze dahinschwin=
det, die der gewalttätige Europäer aus dem mütterlichen Asien
entführt und fern von der milderen Sonne in rauhere Beete 40
zwingt. Er erreichte verzweifelnd Amsterdam; dort warf ihn ein
hitziges Fieber auf ein gefährliches Lager. Das Bild seiner
Einzigen herrschte in seinen wahnsinnigen Träumen, seine

Genesung hing an ihrem Besitze. Die Ärzte zweifelten für sein
Leben; nur die Versicherung, ihn seiner Geliebten wiederzugeben, riß ihn mühsam aus den Armen des Todes. Halb ver-
west, ein wandelndes Gerippe, das erschröcklichste Bild des zehren-
5 den Kummers, kam er in seiner Vaterstadt an — schwindelte er
über die Treppe seiner Geliebten, seines Bruders. „Bruder,
hier bin ich wieder. Was ich meinem Herzen zumutete, weiß
Der im Himmel. — Mehr kann ich nicht." Ohnmächtig sank er
in die Arme des Fräuleins.

10   Der jüngere Bruder war nicht minder entschlossen. In
wenigen Wochen stand er reisefertig da: „Bruder, du trugst
deinen Schmerz bis nach Holland. — Ich will versuchen, ihn
weiter zu tragen. Führe sie nicht zum Altar, bis ich dir weiter
schreibe! Nur diese Bedingung erlaubt sich die brüderliche
15 Liebe. Bin ich glücklicher als du — in Gottes Namen, so sei sie
dein, und der Himmel segne eure Liebe! Bin ich es nicht —
nun dann, so möge der Himmel weiter über uns richten! Lebe
wohl! Behalte dieses versiegelte Päckchen, erbrich es nicht, bis
ich von hinnen bin — Ich geh' nach Batavia" — Hier sprang er
20 in den Wagen.

        Halb entseelt starrten ihm die Hinterbleibenden nach. Er
hatte den Bruder an Edelmut übertroffen. Am Herzen dieses
zerrten beide: Liebe und Verlust des edelsten Mannes. Das
Geräusch des fliehenden Wagens durchdonnerte sein Herz. Man
25 besorgte für sein Leben. Das Fräulein — doch nein! davon
wird das Ende reden.

        Man erbrach das Paket. Es war eine vollgültige Verschrei-
bung aller seiner deutschen Besitzungen, die der Bruder erheben
sollte, wenn es dem Fliehenden in Batavia glückte.

30   Der Überwinder seiner selbst ging mit holländischen Kauf-
fahrern unter Segel und kam glücklich in Batavia an. Wenige
Wochen, so übersandte er dem Bruder folgende Zeilen: „Hier,
wo ich Gott dem Allmächtigen danke, hier auf der neuen Erde
denk' ich Deiner und unsrer Lieben mit aller Wonne eines
35 Märtyrers. Die neue Szenen und Schicksale haben meine
Seele erweitert; Gott hat mir Kraft geschenkt, der Freundschaft
das höchste Opfer zu bringen; Dein ist — Gott! hier fiel eine
Träne — die letzte — Ich hab' überwunden — Dein ist das
Fräulein. Bruder, ich habe sie nicht besitzen sollen, das heißt,
40 sie wäre mit mir nicht glücklich gewesen. Wenn ihr je der Gedanke käme — sie wäre es mit mir gewesen — Bruder! Bruder!
Schwer wälze ich sie auf Deine Seele. Vergiß nicht, wie schwer
sie Dir erworben werden mußte. — Behandle den Engel immer,

wie es itzt Deine junge Liebe Dich lehrt. — Behandle sie als ein
teures Vermächtnis eines Bruders, den Deine Arme nimmer um=
stricken werden. Lebe wohl! Schreibe mir nicht, wenn Du Deine
Brautnacht feierst! Meine Wunde blutet noch immer. Schreibe
mir, wie glücklich Du bist! — Meine Tat ist mir Bürge, daß 5
auch mich Gott in der fremden Welt nicht verlassen wird."

Die Vermählung wurde vollzogen. Ein Jahr dauerte die
seligste der Ehen. — Dann starb die Frau. Sterbend erst be=
kannte sie ihrer Vertrautesten das unglückseligste Geheimnis
ihres Busens: sie hatte den Entflohenen stärker geliebt.   10

Beide Brüder leben noch wirklich. Der ältere auf seinen
Gütern in Deutschland, aufs neue vermählt. Der jüngere blieb
in Batavia und gedieh zum glücklichen, glänzenden Mann. Er
tat ein Gelübde, niemals zu heiraten, und hat es gehalten.

                                                     33.

Der Jüngling und der Greis.
Versuch eines Nichtstudierten.

Selim. Wie der Strom in der Ferne braust, während der 15
Sturm sich sammelt! Ein begeisterndes Getöse, eine Taten=
ahndung; Almar, die Seele schwillt mir.

Almar. Jüngling, warum weilt dein Auge nicht lieber an
jener noch heiteren Strecke des Himmels, dein Ohr nicht am
sanften Gemurmel dieser Quelle?   20

Selim. Oft war Ruhe meine Sehnsucht; ich nannte mich
töricht, nach Phantomen zu jagen, die gleich den Hydraköpfen bei
ihrem Untergang wiederum gefährlicher hervorschießen. Aber,
o Almar! was sind wir für zweideutige Geschöpfe! Ruhe ist
nicht die Bestimmung unserer Natur; unaufhaltsam lispelt und 25
ruft eine geheime Stimme nach unbekannten, dunkeln Szenen.
Unter grauen Haaren würd' ich mich feige schelten, hätt' ich, glei=
tend ins unbekannte Land, nur die Hälfte meines Wegs zurück=
gelegt, indessen vorwärts und um und um Regionen blüheten,
die ich öde gelassen.   30

Almar. Ich bedaure dich, mein Lieber! Dein Kopf ist noch
von Romanen erhitzt; deine Ideen von Bestimmung und Tätigkeit
sind Irrwische. Sieh! die Natur läßt überall Rosengebüsche
wachsen und lehrt die Unschuld ihren frohen Gesang; werden
glänzende Trophäen oder das Triumphgetön der Trompete unser 35
Leben besser verherrlichen als jenes? Deine eitlen Wünsche,
glaub' es einem Greisen, sind nicht in dir entsprossen, und ein
Traum wird dich verzehren.

Selim. Eine Moral, die ich oft gehört habe, die aber allein
für dich paßt, in deiner sich neigenden Natur entspringt; verzeihe mir dieses Wort, mein Vater! Bist du glücklich, Almar?
Wünschest du nichts mehr?

5   **Almar.** Ich bin glücklicher, weil ich genügsamer worden bin.

    Selim. Armer! dies ist dein Glück, daß du nicht siehst,
was du am Tausche verlorst. Du bückst dich nicht mehr nach der
Blume, weil deine Nerven starr worden sind. Du wähnst dich
glücklich, weil du es nicht mehr in einem hohen Grade sein
10 kannst. Laß mich warm davon reden; ich zittre vor dem Augenblick, wo ich ohne Wunsch und Hoffnung entschlummern und erwachen müßte. Unaufhaltsames Streben ist das Element der
Seele. Beim Worte Genügsamkeit zersplittern die Stufen in der
unendlichen Leiter der Wesen. Dieser Durst, diese Unruhe, mein
15 Schmerz über meine Schwachheit entschleiert meine Hoheit. Ich
weine, nur ein Mensch zu sein; ich jauchze, ein Gott sein zu
können.

    Almar. Und du bist nur ein Sklav'. Sieh die Fläche des
Flusses, er ist jedem Säuseln preisgegeben, und der Wind jagt
20 ihn über die Ufer.

    Selim. Aber ohne Säuseln und ohne Sturm würden seine
Wasser verderben. Es gibt Minuten, wo mein Geist stillen Ge-
wässern gleicht; kein wohltätiger Wind vermag das drückende
Gleichgewicht auseinander zu schaukeln; der Puls der Natur
25 macht eine Pause; gekrümmt über mich selbst, winde ich mich
rastlos wie einer, der im Grab erwacht; ein Insekt erbittert mich;
ich suche dann mit Gewalt mein Leben wieder; ich vegetiere in
einem hohen Grade, ich schwelge.

    Almar. Du sprichst so viel von Wünschen und Streben; wo
30 bleibt dann dein Genuß? Nach deinen Paradoxen wird dessen
Fülle wohl ein Unglück sein.

    Selim. Allerdings, wenn sie anhaltend wäre. Wenn du's
überlegst, ist nur die Ahndung, die Hoffnung des Genusses die
Würze des Vergnügens; der Genuß selbst ist sein Tod. Im Arme
35 des schönsten Mädchens bin ich am meisten zu bedauren, wenn
ich am nächsten der höchsten Wonne bin. Dieses scheint mir das
schönste Vorrecht des Menschen zu sein und ein wesentlicher
Unterschied vom Tiere. Ich wünsche und ahnde den Genuß und
bin glücklich. Dem Tiere behagt es bloß, wenn es genießt.

40   **Almar.** Jetzt ertappe ich dich auf einem Widerspruch. Du
jagst einem Ziele nach, das du zu erreichen fürchtest.

    Selim. Ich fürchte es nicht; aber die Seele hört auf zu
glühen; die Schwingen der Imagination sinken am Ziele; der

Zauber verschwindet; der Tumult von Assoziationen macht der
dringenden, lauten Wirklichkeit Platz; die Seele ist dann am
meisten leidend und am wenigsten glücklich. Ich fürcht' es nicht,
Almar, weil neue, erhabnere Ziele mir wieder entgegenwinken;
meine Laufbahn ist die Ewigkeit. Durch die Hoheit und Zahl
meiner Wünsche werd' ich mich in der Geister Gewühl stehlen, die
nach der Gottheit hin zücken.

Almar. Halt ein, Schwärmer, nun hab' ich dich, wo ich
wünschte; du sagtest, der Zauber verschwinde am Ziele deines
Wunsches; du hast also ein leeres Phantom verfolgt.

Selim. Aber der Weg war nicht verloren, und laß es auch
Phantomen sein, wenn nur mein Schöpfer mir eine glühende
Seele nach ihnen gab. Wehe dem Frechen, der mit frevelnder
Hand den Schleier wegzieht von diesem magischen Tumult! Er
kommt dem Alter in diesem traurigen Vorrecht zuvor. Elysium
sinkt ihm zu einem Küchengarten herab.

Almar. Lebe wohl, Träumer! das nächste Mal werd' ich
reden, und du wirst mir antworten, wenn du unterdessen auf
deinem Fluge in keinen Sumpf stürzest. Ich gehe in meinen
Garten, um mich am wiederkehrenden milden Sonnenschein zu
weiden.

Selim. Ich weine, Elysium zu ahnden und nicht zu finden.
Du lächelst noch aus Lust; aber für Lust weinst du nicht mehr.

Schstn.

Merkwürdiges Beispiel einer weiblichen Rache.

(Aus einem Manuskript des verstorbenen Diderot gezogen.)

Der Marquis von A... war ein junger Mann, der seinem
Vergnügen lebte, liebenswürdig und angenehm, der aber übri-
gens so so von der weiblichen Tugend dachte. Dennoch fand er
eine Dame, die ihm ziemlich zu schaffen machte. Sie nannte sich
Frau von P..., eine reiche Witwe von Stande, voll Klugheit,
Artigkeit und Welt, aber stolz und von hohem Geist.

Der Marquis brach alle seine vorige Verbindungen ab, um
nur allein für diese Dame zu leben. Ihr machte er den Hof mit
der größten Geflissenheit, brachte ihr alle ersinnliche Opfer, sie
von der Heftigkeit seiner Neigung zu überführen, und trug ihr
endlich sogar seine Hand an. Aber die Marquisin, die es noch nicht
vergessen konnte, wie unglücklich ihre erste Heirat gewesen, wollte
sich lieber jedem andern Ungemach des Lebens als einer zwoten
aussetzen.

Diese Frau lebte sehr eingezogen. Der Marquis war ein alter Bekannter ihres verstorbenen Mannes gewesen; sie hatte ihm damals den Zutritt gestattet, und auch nachher verschloß sie ihm ihre Türe nicht.

5 Die weibische Sprache der Galanterie konnte an einem Manne von Welt nicht mißfallen. Die Beharrlichkeit seiner Bewerbung, von seinen persönlichen Eigenschaften begleitet, seine Figur, seine Jugend, der Anschein der innigsten, wahrhaftigsten Liebe und dann wiederum die einsame Lebensart dieser Dame, ein Tempera10ment, zur zärtlichen Empfindung geschaffen, mit einem Wort, alles, was ein weibliches Herz nur verführen kann, tat auch hier seine Wirkung. Frau von P... ergab sich endlich nach einer monatlangen fruchtlosen Gegenwehr und dem hartnäckigsten Kampf mit sich selber. Unter den gehörigen Formalitäten eines heiligen 15Schwurs war der Marquis der Glückliche — er wäre es auch geblieben, hätte anders sein Herz den zärtlichen Gesinnungen, die es damals so feierlich angelobte, und die ihm so zärtlich erwidert wurden, getreu bleiben wollen.

Einige Jahre waren so hingeflossen, als es dem Marquis ein20fiel, die Lebensart der Dame etwas einförmig zu finden. Er schlug ihr vor, in Gesellschaft zu gehen — sie tat's — Besuche anzunehmen — sie willigte ein — Tafel zu geben — auch darin gab sie ihm nach. Endlich und endlich fing ein Tag, fingen mehrere Tage an zu verstreichen, und kein A... ließ sich sehen. Er fehlte bei 25der Mittagtafel, beim Abendessen. Geschäfte drängten ihn, wenn er bei ihr war; er fand für nötig, seinen Besuch diesmal abzukürzen. Wenn er kam, murmelte er eins, zwei Worte, streckte sich im Sofa, ergriff etwa diese oder jene Broschüre, warf sie weg, schäkerte mit seinem Hund oder schlief zuletzt gar ein. Es wurde 30Abend — seine schwächliche Gesundheit riet ihm, zeitlich nach Haus zu gehen, das hatte ihm Tronchin ausdrücklich befohlen — und Tronchin, das ist wahrhaftig und wahr, Tronchin ist ein unvergleichlicher Mann —, und damit nahm er Stock und Hut und wischte fort, vergaß in seiner Zerstreuung auch wohl gar, Madame 35beim Abschied zu umarmen. Frau von P... empfand, daß sie nicht mehr geliebt ward; aber sie mußte sich überzeugen, und das machte sich ungefähr auf folgende Art:

Einmal, als sie eben abgespeist hatten, fing sie an:

„Warum so in Gedanken, Marquis?"

40 „Warum Sie, gnädige Frau?"

„Es ist auch wahr, und noch dazu in so traurigen."

„Wie denn das?"

„Nichts."

14*

„Das ist nicht wahr, Madame! Frei heraus —" und dabei
gähnte er — „gestehen Sie mir, was ist Ihnen? — das wird uns
beide aufmuntern."

„Hätten Sie das hier so nötig?"

„Nicht doch — Sie wissen ja — man hat so gewisse
Stunden —"

„Wo man verdrüßlich sein muß?"

„Nein, Madame, nein, nein — Sie haben unrecht, bei meiner
Ehre, Sie haben unrecht! Es ist nichts, ganz und gar nichts.
Es gibt manchmal so Augenblicke — ich weiß selbst nicht, wie
ich mich ausdrücken soll."

„Lieber Freund, schon eine Zeitlang drückt mich etwas auf
dem Herzen, das ich Ihnen sagen wollte; aber immer war mir
bange, es würde Sie beleidigen."

„Mich beleidigen? Sie?"

„Vielleicht — aber Gott ist mein Zeuge, daß ich unschuldig
bin. Ohne meinen Willen, ohne mein Wissen hat sich das nach und
nach so gegeben. Es kann nicht anders — es muß ein Fluch Gottes
sein, der dem ganzen Menschengeschlecht gilt, weil auch ich — ich
selbst sogar keine Ausnahme mache."

„Ah, Madame — Sie besorgen etwa — hm — und was ist
es denn?"

„Was es ist? — O, ich bin unglücklich — auch Sie werd' ich
unglücklich machen. — Nein, Marquis, besser, ich schweige still."

„Reden Sie frei, meine Liebe! Sollten Sie vor mir Geheimnisse haben? Sollten Sie nicht mehr wissen, daß es die erste Be-
dingnis unsrer Vertraulichkeit war, einander nichts zu verschweigen?"

„Das eben ist's, was mir Kummer macht. Was Sie mir jetzt
vorwerfen, Marquis, hat noch vollends gefehlt, meine Strafbar-
keit aufs höchste zu treiben. — Finden Sie nicht, daß meine vorige
Munterkeit ganz dahin ist? — Ich habe keine Lust zum Essen und
Trinken mehr. Auch sogar schlafen mag ich nicht mehr. Unser vertrauter Umgang fängt nachgerade an, mir zuwider zu werden. Oft
um Mitternacht frage ich mich selbst: Ist er denn nicht mehr so
liebenswürdig? — Er ist, wie er war. — Hast du Ursache, dich über
ihn zu beklagen? — Nicht die mindeste. — Vielleicht besucht er ver-
dächtige Häuser? — Nichts weniger. — Oder findest du ihn vielleicht minder zärtlich als ehedem? — Ganz und gar nicht. — Aber
wenn dein Freund noch der alte ist, so müßtest du ja verwandelt
sein? — Du bist's, o gestehe dir's, du bist's. Da ist kein Funke der
Sehnsucht mehr, mit der du sonst ihn erwartetest, kein Schatten der
Freude mehr, womit du ihn damals empfingest, keine Spur der

süßen Beklemmung mehr, wenn er ausblieb, der süßern Aufwal=
lung, wenn er wiederkam, wenn du hörtest seiner Tritte Klang,
wenn man ihn meldete, wenn er hereintrat. — O, das alles ist vor=
bei — es ist dahin, er ist dir fremder geworden."

5   „Wie, Madame?"

Hier drückte die Dame beide Hände vors Gesicht, ließ den Kopf
herabsinken und schwieg eine Zeitlang still. Endlich sagte sie wieder:
„Ich weiß, was Sie mir antworten können; ich bin darauf ge=
faßt, Sie erstaunt zu sehen — mir das Bitterste von Ihnen sagen
10 zu lassen. — Aber schonen Sie, Marquis — doch nein, nein,
schonen Sie nicht! Sagen Sie mir alles! Ich hab' es verdient.
Ich muß mir's gefallen lassen. Ja, lieber Marquis, so ist es —
es ist wahr — aber ist es nicht schrecklich genug, daß es so weit
kommen mußte — sollte ich auch noch zu der Schande herabge=
15 sunken sein, Ihnen geheuchelt zu haben? — Sie sind, was Sie
waren, aber ich bin die nämliche nicht mehr. Noch zwar verehr'
ich Sie, verehre Sie so sehr und mehr noch als ehedem, aber — —
aber eine Frau, wie Sie mich kennen, eine Frau, die gewohnt ist,
die geheimste Regungen ihres Herzens zu prüfen, sich nirgends zu
20 täuschen, diese Frau kann sich nicht mehr verhehlen, daß die Liebe
daraus geflohen ist. Dieses Bekenntnis — o, ich fühl' es — es ist
das entsetzlichste, aber dennoch nicht minder wahr. — Ich, eine
Wankelmütige, eine Lügnerin! — Wüten Sie aus, lieber Mar=
quis! Verwünschen Sie mich; verdammen Sie mich; brandmarken
25 Sie mich mit den verhaßtesten Namen! Ich hab' es selbst schon ge=
tan. Alles, alles kann ich von Ihnen anhören, nur das einzige
nicht, daß ich heuchle; denn das verdien' ich nicht."

Hier drehte sich Frau von P... im Sofa herum und fing
laut an zu weinen.

30   Der Marquis warf sich ihr zu Füßen.

„Treffliche Frau! Göttliche Frau! Frau, wie man keine mehr
finden wird! Ihre Freimütigkeit, Ihre Rechtschaffenheit beschämen
mich, rühren mich — ich möchte für Scham sterben. Wie groß
stehen Sie in diesem Augenblick neben mir; wie klein steh' ich neben
35 Ihnen! Sie haben den Anfang gemacht, zu bekennen — ich machte
den Anfang, zu fehlen. Ihre Offenherzigkeit reißt mich hin —
ein Ungeheuer müßt' ich sein, wenn ich einen Augenblick anstünde,
sie zu erwidern. Ja, Madame, ich kann es nicht leugnen: die
Geschichte Ihres Herzens ist Wort für Wort auch die Geschichte
40 des meinigen. Alles, alles, was Sie sich gesagt haben, hab' ich
auch mir gesagt. Doch ich duldete und schwieg — hätte vielleicht
noch lange geschwiegen — hätte vielleicht nie den Mut gehabt,
mich zu erklären."

„Iſt das wirklich wahr, Marquis?"

„Wahr, Madame — und wir können uns alſo beide Glück
wünſchen, daß wir zu gleicher Zeit über eine Leidenſchaft Meiſter
wurden, die ſo vergänglich wie die unſrige war."

„In der Tat, Marquis, ich würde ſehr zu beklagen ſein, wenn   5
meine Liebe ſpäter erloſchen wäre als die Ihrige."

„Sie können ſich darauf verlaſſen, Madame — ich war der
erſte, bei dem ſie aufhörte."

„Wirklich, mein Herr? Ich fühle ſo etwas."

„O meine beſte Marquiſin! Noch nie fand ich Sie ſo reizend, 10
ſo liebenswürdig, ſo ſchön als in dem jetzigen Augenblick.
Machten mich meine bisherigen Erfahrungen nicht ſchüchtern, wer
weiß, ob ich Sie nicht heftiger lieben würde als jemals."

Er nahm, indem er dies ſagte, ihre beiden Hände und küßte
ſie lebhaft. Frau von P . . . unterdrückte den töblichen Gram, 15
der ihr Herz zerriß, und nahm das Wort:

„Aber was nun anfangen, Marquis? — Wir beide, dächte
ich, hätten uns keinen Betrug vorzuwerfen. Sie haben noch die
nämliche Anſprüche auf meine Achtung wie ehedem — auch ich
hoffe, mein Recht auf die Ihrige nicht ganz vergeben zu haben. 20
Wollen wir fortfahren, uns zu ſehen? Wollen wir unſre Liebe
in die zärtlichſte Freundſchaft verwandeln? — Das wird uns
künftig alle die traurigen Auftritte erſparen, alle die kleinen Treu=
loſigkeiten, alle die kindiſchen Neckereien, all den mutwilligen
Humor, der eine flüchtige Leidenſchaft zu begleiten pflegt. Wir 25
werden das einzige Beiſpiel in unſerer Gattung ſein. Sie haben
Ihre vorige Freiheit wieder, mir geben Sie die meinige zurück.
So reiſen wir zuſammen durch die Welt. Sie machen mich bei
jeder neuen Eroberung zu Ihrer Vertrauten; ich werde Ihnen
kein Geheimnis aus den meinigen machen — verſteht ſich, wenn 30
ich welche erlebe; denn ich fürchte ſehr, lieber Marquis, daß Sie
mich in dem Punkt ein klein wenig ſcheu gemacht haben. — Und
ſo müßt' es denn ganz unvergleichlich gehen. Sie unterſtützen mich
zuweilen mit Ihrem Rat, ich Sie mit dem meinigen. — Und am
Ende — wer weiß, was geſchehen kann?"   35

„Allerdings, Madame, und es iſt dann ſo gut als ſchon aus=
gemacht, daß Sie bei jeder Vergleichung gewinnen — daß ich von
Tag zu Tag wärmer und zärtlicher zu Ihnen zurückkehre, daß mich
zuletzt alles, alles wird überwieſen haben, die Marquiſin von P . . .
ſei die einzige Frau, die mich glücklich machen kann. Und wenn ich 40
dann wieder umkehre, ſo iſt es auch heilig gewiß, daß Sie mich
zeitlebens in Ihren Banden behalten."

„Wie aber, wenn Sie bei Ihrer Wiederkehr mich nicht mehr
fänden? — Denn Sie wissen ja, man ist oft wunderlich, Marquis
— der Fall könnte kommen, daß mich Eigensinn — Laune —
Leidenschaft für einen andern anwandelte, der nicht einmal so viel
5 in Ihren Augen gelte."

„Allerdings würde mich das kränken, Madame. Aber beklagen
dürfte ich mich darum nie. Ich müßte mich einzig und allein an
das Schicksal halten, das uns trennte, weil es wollte, und uns
wieder zu vereinigen wissen wird, wenn das so sein soll."

10 Auf dieses Gespräch folgte eine langweilige Predigt über den
Unbestand des menschlichen Herzens, über die Nichtigkeit der
Schwüre, über den Zwang der Ehen. Nach kurzen Umarmungen
schieden beide voneinander.

So groß der Zwang gewesen, den sich die Dame in Gegenwart
15 ihres Liebhabers auflegen mußte, so fürchterlich war der Ausbruch
ihres Schmerzens, als er fortgegangen war.

„Also ist es wahr," schrie sie laut aus, „es ist mehr als zu
wahr, er liebt mich nicht mehr!" — Nachdem ihre ersten Auf=
wallungen vorüber waren und sie in stiller Wut über dem er=
20 littenen Schimpfe gebrütet hatte, beschloß sie eine Rache, die ohne
Beispiel war, eine Rache zum Schrecken aller Männer, die sich ge=
lüsten lassen, eine Frau von Ehre zu betrügen; und diese Rache
führte sie aus.

Die Marquisin hatte ehemals mit einer gewissen Frau aus der
25 Provinz in Bekanntschaft gestanden, die eines Prozesses wegen mit
ihrer Tochter, einem Mädchen von großer Schönheit und guter Er=
ziehung, nach Paris gezogen war. Jetzt hatte sie erfahren, daß
diese Frau mit ihrem Prozeß ihr ganzes Vermögen verloren hatte
und dahin gebracht worden war, ein Haus der Freude zu unter=
30 halten. Man kam da zusammen, man spielte, man speiste zu
Abend, und gemeiniglich blieb einer oder zwei von den Gästen die
Nacht über dort, mit Mutter oder Tochter, wie er nun Lust hatte,
sich ein Vergnügen zu machen.

Die Marquisin ließ durch einige Bediente diesen Weibsper=
35 sonen nachspüren, sie wurden ausfündig gemacht und zur Frau von
P... — ein Name, den sie sich kaum noch zurückrufen konnten —
auf einen Besuch gebeten. Die Frauenzimmer, welche sich zu Paris
für eine Madame und Mademoiselle Aisnon ausgaben, nahmen
die Einladung mit Vergnügen an. Gleich den andern Morgen
40 fand sich die Mutter bei der Marquisin ein, welche das Gespräch
sogleich auf ihre jetzige Lebensart zu lenken wußte.

„Frei heraus, gnädige Frau," antwortete die Alte, „wir leben
von einem Handwerk, das leider sehr wenig einträgt, gefährlich

und mißlich und noch obendrein eins von den schimpflichsten ist.
Mir selbst ist es noch dazu in den Tod zuwider; aber Not bricht
Eisen, wie das Sprüchwort sagt. Ich war schon halbwegs ent=
schlossen, meine Tochter bei der Opera anzubringen; aber ihre
Stimme taugt höchstens für eine Kammersängerin, und außerdem
tanzt sie schlecht. Auch habe ich sie, während meines Prozesses
und auch nachher, bei den Vornehmen dieser Stadt, bei den obrig=
keitlichen Personen, bei den Pächtern und geistlichen Herren
herumgeführt der Reihe nach; aber die Herren, wie das nun geht,
akkordierten immer nur auf eine Zeitlang, und am Ende blieb sie
mir denn so sitzen. Nicht etwa, meine gnädige Frau, als ob sie
nicht schön wäre wie ein Engel — auch fehlt es ihr weder an
Verstand noch Manieren; aber der eigentliche Pfiff für das Ge=
werbe mangelt ihr ganz und gar, und alle die kleinen Kunst=
griffchen, die man anwenden muß, das Männervolk in Atem zu
halten."

„Sind Sie denn sehr bekannt hier?" frug die Marquisin.

„Leider Gottes, nur zu sehr!" sagte die Alte.

„Und, wie ich merke, scheinen Sie beide wenig Lust und Liebe
zu Ihrem Gewerbe zu haben?"

„Ganz und gar nicht, und am wenigsten meine Tochter, die
mir ohne Aufhören in den Ohren liegt, sie davon wegzunehmen
oder lieber ums Leben zu bringen. Obendrein hat sie noch ihre
melancholische Stunden, wo sie vollends gar nicht zu brau=
chen ist."

„Wenn ich mir also zum Beispiel in den Kopf setzen wollte, ihr
Schicksal auf eine glänzende Art zu verbessern, würden Sie mir
wohl beide wenig Schwürigkeiten machen?"

„Das meint' ich auch."

„Aber die Frage ist, ob Sie mir werden versprechen können,
allen Vorschriften, die ich für gut finden könnte, Ihnen zu geben,
mit der strengsten Genauigkeit nachzuleben?"

„Darauf können Sie zählen, Madame. So hart sie auch sein
mögen."

„Und Ihr Gehorsam ist mir also gewiß, so oft es mir einfallen
wird, zu befehlen?"

„Wir werden mit Ungeduld darauf warten."

„Das ist gut. Jetzt, Madame, gehen Sie nach Hause! Sie
sollen gleich meine fernern Verfügungen hören. Unterdessen
schaffen Sie alles fort, was Sie an Hausgerät haben; auch Ihre
Kleider schaffen Sie fort, die besonders, welche von frecher oder
schreiender Farbe sind. Das alles würde mir nur meinen Anschlag
vereiteln."

Jene ging. Frau von P... warf sich in den Wagen und ließ sich in die Vorstädte fahren, welche ihr von der Wohnung der Aisnon am weitsten entlegen schienen. Hier mietete sie, nicht weit von der Pfarrkirche, eine schlechte Wohnung in einem ehrbaren
5 Bürgershause und ließ solche auf das sparsamste möblieren.

Dahin lud sie die beiden Aisnon, übergab ihnen Haus und Wirtschaft und legte ihnen einen schriftlichen Aufsatz von den Lebensregeln vor, die sie künftighin zu befolgen hatten. Sie waren folgende:

10 „Auf keinen öffentlichen Spaziergang gehen Sie mehr; denn es liegt daran, daß Sie von niemand entdeckt werden!

„Sie nehmen keine Besuche an, auch selbst aus Ihrer Nachbarschaft nicht; denn es muß das Ansehen haben, als hätten Sie der Welt gänzlich entsagt!

15 „Gleich von dem morgenden Tag an müssen Sie andächtige Kleider tragen.

„Zu Hause werden keine andre als geistliche Bücher geduldet, daß Sie ja keinem Rückfall sich aussetzen.

„Ihrem Gottesdienst müssen Sie jeden Werk- und Feiertag
20 mit brünstigem Eifer obliegen.

„Sie müssen dahin trachten, daß Sie sich in das Sprachzimmer dieses oder jenes Klosters Eingang verschaffen. Die Plaudereien der Mönche können von Nutzen für Sie werden.

„Mit dem Pfarrherrn und den übrigen Geistlichen müssen Sie
25 genau bekannt werden; der Fall könnte kommen, daß man ein Zeugnis von ihnen verlangte.

„Des Monats müssen Sie wenigstens zweimal zur Beichte und zum Abendmahl gehen.

„Ihren Familiennamen nehmen Sie wieder an, weil er ehr-
30 barer ist und Nachfrage deswegen geschehen könnte.

„Von Zeit zu Zeit streuen Sie kleine Almosen aus; aber ich verbiete Ihnen schlechterdings, welche anzunehmen. Man soll Sie weder für reich, noch für dürftig halten.

„Zu Hause beschäftigen Sie sich mit Nähen, Stricken, Spinnen
35 und Sticken, und Ihre Arbeiten verkaufen Sie dann in ein Armenhaus.

„Ihre Lebensordnung sei äußerst mäßig. Einige schmale Portionen aus dem Gasthaus sind alles, was ich Ihnen erlauben kann.

„Die Tochter geht nie ohne die Mutter, die Mutter nie ohne
40 die Tochter aus. Überhaupt, wo Sie Gelegenheit finden, etwas Erbauliches zu tun, ohne daß es Kosten verursacht, so unterlassen Sie es nie.

„Aber einmal für allemal: weder Pfaffen noch Mönche, noch
fromme Brüder in Ihren vier Pfählen.

„Gehen Sie über die Gasse, so schlagen Sie die Augen jederzeit sittsam zu Boden. In der Kirche sehen Sie nirgends hin als
auf Gott.   5

„Ich will gern glauben, daß diese Einschränkung hart ist.
Aber in die Länge kann sie nicht dauern, und die Entschädigung
wird außerordentlich sein. Gehen Sie nun mit sich selbst zu Rat.
Wenn Sie besorgen, daß Ihre Kräfte diesen Zwang nicht aushalten, so gestehen Sie es jetzt frei heraus — es kann mich weder   10
beleidigen noch befremden. Ich vergaß vorhin, noch anzumerken,
daß es sehr wohlgetan sein würde, wenn Sie sich die Sprache der
Mystiker angewöhnten und die Redensarten der Heiligen Schrift
recht geläufig machten. Bei jeder Gelegenheit lassen Sie Ihren
Groll gegen die Weltweisen aus, und Voltairen erklären Sie für   15
den Antichrist.

„Nunmehr leben Sie wohl! Hier in Ihrem Hause werden wir
uns schwerlich wiedersehen. Ich bin ja nicht würdig, mit so heiligen
Frauen in Gesellschaft zu leben. Doch seien Sie deswegen unbe-
sorgt. Sie sollen mich desto öfter in der Stille besuchen, und dann 20
wollen wir das Verlorene bei verschlossenen Türen hereinbringen.

Aber, um was ich Sie bitte — sehen Sie ja zu, daß Sie
mir über dem Heiligtun nicht im Ernst heilig werden. Die Aus-
lage für Ihre kleine Wirtschaft wird meine Sorge sein. Glückt
unser Anschlag, so bedörfen Sie meines Beistands nicht wieder.   25
Sollte er, ohne Ihre Verschuldung, mißlingen, so habe ich Vermögen genug, Ihr Schicksal erträglich zu machen und unendlich er-
träglicher, als dasjenige war, dem Sie jetzt mir zu Gefallen entsagen. Aber vor allen Dingen — Gehorsam, blinden, unum-
schränkten Gehorsam gegen meine Befehle, oder ich kann Ihnen   30
weder für jetzt noch fürs künftige stehen."

Unter der Zeit, daß unsre zwo Andächtige nach Vorschrift
die Welt erbauten und der gute Geruch ihrer Heiligkeit sich
ringsum verbreitete, fuhr Frau von P... nach ihrer Gewohnheit fort, jeden äußerlichen Schein von Achtung und vertraulicher 35
Freundschaft gegen den Marquis zu beobachten. — Willkommen,
so oft er sich sehen ließ, nie mürrisch oder ungleich von ihr empfangen, selbst dann nicht, wenn er sich lange hatte vermissen
lassen, kramte er alle seine kleinen Abenteuer bei ihr aus, welche
sie mit der unbefangensten Lustigkeit anhörte. In jeder Verlegen- 40
heit schenkte sie ihm ihre Teilnehmung, ihren Rat — unter der
Hand ließ sie auch ein Wort von Verheiratung fallen, jedoch immer
mit dem Tone der uneigennützigsten Freundschaft, der auf sie selbst

nicht die geringste Beziehung zu haben schien. Wandelte es den Marquis in gewissen Augenblicken an, galant gegen sie zu sein und ihr etwas Schmeichelhaftes zu erweisen — Dinge, worüber man bei Frauenzimmern von so genauer Bekanntschaft sich nie
5 ganz hinwegsetzen kann —, so antwortete sie mit einem Lächeln oder schien gar nicht einmal darauf merken zu wollen. Ein Freund wie er, behauptete sie dann, reiche zur Glückseligkeit ihres Lebens hin — ihre erste Jugend wäre vorüber, ihre Leidenschaften ausgelöscht.

„Wie, Madame!" antwortete er voll Verwunderung, „Sie
10 sollten mir also nichts mehr zu beichten haben?"

„Nicht das mindeste mehr."

„Auch von dem kleinen Grafen nichts, der mir sonst so gefährlich war?"

„Diesem habe ich meine Türe verschlossen. Ich seh' ihn
15 nimmermehr."

„Das ist aber wunderlich, Madame, und warum denn?"

„Weil er mir zuwider ist."

„Gestehen Sie, Madame, gestehen Sie! Ich lese in Ihrem Herzen. Sie lieben mich noch immer?"
20 „Das könnte wohl sein."

„Und zählen auf meine Wiederkehr?"

„Warum sollt' ich nicht dürfen?"

„Und wenn mir also das Glück — oder das Unglück? — begegnete, rückfällig in meiner Liebe zu werden, würden Sie sich
25 ohne Zweifel nicht wenig darauf zugute tun, über meine vorige Unart einen Schleier zu ziehen?"

„Sie haben eine große Meinung von meiner Gefälligkeit."

„O, Madame, nach dem, was Sie bereits schon getan haben, traue ich Ihnen jede Heldentat zu."
30 „Das soll mir unendlich lieb sein."

„Auf Ehre, Madame, Sie sind eine gefährliche Frau. Das ist ausgemacht."

So standen die Sachen noch, als schon der dritte Monat verstrichen war. Endlich glaubte die Dame, daß der Zeitpunkt er-
35 schienen sei, ihre Federn einmal spielen zu lassen. An einem schönen Sommertag, wo der Marquis bei ihr zu Mittag erwartet wurde, befahl sie den beiden Aiszon, im königlichen Garten spazieren zu gehen. Der Marquis erschien bei der Tafel, man trug früher auf als gewöhnlich, man speiste kostbarer, die Unterhaltung
40 war die munterste. Nach Tische brachte die Dame einen kleinen Spaziergang in Vorschlag, wenn anders der Marquis nichts Wichtigeres darüber versäumte. Es traf sich gerade, daß an eben dem Tag weder Schauspiel noch Opera war. Dies gab Gelegenheit, daß

der Marquis zuerst auf den Einfall kam, das königliche Kabinett
zu besehen. Nichts konnte der Dame willkommener sein. Die Be-
stellung wird gemacht ohne Zeitverlust. Die Pferde sind vorge-
spannt. Man wirft sich in den Wagen. Man eilt nach dem Garten
und findet sich auf einmal in einem Gedränge von Welt, begafft
alles und sieht nichts, wie das gemeiniglich zu geschehen pflegt.

Nachdem beide das königliche Kabinett verlassen hatten,
mischten sie sich unter die andern Spazierenden. Der Weg führte
sie durch eine Allee nach der Baumschule, wo Frau von P…
auf einmal ein lautes Geschrei erhub. — „Sind sie's? Sie sind's!
Nein, ich täusche mich nicht! Es sind wirklich dieselben!" — Und
mit den Worten entspringt sie dem Marquis und fliegt unsern
beiden frommen Schwestern entgegen. Die junge Aisnon war
heute zum Bezaubern; der bescheidene Anzug erlaubte es den
Blicken, ganz in das Anschauen der Person hinzuschmelzen. —

„Ah! sind Sie es, Madame?"

„Ich bin's. Ja freilich. Und wie leben Sie denn? Und wie
ist es Ihnen die ganze lange Ewigkeit her ergangen?"

„Sie wissen unser Unglück, Madame. Was war zu tun?
Wir haben uns eingeschränkt, haben uns nach der Decke gestreckt,
weil wir mußten, und einer Welt Lebewohl gesagt, in welcher
wir mit dem vorigen Anstand nicht mehr auftreten konnten."

„Aber mich zu verlassen, mich, die doch auch nicht mehr zu der
Welt gehört und sie nachgerade so abgeschmackt findet, als sie es
auch in der Tat ist! Das war nicht artig, meine Kinder."

„Mißtrauen, gnädige Frau, ist von jeher die Begleitung des
Unglücks gewesen. Die Unwürdigen fürchten so gern überlästig zu
sein — —"

„Überlästig? Sie mir? Wissen Sie auch, daß ich Ihnen das
mein Leben lang nicht mehr vergeben werde?"

„Mir geben Sie die Schuld nicht, gnädige Frau! Wohl hun-
dertmal habe ich die Mama an Sie erinnert. Aber da hieß es
immer: Frau von P…? Laß es gut sein, meine Tochter! An
uns denkt kein Mensch mehr."

„Wie ungerecht! Aber setzen wir uns! Lassen Sie uns den
Handel gleich auf der Stelle ausmachen. — Hier, meine Freundinnen. Der Marquis von A…, ein sehr guter Freund von
mir, und der uns nicht im mindesten stören wird. — Aber sieh
doch, wie Mademoiselle groß geworden ist, wie schön, seitdem wir
uns das letzte Mal sahen!"

„Das danken wir unsrer Armut, Madame, die wenigstens
unsre Gesundheit behütet. Schauen Sie ihr in die Augen, betrachten Sie diese Arme. Das können Ordnung und Mäßigkeit,

Schlaf und Arbeit und ein gutes Gewissen, und das ist auch nichts Kleines, gnädige Frau."

Man setzte sich, man plauderte vertraulich zusammen. Die ältere Aisnon sprach gut, die jüngere wenig. Beide beobachteten den Ton der geistlichen Demut, doch ohne sich zu zieren oder zu übertreiben. Lange vorher, ehe es noch Abend wurde, machten die beiden frommen Schwestern den Aufbruch. Man drang in sie, zu bleiben — man stellte vor, daß es noch hoch am Tage wäre; aber die Mutter lispelte der Marquisin — ziemlich laut, versteht sich — in das Ohr, daß sie noch eine Andachtsübung zu verrichten hätten, die sie niemals versäumten. Sie waren schon eine ziemliche Strecke voneinander, als Frau von P... sich auf einmal besann, nicht nach ihrer Wohnung gefragt zu haben. Gleich sprengte der Marquis zurück, dieses Versehen wieder gut zu machen. Die Adresse der gnädigen Frau ward mit Bereitwilligkeit angenommen; aber alle Bemühungen des Marquis waren umsonst, die ihrige zu erfragen. Er hatte nicht einmal den Mut, ihnen seinen Wagen anzubieten — ein Umstand, der ihm doch, wie er der Frau von P... nachher selbst gestand, oft genug auf der Zunge schwebte.

Sein erstes war, daß er sich bei der Marquisin umständlicher erkundigte, wer denn eigentlich diese Frauenzimmer wären. — „Zwei Geschöpfe," war die Antwort, „die wenigstens glücklicher sind als Sie und ich. Sahen Sie die blühende Gesundheit? die Heiterkeit auf ihrem Angesicht? die Unschuld, die Sittsamkeit in ihren Reden? Dergleichen erlebt man nicht, sieht man nicht, hört man in unsern Zirkeln nicht. Wir bedauern die Andächtige, die Andächtigen bedauern uns, und am Ende — wer weiß, ob sie unrecht haben?"

„Aber ich bitte Sie, Madame — Sie werden doch nicht selbst eine Betschwester werden wollen?"

„Warum das nicht?"

„Ich beschwöre Sie, Madame — ich will doch nicht hoffen, daß unser Bruch, wenn es ja einer sein soll, Sie bis zu der Raserei führen werde?"

„Also sähen Sie es lieber, wenn ich dem kleinen Grafen meine Türe wieder öffnete?"

„Tausendmal lieber."

„Und rieten mir's am Ende wohl noch selbst an?"

„Ohne Bedenken."

Frau von P... erzählte dem Marquis, was sie von dem Herkommen und den Schicksalen ihrer Freundinnen wußte, und

mischte so viel Interesse, als nur möglich war, in diese Geschichte.
Endlich setzte sie hinzu:

„Sie finden hier zwo weibliche Geschöpfe, wie man wenige
finden wird, vorzüglich aber die Tochter. Eine Gestalt, wie das
Mädchen sie hat, sehen Sie selbst ein, würde ihre Besitzerin zu ⁵
Paris nie Not leiden lassen, wenn sie Lust hätte, Gebrauch da=
von zu machen. Aber diese Frauenzimmer haben eine ehrenvolle
Dürftigkeit einem schimpflichen Überfluß vorgezogen. Der Rest
ihres Vermögens ist so klein, daß ich bis diese Stunde nicht be=
greifen kann, wie sie nur damit auskommen mögen. Da ist ¹⁰
Tag und Nacht zu tun. Armut ertragen, wenn man arm
geboren worden, ist eine Tugend, deren tausend Menschen fähig
sind — aber von dem höchsten Überflusse plötzlich zur höchsten
Notdurft heruntersinken und zufrieden sein und sich obendrein
noch glücklich schätzen, ist eine Erscheinung, die ich nimmermehr ¹⁵
erklären kann. — Sehen Sie, Marquis, so etwas kann nur die
Religion. Die Weltweisen haben gut schwatzen. Die Religion
ist etwas Herrliches.“

„Für den Unglücklichen ganz gewiß.“

„Und wer ist das nicht — mehr oder weniger — früher ²⁰
oder später?“

„Ich will sterben, Marquisin, wenn Sie nicht noch eine
Heilige werden.“

„Als wenn das Unheil so entsetzlich wäre! Wie wenig be=
deutet mir dies Leben, wenn ich es mit einer ewigen Zukunft ²⁵
auf die Wage lege?“

„Aber Sie reden ja schon wie ein Apostel.“

„Ich rede wie eine Überzeugte. Wie, mein lieber Marquis,
antworten Sie mir doch einmal — aber wahr und ohne Rück=
halt! Wenn uns die Freuden und Schrecken jener Welt leb= ³⁰
hafter vorschwebten, wie klein würden die Reichtümer dieser
Erde vor unsern Augen zusammenschrumpfen? — Wer sonst
als ein Rasender würde Lust bekommen, ein junges Mädchen
oder eine liebende Gattin an der Seite ihres Gemahls zu ver=
führen, wenn der Gedanke ihn anwandelte: ich kann in ihrer ³⁵
Umarmung sterben und ewig verdammt sein?“ —

„Und doch ist dies etwas Alltägliches.“

„Weil man nicht mehr an Gott glaubt, weil man von
Sinnen ist.“

„Oder, Madame, weil unsre Sitten mit unsrer Religion ⁴⁰
nichts zu schaffen haben. Aber, liebe Marquisin, wie kommen
Sie mir vor? Sie tummeln sich ja über Hals und Kopf zu
dem Beichtstuhl?“

„Ich sollte freilich wohl etwas Klügeres tun."

„Gehen Sie, Sie sind eine Närrin. Sie haben noch schöne zwanzig Jahre ganz allerliebst wegzusündigen. Lassen Sie die erst genossen sein, und dann bereuen Sie meinethalben oder prahlen damit bei Ihrem Beichtiger. — Aber unser Gespräch hat eine so schwermütige Wendung genommen. Ihre Phantasie, Madame, wird ganz unerträglich finster, und das kommt, bei meiner Ehre, von nichts als dem abscheulichen Klosterleben. Folgen Sie mir, Madame, — lassen Sie den kleinen Grafen wieder zurückkommen, und ich verwette Seligkeit und Seele, Sie sehen weder Hölle noch Teufel mehr und sind auf einmal wieder liebenswürdig wie zuvor. Fürchten Sie etwa, daß ich Ihnen ein Verbrechen machen möchte, wenn es mit uns wieder auf den alten Fuß kommen sollte? — Es könnte aber nun nie mehr dahin kommen; dann hätten Sie sich ja, einem eigensinnigen Traum zu Gefallen, um die süßeste Zeit Ihres Lebens betrogen — und — soll ich's gerade heraussagen, Madame? — der Triumph, es mir zuvorgetan zu haben, ist soviel Aufopferung nicht einmal wert."

Noch einige Gänge durch die Allee, und sie stiegen wieder in den Wagen. Eine Weile darauf fing Frau von P... von neuem an:

„Wie einen das doch alt machen kann! Es denkt mir noch, wie das nicht viel höher war als ein Kohlhaupt, als es zum erstenmal nach Paris kam."

„Sie meinen das junge Frauenzimmer, das uns vorhin mit ihrer Mutter begegnete?"

„Das nämliche. Sehen Sie, Marquis, das erinnert mich an einen Garten, wo frische Rosen immer die verwelkten ablösen. Haben Sie sie auch recht ins Aug' gefaßt?"

„Ich habe nicht ermangelt."

„Nun — und was halten Sie von ihr?"

„Es ist der Kopf einer Mutter Gottes von Raphael, auf den Leib seiner Galatee gestellt. — O, und die unaussprechlich melodische Stimme —"

„Und die Bescheidenheit im Auge!"

„Und der Anstand, die Grazie in jeder Gebärde!"

„Und die Würde ihres Vortrags, die man doch sonst an keinem Mädchen ihresgleichen findet. Sehen Sie, was eine gute Erziehung tut!"

„Ja, wenn die Anlage schon so trefflich ist."

Der Marquis brachte Frau von P... nach Hause. Diese konnte es kaum erwarten, ihren beiden Kreaturen die Zufriedenheit

zu bezeugen, welche sie über die glückliche Eröffnung des Possen=
spiels empfand.

Von dieser Zeit fing der Marquis an, seine Besuche bei der
Dame zu verdoppeln. Sie schien es nicht bemerken zu wollen.
Niemals leitete sie das Gespräch auf die beiden Frauenzimmer; 5
er mußte immer zuerst davon anfangen, und dieses tat er auch
mit Ungeduld — doch zugleich mit einer künstlichen Gleichgültig=
keit, welche ihm aber immer verunglückte.

„Sahen Sie heute Ihre zwo Freundinnen?"

„Nein." 10

„Wissen Sie aber, daß Sie gar nicht artig sind, meine gnädige
Frau? — Sie haben Vermögen; diese zwo Frauenzimmer leiden
Mangel, und Sie sind nicht einmal so höflich, ihnen zuweilen
Ihren Tisch anzubieten?"

„Ich hätte doch gemeint, der Marquis von A... sollte sich 15
mit meiner Denkungsart besser bekannt gemacht haben. Vor
Zeiten wohl mochte die Liebe mir hie und da eine Tugend
borgen; jetzt aber hilft mir die Freundschaft nur mit Schwach=
heiten aus. Wohl zehenmal habe ich sie indessen zu Tische bitten
lassen; aber immer schlugen sie es aus. Sie haben ihre be= 20
sondern Gründe, mein Haus zu meiden, und wenn ich ihnen
einen Besuch gebe, so tut es not, daß ich meinen Wagen am
Ende der Gasse halten lasse und zuvor Schmuck und Schminke
und jede Kostbarkeit von mir lege. Wundern Sie sich über diese
grillenfängerische Behutsamkeit nicht! Eine zweideutige Auslegung 25
könnte nur gar zu leicht den guten Willen ihrer Wohltäter ab=
kühlen. Heutzutag, Marquis, gehört viel dazu, Gutes zu tun."

„Bei den Frommen besonders."

„Wo der geringste Vorwand davon lossprechen kann. Er=
führe man, daß ich mich hineinmischte, gleich würde es heißen: 30
Frau von P... ist ihre Gönnerin — sie brauchen keine Bei=
steuer mehr — und die Almosen hörten auf."

„Was? die Almosen?"

„Ja, mein Herr, die Almosen."

„Diese Frauenzimmer sind Ihre Bekannte und leben vom 35
Almosen?"

„Dacht' ich's doch! — Lieber Marquis, da seh' ich's ja
deutlich, daß Sie aufgehört haben, mich zu lieben. Mit Ihrer
Zärtlichkeit hab' ich ein gutes Teil Ihrer Achtung zugleich ver=
loren. Wer sagt Ihnen denn, daß die Schuld mein sein muß, 40
wenn diese Frauenzimmer vom Opfergeld leben?"

„Verzeihung, Madame! Ich war voreilig. Ich bitte tausend=
mal um Verzeihung. Aber was für Ursachen hätten sie denn,
den Beistand einer guten Freundin auszuschlagen?"

„O mein lieber Marquis, wir Weltkinder verstehen uns auf
5 die wunderliche Bedenklichkeiten der Heiligen nicht; sie halten
es nicht für schicklich, Wohltaten von fremder Hand ohne Unter=
schied anzunehmen."

„Aber, da berauben sie uns ja des einzigen Mittels, unsere
unsinnigen Verschwendungen hie und da wieder gut zu machen."

10 „Das seh' ich nicht ab. Gesetzt, daß der Marquis von A...
das Schicksal dieser zwo Geschöpfe zu Herzen nähme, könnte er
seine Gaben nicht durch würdigere Hände an sie gelangen lassen?"

„Würdigere — nicht wahr? und desto weniger sichere?"

„Das könnte wohl sein."

15 „Was meinen Sie, Madame — wenn ich ihnen z. B. ein
zwanzig Louis schicken wollte — würde man mein Geschenk wohl
zurückweisen?"

„Nichts gewisser — und Ihnen, mein lieber Marquis, würde
ein solcher Eigensinn bei der Mutter eines so schönen Kindes
20 ohne Zweifel übel angebracht scheinen?"

„Glauben Sie, daß ich in Versuchung war, hinzugehen?"

„O ja, sehr gerne — Marquis! Marquis! seien Sie auf
Ihrer Hut! Es regt sich ein Mitleid in Ihrem Herzen, das mir
sehr unerwartet und verdächtig scheint."

25 „Mag's — aber sagen Sie mir, hätte man meinen Besuch
angenommen?"

„Zuverlässig nicht. Schon der Glanz Ihrer Equipage, die
Pracht Ihrer Kleider, das Aufsehen von Bedienten, der Anblick
eines schönen jungen Mannes — mehr hätte es nicht gebraucht,
30 um die ganze Nachbarschaft in Alarm zu bringen und die armen
Unschuldigen zugrund zu richten."

„Sie tun mir weh, Madame; denn auf meine Ehre, das
waren meine Absichten nicht. Also muß ich mir das Vergnügen
versagen, sie zu sehen und ihnen Gutes zu tun."

35 „So scheint es."

„Aber wenn ich meine Geschenke durch Ihre Hand gehen ließe?"

„Ich mag mich zu einer Wohltätigkeit nicht hergeben, die
so zweideutig aussieht."

„Das ist aber ja ganz abscheulich."

40 „Abscheulich! Sie haben ganz recht."

„Was für Einbildungen! Ich glaube, Sie wollen mich
foppen, Madame? — Ein junges Mädchen, das ich in meinem
Leben einmal gesehen habe —"

„Nehmen Sie sich in acht, sag' ich Ihnen! Sie sind auf
dem Wege, sich unglücklich zu machen. Lassen Sie mich lieber
jetzt Ihren Schutzengel als nachher Ihre Trösterin sein. —
Meinen Sie etwa, daß Sie es hier mit Kreaturen zu tun haben,
wie Sie deren sonst kennen lernten? — Verwechseln Sie nichts, 5
guter Marquis! Frauenzimmer wie diese versucht man nicht —
überrumpelt man nicht — erobert man nicht. Sie verstehen den
Wink nicht; sie laufen nicht in die Falle."

Auf einmal besann sich der Marquis, daß er noch etwas
Drängendes zu verrichten habe. Er stand mit Ungestüm auf 10
und ging mürrisch aus dem Zimmer.

Viele Wochen lang dauerte das fort. Der Marquis ließ
keinen Tag verstreichen, ohne Frau von P... zu sehen; aber er
kam, warf sich in den Sofa, gab keinen Laut von sich; Frau
von P... führte das Wort allein; der Marquis blieb eine Viertel- 15
stunde und verschwand. Endlich blieb er einen ganzen Monat
aus dem Hause. Nach Verfluß dessen zeigte er sich wieder, aber
schwermutsvoll und zugerichtet wie eine Leiche. Frau von P...
erschrak bei seinem Anblick.

„Wie sehen Sie aus, Marquis? Woher kommen Sie? — 20
Haben Sie diese ganze Zeit über an Ketten gelegen?"

„Schier so, bei Gott! — Aus Verzweiflung stürzt' ich mich
in das abscheulichste Schlaraffenleben."

„Wie das? Aus Verzweiflung?"

„Nicht anders, Madame — aus Verzweiflung." 25

Mit den Worten lief er hastig durch das Zimmer, dahin,
dorthin, trat er an ein Fenster, blickte nach den Wolken, kam
zurück, blieb auf einmal vor ihr stehen, ging zur Türe, rufte
einen seiner Leute, hieß ihn wieder gehen, stellte sich aufs neue
vor die Dame, wollte reden, aber konnte nicht. — Frau von P... 30
saß mittlerweile still an ihrem Arbeitstisch, ohne ihn bemerken zu
wollen. Endlich hatte sie Erbarmen mit seinem Zustand und fing an:

„Was haben Sie denn, Marquis? Einen ganzen Monat
lang sieht man Sie nicht, und nun kommen Sie und sehen aus
wie einer, der dem Leichentuch entsprungen ist, und treiben sich 35
herum wie eine Seele im Fegfeuer!"

„Ich halt' es nicht länger aus. Ich will — ich muß —
Sie sollen alles hören. Jenes Mädchen, die Tochter Ihrer
Freundin — o, sie hat eine tiefe Wirkung auf mein Herz gemacht. Alles, alles hab' ich angewandt, sie zu vergessen, doch 40
umsonst! Je mehr ich sie bekämpfte, desto tiefer grub sich die
Erinnerung. Dieser Engel hat mich ganz dahin. — Sie müssen
mir einen großen Dienst erweisen."

„Nun?"

„Es ist umsonst. Ich muß — ich muß sie wiedersehen, und Ihnen, o, nur Ihnen kann ich das zu danken haben. Ich habe meine Bediente in fremde Kleider gesteckt — ich habe ihnen
5 auflauren lassen. Ihr ganzer Aus= und Eingang ist in die Kirche und aus der Kirche, aus ihrem Hause und in ihr Haus zurück. Zehenmal hab' ich mich ihnen zu Fuß in den Weg gestellt, sie haben mich auch nicht einmal eines Blicks gewürdigt. Unter ihre Haustüre habe ich mich vergebens gepflanzt. Sie
10 zu vergessen, bin ich auf eine Zeitlang der lüderlichste Bube geworden — ihnen zu gefallen, wieder fromm und heilig wie ein Märthrer, und fünfzehn Tage hat mich keine Messe ver= mißt. — O, welche Gestalt, meine Freundin! wie reizend! wie unaussprechlich schön!"

15   Frau von P... war von allem unterrichtet. — „Das heißt," gab sie dem Marquis zur Antwort, „Sie haben alles angewandt, um gescheut zu werden, und nichts unterlassen, um ein Narr zu sein, und das letztere ist Ihnen gelungen."

„O ganz recht! gelungen, und in einem fürchterlichen Grade.
20 Werden Sie mich bedauren, Madame? Werden Sie mir die Seligkeit verschaffen, diesen Engel wiederzusehen?"

„Die Sache will Überlegung — ich werde sie schlechterdings nicht übernehmen, Sie versprechen mir denn auf das Heiligste, diese arme Unglückliche in Ruhe zu lassen und ihre Verfolgungen
25 aufzugeben. Auch will ich Ihnen nicht verhehlen, Marquis, daß man sich sehr empfindlich über Ihre Zudringlichkeit gegen mich schon geäußert hat — Wollen Sie diesen Brief ansehen?"

Der Brief, den man dem Marquis hier in die Hände spielte, war unter den drei Frauenzimmern verabredet. Es mußte das
30 Ansehen haben, als hätte die jüngere Aisnon ihn auf ausdrück= lichen Befehl ihrer Mutter geschrieben. Zugleich unterließ man nicht, so viel Edles und Zärtliches, so viel Geist und Geschmack einzuweben, als nötig war, dem Marquis den Kopf zu ver= rücken. Auch begleitete er jeden Gedanken mit einem Freuden=
35 ruf; jedes Wort las er wieder, und Tränen der Entzückung flossen aus seinen Augen.

„Gestehen Sie nun selbst, daß man nicht göttlicher schreiben kann! O Madame, ich verehre das Frauenzimmer, das so schreibt und empfindet."

40   „Das ist auch Ihre Pflicht."

„Ich will Ihnen Wort halten, ich schwöre es Ihnen; aber ich bitte Sie, ich beschwöre Sie, tun Sie ein Gleiches."

15*

„Wahrlich, Marquis, ich komme mir bald als der größere
Narr von uns beiden vor. Es ist nicht anders — Sie müssen
eine unumschränkte Gewalt über mich haben, und das er-
schröckt mich."

„Wann seh' ich sie also?"

„Das kann ich Ihnen jetzt noch nicht sagen. Vor allen Dingen
muß man es so vorbereiten, daß kein Verdacht dabei aufsteigt.
Die Frauenzimmer wissen um Ihre Leidenschaft — überlegen
Sie selbst, in welchem Lichte meine Freundschaft erscheinen würde,
wenn sie nur entfernt auf den Argwohn kämen, daß ich mit
Ihnen einverstanden sei. — Aber, offenherzig, lieber Marquis,
wofür auch die ganze Verlegenheit? Was geht das mich an, ob
Sie lieben oder nicht lieben? ob Sie ein Tor sind oder ein
Kluger? — Lösen Sie selbst Ihren Knoten auf! Die Rolle,
die Sie mich wollen spielen lassen, ist wahrlich auch sehr
sonderbar."

„Ich bin verloren, meine Beste, wenn Sie mich im Stich
lassen. Ich will mich selbst nicht in Anschlag bringen — ich
weiß, daß es Sie nur beleidigen würde — aber bei diesen teuren,
diesen guten, diesen himmlischen Geschöpfen will ich Sie beschwören — Sie kennen mich, Madame. Bewahren Sie sie
für den Rasereien, die ich auszuhecken fähig bin. Ich werde
zu ihnen gehen — ja, beim großen Gott, das werd' ich's; ich
habe Sie gewarnt — ich werde ihre Türe sprengen, mit Gewalt
werde ich hineintreten, ich werde mich niedersetzen, ich werde
sagen, ich werde — o! weiß ich denn, was ich sagen will, was
ich tun will? — aber in dieser Lage meines Herzens bin ich
fürchterlich."

Jedes dieser Worte war ein Dolchstoß in das Herz der Frau
von P... Sie erstickte von Unwillen und innerlicher Wut,
und mit Stottern redete sie weiter:

„Ganz kann ich Ihre Heftigkeit nicht tadeln. — Aber —
Ja! wenn ich — ich mit dieser Leidenschaft geliebt worden wäre.
— Vielleicht — doch genug davon. Für Sie wollt' ich eigentlich ja auch nicht handeln; nur hoffe ich, daß mein Herr Marquis
mir wenigstens Zeit lassen werde."

„Die kürzeste, die nur möglich ist."

„O, ich leide," rief die Dame, als er weg war, „ich leide
schrecklich; aber ich leide nicht allein. Abscheulichster der Menschen! noch zwar ist es ungewiß, wie lang diese meine Qual noch
dauert; aber ewig, ewig, ewig soll die deine währen."

Einen ganzen Monat lang wußte sie den Marquis in der
Erwartung der versprochenen Zusammenkunft hinzuhalten.

Während dieser Zeit hatte er volle Muße, sich abzuhärmen, zu berauschen und seine Leidenschaft in Unterredungen mit ihr noch mehr anzufeuern. Er erkundigte sich nach dem Vaterland, dem Herkommen, der Erziehung und den Schicksalen dieser Frauen=
5 zimmer, und erfuhr immer noch zu wenig, und frug immer wieder, und ließ sich immer von neuem unterrichten und dahin=
reißen. Die Marquisin war schelmisch genug, ihn jeden Fort=
schritt seiner Leidenschaft bemerken zu lassen, und unter dem Vorwand, ihn zurückzuschröcken, gewöhnte sie ihn unvermerkt an
10 den verzweifelten Ausgang dieses Romans, den sie ihm bereitet hatte.

„Sehen Sie sich vor," sprach sie, „das könnte Sie weiter führen, als Sie wünschen — es könnten Zeiten kommen, wo meine Freundschaft, die Sie jetzt so unerhört mißbrauchen, weder
15 vor mir selbst, noch vor der Welt mich entschuldigen dörfte. Freilich wohl geht kein Tag vorüber, daß nicht irgendeine rasende Posse unter dem Monde zustande käme; aber ich fürchte, Marquis, ich fürchte fast, daß dieses Frauenzimmer niemals oder nur unter Bedingungen Ihre wird, die bis hieher wenig=
20 stens ganz und gar nicht nach Ihrem Geschmacke waren."

Nachdem Frau von P . . . den Marquis zu ihrem Vorhaben hinlänglich zubereitet fand, kartete sie es mit den beiden Aisnon, einen Mittag bei ihr zu speisen, und mit dem Marquis redete sie ab, sie in Reisekleidern da zu überfallen, welches auch zu=
25 stande kam.

Man war eben am zweiten Gang, als der Marquis sich melden ließ. Er, Frau von P . . . und beide Aisnon spielten die Rolle der Bestürzung meisterlich.

„Madame," sagte er zur Frau von P . . ., „ich komme so=
30 eben von meinen Gütern an; es ist zu spät, daß ich jetzt noch nach Hause gehe, wo man sich schwerlich auf mich gerichtet hat. Ich hoffe, daß Sie mir erlauben werden, Ihr Gast zu sein." —

Unter diesen Worten holte er sich einen Sessel und nahm an der Tafel seinen Platz. Die Einteilung war so gemacht, daß
35 er neben die Mutter und der Tochter gegenüber zu sitzen kam —
eine Aufmerksamkeit, wofür er der Frau von P . . . mit einem verstohlenen Wink der Augen dankte. Beide Frauenzimmer hatten sich von der ersten Verlegenheit erholt. Man fing an zu plaudern, man ward sogar aufgeräumt; der Marquis be=
40 handelte die Mutter mit der vorzüglichsten Aufmerksamkeit und die Tochter mit der feinsten Höflichkeit und Schonung. Für die drei Frauenzimmer war es der possierlichste Auftritt, die Ängst=
lichkeit anzusehen, mit welcher der Marquis alles vermied, was

sie nur entfernt hätte in Verlegenheit setzen können. Sie waren
boshaft genug, ihn drei ganzer Stunden lang gottselig schwatzen
zu lassen, und zuletzt sagte Frau von P... zu ihm:

„Ihre Gespräche, Marquis, machen Ihren Eltern unendlich
viel Ehre. Die Eindrücke der ersten Kindheit erlöschen doch nie. 5
Wahrhaftig, Sie sind so tief in die Geheimnisse der geistlichen
Liebe gedrungen, daß man vermuten muß, Sie wären Ihr
Leben lang in Klöstern gewesen. — Waren Sie nie in Versuchung,
ein Quietist zu werden?"

„Nie, daß ich mich erinnern könnte, Madame." — 10

Es braucht nicht erst gesagt zu werden, daß unsre beiden Andächtigen die Unterhaltung mit allem Witz, aller Feinheit, aller
verführerischen Grazie würzten. Nur im Vorübergehen berührte man das Kapitel von Leidenschaften, und Mademoiselle
Duquenoi — das war ihr Familienname — wollte behaupten, 15
daß es nur eine gefährliche gebe. Dieser Meinung stimmte der
Marquis von ganzem Herzen bei. Zwischen sechs und sieben
brachen die beiden Frauenzimmer auf. Jeder Versuch, sie länger
da zu behalten, war fruchtlos. Frau von P... und die Mutter
Duquenoi taten den Ausspruch, daß das Vergnügen der 20
Pflicht weichen müsse, wenn nicht ein jeder Tag mit Gewissens-
bissen sich endigen sollte. Beide also gingen zum großen Verdruß
des Marquis nach Hause, und er sahe sich jetzt wieder mit Frau
von P... unter vier Augen allein.

„Nun, Marquis! Bin ich nicht eine gute Närrin? — Zeigen 25
Sie mir die Frau zu Paris, die etwas Ähnliches täte!"

„Nein, Madame, nein! Nein!" und hier warf er sich ihr zu
Füßen — „die ganze Welt hat Ihresgleichen nicht mehr. Ihre
Großmut beschämt mich. Sie sind die einzige wahre Freundin,
die auf dieser Erde zu finden ist." 30

„Sind Sie auch sicher, Marquis, daß Sie mein heutiges Verfahren stets so beurteilen werden?"

„Ein Ungeheuer von Undank müßt' ich sein, wenn ich je meine
Meinung veränderte."

„Also von etwas anderm. — Wie steht's jetzt mit Ihrem 35
Herzen?"

„Soll ich es Ihnen frei heraussagen? — Dieses Mädchen muß
meine sein, oder ich bin verloren."

„Allerdings muß sie das, aber um welchen Preis, ist die
Frage." 40

„Wir wollen sehen."

„Marquis, Marquis! ich kenne Sie, ich kenne diese Leute.
Der ganze Streich kann verraten werden."

Zwei Monate lang erschien der Marquis nicht wieder; unter=
dessen war er tätiger als je. Er hing sich an den Beichtvater
der beiden Duquenoi, die Angelegenheit seiner Wollust durch
die Allgewalt der Religion zu betreiben. Dieser Pfaffe, ver=
5 schmitzt genug, jede Schwürigkeit zu heucheln, welche die Heilig=
keit seiner Lehre diesem niederträchtigen Anschlag entgegensetzte,
verkaufte die Würde seines Amtes so teuer, als möglich war,
und gab sich endlich für die Gebühren zu allem her, was der
Marquis ihm zumutete.

10 Die erste Büberei, die der Mann Gottes sich erlaubte, bestand
darin, beiden Andächtigen die Wohltaten der Gemeine zu ent=
ziehen und dem Pfarrherrn des Kirchsprengels vorzuspiegeln,
daß die Schutzergebenen der Frau von P ... sich widerrechtlich
ein Almosen zueigneten, dessen andere Mitglieder der Gemeine
15 weit bedürftiger wären. Seine Absicht ging dahin, ihre stand=
hafte Tugend durch die Not aufzureiben.

Weiter arbeitete er im Beichtstuhl daran, Uneinigkeit zwischen
Mutter und Tochter zu stiften. Wenn die Mutter die Tochter
bei ihm verklagte, so wußte er die Verschuldungen der letzteren
20 immer größer zu machen und die Erbitterung der erstern noch
mehr anzureizen. Klagte die Jüngere, so gab er nicht undeutlich
zu verstehen, daß die elterliche Gewalt ihre Grenzen habe; und
wenn die Verfolgungen der Mutter nicht nachlassen würden, so
könnte die heilige Kirche für nötig finden, sie der mütterlichen
25 Tyrannei zu entreißen. Einstweilen legte er ihr die Buße auf,
fleißiger zur Beichte zu kommen.

Ein andermal lenkte er das Gespräch auf ihre Gestalt und
behauptete, daß das gefährlichste Geschenk, so der Himmel einem
Weibe nur verleihen könnte, Schönheit sei. Unter der Hand ließ
30 er ein Wörtchen von einem sichern Biedermann fallen, der sich
davon habe hinreißen lassen, den er zwar nicht mit Namen
nannte, aber handgreiflich genug zu bezeichnen wußte. Von da
kam er auf die unendliche Barmherzigkeit Gottes zu reden und
auf die unüberschwengliche Langmut des Himmels gegen gewisse
35 Menschlichkeiten, die das Erbteil des Fleisches wären — auf die
gewaltige Herrschaft gewisser Begierden, denen auch die heiligsten
unter den Menschen nicht ganz entlaufen könnten. Dann frug
er sie, ob in ihrem Herzen noch keine Wünsche sich regten? — ob
sie nicht zuweilen Wallungen spürte? — ob sie nicht sichere
40 Träume hätte? — ob die Gegenwart von Mannspersonen nicht
irgendeinen Unfug da oder dort bei ihr anrichtete? — Darauf
warf er die Frage auf, ob sich ein Frauenzimmer der Leidenschaft
eines Mannes widersetzen oder lieber preisgeben solle? ob es

zu wagen wäre, einen Menschen sterben zu lassen, für welchen
doch das kostbare Blut des Erlösers so gut als für jeden andern
geflossen sei? und diese Frage getraute er sich nicht zu beantworten. Er beschloß mit einem tiefen und heiligen Seufzer,
drehte seine Augen zum Himmel und betete — für die Seelen im 5
Fegfeuer. Die junge Duquenoi ließ ihn seiner Wege gehen
und hinterbrachte dies alles treulich ihrer Mutter und der Frau
von P..., welche ihr noch immer mehr Geständnisse einbliesen,
dem frommen Heiligen desto mehr Herz einzujagen.

Sie erwarteten nun nichts Gewissers, als daß der Mann 10
Gottes über kurz oder lang sich brauchen lassen würde, seiner
geistlichen Tochter einen Liebesbrief zuzustellen, und diese Vermutung traf glücklich ein. Aber wie behutsam griff er das an!
— Erst wußte er eigentlich selbst nicht, aus wessen Händen er
käme — er zweifelte keineswegs, daß irgendeine mitleidige Seele 15
in seiner Gemeine unter der Decke stecke, die, von ihrem Elend
gerührt, sich würde erboten haben, ihnen Beistand zu leisten.
Dergleichen Aufträge hätte er schon öfters zu übernehmen gehabt.

„Im übrigen, Mademoiselle,“ fuhr er jetzt fort, „werden Sie
vorsichtig handeln. Ihre Frau Mutter ist eine vernünftige Frau. 20
Ich dringe ausdrücklich darauf, daß Sie den Brief nicht anders
als in ihrem Beisein erbrechen.“

Mademoiselle steckte den Brief zu sich und händigte ihn sogleich der Alten ein, die ihn auf der Stelle der Frau von P...
überschickte. Die Marquisin, jetzt im Besitz eines unverwerflichen 25
Zeugnisses, ließ den Beichtvater zu sich holen, wusch ihm den
Kopf, wie er's verdient hatte, und drohte ihm, den ganzen Vorgang seinen Obern zu melden, wenn sie je noch ein Wort von ihm
hören sollte.

Der Brief floß von lauter Lobsprüchen des Marquis, in be- 30
treff seiner eignen Person und der Mademoiselle, über. Er malte
ihr darin seine Leidenschaft mit den lebendigsten und schrecklichsten
Farben ab, machte ungeheure Verheißungen und sprach sogar
von Entführung.

Nachdem Frau von P... dem Pfaffen den Text recht gelesen 35
hatte, bat sie auch noch den Marquis zu sich und erklärte ihm,
wie sehr sein Betragen den Mann von Ehre beschimpfe, und wie
nachteilig er sie selbst mit hineinmische; dann zeigte sie ihm seinen
Brief und beteuerte, daß auch die Pflichten der zärtlichsten
Freundschaft, die zwischen ihm und ihr bisher geherrscht hätte, sie 40
nicht abhalten würden, die Mutter Duquenoi, ja die Obrigkeit selbst gegen ihn zu Hilfe zu rufen, wenn seine Verfolgungen
weiter gehen sollten.

„Marquis, Marquis," setzte sie hinzu, „die Liebe macht einen
schlimmen Menschen aus Ihnen. Sie müssen bösartig auf die
Welt gekommen sein, weil dasjenige, was jeden andern zu
großen Taten spornt, Ihnen nur Niederträchtigkeiten abgewinnen
5 kann. Was taten Ihnen diese armen Frauenzimmer Leides,
daß Sie es darauf anlegen, ihre Armut durch Schande zu ver=
bittern? — Weil dieses Mädchen schön ist und sich entschlossen
hat, auf ihrer Tugend standhaft zu beharren, so wollen Sie ihr
Verfolger sein? so wollen Sie Ursache werden, daß sie das beste
10 Geschenk des Himmels verfluche? — Und womit hab' denn ich
es verdient, daß ich eine Mitschuldige Ihrer Schandtaten sein
soll? — Undankbarster der Menschen! Gleich fallen Sie mir zu
Füßen, bitten Sie mich gleich um Verzeihung, schwören Sie mir
zu, meine unglückliche Freundinnen von jetzt an in Frieden zu
15 lassen?" — — Der Marquis versprach, ohne Vorwissen der Frau
von P... keinen Schritt mehr zu tun; aber dies Mädchen müsse
er besitzen, welchen Preis es auch gelten möge.

Er hielt keineswegs, was er zugesagt hatte. Einmal wußte
nun doch die Mutter Duquenoi um die ganze Geschichte; daher
20 trug er jetzt kein Bedenken mehr, sich unmittelbar an sie selbst zu
wenden. Er gestand die Abscheulichkeit seines Vorhabens ein,
bot ihr beträchtliche Summen an, sprach von den glänzendsten
Hoffnungen, die die Zeit noch reif machen würde, und begleitete
seinen Brief mit einem Kästchen voll der kostbarsten Steine.

25 Die drei Frauenzimmer hielten geheimen Rat untereinander.
Mutter und Tochter schienen sehr geneigt, den Kauf einzugehen;
doch dabei fand Frau von P... ihre Rechnung nicht. Sie er=
innerte sie an die ersten Artikel ihres Vertrages und drohte so=
gar, den ganzen Betrug zu verraten, wenn sie sich weigern
30 würden, ihr zu gehorsamen. Zum großen Leidwesen der beiden
Heiligen, der Tochter besonders, die, so langsam als sie konnte,
die Ohrringe wieder abnahm, die ihr so schön ließen, mußten
Brief und Juwelen mit einer Antwort, woraus der ganze Stolz
der beleidigten Tugend sprach, zu ihrem Eigentümer zurück=
35 wandern.

Frau von P... machte dem Marquis über seine Wortbrüchig=
keit die bittersten Vorwürfe. Er nahm zur Entschuldigung, daß
er es nicht hätte wagen mögen, sie mit einem Auftrage dieser Art
zu erniedrigen. „Lieber Marquis," sagte sie zu ihm, „ich habe
40 Sie gleich anfangs gewarnt und will es Ihnen jetzt wiederholen.
Sie sind noch weit von dem Ziel entfernt, nach welchem Sie hin=
arbeiten — aber nun ist es nicht mehr Zeit, Ihnen vorzupredigen;
das würden jetzt nur verlorene Worte sein. Für Sie ist ganz und

gar keine Rettung mehr." Der Marquis antwortete, daß
seine Hoffnungen noch immer die besten wären, und er sich
nur die Erlaubnis von ihr erbitte, einen letzten Versuch noch
wagen zu dürfen.

Dieser war, daß er sich anheischig machte, beiden Frauenzimmern eine beträchtliche Leibrente auszuwerfen, sein ganzes
Vermögen mit ihnen zu gleichen Teilen zu teilen und ihnen, so
lange sie lebten, eines von seinen Häusern zu Paris und ein
andres auf seinen Gütern zum Eigentum einzuräumen. „Machen
Sie, was Sie wollen," sagte die Marquisin, „nur Gewalt verbitt'
ich mir — aber Rechtschaffenheit und wahre Ehre, glauben Sie
mir's, Freund, sind über jeden Krämertax erhaben. Ihr neuestes
Gebot wird kein besseres Glück als Ihre vorigen — ich kenne
meine Leute und unterstehe mich, für ihre Tugend zu haften."

Diese neuen Erbietungen des Marquis kamen bei voller
Sitzung der drei Frauenzimmer vor. Madame und Mademoiselle
erwarteten schweigend das Endurteil aus dem Munde der Frau
von P... — Diese ging einige Minuten lang, ohne ein Wort zu
reden, im Saal auf und nieder. — — — „Nein! nein! nein!" rief
sie endlich, „das ist viel zu gnädig — Nein! das ist viel zu wenig
für mein wundes Herz" — und alsobald sprach sie das unwider-
rufliche Verbot aus. Mutter und Tochter warfen sich weinend
ihr zu Füßen, flehten und stellten vor, welche Grausamkeit es
wäre, ihnen ein Glück zu verbieten, das sie doch ohne alle Gefahr
würden annehmen dürfen.

Frau von P... gab mit Kaltsinn zur Antwort: „Bildet ihr
euch ein, daß alles das, was bisher geschehen, etwa euch zu
Lieb' geschehen ist? Wer seid ihr denn? Was hab' ich
euch für Verpflichtungen? Woran liegt es, daß ich euch nicht, die
eine so gut als die andre, zu eurem Handwerk zurücksende? — Ich
will gern glauben, daß diese Anbietungen für euch zu viel sind;
aber für mich sind sie viel zu wenig. Setzen Sie sich, Madame!
— Schreiben Sie die Antwort, wörtlich, wie ich sie Ihnen dik-
tieren werde, und daß sie ja gleich in meiner Gegenwart ab-
gehe!" — —

Die beiden gingen, noch bestürzter als mißvergnügt, nach
Hause.

Der Marquis zeigte sich der Frau von P... sehr bald wieder.

„Nun," rief sie ihm zu, „Ihre neuen Geschenke?"

„Angeboten und ausgeschlagen. Ich bin in Verzweiflung.
Könnt' ich sie aus meinem Herzen reißen, diese unglückvolle
Leidenschaft, könnt' ich mein Herz selbst mit herausreißen, mir
würde wohl sein! Sagen Sie mir doch, Marquisin, finden Sie

nicht kleine Ähnlichkeiten im Gesicht dieses Mädchens mit dem meinigen?" —

„Ich habe Ihnen nie davon sagen mögen. — Freilich find' ich deren welche; aber davon ist jetzo die Rede nicht. Was beschließen Sie?"

„Weiß ich's? kann ich's? — O Madame, bald wandelt der Gelust mich an, in die erste beste Postchaise mich zu werfen und dahinzueilen, so weit der Erdball mich tragen will. Einen Augenblick darauf verläßt meine Kraft mich. Ich bin gelähmt. Mein Kopf schwindelt. Meine Sinne vergehen. Ich vergesse, was ich bin, was ich werden soll."

„Das Reisen stellen Sie immer ein! Es verlohnt sich der Mühe nicht, von da nach dem Judenmarkt zu wandern, um nur wieder heimzugehen."

Den andern Morgen kam ein Billett von ihm an Frau von P..., worin er meldete, daß er nach seinem Landgut gereist wäre und sich da aufhalten würde, solang ihm sein Herz das verstattete — und worin er sie zugleich auf das inständigste ersuchte, seiner zu gedenken bei ihren Freundinnen. Seine Entfernung dauerte nicht lange. Er kam in die Stadt zurück und ließ sich bei der Marquisin absetzen. Sie war ausgefahren. Als sie wiederkam, fand sie ihn mit geschloßnen Augen, in der schrecklichsten Erstarrung auf dem Sofa ausgestreckt liegen.

„Ah! Sie hier, Marquis! Die Landluft, scheint es, hat Ihnen also nicht ganz bekommen wollen?"

„O Madame, mir ist nirgends wohl. Sehen Sie mich wieder angelangt, sehen Sie mich entschlossen, Madame, die ungeheuerste Torheit zu unternehmen, die ein Mann von meinen Umständen, meinem Rang, meiner Geburt, meinem Geld nur begehen kann. — Aber eher alles, alles, als ewig auf dieser Folter sein. — Ich heurate."

„Marquis! Marquis! der Schritt ist bedenklich und will Überlegung haben."

„Überlegung? — ich habe nur eine gemacht, aber sie ist die gründlichste von allen — ich kann nicht elender werden, als ich jetzt schon bin."

„Das können Sie so gewiß noch nicht sagen." —

„Nun, Madame, dies, denke ich, ist doch endlich ein Geschäft, das ich Ihnen mit Ehren übergeben kann. Gehen Sie nun hin, besprechen Sie sich mit der Mutter, erforschen Sie das Herz der Tochter, und bringen Sie meinen Antrag vor!"

„Gemach, lieber Marquis! Zwar habe ich diese beiden Frauenzimmer hinreichend zu kennen geglaubt, um gerade so für sie zu

handeln, wie ich bisher getan habe; nun es aber auf die Glück=
seligkeit meines Freundes hinaus will, so wird er mir wenigstens
erlauben, die Sache etwas näher zu besehn. Ich werde mich
zuvor in ihrer Provinz nach ihnen erkundigen und ihrer Auf=
führung Schritt vor Schritt durch die ganze Zeit ihres hiesigen 5
Aufenthalts nachfolgen."

„Eine Vorsicht, Madame, die mir ziemlich weit hergeholt
scheint. Frauenzimmer, die mitten im Unglück so standhaft auf
Ehre hielten und meiner Verführung so beherzt widerstunden,
müssen notwendig Geschöpfe der seltensten Gattung sein. Mit 10
meinen Geschenken hätt' ich es bei einer Herzogin durchsetzen
müssen. — Und überdem, sagten Sie mir nicht selbst —"

„Ja doch! ja, ja, ich sagte alles, was Ihnen belieben mag;
dem ohngeachtet werden Sie aber doch jetzt so gnädig sein und mir
meinen Willen lassen." 15

„Und warum heuraten Sie nicht auch, meine liebe Mar=
quisin?"

„Wen allenfalls, wenn ich fragen darf?"

„Wen? — Ihren kleinen Grafen. Er hat Kopf, Geld und
ist von der besten Familie." 20

„Und wer steht mir für seine Treue? — Sie vermutlich?"

„Das wohl nicht; aber bei einem Ehmann pflegt man das
nicht so genau mehr zu nehmen."

„Meinen Sie? Vielleicht aber wäre ich nun Närrin genug,
dadurch beleidigt zu werden — und ich bin rachsüchtig, Mar= 25
quis."

„Nun ja doch! Rächen sollen Sie sich immer; das versteht
sich am Rande. Wissen Sie was, Marquisin? Wir vier wollen
dann gemeinschaftlich beieinander wohnen und den artigsten
Klub von der Welt zusammen ausmachen." 30

„Das alles läßt sich vortrefflich hören; aber ich heurate nie.
Der einzige Mann, dem ich vielleicht meine Hand noch würde
gegeben haben —"

„Bin doch ich nicht, Madame?"

„Jetzt kann ich Ihnen ohne Gefahr dies Bekenntnis tun." 35

„Jetzt? Warum jetzt erst? Warum sagten Sie mir das nicht
eher?"

„Daran habe ich sehr wohl getan, wie die Umstände mich jetzt
überzeugen. Und überhaupt — diejenige, welche Sie nunmehr
zur Frau nehmen, taugt in allem Betrachte besser für Sie 40
als ich."

Frau von P... brachte ihre Nachforschungen mit größter
Genauigkeit und Eile zustande. Sie legte dem Marquis aus

der Provinz und der Hauptstadt die schmeichelhaftesten Zeugnisse
von seiner künftigen Gattin vor, drang aber dennoch darauf, daß
er sich zu ernstlicher Überlegung der Sache noch vierzehn Tage
Zeit nehmen sollte. Diese vierzehn Tage deuchten ihm eine
5 Ewigkeit zu sein, und Frau von P... sah sich endlich gezwungen,
seiner verliebten Ungeduld nachzugeben. Die nächste Zusammenkunft war bei den beiden Duquenoi; die Verlobung ging vor
sich, das Aufgebot geschah, der Marquis beschenkte die Frau
von P... mit einem kostbaren Diamant, und die Hochzeit wurde
10 vollzogen.

    Die erste Nacht ging nach Wunsche vorüber. Den andern
Morgen schrieb Frau von P... dem Marquis ein Billett, worin
sie ihn, eines dringenden Geschäfts wegen, auf einen Augenblick
zu sich bat. Er ließ nicht lange auf sich warten. Man empfing
15 ihn mit einem Gesicht, worauf Schadenfreude und Entrüstung
mit schrecklichen Farben sich malten. Seine Verwunderung
dauerte nicht lang.

    „Marquis,“ sagte sie zu ihm, „es ist Zeit, daß Sie endlich er-
fahren, wer ich bin. Wenn andre meines Geschlechts sich selbst
20 genug hochschätzen wollten, meine Rache zu billigen, Sie und
Ihres Gelichters würden seltener sein. Eine edle Frau hat
sich Ihnen ganz hingegeben — Sie haben sie nicht zu erhalten
gewußt — ich bin diese Frau. Aber sie hat vergolten, Verräter, und dich auf ewig mit einer verbunden, die deiner wür-
25 dig ist. Geh von hier aus quer über die Straße nach dem Gasthof zur Stadt Hamburg — dort wird man dir ausführlicher von
dem schändlichen Gewerb zu erzählen wissen, das deine Frau
Gemahlin und Schwiegermutter zehen Jahre lang unter dem
Namen einer Madame und Mademoiselle Aisnon getrieben
30 haben.“

    Keine Beschreibung erreicht das Entsetzen, mit welchem hier
der Marquis zu Boden sank. Seine Sinne verließen ihn —
aber seine Unentschlossenheit dauerte nur so lang, als er brauchte,
um von einem Ende der Stadt zum andern zu rennen. Er kam
35 den ganzen Tag nicht nach Hause; er schweifte in den Straßen
umher. Seine Gemahlin und seine Schwiegermutter fingen an
zu argwöhnen, was etwa geschehen war. Auf den ersten Schlag,
der an die Türe geschah, entsprang die letztere in ihr Zimmer
und schob beide Riegel vor. Nur seine Frau erwartete ihn allein
40 in dem ihrigen. Sein Gesicht verkündigte die Wut seines Herzens, als er hereintrat. Sie warf sich zu seinen Füßen, stieß mit
dem Angesicht auf den Boden des Zimmers und gab keinen Laut
von sich.

„Fort, Nichtswürdige!" rief er fürchterlich; „fort von mir!"

Sie versuchte, sich aufzurichten; aber ohnmächtig stürzte sie auf ihr Angesicht, beide Arme der Länge nach auf den Boden gespreitet.

„Gnädiger Herr," sagte sie zu ihm, „stoßen Sie mich mit Füßen, zertreten Sie mich — ich hab' es verdient, machen Sie 5 mit mir, was Sie wollen; aber Gnade, Gnade für meine Mutter!"

„Hinweg!" rief er abermal. „Fort, Verfluchte, aus meinen Augen! — Ist es nicht genug, daß du mich mit Schande bedeckst? Willst du mich auch noch zwingen, ein Verbrecher zu werden?" — 10

Das arme Geschöpf beharrte unbeweglich und stumm in der vorigen Stellung. Der Marquis lag in einem Sessel, den Kopf zwischen beide Arme geworfen und mit halbem Leib zu den Füßen seines Betts hingesunken, und brach zuweilen, ohne sie anzusehen, in ein gebrochenes Heulen aus: „Hinweg von mir, 15 sag' ich!" — Das Stillschweigen dieser Unglücklichen, die noch immer wie in toter Erstarrung lag, erschöpfte seine Geduld. „Entferne dich!" rief er lauter und schrecklicher, bückte sich zu ihr nieder und war im Begriff, ihr einen grausamen Schlag zu geben. — Doch indem fand er, daß sie ohne Bewußtsein und 20 beinah ohne Leben lag. Er faßte sie um die Mitte des Leibes, legte sie auf ein Kanapee und betrachtete sie eine Zeitlang mit Augen, aus welchen wechselweis Wut und Mitleiden hervorbrachen. Endlich zog er die Glocke. Seine Bedienten traten herein. Man rief ihre Weiber.   25

„Nehmt eure Frau zu euch," sagte er diesen; „ihr ist etwas zugestoßen. Führt sie auf ihr Zimmer und springt ihr bei!" — Bald darauf schickte er heimlich, nach ihrem Befinden zu fragen. Man bracht' ihm die Nachricht, daß zwar ihre erste Ohnmacht vorüber wäre, aber noch immer Schwächen auf Schwächen folgten, 30 die so häufig kämen und so lange anhielten, daß man Ursache hätte, für ihr Leben zu zittern. Eine Stunde darauf schickte er, so heimlich wie das erstemal, wieder. Sie lag in schrecklichen Beängstigungen, zu welchen sich ein gichterischer Schlucken gesellte, der von der Gasse herauf gehört werden konnte. Als er 35 das drittemal schickte, welches den folgenden Morgen war, kam die Antwort, daß sie sehr viel geweint habe und die übrigen Zufälle sich nach und nach zu legen anfingen.

Jetzt ließ er anspannen und verschwand vierzehn Tage lang, daß kein Mensch um seinen Aufenthalt wußte. Vor seiner Ab- 40 reise hatte er Sorge getragen, daß Mutter und Tochter mit dem Notwendigsten versehen wurden, und seine Dienerschaft hatte Befehl, der Mutter wie ihm selbst zu gehorchen.

Während der ganzen Zeit, daß er abwesend war, wohnten die beiden, beinahe ohne sich zu sprechen, in der traurigsten Verstimmung nebeneinander. Die junge Frau zerfloß ohne Aufhören in Seufzer und Tränen oder fing plötzlich laut zu schreien an, rang die Hände, raufte sich die Haare aus, daß selbst ihre Mutter es nicht wagen durfte, sich ihr zu nähern und ihr Trost zuzusprechen. Diese zeigte nichts als Verhärtung, jene war das traurigste Bild der Reue, des Schmerzens, der Verzweiflung.

Tausendmal rief sie: „Kommen Sie, Mama, lassen Sie uns fliehen, lassen Sie vor seiner Rache uns schützen!" — Tausendmal widersetzte sich die Alte und erwiderte: „Nicht doch, mein Kind! Laß uns bleiben, laß uns abwarten, wie weit er es treiben wird! Umbringen kann uns dieser Mensch doch nicht." — „O, daß er's möchte!" rief jene wieder, „daß er's längst schon getan haben möchte!" — „Schweig," sagte die Mutter, „und hör' einmal auf, wie eine Närrin zu plaudern."

Der Marquis kam zurück und schloß sich in sein Kabinett ein, von wo aus er zwei Briefe, den einen an seine Frau, den andern an seine Schwiegermutter schrieb. Die letztere reiste noch an eben dem Tag in ein Kloster ab, wo sie nicht lange darauf starb. Die Tochter kleidete sich an und wankte nach dem Zimmer ihres Gemahls, wohin er sie beschieden hatte. An der Schwelle sank sie auf die Knie. Er befahl ihr, aufzustehen. Sie stand nicht auf, sondern wälzte sich in dieser Stellung näher zu ihm hin. Alle ihre Glieder zitterten. Ihre Haare waren losgebunden. Ihr Leib hing zur Erde, ihr Kopf war emporgerichtet, und ihre Augen, die von Tränen flossen, begegneten den seinigen.

„Ich sehe, gnädiger Herr," rief sie schluchzend aus, „ich sehe es, Ihre Wut ist besänftigt, so gerecht sie war. Ich unterstehe mich, zu hoffen, daß ich endlich noch Barmherzigkeit erhalte. Aber nein! — Übereilen Sie sich nicht! — So viele tugendhafte Mädchen wurden lasterhafte Frauen; lassen Sie mich versuchen, ob ich ein Beispiel des Gegenteils werden kann. Noch bin ich es nicht würdig, die Ihrige zu sein; aber nur die Hoffnung entziehen Sie mir nicht! Lassen Sie mich ferne von Ihnen wohnen; seien Sie wachsam auf meinen Wandel und richten Sie mich dann! — Glücklich, ja unaussprechlich glücklich werd' ich sein, wenn Sie sich's nur zuweilen gefallen lassen wollen, daß ich vor Ihnen erscheinen darf. Nennen Sie mir einen düstern Winkel in Ihrem Hause, den ich bewohnen soll, ohne Murren will ich dort gefangen sitzen. — Schwachheit, Verführung, Ansehen, Drohungen haben mich zu dieser schimpflichen Tat hingerissen; aber lasterhaft bin ich niemals gewesen. — Wär' ich das, wie hätt' ich es

wagen können, mich Ihnen zu zeigen, wie könnt' ich es jetzt
wagen, Sie anzusehen, wagen, mit Ihnen zu reden! — Könnten
Sie in meiner Seele lesen, könnten Sie sich überzeugen, wie
meine vorigen Verbrechen ferne von meinem Herzen sind, wie
abscheulich mir die Sitten derer sind, die ich einst meinesgleichen
nannte! — Die Verführung hat meinen Wandel befleckt; aber
mein Herz hat sie nicht vergiftet. Ich kenne mich, mein Herr.
Hätte man mir Freiheit gelassen, nur ein Wort hätt' es mich
gekostet, und Sie hätten um den ganzen Betrug gewußt. Ent=
scheiden Sie nach Gefallen über mich! Rufen Sie Ihre Bedienten!
Lassen Sie mir diesen Schmuck, diese Kleider abreißen! Lassen
Sie mich in nächtlicher Stunde auf die Straßen werfen! Alles,
alles will ich leiden. Welches Schicksal Sie mir auflegen wollen,
ich unterwerfe mich. Die Einsamkeit auf dem Lande, die Stille
eines Klosters werden mich Ihren Augen auf ewig entreißen. Be=
fehlen Sie, und ich gehe! Ihre Glückseligkeit ist noch nicht ohne
Rettung verloren. Sie können mich ja noch vergessen."

       „Stehen Sie auf!" rief der Marquis mit sanfter Stimme, „ich
vergebe Ihnen, stehen Sie auf! Mitten im gräßlichen Gefühl
meiner erlittenen Schande vergaß ich es nicht, meine Gemahlin
in Ihnen zu ehren. Kein Laut kam über meine Lippen, der Sie
erniedrigt hätte, und wäre das, so bin ich bereit, es Ihnen ab=
zubitten, und gebe Ihnen mein Wort, daß Sie keinen mehr hören
sollen. Denken Sie stets daran, daß Sie Ihren Gemahl nicht
unglücklich machen können, ohne es selbst zu werden. Seien Sie
edel und gut — seien Sie glücklich, und sorgen Sie dafür, daß
auch ich es werde! Stehen Sie auf, ich bitte Sie — Sie sind
nicht an Ihrer Stelle, Marquisin, stehen Sie auf! — — Steh'
auf, meine Gemahlin, und laß dich umarmen!"

       Während daß der Marquis das sagte, lag sie noch immer,
den Kopf auf seine Knie gebeugt, ihr Gesicht in seinen Händen
verborgen. Aber auf den Namen seiner Gemahlin sprang sie
lebhaft auf, warf sich ihm um den Hals und drückte ihn mit
wütender Entzückung in ihre Arme. Gleich darauf ließ sie von
neuem ihn los, stürzte zur Erde und war willens, seine Füße zu
küssen.

       „Was wollen Sie?" unterbrach er sie sehr bewegt. „Habe ich
Ihnen nicht schon alles vergeben? Warum glauben Sie mir
denn nicht?"

       „Lassen Sie, lassen Sie!" gab sie zur Antwort. „Ich kann
es nicht, ich darf es nicht glauben."

       „Bei Gott!" rief der Marquis, „ich fange an, zu mutmaßen,
daß ich niemals bereuen werde. Diese Frau von P... hat mir

Verdruß und Leiden zugedacht; aber ich sehe ein, sie hat mir
Seligkeit bereitet. Kommen Sie, meine Gemahlin! Kleiden Sie
sich an, unterdessen daß ich Anstalten zu unsrer Abreise mache.
Wir ziehen auf meine Güter, wo wir so lange bleiben wollen,
5 bis die Zeit eine Rinde über das Vergangene gezogen hat."

Drei ganzer Jahre lang lebten sie ferne von Paris — das
glücklichste Ehepaar ihrer Zeiten.

———

Leser oder Leserin — ich sehe dich bei dem Namen der Frau
von P... unwillig auffahren; ich höre dich ausrufen: „Welche
10 abscheuliche Frau! welche Bübin und Heuchlerin!" — Keine Aufwallung, lieber Leser, keine Parteilichkeit! — Laß die Wage der
Gerechtigkeit entscheiden!

Schwärzere Taten, als diese war, geschehen täglich unter
dem Monde, nur mit weniger Absicht und Seele. Hassen und
15 fürchten kannst du die Marquisin, doch verachten wirst du
sie nie. Gräßlich und unerhört war ihre Rache; aber Eigennutz
befleckte sie nicht. Hätte diese Dame eben das und noch mehr
getan, ihrem rechtmäßigen Gemahl Belohnungen auszuwirken
— hätte sie ihre Tugend einem Staatsminister oder auch nur
20 seinem ersten Schreiber geopfert, ein Ordensband oder ein Regiment für ihn zu erwuchern — hätte sie sich einem Pfründenver-
geber für eine reiche Präbende überlassen, das alles würdest du
sehr natürlich finden, die Allgewalt der Gewohnheit spräche dafür. Aber jetzt — jetzt, da sie an einem Treulosen Rache nimmt,
25 empören sich deine Gefühle. Nicht, weil dein Herz für diese
Handlung zu weich ist — weil du es der Mühe nicht wert achtest,
in die Tiefe ihres Kummers hinabzusteigen, weil du zu stolz bist,
weibliche Tugend anzuerkennen, findest du ihre Ahndung abscheulich. Hast du dich auch wohl erinnert, welche Opfer sie ihrem
30 Liebling gebracht hatte? — Ich will nicht in Anschlag bringen,
daß ihre Schatulle jederzeit die seinige war, daß er jahrelang
ihre Tafel genoß, jahrelang in ihrem Hause wie in dem seinigen
aus und ein ging. — Vielleicht spottest du darüber — aber sie
hatte sich zugleich nach allen seinen Launen geschmiegt, hatte
35 seinem Geschmacke sklavisch gehuldigt; ihm gefällig zu sein, hatte
sie den ganzen Plan ihres Lebens zerstört. — Ganz Paris sprach
ehedem mit Ehrfurcht von ihrer Tugend — jetzt war sie, ihm zu
Lieb', zu dem gemeinen Haufen heruntergestürzt. Jetzt murmelte
die Verleumdung sich in die Ohren: „Endlich ist diese P...,
40 dieses Wunder der Welt, geworden wie unsereine!" —

Sie hatte dieses höhnische Lächeln mit ihren Augen gesehen,
diese Schmähreden mit ihren Ohren gehört und oft genug mit

Schamröte den Blick zur Erde geschlagen. Jede Bitterkeit hatte
sie verschlungen, welche die Lästerung für eine Frau in Bereit-
schaft hat, deren fleckenfreie Tugend die benachbarten Laster um
so sichtbarer machte — Sie hatte das laute Gelächter ertragen,
womit sich der mutwillige Haufe an den lächerlichen Spröden   5
rächt, die ihre Tugend marktschreierisch an alle Pfeiler schlagen —
Stolz und empfindlich, wie sie war, hätte sie lieber in toter
Dunkelheit ihr Leben hinweggeseufzt, als noch einmal den Schauplatz einer Welt betreten, wo ihre verscherzte Ehre nur schaden-
frohe Lacher, ihre verschmähte Liebe nur peinigende Tröster fand. 10
Sie näherte sich einer Epoche, wo der Verlust eines Liebhabers
nicht so schnell mehr ersetzt wird — ein Herz wie das ihrige
konnte dieses Schicksal nur in gramvoller Einsamkeit ausbluten.

    Wenn ein Mensch den andern eines zweideutigen Blicks wegen
niederstößt, warum wollen wir es einer Frau von Ehre zum   15
Frevel machen, daß sie den Verführer ihres Herzens, den Mörder
ihrer Ehre, den Verräter ihrer Liebe — einer Buhldirne in die
Arme wirft? Wahrlich, lieber Leser, du bist ebenso streng in
deinem Tadel, als du oft in deinem Lobe flüchtig bist. „Aber,"
wirfst du ein, „nicht die Rache selbst, nur die Wahl der Rache 20
find' ich so verdammenswert. Mein Gefühl sträubt sich gegen
ein so weitläuftiges Gewebe durchdachter Abscheulichkeit, gegen
diese zusammenhängende Kette von Lügen, die beinahe schon ein
Jahr durchdauert." — Also der ersten augenblicklichen Aufwallung
vergibst du alles? Wie nun aber, wenn die erste Aufwallung   25
einer Frau von P... und einer Dame ihres Charakters ihr
ganzes Leben lang währte?

    Ich sehe hier nichts als eine Verräterei, die nur weniger all-
täglich ist; und willkommen sei mir das Gesetz, welches jeden
gewissenlosen Buben, der eine ehrliche Frau zu Fall bringt und 30
dann verläßt, zu einer Dirne verdammt — den gemeinen
Mann zu gemeinen Weibern!

    Diderots ganze Beredsamkeit wird dennoch schwerlich den
Abscheu hinwegräsonieren, den diese unnatürliche Tat notwendig
erwecken muß. Aber die kühne Neuheit dieser Intrige, die un-   35
verkennbare Wahrheit der Schilderung, die schmucklose Eleganz
der Beschreibung haben mich in Versuchung geführt, eine übersetzung davon zu wagen, welche freilich die Eigentümlichkeit des
Originals nicht erreicht haben wird. Das Ganze ist aus einem
(soviel ich weiß, in Deutschland noch unbekannten) Aufsatz des 40
Herrn Diderot: Jakob und sein Herr oder der Fatalis-
mus genannt. Der Freiherr von Dalberg zu Mannheim besitzt

die Originalschrift, und seiner Gefälligkeit danke ich es auch,
daß ich in dieser Thalia Gebrauch davon machen durfte.

Der Verbrecher aus verlorener Ehre.
Eine wahre Geschichte.

In der ganzen Geschichte des Menschen ist kein Kapitel unter-
richtender für Herz und Geist als die Annalen seiner Verirrungen.
5 Bei jedem großen Verbrechen war eine verhältnismäßig große
Kraft in Bewegung. Wenn sich das geheime Spiel der Be-
gehrungskraft bei dem matteren Licht gewöhnlicher Affekte versteckt, so wird es im Zustand gewaltsamer Leidenschaft desto
hervorspringender, kolossalischer, lauter; der feinere Menschen-
10 forscher, welcher weiß, wieviel man auf die Mechanik der gewöhnlichen Willensfreiheit eigentlich rechnen darf, und wie weit es
erlaubt ist, analogisch zu schließen, wird manche Erfahrung aus
diesem Gebiete in seine Seelenlehre herübertragen und für das
sittliche Leben verarbeiten.

15 Es ist etwas so Einförmiges und doch wieder so Zusammengesetztes, das menschliche Herz. Eine und ebendieselbe Fertigkeit
oder Begierde kann in tausenderlei Formen und Richtungen
spielen, kann tausend widersprechende Phänomene bewirken, kann
in tausend Charakteren anders gemischt erscheinen, und tausend
20 ungleiche Charaktere und Handlungen können wieder aus einerlei
Neigung gesponnen sein, wenn auch der Mensch, von welchem die
Rede ist, nichts weniger denn eine solche Verwandtschaft ahnet.
Stünde einmal, wie für die übrigen Reiche der Natur, auch für
das Menschengeschlecht ein Linnäus auf, welcher nach Trieben
25 und Neigungen klassifizierte, wie sehr würde man erstaunen, wenn
man so manchen, dessen Laster in einer engen bürgerlichen Sphäre
und in der schmalen Umzäunung der Gesetze jetzt ersticken muß,
mit dem Ungeheuer Borgia in einer Ordnung beisammen
fände!

30 Von dieser Seite betrachtet, läßt sich manches gegen die gewöhnliche Behandlung der Geschichte einwenden, und hier, vermute ich, liegt auch die Schwierigkeit, warum das Studium derselben für das bürgerliche Leben noch immer so fruchtlos geblieben. Zwischen der heftigen Gemütsbewegung des handeln-
35 den Menschen und der ruhigen Stimmung des Lesers, welchem
diese Handlung vorgelegt wird, herrscht ein so widriger Kontrast,
liegt ein so breiter Zwischenraum, daß es dem letztern schwer, ja
unmöglich wird, einen Zusammenhang nur zu ahnen. Es bleibt
eine Lücke zwischen dem historischen Subjekt und dem Leser, die

alle Möglichkeit einer Vergleichung oder Anwendung abschneidet
und statt jenes heilsamen Schreckens, der die stolze Gesundheit
warnet, ein Kopfschütteln der Befremdung erweckt.   Wir sehen
den Unglücklichen, der doch in eben der Stunde, wo er die Tat
beging, sowie in der, wo er dafür büßet, Mensch war wie wir,   5
für ein Geschöpf fremder Gattung an, dessen Blut anders um=
läuft als das unsrige, dessen Wille andern Regeln gehorcht als
der unsrige; seine Schicksale rühren uns wenig, denn Rührung
gründet sich ja nur auf ein dunkles Bewußtsein ähnlicher Gefahr,
und wir sind weit entfernt, eine solche Ähnlichkeit auch nur zu   10
träumen. Die Belehrung geht mit der Beziehung verloren, und
die Geschichte, anstatt eine Schule der Bildung zu sein, muß sich
mit einem armseligen Verdienste um unsre Neugier begnügen.
Soll sie uns mehr sein und ihren großen Endzweck erreichen, so
muß sie notwendig unter diesen beiden Methoden wählen —   15
entweder der Leser muß warm werden wie der Held, oder der
Held wie der Leser erkalten.

        Ich weiß, daß von den besten Geschichtschreibern neuerer Zeit
und des Altertums manche sich an die erste Methode gehalten
und das Herz ihres Lesers durch hinreißenden Vortrag bestochen   20
haben. Aber diese Manier ist eine Usurpation des Schriftstellers
und beleidigt die republikanische Freiheit des lesenden Publikums,
dem es zukömmt, selbst zu Gericht zu sitzen; sie ist zugleich eine
Verletzung der Grenzengerechtigkeit, denn diese Methode gehört
ausschließend und eigentümlich dem Redner und Dichter. Dem   25
Geschichtschreiber bleibt nur die letztere übrig.

        Der Held muß kalt werden wie der Leser, oder, was hier
ebensoviel sagt, wir müssen mit ihm bekannt werden, eh' er
handelt; wir müssen ihn seine Handlung nicht bloß vollbringen,
sondern auch wollen sehen. An seinen Gedanken liegt uns un=   30
endlich mehr als an seinen Taten, und noch weit mehr an den
Quellen dieser Gedanken als an den Folgen jener Taten. Man
hat das Erdreich des Vesuvs untersucht, sich die Entstehung seines
Brandes zu erklären; warum schenkt man einer moralischen Er=
scheinung weniger Aufmerksamkeit als einer physischen? Warum   35
achtet man nicht in eben dem Grade auf die Beschaffenheit und
Stellung der Dinge, welche einen solchen Menschen umgaben, bis
der gesammelte Zunder in seinem Inwendigen Feuer fing? Den
Träumer, der das Wunderbare liebt, reizt eben das Seltsame
und Abenteuerliche einer solchen Erscheinung; der Freund der   40
Wahrheit sucht eine Mutter zu diesen verlorenen Kindern. Er
sucht sie in der unveränderlichen Struktur der menschlichen Seele
und in den veränderlichen Bedingungen, welche sie von außen

bestimmten, und in diesen beiden findet er sie gewiß. Ihn über=
rascht es nun nicht mehr, in dem nämlichen Beete, wo sonst über=
all heilsame Kräuter blühen, auch den giftigen Schierling gedeihen
zu sehen, Weisheit und Torheit, Laster und Tugend in einer
5 Wiege beisammen zu finden.

Wenn ich auch keinen der Vorteile hier in Anschlag bringe,
welche die Seelenkunde aus einer solchen Behandlungsart der
Geschichte zieht, so behält sie schon allein darum den Vorzug,
weil sie den grausamen Hohn und die stolze Sicherheit ausrottet,
10 womit gemeiniglich die ungeprüfte aufrechtstehende Tugend auf
die gefallne herunterblickt; weil sie den sanften Geist der Duldung
verbreitet, ohne welchen kein Flüchtling zurückkehrt, keine Aus=
söhnung des Gesetzes mit seinem Beleidiger stattfindet, kein ange=
stecktes Glied der Gesellschaft von dem gänzlichen Brande gerettet
15 wird.

Ob der Verbrecher, von dem ich jetzt sprechen werde, auch
noch ein Recht gehabt hätte, an jenen Geist der Duldung zu
appellieren? ob er wirklich ohne Rettung für den Körper des
Staats verloren war? — Ich will dem Ausspruch des Lesers
20 nicht vorgreifen. Unsre Gelindigkeit fruchtete ihm nichts mehr,
denn er starb durch des Henkers Hand — aber die Leichenöffnung
seines Lasters unterrichtet vielleicht die Menschheit, und — es ist
möglich, auch die Gerechtigkeit.

Christian Wolf war der Sohn eines Gastwirts in einer
25 . . .schen Landstadt (deren Namen man, aus Gründen, die sich
in der Folge aufklären, verschweigen muß) und half seiner Mutter,
denn der Vater war tot, bis in sein zwanzigstes Jahr die Wirt=
schaft besorgen. Die Wirtschaft war schlecht, und Wolf hatte
müßige Stunden. Schon von der Schule her war er für einen
30 losen Buben bekannt. Erwachsene Mädchen führten Klage über
seine Frechheit, und die Jungen des Städtchens huldigten seinem
erfindrischen Kopfe. Die Natur hatte seinen Körper verabsäumt.
Eine kleine unscheinbare Figur, krauses Haar von einer un=
angenehmen Schwärze, eine plattgedrückte Nase und eine ge=
35 schwollene Oberlippe, welche noch überdies durch den Schlag
eines Pferdes aus ihrer Richtung gewichen war, gaben seinem
Anblick eine Widrigkeit, welche alle Weiber von ihm zurück=
scheuchte und dem Witz seiner Kameraden eine reichliche Nahrung
darbot.

40 Er wollte ertrotzen, was ihm verweigert war; weil er miß=
fiel, setzte er sich vor, zu gefallen. Er war sinnlich und beredete
sich, daß er liebe. Das Mädchen, das er wählte, mißhandelte
ihn; er hatte Ursache zu fürchten, daß seine Nebenbuhler

glücklicher wären; doch das Mädchen war arm. Ein Herz, das
ſeinen Beteurungen verſchloſſen blieb, öffnete ſich vielleicht ſeinen
Geſchenken; aber ihn ſelbſt drückte Mangel, und der eitle Verſuch, ſeine Außenſeite geltend zu machen, verſchlang noch das
Wenige, was er durch eine ſchlechte Wirtſchaft erwarb. Zu 5
bequem und zu unwiſſend, ſeinem zerrütteten Hausweſen durch
Spekulation aufzuhelfen, zu ſtolz, auch zu weichlich, den Herrn,
der er bisher geweſen war, mit dem Bauer zu vertauſchen und
ſeiner angebeteten Freiheit zu entſagen, ſah er nur einen Aus-
weg vor ſich — den Tauſende vor ihm und nach ihm mit beſſerem 10
Glücke ergriffen haben —, den Ausweg, honett zu ſtehlen. Seine
Vaterſtadt grenzte an eine landesherrliche Waldung; er wurde
Wilddieb, und der Ertrag ſeines Raubes wanderte treulich in die
Hände ſeiner Geliebten.

Unter den Liebhabern Hannchens war Robert, ein Jäger- 15
purſche des Förſters. Frühzeitig merkte dieſer den Vorteil, den
die Freigebigkeit ſeines Nebenbuhlers über ihn gewonnen hatte,
und mit Scheelſucht forſchte er nach den Quellen dieſer Veränderung. Er zeigte ſich fleißiger in der „Sonne“ — dies war
das Schild zu dem Wirtshaus —, ſein laurendes Auge, von 20
Eiferſucht und Neide geſchärft, entdeckte ihm bald, woher dieſes
Geld floß. Nicht lange vorher war ein ſtrenges Edikt gegen die
Wildſchützen erneuert worden, welches den Übertreter zum Zuchthaus verdammte. Robert war unermüdet, die geheimen Gänge
ſeines Feinds zu beſchleichen; endlich gelang es ihm auch, den 25
Unbeſonnenen über der Tat zu ergreifen. Wolf wurde eingezogen, und nur mit Aufopferung ſeines ganzen kleinen Vermögens brachte er es mühſam dahin, die zuerkannte Strafe durch
eine Geldbuße abzuwenden.

Robert triumphierte. Sein Nebenbuhler war aus dem 30
Felde geſchlagen, und Hannchens Gunſt für den Bettler verloren. Wolf kannte ſeinen Feind, und dieſer Feind war der
glückliche Beſitzer ſeiner Johanne. Drückendes Gefühl des
Mangels geſellte ſich zu beleidigtem Stolze, Not und Eiferſucht
ſtürmen vereinigt auf ſeine Empfindlichkeit ein, der Hunger treibt 35
ihn hinaus in die weite Welt, Rache und Leidenſchaft halten ihn
feſt. Er wird zum zweitenmal Wilddieb; aber Roberts verdoppelte Wachſamkeit überliſtet ihn zum zweitenmal wieder.
Jetzt erfährt er die ganze Schärfe des Geſetzes; denn er hat nichts
mehr zu geben, und in wenigen Wochen wird er in das Zucht- 40
haus der Reſidenz abgeliefert.

Das Strafjahr war überſtanden, ſeine Leidenſchaft durch die
Entfernung gewachſen, und ſein Trotz unter dem Gewicht des

Unglücks gestiegen. Kaum erlangt er die Freiheit, so eilt er nach
seinem Geburtsort, sich seiner Johanne zu zeigen. Er erscheint:
man flieht ihn. Die dringende Not hat endlich seinen Hochmut
gebeugt und seine Weichlichkeit überwunden — er bietet sich den
5 Reichen des Orts an und will für den Taglohn dienen. Der
Bauer zuckt über den schwachen Zärtling die Achsel; der derbe
Knochenbau seines handfesten Mitbewerbers sticht ihn bei diesem
fühllosen Gönner aus. Er wagt einen letzten Versuch. Ein
Amt ist noch ledig, der äußerste verlorne Posten des ehrlichen
10 Namens — er meldet sich zum Hirten des Städtchens; aber der
Bauer will seine Schweine keinem Taugenichts anvertrauen. In
allen Entwürfen getäuscht, an allen Orten zurückgewiesen,
wird er zum drittenmal Wilddieb, und zum drittenmal trifft
ihn das Unglück, seinem wachsamen Feind in die Hände zu
15 fallen.

Der doppelte Rückfall hatte seine Verschuldung erschwert.
Die Richter sahen in das Buch der Gesetze, aber nicht einer in
die Gemütsfassung des Beklagten. Das Mandat gegen die Wild-
diebe bedurfte einer solennen und exemplarischen Genugtuung,
20 und Wolf ward verurteilt, das Zeichen des Galgens auf den
Rücken gebrannt, drei Jahre auf der Festung zu arbeiten.

Auch diese Periode verlief, und er ging von der Festung —
aber ganz anders, als er dahin gekommen war. Hier fängt eine
neue Epoche in seinem Leben an; man höre ihn selbst, wie er
25 nachher gegen seinen geistlichen Beistand und vor Gerichte bekannt hat. „Ich betrat die Festung", sagte er, „als ein Ver-
irrter und verließ sie als ein Lotterbube. Ich hatte noch etwas
in der Welt gehabt, das mir teuer war, und mein Stolz
krümmte sich unter der Schande. Wie ich auf die Festung ge-
30 bracht war, sperrte man mich zu dreiundzwanzig Gefangenen ein,
unter denen zwei Mörder und die übrigen alle berüchtigte Diebe
und Vagabunden waren. Man verhöhnte mich, wenn ich von
Gott sprach, und setzte mir zu, schändliche Lästerungen gegen den
Erlöser zu sagen. Man sang mir Hurenlieder vor, die ich, ein
35 liederlicher Bube, nicht ohne Ekel und Entsetzen hörte; aber was
ich ausüben sah, empörte meine Schamhaftigkeit noch mehr.
Kein Tag verging, wo nicht irgend ein schändlicher Lebenslauf
wiederholt, irgend ein schlimmer Anschlag geschmiedet ward.
Anfangs floh ich dieses Volk und verkroch mich vor ihren Ge-
40 sprächen, so gut mir's möglich war; aber ich brauchte ein Geschöpf, und die Barbarei meiner Wächter hatte mir auch meinen
Hund abgeschlagen. Die Arbeit war hart und tyrannisch, mein
Körper kränklich; ich brauchte Beistand, und wenn ich's aufrichtig

sagen soll, ich brauchte Bedaurung, und diese mußte ich mit dem
letzten Überrest meines Gewissens erkaufen. So gewöhnte ich
mich endlich an das Abscheulichste, und im letzten Vierteljahr
hatte ich meine Lehrmeister übertroffen.

„Von jetzt an lechzte ich nach dem Tag meiner Freiheit; wie
ich nach Rache lechzte. Alle Menschen hatten mich beleidigt; denn
alle waren besser und glücklicher als ich. Ich betrachtete mich
als den Märtyrer des natürlichen Rechts und als ein Schlachtopfer der Gesetze. Zähneknirschend rieb ich meine Ketten, wenn
die Sonne hinter meinem Festungsberg heraufkam; eine weite
Aussicht ist zwiefache Hölle für einen Gefangenen. Der freie
Zugwind, der durch die Luftlöcher meines Turmes pfiffe, und
die Schwalbe, die sich auf dem eisernen Stab meines Gitters
niederließ, schienen mich mit ihrer Freiheit zu necken und machten
mir meine Gefangenschaft desto gräßlicher. Damals gelobte ich
unversöhnlichen glühenden Haß allem, was dem Menschen gleicht,
und was ich gelobte, hab' ich redlich gehalten.

„Mein erster Gedanke, sobald ich mich frei sah, war meine
Vaterstadt. So wenig auch für meinen künftigen Unterhalt da
zu hoffen war, so viel versprach sich mein Hunger nach Rache.
Mein Herz klopfte wilder, als der Kirchturm von weitem aus
dem Gehölze stieg. Es war nicht mehr das herzliche Wohlbehagen, wie ich's bei meiner ersten Wallfahrt empfunden hatte. —
Das Andenken alles Ungemachs, aller Verfolgungen, die ich dort
einst erlitten hatte, erwachte mit einemmal aus einem schrecklichen Todesschlaf; alle Wunden bluteten wieder, alle Narben
gingen auf. Ich verdoppelte meine Schritte; denn es erquickte
mich im voraus, meine Feinde durch meinen plötzlichen Anblick
in Schrecken zu setzen, und ich dürstete jetzt ebenso sehr nach neuer
Erniedrigung, als ich ehmals davor gezittert hatte.

„Die Glocken läuteten zur Vesper, als ich mitten auf dem
Markte stand. Die Gemeine wimmelte zur Kirche. Man erkannte mich schnell; jedermann, der mir aufstieß, trat scheu zurück. Ich hatte von jeher die kleinen Kinder sehr lieb gehabt,
und auch jetzt übermannte mich's unwillkürlich, daß ich einem
Knaben, der neben mir vorbeihüpfte, einen Groschen bot. Der
Knabe sah mich einen Augenblick starr an und warf mir den
Groschen ins Gesichte. Wäre mein Blut nur etwas ruhiger gewesen, so hätte ich mich erinnert, daß der Bart, den ich noch
von der Festung mitbrachte, meine Gesichtszüge bis zum Gräßlichen entstellte — aber mein böses Herz hatte meine Vernunft
angesteckt. Tränen, wie ich sie nie geweint hatte, liefen über
meine Backen.

„Der Knabe weiß nicht, wer ich bin, noch woher ich komme,
sagte ich halblaut zu mir selbst, und doch meidet er mich wie ein
schändliches Tier. Bin ich denn irgendwo auf der Stirne gezeichnet, oder habe ich aufgehört, einem Menschen ähnlich zu
5 sehen, weil ich fühle, daß ich keinen mehr lieben kann? — Die
Verachtung dieses Knaben schmerzte mich bitterer als dreijähriger
Galiotendienst; denn ich hatte ihm Gutes getan und konnte ihn
keines persönlichen Hasses beschuldigen.

„Ich setzte mich auf einen Zimmerplatz, der Kirche gegenüber;
10 was ich eigentlich wollte, weiß ich nicht; doch ich weiß noch, daß
ich mit Erbitterung aufstand, als von allen meinen vorübergehenden Bekannten keiner mich nur eines Grußes gewürdigt hatte,
auch nicht einer. Unwillig verließ ich meinen Standort, eine
Herberge aufzusuchen; als ich an der Ecke einer Gasse umlenkte,
15 rannte ich gegen meine Johanne. ‚Sonnenwirt!‘ schrie sie
laut auf und machte eine Bewegung, mich zu umarmen. ‚Du
wieder da, lieber Sonnenwirt! Gott sei Dank, daß du wieder-
kömmst!‘ Hunger und Elend sprach aus ihrer Bedeckung, eine
schändliche Krankheit aus ihrem Gesichte, ihr Anblick verkündigte
20 die verworfenste Kreatur, zu der sie erniedrigt war. Ich ahndete
schnell, was hier geschehen sein möchte; einige fürstliche Drago-
ner, die mir eben begegnet waren, ließen mich erraten, daß
Garnison in dem Städtchen lag. ‚Soldatendirne!‘ rief ich und
drehte ihr lachend den Rücken zu. Es tat mir wohl, daß noch
25 ein Geschöpf unter mir war im Rang der Lebendigen. Ich hatte
sie niemals geliebt.

„Meine Mutter war tot. Mit meinem kleinen Hause hatten
sich meine Kreditoren bezahlt gemacht. Ich hatte niemand und
nichts mehr. Alle Welt floh mich wie einen Giftigen; aber ich
30 hatte endlich verlernt, mich zu schämen. Vorher hatte ich mich
dem Anblick der Menschen entzogen, weil Verachtung mir unerträglich war. Jetzt drang ich mich auf und ergötzte mich, sie zu
verscheuchen. Es war mir wohl, weil ich nichts mehr zu verlieren und nichts mehr zu hüten hatte. Ich brauchte keine gute
35 Eigenschaft mehr, weil man keine mehr bei mir vermutete.

„Die ganze Welt stand mir offen, ich hätte vielleicht in einer
fremden Provinz für einen ehrlichen Mann gegolten; aber ich
hatte den Mut verloren, es auch nur zu scheinen. Verzweiflung
und Schande hatten mir endlich diese Sinnesart aufgezwungen.
40 Es war die letzte Ausflucht, die mir übrig war, die Ehre entbehren zu lernen, weil ich an keine mehr Anspruch machen durfte.
Hätten meine Eitelkeit und mein Stolz meine Erniedrigung erlebt,
so hätte ich mich selber entleiben müssen.

„Was ich nunmehr eigentlich beschlossen hatte, war mir selber
noch unbekannt. Ich wollte Böses tun, so viel erinnere ich mich
noch dunkel. Ich wollte mein Schicksal verdienen. Die Gesetze,
meinte ich, wären Wohltaten für die Welt; also faßte ich den
Vorsatz, sie zu verletzen; ehmals hatte ich aus Notwendigkeit ⁵
und Leichtsinn gesündigt, jetzt tat ich's aus freier Wahl zu
meinem Vergnügen.

„Mein erstes war, daß ich mein Wildschießen fortsetzte. Die
Jagd überhaupt war mir nach und nach zur Leidenschaft geworden, und außerdem mußte ich ja leben. Aber dies war es ¹⁰
nicht allein; es kitzelte mich, das fürstliche Edikt zu verhöhnen
und meinem Landesherrn nach allen Kräften zu schaden. Ergriffen zu werden, besorgte ich nicht mehr; denn jetzt hatte ich
eine Kugel für meinen Entdecker bereit, und das wußte ich, daß
mein Schuß seinen Mann nicht fehlte. Ich erlegte alles Wild, ¹⁵
das mir aufstieß, nur weniges machte ich auf der Grenze zu
Gelde, das meiste ließ ich verwesen. Ich lebte kümmerlich, um
nur den Aufwand an Blei und Pulver zu bestreiten. Meine Ver-
heerungen in der großen Jagd wurden ruchtbar, aber mich drückte
kein Verdacht mehr. Mein Anblick löschte ihn aus. Mein Name ²⁰
war vergessen.

„Diese Lebensart trieb ich mehrere Monate. Eines Morgens
hatte ich nach meiner Gewohnheit das Holz durchstrichen, die
Fährte eines Hirsches zu verfolgen. Zwei Stunden hatte ich
mich vergeblich ermüdet, und schon fing ich an, meine Beute ver- ²⁵
loren zu geben, als ich sie auf einmal in schußgerechter Entfernung
entdecke. Ich will anschlagen und abdrücken — aber plötzlich
erschreckt mich der Anblick eines Hutes, der wenige Schritte vor
mir auf der Erde liegt. Ich forsche genauer und erkenne den
Jäger Robert, der hinter dem dicken Stamm einer Eiche auf ³⁰
eben das Wild anschlägt, dem ich den Schuß bestimmt hatte.
Eine tödliche Kälte fährt bei diesem Anblick durch meine Gebeine.
Just das war der Mensch, den ich unter allen lebendigen Dingen
am gräßlichsten haßte, und dieser Mensch war in die Gewalt
meiner Kugel gegeben. In diesem Augenblick dünkte mich's, als ³⁵
ob die ganze Welt in meinem Flintenschuß läge und der Haß
meines ganzen Lebens in die einzige Fingerspitze sich zusammen-
drängte, womit ich den mörderischen Druck tun sollte. Eine
unsichtbare fürchterliche Hand schwebte über mir, der Stunden-
weiser meines Schicksals zeigte unwiderruflich auf diese schwarze ⁴⁰
Minute. Der Arm zitterte mir, da ich meiner Flinte die schreckliche Wahl erlaubte — meine Zähne schlugen zusammen wie im
Fieberfrost, und der Odem sperrte sich erstickend in meiner Lunge.

Eine Minute lang blieb der Lauf meiner Flinte ungewiß zwischen
dem Menschen und dem Hirsch mitten inne schwanken — eine
Minute — und noch eine — und wieder eine. Rache und Gewissen rangen hartnäckig und zweifelhaft; aber die Rache ge-
5 wann's, und der Jäger lag tot am Boden.

„Mein Gewehr fiel mit dem Schusse..... Mörder .....
stammelte ich langsam — der Wald war still wie ein Kirchhof —
ich hörte deutlich, daß ich ‚Mörder' sagte. Als ich näher schlich,
starb der Mann. Lange stand ich sprachlos vor dem Toten; ein
10 helles Gelächter endlich machte mir Luft. ‚Wirst du jetzt reinen
Mund halten, guter Freund!' sagte ich und trat keck hin, indem
ich zugleich das Gesicht des Ermordeten auswärts kehrte. Die
Augen standen ihm weit auf. Ich wurde ernsthaft und schwieg
plötzlich wieder stille. Es fing mir an seltsam zu werden.

15 „Bis hieher hatte ich auf Rechnung meiner Schande gefrevelt;
jetzt war etwas geschehen, wofür ich noch nicht gebüßt hatte.
Eine Stunde vorher, glaube ich, hätte mich kein Mensch über-
redet, daß es noch etwas Schlechteres als mich unter dem
Himmel gebe; jetzt fing ich an zu mutmaßen, daß ich vor einer
20 Stunde wohl gar zu beneiden war.

„Gottes Gerichte fielen mir nicht ein, wohl aber eine — ich
weiß nicht welche — verwirrte Erinnerung an Strang und
Schwert und die Exekution einer Kindermörderin, die ich als
Schuljunge mit angesehen hatte. Etwas ganz besonders Schreck-
25 bares lag für mich in dem Gedanken, daß von jetzt an mein
Leben verwirkt sei. Auf mehreres besinne ich mich nicht mehr.
Ich wünschte gleich darauf, daß er noch lebte. Ich tat mir
Gewalt an, mich lebhaft an alles Böse zu erinnern, das mir der
Tote im Leben zugefügt hatte, aber sonderbar! mein Gedächt-
30 nis war wie ausgestorben. Ich konnte nichts mehr von alledem
hervorrufen, was mich vor einer Viertelstunde zum Rasen gebracht hatte. Ich begriff gar nicht, wie ich zu dieser Mordtat
gekommen war.

„Noch stand ich vor der Leiche, noch immer. Das Knallen
35 einiger Peitschen und das Geknarre von Frachtwagen, die durchs
Holz fuhren, brachte mich zu mir selbst. Es war kaum eine
Viertelmeile abseits der Heerstraße, wo die Tat geschehen war.
Ich mußte auf meine Sicherheit denken.

„Unwillkürlich verlor ich mich tiefer in den Wald. Auf dem
40 Wege fiel mir ein, daß der Entleibte sonst eine Taschenuhr besessen
hätte. Ich brauchte Geld, um die Grenze zu erreichen — und
doch fehlte mir der Mut, nach dem Platz umzuwenden, wo der
Tote lag. Hier erschreckte mich ein Gedanke an den Teufel und

eine Allgegenwart Gottes. Ich raffte meine ganze Kühnheit
zusammen; entschlossen, es mit der ganzen Hölle aufzunehmen,
ging ich nach der Stelle zurück. Ich fand, was ich erwartet
hatte, und in einer grünen Börse noch etwas weniges über einen
Taler an Gelde. Eben da ich beides zu mir stecken wollte, hielt 5
ich plötzlich inn und überlegte. Es war keine Anwandlung von
Scham, auch nicht Furcht, mein Verbrechen durch Plünderung
zu vergrößern — Trotz, glaube ich, war es, daß ich die Uhr
wieder von mir warf und von dem Gelde nur die Hälfte behielt.
Ich wollte für einen persönlichen Feind des Erschossenen, aber 10
nicht für seinen Räuber gehalten sein.

„Jetzt floh ich waldeinwärts. Ich wußte, daß das Holz sich
vier deutsche Meilen nordwärts erstreckte und dort an die Grenzen des Landes stieß. Bis zum hohen Mittage lief ich atemlos.
Die Eilfertigkeit meiner Flucht hatte meine Gewissensangst zer- 15
streut; aber sie kam schrecklicher zurück, wie meine Kräfte mehr
und mehr ermatteten. Tausend gräßliche Gestalten gingen an
mir vorüber und schlugen wie schneidende Messer in meine Brust.
Zwischen einem Leben voll rastloser Todesfurcht und einer gewaltsamen Entleibung war mir jetzt eine schreckliche Wahl ge- 20
lassen, und ich mußte wählen. Ich hatte das Herz nicht, durch
Selbstmord aus der Welt zu gehen, und entsetzte mich vor der
Aussicht, darin zu bleiben. Geklemmt zwischen die gewissen
Qualen des Lebens und die ungewissen Schrecken der Ewigkeit,
gleich unfähig, zu leben und zu sterben, brachte ich die sechste 25
Stunde meiner Flucht dahin, eine Stunde, vollgepreßt von
Qualen, wovon noch kein lebendiger Mensch zu erzählen weiß.

„In mich gekehrt und langsam, ohne mein Wissen den Hut
tief ins Gesicht gedrückt, als ob mich dies vor dem Auge der
leblosen Natur hätte unkenntlich machen können, hatte ich unver- 30
merkt einen schmalen Fußsteig verfolgt, der mich durch das
dunkelste Dickicht führte — als plötzlich eine rauhe befehlende
Stimme vor mir her ‚Halt!‘ rufte. Die Stimme war ganz nahe,
meine Zerstreuung und der heruntergedrückte Hut hatten mich
verhindert, um mich herumzuschauen. Ich schlug die Augen auf 35
und sah einen wilden Mann auf mich zukommen, der eine große
knotichte Keule trug. Seine Figur ging ins Riesenmäßige —
meine erste Bestürzung wenigstens hatte mich dies glauben gemacht —, und die Farbe seiner Haut war von einer gelben Mu-
lattenschwärze, woraus das Weiße eines schielenden Auges bis 40
zum Grassen hervortrat. Er hatte, statt eines Gurts, ein dickes
Seil zwiefach um einen grünen wollenen Rock geschlagen, worin
ein breites Schlachtmesser bei einer Pistole stak. Der Ruf wurde

wiederholt, und ein kräftiger Arm hielt mich fest. Der Laut
eines Menschen hatte mich in Schrecken gejagt, aber der Anblick
eines Bösewichts gab mir Herz. In der Lage, worin ich jetzt
war, hatte ich Ursache, vor jedem redlichen Mann, aber keine
5 mehr, vor einem Räuber zu zittern.

„‚Wer da?‘ sagte diese Erscheinung.

„‚Deinesgleichen,‘ war meine Antwort, ‚wenn du der wirk=
lich bist, dem du gleich siehst!‘

„‚Dahinaus geht der Weg nicht. Was hast du hier zu suchen?‘
10 „‚Was hast du hier zu fragen?‘ versetzte ich trotzig.

„Der Mann betrachtete mich zweimal vom Fuß bis zum
Wirbel. Es schien, als ob er meine Figur gegen die seinige und
meine Antwort gegen meine Figur halten wollte — ‚Du sprichst
brutal wie ein Bettler,‘ sagte er endlich.

15 „‚Das mag sein. Ich bin's noch gestern gewesen.‘

„Der Mann lachte. ‚Man sollte darauf schwören,‘ rief er,
‚du wolltest auch noch jetzt für nichts Bessers gelten.‘

„‚Für etwas Schlechteres also‘ — Ich wollte weiter.

„‚Sachte, Freund! Was jagt dich denn so? Was hast du
20 für Zeit zu verlieren?‘

„‚Ich besann mich einen Augenblick. Ich weiß nicht, wie mir
das Wort auf die Zunge kam: ‚Das Leben ist kurz,‘ sagte ich
langsam, ‚und die Hölle währt ewig.‘

„‚Er sah mich stier an. ‚Ich will verdammt sein,‘ sagte er
25 endlich, ‚oder du bist irgend an einem Galgen hart vorbei=
gestreift.‘

„‚Das mag wohl noch kommen. Also auf Wiedersehen,
Kamerade!‘

„‚Topp, Kamerade!‘ — schrie er, indem er eine zinnerne
30 Flasche aus seiner Jagdtasche hervorlangte, einen kräftigen Schluck
daraus tat und mir sie reichte. Flucht und Beängstigung hatten
meine Kräfte aufgezehrt, und diesen ganzen entsetzlichen Tag
war noch nichts über meine Lippen gekommen. Schon fürchtete
ich, in dieser Waldgegend zu verschmachten, wo auf drei Meilen
35 in der Runde kein Labsal für mich zu hoffen war. Man urteile,
wie froh ich auf diese angebotne Gesundheit Bescheid tat. Neue
Kraft floß mit diesem Erquicktrunk in meine Gebeine und frischer
Mut in mein Herz und Hoffnung und Liebe zum Leben. Ich
fing an zu glauben, daß ich doch wohl nicht ganz elend wäre;
40 so viel konnte dieser willkommene Trank. Ja, ich bekenne es,
mein Zustand grenzte wieder an einen glücklichen; denn endlich,
nach tausend fehlgeschlagenen Hoffnungen, hatte ich eine Kreatur

gefunden, die mir ähnlich schien. In dem Zustande, worein
ich versunken war, hätte ich mit dem höllischen Geiste Kamerad=
schaft getrunken, um einen Vertrauten zu haben.

„Der Mann hatte sich aufs Gras hingestreckt; ich tat ein
gleiches.   5

„‚Dein Trunk hat mir wohl getan,‘ sagte ich. ‚Wir müssen
bekannter werden.‘

„Er schlug Feuer, seine Pfeife zu zünden.

„‚Treibst du das Handwerk schon lange?‘

„Er sah mich fest an. ‚Was willst du damit sagen?‘   10

„‚War das schon oft blutig?‘ Ich zog das Messer aus seinem
Gürtel.

„‚Wer bist du?‘ sagte er schrecklich und legte die Pfeife
von sich.

„‚Ein Mörder wie du — aber nur erst ein Anfänger.‘   15

„‚Der Mensch sah mich steif an und nahm seine Pfeife wieder.

„‚Du bist nicht hier zu Hause?‘ sagte er endlich.

„‚Drei Meilen von hier. Der Sonnenwirt in L..., wenn
du von mir gehört hast.‘

„Der Mann sprang auf wie ein Besessner. ‚Der Wild=   20
schütze Wolf?‘ schrie er hastig.

„‚Der nämliche.‘

„‚Willkommen, Kamerad! Willkommen!‘ rief er und schüt=
telte mir kräftig die Hände. ‚Das ist brav, daß ich dich endlich
habe, Sonnenwirt! Jahr und Tag schon sinn' ich darauf, dich 25
zu kriegen. Ich kenne dich recht gut. Ich weiß um alles. Ich
habe lange auf dich gerechnet.‘

„‚Auf mich gerechnet? Wozu denn?‘

„‚Die ganze Gegend ist voll von dir. Du hast Feinde, ein
Amtmann hat dich gedrückt, Wolf! Man hat dich zugrunde   30
gerichtet, himmelschreiend ist man mit dir umgegangen.‘

„‚Der Mann wurde hitzig — ‚Weil du ein paar Schweine
geschossen hast, die der Fürst auf unsern Äckern und Feldern
füttert, haben sie dich jahrelang im Zuchthaus und auf der
Festung herumgezogen, haben sie dich um Haus und Wirtschaft 35
bestohlen, haben sie dich zum Bettler gemacht. Ist es dahin ge=
kommen, Bruder, daß der Mensch nicht mehr gelten soll als ein
Hase? Sind wir nicht besser als das Vieh auf dem Felde? —
und ein Kerl wie du konnte das dulden?‘

„‚Konnt' ich's ändern?‘   40

„‚Das werden wir ja wohl sehen. Aber sage mir doch, woher
kömmst du denn jetzt, und was führst du im Schilde?‘

„Ich erzählte ihm meine ganze Geschichte. Der Mann, ohne
abzuwarten, bis ich zu Ende war, sprang mit froher Ungeduld
auf, und mich zog er nach. ‚Komm, Bruder Sonnenwirt,‘
sagte er, ‚jetzt bist du reif, jetzt hab’ ich dich, wo ich dich
5 brauchte. Ich werde Ehre mit dir einlegen. Folge mir!‘

„‚Wo willst du mich hinführen?‘

„‚Frage nicht lange! Folge!‘ — Er schleppte mich mit Gewalt fort.

„Wir waren eine kleine Viertelmeile gegangen. Der Wald
10 wurde immer abschüssiger, unwegsamer und wilder, keiner von
uns sprach ein Wort, bis mich endlich die Pfeife meines Führers
aus meinen Betrachtungen aufschreckte. Ich schlug die Augen
auf; wir standen am schroffen Absturz eines Felsen, der sich in
eine tiefe Kluft hinunterbückte. Eine zwote Pfeife antwortete
15 aus dem innersten Bauche des Felsen, und eine Leiter kam, wie
von sich selbst, langsam aus der Tiefe gestiegen. Mein Führer
kletterte zuerst hinunter, mich hieß er warten, bis er wiederkäme.
‚Erst muß ich den Hund an Ketten legen lassen,‘ setzte er hinzu;
‚du bist hier fremd, die Bestie würde dich zerreißen.‘ Damit
20 ging er.

„Jetzt stand ich allein vor dem Abgrund, und ich wußte recht
gut, daß ich allein war. Die Unvorsichtigkeit meines Führers
entging meiner Aufmerksamkeit nicht. Es hätte mich nur einen
beherzten Entschluß gekostet, die Leiter heraufzuziehen, so war
25 ich frei, und meine Flucht war gesichert. Ich gestehe, daß ich
das einsah. Ich sah in den Schlund hinab, der mich jetzt auf-
nehmen sollte; es erinnerte mich dunkel an den Abgrund der
Hölle, woraus keine Erlösung mehr ist. Mir fing an vor der
Laufbahn zu schaudern, die ich nunmehr betreten wollte; nur
30 eine schnelle Flucht konnte mich retten. Ich beschließe diese Flucht
— schon strecke ich den Arm nach der Leiter aus — aber auf einmal donnert’s in meinen Ohren, es umhallt mich wie Hohngelächter der Hölle: ‚Was hat ein Mörder zu wagen?‘ — und
mein Arm fällt gelähmt zurück. Meine Rechnung war völlig, die
35 Zeit der Reue war dahin, mein begangener Mord lag hinter mir
aufgetürmt wie ein Fels und sperrte meine Rückkehr auf ewig.
Zugleich erschien auch mein Führer wieder und kündigte mir
an, daß ich kommen sollte. Jetzt war ohnehin keine Wahl mehr.
Ich kletterte hinunter.

40   „Wir waren wenige Schritte unter der Felsmauer weg-
gegangen, so erweiterte sich der Grund, und einige Hütten
wurden sichtbar. Mitten zwischen diesen öffnete sich ein runder
Rasenplatz, auf welchem sich eine Anzahl von achtzehn bis zwanzig

Menschen um ein Kohlfeuer gelagert hatte. ‚Hier, Ka=
meraden,‘ sagte mein Führer und stellte mich mitten in den
Kreis. ‚Unser Sonnenwirt! heißt ihn willkommen!‘

‚‚Sonnenwirt!‘ schrie alles zugleich, und alles fuhr auf
und drängte sich um mich her, Männer und Weiber. Soll ich's 5
gestehn? Die Freude war ungeheuchelt und herzlich; Vertrauen,
Achtung sogar erschien auf jedem Gesichte; dieser drückte mir die
Hand, jener schüttelte mich vertraulich am Kleide, der ganze
Auftritt war wie das Wiedersehen eines alten Bekannten, der
einem wert ist. Meine Ankunft hatte den Schmaus unterbrochen, 10
der eben anfangen sollte. Man setzte ihn sogleich fort und nötigte
mich, den Willkomm zu trinken. Wildbret aller Art war die
Mahlzeit, und die Weinflasche wanderte unermüdet von Nach=
bar zu Nachbar. Wohlleben und Einigkeit schien die ganze
Bande zu beseelen, und alles wetteiferte, seine Freude über mich 15
zügelloser an den Tag zu legen.

‚‚Man hatte mich zwischen zwei Weibspersonen sitzen lassen,
welches der Ehrenplatz an der Tafel war. Ich erwartete den
Auswurf ihres Geschlechts; aber wie groß war meine Ver=
wunderung, als ich unter dieser schändlichen Rotte die schönsten 20
weiblichen Gestalten entdeckte, die mir jemals vor Augen ge=
kommen. Margarete, die älteste und schönste von beiden,
ließ sich Jungfer nennen und konnte kaum fünfundzwanzig sein.
Sie sprach sehr frech, und ihre Gebärden sagten noch mehr.
Marie, die jüngere, war verheuratet, aber einem Manne ent= 25
laufen, der sie mißhandelt hatte. Sie war feiner gebildet, sah
aber blaß aus und schmächtig und fiel weniger ins Auge als
ihre feurige Nachbarin. Beide Weiber eiferten aufeinander,
meine Begierden zu entzünden; die schöne Margarete kam
meiner Blödigkeit durch freche Scherze zuvor; aber das ganze 30
Weib war mir zuwider, und mein Herz hatte die schüchterne
Marie auf immer gefangen.

‚‚Du siehst, Bruder Sonnenwirt,‘ fing der Mann jetzt an,
der mich hergebracht hatte, ‚du siehst, wie wir untereinander
leben, und jeder Tag ist dem heutigen gleich. Nicht wahr, 35
Kameraden?‘

‚‚Jeder Tag wie der heutige!‘ wiederholte die ganze Bande.

‚‚Kannst du dich also entschließen, an unserer Lebensart
Gefallen zu finden, so schlag ein und sei unser Anführer! Bis
jetzt bin ich es gewesen; aber dir will ich weichen. Seid ihr's 40
zufrieden, Kameraden?‘

‚‚Ein fröhliches Ja antwortete aus allen Kehlen.

„Mein Kopf glühte, mein Gehirne war betäubt, von Wein
und Begierden siedete mein Blut. Die Welt hatte mich aus-
geworfen wie einen Verpesteten — hier fand ich brüderliche
Aufnahme, Wohlleben und Ehre. Welche Wahl ich auch treffen
5 wollte, so erwartete mich Tod; hier aber konnte ich wenigstens
mein Leben für einen höheren Preis verkaufen. Wollust war
meine wütendste Neigung; das andere Geschlecht hatte mir bis
jetzt nur Verachtung bewiesen, hier erwarteten mich Gunst und
zügellose Vergnügungen. Mein Entschluß kostete mich wenig.
10 ‚Ich bleibe bei euch, Kameraden,‘ rief ich laut mit Entschlossen-
heit und trat mitten unter die Bande; ‚ich bleibe bei euch,‘ rief
ich nochmals, ‚wenn ihr mir meine schöne Nachbarin abtretet!‘
— Alle kamen überein, mein Verlangen zu bewilligen; ich war
erklärter Eigentümer einer H*** und das Haupt einer Diebes-
15 bande.“

Den folgenden Teil der Geschichte übergehe ich ganz; das
bloß Abscheuliche hat nichts Unterrichtendes für den Leser. Ein
Unglücklicher, der bis zu dieser Tiefe heruntersank, mußte sich
endlich alles erlauben, was die Menschheit empört — aber einen
20 zweiten Mord beging er nicht mehr, wie er selbst auf der Folter
bezeugte.

Der Ruf dieses Menschen verbreitete sich in kurzem durch die
ganze Provinz. Die Landstraßen wurden unsicher, nächtliche
Einbrüche beunruhigten den Bürger, der Name des Sonnen-
25 wirts wurde der Schrecken des Landvolks, die Gerechtigkeit
suchte ihn auf, und eine Prämie wurde auf seinen Kopf gesetzt.
Er war so glücklich, jeden Anschlag auf seine Freiheit zu vereiteln, und verschlagen genug, den Aberglauben des wunder-
süchtigen Bauren zu seiner Sicherheit zu benutzen. Seine Ge-
30 hilfen mußten aussprengen, er habe einen Bund mit dem Teufel
gemacht und könne hexen. Der Distrikt, auf welchem er seine
Rolle spielte, gehörte damals noch weniger als jetzt zu den aufgeklärten Deutschlands; man glaubte diesem Gerüchte, und seine
Person war gesichert. Niemand zeigte Lust, mit dem gefähr-
35 lichen Kerl anzubinden, dem der Teufel zu Diensten stünde.

Ein Jahr schon hatte er das traurige Handwerk getrieben,
als es anfing, ihm unerträglich zu werden. Die Rotte, an deren
Spitze er sich gestellt hatte, erfüllte seine glänzenden Erwartungen
nicht. Eine verführerische Außenseite hatte ihn damals im Tau-
40 mel des Weines geblendet; jetzt wurde er mit Schrecken gewahr,
wie abscheulich er hintergangen worden. Hunger und Mangel
traten an die Stelle des Überflusses, womit man ihn eingewiegt
hatte; sehr oft mußte er sein Leben an eine Mahlzeit wagen, die

kaum hinreichte, ihn vor dem Verhungern zu schützen. Das
Schattenbild jener brüderlichen Eintracht verschwand; Neid,
Argwohn und Eifersucht wüteten im Innern dieser verworfenen
Bande. Die Gerechtigkeit hatte demjenigen, der ihn lebendig
ausliefern würde, Belohnung, und wenn es ein Mitschuldiger 5
wäre, noch eine feierliche Begnadigung zugesagt — eine mächtige
Versuchung für den Auswurf der Erde! Der Unglückliche kannte
seine Gefahr. Die Redlichkeit derjenigen, die Menschen und
Gott verrieten, war ein schlechtes Unterpfand seines Lebens.
Sein Schlaf war von jetzt an dahin; ewige Todesangst zerfraß 10
seine Ruhe; das gräßliche Gespenst des Argwohns rasselte
hinter ihm, wo er hinfloh, peinigte ihn, wenn er wachte, bettete
sich neben ihm, wenn er schlafen ging, und schreckte ihn in entsetzlichen Träumen. Das verstummte Gewissen gewann zugleich
seine Sprache wieder, und die schlafende Natter der Reue wachte 15
bei diesem allgemeinen Sturm seines Busens auf. Sein ganzer
Haß wandte sich jetzt von der Menschheit und kehrte seine schreckliche Schneide gegen ihn selber. Er vergab jetzt der ganzen
Natur und fand niemand als sich allein zu verfluchen.

Das Laster hatte seinen Unterricht an dem Unglücklichen voll- 20
endet; sein natürlich guter Verstand siegte endlich über die traurige Täuschung. Jetzt fühlte er, wie tief er gefallen war; ruhigere
Schwermut trat an die Stelle knirschender Verzweiflung. Er
wünschte mit Tränen die Vergangenheit zurück; jetzt wußte er
gewiß, daß er sie ganz anders wiederholen würde. Er fing an 25
zu hoffen, daß er noch rechtschaffen werden dürfe, weil er bei
sich empfand, daß er es könne. Auf dem höchsten Gipfel seiner
Verschlimmerung war er dem Guten näher, als er vielleicht
vor seinem ersten Fehltritt gewesen war.

Um eben diese Zeit war der Siebenjährige Krieg ausgebrochen, 30
und die Werbungen gingen stark. Der Unglückliche schöpfte
Hoffnung von diesem Umstand und schrieb einen Brief an seinen
Landesherrn, den ich auszugsweise hier einrücke.

„Wenn Ihre fürstliche Huld sich nicht ekelt, bis zu mir
herunter zu steigen, wenn Verbrecher meiner Art nicht außer- 35
halb Ihrer Erbarmung liegen, so gönnen Sie mir Gehör, durch-
lauchtigster Oberherr! Ich bin Mörder und Dieb, das Gesetz
verdammt mich zum Tode, die Gerichte suchen mich auf — und
ich biete mich an, mich freiwillig zu stellen. Aber ich bringe
zugleich eine seltsame Bitte vor Ihren Thron. Ich verabscheue 40
mein Leben und fürchte den Tod nicht; aber schrecklich ist mir's,
zu sterben, ohne gelebt zu haben. Ich möchte leben, um einen
Teil des Vergangenen gut zu machen; ich möchte leben, um

den Staat zu versöhnen, den ich beleidigt habe. Meine Hin=
richtung wird ein Beispiel sein für die Welt, aber kein Ersatz
meiner Taten. Ich hasse das Laster und sehne mich feurig nach
Rechtschaffenheit und Tugend. Ich habe Fähigkeiten gezeigt,
5 meinem Vaterland furchtbar zu werden; ich hoffe, daß mir
noch einige übrig geblieben sind, ihm zu nützen.

„Ich weiß, daß ich etwas Unerhörtes begehre. Mein Leben
ist verwirkt, mir steht es nicht an, mit der Gerechtigkeit Unter=
handlung zu pflegen. Aber ich erscheine nicht in Ketten und
10 Banden vor Ihnen — noch bin ich frei — und meine Furcht hat
den kleinsten Anteil an meiner Bitte.

„Es ist Gnade, um was ich flehe. Einen Anspruch auf Ge=
rechtigkeit, wenn ich auch einen hätte, wage ich nicht mehr geltend
zu machen. — Doch an etwas darf ich meinen Richter erinnern.
15 Die Zeitrechnung meiner Verbrechen fängt mit dem Urteilspruch
an, der mich auf immer um meine Ehre brachte. Wäre mir da=
mals die Billigkeit minder versagt worden, so würde ich jetzt
vielleicht keiner Gnade bedürfen.

„Lassen Sie Gnade für Recht ergehen, mein Fürst! Wenn es
20 in Ihrer fürstlichen Macht steht, das Gesetz für mich zu erbitten,
so schenken Sie mir das Leben! Es soll Ihrem Dienste von nun
an gewidmet sein. Wenn Sie es können, so lassen Sie mich
Ihren gnädigsten Willen aus öffentlichen Blättern vernehmen,
und ich werde mich auf Ihr fürstliches Wort in der Hauptstadt
25 stellen. Haben Sie es anders mit mir beschlossen, so tue die
Gerechtigkeit denn das Ihrige! ich muß das Meinige tun.“

Diese Bittschrift blieb ohne Antwort, wie auch eine zwote
und dritte, worin der Supplikant um eine Reuterstelle im Dienste
des Fürsten bat. Seine Hoffnung zu einem Pardon erlosch
30 gänzlich; er faßte also den Entschluß, aus dem Land zu fliehen
und im Dienste des Königs von Preußen als ein braver Soldat
zu sterben.

Er entwischte glücklich seiner Bande und trat diese Reise an.
Der Weg führte ihn durch eine kleine Landstadt, wo er über=
35 nachten wollte. Kurze Zeit vorher waren durch das ganze Land
geschärftere Mandate zu strenger Untersuchung der Reisenden
ergangen, weil der Landesherr, ein Reichsfürst, im Kriege Partei
genommen hatte. Einen solchen Befehl hatte auch der Tor=
schreiber dieses Städtchens, der auf einer Bank vor dem Schlage
40 saß, als der Sonnenwirt geritten kam. Der Aufzug dieses
Mannes hatte etwas Possierliches und zugleich etwas Schreck=
liches und Wildes. Der hagre Klepper, den er ritt, und die
burleske Wahl seiner Kleidungsstücke, wobei wahrscheinlich weniger

17*

sein Geschmack als die Chronologie seiner Entwendungen zu Rat
gezogen war, kontrastierte seltsam genug mit einem Gesicht,
worauf so viele wütende Affekte, gleich den verstümmelten Leichen
auf einem Walplatz, verbreitet lagen. Der Torschreiber stutzte
beim Anblick dieses seltsamen Wanderers. Er war am Schlag-   5
baum grau geworden, und eine vierzigjährige Amtsführung
hatte in ihm einen unfehlbaren Physiognomen aller Landstreicher
erzogen. Der Falkenblick dieses Spürers verfehlte auch hier seinen
Mann nicht. Er sperrte sogleich das Stadttor und foderte dem
Reuter den Paß ab, indem er sich seines Zügels versicherte. Wolf   10
war auf Fälle dieser Art vorbereitet und führte auch wirklich einen
Paß bei sich, den er ohnlängst von einem geplünderten Kaufmann
erbeutet hatte. Aber dieses einzelne Zeugnis war nicht genug,
eine vierzigjährige Observanz umzustoßen und das Orakel am
Schlagbaum zu einem Widerruf zu bewegen. Der Torschreiber   15
glaubte seinen Augen mehr als diesem Papiere, und Wolf war
genötigt, ihm nach dem Amthaus zu folgen.

Der Oberamtmann des Orts untersuchte den Paß und erklärte ihn für richtig. Er war ein starker Anbeter der Neuigkeit
und liebte besonders, bei einer Bouteille über die Zeitung zu   20
plaudern. Der Paß sagte ihm, daß der Besitzer geradeswegs
aus den feindlichen Ländern käme, wo der Schauplatz des Krieges
war. Er hoffte Privatnachrichten aus dem Fremden herauszu-
locken und schickte einen Sekretär mit dem Paß zurück, ihn auf
eine Flasche Wein einzuladen.   25

Unterdessen hält der Sonnenwirt vor dem Amthaus; das
lächerliche Schauspiel hat den Janhagel des Städtchens scharen-
weise um ihn her versammelt. Man murmelt sich in die Ohren,
deutet wechselsweis auf das Roß und den Reuter; der Mut-
wille des Pöbels steigt endlich bis zu einem lauten Tumult.   30
Unglücklicherweise war das Pferd, worauf jetzt alles mit Fingern
wies, ein geraubtes; er bildet sich ein, das Pferd sei in Steck-
briefen beschrieben und erkannt. Die unerwartete Gastfreund-
lichkeit des Oberamtmanns vollendet seinen Verdacht. Jetzt hält
er's für ausgemacht, daß die Betrügerei seines Passes verraten   35
und diese Einladung nur die Schlinge sei, ihn lebendig und ohne
Widersetzung zu fangen. Böses Gewissen macht ihn zum Dumm-
kopf; er gibt seinem Pferde die Sporen und rennt davon, ohne
Antwort zu geben.

Diese plötzliche Flucht ist die Losung zum Aufstand.   40

„Ein Spitzbube!" ruft alles, und alles stürzt hinter ihm her.
Dem Reuter gilt es um Leben und Tod, er hat schon den Vorsprung, seine Verfolger keuchen atemlos nach, er ist seiner

Rettung nahe — aber eine schwere Hand drückt unsichtbar gegen
ihn; die Uhr seines Schicksals ist abgelaufen, die unerbittliche
Nemesis hält ihren Schuldner an.   Die Gasse, der er sich an=
vertraute, endigt in einem Sack, er muß rückwärts gegen seine
5 Verfolger umwenden.

Der Lärm dieser Begebenheit hat unterdessen das ganze
Städtchen in Aufruhr gebracht; Haufen sammeln sich zu Haufen,
alle Gassen sind gesperrt, ein Heer von Feinden kömmt im An=
marsch gegen ihn her.   Er zeigt eine Pistole; das Volk weicht, er
10 will sich mit Macht einen Weg durchs Gedränge bahnen.   „Dieser
Schuß", ruft er, „soll dem Tollkühnen, der mich halten will." —
Die Furcht gebietet eine allgemeine Pause — ein beherzter
Schlossergeselle endlich fällt ihm von hinten her in den Arm und
faßt den Finger, womit der Rasende eben losdrücken will, und
15 drückt ihn aus dem Gelenke.   Die Pistole fällt, der wehrlose
Mann wird vom Pferde herabgerissen und im Triumphe nach
dem Amthaus zurückgeschleppt.

„Wer seid Ihr?" frägt der Richter mit ziemlich brutalem Ton.

„Ein Mann, der entschlossen ist, auf keine Frage zu ant=
20 worten, bis man sie höflicher einrichtet."

„Wer sind Sie?"

„Für was ich mich ausgab.   Ich habe ganz Deutschland
durchreist und die Unverschämtheit nirgends als hier zu Hause
gefunden."

25 „Ihre schnelle Flucht macht Sie sehr verdächtig.   Warum
flohen Sie?"

„Weil ich's müde war, der Spott Ihres Pöbels zu sein."

„Sie drohten, Feuer zu geben."

„Meine Pistole war nicht geladen."   Man untersuchte das
30 Gewehr; es war keine Kugel darin.

„Warum führen Sie heimliche Waffen bei sich?"

„Weil ich Sachen von Wert bei mir trage, und weil man
mich vor einem gewissen Sonnenwirt gewarnt hat, der in diesen
Gegenden streifen soll."

35 „Ihre Antworten beweisen sehr viel für Ihre Dreistigkeit,
aber nichts für Ihre gute Sache.   Ich gebe Ihnen Zeit bis
morgen, ob Sie mir die Wahrheit entdecken wollen."

„Ich werde bei meiner Aussage bleiben."

„Man führe ihn nach dem Turm!"

40 „Nach dem Turm? — Herr Oberamtmann, ich hoffe, es
gibt noch Gerechtigkeit in diesem Lande.   Ich werde Genug=
tuung fodern."

„Ich werde Sie Ihnen geben, sobald Sie gerechtfertigt sind."

Den Morgen darauf überlegte der Oberamtmann, der Fremde
möchte doch wohl unschuldig sein; die befehlshaberische Sprache
würde nichts über seinen Starrsinn vermögen, es wäre vielleicht
besser getan, ihm mit Anstand und Mäßigung zu begegnen.
Er versammelte die Geschwornen des Orts und ließ den Gefangenen vorführen.

„Verzeihen Sie es der ersten Aufwallung, mein Herr, wenn
ich Sie gestern etwas hart anließ.“

„Sehr gern, wenn Sie mich so fassen.“

„Unsere Gesetze sind streng, und Ihre Begebenheit machte
Lärm. Ich kann Sie nicht freigeben, ohne meine Pflicht zu verletzen. Der Schein ist gegen Sie. Ich wünschte, Sie sagten
mir etwas, wodurch er widerlegt werden könnte.“

„Wenn ich nun nichts wüßte?“

„So muß ich den Vorfall an die Regierung berichten, und
Sie bleiben so lang in fester Verwahrung.“

„Und dann?“

„Dann laufen Sie Gefahr, als ein Landstreicher über die
Grenze gepeitscht zu werden oder, wenn’s gnädig geht, unter die
Werber zu fallen.“

Er schwieg einige Minuten und schien einen heftigen Kampf
zu kämpfen; dann drehte er sich rasch zu dem Richter.

„Kann ich auf eine Viertelstunde mit Ihnen allein sein?“

Die Geschwornen sahen sie zweideutig an, entfernten sich
aber auf einen gebietenden Wink ihres Herrn.

„Nun, was verlangen Sie?“

„Ihr gestriges Betragen, Herr Oberamtmann, hätte mich
nimmermehr zu einem Geständnis gebracht; denn ich trotze der
Gewalt. Die Bescheidenheit, womit Sie mich heute behandeln,
hat mir Vertrauen und Achtung gegen Sie gegeben. Ich glaube,
daß Sie ein edler Mann sind.“

„Was haben Sie mir zu sagen?“

„Ich sehe, daß Sie ein edler Mann sind. Ich habe mir
längst einen Mann gewünscht wie Sie. Erlauben Sie mir Ihre
rechte Hand.“

„Wo will das hinaus?“

„Dieser Kopf ist grau und ehrwürdig. Sie sind lang in der
Welt gewesen — haben der Leiden wohl viele gehabt — Nicht
wahr? und sind menschlicher worden?“

„Mein Herr — Wozu soll das?“

„Sie stehen noch einen Schritt von der Ewigkeit, bald — bald
brauchen sie Barmherzigkeit bei Gott. Sie werden sie Menschen

nicht versagen — — Ahnden Sie nichts? Mit wem glauben Sie, daß Sie reden?"

„Was ist das? Sie erschrecken mich."

„Ahnden Sie noch nicht — Schreiben Sie es Ihrem Fürsten, wie Sie mich fanden, und daß ich selbst aus freier Wahl mein Verräter war — daß ihm Gott einmal gnädig sein werde, wie er jetzt mir es sein wird — Bitten Sie für mich, alter Mann, und lassen Sie dann auf Ihren Bericht eine Träne fallen: Ich bin der Sonnenwirt."

Der Geisterseher.

Aus den Papieren des Grafen von O**

Erstes Buch.

Ich erzähle eine Begebenheit, die vielen unglaublich scheinen
wird, und von der ich großenteils selbst Augenzeuge war. Den
Wenigen, welche von einem gewissen politischen Vorfalle unter=
richtet sind, wird sie — wenn anders diese Blätter sie noch am
Leben finden — einen willkommenen Aufschluß darüber geben; 5
und auch ohne diesen Schlüssel wird sie den übrigen als ein
Beitrag zur Geschichte des Betrugs und der Verirrungen des
menschlichen Geistes vielleicht wichtig sein. Man wird über die
Kühnheit des Zwecks erstaunen, den die Bosheit zu ent=
werfen und zu verfolgen imstande ist; man wird über die Selt= 10
samkeit der Mittel erstaunen, die sie aufzubieten vermag, um
sich dieses Zwecks zu versichern. Reine, strenge Wahrheit wird
meine Feder leiten; denn wenn diese Blätter in die Welt treten,
bin ich nicht mehr und werde durch den Bericht, den ich abstatte,
weder zu gewinnen noch zu verlieren haben. 15

Es war auf meiner Zurückreise nach Kurland im Jahre 17**
um die Karnevalszeit, als ich den Prinzen von ** in Venedig be=
suchte. Wir hatten uns in **schen Kriegsdiensten kennen lernen
und erneuerten hier eine Bekanntschaft, die der Friede unter=
brochen hatte. Weil ich ohnedies wünschte, das Merkwürdige 20
dieser Stadt zu sehen, und der Prinz nur noch Wechsel erwartete,
um nach ** zurückzureisen, so beredete er mich leicht, ihm Gesell=
schaft zu leisten und meine Abreise so lange zu verschieben. Wir
kamen überein, uns nicht voneinander zu trennen, so lange unser
Aufenthalt in Venedig dauern würde, und der Prinz war so 25
gefällig, mir seine eigene Wohnung im Mohren anzubieten.

Er lebte hier unter dem strengsten Inkognito, weil er sich selbst
leben wollte und seine geringe Apanage ihm auch nicht verstattet
hätte, die Hoheit seines Rangs zu behaupten. Zwei Kavaliere,
auf deren Verschwiegenheit er sich vollkommen verlassen konnte, 30
waren nebst einigen treuen Bedienten sein ganzes Gefolge. Den

Aufwand vermied er mehr aus Temperament als aus Sparsamkeit. Er floh die Vergnügungen; in einem Alter von fünfunddreißig Jahren hatte er allen Reizungen dieser wollüstigen Stadt widerstanden. Das schöne Geschlecht war ihm bis jetzt gleich-
5 gültig gewesen. Tiefer Ernst und eine schwärmerische Melancholie herrschten in seiner Gemütsart. Seine Neigungen waren still, aber hartnäckig bis zum Übermaß, seine Wahl langsam und schüchtern, seine Anhänglichkeit warm und ewig. Mitten in einem geräuschvollen Gewühle von Menschen ging er einsam; in seine
10 Phantasienwelt verschlossen, war er sehr oft ein Fremdling in der wirklichen. Niemand war mehr dazu geboren, sich beherrschen zu lassen, ohne schwach zu sein. Dabei war er unerschrocken und zuverlässig, sobald er einmal gewonnen war, und besaß gleich großen Mut, ein erkanntes Vorurteil zu bekämpfen und für ein
15 anderes zu sterben.

Als der dritte Prinz seines Hauses hatte er keine wahrscheinliche Aussicht zur Regierung. Sein Ehrgeiz war nie erwacht. Seine Leidenschaften hatten eine andere Richtung genommen. Zufrieden, von keinem fremden Willen abzuhängen, fühlte er
20 keine Versuchung, über andere zu herrschen; die ruhige Freiheit des Privatlebens und der Genuß eines geistreichen Umgangs begrenzten alle seine Wünsche. Er las viel, doch ohne Wahl. Eine vernachlässigte Erziehung und frühe Kriegsdienste hatten seinen Geist nicht zur Reife kommen lassen. Alle Kenntnisse, die
25 er nachher schöpfte, vermehrten nur die Verwirrung seiner Begriffe, weil sie auf keinen festen Grund gebauet waren.

Er war Protestant, wie seine ganze Familie — durch Geburt, nicht nach Untersuchung, die er nie angestellt hatte, ob er gleich in einer Epoche seines Lebens religiöser Schwärmer gewesen war.
30 Freimäurer ist er, soviel ich weiß, nie geworden.

Eines Abends, als wir nach Gewohnheit in tiefer Maske und abgesondert auf dem St. Markusplatz spazieren gingen — es fing an, spät zu werden, und das Gedränge hatte sich verloren —, bemerkte der Prinz, daß eine Maske uns überall folgte. Die
35 Maske war ein Armenier und ging allein. Wir beschleunigten unsre Schritte und suchten, sie durch öftere Veränderung unseres Weges irre zu machen — umsonst, die Maske blieb immer dicht hinter uns. "Sie haben doch keine Intrige hier gehabt?" sagte endlich der Prinz zu mir. "Die Ehemänner in Venedig sind ge-
40 fährlich." — "Ich stehe mit keiner einzigen Dame in Verbindung," gab ich zur Antwort. — "Wir wollen uns hier niedersetzen und deutsch sprechen," fuhr er fort. "Ich bilde mir ein, man verkennt uns." Wir setzten uns auf eine steinerne Bank und erwarteten,

daß die Maske vorübergehen ſollte. Sie kam gerade auf uns zu
und nahm ihren Platz dicht an der Seite des Prinzen. Er zog
die Uhr heraus und ſagte mir laut auf Franzöſiſch, indem er
aufſtand: „Neun Uhr vorbei. Kommen Sie. Wir vergeſſen,
daß man uns im Louvre erwartet.“ Dies ſagte er nur, um die 5
Maske von unſrer Spur zu entfernen. „Neun Uhr“ wieder=
holte ſie in eben der Sprache nachdrücklich und langſam. „Wün=
ſchen Sie ſich Glück, Prinz“ (indem ſie ihn bei ſeinem wahren
Namen nannte). „Um neun Uhr iſt er geſtorben.“ —
Damit ſtand ſie auf und ging.   10

Wir ſahen uns beſtürzt an. — „Wer iſt geſtorben?“ ſagte
endlich der Prinz nach einer langen Stille. „Laſſen Sie uns ihr
nachgehen“, ſagte ich, „und eine Erklärung fodern!“ Wir durch=
krochen alle Winkel des Markusplatzes — die Maske war nicht
mehr zu finden. Unbefriedigt kehrten wir nach unſerm Gaſthof 15
zurück. Der Prinz ſagte mir unterwegs nicht ein Wort, ſondern
ging ſeitwärts und allein und ſchien einen gewaltſamen Kampf
zu kämpfen, wie er mir auch nachher geſtanden hat.

Als wir zu Hauſe waren, öffnete er zum erſten Male wieder
den Mund. „Es iſt doch lächerlich,“ ſagte er, „daß ein Wahn= 20
ſinniger die Ruhe eines Mannes mit zwei Worten erſchüttern
ſoll.“ Wir wünſchten uns eine gute Nacht, und ſobald ich auf
meinem Zimmer war, merkte ich mir in meiner Schreibtafel
den Tag und die Stunde, wo es geſchehen war. Es war ein
Donnerstag.   25

Am folgenden Abend ſagte mir der Prinz: „Wollen wir nicht
einen Gang über den Markusplatz machen und unſern geheimnis=
vollen Armenier aufſuchen? Mich verlangt doch nach der Ent=
wicklung dieſer Komödie.“ Ich war’s zufrieden. Wir blieben
bis eilf Uhr auf dem Platze. Der Armenier war nirgends zu 30
ſehen. Das nämliche wiederholten wir die vier folgenden Abende
und mit keinem beſſern Erfolge.

Als wir am ſechsten Abend unſer Hotel verließen, hatte ich
den Einfall — ob unwillkürlich oder aus Abſicht, beſinne ich mich
nicht mehr —, den Bedienten zu hinterlaſſen, wo wir zu finden 35
ſein würden, wenn nach uns gefragt werden ſollte. Der Prinz
bemerkte meine Vorſicht und lobte ſie mit einer lächelnden Miene.
Es war ein großes Gedräng’ auf dem Markusplatz, als wir da
ankamen. Wir hatten kaum dreißig Schritte gemacht, ſo be=
merkte ich den Armenier wieder, der ſich mit ſchnellen Schritten 40
durch die Menge arbeitete und mit den Augen jemand zu ſuchen
ſchien. Eben waren wir im Begriff, ihn zu erreichen, als der
Baron von F** aus der Suite des Prinzen atemlos auf uns

zukam und dem Prinzen einen Brief überreichte. „Er ist schwarz gesiegelt," setzte er hinzu. „Wir vermuteten, daß es Eile hätte." Das fiel auf mich wie ein Donnerschlag. Der Prinz war zu einer Laterne getreten und fing an zu lesen. „Mein Cousin ist ge= 5 storben!" rief er. „Wann?" fiel ich ihm heftig ins Wort. Er sah noch einmal in den Brief. „Vorigen Donnerstag, abends um neun Uhr."

Wir hatten nicht Zeit, von unserm Erstaunen zurückzukommen, so stand der Armenier unter uns. „Sie sind hier erkannt, gnä= 10 digster Herr," sagte er zu dem Prinzen. „Eilen Sie nach dem Mohren. Sie werden die Abgeordneten des Senats dort finden. Tragen Sie kein Bedenken, die Ehre anzunehmen, die man Ihnen erweisen will. Der Baron von F** vergaß, Ihnen zu sagen, daß Ihre Wechsel angekommen sind." Er verlor sich in dem 15 Gedränge.

Wir eilten nach unserm Hotel. Alles fand sich, wie der Ar= menier es verkündigt hatte. Drei Nobili der Republik standen bereit, den Prinzen zu bewillkommen und ihn mit Pracht nach der Assemblee zu begleiten, wo der hohe Adel der Stadt ihn er= 20 wartete. Er hatte kaum so viel Zeit, mir durch einen flüchtigen Wink zu verstehen zu geben, daß ich für ihn wach bleiben möchte.

Nachts gegen eilf Uhr kam er wieder. Ernst und gedankenvoll trat er ins Zimmer und ergriff meine Hand, nachdem er die Be= dienten entlassen hatte. „Graf," sagte er mit den Worten Hamlets 25 zu mir, „es gibt mehr Dinge im Himmel und auf Erden, als wir in unsern Philosophien träumen."

„Gnädigster Herr," antwortete ich, „Sie scheinen zu vergessen, daß Sie um eine große Hoffnung reicher zu Bette gehen." (Der Verstorbene war der Erbprinz, der einzige Sohn des regierenden 30 ***, der, alt und kränklich, ohne Hoffnung eigner Sukzession war. Ein Oheim unsers Prinzen, gleichfalls ohne Erben und ohne Aus= sicht, welche zu bekommen, stand jetzt allein noch zwischen diesem und dem Throne. Ich erwähne dieses Umstandes, weil in der Folge davon die Rede sein wird.)

35 „Erinnern Sie mich nicht daran," sagte der Prinz. „Und wenn eine Krone für mich wäre gewonnen worden, ich hätte jetzt mehr zu tun, als dieser Kleinigkeit nachzudenken. — — Wenn dieser Armenier nicht bloß erraten hat — —"

„Wie ist das möglich, Prinz?" fiel ich ein.

40 „So will ich Ihnen alle meine fürstlichen Hoffnungen für eine Mönchskutte abtreten."

Den folgenden Abend fanden wir uns zeitiger als gewöhnlich auf dem Markusplatz ein. Ein plötzlicher Regenguß nötigte uns,

in ein Kaffeehaus einzutreten, wo gespielt wurde. Der Prinz
stellte sich hinter den Stuhl eines Spaniers und beobachtete das
Spiel. Ich war in ein anstoßendes Zimmer gegangen, wo ich
Zeitungen las. Eine Weile darauf hörte ich Lärmen. Vor der
Ankunft des Prinzen war der Spanier unaufhörlich im Verluste 5
gewesen, jetzt gewann er auf alle Karten. Das ganze Spiel
ward auffallend verändert, und die Bank war in Gefahr, von
dem Pointeur, den diese glückliche Wendung kühner gemacht hatte,
aufgefodert zu werden. Der Venezianer, der sie hielt, sagte dem
Prinzen mit beleidigendem Ton — er störe das Glück, und er 10
solle den Tisch verlassen. Dieser sah ihn kalt an und blieb; dieselbe Fassung behielt er, als der Venezianer seine Beleidigung
französisch wiederholte. Der letztere glaubte, daß der Prinz
beide Sprachen nicht verstehe, und wandte sich mit verachtungs-
vollem Lachen zu den übrigen: „Sagen Sie mir doch, meine 15
Herren, wie ich mich diesem Balordo verständlich machen soll?"
Zugleich stand er auf und wollte den Prinzen beim Arm ergreifen;
diesen verließ hier die Geduld; er packte den Venezianer mit starker
Hand und warf ihn unsanft zu Boden. Das ganze Haus kam
in Bewegung. Auf das Geräusch stürzte ich herein, unwillkürlich 20
rief ich ihn bei seinem Namen. „Nehmen Sie sich in acht, Prinz,"
setzte ich mit Unbesonnenheit hinzu, „wir sind in Venedig." Der
Name des Prinzen gebot eine allgemeine Stille, woraus bald
ein Gemurmel wurde, das mir gefährlich schien. Alle anwesenden
Italiener rotteten sich zu Haufen und traten beiseite. Einer um 25
den andern verließ den Saal, bis wir uns beide mit dem Spanier
und einigen Franzosen allein fanden. „Sie sind verloren, gnädigster Herr," sagten diese, „wenn Sie nicht sogleich die Stadt
verlassen. Der Venezianer, den Sie so übel behandelt haben,
ist reich und von Ansehen — es kostet ihm nur funfzig Zechinen, 30
Sie aus der Welt zu schaffen." Der Spanier bot sich an, zur
Sicherheit des Prinzen Wache zu holen und uns selbst nach Hause
zu begleiten. Dasselbe wollten auch die Franzosen. Wir standen
noch und überlegten, was zu tun wäre, als die Türe sich öffnete
und einige Bedienten der Staatsinquisition hereintraten. Sie 35
zeigten uns eine Ordre der Regierung, worin uns beiden befohlen ward, ihnen schleunig zu folgen. Unter einer starken Bedeckung führte man uns bis zum Kanal. Hier erwartete uns eine
Gondel, in die wir uns setzen mußten. Ehe wir ausstiegen,
wurden uns die Augen verbunden. Man führte uns eine große 40
steinerne Treppe hinauf und dann durch einen langen gewundenen
Gang über Gewölbe, wie ich aus dem vielfachen Echo schloß, das
unter unsern Füßen hallte. Endlich gelangten wir vor eine andere

Treppe, welche uns sechsundzwanzig Stufen in die Tiefe hinunter
führte. Hier öffnete sich ein Saal, wo man uns die Binde wieder
von den Augen nahm. Wir befanden uns in einem Kreise ehr=
würdiger alter Männer, alle schwarz gekleidet, der ganze Saal
5 mit schwarzen Tüchern behangen und sparsam erleuchtet, eine
Totenstille in der ganzen Versammlung, welches einen schreck=
haften Eindruck machte. Einer von diesen Greisen, vermutlich
der oberste Staatsinquisitor, näherte sich dem Prinzen und fragte
ihn mit einer feierlichen Miene, während man ihm den Venezianer
10 vorführte:

„Erkennen Sie diesen Menschen für den nämlichen, der Sie
auf dem Kaffeehause beleidigt hat?"

„Ja," antwortete der Prinz.

Darauf wandte jener sich zu dem Gefangenen: „Ist das die=
15 selbe Person, die Sie heute abend wollten ermorden lassen?"

Der Gefangene antwortete mit ja.

Sogleich öffnete sich der Kreis, und mit Entsetzen sahen wir
den Kopf des Venezianers vom Rumpfe trennen. „Sind Sie mit
dieser Genugtuung zufrieden?" fragte der Staatsinquisitor. —
20 Der Prinz lag ohnmächtig in den Armen seiner Begleiter. —
„Gehen Sie nun," fuhr jener mit einer schrecklichen Stimme fort,
indem er sich gegen mich wandte, „und urteilen Sie künftig
weniger vorschnell von der Gerechtigkeit in Venedig!"

Wer der verborgene Freund gewesen, der uns durch den
25 schnellen Arm der Justiz von einem gewissen Tode errettet hatte,
konnten wir nicht erraten. Starr von Schrecken erreichten wir
unsere Wohnung. Es war nach Mitternacht. Der Kammerjunker
von Z** erwartete uns mit Ungeduld an der Treppe.

„Wie gut war es, daß Sie geschickt haben!" sagte er zum
30 Prinzen, indem er uns leuchtete. — „Eine Nachricht, die der
Baron von F** gleich nachher vom Markusplatze nach Hause
brachte, hätte uns wegen Ihrer in die tödlichste Angst gesetzt."

„Geschickt hätte ich? Wann? Ich weiß nichts davon."

„Diesen Abend nach acht Uhr. Sie ließen uns sagen, daß
35 wir ganz außer Sorgen sein dürften, wenn Sie heute etwas
später nach Hause kämen."

Hier sah der Prinz mich an. „Haben Sie vielleicht ohne mein
Wissen diese Sorgfalt gebraucht?"

Ich wußte von gar nichts.

40 „Es muß doch wohl so sein, Ihro Durchlaucht," sagte der
Kammerjunker — „denn hier ist ja Ihre Repetieruhr, die Sie zur
Sicherheit mitschickten." Der Prinz griff nach der Uhrtasche. Die

Uhr war wirklich fort, und er erkannte jene für die seinige. „Wer
brachte sie?" fragte er mit Bestürzung.

„Eine unbekannte Maske in armenischer Kleidung, die sich so=
gleich wieder entfernte."

Wir standen und sahen uns an. — „Was halten Sie davon?" 5
sagte endlich der Prinz nach einem langen Stillschweigen. „Ich
habe hier einen verborgenen Aufseher in Venedig."

Der schreckliche Auftritt dieser Nacht hatte dem Prinzen ein
Fieber zugezogen, das ihn acht Tage nötigte, das Zimmer zu
hüten. In dieser Zeit wimmelte unser Hotel von Einheimischen 10
und Fremden, die der entdeckte Stand des Prinzen herbeigelockt
hatte. Man wetteiferte untereinander, ihm Dienste anzubieten;
jeder suchte nach seiner Art sich geltend zu machen. Des ganzen
Vorgangs in der Staatsinquisition wurde nicht mehr erwähnt.
Weil der Hof zu ** die Abreise des Prinzen noch aufgeschoben 15
wünschte, so erhielten einige Wechsler in Venedig Anweisung,
ihm beträchtliche Summen auszuzahlen. So ward er wider
Willen in den Stand gesetzt, seinen Aufenthalt in Italien zu ver=
längern, und auf sein Bitten entschloß ich mich auch, meine Ab=
reise noch zu verschieben.   20

Sobald er so weit genesen war, um das Zimmer wieder ver=
lassen zu können, beredete ihn der Arzt, eine Spazierfahrt auf
der Brenta zu machen, um die Luft zu verändern. Das Wetter
war helle, und die Partie ward angenommen. Als wir eben im
Begriff waren, in die Gondel zu steigen, vermißte der Prinz den 25
Schlüssel zu einer kleinen Schatulle, die sehr wichtige Papiere
enthielt. Sogleich kehrten wir um, ihn zu suchen. Er besann
sich aufs genaueste, die Schatulle noch den vorigen Tag ver=
schlossen zu haben, und seit dieser Zeit war er nicht aus dem
Zimmer gekommen. Aber alles Suchen war umsonst; wir mußten 30
davon abstehen, um die Zeit nicht zu verlieren. Der Prinz, dessen
Seele über jeden Argwohn erhaben war, erklärte ihn für verloren
und bat uns, nicht weiter davon zu sprechen.

Die Fahrt war die angenehmste. Eine malerische Landschaft,
die mit jeder Krümmung des Flusses sich an Reichtum und 35
Schönheit zu übertreffen schien — der heiterste Himmel, der mitten
im Hornung einen Maientag bildete — reizende Gärten und ge=
schmackvolle Landhäuser ohne Zahl, welche beide Ufer der Brenta
schmücken — hinter uns das majestätische Venedig mit hundert
aus dem Wasser springenden Türmen und Masten, alles dies 40
gab uns das herrlichste Schauspiel von der Welt. Wir überließen
uns ganz dem Zauber dieser schönen Natur; unsere Laune war

die heiterste; der Prinz selbst verlor seinen Ernst und wetteiferte mit uns in fröhlichen Scherzen. Eine lustige Musik schallte uns entgegen, als wir einige italienische Meilen von der Stadt ans Land stiegen. Sie kam aus einem kleinen Dorfe, wo eben Jahr=
5 markt gehalten wurde; hier wimmelte es von Gesellschaft aller Art. Ein Trupp junger Mädchen und Knaben, alle theatralisch gekleidet, bewillkommte uns mit einem pantomimischen Tanz. Die Erfindung war neu; Leichtigkeit und Grazie beseelten jede Bewegung. Eh der Tanz noch völlig zu Ende war, schien die An=
10 führerin desselben, welche eine Königin vorstellte, plötzlich wie von einem unsichtbaren Arme gehalten. Leblos stand sie und alles. Die Musik schwieg. Kein Odem war zu hören in der ganzen Versammlung, und sie stand da, den Blick auf die Erde geheftet, in einer tiefen Erstarrung. Auf einmal fuhr sie mit der Wut
15 der Begeisterung in die Höhe, blickte wild um sich her — „Ein König ist unter uns," rief sie, riß ihre Krone vom Haupt und legte sie — zu den Füßen des Prinzen. Alles, was da war, richtete hier die Augen auf ihn, lange Zeit ungewiß, ob Bedeutung in diesem Gaukelspiel wäre; so sehr hatte der affektvolle Ernst dieser
20 Spielerin getäuscht. — Ein allgemeines Händeklatschen des Bei= falls unterbrach endlich diese Stille. Meine Augen suchten den Prinzen. Ich bemerkte, daß er nicht wenig betroffen war und sich Mühe gab, den forschenden Blicken der Zuschauer auszuweichen. Er warf Geld unter diese Kinder und eilte, aus dem Gewühle zu
25 kommen.

Wir hatten nur wenige Schritte gemacht, als ein ehrwürdiger Barfüßer sich durch das Volk arbeitete und dem Prinzen in den Weg trat. „Herr," sagte der Mönch, „gib der Madonna von deinem Reichtum! Du wirst ihr Gebet brauchen." Er sprach
30 dies mit einem Tone, der uns betreten machte. Das Gedränge riß ihn weg.

Unser Gefolge war unterdessen gewachsen. Ein englischer Lord, den der Prinz schon in Nizza gesehen hatte, einige Kauf= leute aus Livorno, ein deutscher Domherr, ein französischer Abbé
35 mit einigen Damen und ein russischer Offizier gesellten sich zu uns. Die Physiognomie des letztern hatte etwas ganz Ungewöhn= liches, das unsre Aufmerksamkeit auf sich zog. Nie in meinem Leben sah ich so viele Züge und so wenig Charakter, so viel anlockendes Wohlwollen mit so viel zurückstoßendem Frost in
40 einem Menschengesichte beisammen wohnen. Alle Leidenschaften schienen darin gewühlt und es wieder verlassen zu haben. Nichts war übrig als der stille, durchdringende Blick eines vollendeten Menschenkenners, der jedes Auge verscheuchte, worauf er traf.

Dieser seltsame Mensch folgte uns von weitem, schien aber an allem, was vorging, nur einen nachlässigen Anteil zu nehmen.

Wir kamen vor eine Bude zu stehen, wo Lotterie gezogen wurde. Die Damen setzten ein, wir andern folgten ihrem Beispiel; auch der Prinz foderte ein Los. Es gewann eine Tabatiere. Als er sie aufmachte, sah ich ihn blaß zurückfahren. — Der Schlüssel lag darin.

„Was ist das?" sagte der Prinz zu mir, als wir einen Augenblick allein waren. „Eine höhere Gewalt verfolgt mich. Allwissenheit schwebt um mich. Ein unsichtbares Wesen, dem ich nicht entfliehen kann, bewacht alle meine Schritte. Ich muß den Armenier aufsuchen und muß Licht von ihm haben."

Die Sonne neigte sich zum Untergang, als wir vor dem Lusthause ankamen, wo das Abendessen serviert war. Der Name des Prinzen hatte unsere Gesellschaft bis zu sechzehn Personen vergrößert. Außer den oben Erwähnten war noch ein Virtuose aus Rom, einige Schweizer und ein Aventurier aus Palermo, der Uniform trug und sich für einen Kapitän ausgab, zu uns gestoßen. Es ward beschlossen, den ganzen Abend hier zuzubringen und mit Fackeln nach Hause zu fahren. Die Unterhaltung bei Tische war sehr lebhaft, und der Prinz konnte nicht umhin, die Begebenheit mit dem Schlüssel zu erzählen, welche eine allgemeine Verwunderung erregte. Es wurde heftig über diese Materie gestritten. Die meisten aus der Gesellschaft behaupteten dreist weg, daß alle diese geheimen Künste auf eine Taschenspielerei hinausliefen; der Abbé, der schon viel Wein bei sich hatte, foderte das ganze Geisterreich in die Schranken heraus; der Engländer sagte Blasphemien; der Musikus machte das Kreuz vor dem Teufel. Wenige, worunter der Prinz war, hielten dafür, daß man sein Urteil über diese Dinge zurückhalten müsse; währenddessen unterhielt sich der russische Offizier mit den Frauenzimmern und schien das ganze Gespräch nicht zu achten. In der Hitze des Streits hatte man nicht bemerkt, daß der Sizilianer hinausgegangen war. Nach Verfluß einer kleinen halben Stunde kam er wieder, in einen Mantel gehüllt, und stellte sich hinter den Stuhl des Franzosen. „Sie haben vorhin die Bravour geäußert, es mit allen Geistern aufzunehmen — wollen Sie es mit einem versuchen?"

„Topp!" sagte der Abbé — „wenn Sie es auf sich nehmen wollen, mir einen herbeizuschaffen."

„Das will ich," antwortete der Sizilianer (indem er sich gegen uns kehrte), „wenn diese Herren und Damen uns werden verlassen haben."

„Warum das?" rief der Engländer. „Ein herzhafter Geist fürchtet sich vor keiner lustigen Gesellschaft."

„Ich stehe nicht für den Ausgang," sagte der Sizilianer.

„Um des Himmels willen! Nein!" schrien die Frauenzimmer an dem Tische und fuhren erschrocken von ihren Stühlen.

„Lassen Sie Ihren Geist kommen," sagte der Abbé trotzig; „aber warnen Sie ihn vorher, daß es hier spitzige Klingen gibt" (indem er einen von den Gästen um seinen Degen bat).

„Das mögen Sie alsdann halten, wie Sie wollen," antwortete der Sizilianer kalt, „wenn Sie nachher noch Lust dazu haben." Hier kehrte er sich zum Prinzen. „Gnädigster Herr," sagte er zu diesem, „Sie behaupten, daß Ihr Schlüssel in fremden Händen gewesen — Können Sie vermuten, in welchen?"

„Nein."

„Raten Sie auch auf niemand?"

„Ich hatte freilich einen Gedanken —"

„Würden Sie die Person erkennen, wenn Sie sie vor sich sähen?"

„Ohne Zweifel."

Hier schlug der Sizilianer seinen Mantel zurück und zog einen Spiegel hervor, den er dem Prinzen vor die Augen hielt.

„Ist es diese?"

Der Prinz trat mit Schrecken zurück.

„Was haben Sie gesehen?" fragte ich.

„Den Armenier."

Der Sizilianer verbarg seinen Spiegel wieder unter dem Mantel. „War es dieselbe Person, die Sie meinen?" fragte die ganze Gesellschaft den Prinzen.

„Die nämliche."

Hier veränderte sich jedes Gesicht; man hörte auf zu lachen. Alle Augen hingen neugierig an dem Sizilianer.

„Monsieur l'Abbé, das Ding wird ernsthaft," sagte der Engländer; „ich riet' Ihnen, auf den Rückzug zu denken."

„Der Kerl hat den Teufel im Leibe," schrie der Franzose und lief aus dem Hause, die Frauenzimmer stürzten mit Geschrei aus dem Saal, der Virtuose folgte ihnen, der deutsche Domherr schnarchte in einem Sessel, der Russe blieb wie bisher gleichgültig sitzen.

„Sie wollten vielleicht nur einen Großsprecher zum Gelächter machen," fing der Prinz wieder an, nachdem jene hinaus waren — „oder hätten Sie wohl Lust, uns Wort zu halten?"

„Es ist wahr," sagte der Sizilianer. „Mit dem Abbé war es mein Ernst nicht; ich tat ihm den Antrag nur, weil ich wohl

wußte, daß die Memme mich nicht beim Wort nehmen würde.
— Die Sache selbst ist übrigens zu ernsthaft, um bloß einen Scherz
damit auszuführen."

„Sie räumen also doch ein, daß sie in Ihrer Gewalt ist?"

Der Magier schwieg eine lange Zeit und schien den Prinzen
sorgfältig mit den Augen zu prüfen.

„Ja," antwortete er endlich.

Die Neugierde des Prinzen war bereits auf den höchsten Grad
gespannt. Mit der Geisterwelt in Verbindung zu stehen, war
ehedem seine Lieblingsschwärmerei gewesen, und seit jener ersten
Erscheinung des Armeniers hatten sich alle Ideen wieder bei ihm
gemeldet, die seine reifere Vernunft so lange abgewiesen hatte.
Er ging mit dem Sizilianer beiseite, und ich hörte ihn sehr angelegentlich mit ihm unterhandeln.

„Sie haben hier einen Mann vor sich," fuhr er fort, „der
von Ungeduld brennt, in dieser wichtigen Materie es zu einer
Überzeugung zu bringen. Ich würde denjenigen als meinen
Wohltäter, als meinen ersten Freund umarmen, der hier meine
Zweifel zerstreute und die Decke von meinen Augen zöge —
Wollen Sie sich dieses große Verdienst um mich erwerben?"

„Was verlangen Sie von mir?" sagte der Magier mit Bedenken.

„Vor jetzt nur eine Probe Ihrer Kunst. Lassen Sie mich eine
Erscheinung sehen!"

„Wozu soll das führen?"

„Dann mögen Sie aus meiner nähern Bekanntschaft urteilen,
ob ich eines höhern Unterrichts wert bin."

„Ich schätze Sie über alles, gnädigster Prinz. Eine geheime
Gewalt in Ihrem Angesichte, die Sie selbst noch nicht kennen,
hat mich beim ersten Anblick an Sie gebunden. Sie sind mächtiger, als Sie selbst wissen. Sie haben unumschränkt über meine
ganze Gewalt zu gebieten — aber —"

„Also lassen Sie mich eine Erscheinung sehen!"

„Aber ich muß erst gewiß sein, daß Sie diese Foderung
nicht aus Neugierde an mich machen. Wenngleich die unsichtbaren
Kräfte mir einigermaßen zu Willen sind, so ist es unter der
heiligen Bedingung, daß ich die heiligen Geheimnisse nicht pro-
faniere, daß ich meine Gewalt nicht mißbrauche."

„Meine Absichten sind die reinsten. Ich will Wahrheit."

Hier verließen sie ihren Platz und traten zu einem entfernten
Fenster, wo ich sie nicht weiter hören konnte. Der Engländer,
der diese Unterredung gleichfalls mit angehört hatte, zog mich auf
die Seite.

„Ihr Prinz ist ein edler Mann. Ich beklage, daß er sich mit einem Betrüger einläßt."

„Es wird darauf ankommen," sagte ich, „wie er sich aus dem Handel zieht."

5 „Wissen Sie was?" sagte der Engländer; „jetzt macht der arme Teufel sich kostbar. Er wird seine Kunst nicht auskramen, bis er Geld klingen hört. Es sind unser neune. Wir wollen eine Kollekte machen und ihn durch einen hohen Preis in Versuchung führen. Das bricht ihm den Hals und öffnet Ihrem 10 Prinzen die Augen."

„Ich bin's zufrieden."

Der Engländer warf sechs Guineen auf einen Teller und sammelte in der Reihe herum. Jeder gab einige Louis; den Russen besonders schien unser Vorschlag ungemein zu interessieren; 15 er legte eine Banknote von hundert Zechinen auf den Teller — eine Verschwendung, über welche der Engländer erstaunte. Wir brachten die Kollekte dem Prinzen. „Haben Sie die Güte," sagte der Engländer, „bei diesem Herrn für uns fürzusprechen, daß er uns eine Probe seiner Kunst sehen lasse und diesen kleinen Beweis 20 unsrer Erkenntlichkeit annehme." Der Prinz legte noch einen kostbaren Ring auf den Teller und reichte ihn dem Sizilianer. Dieser bedachte sich einige Sekunden. — „Meine Herrn und Gönner," fing er darauf an, „diese Großmut beschämt mich. — Es scheint, daß Sie mich verkennen — aber ich gebe Ihrem Verlangen nach. 25 Ihr Wunsch soll erfüllt werden (indem er eine Glocke zog). Was dieses Gold betrifft, worauf ich selber kein Recht habe, so werden Sie mir erlauben, daß ich es in dem nächsten Benediktinerkloster für milde Stiftungen niederlege. Diesen Ring behalte ich als ein schätzbares Denkmal, das mich an den würdigsten Prinzen er-30 innern soll."

Hier kam der Wirt, dem er das Geld sogleich überlieferte.

„Und er ist dennoch ein Schurke," sagte mir der Engländer ins Ohr. „Das Geld schlägt er aus, weil ihm jetzt mehr an dem Prinzen gelegen ist."

35 „Oder der Wirt versteht seinen Auftrag," sagte ein anderer.

„Wen verlangen Sie?" fragte jetzt der Magier den Prinzen.

Der Prinz besann sich einen Augenblick — „Lieber gleich einen großen Mann," rief der Lord. „Fodern Sie den Papst Ganganelli! Dem Herrn wird das gleich wenig kosten."

40 Der Sizilianer biß sich in die Lippen. — „Ich darf keinen zitieren, der die Weihung empfangen hat."

„Das ist schlimm," sagte der Engländer. „Vielleicht hätten wir von ihm erfahren, an welcher Krankheit er gestorben ist."

18*

„Der Marquis von Lanoy", nahm der Prinz jetzt das Wort,
„war französischer Brigadier im vorigen Kriege und mein ver-
trautester Freund. In der Bataille bei Hastenbeck empfing er
eine tödliche Wunde; man trug ihn nach meinem Zelte, wo er
bald darauf in meinen Armen starb. Als er schon mit dem Tode 5
rang, winkte er mich noch zu sich. ‚Prinz,' fing er an, ‚ich werde
mein Vaterland nicht wiedersehen; erfahren Sie also ein Geheimnis, wozu niemand als ich den Schlüssel hat. In einem Kloster
auf der flandrischen Grenze lebt eine — —' hier verschied er. Die
Hand des Todes zertrennte den Faden seiner Rede; ich möchte ihn 10
hier haben und die Fortsetzung hören."

„Viel gefodert, bei Gott!" rief der Engländer. „Ich erkläre
Sie für einen zweiten Salomo, wenn Sie diese Aufgabe lösen." —

Wir bewunderten die sinnreiche Wahl des Prinzen und gaben
ihr einstimmig unsern Beifall. Unterdessen ging der Magier mit 15
starken Schritten auf und nieder und schien unentschlossen mit sich
selbst zu kämpfen.

„Und das war alles, was der Sterbende Ihnen zu hinterlassen hatte?"

„Alles."   20

„Taten Sie keine weiteren Nachfragen deswegen in seinem
Vaterlande?"

„Sie waren alle vergebens."

„Der Marquis von Lanoy hatte untadelhaft gelebt? — Ich
darf nicht jeden Toten rufen."   25

„Er starb mit Reue über die Ausschweifungen seiner Jugend."

„Tragen Sie irgend etwa ein Andenken von ihm bei
sich?"

„Ja." (Der Prinz führte wirklich eine Tabatiere bei sich,
worauf das Miniaturbild des Marquis in Emaille war, und die 30
er bei der Tafel neben sich hatte liegen gehabt.)

„Ich verlange es nicht zu wissen — — Lassen Sie mich
allein! Sie sollen den Verstorbenen sehen."

Wir wurden gebeten, uns so lange in den andern Pavillon
zu begeben, bis er uns rufen würde. Zugleich ließ er alle Meublen 35
aus dem Saale räumen, die Fenster ausheben und die Läden auf
das genaueste verschließen. Dem Wirt, mit dem er schon vertraut zu sein schien, befahl er, ein Gefäß mit glühenden Kohlen
zu bringen und alle Feuer im Hause sorgfältig mit Wasser zu
löschen. Ehe wir weggingen, nahm er von jedem insbesondere 40
das Ehrenwort, ein ewiges Stillschweigen über das zu beobachten,
was wir sehen und hören würden. Hinter uns wurden alle
Zimmer auf diesem Pavillon verriegelt.

Es war nach eilf Uhr, und eine tiefe Stille herrschte im ganzen
Hause. Beim Hinausgehen fragte mich der Russe, ob wir ge-
ladene Pistolen bei uns hätten. — „Wozu?" sagte ich — „Es ist
auf alle Fälle," versetzte er. „Warten Sie einen Augenblick, ich
5 will mich darnach umsehen." Er entfernte sich. Der Baron von
F** und ich öffneten ein Fenster, das jenem Pavillon gegenüber
sah, und es kam uns vor, als hörten wir zwei Menschen zusammen
flüstern, und ein Geräusch, als ob man eine Leiter anlegte. Doch
war das nur eine Mutmaßung, und ich getraute mir nicht, sie
10 für wahr auszugeben. Der Russe kam mit einem Paar Pistolen
zurück, nachdem er eine halbe Stunde ausgeblieben war. Wir
sahen sie ihn scharf laden. Es war beinahe zwei Uhr, als der Magier wieder erschien und uns ankündigte, daß es Zeit wäre. Ehe
wir hineintraten, ward uns befohlen, die Schuhe auszuziehen und
15 im bloßen Hemde, Strümpfen und Unterkleidern zu erscheinen.
Hinter uns wurde wie das erstemal verriegelt.

Wir fanden, als wir in den Saal zurückkamen, mit einer
Kohle einen weiten Kreis beschrieben, der uns alle zehn bequem
fassen konnte. Ringsherum an allen vier Wänden des Zimmers
20 waren die Dielen weggehoben, daß wir gleichsam auf einer Insel
standen. Ein Altar, mit schwarzem Tuch behangen, stand mitten
im Kreis errichtet, unter welchen ein Teppich von rotem Atlas
gebreitet war. Eine chaldäische Bibel lag bei einem Totenkopf
aufgeschlagen auf dem Altar, und ein silbernes Kruzifix war
25 darauf festgemacht. Statt der Kerzen brannte Spiritus in einer
silbernen Kapsel. Ein dicker Rauch von Olibanum verfinsterte
den Saal, davon das Licht beinahe erstickte. Der Beschwörer
war entkleidet wie wir, aber barfuß; um den bloßen Hals trug
er ein Amulett an einer Kette von Menschenhaaren, um die Lenden
30 hatte er eine weiße Schürze geschlagen, die mit geheimen Chiffern
und symbolischen Figuren bezeichnet war. Er hieß uns einander
die Hände reichen und eine tiefe Stille beobachten; vorzüglich
empfahl er uns, ja keine Frage an die Erscheinung zu tun. Den
Engländer und mich (gegen uns beide schien er das meiste Miß-
35 trauen zu hegen) ersuchte er, zwei bloße Degen unverrückt und
kreuzweise einen Zoll hoch über seiner Scheitel zu halten, so
lange die Handlung dauern würde. Wir standen in einem halben
Mond um ihn herum; der russische Offizier drängte sich dicht an
den Engländer und stand zunächst an dem Altar. Das Gesicht
40 gegen Morgen gerichtet, stellte sich der Magier jetzt auf den
Teppich, sprengte Weihwasser nach allen vier Weltgegenden und
neigte sich dreimal gegen die Bibel. Eine halbe Viertelstunde
dauerte die Beschwörung, von welcher wir nichts verstanden; nach

Endigung derselben gab er denen, die zunächst hinter ihm standen, ein Zeichen, daß sie ihn jetzt fest bei den Haaren fassen sollten. Unter den heftigsten Zuckungen rief er den Verstorbenen dreimal mit Namen, und das drittemal streckte er nach dem Kruzifixe die Hand aus — —   5

Auf einmal empfanden wir alle zugleich einen Streich wie vom Blitze, daß unsere Hände auseinander flogen; ein plötzlicher Donnerschlag erschütterte das Haus, alle Schlösser klangen, alle Türen schlugen zusammen, der Deckel an der Kapsel fiel zu, das Licht löschte aus, und an der entgegenstehenden Wand über 10 dem Kamine zeigte sich eine menschliche Figur in blutigem Hemde, bleich und mit dem Gesicht eines Sterbenden.

„Wer ruft mich?“ sagte eine hohle, kaum hörbare Stimme.

„Dein Freund,“ antwortete der Beschwörer, „der dein Andenken ehret und für deine Seele betet“; zugleich nannte er den 15 Namen des Prinzen.

Die Antworten erfolgten immer nach einem sehr großen Zwischenraum.

„Was verlangt er?“ fuhr diese Stimme fort.

„Dein Bekenntnis will er zu Ende hören, das du in dieser 20 Welt angefangen und nicht beschlossen hast.“

„In einem Kloster auf der flandrischen Grenze lebt“ — —

Hier erzitterte das Haus von neuem. Die Türe sprang freiwillig unter einem heftigen Donnerschlag auf, ein Blitz erleuchtete das Zimmer, und eine andere körperliche Gestalt, blutig und 25 blaß wie die erste, aber schrecklicher, erschien an der Schwelle. Der Spiritus fing von selbst wieder an zu brennen, und der Saal wurde helle wie zuvor.

„Wer ist unter uns?“ rief der Magier erschrocken und warf einen Blick des Entsetzens durch die Versammlung — „Dich habe 30 ich nicht gewollt.“

Die Gestalt ging mit majestätischem, leisem Schritt gerade auf den Altar zu, stellte sich auf den Teppich uns gegenüber und faßte das Kruzifix. Die erste Figur sahen wir nicht mehr.

„Wer ruft mich?“ sagte diese zweite Erscheinung.   35

Der Magier fing an, heftig zu zittern. Schrecken und Erstaunen hatten uns gefesselt. Ich griff nach einer Pistole; der Magier riß sie mir aus der Hand und drückte sie auf die Gestalt ab. Die Kugel rollte langsam auf dem Altar, und die Gestalt trat unverändert aus dem Rauche. Jetzt sank der Magier ohn= 40 mächtig nieder.

„Was wird das?“ rief der Engländer voll Erstaunen und wollte einen Streich mit dem Degen nach ihr tun. Die Gestalt

berührte seinen Arm, und die Klinge fiel zu Boden. Hier trat
der Angstschweiß auf meine Stirn. Baron F** gestand uns
nachher, daß er gebetet habe. Diese ganze Zeit über stand der
Prinz furchtlos und ruhig, die Augen starr auf die Erscheinung
gerichtet.

„Ja! Ich erkenne dich," rief er endlich voll Rührung aus,
„Du bist Lanoy, du bist mein Freund — — Woher kömmst du?"

„Die Ewigkeit ist stumm. Frage mich aus dem vergangenen
Leben."

„Wer lebt in dem Kloster, das du mir bezeichnet hast?"
„Meine Tochter."
„Wie? Du bist Vater gewesen?"
„Weh mir, daß ich es zu wenig war!"
„Bist du nicht glücklich, Lanoy?"
„Gott hat gerichtet."
„Kann ich dir auf dieser Welt noch einen Dienst erzeigen?"
„Keinen, als an dich selbst zu denken."
„Wie muß ich das?"
„In Rom wirst du es erfahren."

Hier erfolgte ein neuer Donnerschlag — eine schwarze Rauch=
wolke erfüllte das Zimmer; als sie zerflossen war, fanden wir
keine Gestalt mehr. Ich stieß einen Fensterladen auf. Es war Morgen.

Jetzt kam auch der Magier aus seiner Betäubung zurück.
„Wo sind wir?" rief er aus, als er Tageslicht erblickte. Der
russische Offizier stand dicht hinter ihm und sah ihm über die
Schulter. „Taschenspieler," sagte er mit schrecklichem Blick zu
ihm, „du wirst keinen Geist mehr rufen."

Der Sizilianer drehte sich um, sah ihm genauer ins Gesicht,
tat einen lauten Schrei und stürzte zu seinen Füßen.

Jetzt sahen wir alle auf einmal den vermeintlichen Russen
an. Der Prinz erkannte in ihm ohne Mühe die Züge seines
Armeniers wieder, und das Wort, das er eben hervorstottern
wollte, erstarb auf seinem Munde. Schrecken und Überraschung
hatten uns alle wie versteinert. Lautlos und unbeweglich starr=
ten wir dieses geheimnisvolle Wesen an, das uns mit einem Blicke
stiller Gewalt und Größe durchschaute. Eine Minute dauerte
dies Schweigen — und wieder eine. Kein Odem war in der
ganzen Versammlung.

Einige kräftige Schläge an die Türe brachten uns endlich
wieder zu uns selbst. Die Türe fiel zertrümmert in den Saal,
und herein drangen Gerichtsdiener mit Wache. „Hier finden wir
sie ja beisammen!" rief der Anführer und wandte sich zu seinen
Begleitern. „Im Namen der Regierung!" rief er uns zu. „Ich

verhafte euch." Wir hatten nicht so viel Zeit, uns zu besinnen; in wenig Augenblicken waren wir umringt. Der russische Offizier, den ich jetzt wieder den Armenier nenne, zog den Anführer der Häscher auf die Seite, und soviel mir die Verwirrung zuließ, bemerkte ich, daß er ihm einige Worte heimlich ins Ohr sagte und 5 etwas Schriftliches vorzeigte. Sogleich verließ ihn der Häscher mit einer stummen und ehrerbietigen Verbeugung, wandte sich darauf zu uns und nahm seinen Hut ab. „Vergeben Sie, meine Herrn," sagte er, „daß ich Sie mit diesem Betrüger vermengen konnte. Ich will nicht fragen, wer Sie sind — aber dieser Herr 10 versichert mir, daß ich Männer von Ehre vor mir habe." Zugleich winkte er seinen Begleitern, von uns abzulassen. Den Sizilianer befahl er wohl zu bewachen und zu binden. „Der Bursche da ist überreif," setzte er hinzu. „Wir haben schon sieben Monate auf ihn gelauert."

Dieser elende Mensch war wirklich ein Gegenstand des Jammers. Das doppelte Schrecken der zweiten Geistererscheinung und dieses unerwarteten Überfalls hatte seine Besinnungskraft überwältigt. Er ließ sich binden wie ein Kind; die Augen lagen weit aufgesperrt und stier in einem totenähnlichen Gesichte, und 20 seine Lippen bebten in stillen Zuckungen, ohne einen Laut auszustoßen. Jeden Augenblick erwarteten wir einen Ausbruch von Konvulsionen. Der Prinz fühlte Mitleid mit seinem Zustand und unternahm es, seine Loslassung bei dem Gerichtsdiener auszuwirken, dem er sich zu erkennen gab. 25

„Gnädigster Herr," sagte dieser, „wissen Sie auch, wer der Mensch ist, für welchen Sie sich so großmütig verwenden? Der Betrug, den er Ihnen zu spielen gedachte, ist sein geringstes Verbrechen. Wir haben seine Helfershelfer. Sie sagen abscheuliche Dinge von ihm aus. Er mag sich noch glücklich preisen, wenn er 30 mit der Galeere davonkommt."

Unterdessen sahen wir auch den Wirt nebst seinen Hausgenossen mit Stricken gebunden über den Hof führen. — „Auch dieser?" rief der Prinz. „Was hat denn dieser verschuldet?" — „Er war sein Mitschuldiger und Hehler," antwortete der An- 35 führer der Häscher, „der ihm zu seinen Taschenspielerstückchen und Diebereien behilflich gewesen und seinen Raub mit ihm geteilt hat. Gleich sollen Sie überzeugt sein, gnädigster Herr" (indem er sich zu seinen Begleitern kehrte). „Man durchsuche das ganze Haus und bringe mir sogleich Nachricht, was man gefunden hat." 40

Jetzt sahe sich der Prinz nach dem Armenier um — aber er war nicht mehr vorhanden; in der allgemeinen Verwirrung, welche dieser Überfall anrichtete, hatte er Mittel gefunden, sich

unbemerkt zu entfernen. Der Prinz war untröstlich; gleich wollte
er ihm alle seine Leute nachschicken; er selbst wollte ihn aufsuchen
und mich mit sich fortreißen. Ich eilte ans Fenster; das ganze
Haus war von Neugierigen umringt, die das Gerücht dieser Be-
5 gebenheit herbeigeführt hatte. Unmöglich war es, durch das
Gedränge zu kommen. Ich stellte dem Prinzen dieses vor: „Wenn
es diesem Armenier ein Ernst ist, sich vor uns zu verbergen, so
weiß er unfehlbar die Schliche besser als wir, und alle unsre
Nachforschungen werden vergebens sein. Lieber lassen Sie uns
10 noch hier bleiben, gnädigster Prinz! Vielleicht kann uns dieser
Gerichtsdiener etwas Näheres von ihm sagen, dem er sich, wenn
ich anders recht gesehen, entdeckt hat."

Jetzt erinnerten wir uns, daß wir noch ausgekleidet waren.
Wir eilten nach unserm Zimmer, uns in der Geschwindigkeit in
15 unsre Kleider zu werfen. Als wir zurückkamen, war die Haus-
suchung geschehen.

Nachdem man den Altar weggeräumt und die Dielen des
Saals aufgebrochen, entdeckte man ein geräumiges Gewölbe,
worin ein Mensch gemächlich aufrecht sitzen konnte, mit einer Türe
20 versehen, die durch eine schmale Treppe nach dem Keller führte.
In diesem Gewölbe fand man eine Elektrisiermaschine, eine Uhr
und eine kleine silberne Glocke, welche letztere, sowie die Elektrisiermaschine, mit dem Altar und dem darauf befestigten Kruzifixe
Kommunikation hatte. Ein Fensterladen, der dem Kamine gerade
25 gegenüber stand, war durchbrochen und mit einem Schieber versehen, um, wie wir nachher erfuhren, eine magische Laterne in
seine Öffnung einzupassen, aus welcher die verlangte Gestalt
auf die Wand über dem Kamine gefallen war. Vom Dachboden
und aus dem Keller brachte man verschiedne Trommeln, woran
30 große bleierne Kugeln an Schnüren befestigt hingen, wahrscheinlich, um das Geräusche des Donners hervorzubringen, das wir
gehört hatten. Als man die Kleider des Sizilianers durchsuchte,
fand man in einem Etui verschiedne Pulver, wie auch lebendigen
Merkur in Phiolen und Büchsen, Phosphorus in einer gläsernen
35 Flasche, einen Ring, den wir gleich für einen magnetischen erkannten, weil er an einem stählernen Knopfe hängen blieb, dem
er von ungefähr nahe gebracht worden, in den Rocktaschen ein
Paternoster, einen Judenbart, Terzerole und einen Dolch. „Laß
doch sehen, ob sie geladen sind!" sagte einer von den Häschern,
40 indem er eines von den Terzerolen nahm und ins Kamin abschoß. „Jesus Maria!" rief eine hohle menschliche Stimme,
eben die, welche wir von der ersten Erscheinung gehört hatten —
und in demselben Augenblick sahen wir einen blutenden Körper

aus dem Schlot herunterstürzen. — „Noch nicht zur Ruhe, armer
Geist?" rief der Engländer, während daß wir andern mit
Schrecken zurückfuhren. „Gehe heim zu deinem Grabe! Du hast
geschienen, was du nicht warst; jetzt wirst du sein, was du
schienest." 5

„Jesus Maria! Ich bin verwundet," wiederholte der Mensch
im Kamine. Die Kugel hatte ihm das rechte Bein zerschmettert.
Sogleich besorgte man, daß die Wunde verbunden wurde.

„Aber wer bist du denn, und was für ein böser Dämon muß
dich hieherführen?" 10

„Ein armer Barfüßer," antwortete der Verwundete. „Ein
fremder Herr hier hat mir eine Zechine geboten, daß ich —"

„Eine Formel hersagen sollte? Und warum hast du dich
denn nicht gleich wieder davongemacht?"

„Er wollte mir ein Zeichen geben, wenn ich fortfahren sollte; 15
aber das Zeichen blieb aus, und wie ich hinaussteigen wollte,
war die Leiter weggezogen."

„Und wie heißt denn die Formel, die er dir eingelernt hat?"

Der Mensch bekam hier eine Ohnmacht, daß nichts weiter aus
ihm herauszubringen war. Als wir ihn näher betrachteten, er= 20
kannten wir ihn für denselben, der sich dem Prinzen den Abend
vorher in den Weg gestellt und ihn so feierlich angeredet hatte.

Unterdessen hatte sich der Prinz zu dem Anführer der Häscher
gewendet.

„Sie haben uns," sagte er, indem er ihm zugleich einige Gold= 25
stücke in die Hand drückte, „Sie haben uns aus den Händen eines
Betrügers gerettet und uns, ohne uns noch zu kennen, Gerechtig=
keit widerfahren lassen. Wollen Sie nun unsere Verbindlichkeit
vollkommen machen und uns entdecken, wer der Unbekannte war,
den es nur ein paar Worte kostete, uns in Freiheit zu setzen?" 30

„Wen meinen Sie?" fragte der Anführer der Häscher mit
einer Miene, die deutlich zeigte, wie unnötig diese Frage war.

„Den Herrn in russischer Uniform meine ich, der Sie vorhin
beiseite zog, Ihnen etwas Schriftliches vorwies und einige
Worte ins Ohr sagte, worauf Sie uns sogleich wieder losgaben." 35

„Sie kennen diesen Herrn also nicht?" fragte der Häscher
wieder. „Er war nicht von Ihrer Gesellschaft?"

„Nein," sagte der Prinz — „und aus sehr wichtigen Ursachen
wünschte ich, näher mit ihm bekannt zu werden."

„Näher," antwortete der Häscher, „kenn' ich ihn auch nicht. 40
Sein Name selbst ist mir unbekannt, und heute hab' ich ihn zum
erstenmal in meinem Leben gesehen."

„Wie? und in so kurzer Zeit, durch ein paar Worte konnte
er so viel über Sie vermögen, daß Sie ihn selbst und uns alle
für unschuldig erklärten?"

„Allerdings durch ein einziges Wort."

5   „Und dieses war? — Ich gestehe, daß ich es wissen möchte."

„Dieser Unbekannte, gnädigster Herr," indem er die Zechinen
in seiner Hand wog — „Sie sind zu großmütig gegen mich ge=
wesen, um Ihnen länger ein Geheimnis daraus zu machen —
dieser Unbekannte war — ein Offizier der Staatsinquisition."

10   „Der Staatsinquisition! — Dieser! —"

„Nicht anders, gnädigster Herr — und davon überzeugte mich
das Papier, welches er mir vorzeigte."

„Dieser Mensch, sagten Sie? Es ist nicht möglich."

„Ich will Ihnen noch mehr sagen, gnädigster Herr. Eben
15 dieser war es, auf dessen Denunziation ich hieher geschickt worden
bin, den Geisterbeschwörer zu verhaften."

Wir sahen uns mit noch größerm Erstaunen an.

„Da hätten wir es ja heraus," rief endlich der Engländer,
„warum der arme Teufel von Beschwörer so erschrocken zusammen=
20 fuhr, als er ihm näher ins Gesicht sah. Er erkannte ihn für einen
Spion, und darum tat er jenen Schrei und stürzte zu seinen Füßen."

„Nimmermehr!" rief der Prinz. „Dieser Mensch ist alles,
was er sein will, und alles, was der Augenblick will, das er sein
soll. Was er wirklich ist, hat noch kein Sterblicher erfahren.
25 Sahen Sie den Sizilianer zusammensinken, als er ihm die Worte
ins Ohr schrie: ‚Du wirst keinen Geist mehr rufen'? Dahinter
ist mehr. Daß man vor etwas Menschlichem so zu erschrecken
pflegt, soll mich niemand überreden."

„Darüber wird uns der Magier selbst wohl am besten zurecht=
30 weisen können," sagte der Lord, „wenn uns dieser Herr" (sich zu
dem Anführer der Gerichtsdiener wendend) „Gelegenheit ver=
schaffen will, seinen Gefangenen zu sprechen."

Der Anführer der Häscher versprach es uns, und wir redeten
mit dem Engländer ab, daß wir ihn gleich den andern Morgen
35 aufsuchen wollten. Jetzt begaben wir uns nach Venedig zurück.

Mit dem frühesten Morgen war Lord Seymour da (dies war
der Name des Engländers), und bald nachher erschien eine ver=
traute Person, die der Gerichtsdiener abgeschickt hatte, uns nach
dem Gefängnis zu führen. Ich habe vergessen, zu erzählen, daß
40 der Prinz schon seit etlichen Tagen einen seiner Jäger vermißte,
einen Bremer von Geburt, der ihm viele Jahre redlich gedient
und sein ganzes Vertrauen besessen hatte. Ob er verunglückt
oder gestohlen oder auch entlaufen war, wußte niemand. Zu

dem letztern war gar kein wahrscheinlicher Grund vorhanden,
weil er jederzeit ein stiller und ordentlicher Mensch gewesen, und
nie ein Tadel an ihm gefunden war. Alles, worauf seine Kame=
raden sich besinnen konnten, war, daß er in der letzten Zeit
sehr schwermütig gewesen und, wo er nur einen Augenblick er= 5
haschen konnte, ein gewisses Minoritenkloster in der Giudecca be=
sucht habe, wo er auch mit einigen Brüdern öfters Umgang ge=
pflegt. Dies brachte uns auf die Vermutung, daß er vielleicht
in die Hände der Mönche geraten sein möchte und sich ka=
tholisch gemacht hätte; und weil der Prinz über diesen Ar= 10
tikel damals noch sehr gleichgültig dachte, so ließ er's nach
einigen fruchtlosen Nachforschungen dabei bewenden. Doch
schmerzte ihn der Verlust dieses Menschen, der ihm auf seinen
Feldzügen immer zur Seite gewesen, immer treu an ihm gehangen
und in einem fremden Lande so leicht nicht wieder zu ersetzen war. 15
Heute nun, als wir eben im Begriff standen, auszugehen, ließ
sich der Bankier des Prinzen melden, an den der Auftrag er=
gangen war, für einen neuen Bedienten zu sorgen. Dieser stellte
dem Prinzen einen gutgebildeten und wohlgekleideten Menschen
in mittlern Jahren vor, der lange Zeit in Diensten eines Pro= 20
kurators als Sekretär gestanden, Französisch und auch etwas
Deutsch sprach, übrigens mit den besten Zeugnissen versehen war.
Seine Physiognomie gefiel, und da er sich übrigens erklärte, daß
sein Gehalt von der Zufriedenheit des Prinzen mit seinen Diensten
abhängen sollte, so ließ er ihn ohne Verzug eintreten. 25

Wir fanden den Sizilianer in einem Privatgefängnis, wohin
er dem Prinzen zu Gefallen, wie der Gerichtsdiener sagte, einst=
weilen gebracht worden war, ehe er unter die Bleidächer gesetzt
wurde, zu denen kein Zugang mehr offen steht. Diese Bleidächer
sind das fürchterlichste Gefängnis in Venedig, unter dem Dach des 30
St. Markuspalastes, worin die unglücklichen Verbrecher von der
dörrenden Sonnenhitze, die sich auf der Bleifläche sammelt, oft
bis zum Wahnwitze leiden. Der Sizilianer hatte sich von dem
gestrigen Zufalle wieder erholt und stand ehrerbietig auf, als er
den Prinzen ansichtig wurde. Ein Bein und eine Hand waren 35
gefesselt, sonst aber konnte er frei durch das Zimmer gehen. Bei
unserm Eintritt entfernte sich die Wache vor die Türe.

„Ich komme,“ sagte der Prinz, nachdem wir Platz genommen
hatten, „über zwei Punkte Erklärung von Ihnen zu verlangen.
Die eine sind Sie mir schuldig, und es wird Ihr Schade nicht 40
sein, wenn Sie mich über den andern befriedigen.“

„Meine Rolle ist ausgespielt,“ versetzte der Sizilianer. „Mein
Schicksal steht in Ihren Händen.“

„Ihre Aufrichtigkeit allein", versetzte der Prinz, „kann es
erleichtern."

„Fragen Sie, gnädigster Herr. Ich bin bereit, zu antworten;
denn ich habe nichts mehr zu verlieren."

5 „Sie haben mich das Gesicht des Armeniers in Ihrem Spiegel
sehen lassen. Wodurch bewirkten Sie dieses?"

„Es war kein Spiegel, was Sie gesehen haben. Ein bloßes
Pastellgemälde hinter einem Glas, das einen Mann in armenischer Kleidung vorstellte, hat Sie getäuscht. Meine Geschwin-
10 digkeit, die Dämmerung, Ihr Erstaunen unterstützten diesen Betrug. Das Bild wird sich unter den übrigen Sachen finden, die
man in dem Gasthof in Beschlag genommen hat."

„Aber wie konnten Sie meine Gedanken so gut wissen und
gerade auf den Armenier raten?"

15 „Dieses war gar nicht schwer, gnädigster Herr. Ohne Zweifel
haben Sie sich bei Tische in Gegenwart Ihrer Bedienten über
die Begebenheit öfters herausgelassen, die sich zwischen Ihnen
und diesem Armenier ereignet hat. Einer von meinen Leuten
machte mit einem Jäger, der in Ihren Diensten steht, zufälliger-
20 weise in der Giudecca Bekanntschaft, aus welchem er nach und
nach so viel zu ziehen wußte, als mir zu wissen nötig war."

„Wo ist dieser Jäger?" fragte der Prinz. „Ich vermisse ihn,
und ganz gewiß wissen Sie um seine Entweichung."

„Ich schwöre Ihnen, daß ich nicht das geringste davon
25 weiß, gnädigster Herr. Ich selbst hab' ihn nie gesehen und
nie eine andre Absicht mit ihm gehabt als die eben gemeldete."

„Fahren Sie fort!" sagte der Prinz.

„Auf diesem Wege nun erhielt ich überhaupt auch die erste
Nachricht von Ihrem Aufenthalt und Ihren Begebenheiten in
30 Venedig, und sogleich entschloß ich mich, sie zu nützen. Sie sehen,
gnädigster Herr, daß ich aufrichtig bin. Ich wußte von Ihrer
vorhabenden Spazierfahrt auf der Brenta; ich hatte mich darauf
versehen, und ein Schlüssel, der Ihnen von ungefähr entfiel,
gab mir die erste Gelegenheit, meine Kunst an Ihnen zu ver-
35 suchen."

„Wie? So hätte ich mich also geirret? Das Stückchen mit
dem Schlüssel war Ihr Werk und nicht des Armeniers? Der
Schlüssel, sagen Sie, wäre mir entfallen?"

„Als Sie die Börse zogen — und ich nahm den Augenblick
40 wahr, da mich niemand beobachtete, ihn schnell mit dem Fuße
zu verdecken. Die Person, bei der Sie die Lotterielose nahmen,
war im Verständnis mit mir. Sie ließ Sie aus einem Gefäße

ziehen, wo keine Niete zu holen war, und der Schlüssel lag längst
in der Dose, ehe sie von Ihnen gewonnen wurde."

„Nunmehr begreif' ich's. Und der Barfüßermönch, der sich
mir in den Weg warf und mich so feierlich anredete?"

„War der nämliche, den man, wie ich höre, verwundet aus 5
dem Kamine gezogen. Es ist einer von meinen Kameraden, der
mir unter dieser Verhüllung schon manche gute Dienste geleistet."

„Aber zu welchem Ende stellten Sie dieses an?"

„Um Sie nachdenkend zu machen — um einen Gemütszustand
in Ihnen vorzubereiten, der Sie für das Wunderbare, das ich 10
mit Ihnen im Sinn hatte, empfänglich machen sollte."

„Aber der pantomimische Tanz, der eine so überraschende,
seltsame Wendung nahm — dieser war doch wenigstens nicht
von Ihrer Erfindung?"

„Das Mädchen, welches die Königin vorstellte, war von mir 15
unterrichtet und ihre ganze Rolle mein Werk. Ich vermutete,
daß es Eure Durchlaucht nicht wenig befremden würde, an diesem
Orte gekannt zu sein, und verzeihen Sie mir, gnädigster Herr,
das Abenteuer mit dem Armenier ließ mich hoffen, daß Sie
bereits schon geneigt sein würden, natürliche Auslegungen zu 20
verschmähen und nach höhern Quellen des Außerordentlichen
zu spüren."

„In der Tat," rief der Prinz mit einer Miene zugleich
des Verdrusses und der Verwunderung, indem er mir besonders
einen bedeutenden Blick gab, „in der Tat," rief er aus, „das 25
habe ich nicht erwartet."

„Aber", fuhr er nach einem langen Stillschweigen wieder
fort, „wie brachten Sie die Gestalt hervor, die an der Wand
über dem Kamin erschien?"

„Durch die Zauberlaterne, welche an dem gegenüberstehen= 30
den Fensterladen angebracht war, wo Sie auch die Öffnung
dazu bemerkt haben werden."

„Aber wie kam es denn, daß kein einziger unter uns sie
gewahr wurde?" fragte Lord Seymour.

„Sie erinnern sich, gnädigster Herr, daß ein dicker Rauch von 35
Olibanum den ganzen Saal verfinsterte, als Sie zurückgekommen
waren. Zugleich hatte ich die Vorsicht gebraucht, die Dielen, welche
man weggehoben, neben demjenigen Fenster anlehnen zu lassen, wo
die Laterna magica eingefügt war; dadurch verhinderte ich, daß
Ihnen dieser Fensterladen nicht sogleich ins Gesicht fiel. Übri= 40
gens blieb die Laterne auch so lange durch einen Schieber ver=
deckt, bis Sie alle Ihre Plätze genommen hatten und keine
Untersuchung im Zimmer mehr von Ihnen zu fürchten war."

„Mir kam vor," fiel ich ein, „als hörte ich in der Nähe dieses Saals eine Leiter anlegen, als ich in dem andern Pavillon aus dem Fenster sah. War dem wirklich so?"

„Ganz recht. Eben diese Leiter, auf welcher mein Gehilfe zu dem bewußten Fenster emporkletterte, um die Zauberlaterne zu dirigieren."

„Die Gestalt", fuhr der Prinz fort, „schien wirklich eine flüchtige Ähnlichkeit mit meinem verstorbenen Freunde zu haben; besonders traf es ein, daß sie sehr blond war. War dieses bloßer Zufall, oder woher schöpften Sie dieselbe?"

„Eure Durchlaucht erinnern sich, daß Sie über Tische eine Dose neben sich hatten liegen gehabt, auf welcher das Porträt eines Offiziers in **scher Uniform in Emaille war. Ich fragte Sie, ob Sie von Ihrem Freunde nicht irgendein Andenken bei sich führten, worauf Sie mit Ja antworteten; daraus schloß ich, daß es vielleicht die Dose sein möchte. Ich hatte das Bild über Tische gut ins Auge gefaßt, und weil ich im Zeichnen sehr geübt, auch im Treffen sehr glücklich bin, so war es mir ein leichtes, dem Bilde diese flüchtige Ähnlichkeit zu geben, die Sie wahrgenommen haben; und um so mehr, da die Gesichtszüge des Marquis sehr ins Auge fallen."

„Aber die Gestalt schien sich doch zu bewegen."

„So schien es — aber es war nicht die Gestalt, sondern der Rauch, der von ihrem Scheine beleuchtet war."

„Und der Mensch, welcher aus dem Schlot herabstürzte, antwortete also für die Erscheinung?"

„Eben dieser."

„Aber er konnte ja die Fragen nicht wohl hören."

„Dieses brauchte er auch nicht. Sie besinnen sich, gnädigster Prinz, daß ich Ihnen allen auf das strengste verbot, selbst eine Frage an das Gespenst zu richten. Was ich ihn fragen würde und er mir antworten sollte, war abgeredet; und damit ja kein Versehen vorfiele, ließ ich ihn große Pausen beobachten, die er an den Schlägen einer Uhr abzählen mußte."

„Sie gaben dem Wirte Befehl, alle Feuer im Hause sorgfältig mit Wasser löschen zu lassen; dies geschah ohne Zweifel —"

„Um meinen Mann im Kamine außer Gefahr des Erstickens zu setzen, weil die Schornsteine im Hause ineinander laufen und ich vor Ihrer Suite nicht ganz sicher zu sein glaubte."

„Wie kam es aber," fragte Lord Seymour, „daß Ihr Geist weder früher noch später da war, als Sie ihn brauchten?"

„Mein Geist war schon eine gute Weile im Zimmer, ehe ich
ihn zitierte; aber solange der Spiritus brannte, konnte man
diesen matten Schein nicht sehen. Als meine Beschwörungs=
formel geendigt war, ließ ich das Gefäß, worin der Spiritus
flammte, zusammenfallen; es wurde Nacht im Saal, und jetzt 5
erst wurde man die Figur an der Wand gewahr, die sich schon
längst darauf reflektiert hatte."

„Aber in eben dem Moment, als der Geist erschien, empfan=
den wir alle einen elektrischen Schlag. Wie bewirkten Sie diesen?"

„Die Maschine unter dem Altar haben Sie entdeckt. Sie 10
sahen auch, daß ich auf einem seidnen Fußteppich stand. Ich
ließ Sie in einem halben Mond um mich herum stehen und ein=
ander die Hände reichen; als es nahe dabei war, winkte ich einem
von Ihnen, mich bei den Haaren zu fassen. Das silberne Kruzi=
fix war der Konduktor, und Sie empfingen den Schlag, als ich 15
es mit der Hand berührte."

„Sie befahlen uns, dem Grafen von O** und mir," sagte
Lord Seymour, „zwei bloße Degen kreuzweise über Ihrer Scheitel
zu halten, solange die Beschwörung dauern würde. Wozu nun
dieses?" 20

„Zu nichts weiter, als um Sie beide, denen ich am wenig=
sten traute, während des ganzen Aktus zu beschäftigen. Sie er=
innern sich, daß ich Ihnen ausdrücklich einen Zoll hoch be=
stimmte; dadurch, daß Sie diese Entfernung immer in acht
nehmen mußten, waren Sie verhindert, Ihre Blicke dahin zu 25
richten, wo ich sie nicht gerne haben wollte. Meinen schlimm=
sten Feind hatte ich damals noch gar nicht ins Auge gefaßt."

„Ich gestehe," rief Lord Seymour, „daß dies vorsichtig
gehandelt heißt — aber warum mußten wir ausgekleidet sein?"

„Bloß um der Handlung eine Feierlichkeit mehr zu geben 30
und durch das Ungewöhnliche Ihre Einbildungskraft zu spannen."

„Die zweite Erscheinung ließ Ihren Geist nicht zum Wort
kommen," sagte der Prinz. „Was hätten wir eigentlich von ihm
erfahren sollen?"

„Beinahe dasselbe, was Sie nachher gehört haben. Ich 35
fragte Eure Durchlaucht nicht ohne Absicht, ob Sie mir auch
alles gesagt, was Ihnen der Sterbende aufgetragen, und ob
Sie keine weitere Nachfragen wegen seiner in seinem Vaterlande
getan; dieses fand ich nötig, um nicht gegen Tatsachen anzu=
stoßen, die der Aussage meines Geistes hätten widersprechen 40
können. Ich fragte gewisser Jugendsünden wegen, ob der Ver=
storbene untadelhaft gelebt, und auf die Antwort gründete ich
alsdann meine Erfindung."

„Aber diese Sache", fing der Prinz nach einigem Stillschweigen an, „haben Sie mir einen befriedigenden Aufschluß
gegeben. Aber ein Hauptumstand ist noch zurück, worüber ich
Licht von Ihnen verlange."

5 „Wenn es in meiner Gewalt steht, und —"

„Keine Bedingungen! Die Gerechtigkeit, in deren Händen
Sie sind, dürfte so bescheiden nicht fragen. Wer war dieser
Unbekannte, vor dem wir Sie niederstürzen sahen? Was wissen
Sie von ihm? Woher kennen Sie ihn? Und was hat es für
10 eine Bewandtnis mit dieser zweiten Erscheinung?"

„Gnädigster Prinz —"

„Als Sie ihm näher ins Gesicht sahen, stießen Sie einen
lauten Schrei aus und stürzten nieder. Warum das? Was
bedeutete das?"

15 „Dieser Unbekannte, gnädigster Prinz." — Er hielt inne,
wurde sichtbarlich unruhiger und sah uns alle in der Reihe
herum mit verlegnen Blicken an. — „Ja, bei Gott, gnädigster
Prinz, dieser Unbekannte ist ein schreckliches Wesen."

„Was wissen Sie von ihm? Wie steht er mit Ihnen in Ver-
20 bindung? — Hoffen Sie nicht, uns die Wahrheit zu verhehlen." —

„Dafür werd' ich mich wohl hüten — denn wer steht mir
dafür, daß er nicht in diesem Augenblick mitten unter uns
stehet?"

25 „Wo? Wer?" riefen wir alle zugleich und schauten uns
halb lachend, halb bestürzt im Zimmer um. — „Das ist ja
nicht möglich!"

„O! diesem Menschen — oder wer er sein mag — sind Dinge
möglich, die noch weit weniger zu begreifen sind."

30 „Aber wer ist er denn? Woher stammt er? Armenier oder
Russe? Was ist das Wahre an dem, wofür er sich ausgibt?"

„Keines von allem, was er scheint. Es wird wenige Stände,
Charaktere und Nationen geben, davon er nicht schon die Maske
getragen. Wer er sei, woher er gekommen, wohin er gehe,
35 weiß niemand. Daß er lang in Ägypten gewesen, wie viele
behaupten, und dort aus einer Pyramide seine verborgene Weisheit geholt habe, will ich weder bejahen noch verneinen. Bei
uns kennt man ihn nur unter dem Namen des Unergründ-
lichen. Wie alt, zum Beispiel, schätzen Sie ihn?"

40 „Nach dem äußern Anschein zu urteilen, kann er kaum
Vierzig zurückgelegt haben."

„Und wie alt denken Sie, daß ich sei?"

„Nicht weit von Funfzig."

Schiller VI.   19

„Ganz recht — und wenn ich Ihnen nun sage, daß ich ein
Bursche von siebenzehn Jahren war, als mir mein Großvater
von diesem Wundermann erzählte, der ihn ungefähr in eben
dem Alter, worin er jetzt zu sein scheint, in Famagusta ge=
sehen hat —“   5

„Das ist lächerlich, unglaublich und übertrieben.“

„Nicht um einen Zug. Hielten mich diese Fesseln nicht ab,
ich wollte Ihnen Bürgen stellen, deren ehrwürdiges Ansehen
Ihnen keinen Zweifel mehr übrig lassen würde. Es gibt glaub=
würdige Leute, die sich erinnern, ihn in verschiedenen Welt=   10
gegenden zu gleicher Zeit gesehen zu haben. Keines Degens
Spitze kann ihn durchbohren, kein Gift ihm etwas anhaben,
kein Feuer sengt ihn, kein Schiff geht unter, worauf er sich
befindet. Die Zeit selbst scheint an ihm ihre Macht zu ver=
lieren, die Jahre trocknen seine Säfte nicht aus, und das Alter 15
kann seine Haare nicht bleichen. Niemand ist, der ihn Speise
nehmen sah, nie ist ein Weib von ihm berührt worden, kein
Schlaf besucht seine Augen; von allen Stunden des Tages weiß
man nur eine einzige, über die er nicht Herr ist, in welcher
niemand ihn gesehen, in welcher er kein irdisches Geschäft ver= 20
richtet hat.“

„So?“ sagte der Prinz. „Und was ist dies für eine Stunde?“

„Die zwölfte in der Nacht. Sobald die Glocke den zwölften
Schlag tut, gehört er den Lebendigen nicht mehr. Wo er auch
sein mag, er muß fort; welches Geschäft er auch verrichtet, er   25
muß es abbrechen. Dieser schreckliche Glockenschlag reißt ihn aus
den Armen der Freundschaft, reißt ihn selbst vom Altar und
würde ihn auch aus dem Todeskampf rufen. Niemand weiß,
wo er dann hingeht, noch was er da verrichtet. Niemand wagt
es, ihn darum zu befragen, noch weniger, ihm zu folgen; denn   30
seine Gesichtszüge ziehen sich auf einmal, sobald diese gefürchtete
Stunde schlägt, in einen so finstern und schreckhaften Ernst zu=
sammen, daß jedem der Mut entfällt, ihm ins Gesicht zu blicken
oder ihn anzureden. Eine tiefe Todesstille endigt dann plötzlich
das lebhafteste Gespräch, und alle, die um ihn sind, erwarten   35
mit ehrerbietigem Schaudern seine Wiederkunft, ohne es nur zu
wagen, sich von der Stelle zu heben oder die Türe zu öffnen,
durch die er gegangen ist.“

„Aber“, fragte einer von uns, „bemerkt man nichts Außer=
ordentliches an ihm bei seiner Zurückkunft?“   40

„Nichts, als daß er bleich und abgemattet aussieht, unge=
fähr wie ein Mensch, der eine schmerzhafte Operation ausge=
standen oder eine schreckliche Zeitung erhält. Einige wollen

Blutstropfen auf seinem Hemde gesehen haben; dieses aber lasse
ich dahingestellt sein."

"Und hat man es zum wenigsten nie versucht, ihm diese
Stunde zu verbergen oder ihn so in Zerstreuung zu verwickeln,
5 daß er sie übersehen mußte?"

"Ein einziges Mal, sagt man, überschritt er den Termin.
Die Gesellschaft war zahlreich, man verspätete sich bis tief in
die Nacht; alle Uhren waren mit Fleiß falsch gerichtet, und das
Feuer der Unterredung riß ihn dahin. Als die gesetzte Stunde
10 da war, verstummte er plötzlich und wurde starr; alle seine
Gliedmaßen verharrten in derselben Richtung, worin dieser Zufall sie überraschte; seine Augen standen; sein Puls schlug nicht
mehr; alle Mittel, die man anwendete, ihn wieder zu erwecken,
waren fruchtlos; und dieser Zustand hielt an, bis die Stunde
15 verstrichen war. Dann belebte er sich plötzlich von selbst wieder,
schlug die Augen auf und fuhr in der nämlichen Silbe fort,
worin er war unterbrochen worden. Die allgemeine Bestürzung
verriet ihm, was geschehen war, und da erklärte er mit einem
fürchterlichen Ernst, daß man sich glücklich preisen dürfte, mit
20 dem bloßen Schrecken davongekommen zu sein. Aber die Stadt,
worin ihm dieses begegnet war, verließ er noch an demselben
Abend auf immer. Der allgemeine Glaube ist, daß er in dieser
geheimnisvollen Stunde Unterredungen mit seinem Genius halte.
Einige meinen gar, er sei ein Verstorbener, dem es verstattet
25 sei, dreiundzwanzig Stunden vom Tag unter den Lebenden
zu wandeln; in der letzten aber müsse seine Seele zur Unterwelt
heimkehren, um dort ihr Gericht auszuhalten. Viele halten ihn
auch für den berühmten Apollonius von Thyana, und andre gar
für den Jünger Johannes, von dem es heißt, daß er bleiben
30 würde bis zum letzten Gericht."

"Über einen so außerordentlichen Mann", sagte der Prinz,
"kann es freilich nicht an abenteuerlichen Mutmaßungen fehlen.
Alles Bisherige haben Sie bloß von Hörensagen; und doch
schien mir sein Benehmen gegen Sie und das Ihrige gegen ihn
35 auf eine genauere Bekanntschaft zu deuten. Liegt hier nicht
irgendeine besondre Geschichte zum Grunde, bei der Sie selbst mit
verwickelt gewesen? Verhehlen Sie uns nichts!"

Der Sizilianer sah uns mit einem zweifelhaften Blick an
und schwieg.

40 "Wenn es eine Sache betrifft," fuhr der Prinz fort, "die
Sie nicht gerne laut machen wollen, so versichre ich Sie im
Namen dieser beiden Herrn der unverbrüchlichsten Verschwiegen-
heit. Aber reden Sie aufrichtig und unverhohlen."

„Wenn ich hoffen kann," fing der Mann nach einem langen
Stillschweigen an, „daß Sie solche nicht gegen mich zeugen
lassen wollen, so will ich Ihnen wohl eine merkwürdige
Begebenheit mit diesem Armenier erzählen, von der ich Augen=
zeuge war, und die Ihnen über die verborgene Gewalt dieses
Menschen keinen Zweifel übrig lassen wird. Aber es muß mir
erlaubt sein," setzte er hinzu, „einige Namen dabei zu ver=
schweigen."

„Kann es nicht ohne diese Bedingung geschehen?"

„Nein, gnädigster Herr. Es ist eine Familie darein ver=
wickelt, die ich zu schonen Ursache habe."

„Lassen Sie uns hören!" sagte der Prinz.

„Es mögen nun fünf Jahre sein," fing der Sizilianer an,
„daß ich in Neapel, wo ich mit ziemlichem Glück meine Künste
trieb, mit einem gewissen Lorenzo del M**nte, Chevalier des
Ordens von St. Stephan, Bekanntschaft machte, einem jungen und
reichen Kavalier aus einem der ersten Häuser des Königreichs, der
mich mit Verbindlichkeiten überhäufte und für meine Geheimnisse
große Achtung zu tragen schien. Er entdeckte mir, daß der Mar=
chese del M**nte, sein Vater, ein eifriger Verehrer der Kabbala
wäre und sich glücklich schätzen würde, einen Weltweisen (wie er
mich zu nennen beliebte) unter seinem Dache zu wissen. Der Greis
wohnte auf einem seiner Landgüter an der See, ungefähr sieben
Meilen von Neapel, wo er beinahe in gänzlicher Abgeschieden=
heit von Menschen das Andenken eines teuern Sohnes beweinte,
der ihm durch ein schreckliches Schicksal entrissen ward. Der
Chevalier ließ mich merken, daß er und seine Familie in einer sehr
ernsthaften Angelegenheit meiner wohl gar einmal bedürfen könn=
ten, um von meiner geheimen Wissenschaft vielleicht einen Auf=
schluß über etwas zu erhalten, wobei alle natürlichen Mittel
fruchtlos erschöpft worden wären. Er insbesondere, setzte er sehr
bedeutend hinzu, würde einst vielleicht Ursache haben, mich als
den Schöpfer seiner Ruhe und seines ganzen irdischen Glücks zu
betrachten. Ich wagte nicht, ihn um das Nähere zu befragen,
und für damals blieb es bei dieser Erklärung. Die Sache selbst
aber verhielt sich folgendergestalt:

„Dieser Lorenzo war der jüngere Sohn des Marchese, wes=
wegen er auch zu dem geistlichen Stand bestimmt war; die Güter
der Familie sollten an seinen ältern Bruder fallen. Jeronymo,
so hieß dieser ältere Bruder, hatte mehrere Jahre auf Reisen zu=
gebracht und kam ungefähr sieben Jahre vor der Begebenheit,
die jetzt erzählt wird, in sein Vaterland zurück, um eine Heirat
mit der einzigen Tochter eines benachbarten gräflichen Hauses

von C***tti zu vollziehen, worüber beide Familien schon seit der
Geburt dieser Kinder übereingekommen waren, um ihre ansehn=
lichen Güter dadurch zu vereinigen. Ungeachtet diese Verbindung
bloß das Werk der elterlichen Konvenienz war, und die Herzen
beider Verlobten bei der Wahl nicht um Rat gefragt wurden, so
hatten sie dieselbe doch stillschweigend schon gerechtfertigt. Jero=
nymo del M**nte und Antonie C***tti waren miteinander
auferzogen worden, und der wenige Zwang, den man dem Um=
gang zweier Kinder auflegte, die man schon damals gewohnt
war, als ein Paar zu betrachten, hatte frühzeitig ein zärtliches
Verständnis zwischen beiden entstehen lassen, das durch die Har=
monie ihrer Charaktere noch mehr befestigt ward und sich in rei=
fern Jahren leicht zur Liebe erhöhte. Eine vierjährige Entfernung
hatte es viel mehr angefeuert als erkältet, und Jeronymo kehrte
ebenso treu und ebenso feurig in die Arme seiner Braut zurück,
als wenn er sich niemals daraus gerissen hätte.

„Die Entzückungen des Wiedersehens waren noch nicht vor=
über, und die Anstalten zur Vermählung wurden auf das leb=
hafteste betrieben, als der Bräutigam — verschwand. Er pflegte
öfters ganze Abende auf einem Landhause zuzubringen, das die
Aussicht aufs Meer hatte, und sich da zuweilen mit einer Wasser=
fahrt zu vergnügen. Nach einem solchen Abende geschah es, daß
er ungewöhnlich lang ausblieb. Man schickte Boten nach ihm
aus, Fahrzeuge suchten ihn auf der See; niemand wollte ihn ge=
sehen haben. Von seinen Bedienten wurde keiner vermißt, daß
ihn also keiner begleitet haben konnte. Es wurde Nacht, und er
erschien nicht. Es wurde Morgen — es wurde Mittag und
Abend, und noch kein Jeronymo. Schon fing man an, den schreck=
lichsten Mutmaßungen Raum zu geben, als die Nachricht ein=
lief, ein algierischer Korsar habe vorigen Tages an dieser Küste
gelandet, und verschiedene von den Einwohnern seien gefangen
weggeführt worden. Sogleich werden zwei Galeeren bemannt,
die eben segelfertig liegen; der alte Marchese besteigt selbst die
erste, entschlossen, seinen Sohn mit Gefahr seines eigenen Lebens
zu befreien. Am dritten Morgen erblicken sie den Korsaren, vor
welchem sie den Vorteil des Windes voraus haben; sie haben
ihn bald erreicht, sie kommen ihm so nahe, daß Lorenzo, der sich
auf der ersten Galeere befindet, das Zeichen seines Bruders auf
dem feindlichen Verdeck zu erkennen glaubt, als plötzlich ein
Sturm sie wieder voneinander trennt. Mit Mühe stehen ihn
die beschädigten Schiffe aus; aber die Prise ist verschwunden,
und die Not zwingt sie, auf Malta zu landen. Der Schmerz
der Familie ist ohne Grenzen; trostlos rauft sich der alte Marchese

die eisgrauen Haare aus; man fürchtet für das Leben der
jungen Gräfin.

„Fünf Jahre gehen in fruchtloſen Erkundigungen hin. Nach=
fragen geſchehen längs der ganzen barbariſchen Küſte; ungeheure
Preiſe werden für die Freiheit des jungen Marcheſe geboten; 5
aber niemand meldet ſich, ſie zu verdienen. Endlich blieb es bei
der wahrſcheinlichen Vermutung, daß jener Sturm, welcher beide
Fahrzeuge trennte, das Räuberſchiff zugrunde gerichtet habe,
und daß ſeine ganze Mannſchaft in den Fluten umgekommen ſei.

„So ſcheinbar dieſe Vermutung war, ſo fehlte ihr doch noch 10
viel zur Gewißheit, und nichts berechtigte, die Hoffnung ganz
aufzugeben, daß der Verlorne nicht einmal wieder ſichtbar wer=
den könnte. Aber geſetzt nun, er würde es nicht mehr, ſo er=
loſch mit ihm zugleich die Familie, oder der zweite Bruder mußte
dem geiſtlichen Stande entſagen und in die Rechte des Erſt= 15
gebornen eintreten. So gewagt dieſer Schritt und ſo ungerecht
es an ſich ſelbſt war, dieſen möglicherweiſe noch lebenden Bruder
aus dem Beſitz ſeiner natürlichen Rechte zu verdrängen, ſo glaubte
man einer ſo entfernten Möglichkeit wegen das Schickſal eines
alten glänzenden Stammes, der ohne dieſe Einrichtung erloſch, 20
nicht aufs Spiel ſetzen zu dürfen. Gram und Alter näherten den
alten Marcheſe dem Grabe; mit jedem neu vereitelten Verſuch
ſank die Hoffnung, den Verſchwundenen wiederzufinden; er ſah
den Untergang ſeines Hauſes, der durch eine kleine Ungerechtigkeit
zu verhüten war, wenn er ſich nämlich nur entſchließen wollte, 25
den jüngern Bruder auf Unkoſten des ältern zu begünſtigen. Um
ſeine Verbindungen mit dem gräflichen Hauſe von C***tti zu er=
füllen, brauchte nur ein Name geändert zu werden; der Zweck
beider Familien war auf gleiche Art erreicht, Gräfin Antonie
mochte nun Lorenzos oder Jeronymos Gattin heißen. Die 30
ſchwache Möglichkeit einer Wiedererſcheinung des letztern kam
gegen das gewiſſe und dringende Übel, den gänzlichen Unter=
gang der Familie, in keine Betrachtung, und der alte Marcheſe,
der die Annäherung des Todes mit jedem Tage ſtärker fühlte,
wünſchte mit Ungeduld, von dieſer Unruhe wenigſtens frei zu 35
ſterben.

„Wer dieſen Schritt allein verzögerte und am hartnäckigſten
bekämpfte, war derjenige, der das meiſte dabei gewann —
Lorenzo. Ungerührt von dem Reiz unermeßlicher Güter, un=
empfindlich ſelbſt gegen den Beſitz des liebenswürdigſten Ge= 40
ſchöpfs, das ſeinen Armen überliefert werden ſollte, weigerte er
ſich mit der edelmütigſten Gewiſſenhaftigkeit, einen Bruder zu
berauben, der vielleicht noch am Leben wäre und ſein Eigentum

zurückfodern könnte. „Ist das Schicksal meines teuern Jeronymo," sagte er, „durch diese lange Gefangenschaft nicht schon
schrecklich genug, daß ich es noch durch einen Diebstahl verbittern
sollte, der ihn um alles bringt, was ihm das Teuerste war?
Mit welchem Herzen würde ich den Himmel um seine Wiederkunft
anflehen, wenn sein Weib in meinen Armen liegt? Mit welcher
Stirne ihm, wenn endlich ein Wunder ihn uns zurückbringt, ent-
gegeneilen? Und gesetzt, er ist uns auf ewig entrissen, wodurch
können wir sein Andenken besser ehren, als wenn wir die Lücke
ewig unausgefüllt lassen, die sein Tod in unsern Zirkel gerissen
hat? als wenn wir alle Hoffnungen auf seinem Grabe opfern
und das, was sein war, gleich einem Heiligtum unberührt
lassen?

„Aber alle Gründe, welche die brüderliche Delikatesse aus-
fand, waren nicht vermögend, den alten Marchese mit der Idee
auszusöhnen, einen Stamm erlöschen zu sehen, der Jahrhunderte
geblüht hatte. Alles, was Lorenzo ihm abgewann, war noch
eine Frist von zwei Jahren, ehe er die Braut seines Bruders zum
Altare führte. Während dieses Zeitraums wurden die Nachforschungen aufs eifrigste fortgesetzt. Lorenzo selbst tat verschiedene Seereisen, setzte seine Person manchen Gefahren aus;
keine Mühe, keine Kosten wurden gespart, den Verschwundenen
wiederzufinden. Aber auch diese zwei Jahre verstrichen fruchtlos
wie alle vorigen."

„Und Gräfin Antonie?" fragte der Prinz. „Von ihrem Zustande sagen Sie uns nichts. Sollte sie sich so gelassen in ihr
Schicksal ergeben haben? Ich kann es nicht glauben."

„Antoniens Zustand war der schrecklichste Kampf zwischen
Pflicht und Leidenschaft, Abneigung und Bewunderung. Die
uneigennützige Großmut der brüderlichen Liebe rührte sie; sie
fühlte sich hingerissen, den Mann zu verehren, den sie nimmermehr lieben konnte; zerrissen von widersprechenden Gefühlen,
blutete ihr Herz. Aber ihr Widerwille gegen den Chevalier
schien in eben dem Grade zu wachsen, wie sich seine Ansprüche
auf ihre Achtung vermehrten. Mit tiefem Leiden bemerkte er den
stillen Gram, der ihre Jugend verzehrte. Ein zärtliches Mitleid
trat unvermerkt an die Stelle der Gleichgültigkeit, mit der er sie
bisher betrachtet hatte; aber diese verräterische Empfindung
hinterging ihn, und eine wütende Leidenschaft fing an, ihm die
Ausübung einer Tugend zu erschweren, die bis jetzt jeder Versuchung überlegen geblieben war. Doch selbst noch auf Unkosten
seines Herzens gab er den Eingebungen seines Edelmuts Gehör;
er allein war es, der das unglückliche Opfer gegen die Willkür

der Familie in Schutz nahm. Aber alle seine Bemühungen miß=
langen; jeder Sieg, den er über seine Leidenschaft davontrug,
zeigte ihn ihr nur um so würdiger, und die Großmut, mit der
er sie ausschlug, diente nur dazu, ihrer Widersetzlichkeit jede Ent=
schuldigung zu rauben.   5

       „So standen die Sachen, als der Chevalier mich beredete,
ihn auf seinem Landgute zu besuchen. Die warme Empfehlung
meines Gönners bereitete mir da einen Empfang, der alle meine
Wünsche übertraf. Ich darf nicht vergessen, hier noch anzuführen,
daß es mir durch einige merkwürdige Operationen gelungen war, 10
meinen Namen unter den dortigen Logen berühmt zu machen,
welches vielleicht dazu beitragen mochte, das Vertrauen des alten
Marchese zu vermehren und seine Erwartungen von mir zu er=
höhen. Wie weit ich es mit ihm gebracht, und welche Wege ich
dabei gegangen, erlassen Sie mir zu erzählen; aus den Geständ= 15
nissen, die ich Ihnen bereits getan, können Sie auf alles übrige
schließen.   Da ich mir alle mystische Bücher zunutze machte,
die sich in der sehr ansehnlichen Bibliothek des Marchese befanden,
so gelang es mir bald, in seiner Sprache mit ihm zu reden und
mein System von der unsichtbaren Welt mit seinen eignen Mei= 20
nungen in Übereinstimmung zu bringen. In kurzem glaubte
er, was ich wollte, und hätte ebenso zuversichtlich auf die Be=
gattungen der Philosophen mit Salamandrinnen und Sylphiden
als auf einen Artikel des Kanons geschworen. Da er überdies
sehr religiös war und seine Anlage zum Glauben in dieser 25
Schule zu einem hohen Grade ausgebildet hatte, so fanden meine
Märchen bei ihm desto leichter Eingang, und zuletzt hatte ich ihn
mit Mystizität so umstrickt und umwunden, daß nichts mehr bei
ihm Kredit hatte, sobald es natürlich war. In kurzem war ich
der angebetete Apostel des Hauses. Der gewöhnliche Inhalt 30
meiner Vorlesungen war die Exaltation der menschlichen Natur
und der Umgang mit höhern Wesen, mein Gewährsmann der
untrügliche Graf von Gabalis. Die junge Gräfin, die seit dem
Verlust ihres Geliebten ohnehin mehr in der Geisterwelt als
in der wirklichen lebte und durch den schwärmerischen Flug ihrer 35
Phantasie mit leidenschaftlichem Interesse zu Gegenständen dieser
Gattung hingezogen ward, fing meine hingeworfenen Winke mit
schauderndem Wohlbehagen auf; ja sogar die Bedienten des
Hauses suchten sich im Zimmer zu tun zu machen, wenn ich
redete, um hier und da eins meiner Worte aufzuhaschen, welche 40
Bruchstücke sie alsdann nach ihrer Art aneinander reihten.

       „Ungefähr zwei Monate mochte ich so auf diesem Rittersitze
zugebracht haben, als eines Morgens der Chevalier auf mein

Zimmer trat. Tiefer Gram malte sich auf seinem Gesichte, alle
seine Züge waren zerstört, er warf sich in einen Stuhl mit allen
Gebärden der Verzweiflung.

"Kapitän," sagte er, "mit mir ist es vorbei. Ich muß fort.
5 Ich kann es nicht länger hier aushalten."

"Was ist Ihnen, Chevalier? Was haben Sie?"

"O, diese fürchterliche Leidenschaft!" (Hier fuhr er mit Heftigkeit von dem Stuhle auf und warf sich in meine Arme.) — "Ich
habe sie bekämpft wie ein Mann — Jetzt kann ich nicht mehr."

10 "Aber an wem liegt es denn, liebster Freund, als an Ihnen?
Steht nicht alles in Ihrer Gewalt? Vater, Familie —"

"Vater! Familie! Was ist mir das? — Will ich eine er-
zwungene Hand oder eine freiwillige Neigung? — Hab' ich nicht
einen Nebenbuhler? — Ach! und welchen? — Einen Neben-
15 buhler vielleicht unter den Toten! O, lassen Sie mich! Lassen
Sie mich! Ging' es auch bis ans Ende der Welt. Ich muß
meinen Bruder finden."

"Wie? Nach so viel fehlgeschlagenen Versuchen können Sie
noch Hoffnung —"

20 "Hoffnung! — In meinem Herzen starb sie längst. Aber
auch in jenem? — Was liegt daran, ob ich hoffe? — Bin ich
glücklich, solange noch ein Schimmer dieser Hoffnung in Antoniens Herzen glimmt? — Zwei Worte, Freund, könnten meine
Marter enden. — Aber umsonst! Mein Schicksal wird elend
25 bleiben, bis die Ewigkeit ihr langes Schweigen bricht, und
Gräber für mich zeugen."

"Ist es diese Gewißheit also, die Sie glücklich machen
kann?"

"Glücklich? O, ich zweifle, ob ich es je wieder sein kann!
30 Aber Ungewißheit ist die schrecklichste Verdammnis!" (Nach
einigem Stillschweigen mäßigte er sich und fuhr mit Wehmut
fort.) "Daß er meine Leiden sähe! — Kann sie ihn glücklich
machen, diese Treue, die das Elend seines Bruders macht? Soll
ein Lebendiger eines Toten wegen schmachten, der nicht mehr
35 genießen kann? — Wüßte er meine Qual" — (hier fing er an,
heftig zu weinen, und drückte sein Gesicht auf meine Brust) "vielleicht — ja, vielleicht würde er sie selbst in meine Arme führen."

"Aber sollte dieser Wunsch so ganz unerfüllbar sein?"

"Freund! Was sagen Sie?" — Er sah mich erschrocken an.
40 "Weit geringere Anlässe," fuhr ich fort, "haben die Abgeschiedenen in das Schicksal der Lebenden verflochten. Sollte
das ganze zeitliche Glück eines Menschen — eines Bruders —"

„Das ganze zeitliche Glück! O, das fühl' ich! Wie wahr
haben Sie gesagt! Meine ganze Glückseligkeit!"

„Und die Ruhe einer trauernden Familie keine rechtmäßige
Veranlassung sein, die unsichtbaren Mächte zum Beistand auf-
zufodern? Gewiß! wenn je eine irdische Angelegenheit dazu
berechtigen kann, die Ruhe der Seligen zu stören — von einer
Gewalt Gebrauch zu machen —"

„Um Gottes willen, Freund!" unterbrach er mich, „nichts
mehr davon! Ehmals wohl, ich gesteh' es, hegte ich einen solchen
Gedanken — mir deucht, ich sagte Ihnen davon — aber ich hab'
ihn längst als ruchlos und abscheulich verworfen."

„Sie sehen nun schon," fuhr der Sizilianer fort, „wohin uns
dieses führte. Ich bemühte mich, die Bedenklichkeiten des Ritters
zu zerstreuen, welches mir endlich auch gelang. Es ward beschlossen, den Geist des Verstorbenen zu zitieren, wobei ich mir
nur vierzehn Tage Frist ausbedingte, um mich, wie ich vorgab,
würdig darauf vorzubereiten. Nachdem dieser Zeitraum verstrichen und meine Maschinen gehörig gerichtet waren, benutzte
ich einen schauerlichen Abend, wo die Familie auf die gewöhnliche
Art um mich versammelt war, ihr die Einwilligung dazu abzu-
locken, oder sie vielmehr unvermerkt dahin zu leiten, daß sie selbst
diese Bitte an mich tat. Den schwersten Stand hatte man bei
der jungen Gräfin, deren Gegenwart doch so wesentlich war;
aber hier kam uns der schwärmerische Flug ihrer Leidenschaft zu
Hilfe, und vielleicht mehr noch ein schwacher Schimmer von Hoffnung, daß der Totgeglaubte noch lebe und auf den Ruf nicht
erscheinen werde. Mißtrauen in die Sache selbst, Zweifel in
meine Kunst war das einzige Hindernis, welches ich nicht zu
bekämpfen hatte.

„Sobald die Einwilligung der Familie da war, wurde der
dritte Tag zu dem Werke angesetzt. Gebete, die bis in die Mitternacht verlängert werden mußten, Fasten, Wachen, Einsamkeit
und mystischer Unterricht waren, verbunden mit dem Gebrauch
eines gewissen noch unbekannten musikalischen Instruments, das
ich in ähnlichen Fällen sehr wirksam fand, die Vorbereitungen zu
diesem feierlichen Akt, welche auch so sehr nach Wunsche ein-
schlugen, daß die fanatische Begeisterung meiner Zuhörer meine
eigne Phantasie erhitzte und die Illusion nicht wenig vermehrte,
zu der ich mich bei dieser Gelegenheit anstrengen mußte. Endlich
kam die erwartete Stunde —"

„Ich errate," rief der Prinz, „wen Sie uns jetzt aufführen
werden — Aber fahren Sie nur fort — fahren Sie fort —"

„Nein, gnädigster Herr. Die Beschwörung ging nach Wunsche vorüber."

„Aber wie? Wo bleibt der Armenier?"

„Fürchten Sie nicht," antwortete der Sizilianer, „der Arme-
5 nier wird nur zu zeitig erscheinen."

„Ich lasse mich in keine Beschreibung des Gaukelspiels ein, die mich ohnehin auch zu weit führen würde. Genug, es erfüllte alle meine Erwartungen. Der alte Marchese, die junge Gräfin nebst ihrer Mutter, der Chevalier und noch einige Verwandte
10 waren zugegen. Sie können leicht denken, daß es mir in der langen Zeit, die ich in diesem Hause zugebracht, nicht an Gelegen- heit werde gemangelt haben, von allem, was den Verstorbenen anbetraf, die genaueste Erkundigung einzuziehen. Verschiedne Gemälde, die ich da von ihm vorfand, setzten mich in den Stand,
15 der Erscheinung die täuschendste Ähnlichkeit zu geben, und weil ich den Geist nur durch Zeichen sprechen ließ, so konnte auch seine Stimme keinen Verdacht erwecken. Der Tote selbst erschien in barbarischem Sklavenkleid, eine tiefe Wunde am Halse. Sie bemerken," sagte der Sizilianer, „daß ich hierin von der all-
20 gemeinen Mutmaßung abging, die ihn in den Wellen umkommen lassen, weil ich Ursache hatte, zu hoffen, daß gerade das Uner- wartete dieser Wendung die Glaubwürdigkeit der Vision selbst nicht wenig vermehren würde; so wie mir im Gegenteil nichts gefährlicher schien als eine zu gewissenhafte Annäherung an das
25 Natürliche."

„Ich glaube, daß dies sehr richtig geurteilt war," sagte der Prinz, indem er sich zu uns wendete. „In einer Reihe außer- ordentlicher Erscheinungen müßte, deucht mir, just die wahr- scheinlichere stören. Die Leichtigkeit, die erhaltene Entdeckung
30 zu begreifen, würde hier nur das Mittel, durch welches man dazu gelangt war, herabgewürdigt haben, die Leichtigkeit, sie zu er- finden, dieses wohl gar verdächtig gemacht haben; denn wozu einen Geist bemühen, wenn man nichts weiteres von ihm er- fahren soll, als was auch ohne ihn mit Hilfe der bloß gewöhn-
35 lichen Vernunft herauszubringen war? Aber die überraschende Neuheit und Schwierigkeit der Entdeckung ist hier gleichsam eine Gewährleistung des Wunders, wodurch sie erhalten wird — denn wer wird nun das übernatürliche einer Operation in Zweifel ziehen, wenn das, was sie leistete, durch natürliche Kräfte nicht
40 geleistet werden kann? — Ich habe Sie unterbrochen," setzte der Prinz hinzu. „Vollenden Sie Ihre Erzählung!"

„Ich ließ," fuhr dieser fort, „die Frage an den Geist ergehen, ob er nichts mehr sein nenne auf dieser Welt und nichts darauf

hinterlaſſen habe, was ihm teuer wäre? Der Geiſt ſchüttelte
dreimal das Haupt und ſtreckte eine ſeiner Hände gen Himmel.
Ehe er wegging, ſtreifte er noch einen Ring vom Finger, den
man nach ſeiner Verſchwindung auf dem Fußboden liegend fand.
Als die Gräfin ihn genauer ins Geſicht faßte, war es ihr Trau= 5
ring.“

„Ihr Trauring!“ rief der Prinz mit Befremdung. „Ihr
Trauring! Aber wie gelangten Sie zu dieſem?“

„Ich — — — Es war nicht der rechte, gnädigſter Prinz
— — „Ich hatte ihn — — Es war nur ein nachgemachter.“ — 10

„Ein nachgemachter!“ wiederholte der Prinz. „Zum Nach=
machen brauchten Sie ja den rechten, und wie kamen Sie zu
dieſem, da ihn der Verſtorbene gewiß nie vom Finger brachte?“

„Das iſt wohl wahr,“ ſagte der Sizilianer nicht ohne Zeichen
der Verwirrung — „aber aus einer Beſchreibung, die man mir 15
von dem wirklichen Trauring gemacht hatte —“

„Die Ihnen wer gemacht hatte?“

„Schon vor langer Zeit,“ ſagte der Sizilianer — — „Es
war ein ganz einfacher goldner Ring mit dem Namen der jungen
Gräfin, glaub’ ich — — Aber Sie haben mich ganz aus der 20
Ordnung gebracht —“

„Wie erging es weiter?“ ſagte der Prinz mit ſehr unbefrie=
digter und zweideutiger Miene.

„Jetzt hielt man ſich für überzeugt, daß Jeronymo nicht mehr
am Leben ſei. Die Familie machte von dieſem Tag an ſeinen 25
Tod öffentlich bekannt und legte förmlich die Trauer um ihn an.
Der Umſtand mit dem Ringe erlaubte auch Antonien keinen
Zweifel mehr und gab den Bewerbungen des Chevalier einen
größern Nachdruck. Aber der heftige Eindruck, den dieſe Er=
ſcheinung auf ſie gemacht, ſtürzte ſie in eine gefährliche Krank= 30
heit, welche die Hoffnungen ihres Liebhabers bald auf ewig
vereitelt hätte. Als ſie wieder geneſen war, beſtand ſie darauf,
den Schleier zu nehmen, wovon ſie nur durch die nachdrücklichſten
Gegenvorſtellungen ihres Beichtvaters, in welchen ſie ein un=
umſchränktes Vertrauen ſetzte, abzubringen war. Endlich gelang 35
es den vereinigten Bemühungen dieſes Mannes und der Familie,
ihr das Jawort abzuängſtigen. Der letzte Tag der Trauer ſollte
der glückliche Tag ſein, den der alte Marcheſe durch Abtretung
aller ſeiner Güter an den rechtmäßigen Erben noch feſtlicher zu
machen geſonnen war.
                                                                40

„Es erſchien dieſer Tag, und Lorenzo empfing ſeine bebende
Braut am Altare. Der Tag ging unter, ein prächtiges Mahl

erwartete die frohen Gäste im hellerleuchteten Hochzeitsaal, und
eine lärmende Musik begleitete die ausgelassene Freude. Der
glückliche Greis hatte gewollt, daß alle Welt seine Fröhlichkeit
teilte; alle Zugänge zum Palaste waren geöffnet, und will=
5 kommen war jeder, der ihn glücklich pries. Unter diesem Ge=
dränge nun —"

Der Sizilianer hielt hier inne, und ein Schauder der Er=
wartung hemmte unsern Odem — —

„Unter diesem Gedränge also", fuhr er fort, „ließ mich
10 derjenige, welcher zunächst an mir saß, einen Franziskaner=
mönch bemerken, der unbeweglich wie eine Säule stand, langer,
hagrer Statur und aschbleichen Angesichts, einen ernsten und
traurigen Blick auf das Brautpaar geheftet. Die Freude, welche
rings herum auf allen Gesichtern lachte, schien an diesem einzigen
15 vorüberzugehen, seine Miene blieb unwandelbar dieselbe, wie
eine Büste unter lebenden Figuren. Das Außerordentliche dieses
Anblicks, der, weil er mich mitten in der Lust überraschte und
gegen alles, was mich in diesem Augenblick umgab, auf eine so
grelle Art abstach, um so tiefer auf mich wirkte, ließ einen un=
20 auslöschlichen Eindruck in meiner Seele zurück, daß ich dadurch
allein in den Stand gesetzt worden bin, die Gesichtszüge dieses
Mönchs in der Physiognomie des Russen (denn Sie begreifen
wohl schon, daß er mit diesem und Ihrem Armenier eine und
dieselbe Person war) wiederzuerkennen, welches sonst schlechter=
25 dings unmöglich würde gewesen sein. Oft versucht' ich's, die
Augen von dieser schreckhaften Gestalt abzuwenden; aber unfrei=
willig fielen sie wieder darauf und fanden sie jedesmal unver=
ändert. Ich stieß meinen Nachbar an, dieser den seinigen; die=
selbe Neugierde, dieselbe Befremdung durchlief die ganze Tafel,
30 das Gespräch stockte, eine allgemeine plötzliche Stille; den Mönch
störte sie nicht. Der Mönch stand unbeweglich und immer der=
selbe, einen ernsten und traurigen Blick auf das Brautpaar ge=
heftet. Einen jeden entsetzte diese Erscheinung: die junge Gräfin
allein fand ihren eigenen Kummer im Gesicht dieses Fremdlings
35 wieder und hing mit stiller Wollust an dem einzigen Gegenstand
in der Versammlung, der ihren Gram zu verstehen, zu teilen
schien. Allgemach verlief sich das Gedränge, Mitternacht war
vorüber, die Musik fing an stiller und verlorner zu tönen, die
Kerzen dunkler und endlich nur einzeln zu brennen, das Gespräch
40 leiser und immer leiser zu flüstern — und öder ward es, und
immer öder im trüberleuchteten Hochzeitsaal; der Mönch stand
unbeweglich und immer derselbe, einen stillen und traurigen
Blick auf das Brautpaar geheftet.

„Die Tafel wird aufgehoben, die Gäste zerstreuen sich dahin
und dorthin, die Familie tritt in einen engeren Kreis zusammen;
der Mönch bleibt ungeladen in diesem engeren Kreis. Ich weiß
nicht, woher es kam, daß niemand ihn anreden wollte; nie=
mand redete ihn an. Schon drängen sich ihre weiblichen Be= 5
kannten um die zitternde Braut herum, die einen bittenden,
Hilfe suchenden Blick auf den ehrwürdigen Fremdling richtet;
der Fremdling erwiderte ihn nicht.

„Die Männer sammeln sich auf gleiche Art um den Bräu=
tigam. — Eine gepreßte erwartungsvolle Stille. — „Daß wir 10
untereinander da so glücklich sind," hub endlich der Greis an,
der allein unter uns allen den Unbekannten nicht zu bemerken
oder sich doch nicht über ihn zu verwundern schien, „daß wir
so glücklich sind," sagte er, „und mein Sohn Jeronymo muß
fehlen!" — 15

„Hast du ihn denn geladen, und er ist ausgeblieben?" —
fragte der Mönch. Es war das erstemal, daß er den Mund
öffnete. Mit Schrecken sahen wir ihn an.

„Ach! er ist hingegangen, wo man auf ewig ausbleibt,"
versetzte der Alte. „Ehrwürdiger Herr, Ihr versteht mich unrecht. 20
Mein Sohn Jeronymo ist tot."

„Vielleicht fürchtet er sich auch nur, sich in solcher Gesell=
schaft zu zeigen," fuhr der Mönch fort. — „Wer weiß, wie er
aussehen mag, dein Sohn Jeronymo! — Laß ihn die Stimme
hören, die er zum letztenmal hörte! — Bitte deinen Sohn 25
Lorenzo, daß er ihn rufe."

„Was soll das bedeuten?" murmelte alles. Lorenzo ver=
änderte die Farbe. Ich leugne nicht, daß mir das Haar an=
fing zu steigen.

„Der Mönch war unterdessen zum Schenktisch getreten, wo 30
er ein volles Weinglas ergriff und an die Lippen setzte. —
„Das Andenken unsers teuern Jeronymo!" rief er. „Wer den
Verstorbenen lieb hatte, tue mir's nach!"

„Woher Ihr auch sein mögt, ehrwürdiger Herr," rief end=
lich der Marchese, „Ihr habt einen teuern Namen genannt. 35
Seid mir willkommen! — Kommt, meine Freunde!" (indem
er sich gegen uns kehrte und die Gläser herumgehen ließ) „laßt
einen Fremdling uns nicht beschämen! — Dem Andenken meines
Sohnes Jeronymo!"

„Nie, glaube ich, ward eine Gesundheit mit so schlimmem 40
Mute getrunken.

„Ein Glas steht noch voll da. — Warum weigert sich mein
Sohn Lorenzo, auf diesen freundlichen Trunk Bescheid zu tun?"

„Bebend empfing Lorenzo das Glas aus des Franziskaners Hand — bebend brachte er's an den Mund. — „Meinem vielgeliebten Bruder Jeronymo!" stammelte er, und schauernd setzte er's nieder.

5 „Das ist meines Mörders Stimme," rief eine fürchterliche Gestalt, die auf einmal in unsrer Mitte stand, mit bluttriefendem Kleid und entstellt von gräßlichen Wunden. — —

„Aber um das weitere frage man nicht mehr," sagte der Sizilianer, alle Zeichen des Entsetzens in seinem Angesicht. 10 „Meine Sinne hatten mich von dem Augenblicke an verlassen, als ich die Augen auf die Gestalt warf, so wie jeden, der zugegen war. Da wir wieder zu uns selber kamen, rang Lorenzo mit dem Tode; Mönch und Erscheinung waren verschwunden. Den Ritter brachte man unter schrecklichen Zuckungen zu Bette; 15 niemand als der Geistliche war um den Sterbenden und der jammervolle Greis, der ihm wenige Wochen nachher im Tode folgte. Seine Geständnisse liegen in der Brust des Paters versenkt, der seine letzte Beichte hörte, und kein lebendiger Mensch hat sie erfahren.

20 „Nicht lange nach dieser Begebenheit geschah es, daß man einen Brunnen auszuräumen hatte, der im Hinterhofe des Landhauses unter wildem Gesträuche versteckt und viele Jahre lang verschüttet war; da man den Schutt durcheinander störte, entdeckte man ein Totengerippe. Das Haus, wo sich dieses zutrug, 25 steht nicht mehr; die Familie del M**nte ist erloschen, und in einem Kloster ohnweit Salerno zeigt man Ihnen Antoniens Grab."

„Sie sehen nun," fuhr der Sizilianer fort, als er sah, daß wir noch alle stumm und betreten standen, und niemand das Wort nehmen wollte, „Sie sehen nun, worauf sich meine Be- 30 kanntschaft mit diesem russischen Offizier, oder diesem Armenier, gründet. Urteilen Sie jetzt, ob ich Ursache gehabt habe, vor einem Wesen zu zittern, das sich mir zweimal auf eine so schreckliche Art in den Weg warf."

„Beantworten Sie mir noch eine einzige Frage," sagte der 35 Prinz und stand auf. „Sind Sie in Ihrer Erzählung über alles, was den Ritter betraf, immer aufrichtig gewesen?"

„Ich weiß nicht anders," versetzte der Sizilianer.

„Sie haben ihn also wirklich für einen rechtschaffenen Mann gehalten?"

40 „Das hab' ich, bei Gott, das hab' ich," antwortete jener.

„Auch da noch, als er Ihnen den bewußten Ring gab?"

„Wie? — Er gab mir keinen Ring — Ich habe ja nicht gesagt, daß er mir den Ring gegeben."

„Gut,‟ ſagte der Prinz, an der Glocke ziehend und im Begriff, wegzugehen. „Und den Geiſt des Marquis von Lanoy‟
(fragte er, indem er noch einmal zurückkam), „den dieſer Ruſſe
geſtern auf den Ihrigen folgen ließ, halten Sie alſo für einen
wahren und wirklichen Geiſt?‟   5

„Ich kann ihn für nichts anders halten,‟ antwortete jener.

„Kommen Sie!‟ ſagte der Prinz zu uns. Der Schließer
trat herein. „Wir ſind fertig,‟ ſagte er zu dieſem. „Sie, mein
Herr‟ (zu dem Sizilianer ſich wendend), „ſollen weiter von mir
hören.‟   10

„Die Frage, gnädigſter Herr, welche Sie zuletzt an den
Gaukler getan haben, möchte ich an Sie ſelbſt tun,‟ ſagte ich
zu dem Prinzen, als wir wieder allein waren. „Halten Sie
dieſen zweiten Geiſt für den wahren und echten?‟

„Ich? Nein, wahrhaftig, das tue ich nicht mehr.‟   15

„Nicht mehr? Alſo haben Sie es doch getan?‟

„Ich leugne nicht, daß ich mich einen Augenblick habe hinreißen laſſen, dieſes Blendwerk für etwas mehr zu halten.‟

„Und ich will den ſehen,‟ rief ich aus, „der ſich unter dieſen
Umſtänden einer ähnlichen Vermutung erwehren kann. Aber   20
was für Gründe haben Sie nun, dieſe Meinung zurückzunehmen?
Nach dem, was man uns eben von dieſem Armenier erzählt hat,
ſollte ſich der Glaube an ſeine Wundergewalt eher vermehrt als
vermindert haben.‟

„Was ein Nichtswürdiger uns von ihm erzählt hat?‟ fiel   25
mir der Prinz mit Ernſthaftigkeit ins Wort. „Denn hoffentlich
zweifeln Sie nun nicht mehr, daß wir mit einem ſolchen zu tun
gehabt haben?‟ —

„Nein,‟ ſagte ich. „Aber ſollte deswegen ſein Zeugnis — —‟

„Das Zeugnis eines Nichtswürdigen — geſetzt, ich hätte auch   30
weiter keinen Grund, es in Zweifel zu ziehen — kann gegen
Wahrheit und geſunde Vernunft nicht in Anſchlag kommen.
Verdient ein Menſch, der mich mehrmal betrog, der den Betrug
zu ſeinem Handwerk gemacht hat, in einer Sache gehört zu werden, wo die aufrichtigſte Wahrheitsliebe ſelbſt ſich erſt reinigen   35
muß, um Glauben zu verdienen? Verdient ein ſolcher Menſch,
der vielleicht nie eine Wahrheit um ihrer ſelbſt willen geſagt hat,
da Glauben, wo er als Zeuge gegen Menſchenvernunft und
ewige Naturordnung auftritt? Das klingt ebenſo, als wenn ich
einen gebrandmarkten Böſewicht bevollmächtigen wollte, gegen   40
die nie befleckte und nie beſcholtene Unſchuld zu klagen.

„Aber was für Gründe sollte er haben, einem Manne, den er so viele Ursachen hat zu hassen, wenigstens zu fürchten, ein so glorreiches Zeugnis zu geben?"

„Wenn ich diese Gründe auch nicht einsehe, soll er sie des=
5 wegen weniger haben? Weiß ich, in wessen Solde er mich belog? Ich gestehe, daß ich das ganze Gewebe seines Betrugs noch nicht ganz durchschaue; aber er hat der Sache, für die er streitet, einen sehr schlechten Dienst getan, daß er sich als einen Betrüger — und vielleicht als etwas noch Schlimmres —
10 entlarvte."

„Der Umstand mit dem Ringe scheint mir freilich etwas ver=
dächtig."

„Er ist mehr als das," sagte der Prinz, „er ist entschei=
dend. Diesen Ring (lassen Sie mich einstweilen annehmen, daß
15 die erzählte Begebenheit sich wirklich ereignet habe) empfing er von dem Mörder, und er mußte in demselben Augenblicke gewiß sein, daß es der Mörder war. Wer als der Mörder konnte dem Verstorbenen einen Ring abgezogen haben, den dieser gewiß nie vom Finger ließ? Uns suchte er die ganze Erzählung hindurch zu
20 überreden, als ob er selbst von dem Ritter getäuscht worden, und als ob er geglaubt hätte, ihn zu täuschen. Wozu diesen Winkel=
zug, wenn er nicht selbst bei sich fühlte, wie viel er verloren gab, wenn er sein Verständnis mit dem Mörder einräumte? Seine ganze Erzählung ist offenbar nichts als eine Reihe von Erfin=
25 dungen, um die wenigen Wahrheiten aneinander zu hängen, die er uns preiszugeben für gut fand. Und ich sollte größeres Bedenken tragen, einen Nichtswürdigen, den ich auf zehn Lügen ertappte, lieber auch noch der eilften zu beschuldigen, als die Grundordnung der Natur unterbrechen zu lassen, die ich noch auf
30 keinem Mißklang betrat?"

„Ich kann Ihnen darauf nichts antworten," sagte ich. „Aber die Erscheinung, die wir gestern sahen, bleibt mir darum nicht weniger unbegreiflich."

„Auch mir," versetzte der Prinz, „ob ich gleich in Versuchung
35 geraten bin, einen Schlüssel dazu ausfindig zu machen."

„Wie?" sagte ich.

„Erinnern Sie sich nicht, daß die zweite Gestalt, sobald sie herein war, auf den Altar zuging, das Kruzifix in die Hand faßte und auf den Teppich trat?"

40 „So schien mir's. Ja."

„Und das Kruzifix, sagt uns der Sizilianer, war ein Kon=
duktor. Daraus sehen Sie also, daß sie eilte, sich elektrisch zu machen. Der Streich, den Lord Seymour mit dem Degen nach

ihr tat, konnte also nicht anders als unwirksam bleiben, weil
der elektrische Schlag seinen Arm lähmte."

„Mit dem Degen hätte dieses seine Richtigkeit. Aber die
Kugel, die der Sizilianer auf sie abschoß, und welche wir lang=
sam auf den Altar rollen hörten?"

„Wissen Sie auch gewiß, daß es die abgeschossene Kugel war,
die wir rollen hörten? — Davon will ich gar nicht einmal reden,
daß die Marionette oder der Mensch, der den Geist vorstellte, so
gut umpanzert sein konnte, daß er schuß= und degenfest war. —
Aber denken Sie doch ein wenig nach, wer es war, der die
Pistolen geladen."

„Es ist wahr," sagte ich — und ein plötzliches Licht ging mir
auf. — „Der Russe hatte sie geladen. Aber dieses geschah vor
unsern Augen; wie hätte da ein Betrug vorgehen können?"

„Und warum hätte er nicht sollen vorgehen können? Setzten
Sie denn schon damals ein Mißtrauen in diesen Menschen, daß
Sie es für nötig befunden hätten, ihn zu beobachten? Unter=
suchten Sie die Kugel, eh er sie in den Lauf brachte, die ebenso
gut eine quecksilberne oder auch nur eine bemalte Tonkugel sein
konnte? Gaben Sie acht, ob er sie auch wirklich in den Lauf der
Pistole oder nicht nebenbei in seine Hand fallen ließ? Was über=
zeugt Sie — gesetzt, er hätte sie auch wirklich scharf geladen —,
daß er gerade die geladenen in den andern Pavillon mit hinüber
nahm und nicht vielmehr ein anderes Paar unterschob, welches
so leicht anging, da es niemand einfiel, ihn zu beobachten, und
wir überdies mit dem Auskleiden beschäftigt waren? Und konnte
die Gestalt nicht in dem Augenblicke, da der Pulverrauch sie uns
entzog, eine andere Kugel, womit sie auf den Notfall versehen
war, auf den Altar fallen lassen? Welcher von allen diesen Fällen
ist der unmögliche?"

„Sie haben recht. Aber diese treffende Ähnlichkeit der Ge=
stalt mit Ihrem verstorbenen Freunde. — Ich habe ihn ja auch
sehr oft bei Ihnen gesehen, und in dem Geiste hab' ich ihn auf
der Stelle wiedererkannt."

„Auch ich — und ich kann nicht anders sagen, als daß die
Täuschung aufs höchste getrieben war. Wenn aber nun dieser
Sizilianer nach einigen wenigen verstohlnen Blicken, die er auf
meine Tabatiere warf, auch in sein Gemälde eine flüchtige Ähn=
lichkeit zu bringen wußte, die Sie und mich hinterging, warum
nicht um so viel mehr der Russe, der während der ganzen Tafel
den freien Gebrauch meiner Tabatiere hatte, der den Vorteil
genoß, immer und durchaus unbeobachtet zu bleiben, und dem ich
noch außerdem im Vertrauen entdeckt hatte, wer mit dem Bilde

auf der Dose gemeint sei? — Setzen Sie hinzu — was auch der
Sizilianer anmerkte —, daß das Charakteristische des Marquis
in lauter solchen Gesichtszügen liegt, die sich auch im Groben
nachahmen lassen — wo bleibt dann das Unerklärbare in dieser
5 ganzen Erscheinung?"

„Aber der Inhalt seiner Worte? Der Aufschluß über Ihren
Freund?"

„Wie? Sagte uns denn der Sizilianer nicht, daß er aus dem
wenigen, was er mir abfragte, eine ähnliche Geschichte zu-
10 sammengesetzt habe? Beweist dieses nicht, wie natürlich gerade
auf diese Erfindung zu fallen war? Überdies klangen die Antworten des Geists so orakelmäßig dunkel, daß er gar nicht Gefahr
laufen konnte, auf einem Widerspruch betreten zu werden. Setzen
Sie, daß die Kreatur des Gauklers, die den Geist machte, Scharf-
15 sinn und Besonnenheit besaß und von den Umständen nur ein
wenig unterrichtet war — wie weit hätte diese Gaukelei nicht
noch geführt werden können?"

„Aber überlegen Sie, gnädigster Herr, wie weitläuftig die
Anstalten zu einem so zusammengesetzten Betrug von seiten des
20 Armeniers hätten sein müssen! Wie viele Zeit dazu gehört haben
würde! Wie viele Zeit nur, einen menschlichen Kopf einem
andern so getreu nachzumalen, als hier vorausgesetzt wird! Wie
viele Zeit, diesen untergeschobenen Geist so gut zu unterrichten,
daß man vor einem groben Irrtum gesichert war! Wie viele
25 Aufmerksamkeit die kleinen unnennbaren Nebendinge würden erfodert haben, welche entweder mithelfen, oder denen, weil sie
stören konnten, auf irgendeine Art doch begegnet werden mußte!
Und nun erwägen Sie, daß der Russe nicht über eine halbe
Stunde ausblieb. Konnte wohl in nicht mehr als einer halben
30 Stunde alles angeordnet werden, was hier nur das Unentbehr-
lichste war? — Wahrlich, gnädigster Herr, selbst nicht einmal
ein dramatischer Schriftsteller, der um die unerbittlichen drei Ein-
heiten seines Aristoteles verlegen war, würde einem Zwischenakt
so viel Handlung aufgelastet, noch seinem Parterre einen so
35 starken Glauben zugemutet haben."

„Wie, Sie halten es also schlechterdings für unmöglich,
daß in dieser kleinen halben Stunde alle diese Anstalten hätten
getroffen werden können?"

„In der Tat," rief ich, „für so gut als unmöglich." —

40 „Diese Redensart verstehe ich nicht. Widerspricht es allen
Gesetzen der Zeit, des Raums und der physischen Wirkungen,
daß ein so gewandter Kopf, wie doch unwidersprechlich dieser Armenier ist, mit Hilfe seiner vielleicht ebenso gewandten Kreaturen

in der Hülle der Nacht, von niemand beobachtet, mit allen
Hilfsmitteln ausgerüstet, von denen sich ein Mann dieses Hand=
werks ohnehin niemals trennen wird, daß ein solcher Mensch,
von solchen Umständen begünstigt, in so weniger Zeit so viel
zustand bringen könnte?   Ist es geradezu undenkbar und ab= 5
geschmackt, zu glauben, daß er mit Hilfe weniger Worte, Befehle
oder Winke seinen Helfershelfern weitläuftige Aufträge geben,
weitläuftige und zusammengesetzte Operationen mit wenigem
Wortaufwande bezeichnen könne? — Und darf etwas anders als
eine hell eingesehene Unmöglichkeit gegen die ewigen Gesetze der 10
Natur aufgestellt werden? Wollen Sie lieber ein Wunder glauben,
als eine Unwahrscheinlichkeit zugeben? lieber die Kräfte der Natur
umstürzen, als eine künstliche und weniger gewöhnliche Kom=
bination dieser Kräfte sich gefallen lassen?"

„Wenn die Sache auch eine so kühne Folgerung nicht recht= 15
fertigt, so müssen Sie mir doch eingestehen, daß sie weit über
unsre Begriffe geht."

„Beinahe hätte ich Lust, Ihnen auch dieses abzustreiten,"
sagte der Prinz mit schalkhafter Munterkeit. „Wie, lieber Graf,
wenn es sich, zum Beispiel, ergäbe, daß nicht bloß während und 20
nach dieser halben Stunde, nicht bloß in der Eile und nebenher,
sondern den ganzen Abend und die ganze Nacht für diesen Ar=
menier gearbeitet worden? Denken Sie nach, daß der Sizilianer
beinahe drei volle Stunden zu seinen Zurüstungen verbrauchte."

„Der Sizilianer, gnädiger Herr!"   25

„Und womit beweisen Sie mir denn, daß der Sizilianer an
dem zweiten Gespenste nicht ebenso vielen Anteil gehabt habe
als an dem ersten?"

„Wie, gnädigster Herr?"

„Daß er nicht der vornehmste Helfershelfer des Armeniers 30
war — kurz — daß beide nicht miteinander unter einer Decke
liegen?"

„Das möchte schwer zu erweisen sein," rief ich mit nicht
geringer Verwunderung.

„Nicht so schwer, lieber Graf, als Sie wohl meinen. Wie? 35
Es wäre Zufall, daß sich diese beiden Menschen in einem so selt=
samen, so verwickelten Anschlag auf dieselbe Person, zu derselben
Zeit und an demselben Orte begegneten, daß sich unter ihren bei=
derseitigen Operationen eine so auffallende Harmonie, ein so
durchdachtes Einverständnis fände, daß einer dem andern gleich= 40
sam in die Hände arbeitete? Setzen Sie, er habe sich des gröbern
Gauklerspiels bedient, um dem feinern eine Folie unterzulegen.
Setzen Sie, er habe jenes vorausgeschickt, um den Grad von

Glauben auszufinden, worauf er bei mir zu rechnen hätte, um
die Zugänge zu meinem Vertrauen auszuspähen, um sich durch
diesen Versuch, der unbeschadet seines übrigen Planes verunglücken
konnte, mit seinem Subjekte zu familiarisieren, kurz, um sein
5 Instrument damit anzuspielen. Setzen Sie, er habe es getan, um
eben dadurch, daß er meine Aufmerksamkeit auf einer Seite vor=
sätzlich auffoderte und wachsam erhielt, sie auf einer andern, die
ihm wichtiger war, einschlummern zu lassen. Setzen Sie, er
habe einige Erkundigungen einzuziehen gehabt, von denen er
10 wünschte, daß sie auf Rechnung des Taschenspielers geschrieben
würden, um den Argwohn von der wahren Spur zu entfernen."

„Wie meinen Sie das?"

„Lassen Sie uns annehmen, er habe einen meiner Leute
bestochen, um durch ihn gewisse geheime Nachrichten — vielleicht
15 gar Dokumente — zu erhalten, die zu seinem Zwecke dienen.
Ich vermisse meinen Jäger. Was hindert mich, zu glauben, daß
der Armenier bei der Entweichung dieses Menschen mit im Spiele
sei? Aber der Zufall kann es fügen, daß ich hinter diese Schliche
komme; ein Brief kann aufgefangen werden, ein Bedienter kann
20 plaudern. Sein ganzes Ansehen scheitert, wenn ich die Quellen
seiner Allwissenheit entdecke. Er schiebt also diesen Taschenspieler
ein, der diesen oder jenen Anschlag auf mich haben muß. Von
dem Dasein und den Absichten dieses Menschen unterläßt er nicht,
mir frühzeitig einen Wink zu geben. Was ich also auch entdecken
25 mag, so wird mein Verdacht auf niemand anders als auf diesen
Gaukler fallen; und zu den Nachforschungen, welche ihm, dem
Armenier, zugute kommen, wird der Sizilianer seinen Namen
geben. Dieses war die Puppe, mit der er mich spielen läßt,
während daß er selbst, unbeobachtet und unverdächtig, mit un=
30 sichtbaren Seilen mich umwindet."

„Sehr gut! Aber wie läßt es sich mit diesen Absichten reimen,
daß er selbst diese Täuschung zerstören hilft und die Geheimnisse
seiner Kunst profanen Augen preisgibt? Muß er nicht fürchten,
daß die entdeckte Grundlosigkeit einer bis zu einem so hohen Grad
35 von Wahrheit getriebenen Täuschung, wie die Operation des
Sizilianers doch in der Tat war, Ihren Glauben überhaupt
schwächen und ihm also seine künftigen Plane um ein Großes
erschweren würde?"

„Was sind es für Geheimnisse, die er mir preisgibt? Keines
40 von denen zuverlässig, die er Lust hat, bei mir in Ausübung zu
bringen. Er hat also durch ihre Profanation nichts verloren. —
Aber wie viel hat er im Gegenteil gewonnen, wenn dieser ver=
meintliche Triumph über Betrug und Taschenspielerei mich sicher

und zuverſichtlich macht, wenn es ihm dadurch gelang, meine
Wachſamkeit nach einer entgegengeſetzten Richtung zu lenken,
meinen noch unbeſtimmt umherſchweifenden Argwohn auf Gegen-
ſtänden zu fixieren, die von dem eigentlichen Ort des Angriffs am
weiteſten entlegen ſind? — Er konnte erwarten, daß ich früher 5
oder ſpäter aus eignem Mißtrauen oder fremdem Antrieb den
Schlüſſel zu ſeinen Wundern in der Taſchenſpielerkunſt aufſuchen
würde. — Was konnte er beßres tun, als daß er ſie ſelbſt nebeneinander ſtellte, daß er mir gleichſam den Maßſtab dazu in die
Hand gab, und, indem er der letztern eine künſtliche Grenze ſetzte, 10
meine Begriffe von den erſtern deſto mehr erhöhete oder verwirrte? Wie viele Mutmaßungen hat er durch dieſen Kunſtgriff
auf einmal abgeſchnitten! wie viele Erklärungsarten im voraus
widerlegt, auf die ich in der Folge vielleicht hätte fallen mögen!"

„So hat er wenigſtens ſehr gegen ſich ſelbſt gehandelt, daß 15
er die Augen derer, die er täuſchen wollte, ſchärfte und ihren
Glauben an Wunderkraft durch Entlarvung eines ſo künſtlichen
Betrugs überhaupt ſchwächte. Sie ſelbſt, gnädigſter Herr, ſind
die beſte Widerlegung ſeines Plans, wenn er ja einen gehabt hat."

„Er hat ſich in mir vielleicht geirret — aber er hat darum 20
nicht weniger ſcharf geurteilt. Konnte er vorausſehen, daß mir
gerade dasjenige im Gedächtnis bleiben würde, welches der
Schlüſſel zu dem Wunder werden könnte? Lag es in ſeinem Plan,
daß mir die Kreatur, deren er ſich bediente, ſolche Blößen geben
ſollte? Wiſſen wir, ob dieſer Sizilianer ſeine Vollmacht nicht 25
weit überſchritten hat? — Mit dem Ringe gewiß. — Und doch
iſt es hauptſächlich dieſer einzige Umſtand, der mein Mißtrauen
gegen dieſen Menſchen entſchieden hat. Wie leicht kann ein ſo
zugeſpitzter ſeiner Plan durch ein gröberes Organ verunſtaltet
werden? Sicherlich war es ſeine Meinung nicht, daß uns der 30
Taſchenſpieler ſeinen Ruhm im Marktſchreiertone vorpoſaunen
ſollte — daß er uns jene Märchen aufſchüſſeln ſollte, die ſich beim
leichteſten Nachdenken widerlegen. So zum Beiſpiel — mit
welcher Stirne kann dieſer Betrüger vorgeben, daß ſein Wunder-
täter auf den Glockenſchlag zwölfe in der Nacht jeden Umgang 35
mit Menſchen aufheben müſſe? Haben wir ihn nicht ſelbſt um
dieſe Zeit in unſrer Mitte geſehen?"

„Das iſt wahr," rief ich. „Das muß er vergeſſen haben!"

„Aber es liegt im Charakter dieſer Art Leute, daß ſie ſolche
Aufträge übertreiben und durch das Zuviel alles verſchlimmern, 40
was ein beſcheidener und mäßiger Betrug vortrefflich gemacht hätte."

„Ich kann es demungeachtet noch nicht über mich gewinnen,
gnädigſter Herr, dieſe ganze Sache für nichts mehr als ein

angestelltes Spiel zu halten. Wie? Der Schrecken des Sizilianers,
die Zuckungen, die Ohnmacht, der ganze klägliche Zustand dieses
Menschen, der uns selbst Erbarmen einflößte — alles dieses
wäre nur eine eingelernte Rolle gewesen? Zugegeben, daß sich
5 das theatralische Gaukelspiel auch noch soweit treiben lasse, so
kann die Kunst des Akteurs doch nicht über die Organe seines
Lebens gebieten."

    „Was das anbetrifft, Freund — ich habe Richard den
Dritten von Garrick gesehen. — Und waren wir in diesem Augen-
10 blicke kalt und müßig genug, um unbefangene Beobachter ab-
zugeben? Konnten wir den Affekt dieses Menschen prüfen, da
uns der unsrige übermeisterte? Überdies ist die entscheidende
Krise, auch sogar eines Betrugs, für den Betrüger selbst eine so
wichtige Angelegenheit, daß bei ihm die Erwartung gar leicht
15 so gewaltsame Symptome erzeugen kann als die Überraschung
bei dem Betrogenen. Rechnen Sie dazu noch die unvermutete
Erscheinung der Häscher —"

    „Eben diese, gnädigster Herr. — Gut, daß Sie mich daran
erinnern. — Würde er es wohl gewagt haben, einen so gefährlichen
20 Plan dem Auge der Gerechtigkeit bloßzustellen? die Treue
seiner Kreatur auf eine so bedenkliche Probe zu bringen? — Und
zu welchem Ende?"

    „Dafür lassen Sie ihn sorgen, der seine Leute kennen muß.
Wissen wir, was für geheime Verbrechen ihm für die Verschwie-
25 genheit dieses Menschen haften? — Sie haben gehört, welches
Amt er in Venedig bekleidet. — Und lassen Sie auch dieses Vorgeben zu den übrigen Märchen gehören — wie viel wird es ihn
wohl kosten, diesem Kerl durchzuhelfen, der keinen andern An-
kläger hat als ihn?"

30   (Und in der Tat hat der Ausgang den Verdacht des Prinzen
nur zu sehr gerechtfertigt. Als wir uns einige Tage darauf
nach unserm Gefangenen erkundigen ließen, erhielten wir zur
Antwort, daß er unsichtbar geworden sei.)

    „Und zu welchem Ende, fragen Sie? Auf welchem andern
35 Weg als auf diesem gewaltsamen konnte er dem Sizilianer eine
so unwahrscheinliche und schimpfliche Beichte abfodern lassen,
worauf es doch so wesentlich ankam? Wer als ein verzweifelter
Mensch, der nichts mehr zu verlieren hat, wird sich entschließen
können, so erniedrigende Aufschlüsse über sich selbst zu geben?
40 Unter welchen andern Umständen hätten wir sie ihm geglaubt?"

    „Alles zugegeben, gnädigster Prinz," sagte ich endlich. „Beide
Erscheinungen sollen Gaukelspiele gewesen sein; dieser Sizilianer
soll uns meinethalben nur ein Märchen aufgeheftet haben, das

ihm sein Prinzipal einlernen ließ; beide sollen zu einem Zweck,
miteinander einverstanden, wirken, und aus diesem Einverständnis sollen alle jene wunderbaren Zufälle sich erklären lassen, die
uns im Laufe dieser Begebenheit in Erstaunen gesetzt haben.
Jene Prophezeiung auf dem Markusplatz, das erste Wunder, 5
welches alle übrigen eröffnet hat, bleibt nichtsdestoweniger un-
erklärt; und was hilft uns der Schlüssel zu allen übrigen, wenn
wir an der Auflösung dieses einzigen verzweifeln?"

„Kehren Sie es vielmehr um, lieber Graf," gab mir der
Prinz hierauf zur Antwort. „Sagen Sie, was beweisen alle 10
jene Wunder, wenn ich herausbringe, daß auch nur ein einziges
Taschenspiel darunter war? Jene Prophezeiung — ich bekenn'
es Ihnen — geht über meine Fassungskraft. Stünde sie einzeln da, hätte der Armenier seine Rolle mit ihr beschlossen, wie
er sie damit eröffnete — ich gestehe Ihnen, ich weiß nicht, wie 15
weit sie mich noch hätte führen können. In dieser niedrigen
Gesellschaft ist sie mir ein klein wenig verdächtig." —

„Zugegeben, gnädigster Herr! Unbegreiflich bleibt sie aber
doch, und ich fodre alle unsre Philosophen auf, mir einen Aufschluß darüber zu erteilen." 20

„Sollte sie aber wirklich so unerklärbar sein?" fuhr der Prinz
fort, nachdem er sich einige Augenblicke besonnen hatte. „Ich
bin weit entfernt, auf den Namen eines Philosophen Ansprüche
zu machen, und doch könnte ich mich versucht fühlen, auch zu
diesem Wunder einen natürlichen Schlüssel aufzusuchen oder es 25
lieber gar von allem Schein des Außerordentlichen zu ent-
kleiden."

„Wenn Sie das können, mein Prinz, dann", versetzte ich
mit sehr ungläubigem Lächeln, „sollen Sie das einzige Wunder
sein, das ich glaube." 30

„Und zum Beweise," fuhr er fort, „wie wenig wir berechtigt
sind, zu übernatürlichen Kräften unsre Zuflucht zu nehmen, will
ich Ihnen zwei verschiedene Auswege zeigen, auf welchen wir
diese Begebenheit, ohne der Natur Zwang anzutun, vielleicht
ergründen." 35

„Zwei Schlüssel auf einmal! Sie machen mich in der Tat
höchst neugierig."

„Sie haben mit mir die nähern Nachrichten von der Krank-
heit meines verstorbenen Cousins gelesen. Es war in einem
Anfall von kaltem Fieber, wo ihn ein Schlagfluß tötete. Das 40
Außerordentliche dieses Todes, ich gestehe es, trieb mich an, das
Urteil einiger Ärzte darüber zu vernehmen, und was ich bei
dieser Gelegenheit in Erfahrung brachte, leitet mich auf die Spur

dieses Zauberwerks. Die Krankheit des Verstorbenen, eine der
seltensten und fürchterlichsten, hat dieses eigentümliche Symptom
daß sie während des Fieberfrostes den Kranken in einen tiefen,
unerweklichen Schlaf versenkt, der ihn gewöhnlich bei der zweiten
5 Wiederkehr des Paroxysmus apoplektisch tötet. Da diese
Paroxysmen in der strengsten Ordnung und zur gesetzten Stunde
zurückkehren, so ist der Arzt von demselben Augenblick an, als
sich sein Urteil über das Geschlecht der Krankheit entschieden
hat, auch in den Stand gesetzt, die Stunde des Todes anzugeben.
10 Der dritte Paroxysm eines dreitägigen Wechselfiebers fällt aber
bekanntlich in den fünften Tag der Krankheit — und gerade nur
so viel Zeit bedarf ein Brief, um von ***, wo mein Cousin starb,
nach Venedig zu gelangen. Setzen wir nun, daß unser Armenier
einen wachsamen Korrespondenten unter dem Gefolge des Ver=
15 storbenen besitze — daß er ein lebhaftes Interesse habe, Nach=
richten von dort her zu erhalten, daß er auf mich selbst Absichten
habe, die ihm der Glaube an das Wunderbare und der Schein
übernatürlicher Kräfte bei mir befördern hilft — so haben Sie
einen natürlichen Aufschluß über jene Wahrsagung, die Ihnen so
20 unbegreiflich deucht. Genug, Sie ersehen daraus die Möglich=
keit, wie mir ein Dritter von einem Todesfall Nachricht geben
kann, der sich in dem Augenblick, wo er ihn meldet, vierzig
Meilen weit davon ereignet."

"In der Tat, Prinz, Sie verbinden hier Dinge, die, einzeln
25 genommen, zwar sehr natürlich lauten, aber nur durch etwas,
was nicht besser ist als Zauberei, in diese Verbindung gebracht
werden können."

"Wie? Sie erschrecken also vor dem Wunderbaren weniger
als vor dem Gesuchten, dem Ungewöhnlichen? Sobald wir
30 dem Armenier einen wichtigen Plan, der mich entweder zum
Zweck hat oder zum Mittel gebraucht, einräumen — und müssen
wir das nicht, was wir auch immer von seiner Person urteilen? —,
so ist nichts unnatürlich nichts gezwungen, was ihn auf
dem kürzesten Wege zu seinem Ziele führt. Was für einen
35 kürzern Weg gibt es aber, sich eines Menschen zu versichern,
als das Kreditiv eines Wundertäters? Wer widersteht einem
Manne, dem die Geister unterwürfig sind? Aber ich gebe Ihnen
zu, daß meine Mutmaßung gekünstelt ist; ich gestehe, daß sie
mich selbst nicht befriedigt. Ich bestehe nicht darauf, weil ich
40 es nicht der Mühe wert halte, einen künstlichen und überlegten
Entwurf zu Hilfe zu nehmen, wo man mit dem bloßen Zufall
schon ausreicht."

"Wie?" fiel ich ein, "es soll bloßer Zufall — —"

„Schwerlich etwas mehr!" fuhr der Prinz fort. „Der Armenier wußte von der Gefahr meines Cousins. Er traf uns auf
dem St. Markusplatze. Die Gelegenheit lud ihn ein, eine
Prophezeiung zu wagen, die, wenn sie fehlschlug, bloß ein verlornes Wort war — wenn sie eintraf, von den wichtigsten Folgen 5
sein konnte. Der Erfolg begünstigte diesen Versuch — und
jetzt erst mochte er darauf denken, das Geschenk des Ungefährs
für einen zusammenhängenden Plan zu benutzen. — Die Zeit
wird dieses Geheimnis aufklären oder auch nicht aufklären —
aber glauben Sie mir, Freund" (indem er seine Hand auf die 10
meinige legte und eine sehr ernsthafte Miene annahm), „ein
Mensch, dem höhere Kräfte zu Gebote stehen, wird keines Gaukelspiels bedürfen, oder er wird es verachten."

So endigte sich eine Unterredung, die ich darum ganz hieher
gesetzt habe, weil sie die Schwierigkeiten zeigt, die bei dem 15
Prinzen zu besiegen waren, und weil sie, wie ich hoffe, sein Andenken von dem Vorwurfe reinigen wird, daß er sich blind und
unbesonnen in die Schlinge gestürzt habe, die eine unerhörte
Teufelei ihm bereitete. Nicht alle — fährt der Graf von O**
fort —, die in dem Augenblicke, wo ich dieses schreibe, vielleicht 20
mit Hohngelächter auf seine Schwachheit herabsehen und im
stolzen Dünkel ihrer nie angefochtenen Vernunft sich für berechtigt halten, den Stab der Verdammung über ihn zu brechen,
nicht alle, fürchte ich, würden diese erste Probe so männlich bestanden haben. Wenn man ihn nunmehr auch nach dieser glück- 25
lichen Vorbereitung demungeachtet fallen sieht; wenn man den
schwarzen Anschlag, vor dessen entferntester Annäherung ihn
sein guter Genius warnte, nichtsdestoweniger an ihm in Erfüllung gegangen findet, so wird man weniger über seine Torheit spotten, als über die Größe des Bubenstücks erstaunen, 30
dem eine so wohl verteidigte Vernunft erlag. Weltliche Rücksichten können an meinem Zeugnisse keinen Anteil haben; denn
er, der es mir danken soll, ist nicht mehr. Sein schreckliches
Schicksal ist geendigt; längst hat sich seine Seele am Thron der
Wahrheit gereinigt, vor dem auch die meinige längst steht, wenn 35
die Welt dieses lieset; aber — man verzeihe mir die Träne, die
dem Andenken meines teuersten Freundes unfreiwillig fällt —
aber zur Steuer der Gerechtigkeit schreib' ich es nieder: Er war
ein edler Mensch, und gewiß wär' er eine Zierde des Thrones
geworden, den er durch ein Verbrechen ersteigen zu wollen sich 40
betören ließ.

Zweites Buch.

Nicht lange nach diesen letztern Begebenheiten — fährt der Graf von O** zu erzählen fort — fing ich an, in dem Gemüt des Prinzen eine wichtige Veränderung zu bemerken. Bis jetzt nämlich hatte der Prinz jede strengere Prüfung seines Glaubens vermieden und sich damit begnügt, die rohen und sinnlichen Religionsbegriffe, in denen er auferzogen worden, durch die bessern Ideen, die sich ihm nachher aufdrangen, zu reinigen, ohne die Fundamente seines Glaubens zu untersuchen. Religionsgegenstände überhaupt, gestand er mir mehrmals, seien ihm jederzeit wie ein bezaubertes Schloß vorgekommen, in das man nicht ohne Grauen seinen Fuß setze, und man tue weit besser, man gehe mit ehrerbietiger Resignation daran vorüber, ohne sich der Gefahr auszusetzen, sich in seinen Labyrinthen zu verirren. Dennoch zog ihn ein entgegengesetzter Hang unwiderstehlich zu Untersuchungen hin, die damit in Verbindung standen.

Eine bigotte, knechtische Erziehung war die Quelle dieser Furcht; diese hatte seinem zarten Gehirne Schreckbilder eingedrückt, von denen er sich während seines ganzen Lebens nie ganz losmachen konnte. Religiöse Melancholie war eine Erbkrankheit in seiner Familie; die Erziehung, welche man ihm und seinen Brüdern geben ließ, war dieser Disposition angemessen, die Menschen, denen man ihn anvertraute, aus diesem Gesichtspunkte gewählt, also entweder Schwärmer oder Heuchler. Alle Lebhaftigkeit des Knaben in einem dumpfen Geisteszwange zu ersticken, war das zuverlässigste Mittel, sich der höchsten Zufriedenheit der fürstlichen Eltern zu versichern.

Diese schwarze, nächtliche Gestalt hatte die ganze Jugendzeit unsers Prinzen; selbst aus seinen Spielen war die Freude verbannt. Alle seine Vorstellungen von Religion hatten etwas Fürchterliches an sich, und eben das Grauenvolle und Derbe war es, was sich seiner lebhaften Einbildungskraft zuerst bemächtigte und sich auch am längsten darin erhielt. Sein Gott war ein Schreckbild, ein strafendes Wesen; seine Gottesverehrung knechtisches Zittern oder blinde, alle Kraft und Kühnheit erstickende Ergebung. Allen seinen kindischen und jugendlichen Neigungen, denen ein derber Körper und eine blühende Gesundheit

um ſo kraftvollere Exploſionen gab, ſtand die Religion im
Wege; mit allem, woran ſein jugendliches Herz ſich hängte, lag
ſie im Streite; er lernte ſie nie als eine Wohltat, nur als eine
Geißel ſeiner Leidenſchaften kennen. So entbrannte allmählich
ein ſtiller Groll gegen ſie in ſeinem Herzen, welcher mit einem 5
reſpektvollen Glauben und blinder Furcht in ſeinem Kopf und
Herzen die bizarreſte Miſchung machte — einen Widerwillen
gegen einen Herrn, vor dem er in gleichem Grade Abſcheu und
Ehrfurcht fühlte.

Kein Wunder, daß er die erſte Gelegenheit ergriff, einem ſo 10
ſtrengen Joche zu entfliehen — aber er entlief ihm wie ein leib=
eigner Sklave ſeinem harten Herrn, der auch mitten in der Frei=
heit das Gefühl ſeiner Knechtſchaft herumträgt. Eben darum,
weil er dem Glauben ſeiner Jugend nicht mit ruhiger Wahl
entſagt; weil er nicht gewartet hatte, bis ſeine reifere Ver= 15
nunft ſich gemächlich davon abgelöſt hatte; weil er ihm als ein
Flüchtling entſprungen war, auf den die Eigentumsrechte ſeines
Herrn immer noch fortdauern — ſo mußte er auch nach noch ſo
großen Diſtraktionen immer wieder zu ihm zurückkehren. Er
war mit der Kette entſprungen, und eben darum mußte er der 20
Raub eines jeden Betrügers werden, der ſie entdeckte und zu
gebrauchen verſtand. Daß ſich ein ſolcher fand, wird, wenn
man es noch nicht erraten hat, der Verfolg dieſer Geſchichte
ausweiſen.

Die Geſtändniſſe des Sizilianers ließen in ſeinem Gemüt 25
wichtigere Folgen zurück, als dieſer ganze Gegenſtand wert war,
und der kleine Sieg, den ſeine Vernunft über dieſe ſchwache Täu=
ſchung davongetragen, hatte die Zuverſicht zu ſeiner Vernunft
überhaupt merklich erhöht. Die Leichtigkeit, mit der es ihm
gelungen war, dieſen Betrug aufzulöſen, ſchien ihn ſelbſt über= 30
raſcht zu haben. In ſeinem Kopfe hatten ſich Wahrheit und Irr=
tum noch nicht ſo genau voneinander geſondert, daß es ihm nicht
oft begegnet wäre, die Stützen der einen mit den Stützen des
andern zu verwechſeln; daher kam es, daß der Schlag, der ſeinen
Glauben an Wunder ſtürzte, das ganze Gebäude ſeines religiöſen 35
Glaubens zugleich zum Wanken brachte. Es erging ihm hier
wie einem unerfahrenen Menſchen, der in der Freundſchaft oder
Liebe hintergangen worden, weil er ſchlecht gewählt hatte, und
der nun ſeinen Glauben an dieſe Empfindungen überhaupt ſinken
läßt, weil er bloße Zufälligkeiten für weſentliche Eigenſchaften 40
und Kennzeichen derſelben aufnimmt. Ein entlarvter Betrug
machte ihm auch die Wahrheit verdächtig, weil er ſich die Wahr=
heit unglücklicherweiſe durch gleich ſchlechte Gründe bewieſen hatte.

Dieser vermeintliche Triumph gefiel ihm um so mehr, je
schwerer der Druck gewesen, wovon er ihn zu befreien schien.
Von diesem Zeitpunkt an regte sich eine Zweifelsucht in ihm, die
auch das Ehrwürdigste nicht verschonte.

5   Es halfen mehrere Dinge zusammen, ihn in dieser Gemüts=
lage zu erhalten und noch mehr darin zu befestigen. Die Ein=
samkeit, in der er bisher gelebt hatte, hörte jetzt auf und mußte
einer zerstreuungsvollen Lebensart Platz machen. Sein Stand
war entdeckt. Aufmerksamkeiten, die er erwidern mußte, Etikette,
10   die er seinem Rang schuldig war, rissen ihn unvermerkt in den
Wirbel der großen Welt. Sein Stand sowohl als seine persön=
lichen Eigenschaften öffneten ihm die geistvollesten Zirkel in
Venedig; bald sah er sich mit den hellsten Köpfen der Republik,
Gelehrten sowohl als Staatsmännern, in Verbindung. Dies
15   zwang ihn, den einförmigen, engen Kreis zu erweitern, in
welchen sein Geist sich bisher eingeschlossen hatte. Er fing an,
die Beschränktheit seiner Begriffe wahrzunehmen und das Be=
dürfnis höherer Bildung zu fühlen. Die altmodische Form seines
Geistes, von so vielen Vorzügen sie auch sonst begleitet war,
20   stand mit den gangbaren Begriffen der Gesellschaft in einem nach=
teiligen Kontrast, und seine Fremdheit in den bekanntesten Din=
gen setzte ihn zuweilen dem Lächerlichen aus; nichts fürchtete
er so sehr als das Lächerliche. Das ungünstige Vorurteil, das
auf seinem Geburtslande haftete, schien ihm eine Auffoderung
25   zu sein, es in seiner Person zu widerlegen. Dazu kam noch
die Sonderbarkeit in seinem Charakter, daß ihn jede Aufmerk=
samkeit verdroß, die er seinem Stande und nicht seinem persön=
lichen Wert danken zu müssen glaubte. Vorzüglich empfand
er diese Demütigung in Gegenwart solcher Personen, die durch
30   ihren Geist glänzten und durch persönliche Verdienste gleichsam
über ihre Geburt triumphierten. In einer solchen Gesellschaft
sich als Prinz unterschieden zu sehen, war jederzeit eine tiefe
Beschämung für ihn, weil er unglücklicherweise glaubte, durch
diesen Namen schon von jeder Konkurrenz ausgeschlossen zu sein.
35   Alles dieses zusammen genommen überführte ihn von der Not=
wendigkeit, seinem Geist die Bildung zu geben, die er bisher
versäumt hatte, um das Jahrfünftel der witzigen und denken=
den Welt einzuholen, hinter welchem er soweit zurückgeblie=
ben war.

40   Er wählte dazu die modernste Lektüre, der er sich mit allem
dem Ernste hingab, womit er alles, was er vornahm, zu be=
handeln pflegte. Aber die schlimme Hand, die bei der Wahl
dieser Schriften im Spiele war, ließ ihn unglücklicherweise immer

auf solche stoßen, bei denen weder seine Vernunft noch sein Herz
viel gebessert waren. Und auch hier waltete sein Lieblingshang
vor, der ihn immer zu allem, was nicht begriffen werden soll,
mit unwiderstehlichem Reize hinzog. Nur für dasjenige, was
damit in Beziehung stand, hatte er Aufmerksamkeit und Gedächt= 5
nis; seine Vernunft und sein Herz blieben leer, während sich
diese Fächer seines Gehirns mit verworrenen Begriffen anfüllten.
Der blendende Stil des einen riß seine Imagination dahin,
indem die Spitzfindigkeiten des andern seine Vernunft verstrickten.
Beiden wurde es leicht, sich einen Geist zu unterjochen, der ein 10
Raub eines jeden war, der sich ihm mit einer gewissen Dreistig=
keit aufdrang.

Eine Lektüre, die länger als ein Jahr mit Leidenschaft fort=
gesetzt wurde, hatte ihn beinahe mit gar keinem wohltätigen Be=
griff bereichert, wohl aber seinen Kopf mit Zweifeln angefüllt, 15
die, wie es bei diesem konsequenten Charakter unausbleiblich
folgte, bald einen unglücklichen Weg zu seinem Herzen fanden.
Daß ich es kurz sage — er hatte sich in dieses Labyrinth begeben
als ein glaubenreicher Schwärmer, und er verließ es als Zweifler
und zuletzt als ein ausgemachter Freigeist. 20

Unter den Zirkeln, in die man ihn zu ziehen gewußt hatte,
war eine gewisse geschlossene Gesellschaft, der Bucentauro ge=
nannt, die unter dem äußerlichen Schein einer edeln vernünftigen
Geistesfreiheit die zügelloseste Lizenz der Meinungen wie der
Sitten begünstigte. Da sie unter ihren Mitgliedern viele Geist= 25
liche zählte und sogar die Namen einiger Kardinäle an ihrer
Spitze trug, so wurde der Prinz um so leichter bewogen, sich
darin einführen zu lassen. Gewisse gefährliche Wahrheiten der
Vernunft, meinte er, könnten nirgends besser aufgehoben sein als
in den Händen solcher Personen, die ihr Stand schon zur Mäßi= 30
gung verpflichtete, und die den Vorteil hätten, auch die Gegen=
partei gehört und geprüft zu haben. Der Prinz vergaß hier,
daß Libertinage des Geistes und der Sitten bei Personen
dieses Standes eben darum weiter um sich greift, weil sie hier
einen Zügel weniger findet und durch keinen Nimbus von Hei= 35
ligkeit, der so oft profane Augen blendet, zurückgeschreckt wird.
Und dieses war der Fall bei dem Bucentauro, dessen mehreste
Mitglieder durch eine verdammliche Philosophie und durch Sitten,
die einer solchen Führerin würdig waren, nicht ihren Stand
allein, sondern selbst die Menschheit beschimpften. 40

Die Gesellschaft hatte ihre geheimen Grade, und ich will zur
Ehre des Prinzen glauben, daß man ihn des innersten Heilig=
tums nie gewürdigt habe. Jeder, der in diese Gesellschaft eintrat,

mußte, wenigstens solange er ihr lebte, seinen Rang, seine
Nation, seine Religionspartei, kurz, alle konventionelle Unter-
scheidungszeichen ablegen und sich in einen gewissen Stand
universeller Gleichheit begeben.   Die Wahl der Mitglieder war
5 in der Tat streng, weil nur Vorzüge des Geistes einen Weg
dazu bahnten.   Die Gesellschaft rühmte sich des feinsten Tons
und des ausgebildetsten Geschmacks, und in diesem Rufe stand
sie auch wirklich in ganz Venedig.   Dieses sowohl als der Schein
von Gleichheit, der darin herrschte, zog den Prinzen unwider-
10 stehlich an.   Ein geistvoller, durch seinen Witz aufgeheiterter Umgang, unterrichtende Unterhaltungen, das Beste aus der gelehrten und politischen Welt, das hier wie in seinem Mittelpunkte
zusammenfloß, verbargen ihm lange Zeit das Gefährliche dieser
Verbindung.   Wie ihm nach und nach der Geist des Instituts
15 durch die Maske hindurch sichtbarer wurde, oder man es auch
müde war, länger gegen ihn auf seiner Hut zu sein, war der
Rückweg gefährlich, und falsche Scham sowohl als Sorge für seine
Sicherheit zwangen ihn, sein inneres Mißfallen zu verbergen.

Aber schon durch die bloße Vertraulichkeit mit dieser Men-
20 schenklasse und ihren Gesinnungen, wenn sie ihn auch nicht zur
Nachahmung hinrissen, ging die reine, schöne Einfalt seines
Charakters und die Zartheit seiner moralischen Gefühle verloren.
Sein durch so wenig gründliche Kenntnisse unterstützter Verstand
konnte ohne fremde Beihilfe die feinen Trugschlüsse nicht lösen,
25 womit man ihn hier verstrickt hatte, und unvermerkt hatte dieses
schreckliche Korrosiv alles — beinahe alles verzehrt, worauf seine
Moralität ruhen sollte.   Die natürlichen Stützen seiner Glückseligkeit gab er für Sophismen hinweg, die ihn im entscheidenden
Augenblick verließen und ihn dadurch zwangen, sich an den ersten
30 besten willkürlichen zu halten, die man ihm zuwarf.

Vielleicht wäre es der Hand eines Freundes gelungen, ihn
noch zur rechten Zeit von diesem Abgrund zurückzuziehen — aber,
außerdem daß ich mit dem Innern des Bucentauro erst lange
nachher bekannt worden bin, als das Übel schon geschehen war,
35 so hatte mich schon zu Anfang dieser Periode ein dringender
Vorfall aus Venedig abgerufen.   Auch Mylord Seymour, eine
schätzbare Bekanntschaft des Prinzen, dessen kalter Kopf jeder Art
von Täuschung widerstand, und der ihm unfehlbar zu einer
sichern Stütze hätte dienen können, verließ uns zu dieser Zeit,
40 um in sein Vaterland zurückzukehren.   Diejenigen, in deren
Händen ich den Prinzen ließ, waren zwar redliche, aber un-
erfahrene und in ihrer Religion äußerst beschränkte Menschen,
denen es sowohl an der Einsicht in das Übel als an Ansehen bei

dem Prinzen fehlte. Seinen verfänglichen Sophismen wußten
sie nichts als die Machtsprüche eines blinden ungeprüften Glaubens entgegenzusetzen, die ihn entweder aufbrachten oder be-
lustigten; er übersah sie gar zu leicht, und sein überlegner Verstand brachte diese schlechten Verteidiger der guten Sache bald 5
zum Schweigen. Den andern, die sich in der Folge seines Vertrauens bemächtigten, war es vielmehr darum zu tun, ihn
immer tiefer darein zu versenken. Als ich im folgenden Jahre
wieder nach Venedig zurückkam — wie anders fand ich da schon
alles!   10
    Der Einfluß dieser neuen Philosophie zeigte sich bald in des
Prinzen Leben. Je mehr er zusehends in Venedig Glück machte
und neue Freunde sich erwarb, desto mehr fing er an, bei seinen
ältern Freunden zu verlieren. Mir gefiel er von Tag zu Tage
weniger, auch sahen wir uns seltener, und überhaupt war er 15
weniger zu haben. Der Strom der großen Welt hatte ihn gefaßt. Nie wurde seine Schwelle leer, wenn er zu Hause war.
Eine Lustbarkeit drängte die andre, ein Fest das andre, eine
Glückseligkeit die andre. Er war die Schöne, um welche alles buhlte,
der König und der Abgott aller Zirkel. So schwer er sich in der 20
vorigen Stille seines beschränkten Lebens den großen Weltlauf
gedacht hatte, so leicht fand er ihn nunmehr zu seinem Erstaunen.
Es kam ihm alles so entgegen, alles war trefflich, was von
seinen Lippen kam, und wenn er schwieg, so war es ein Raub an
der Gesellschaft. Auch machte ihn dieses ihn überall verfolgende 25
Glück, dieses allgemeine Gelingen, wirklich zu etwas mehr, als
er in der Tat war, weil es ihm Mut und Zuversicht zu ihm selbst
gab. Die erhöhte Meinung, die er dadurch von seinem eignen
Wert erlangte, gab ihm Glauben an die übertriebene und beinahe abgöttische Verehrung, die man seinem Geiste widerfahren 30
ließ, die ihm ohne dieses vergrößerte und gewissermaßen gegrün-
dete Selbstgefühl notwendig hätte verdächtig werden müssen.
Jetzt aber war diese allgemeine Stimme nur die Bekräftigung
dessen, was sein selbstzufriedener Stolz ihm im stillen sagte —
ein Tribut, der ihm, wie er glaubte, von Rechts wegen gebührte. 35
Unfehlbar würde er dieser Schlinge entgangen sein, hätte man
ihn zu Atem kommen lassen, hätte man ihm nur ruhige Muße
gegönnt, seinen eigenen Wert mit dem Bilde zu vergleichen, das
ihm in einem so lieblichen Spiegel vorgehalten wurde. Aber
seine Existenz war ein fortdauernder Zustand von Trunkenheit, 40
von schwebendem Taumel. Je höher man ihn gestellt hatte, desto
mehr hatte er zu tun, sich auf dieser Höhe zu erhalten; diese
immerwährende Anspannung verzehrte ihn langsam; selbst aus

seinem Schlaf war die Ruhe geflohen. Man hatte seine Blößen durchschaut und die Leidenschaft gut berechnet, die man in ihm entzündet hatte.

Bald mußten es seine redlichen Kavaliers entgelten, daß ihr Herr zum großen Kopf geworden war. Ernsthafte Empfindungen und ehrwürdige Wahrheiten, an denen sein Herz sonst mit aller Wärme gehangen, fingen nun an, Gegenstände seines Spotts zu werden. An den Wahrheiten der Religion rächte er sich für den Druck, worunter ihn Wahnbegriffe so lange gehalten hatten; aber weil eine nicht zu verfälschende Stimme seines Herzens die Taumeleien seines Kopfes bekämpfte, so war mehr Bitterkeit als fröhlicher Mut in seinem Witze. Sein Naturell fing an, sich zu ändern, Launen stellten sich ein. Die schönste Zierde seines Charakters, seine Bescheidenheit, verschwand; Schmeichler hatten sein treffliches Herz vergiftet. Die schonende Delikatesse des Umgangs, die es seine Kavaliers sonst ganz vergessen gemacht hatte, daß er ihr Herr war, machte jetzt nicht selten einem gebieterischen, entscheidenden Tone Platz, der um so empfindlicher schmerzte, weil er nicht auf den äußerlichen Abstand der Geburt, worüber man sich mit leichter Mühe tröstet, und den er selbst wenig achtete, sondern auf eine beleidigende Voraussetzung seiner persönlichen Erhabenheit gegründet war. Weil er zu Hause doch öfters Betrachtungen Raum gab, die ihn im Taumel der Gesellschaft nicht hatten angehen dürfen, so sahen ihn seine eigenen Leute selten anders als finster, mürrisch und unglücklich, während daß er fremde Zirkel mit einer erzwungenen Fröhlichkeit beseelte. Mit teilnehmendem Leiden sahen wir ihn auf dieser gefährlichen Bahn hinwandeln; aber in dem Tumult, durch den er geworfen wurde, hörte er die schwache Stimme der Freundschaft nicht mehr und war jetzt auch noch zu glücklich, um sie zu verstehen.

Schon in den ersten Zeiten dieser Epoche foderte mich eine wichtige Angelegenheit an den Hof meines Souveräns, die ich auch dem feurigsten Interesse der Freundschaft nicht nachsetzen durfte. Eine unsichtbare Hand, die sich mir erst lange nachher entdeckte, hatte Mittel gefunden, meine Angelegenheiten dort zu verwirren und Gerüchte von mir auszubreiten, die ich eilen mußte durch meine persönliche Gegenwart zu widerlegen. Der Abschied vom Prinzen ward mir schwer; aber ihm war er desto leichter. Schon seit geraumer Zeit waren die Bande erschlafft, die ihn an mich gekettet hatten. Aber sein Schicksal hatte meine ganze Teilnehmung erweckt; ich ließ mir deswegen von dem Baron von F*** versprechen, mich durch schriftliche Nachrichten damit in Verbindung zu erhalten, was er auch aufs gewissenhafteste gehalten hat. Von jetzt an bin ich also auf lange Zeit kein Augenzeuge dieser Begebenheiten mehr; man erlaube mir, den Baron von F*** an meiner Statt aufzuführen und diese Lücke durch Auszüge aus seinen Briefen zu ergänzen. Ungeachtet die Vorstellungsart meines Freundes F*** nicht immer die meinige ist, so habe ich dennoch an seinen Worten nichts ändern wollen, aus denen der Leser die Wahrheit mit wenig Mühe herausfinden wird.

Baron von F*** an den Grafen von O**.
Erster Brief.

5. Mai 17**.

Dank Ihnen, sehr verehrter Freund, daß Sie mir die Erlaubnis erteilt haben, auch abwesend den vertrauten Umgang mit Ihnen fortzusetzen, der während Ihres Hierseins meine beste Freude ausmachte. Hier, das wissen Sie, ist niemand, gegen den ich es wagen dürfte, mich über gewisse Dinge herauszulassen — was Sie mir auch dagegen sagen mögen, dieses Volk ist mir verhaßt. Seitdem der Prinz einer davon geworden ist, und seitdem vollends Sie uns entrissen sind, bin ich mitten in dieser volkreichen Stadt verlassen. Z*** nimmt es leichter, und die Schönen in Venedig wissen ihm die Kränkungen vergessen zu machen, die er zu Hause mit mir teilen muß. Und was hätte er sich auch darüber zu grämen? Er sieht und verlangt in dem Prinzen nichts als einen Herrn, den er überall findet — aber ich! Sie wissen, wie nahe ich das Wohl und Weh' unsers Prinzen an meinem Herzen fühle, und wie sehr ich Ursache dazu habe. Sechzehn Jahre sind's, daß ich um seine Person lebe, daß ich nur für ihn lebe. Als ein neunjähriger Knabe kam ich in seine Dienste, und seit dieser Zeit hat mich kein Schicksal von ihm getrennt. Unter seinen Augen bin ich geworden; ein langer Umgang hat mich ihm zugebildet; alle seine großen und kleinen Abenteuer hab' ich mit ihm bestanden. Ich lebe in seiner Glückseligkeit. Bis auf dieses unglückliche Jahr hab' ich nur meinen Freund, meinen ältern Bruder in ihm gesehen, wie in einem heitern Sonnenscheine hab' ich in seinen Augen gelebt — keine Wolke trübte mein Glück; und alles dies soll mir nun in diesem unseligen Venedig zu Trümmern gehen!

Seitdem Sie von uns sind, hat sich allerlei bei uns verändert. Der Prinz von **d** ist vorige Woche mit einer zahlreichen Suite hier angelangt und hat userm Zirkel ein neues tumultuarisches Leben gegeben. Da er und unser Prinz so nahe verwandt sind und jetzt auf einem ziemlich guten Fuß zusammen stehen, so werden sie sich während seines hiesigen Aufenthalts, der, wie ich höre, bis zum Himmelfahrtsfest dauern soll, wenig

voneinander trennen. Der Anfang ist schon bestens gemacht;
seit zehen Tagen ist der Prinz kaum zu Atem gekommen. Der
Prinz von **d** hat es gleich sehr hoch angefangen, und das
mochte er immer, da er sich bald wieder entfernt; aber das
5 Schlimme dabei ist, er hat unsern Prinzen damit angesteckt, weil
der sich nicht wohl davon ausschließen konnte und bei dem be-
sondern Verhältnis, das zwischen beiden Häusern obwaltet, dem
bestrittenen Range des seinigen hier etwas schuldig zu sein glaubte.
Dazu kommt, daß in wenigen Wochen auch unser Abschied von
10 Venedig herannaht, wodurch er ohnehin überhoben wird, diesen
außerordentlichen Aufwand in die Länge fortzuführen.

Der Prinz von **d**, wie man sagt, ist in Geschäften des
***Ordens hier, wobei er sich einbildet, eine wichtige Rolle zu
spielen. Daß er von allen Bekanntschaften unsers Prinzen so-
15 gleich Besitz genommen haben werde, können Sie sich leicht einbilden. In den Bucentauro besonders ist er mit Pomp eingeführt worden, da es ihm seit einiger Zeit beliebt hat, den witzigen
Kopf und den starken Geist zu spielen, wie er sich denn auch in
seinen Korrespondenzen, deren er in allen Weltgegenden unter-
20 hält, nur den Prince philosophe nennen läßt. Ich weiß nicht,
ob Sie je das Glück gehabt haben, ihn zu sehen. Ein vielver-
sprechendes Äußere, beschäftigte Augen, eine Miene voll Kunst-
verständigkeit, viel Prunk von Lektüre, viel erworbene Natur
(vergönnen Sie mir dieses Wort) und eine fürstliche Herablassung
25 zu Menschengefühlen, dabei eine heroische Zuversicht auf sich selbst
und eine alles niedersprechende Beredsamkeit. Wer könnte bei
so glänzenden Eigenschaften einer K. H. seine Huldigung versagen? Wie indessen der stille, wortarme und gründliche Wert
unsers Prinzen neben dieser schreienden Vortrefflichkeit aus-
30 kommen wird, muß der Ausgang lehren.

In unsrer Einrichtung sind seit der Zeit viele und große Ver-
änderungen geschehen. Wir haben ein neues, prächtiges Haus,
der neuen Prokuratie gegenüber, bezogen, weil es dem Prinzen
im Mohren zu eng wurde. Unsre Suite hat sich um zwölf
35 Köpfe vermehrt, Pagen, Mohren, Heiducken u. d. m. — Alles
geht jetzt ins Große. Sie haben während Ihres Hierseins über
Aufwand geklagt — jetzt sollten Sie erst sehen!

Unsre innern Verhältnisse sind noch die alten — außer daß
der Prinz, der durch Ihre Gegenwart nicht mehr in Schranken
40 gehalten wird, womöglich noch einsilbiger und frostiger gegen
uns geworden ist, und daß wir ihn jetzt außer dem An- und Auskleiden wenig haben. Unter dem Vorwand, daß wir das Französische schlecht und das Italienische gar nicht reden, weiß er uns

21*

von seinen mehresten Gesellschaften auszuschließen, wodurch er
mir für meine Person eben keine große Kränkung antut; aber
ich glaube das Wahre davon einzusehen: er schämt sich unsrer
— und das schmerzt mich, das haben wir nicht verdient.

Von unsern Leuten (weil Sie doch alle Kleinigkeiten wissen 5
wollen) bedient er sich jetzt fast ganz allein des Biondello, den
er, wie Sie wissen, nach Entweichung unsers Jägers in seine
Dienste nahm, und der ihm jetzt bei dieser neuen Lebensart ganz
unentbehrlich geworden ist. Der Mensch kennt alles in Venedig,
und alles weiß er zu gebrauchen. Es ist nicht anders, als wenn 10
er tausend Augen hätte, tausend Hände in Bewegung setzen könnte.
Er bewerkstellige dieses mit Hilfe der Gondoliers, sagt er. Dem
Prinzen kommt er dadurch ungemein zustatten, daß er ihn vor-
läufig mit allen neuen Gesichtern bekannt macht, die diesem in
seinen Gesellschaften vorkommen; und die geheimen Notizen, die 15
er gibt, hat der Prinz immer richtig befunden. Dabei spricht
und schreibt er das Italienische und das Französische vortrefflich,
wodurch er sich auch bereits zum Sekretär des Prinzen aufge-
schwungen hat. Einen Zug von uneigennütziger Treue muß ich
Ihnen doch erzählen, der bei einem Menschen dieses Standes in 20
der Tat selten ist. Neulich ließ ein angesehener Kaufmann aus
Rimini bei dem Prinzen um Gehör ansuchen. Der Gegenstand
war eine sonderbare Beschwerde über Biondello. Der Proku-
rator, sein voriger Herr, der ein wunderlicher Heiliger gewesen
sein mochte, hatte mit seinen Verwandten in unversöhnlicher 25
Feindschaft gelebt, die ihn auch, wo möglich, noch überleben sollte.
Sein ganzes ausschließendes Vertrauen hatte Biondello, bei dem
er alle seine Geheimnisse niederzulegen pflegte; dieser mußte ihm
noch am Todbette angeloben, sie heilig zu bewahren und zum
Vorteil der Verwandten niemals Gebrauch davon zu machen; 30
ein ansehnliches Legat sollte ihn für diese Verschwiegenheit belohnen. Als man sein Testament eröffnete und seine Papiere
durchsuchte, fanden sich große Lücken und Verwirrungen, worüber
Biondello allein den Aufschluß geben konnte. Dieser leugnete
hartnäckig, daß er etwas wisse, ließ den Erben das sehr beträcht- 35
liche Legat und behielt seine Geheimnisse. Große Erbietungen
wurden ihm von seiten der Verwandten getan, aber alle vergeblich; endlich, um ihrem Zudringen zu entgehen, weil sie
drohten, ihn rechtlich zu belangen, begab er sich bei dem Prinzen
in Dienste. An diesen wandte sich nun der Haupterbe, dieser 40
Kaufmann, und tat noch größre Erbietungen, als die schon geschehen waren, wenn Biondello seinen Sinn ändern wollte. Aber
auch die Fürsprache des Prinzen war umsonst. Diesem gestand

er zwar, daß ihm wirklich dergleichen Geheimnisse anvertraut
wären; er leugnete auch nicht, daß der Verstorbene im Haß gegen
seine Familie vielleicht zu weit gegangen sei; „aber", setzte er
hinzu, „er war mein guter Herr und mein Wohltäter, und im
5 festen Vertrauen auf meine Redlichkeit starb er hin. Ich war
der einzige Freund, den er auf der Welt verließ — um so weniger
darf ich seine einzige Hoffnung hintergehen." Zugleich ließ er
merken, daß diese Eröffnungen dem Andenken seines verstorbenen
Herrn nicht sehr zur Ehre gereichen dürften. Ist das nicht fein
10 gedacht und edel? Auch können Sie leicht denken, daß der Prinz
nicht sehr darauf beharrte, ihn in einer so löblichen Gesinnung
wankend zu machen. Diese seltene Treue, die er gegen seinen verstorbenen Herrn bewies, hat ihm das uneingeschränkte Vertrauen
des lebenden gewonnen.

15 Leben Sie glücklich, liebster Freund! Wie sehne ich mich nach
dem stillen Leben zurück, in welchem Sie uns hier fanden und
wofür Sie uns so angenehm entschädigten! Ich fürchte, meine
guten Zeiten in Venedig sind vorbei, und Gewinn genug, wenn
von dem Prinzen nicht das nämliche wahr ist. Das Element,
20 worin er jetzt lebt, ist dasjenige nicht, worin er in die Länge glücklich sein kann, oder eine sechzehnjährige Erfahrung müßte mich
betrügen. Leben Sie wohl!

Baron von F*** an den Grafen von O**.
Zweiter Brief.

18. Mai.

Hätt' ich doch nicht gedacht, daß unser Aufenthalt in Venedig
noch zu irgend etwas gut sein würde! Er hat einem Menschen
25 das Leben gerettet; ich bin mit ihm ausgesöhnt.

Der Prinz ließ sich neulich bei später Nacht aus dem Bucentauro nach Hause tragen; zwei Bediente, unter denen Biondello
war, begleiteten ihn. Ich weiß nicht, wie es zugeht, die Sänfte,
die man in der Eile aufgerafft hatte, zerbricht, und der Prinz
30 sieht sich genötigt, den Rest des Weges zu Fuße zu machen.
Biondello geht voran, der Weg führte durch einige dunkle, ab-
gelegene Straßen, und da es nicht weit mehr vor Tagesanbruch
war, so brannten die Lampen dunkel oder waren schon ausgegangen. Eine Viertelstunde mochte man gegangen sein, als
35 Biondello die Entdeckung machte, daß er verirrt sei. Die Ähnlichkeit der Brücken hatte ihn getäuscht, und anstatt in St. Mar-
kus überzusetzen, befand man sich im Sestiere von Castello. Es
war in einer der abgelegensten Gassen, und nichts Lebendes weit
und breit; man mußte umkehren, um sich in einer Hauptstraße
40 zu orientieren. Sie sind nur wenige Schritte gegangen, als nicht

weit von ihnen in einer Gasse ein Mordgeschrei erschallt. Der
Prinz, unbewaffnet, wie er war, reißt einem Bedienten den Stock
aus den Händen, und mit dem entschlossenen Mut, den Sie an
ihm kennen, nach der Gegend zu, woher diese Stimme erschallte.
Drei fürchterliche Kerls sind eben im Begriff, einen Vierten 5
niederzustoßen, der sich mit seinem Begleiter nur noch schwach
verteidigt; der Prinz erscheint noch eben zu rechter Zeit, um den
tödlichen Stich zu hindern. Sein und der Bedienten Rufen bestürzt die Mörder, die sich an einem so abgelegenen Ort auf keine
Überraschung versehen hatten, daß sie nach einigen leichten Dolch- 10
stichen von ihrem Manne ablassen und die Flucht ergreifen. Halb
ohnmächtig und vom Ringen erschöpft, sinkt der Verwundete in
den Arm des Prinzen; sein Begleiter entdeckt diesem, daß er den
Marchese von Civitella, den Neffen des Kardinals A***i, gerettet
habe. Da der Marchese viel Blut verlor, so machte Biondello, 15
so gut er konnte, in der Eile den Wundarzt, und der Prinz trug
Sorge, daß er nach dem Palast seines Oheims geschafft wurde,
der am nächsten gelegen war, und wohin er ihn selbst begleitete.
Hier verließ er ihn in der Stille und ohne sich zu erkennen gegeben zu haben.   20

Aber durch einen Bedienten, der Biondello erkannt hatte,
ward er verraten. Gleich den folgenden Morgen erschien der
Kardinal, eine alte Bekanntschaft aus dem Bucentauro. Der
Besuch dauerte eine Stunde; der Kardinal war in großer Bewegung, als sie herauskamen; Tränen standen in seinen Augen; 25
auch der Prinz war gerührt. Noch an demselben Abend wurde
bei dem Kranken ein Besuch abgestattet, von dem der Wundarzt
übrigens das beste versichert. Der Mantel, in den er gehüllt
war, hatte die Stöße unsicher gemacht und ihre Stärke gebrochen.
Seit diesem Vorfall verstrich kein Tag, an welchem der Prinz 30
nicht im Hause des Kardinals Besuche gegeben oder empfangen
hätte, und eine starke Freundschaft fängt an, sich zwischen ihm
und diesem Hause zu bilden.

Der Kardinal ist ein ehrwürdiger Sechziger, majestätisch von
Ansehn, voll Heiterkeit und frischer Gesundheit. Man hält ihn 35
für einen der reichsten Prälaten im ganzen Gebiete der Republik.
Sein unermeßliches Vermögen soll er noch sehr jugendlich ver-
walten und bei einer vernünftigen Sparsamkeit keine Weltfreude
verschmähen. Dieser Neffe ist sein einziger Erbe, der aber mit
seinem Oheim nicht immer im besten Vernehmen stehen soll. So 40
wenig der Alte ein Feind des Vergnügens ist, so soll doch die Aufführung des Neffen auch die höchste Toleranz erschöpfen. Seine
freien Grundsätze und seine zügellose Lebensart, unglücklicherweise

durch alles unterstützt, was Laster schmücken und die Sinnlichkeit hinreißen kann, machen ihn zum Schrecken aller Väter und
zum Fluch aller Ehemänner; auch diesen letzten Angriff soll er
sich, wie man behauptet, durch eine Intrige zugezogen haben,
5 die er mit der Gemahlin des **schen Gesandten angesponnen
hatte; anderer schlimmen Händel nicht zu gedenken, woraus ihn
das Ansehen und das Geld des Kardinals nur mit Mühe hat
retten können. Dieses abgerechnet, wäre letzterer der beneidetste
Mann in ganz Italien, weil er alles besitzt, was das Leben
10 wünschenswürdig machen kann. Mit diesem einzigen Familien-
leiden nimmt das Glück alle seine Gaben zurück und vergällt ihm
den Genuß seines Vermögens durch die immerwährende Furcht,
keinen Erben dazu zu finden.

Alle diese Nachrichten habe ich von Biondello. In diesem
15 Menschen hat der Prinz einen wahren Schatz erhalten. Mit
jedem Tage macht er sich unentbehrlicher, mit jedem Tage entdecken wir irgendein neues Talent an ihm. Neulich hatte sich
der Prinz erhitzt und konnte nicht einschlafen. Das Nachtlicht
war ausgelöscht, und kein Klingeln konnte den Kammerdiener
20 erwecken, der außer dem Hause seinen Liebschaften nachgegangen
war. Der Prinz entschließt sich also, selbst aufzustehen, um einen
seiner Leute zu errufen. Er ist noch nicht weit gegangen, als
ihm von ferne eine liebliche Musik entgegenschallt. Er geht wie
bezaubert dem Schall nach und findet Biondello auf seinem Zim-
25 mer auf der Flöte blasend, seine Kameraden um ihn her. Er
will seinen Augen, seinen Ohren nicht trauen und befiehlt ihm,
fortzufahren. Mit einer bewundernswürdigen Leichtigkeit ex-
temporiert dieser nun dasselbe schmelzende Adagio mit den glück-
lichsten Variationen und allen Feinheiten eines Virtuosen. Der
30 Prinz, der ein Kenner ist, wie Sie wissen, behauptet, daß er sich
getrost in der besten Kapelle hören lassen dürfte.

„Ich muß diesen Menschen entlassen," sagte er mir den Morgen darauf; „ich bin unvermögend, ihn nach Verdienst zu belohnen." Biondello, der diese Worte aufgefangen hatte, trat
35 herzu. „Gnädigster Herr," sagte er, „wenn Sie das tun, so
rauben Sie mir meine beste Belohnung."

„Du bist zu etwas Besserm bestimmt, als zu dienen," sagte
mein Herr. „Ich darf dir nicht vor deinem Glücke sein."

„Dringen Sie mir doch kein andres Glück auf, gnädigster
40 Herr, als das ich mir selbst gewählt habe."

„Und ein solches Talent zu vernachlässigen — Nein! Ich
darf es nicht zugeben."

„So erlauben Sie mir, gnädigster Herr, daß ich es zuweilen in Ihrer Gegenwart übe."

Und dazu wurden auch sogleich die Anstalten getroffen. Biondello erhielt ein Zimmer zunächst am Schlafgemach seines Herrn, wo er ihn mit Musik in den Schlummer wiegen und mit Musik daraus erwecken kann. Seinen Gehalt wollte der Prinz verdoppeln, welches er aber verbat mit der Erklärung, der Prinz möchte ihm erlauben, diese zugedachte Gnade als ein Kapital bei ihm zu deponieren, welches er vielleicht in kurzer Zeit nötig haben würde zu erheben. Der Prinz erwartet nunmehr, daß er nächstens kommen werde, um etwas zu bitten; und was es auch sein möge, es ist ihm zum voraus gewährt.

Leben Sie wohl, liebster Freund! Ich erwarte mit Ungeduld Nachrichten aus K***n.

Baron von F*** an den Grafen von O**.
Dritter Brief.

4. Junius.

Der Marchese von Civitella, der von seinen Wunden nun ganz wiederhergestellt ist, hat sich vorige Woche durch seinen Onkel, den Kardinal, bei dem Prinzen einführen lassen, und seit diesem Tage folgt er ihm wie sein Schatten. Von diesem Marchese hat mir Biondello doch nicht die Wahrheit gesagt, wenigstens hat er sie weit übertrieben. Ein sehr liebenswürdiger Mensch von Ansehn und unwiderstehlich im Umgang. Es ist nicht möglich, ihm gram zu sein; der erste Anblick hat mich erobert. Denken Sie sich die bezauberndste Figur, mit Würde und Anmut getragen, ein Gesicht voll Geist und Seele, eine offne einladende Miene, einen einschmeichelnden Ton der Stimme, die fließendste Beredsamkeit, die blühendste Jugend, mit allen Grazien der feinsten Erziehung vereinigt. Er hat gar nichts von dem geringschätzigen Stolz, von der feierlichen Steifheit, die uns an den übrigen Nobili so unerträglich fällt. Alles an ihm atmet jugendliche Frohherzigkeit, Wohlwollen, Wärme des Gefühls. Seine Ausschweifungen muß man mir weit übertrieben haben; nie sah ich ein vollkommneres, schöneres Bild der Gesundheit. Wenn er wirklich so schlimm ist, als mir Biondello sagt, so ist es eine Sirene, der kein Mensch widerstehen kann.

Gegen mich war er gleich sehr offen. Er gestand mir mit der angenehmsten Treuherzigkeit, daß er bei seinem Onkel, dem Kardinal, nicht am besten angeschrieben stehe und es auch wohl verdient haben möge. Er sei aber ernstlich entschlossen, sich zu bessern, und das Verdienst davon würde ganz dem Prinzen zufallen. Zugleich hoffe er, durch diesen mit seinem Onkel wieder

ausgesöhnt zu werden, weil der Prinz alles über den Kardinal
vermöge. Es habe ihm bis jetzt nur an einem Freunde und
Führer gefehlt, und beides hoffe er sich in dem Prinzen zu er=
werben.

5   Der Prinz bedient sich auch aller Rechte eines Führers gegen
ihn und behandelt ihn mit der Wachsamkeit und Strenge eines
Mentors. Aber eben dieses Verhältnis gibt auch ihm gewisse
Rechte an den Prinzen, die er sehr gut geltend zu machen weiß.
Er kommt ihm nicht mehr von der Seite, er ist bei allen Partien,
10 an denen der Prinz teilnimmt; für den Bucentauro ist er —
und das ist sein Glück! — bis jetzt nur zu jung gewesen. Über=
all, wo er sich mit dem Prinzen einfindet, entführt er diesen der
Gesellschaft durch die seine Art, womit er ihn zu beschäftigen und
auf sich zu ziehen weiß. Niemand, sagen sie, habe ihn bändigen
15 können, und der Prinz verdiene eine Legende, wenn ihm dieses
Riesenwerk gelänge. Ich fürchte aber sehr, das Blatt möchte sich
vielmehr wenden, und der Führer bei seinem Zögling in die
Schule gehen, wozu sich auch bereits alle Umstände anzulassen
scheinen.

20   Der Prinz von **d** ist nun abgereist, und zwar zu unserm
allerseitigen Vergnügen, auch meinen Herrn nicht ausgenommen.
Was ich vorausgesagt habe, liebster O**, ist auch richtig einge=
troffen. Bei so entgegengesetzten Charakteren, bei so unvermeid=
lichen Kollisionen konnte dieses gute Vernehmen auf die Dauer
25 nicht bestehen. Der Prinz von **d** war nicht lange in Venedig,
so entstand ein bedenkliches Schisma in der spirituellen Welt,
das unsern Prinzen in Gefahr setzte, die Hälfte seiner bisherigen
Bewunderer zu verlieren. Wo er sich nur sehen ließ, fand er
diesen Nebenbuhler in seinem Wege, der gerade die gehörige
30 Dosis kleiner List und selbstgefälliger Eitelkeit besaß, um jeden
noch so kleinen Vorteil geltend zu machen, den ihm der Prinz
über sich gab. Weil ihm zugleich alle kleinliche Kunstgriffe zu
Gebote standen, deren Gebrauch dem Prinzen ein edles Selbst=
gefühl untersagte, so konnte es nicht fehlen, daß er nicht in
35 kurzer Zeit die Schwachköpfe auf seiner Seite hatte und an der
Spitze einer Partei prangte, die seiner würdig war.*) Das Ver=
nünftigste wäre freilich wohl gewesen, mit einem Gegner dieser
Art sich in gar keinen Wettkampf einzulassen, und einige Monate

---

*) Das harte Urteil, welches sich der Baron von F*** hier und in einigen Stellen
des ersten Briefs über einen geistreichen Prinzen erlaubt, wird jeder, der das Glück
hat, diesen Prinzen näher zu kennen, mit mir übertrieben finden und es dem ein=
genommenen Kopfe dieses jugendlichen Beurteilers zugute halten.
    Anm. des Graf. v. O**.

früher wäre dies gewiß die Partei gewesen, welche der Prinz
ergriffen hätte. Jetzt aber war er schon zu weit in den Strom
gerissen, um das Ufer so schnell wieder erreichen zu können. Diese
Nichtigkeiten hatten, wenn auch nur durch die Umstände, einen ge=
wissen Wert bei ihm erlangt, und hätte er sie auch wirklich ver=   5
achtet, so erlaubte ihm sein Stolz nicht, ihnen in einem Zeitpunkte
zu entsagen, wo sein Nachgeben weniger für einen freiwilligen
Entschluß als für ein Geständnis seiner Niederlage würde ge=
golten haben. Das unselige Hin= und Wiederbringen schneidender
Reden von beiden Seiten kam dazu, und der Geist von Rivalität,   10
der seine Anhänger erhitzte, hatte auch ihn ergriffen. Um also
seine Eroberungen zu bewahren und sich auf dem schlüpfrigen
Platz zu erhalten, den ihm die Meinung der Welt einmal ange=
wiesen hatte, glaubte er, die Gelegenheiten häufen zu müssen, wo er
glänzen und verbinden konnte, und dies konnte nur durch einen   15
fürstlichen Aufwand erreicht werden; daher ewige Feste und Ge=
lage, kostbare Konzerte, Präsente und hohes Spiel. Und weil
sich diese seltsame Raserei bald auch der beiderseitigen Suite und
Dienerschaft mitteilte, die, wie Sie wissen, über den Artikel der
Ehre noch weit wachsamer zu halten pflegt als ihre Herrschaft,   20
so mußte er dem guten Willen seiner Leute durch seine Freigebig=
keit zu Hilfe kommen. Eine ganze lange Kette von Armseligkeiten,
alles unvermeidliche Folgen einer einzigen ziemlich verzeihlichen
Schwachheit, von der sich der Prinz in einem unglücklichen Augen=
blick überschleichen ließ!   25

  Den Nebenbuhler sind wir zwar nun los; aber was er ver=
dorben hat, ist nicht so leicht wieder gut zu machen. Des Prin=
zen Schatulle ist erschöpft; was er durch eine weise Ökonomie
seit Jahren erspart hat, ist dahin; wir müssen eilen, aus Venedig
zu kommen, wenn er sich nicht in Schulden stürzen soll, wovor er   30
sich bis jetzt auf das sorgfältigste gehütet hat. Die Abreise ist
auch fest beschlossen, sobald nur erst frische Wechsel da sind.

  Möchte indes aller dieser Aufwand gemacht sein, wenn mein
Herr nur eine einzige Freude dabei gewonnen hätte! Aber nie
war er weniger glücklich als jetzt! Er fühlt, daß er nicht ist, was   35
er sonst war — er sucht sich selbst — er ist unzufrieden mit sich
selbst und stürzt sich in neue Zerstreuungen, um den Folgen der
alten zu entfliehen. Eine neue Bekanntschaft folgt auf die andre,
die ihn immer tiefer hineinreißt. Ich sehe nicht, wie das noch
werden soll. Wir müssen fort — hier ist keine andre Rettung —   40
wir müssen fort aus Venedig.

  „Aber, liebster Freund, noch immer keine Zeile von Ihnen!
Wie muß ich dieses lange hartnäckige Schweigen mir erklären?"

Baron von F*** an den Grafen von O**.
Vierter Brief.

12. Junius.

Haben Sie Dank, liebster Freund, für das Zeichen Ihres An-
denkens, das mir der junge B***hl von Ihnen überbrachte.
Aber was sprechen Sie darin von Briefen, die ich erhalten haben
soll? Ich habe keinen Brief von Ihnen erhalten, nicht eine Zeile.
5 Welchen weiten Umweg müssen die genommen haben! Künftig,
liebster O**, wenn Sie mich mit Briefen beehren, senden Sie
solche über Trient und unter der Adresse meines Herrn.

Endlich haben wir den Schritt doch tun müssen, liebster
Freund, den wir bis jetzt so glücklich vermieden haben. — Die
10 Wechsel sind ausgeblieben, jetzt in diesem dringendsten Bedürfnis
zum erstenmal ausgeblieben, und wir waren in die Notwendigkeit gesetzt, unsre Zuflucht zu einem Wucherer zu nehmen, weil
der Prinz das Geheimnis gern etwas teurer bezahlt. Das
schlimmste an diesem unangenehmen Vorfalle ist, daß er unsre
15 Abreise verzögert.

Bei dieser Gelegenheit kam es zu einigen Erläuterungen
zwischen mir und dem Prinzen. Das ganze Geschäft war durch
Biondellos Hände gegangen, und der Ebräer war da, ehe ich
etwas davon ahnete. Den Prinzen zu dieser Extremität gebracht
20 zu sehen, preßte mir das Herz und machte alle Erinnerungen der
Vergangenheit, alle Schrecken für die Zukunft in mir lebendig,
daß ich freilich etwas grämlich und düster ausgesehen haben
mochte, als der Wucherer hinaus war. Der Prinz, den der vor-
hergehende Auftritt ohnehin sehr reizbar gemacht hatte, ging mit
25 Unmut im Zimmer auf und nieder, die Rollen lagen noch auf
dem Tische; ich stand am Fenster und beschäftigte mich, die Schei-
ben in der Prokuratie zu zählen; es war eine lange Stille; endlich
brach er los.

„F***!" fing er an, „ich kann keine finstern Gesichter um
30 mich leiden."

Ich schwieg.

„Warum antworten Sie mir nicht? — Seh' ich nicht, daß es
Ihnen das Herz abdrücken will, Ihren Verdruß auszugießen?
Und ich will haben, daß Sie reden. Sie dürften sonst Wunder
35 glauben, was für weise Dinge Sie verschweigen."

„Wenn ich finster bin, gnädigster Herr," sagte ich, „so ist es
nur, weil ich Sie nicht heiter sehe."

„Ich weiß," fuhr er fort, „daß ich Ihnen nicht recht bin —
schon seit geraumer Zeit — daß alle meine Schritte mißbilligt
40 werden — daß — Was schreibt der Graf von O**?"

„Der Graf von O** hat mir nichts geschrieben.

„Nichts? Was, wollen Sie es leugnen? Sie haben Herzens=
ergießungen zusammen — Sie und der Graf! Ich weiß es recht
gut. Aber gestehen Sie mir's immer! Ich werde mich nicht in
Ihre Geheimnisse eindringen."

„Der Graf von O**", sagte ich, „hat mir von drei Briefen,
die ich ihm schrieb, noch den ersten zu beantworten."

„Ich habe Unrecht getan," fuhr er fort. „Nicht wahr?" (eine
Rolle ergreifend.) „Ich hätte das nicht tun sollen?"

„Ich sehe wohl ein, daß dies notwendig war."

„Ich hätte mich nicht in die Notwendigkeit setzen sollen?"

Ich schwieg.

„Freilich! Ich hätte mich mit meinen Wünschen nie über
das hinauswagen sollen und darüber zum Greis werden, wie
ich zum Mann geworden bin! Weil ich aus der traurigen Ein=
förmigkeit meines bisherigen Lebens einmal herausgehe und
herumschaue, ob sich nicht irgend anderswo eine Quelle des Ge=
nusses für mich öffnet — weil ich —"

„Wenn es ein Versuch war, gnädigster Herr, dann hab' ich
nichts mehr zu sagen — dann sind die Erfahrungen, die er Ihnen
verschafft haben wird, mit noch dreimal so viel nicht zu teuer er=
kauft. Es tat mir weh, ich gesteh' es, daß die Meinung der
Welt über eine Frage, die nur für Ihr eigenes Herz gehört, die
Frage, wie Sie glücklich sein sollen, zu entscheiden haben sollte."

„Wohl Ihnen, daß Sie sie verachten können, die Meinung
der Welt! Ich bin ihr Geschöpf, ich muß ihr Sklave sein. Was
sind wir anders als Meinung? Alles an uns Fürsten ist Mei=
nung. Die Meinung ist unsre Amme und Erzieherin in der Kind=
heit, unsre Gesetzgeberin und Geliebte in männlichen Jahren,
unsre Krücke im Alter. Nehmen Sie uns, was wir von der
Meinung haben, und der Schlechteste aus den übrigen Klassen
ist besser daran als wir; denn sein Schicksal hat ihm doch zu einer
Philosophie verholfen, welche ihn über dieses Schicksal tröstet.
Ein Fürst, der die Meinung verlacht, hebt sich selbst auf, wie der
Priester, der das Dasein eines Gottes leugnet."

„Und dennoch, gnädigster Prinz —"

„Ich weiß, was Sie sagen wollen. Ich kann den Kreis über=
schreiten, den meine Geburt um mich gezogen hat — aber kann
ich auch alle Wahnbegriffe aus meinem Gedächtnis herausreißen,
die Erziehung und frühe Gewohnheit darein gepflanzt und
hunderttausend Schwachköpfe unter euch immer fester und fester
darin gegründet haben? Jeder will doch gerne ganz sein, was er
ist, und unsre Existenz ist nun einmal, glücklich scheinen. Weil

wir es nicht sein können, auf eure Weise, sollen wir es darum
gar nicht sein? Wenn wir die Freude aus ihrem reinen Quell unmittelbar nicht mehr schöpfen dürfen, sollen wir uns auch nicht mit
einem künstlichen Genuß hintergehen, nicht von eben der Hand, die
5 uns beraubte, eine schwache Entschädigung empfangen dürfen?"

"Sonst fanden Sie diese in Ihrem Herzen."

"Wenn ich sie nun nicht mehr darin finde? — O, wie kommen
wir darauf? Warum mußten Sie diese Erinnerungen in mir
aufwecken? — Wenn ich nun eben zu diesem Sinnentumult meine
10 Zuflucht nahm, um eine innere Stimme zu betäuben, die das
Unglück meines Lebens macht — um diese grübelnde Vernunft
zur Ruhe zu bringen, die wie eine schneidende Sichel in meinem
Gehirn hin und her fährt und mit jeder neuen Forschung einen
neuen Zweig meiner Glückseligkeit zerschneidet?"

15 "Mein bester Prinz!" — Er war aufgestanden und ging im
Zimmer herum in ungewöhnlicher Bewegung.

"Wenn alles vor mir und hinter mir versinkt — die Vergangenheit im traurigen Einerlei wie ein Reich der Versteinerung
hinter mir liegt — wenn die Zukunft mir nichts bietet — wenn
20 ich meines Daseins ganzen Kreis im schmalen Raume der Gegenwart beschlossen sehe: wer verargt es mir, daß ich dieses magre
Geschenk der Zeit — den Augenblick — feurig und unersättlich wie
einen Freund, den ich zum letzten Male sehe, in meine Arme schließe?"

"Gnädigster Herr, sonst glaubten Sie an ein bleibenderes
25 Gut —"

"O, machen Sie, daß mir das Wolkenbild halte, und ich will
meine glühenden Arme darum schlagen. Was für Freude kann
es mir geben, Erscheinungen zu beglücken, die morgen dahin sein
werden wie ich? — Ist nicht alles Flucht um mich herum?
30 Alles stößt sich und drängt seinen Nachbar weg, aus dem Quell
des Daseins einen Tropfen eilend zu trinken und lechzend davon-
zugehen. Jetzt, in dem Augenblicke, wo ich meiner Kraft mich freue,
ist schon ein werdendes Leben an meine Zerstörung angewiesen.
Zeigen Sie mir etwas, das dauert, so will ich tugendhaft sein."

35 "Was hat denn die wohltätigen Empfindungen verdrängt,
die einst der Genuß und die Richtschnur Ihres Lebens waren?
Saaten für die Zukunft zu pflanzen, einer hohen ewigen Ordnung
zu dienen —"

"Zukunft! ewige Ordnung! — Nehmen wir hinweg, was
40 der Mensch aus seiner eigenen Brust genommen und seiner eingebildeten Gottheit als Zweck, der Natur als Gesetz untergeschoben
hat — was bleibt uns dann übrig? Was mir vorherging und
was mir folgen wird, sehe ich als zwei schwarze und undurch-

dringliche Decken an, die an beiden Grenzen des menschlichen
Lebens herunterhangen und welche noch kein Lebender auf=
gezogen hat. Schon viele hundert Generationen stehen mit der
Fackel davor und raten und raten, was etwa dahinter sein möchte.
Viele sehen ihren eigenen Schatten, die Gestalten ihrer Leiden=
schaft, vergrößert auf der Decke der Zukunft sich bewegen und
fahren schaudernd vor ihrem eigenen Bilde zusammen. Dichter,
Philosophen und Staatenstifter haben sie mit ihren Träumen
bemalt, lachender oder finstrer, wie der Himmel über ihnen trü=
ber oder heiterer war; und von weitem täuschte die Perspektive.
Auch manche Gaukler nützten diese allgemeine Neugier und setzten
durch seltsame Vermummungen die gespannten Phantasien in Er=
staunen. Eine tiefe Stille herrscht hinter dieser Decke; keiner,
der einmal dahinter ist, antwortet hinter ihr hervor; alles, was
man hörte, war ein hohler Widerschall der Frage, als ob man
in eine Gruft gerufen hätte. Hinter diese Decke müssen alle, und
mit Schaudern fassen sie sie an, ungewiß, wer wohl dahinter stehe
und sie in Empfang nehmen werde; quid sit id, quod tantum
perituri vident. Freilich gab es auch Ungläubige darunter, die
behaupteten, daß diese Decke die Menschen nur narre, und daß
man nichts beobachtet hätte, weil auch nichts dahinter sei; aber
um sie zu überweisen, schickte man sie eilig dahinter."

„Ein rascher Schluß war es immer, wenn sie keinen bessern
Grund hatten, als weil sie nichts sahen."

„Sehen Sie nun, lieber Freund, ich bescheide mich gern, nicht
hinter diese Decke blicken zu wollen — und das Weiseste wird
doch wohl sein, mich von aller Neugier zu entwöhnen. Aber in=
dem ich diesen unüberschreitbaren Kreis um mich ziehe und mein
ganzes Sein in die Schranken der Gegenwart einschließe, wird
mir dieser kleine Fleck desto wichtiger, den ich schon über eiteln
Eroberungsgedanken zu vernachlässigen in Gefahr war. Das,
was Sie den Zweck meines Daseins nennen, geht mich jetzt nichts
mehr an. Ich kann mich ihm nicht entziehen, ich kann ihm nicht
nachhelfen; ich weiß aber und glaube fest, daß ich einen solchen
Zweck erfüllen muß und erfülle. Ich bin einem Boten gleich,
der einen versiegelten Brief an den Ort seiner Bestimmung trägt.
Was er enthält, kann ihm einerlei sein — er hat nichts als sein
Botenlohn dabei zu verdienen."

„O, wie arm lassen Sie mich stehn!"

„Aber wohin haben wir uns verirret?" rief jetzt der Prinz
aus, indem er lächelnd auf den Tisch sah, wo die Rollen lagen.
„Und doch nicht so sehr verirret!" setzte er hinzu — „denn vielleicht
werden Sie mich jetzt in dieser neuen Lebensart wiederfinden

Auch ich konnte mich nicht so schnell von dem eingebildeten Reichtum entwöhnen, die Stützen meiner Moralität und meiner
Glückseligkeit nicht so schnell von dem lieblichen Traume ablösen,
mit welchem alles, was bis jetzt in mir gelebt hatte, so fest verschlungen war. Ich sehnte mich nach dem Leichtsinne, der das
Dasein der mehresten Menschen um mich her erträglich macht.
Alles, was ich mir selbst entführte, war mir willkommen. Soll
ich es Ihnen gestehen? Ich wünschte zu sinken, um diese
Quelle meines Leidens auch mit der Kraft dazu zu zerstören."

Hier unterbrach uns ein Besuch.

Künftig werde ich Sie von einer Neuigkeit unterhalten, die
Sie wohl schwerlich auf ein Gespräch wie das heutige erwarten
dürften. Leben Sie wohl!

Baron von F* an den Grafen von O**.**

Fünfter Brief.

1. Julius.

Da unser Abschied von Venedig nunmehr mit starken Schritten
herannaht, so sollte diese Woche noch dazu angewandt werden,
alles Sehenswürdige an Gemälden und Gebäuden noch nach-
zuholen, was man bei einem langen Aufenthalte immer verschiebt.
Besonders hatte man uns mit vieler Bewunderung von der Hochzeit zu Kana des Paul Veronese gesprochen, die auf der Insel
St. Georg in einem dortigen Benediktinerkloster zu sehen ist.
Erwarten Sie von mir keine Beschreibung dieses außerordentlichen Kunstwerks, das mir im ganzen zwar einen sehr über-
raschenden, aber nicht sehr genußreichen Anblick gegeben hat.
Wir hätten so viele Stunden als Minuten gebraucht, um eine
Komposition von hundertundzwanzig Figuren zu umfassen, die
über dreißig Fuß in der Breite hat. Welches menschliche Auge
kann in so zusammengesetztes Ganze umreichen und die ganze
Schönheit, die der Künstler darin verschwendet hat, in einem
Eindruck genießen! Schade ist es indessen, daß ein Werk von
diesem Gehalte, das an einem öffentlichen Orte glänzen und von
jedermann genossen werden sollte, keine beßre Bestimmung hat,
als eine Anzahl Mönche in ihrem Refektorium zu vergnügen.
Auch die Kirche dieses Klosters verdient nicht weniger, gesehen zu
werden. Sie ist eine der schönsten in dieser Stadt.

Gegen abend ließen wir uns in die Giudecca überfahren,
um dort in den reizenden Gärten einen schönen Abend zu ver-
leben. Die Gesellschaft, die nicht sehr groß war, zerstreute sich
bald, und mich zog Civitella, der schon den ganzen Tag über Gelegenheit gesucht hatte, mich zu sprechen, mit sich in eine Boscage.

„Sie sind der Freund des Prinzen," fing er an, „vor dem er
keine Geheimnisse zu haben pflegt, wie ich von sehr guter Hand
weiß. Als ich heute in sein Hotel trat, kam ein Mann heraus,
dessen Gewerbe mir bekannt ist — und auf des Prinzen Stirne
standen Wolken, als ich zu ihm hereintrat." — Ich wollte ihn 5
unterbrechen — „Sie können es nicht leugnen," fuhr er fort, „ich
kannte meinen Mann, ich hab' ihn sehr gut ins Auge gefaßt —
und wär' es möglich? Der Prinz hätte Freunde in Venedig,
Freunde, die ihm mit Blut und Leben verpflichtet sind, und sollte
dahin gebracht sein, in einem dringenden Falle sich solcher 10
Kreaturen zu bedienen? Seien Sie aufrichtig, Baron! — Ist
der Prinz in Verlegenheit? — Sie bemühen sich umsonst, es zu
verbergen. Was ich von Ihnen nicht erfahre, ist mir bei meinem
Manne gewiß, dem jedes Geheimnis feil ist."

„Herr Marchese —" 15

„Verzeihen Sie! Ich muß indiskret scheinen, um nicht
ein Undankbarer zu werden. Dem Prinzen dank' ich Leben und,
was mir weit über das Leben geht, einen vernünftigen Gebrauch
des Lebens. Ich sollte den Prinzen Schritte tun sehen, die ihn
kosten, die unter seiner Würde sind; es stünde in meiner Macht, 20
sie ihm zu ersparen, und ich sollte mich leidend dabei verhalten?"

„Der Prinz ist nicht in Verlegenheit," sagte ich. „Einige
Wechsel, die wir über Trient erwarteten, sind uns unvermutet
ausgeblieben. Zufällig ohne Zweifel — oder weil man in Ungewißheit wegen seiner Abreise noch eine nähere Weisung von 25
ihm erwartete. Dies ist nun geschehen, und bis dahin —"

Er schüttelte den Kopf. „Verkennen Sie meine Absicht nicht,"
sagte er. „Es kann hier nicht davon die Rede sein, meine Verbindlichkeit gegen den Prinzen dadurch zu vermindern — würden
alle Reichtümer meines Onkels dazu hinreichen? Die Rede ist 30
davon, ihm einen einzigen unangenehmen Augenblick zu ersparen.
Mein Oheim besitzt ein großes Vermögen, worüber ich so gut
als über mein Eigentum disponieren kann. Ein glücklicher Zufall führt mir den einzigen möglichen Fall entgegen, daß dem
Prinzen von allem, was in meiner Gewalt stehet, etwas nützlich 35
werden kann. Ich weiß," fuhr er fort, „was die Delikatesse dem
Prinzen auflegt — aber sie ist auch gegenseitig — und es wäre
großmütig von dem Prinzen gehandelt, mir diese kleine Genugtuung zu gönnen, geschäh' es auch nur zum Scheine — um mir
die Last von Verbindlichkeit, die mich niederdrückt, weniger fühl- 40
bar zu machen."

Er ließ nicht nach, bis ich ihm versprochen hatte, mein mög-
lichstes dabei zu tun; ich kannte den Prinzen und hoffte darum

wenig. Alle Bedingungen wollte er sich von dem letztern ge=
fallen lassen, wiewohl er gestand, daß es ihn empfindlich kränken
würde, wenn ihn der Prinz auf dem Fuß eines Fremden be=
handelte.

5   Wir hatten uns in der Hitze des Gesprächs weit von der
übrigen Gesellschaft verloren und waren eben auf dem Rückweg,
als Z*** uns entgegenkam.

"Ich suche den Prinzen bei Ihnen — ist er nicht hier? —"

"Eben wollen wir zu ihm. Wir vermuteten, ihn bei der
10 übrigen Gesellschaft zu finden —"

"Die Gesellschaft ist beisammen, aber er ist nirgends an=
zutreffen. Ich weiß gar nicht, wie er uns aus den Augen ge=
kommen ist."

Hier erinnerte sich Civitella, daß ihm vielleicht eingefallen
15 sein könnte, die anstoßende *** Kirche zu besuchen, auf die er ihn
kurz vorher sehr aufmerksam gemacht hatte. Wir machten uns
sogleich auf den Weg, ihn dort aufzusuchen. Schon von weitem
entdeckten wir Biondello, der am Eingang der Kirche wartete.
Als wir näher kamen, trat der Prinz etwas hastig aus einer
20 Seitentüre; sein Gesicht glühte, seine Augen suchten Biondello,
den er herbeirief. Er schien ihm etwas sehr angelegentlich zu
befehlen, wobei er immer die Augen auf die Türe richtete, die
offen geblieben war. Biondello eilte schnell von ihm in die
Kirche — der Prinz, ohne uns gewahr zu werden, drückte sich an
25 uns vorbei durch die Menge und eilte zur Gesellschaft zurück, wo
er noch vor uns anlangte.

Es wurde beschlossen, in einem offenen Pavillon dieses Gar=
tens das Souper einzunehmen, wozu der Marchese ohne unser
Wissen ein kleines Konzert veranstaltet hatte, das ganz auserlesen
30 war. Besonders ließ sich eine junge Sängerin dabei hören, die
uns alle durch ihre liebliche Stimme wie durch ihre reizende
Figur entzückte. Auf den Prinzen schien nichts Eindruck zu
machen; er sprach wenig und antwortete zerstreut, seine Augen
waren unruhig nach der Gegend gekehrt, woher Biondello
35 kommen mußte; eine große Bewegung schien in seinem Innern
vorzugehen. Civitella fragte, wie ihm die Kirche gefallen hätte;
er wußte nichts davon zu sagen. Man sprach von einigen vor=
züglichen Gemälden, die sie merkwürdig machten; er hatte kein
Gemälde gesehen. Wir merkten, daß unsere Fragen ihn be=
40 lästigten, und schwiegen. Eine Stunde verging nach der andern,
und Biondello kam noch immer nicht. Des Prinzen Ungeduld
stieg aufs höchste; er hob die Tafel frühzeitig auf und ging in
einer abgelegenen Allee ganz allein mit starken Schritten auf und

nieder. Niemand begriff, was ihm begegnet sein mochte. Ich
wagte es nicht, ihn um die Ursache einer so seltsamen Veränderung zu befragen; es ist schon lange, daß ich mir die vorigen
Vertraulichkeiten nicht mehr bei ihm herausnehme. Mit desto
mehr Ungeduld erwartete ich Biondellos Zurückkunft, der mir 5
dieses Rätsel aufklären sollte.

Es war nach zehn Uhr, als der wiederkam. Die Nachrichten, die er dem Prinzen mitbrachte, trugen nichts dazu bei,
diesen gesprächiger zu machen. Mißmutig trat er zur Gesellschaft, die Gondel wurde bestellt, und bald darauf fuhren wir 10
nach Hause.

Den ganzen Abend konnte ich keine Gelegenheit finden,
Biondello zu sprechen; ich mußte mich also mit meiner unbefrie-
digten Neugierde schlafen legen. Der Prinz hatte uns frühzeitig
entlassen; aber tausend Gedanken, die mir durch den Kopf 15
gingen, erhielten mich munter. Lange hört' ich ihn über meinem
Schlafzimmer auf und nieder gehen; endlich überwältigte mich
der Schlaf. Spät nach Mitternacht erweckte mich eine Stimme
— eine Hand fuhr über mein Gesicht; wie ich aufsah, war es der
Prinz, der, ein Licht in der Hand, vor meinem Bette stand. Er 20
könne nicht einschlafen, sagte er und bat mich, ihm die Nacht verkürzen zu helfen. Ich wollte mich in meine Kleider werfen — er
befahl mir, zu bleiben, und setzte sich zu mir vor das Bette.

„Es ist mir heute etwas vorgekommen,“ fing er an, „davon
der Eindruck aus meinem Gemüte nie mehr verlöschen wird. 25
Ich ging von Ihnen, wie Sie wissen, in die ***Kirche, worauf
mich Civitella neugierig gemacht, und die schon von ferne meine
Augen auf sich gezogen hatte. Weil weder Sie noch er mir gleich
zur Hand waren, so machte ich die wenigen Schritte allein;
Biondello ließ ich am Eingange auf mich warten. Die Kirche 30
war ganz leer — eine schaurigkühle Dunkelheit umfing mich, als
ich aus dem schwülen, blendenden Tageslicht hineintrat. Ich
sah mich einsam in dem weiten Gewölbe, worin eine feierliche
Grabstille herrschte. Ich stellte mich in die Mitte des Doms
und überließ mich der ganzen Fülle dieses Eindrucks; allmählich 35
traten die großen Verhältnisse dieses majestätischen Baues meinen
Augen bemerkbarer hervor, ich verlor mich in ernster, ergetzen-
der Betrachtung. Die Abendglocke tönte über mir, ihr Ton
verhallte sanft in diesem Gewölbe wie in meiner Seele. Einige
Altarstücke hatten von weitem meine Aufmerksamkeit erweckt; 40
ich trat näher, sie zu betrachten; unvermerkt hatte ich diese
ganze Seite der Kirche bis zum entgegenstehenden Ende durch-
wandert. Hier lenkt man um einen Pfeiler einige Treppen hinauf

in eine Nebenkapelle, worin mehrere kleinere Altäre und Statuen von Heiligen in Nischen angebracht stehen. Wie ich in die Kapelle zur Rechten hineintrete — höre ich nahe an mir ein zartes Wispern, wie wenn jemand leise spricht — ich wende mich
5 nach dem Tone, und — zwei Schritte von mir fällt mir eine weibliche Gestalt in die Augen — — Nein! ich kann sie nicht nachschildern, diese Gestalt! — Schrecken war meine erste Empfindung, die aber bald dem süßesten Hinstaunen Platz machte."

„Und diese Gestalt, gnädigster Herr — wissen Sie auch
10 gewiß, daß sie etwas Lebendiges war, etwas Wirkliches, kein bloßes Gemälde, kein Gesicht Ihrer Phantasie?"

„Hören Sie weiter — Es war eine Dame — Nein! Ich hatte bis auf diesen Augenblick dies Geschlecht nie gesehen! Alles war düster ringsherum, nur durch ein einziges Fenster
15 fiel der untergehende Tag in die Kapelle, die Sonne war nirgends mehr als auf dieser Gestalt. Mit unaussprechlicher Anmut — halb kniend, halb liegend — war sie vor einem Altar hingegossen — der gewagteste, lieblichste, gelungenste Umriß, einzig und unnachahmlich, die schönste Linie in der Natur. Schwarz war ihr
20 Gewand, das sich spannend um den reizendsten Leib, um die niedlichsten Arme schloß und in weiten Falten wie eine spanische Robe um sie breitete; ihr langes, lichtblondes Haar, in zwei breite Flechten geschlungen, die durch ihre Schwere losgegangen und unter dem Schleier hervorgedrungen waren, floß in reizender
25 Unordnung weit über den Rücken hinab — eine Hand lag an dem Kruzifixe, und sanft hinsinkend ruhte sie auf der andern. Aber wo finde ich Worte, Ihnen das himmlisch schöne Angesicht zu beschreiben, wo eine Engelseele wie auf ihrem Thronensitz die ganze Fülle ihrer Reize ausbreitete? Die Abendsonne spielte
30 darauf, und ihr luftiges Gold schien es mit einer künstlichen Glorie zu umgeben. Können Sie sich die Madonna unsers Florentiners zurückrufen? — Hier war sie ganz, ganz bis auf die unregelmäßigen Eigenheiten, die ich an jenem Bilde so anziehend, so unwiderstehlich fand."

35   Mit der Madonna, von der der Prinz hier spricht, verhält es sich so. Kurz nachdem Sie abgereiset waren, lernte er einen Florentinischen Maler hier kennen, der nach Venedig berufen worden war, um für eine Kirche, deren ich mich nicht mehr entsinne, ein Altarblatt zu malen. Er hatte drei andre Gemälde
40 mitgebracht, die er für die Galerie im Cornarischen Palaste bestimmt hatte. Die Gemälde waren eine Madonna, eine Heloise und eine fast ganz unbekleidete Venus — alle drei von ausnehmender Schönheit, und am Werte einander so gleich, daß es

22*

beinahe unmöglich war, ſich für eines von den dreien ausſchließend
zu entſcheiden. Nur der Prinz blieb nicht einen Augenblick un-
ſchlüſſig; man hatte ſie kaum vor ihm ausgeſtellt, als das Madonna-
ſtück ſeine ganze Aufmerkſamkeit an ſich zog; in den beiden übrigen
wurde das Genie des Künſtlers bewundert, bei dieſem vergaß er   5
den Künſtler und ſeine Kunſt, um ganz im Anſchauen ſeines Werks
zu leben. Er war ganz wunderbar davon gerührt; er konnte ſich
von dem Stücke kaum losreißen. Der Künſtler, dem man wohl
anſah, daß er das Urteil des Prinzen im Herzen bekräftigte, hatte
den Eigenſinn, die drei Stücke nicht trennen zu wollen, und foderte 10
1500 Zechinen für alle. Die Hälfte bot ihm der Prinz für
dieſes einzige an — der Künſtler beſtand auf ſeiner Bedingung,
und wer weiß, was noch geſchehen wäre, wenn ſich nicht ein ent-
ſchloſſenerer Käufer gefunden hätte. Zwei Stunden darauf waren
alle drei Stück weg; wir haben ſie nicht mehr geſehen. Dieſes 15
Gemälde kam dem Prinzen jetzt in Erinnerung.

„Ich ſtand," fuhr er fort, „ich ſtand in ihrem Anblick verloren. Sie bemerkte mich nicht, ſie ließ ſich durch meine Da-
zwiſchenkunft nicht ſtören; ſo ganz war ſie in ihrer Andacht
vertieft. Sie betete zu ihrer Gottheit, und ich betete zu ihr — 20
Ja, ich betete ſie an — Alle dieſe Bilder der Heiligen, dieſe
Altäre, dieſe brennenden Kerzen hatten mich nicht daran erinnert;
jetzt zum erſtenmal ergriff mich's, als ob ich in einem Heiligtum wäre. Soll ich es Ihnen geſtehen? Ich glaubte in dieſem
Augenblick felſenfeſt an den, den ihre ſchöne Hand umfaßt hielt. 25
Ich las ja ſeine Antwort in ihren Augen. Dank ihrer reizenden
Andacht! Sie machte mir ihn wirklich — ich folgte ihr nach durch
alle ſeine Himmel.

„Sie ſtand auf, und jetzt erſt kam ich wieder zu mir ſelbſt.
Mit ſchüchterner Verwirrung wich ich auf die Seite; das Ge- 30
räuſch, das ich machte, entdeckte mich ihr. Die unvermutete
Nähe eines Mannes mußte ſie überraſchen, meine Dreiſtigkeit
konnte ſie beleidigen; keines von beiden war in dem Blicke, womit ſie mich anſah. Ruhe, unausſprechliche Ruhe war darin,
und ein gütiges Lächeln ſpielte um ihre Wangen. Sie kam aus 35
ihrem Himmel — und ich war das erſte glückliche Geſchöpf, das
ſich ihrem Wohlwollen anbot. Sie ſchwebte noch auf der
letzten Sproſſe des Gebets — ſie hatte die Erde noch nicht
berührt.

„In einer andern Ecke der Kapelle regte es ſich nun auch. 40
Eine ältliche Dame war es, die dicht hinter mir von einem Kirch-
ſtuhle aufſtand. Ich hatte ſie bis jetzt nicht wahrgenommen.
Sie war nur wenige Schritte von mir, ſie hatte alle meine

Bewegungen gesehen. Dies bestürzte mich — ich schlug die Augen
zu Boden, und man rauschte an mir vorüber.

"Ich sehe sie den langen Kirchgang hinunter gehen. Die
schöne Gestalt ist aufgerichtet — Welche liebliche Majestät!
5 Welcher Adel im Gange! Das vorige Wesen ist es nicht mehr —
neue Grazien, eine ganz neue Erscheinung. Langsam gehen
sie hinab. Ich folge von weitem und schüchtern, ungewiß, ob
ich es wagen soll, sie einzuholen, ob ich es nicht soll. Wird sie
mir keinen Blick mehr schenken? Schenkte sie mir einen Blick, da
10 sie an mir vorüberging und ich die Augen nicht zu ihr aufschlagen
konnte? — O, wie marterte mich dieser Zweifel!

"Sie stehen stille, und ich — kann keinen Fuß von der Stelle
setzen. Die ältliche Dame, ihre Mutter, oder was sie ihr sonst
war, bemerkt die Unordnung in den schönen Haaren und ist ge=
15 schäftig, sie zu verbessern, indem sie ihr den Sonnenschirm zu
halten gibt. O, wie viel Unordnung wünschte ich diesen Haaren,
wie viel Ungeschicklichkeit diesen Händen!

"Die Toilette ist gemacht, und man nähert sich der Türe.
Ich beschleunige meine Schritte — Eine Hälfte der Gestalt ver=
20 schwindet — und wieder eine — nur noch der Schatten ihres
zurückfliegenden Kleides — Sie ist weg — Nein, sie kommt wie=
der. Eine Blume entfiel ihr, sie bückt sich nieder, sie aufzuheben
— sie sieht noch einmal zurück und — nach mir? — Wen sonst
kann ihr Auge in diesen toten Mauern suchen? Also war ich
25 ihr kein fremdes Wesen mehr — auch mich hat sie zurückgelassen
wie ihre Blume — Lieber F***, ich schäme mich, es Ihnen zu
sagen, wie kindisch ich diesen Blick auslegte, der — vielleicht
nicht einmal mein war!"

Über das letzte glaubte ich den Prinzen beruhigen zu können.

30 "Sonderbar!" fuhr der Prinz nach einem tiefen Stillschweigen
fort, "kann man etwas nie gekannt, nie vermißt haben, und
einige Augenblicke später nur in diesem einzigen leben? Kann
ein einziger Moment den Menschen in zwei so ungleichartige
Wesen zertrennen? Es wäre mir ebenso unmöglich, zu den Freu=
35 den und Wünschen des gestrigen Morgens als zu den Spielen
meiner Kindheit zurückzukehren, seit ich das sah, seitdem dieses
Bild hier wohnet — dieses lebendige, mächtige Gefühl in mir:
Du kannst nichts mehr lieben als das, und in dieser Welt wird
nichts anders mehr auf dich wirken!"

40 "Denken Sie nach, gnädigster Herr, in welcher reizbaren
Stimmung Sie waren, als diese Erscheinung Sie überraschte,
und wie vieles zusammenkam, Ihre Einbildungskraft zu spannen.
Aus dem hellen blendenden Tageslicht, aus dem Gewühle der

Straße plötzlich in diese stille Dunkelheit versetzt — ganz den
Empfindungen hingegeben, die, wie Sie selbst gestehen, die Stille,
die Majestät dieses Orts in Ihnen rege machte — durch Betrachtung schöner Kunstwerke für Schönheit überhaupt empfänglicher
gemacht — zugleich allein und einsam Ihrer Meinung nach 5
— und nun auf einmal — in dieser Nähe — von einer Mädchen-
gestalt überrascht, wo Sie sich keines Zeugen versahen — von
einer Schönheit, wie ich Ihnen gerne zugebe, die durch eine vor-
teilhafte Beleuchtung, eine glückliche Stellung, einen Ausdruck
begeisterter Andacht noch mehr erhoben ward — was war natür- 10
licher, als daß Ihre entzündete Phantasie sich etwas Idealisches,
etwas überirdisch Vollkommenes daraus zusammensetzte?"

„Kann die Phantasie etwas geben, was sie nie empfangen
hat? — und im ganzen Gebiete meiner Darstellung ist nichts,
was ich mit diesem Bilde zusammenstellen könnte. Ganz und 15
unverändert, wie im Augenblicke des Schauens, liegt es in meiner
Erinnerung; ich habe nichts als dieses Bild — aber Sie könnten
mir eine Welt dafür bieten!"

„Gnädigster Prinz, das ist Liebe."

„Muß es denn notwendig ein Name sein, unter welchem ich 20
glücklich bin? Liebe! — Erniedrigen Sie meine Empfindung
nicht mit einem Namen, den tausend schwache Seelen mißbrauchen! Welcher andre hat gefühlt, was ich fühle? Ein
solches Wesen war noch nie vorhanden; wie kann der Name
früher da sein als die Empfindung? Es ist ein neues, einziges 25
Gefühl, neu entstanden mit diesem neuen, einzigen Wesen und
für dieses Wesen nur möglich! — Liebe! Vor der Liebe bin ich
sicher!"

„Sie verschickten Biondello — ohne Zweifel, um die Spur
Ihrer Unbekannten zu verfolgen, um Erkundigungen von ihr 30
einzuziehen? Was für Nachrichten brachte er Ihnen zurück?"

„Biondello hat nichts entdeckt — so viel als gar nichts. Er
fand sie noch an der Kirchtüre. Ein bejahrter, anständig ge-
kleideter Mann, der eher einem hiesigen Bürger als einem Bedienten gleich sah, erschien, sie nach der Gondel zu begleiten. 35
Eine Anzahl Armer stellte sich in Reihen, wie sie vorüberging,
und verließ sie mit sehr vergnügter Miene. Bei dieser Gelegenheit, sagt Biondello, wurde eine Hand sichtbar, woran einige
kostbare Steine blitzten. Mit ihrer Begleiterin sprach sie einiges,
das Biondello nicht verstand; er behauptet, es sei Griechisch 40
gewesen. Da sie eine ziemliche Strecke nach dem Kanal zu gehen
hatten, so fing schon etwas Volk an, sich zu sammeln; das Außerordentliche des Anblicks brachte alle Vorübergehenden zum

Stehen. Niemand kannte sie — Aber die Schönheit ist eine geborne Königin. Alles machte ihr ehrerbietig Platz. Sie ließ einen schwarzen Schleier über das Gesicht fallen, der das halbe Gewand bedeckte, und eilte in die Gondel. Längs dem ganzen Kanal der Giudecca behielt Biondello das Fahrzeug im Gesicht, aber es weiter zu verfolgen, hinderte ihn das Gedränge."

„Aber den Gondolier hat er sich doch gemerkt, um diesen wenigstens wiederzuerkennen?"

„Den Gondolier getraut er sich ausfindig zu machen; doch ist es keiner von denen, mit denen er Verkehr hat. Die Armen, die er ausfragte, konnten ihm weiter keinen Bescheid geben, als daß Signora sich schon seit einigen Wochen und immer Sonnabends hier zeige und noch allemal ein Goldstück unter sie verteilt habe. Es war ein holländischer Dukaten, den er eingewechselt und mir überbracht hat."

„Eine Griechin also, und von Stande, wie es scheint, von Vermögen wenigstens, und wohltätig. Das wäre fürs erste genug, gnädigster Herr — genug und fast zu viel! Aber eine Griechin und in einer katholischen Kirche!"

„Warum nicht? Sie kann ihren Glauben verlassen haben. Überdies — etwas Geheimnisvolles ist es immer — Warum die Woche nur einmal? Warum nur Sonnabends in dieser Kirche, wo diese gewöhnlich verlassen sein soll, wie mir Biondello sagt? — Spätestens der kommende Sonnabend muß dies entscheiden. Aber bis dahin, lieber Freund, helfen Sie mir diese Kluft von Zeit überspringen! Aber umsonst! Tage und Stunden gehen ihren gelassenen Schritt, und mein Verlangen hat Flügel."

„Und wenn dieser Tag nun erscheint — was dann, gnädigster Herr? Was soll dann geschehen?"

„Was geschehen soll? — Ich werde sie sehen, ich werde ihren Aufenthalt erforschen. Ich werde erfahren, wer sie ist. — Wer sie ist? — Was kann mich dieses bekümmern? Was ich sah, machte mich glücklich; also weiß ich ja schon alles, was mich glücklich machen kann!"

„Und unsre Abreise aus Venedig, die auf den Anfang kommenden Monats festgesetzt ist?"

„Konnte ich im voraus wissen, daß Venedig noch einen solchen Schatz für mich einschließe? — Sie fragen mich aus meinem gestrigen Leben. Ich sage Ihnen, daß ich nur von heute an bin und sein will."

Jetzt glaubte ich, die Gelegenheit gefunden zu haben, dem Marchese Wort zu halten. Ich machte dem Prinzen begreiflich, daß sein längeres Bleiben in Venedig mit dem geschwächten

Zustande seiner Kasse durchaus nicht bestehen könne, und daß, im
Fall er seinen Aufenthalt über den zugestandnen Termin ver-
längerte, auch von seinem Hofe nicht sehr auf Unterstützung würde
zu rechnen sein. Bei dieser Gelegenheit erfuhr ich, was mir bis
jetzt ein Geheimnis gewesen, daß ihm von seiner Schwester, der
regierenden *** von ***, ausschließend vor seinen übrigen Brüdern und heimlich ansehnliche Zuschüsse bezahlt werden, die sie
gerne bereit sei, zu verdoppeln, wenn sein Hof ihn im Stiche ließe.
Diese Schwester, eine fromme Schwärmerin, wie Sie wissen,
glaubt, die großen Ersparnisse, die sie bei einem sehr eingeschränk-
ten Hofe macht, nirgends besser aufgehoben als bei einem
Bruder, dessen weise Wohltätigkeit sie kennt, und den sie enthu-
siastisch verehrt. Ich wußte zwar schon längst, daß zwischen
beiden ein sehr genaues Verhältnis stattfindet, auch viele Briefe
gewechselt werden; aber weil sich der bisherige Aufwand des
Prinzen aus den bekannten Quellen hinlänglich bestreiten ließ,
so war ich auf die verborgene Hilfsquelle nie gefallen. Es ist
also klar, daß der Prinz Ausgaben gehabt hat, die mir ein Geheimnis waren und es noch jetzt sind; und wenn ich aus seinem
übrigen Charakter schließen darf, so sind es gewiß keine andre,
als die ihm zur Ehre gereichen. Und ich konnte mir einbilden,
ihn ergründet zu haben? — Um so weniger glaubte ich, nach
dieser Entdeckung anstehen zu dürfen, ihm das Anerbieten des
Marchese zu offenbaren — welches zu meiner nicht geringen Verwunderung ohne alle Schwierigkeit angenommen wurde. Er gab
mir Vollmacht, diese Sache mit dem Marchese auf die Art, welche
ich für die beste hielt, abzutun und dann sogleich mit dem Wucherer aufzuheben. An seine Schwester sollte unverzüglich geschrieben werden.

Es war Morgen, als wir auseinander gingen. So unan-
genehm mir dieser Vorfall aus mehr als einer Ursache ist und
sein muß, so ist doch das Allerverdrüßlichste daran, daß er unsern Aufenthalt in Venedig zu verlängern droht. Von dieser an-
fangenden Leidenschaft erwarte ich viel mehr Gutes als Schlim-
mes. Sie ist vielleicht das kräftigste Mittel, den Prinzen von
seinen metaphysischen Träumereien wieder zur ordinären Menschheit herabzuziehen; sie wird, hoffe ich, die gewöhnliche Krise
haben und wie eine künstliche Krankheit auch die alte mit sich
hinwegnehmen.

Leben Sie wohl, liebster Freund! Ich habe Ihnen alles dies
nach frischer Tat hingeschrieben. Die Post geht sogleich; Sie
werden diesen Brief mit dem vorhergehenden an einem Tage
erhalten.

Baron von F*** an den Grafen von O**
Sechster Brief.

20. Julius.

Dieser Civitella ist doch der dienstfertigste Mensch von der
Welt. Der Prinz hatte mich neulich kaum verlassen, als schon
ein Billett von dem Marchese erschien, worin mir die bewußte
Sache aufs dringendste empfohlen wurde. Ich schickte ihm so-
5 gleich eine Verschreibung in des Prinzen Namen auf 6000 Zechinen; in weniger als einer halben Stunde folgte sie zurück nebst
der doppelten Summe in Wechseln sowohl als barem Gelde. In
diese Erhöhung der Summe willigte endlich auch der Prinz; die
Verschreibung aber, die nur auf sechs Wochen gestellt war, mußte
10 angenommen werden.

Diese ganze Woche ging in Erkundigungen nach der geheimnisvollen Griechin hin. Biondello setzte alle seine Maschinen in Bewegung; bis jetzt aber war alles vergeblich. Den Gondolier
machte er zwar ausfindig; aus diesem war aber nichts weiter
15 herauszubringen, als daß er beide Damen auf die Insel Murano
ausgesetzt habe, wo zwei Sänften auf sie gewartet hätten, in die
sie gestiegen seien. Er machte sie zu Engländerinnen, weil sie
eine fremde Sprache gesprochen und ihn mit Gold bezahlt hätten.
Auch ihren Begleiter kenne er nicht; er komme ihm vor wie ein
20 Spiegelfabrikant aus Murano. Nun wußten wir wenigstens,
daß wir sie nicht in der Giudecca zu suchen hätten, und daß sie
aller Wahrscheinlichkeit nach auf der Insel Murano zu Hause sei;
aber das Unglück war, daß die Beschreibung, welche der Prinz
von ihr machte, schlechterdings nicht dazu taugte, sie einem Dritten
25 kenntlich zu machen. Gerade die leidenschaftliche Aufmerksamkeit,
womit er ihren Anblick gleichsam verschlang, hatte ihn gehindert,
sie zu sehen; für alles das, worauf andre Menschen ihr Augen-
merk vorzüglich würden gerichtet haben, war er ganz blind gewesen; nach seiner Schilderung war man eher versucht, sie im
30 Ariost oder Tasso als auf einer venezianischen Insel zu suchen.
Außerdem mußte diese Nachfrage mit größter Vorsicht geschehen,
um kein anstößiges Aufsehen zu erregen. Weil Biondello außer
dem Prinzen der einzige war, der sie durch den Schleier wenigstens gesehen hatte und also wiedererkennen konnte, so suchte er
35 womöglich an allen Orten, wo sie vermutet werden konnte, zu
gleicher Zeit zu sein; das Leben des armen Menschen war diese
ganze Woche über nichts als ein beständiges Rennen durch alle
Straßen von Venedig. In der griechischen Kirche besonders
wurde keine Nachforschung gespart, aber alles mit gleich schlech-
40 tem Erfolge; und der Prinz, dessen Ungeduld mit jeder

fehlgeſchlagenen Erwartung ſtieg, mußte ſich endlich doch noch
auf den nächſten Sonnabend vertröſten.

Seine Unruhe war ſchrecklich. Nichts zerſtreute ihn, nichts
vermochte ihn zu feſſeln. Sein ganzes Weſen war in fieberiſcher
Bewegung, für alle Geſellſchaft war er verloren, und das Übel
wuchs in der Einſamkeit. Nun wurde er gerade nie mehr von
Beſuchen belagert als eben in dieſer Woche. Sein naher Abſchied
war angekündigt; alles drängte ſich herbei. Man mußte dieſe
Menſchen beſchäftigen, um ihre argwöhniſche Aufmerkſamkeit
von ihm abzuziehen; man mußte ihn beſchäftigen, um ſeinen
Geiſt zu zerſtreuen. In dieſem Bedrängnis verfiel Civitella auf
das Spiel, und um die Menge wenigſtens zu entfernen, ſollte
hoch geſpielt werden. Zugleich hoffte er, bei dem Prinzen einen
vorübergehenden Geſchmack an dem Spiele zu erwecken, der dieſen
romanhaften Schwung ſeiner Leidenſchaft bald erſticken, und
den man immer in der Gewalt haben würde, ihm wieder zu benehmen. „Die Karten‟, ſagte Civitella, „haben mich vor mancher Torheit bewahrt, die ich im Begriff war zu begehen, manche
wieder gut gemacht, die ſchon begangen war. Die Ruhe, die
Vernunft, um die mich ein Paar ſchöne Augen brachten, habe ich
oft am Pharotiſch wiedergefunden, und nie hatten die Weiber mehr
Gewalt über mich, als wenn mir’s an Geld gebrach, um zu ſpielen.‟

Ich laſſe dahingeſtellt ſein, inwieweit Civitella recht hatte
— aber das Mittel, worauf wir gefallen waren, fing bald an,
noch gefährlicher zu werden als das Übel, dem es abhelfen ſollte.
Der Prinz, der dem Spiel nur allein durch hohes Wagen einen
flüchtigen Reiz zu geben wußte, fand bald keine Grenzen mehr
darin. Er war einmal aus ſeiner Ordnung. Alles, was er tat,
nahm eine leidenſchaftliche Geſtalt an; alles geſchah mit der un-
geduldigen Heftigkeit, die jetzt in ihm herrſchte. Sie kennen ſeine
Gleichgültigkeit gegen das Geld; hier wurde ſie zur gänzlichen
Unempfindlichkeit. Goldſtücke zerrannen wie Waſſertropfen in
ſeinen Händen. Er verlor faſt ununterbrochen, weil er ganz und
gar ohne Aufmerkſamkeit ſpielte. Er verlor ungeheure Summen,
weil er wie ein verzweifelter Spieler wagte. — Liebſter O**,
mit Herzklopfen ſchreib’ ich es nieder — in vier Tagen waren die
zwölftauſend Zechinen — und noch darüber verloren.

Machen Sie mir keine Vorwürfe! Ich klage mich ſelbſt genug
an. Aber konnt’ ich es hindern? Hörte mich der Prinz? Konnte
ich etwas anders, als ihm Vorſtellungen tun? Ich tat, was in
meinem Vermögen ſtand. Ich kann mich nicht ſchuldig finden.

Auch Civitella verlor beträchtlich; ich gewann gegen ſechs-
hundert Zechinen. Das beiſpielloſe Unglück des Prinzen machte

Aufsehen; um so weniger konnte er jetzt das Spiel verlassen. Civitella, dem man die Freude ansieht, ihn zu verbinden, streckte ihm sogleich die nämliche Summe vor. Die Lücke ist zugestopft; aber der Prinz ist dem Marchese 24000 Zechinen schuldig. O, 5 wie sehne ich mich nach dem Spargeld der frommen Schwester! — Sind alle Fürsten so, liebster Freund? Der Prinz beträgt sich nicht anders, als wenn er dem Marchese noch eine große Ehre erwiesen hätte, und dieser — spielt seine Rolle wenigstens gut.

Civitella suchte mich damit zu beruhigen, daß gerade diese 10 Übertreibung, dieses außerordentliche Unglück, das kräftigste Mittel sei, den Prinzen wieder zur Vernunft zu bringen. Mit dem Gelde habe es keine Not. Er selbst fühle diese Lücke gar nicht und stehe dem Prinzen jeden Augenblick mit noch dreimal soviel zu Diensten. Auch der Kardinal gab mir die Versicherung, 15 daß die Gesinnung seines Neffen aufrichtig sei, und daß er selbst bereit stehe, für ihn zu gewähren.

Das Traurigste war, daß diese ungeheuern Aufopferungen ihre Wirkung nicht einmal erreichten. Man sollte meinen, der Prinz habe wenigstens mit Teilnehmung gespielt. Nichts weni= 20 ger. Seine Gedanken waren weit weg, und die Leidenschaft, die wir unterdrücken wollten, schien von seinem Unglück im Spiele nur mehr Nahrung zu erhalten. Wenn ein entscheidender Streich geschehen sollte und alles sich voll Erwartung um seinen Spiel= tisch herumdrängte, suchten seine Augen Biondello, um ihm die 25 Neuigkeit, die er etwa mitbrächte, von dem Angesicht zu stehlen. Biondello brachte immer nichts — und das Blatt verlor immer.

Das Geld kam übrigens in sehr bedürftige Hände. Einige Eccellenza, die, wie die böse Welt ihnen nachsagt, ihr frugales Mittagsmahl in der Senatormütze selbst von dem Markte nach 30 Hause tragen, traten als Bettler in unser Haus und verließen es als wohlhabende Leute. Civitella zeigte sie mir: „Sehen Sie," sagte er, „wie vielen armen Teufeln es zugute kommt, daß es einem gescheiten Kopf einfällt, nicht bei sich selbst zu sein! Aber das gefällt mir. Das ist fürstlich und königlich! Ein großer 35 Mensch muß auch in seinen Verirrungen noch Glückliche machen und wie ein übertretender Strom die benachbarten Felder be= fruchten."

Civitella denkt brav und edel — aber der Prinz ist ihm 24000 Zechinen schuldig!

40 Der so sehnlich erwartete Sonnabend erschien endlich, und mein Herr ließ sich nicht abhalten, sich gleich nach Mittag in der *** Kirche einzufinden. Der Platz wurde in eben der Kapelle ge= nommen, wo er seine Unbekannte das erstemal gesehen hatte, doch

ſo, daß er ihr nicht ſogleich in die Augen fallen konnte. Biondello hatte Befehl, an der Kirchtüre Wache zu ſtehn und dort mit dem Begleiter der Dame Bekanntſchaft anzuknüpfen. Ich hatte auf mich genommen, als ein unverdächtiger Vorübergehender bei der Rückfahrt in derſelben Gondel Platz zu nehmen, um die Spur der 5 Unbekannten weiter zu verfolgen, wenn das übrige mißlingen ſollte. An demſelben Orte, wo ſie ſich nach des Gondoliers Aus- ſage das vorige Mal hatte ausſetzen laſſen, wurden zwei Sänften gemietet; zum Überfluß hieß der Prinz noch den Kammerjunker von Z*** in einer beſondern Gondel nachfolgen. Der Prinz ſelbſt 10 wollte ganz ihrem Anblick leben, und wenn es anginge, ſein Glück in der Kirche verſuchen. Civitella blieb ganz weg, weil er bei dem Frauenzimmer in Venedig in zu übelm Ruſe ſteht, um durch ſeine Einmiſchung die Dame nicht mißtrauiſch zu machen. Sie ſehen, liebſter Graf, daß es an unſern Anſtalten nicht lag, wenn die 15 ſchöne Unbekannte uns entging.

Nie ſind wohl in einer Kirche wärmere Wünſche getan worden als in dieſer, und nie wurden ſie grauſamer getäuſcht. Bis nach Sonnenuntergang harrte der Prinz aus, von jedem Geräuſche, das ſeiner Kapelle nahe kam, von jedem Knarren der Kirchtüre 20 in Erwartung geſetzt — ſieben volle Stunden — und keine Griechin. Ich ſage Ihnen nichts von ſeiner Gemütslage. Sie wiſſen, was eine fehlgeſchlagene Hoffnung iſt — und eine Hoff- nung, von der man ſieben Tage und ſieben Nächte faſt einzig ge- lebt hat.   25

Baron von F*** an den Grafen von O**.
Siebenter Brief.

Julius.

Die geheimnisvolle Unbekannte des Prinzen erinnerte den Marcheſe Civitella an eine romantiſche Erſcheinung, die ihm ſelbſt vor einiger Zeit vorgekommen war, und um den Prinzen zu zer- ſtreuen, ließ er ſich bereit finden, ſie uns mitzuteilen. Ich er- zähle ſie Ihnen mit ſeinen eignen Worten. Aber der muntre 30 Geiſt, womit er alles, was er ſpricht, zu beleben weiß, geht freilich in meinem Vortrage verloren.

„Voriges Frühjahr", erzählte Civitella, „hatte ich das Un- glück, den ſpaniſchen Ambaſſadeur gegen mich aufzubringen, der in ſeinem ſiebenzigſten Jahr die Torheit begangen hatte, eine 35 achtzehnjährige Römerin für ſich allein heiraten zu wollen. Seine Rache verfolgte mich, und meine Freunde rieten mir an, mich durch eine zeitige Flucht den Wirkungen derſelben zu ent- ziehen, bis mich entweder die Hand der Natur oder eine gütliche Beilegung von dieſem gefährlichen Feind befreit haben würden. 40

Weil es mir aber doch zu schwer fiel, Venedig ganz zu entsagen,
so nahm ich meinen Aufenthalt in einem entlegenen Quartier
von Murano, wo ich unter einem fremden Namen ein einsames
Haus bewohnte, den Tag über mich verborgen hielt und die
5 Nacht meinen Freunden und dem Vergnügen lebte.

„Meine Fenster wiesen auf einen Garten, der von der Abend=
seite an die Ringmauer eines Klosters stieß, gegen Morgen aber
wie eine kleine Halbinsel in die Laguna hineinlag. Der Garten
hatte die reizendste Anlage, ward aber wenig besucht. Des Mor=
10 gens, wenn mich meine Freunde verließen, hatte ich die Gewohn=
heit, ehe ich mich schlafen legte, noch einige Augenblicke am Fen=
ster zuzubringen, die Sonne über dem Golf aufsteigen zu sehen
und ihr dann gute Nacht zu sagen. Wenn Sie sich diese Lust
noch nicht gemacht haben, gnädigster Prinz, so empfehle ich Ihnen
15 diesen Standort, den ausgesuchtesten vielleicht in ganz Venedig,
diese herrliche Erscheinung zu genießen. Eine purpurne Nacht
liegt über der Tiefe, und ein goldener Rauch verkündigt sie von
fern am Saum der Laguna. Erwartungsvoll ruhen Himmel
und Meer. Zwei Winke, so steht sie da, ganz und vollkommen,
20 und alle Wellen brennen — es ist ein entzückendes Schauspiel!

„Eines Morgens, als ich mich nach Gewohnheit der Lust
dieses Anblicks überlasse, entdecke ich auf einmal, daß ich nicht
der einzige Zeuge desselben bin. Ich glaube Menschenstimmen
im Garten zu vernehmen, und als ich mich nach dem Schall
25 wende, nehme ich eine Gondel wahr, die an der Wasserseite lan=
det. Wenige Augenblicke, so sehe ich Menschen im Garten hervor=
kommen und mit langsamen Schritten, Spaziergehenden gleich,
die Allee heraufwandeln. Ich erkenne, daß es eine Mannsperson
und ein Frauenzimmer ist, die einen kleinen Neger bei sich haben.
30 Das Frauenzimmer ist weiß gekleidet, und ein Brillant spielt an
ihrem Finger; mehr läßt mich die Dämmerung noch nicht unter=
scheiden.

„Meine Neugier wird rege. Ganz gewiß ein Rendezvous und
ein liebendes Paar — aber an einem Ort und zu einer so ganz
35 ungewöhnlichen Stunde! — denn kaum war es drei Uhr, und
alles lag noch in trübe Dämmerung verschleiert. Der Einfall
schien mir neu und zu einem Roman die Anlage gemacht. Ich
wollte das Ende erwarten.

„In den Laubgewölben des Gartens verlier' ich sie bald aus
40 dem Gesicht, und es wird lange, bis sie wiedererscheinen. Ein
angenehmer Gesang erfüllt unterdessen die Gegend. Er kam
von dem Gondolier, der sich auf diese Weise die Zeit in seiner
Gondel verkürzte, und dem von einem Kameraden aus der

Nachbarschaft geantwortet wurde. Es waren Stanzen aus dem
Tasso; Zeit und Ort stimmten harmonisch dazu, und die Melodie
verklang lieblich in der allgemeinen Stille.

„Mittlerweile war der Tag angebrochen, und die Gegenstände
ließen sich deutlicher erkennen. Ich suche meine Leute. Hand in 5
Hand gehen sie jetzt eine breite Allee hinauf und bleiben öfters
stehen; aber sie haben den Rücken gegen mich gekehrt, und ihr
Weg entfernt sie von meiner Wohnung. Der Anstand ihres
Ganges läßt mich auf einen vornehmen Stand und ein edler,
engelschöner Wuchs auf eine ungewöhnliche Schönheit schließen. 10
Sie sprachen wenig, wie mir schien, die Dame jedoch mehr als
ihr Begleiter. An dem Schauspiel des Sonnenaufgangs, das
sich jetzt eben in höchster Pracht über ihnen verbreitete, schienen
sie gar keinen Anteil zu nehmen.

„Indem ich meinen Tubus herbeihole und richte, um mir 15
diese sonderbare Erscheinung so nahe zu bringen als möglich,
verschwinden sie plötzlich wieder in einen Seitenweg, und eine
lange Zeit vergeht, ehe ich sie wiedererblicke. Die Sonne ist nun
ganz aufgegangen; sie kommen dicht unter mir vor und sehen
mir gerade entgegen. — — — Welche himmlische Gestalt er= 20
blicke ich! — War es das Spiel meiner Einbildung, war es die
Magie der Beleuchtung? Ich glaubte, ein überirdisches Wesen
zu sehen, und mein Auge floh zurück, geschlagen von dem blenden=
den Licht. — So viel Anmut bei so viel Majestät! So viel
Geist und Adel bei so viel blühender Jugend! — Umsonst ver= 25
such' ich, es Ihnen zu beschreiben. Ich kannte keine Schönheit
vor diesem Augenblick.

„Das Interesse des Gesprächs verweilt sie in meiner Nähe,
und ich habe volle Muße, mich in dem wundervollen Anblick zu
verlieren. Kaum aber sind meine Blicke auf ihren Begleiter ge= 30
fallen, so ist selbst diese Schönheit nicht mehr imstande, sie zurück=
zurufen. Er schien mir ein Mann zu sein in seinen besten Jahren,
etwas hager und von großer, edler Statur — aber von keiner
Menschenstirne strahlte mir noch so viel Geist, so viel Hohes,
so viel Göttliches entgegen. Ich selbst, obgleich vor aller Ent= 35
deckung gesichert, vermochte es nicht, dem durchbohrenden Blick
standzuhalten, der unter den finstern Augenbrauen blitzewerfend
hervorschoß. Um seine Augen lag eine stille, rührende Traurig=
keit, und ein Zug des Wohlwollens um die Lippen milderte den
trüben Ernst, der das ganze Gesicht überschattete. Aber ein ge= 40
wisser Schnitt des Gesichts, der nicht europäisch war, verbunden
mit einer Kleidung, die aus den verschiedensten Trachten, aber
mit einem Geschmacke, den niemand ihm nachahmen wird, kühn

und glücklich gewählt war, gaben ihm eine Miene von Sonderbar=
keit, die den außerordentlichen Eindruck seines ganzen Wesens
nicht wenig erhöhte. Etwas Irres in seinem Blicke konnte einen
Schwärmer vermuten lassen; aber Gebärden und äußrer Anstand
5 verkündigten einen Mann, den die Welt ausgebildet hat."

3***, der, wie Sie wissen, alles heraussagen muß, was er
denkt, konnte hier nicht länger an sich halten. „Unser Armenier!"
rief er aus. „Unser ganzer Armenier, niemand anders."

„Was für ein Armenier, wenn man fragen darf?" sagte
10 Civitella.

„Hat man Ihnen die Farce noch nicht erzählt?" sagte der
Prinz. „Aber keine Unterbrechung! Ich fange an, mich für
Ihren Mann zu interessieren. Fahren Sie fort in Ihrer Er=
zählung!"

15 „Etwas Unbegreifliches war in seinem Betragen. Seine
Blicke ruhten mit Bedeutung, mit Leidenschaft auf ihr, wenn sie
wegsah, und sie fielen zu Boden, wenn sie auf die ihrigen trafen.
Ist dieser Mensch von Sinnen? dachte ich. Eine Ewigkeit wollt'
ich stehen und nichts anders betrachten.

20 „Das Gebüsche raubte sie mir wieder. Ich wartete lange,
lange, sie wieder hervorkommen zu sehen, aber vergebens. Aus
einem andern Fenster endlich entdeck' ich sie aufs neue.

„Vor einem Bassin standen sie, in einer gewissen Entfernung
voneinander, beide in tiefes Schweigen verloren. Sie mochten
25 schon ziemlich lange in dieser Stellung gestanden haben. Ihr
offnes seelenvolles Auge ruhte forschend auf ihm und schien
jeden aufkeimenden Gedanken von seiner Stirne zu nehmen. Er,
als ob er nicht Mut genug in sich fühlte, es aus der ersten Hand
zu empfangen, suchte verstohlen ihr Bild in der spiegelnden Flut,
30 oder blickte starr auf den Delphin, der das Wasser in das Becken
spritzte. Wer weiß, wie lang dieses stumme Spiel noch gedauert
haben würde, wenn die Dame es hätte aushalten können? Mit
der liebenswürdigsten Holdseligkeit ging das schöne Geschöpf auf
ihn zu, faßte, den Arm um seinen Nacken flechtend, eine seiner
35 Hände und führte sie zum Munde. Gelassen ließ der kalte
Mensch es geschehen, und ihre Liebkosung blieb unerwidert.

„Aber es war etwas an diesem Auftritt, was mich rührte.
Der Mann war es, was mich rührte. Ein heftiger Affekt schien
in seiner Brust zu arbeiten, eine unwiderstehliche Gewalt ihn zu
40 ihr hinzuziehen, ein verborgener Arm ihn zurückzureißen. Still,
aber schmerzhaft war dieser Kampf, und die Gefahr so schön an
seiner Seite. Nein, dachte ich, er unternimmt zu viel. Er wird,
er muß unterliegen.

„Auf einen heimlichen Wink von ihm verschwindet der kleine
Neger. Ich erwarte nun einen Auftritt von empfindsamer Art,
eine kniende Abbitte, eine mit tausend Küssen besiegelte Versöhnung. Nichts von dem allen. Der unbegreifliche Mensch
nimmt aus einem Portefeuille ein versiegeltes Paket und gibt
es in die Hände der Dame. Trauer überzieht ihr Gesicht, da sie
es ansieht, und eine Träne schimmert in ihrem Auge.

„Nach einem kurzen Stillschweigen brechen sie auf. Aus einer
Seitenallee tritt eine bejahrte Dame zu ihnen, die sich die ganze
Zeit über entfernt gehalten hatte, und die ich jetzt erst entdecke.
Langsam gehen sie hinab, beide Frauenzimmer im Gespräch miteinander, währenddessen er der Gelegenheit wahrnimmt, unvermerkt hinter ihnen zurückzubleiben. Unschlüssig und mit starrem Blick nach ihr hingewendet, steht er und geht und steht wieder. Auf einmal ist er weg im Gebüsche.

„Vorn sieht man sich endlich um. Man scheint unruhig, ihn
nicht mehr zu finden, und steht stille, wie es scheint, ihn zu erwarten. Er kommt nicht. Die Blicke irren ängstlich umher, die
Schritte verdoppeln sich. Meine Augen helfen den ganzen Garten
durchsuchen. Er bleibt aus. Er ist nirgends.

„Auf einmal hör' ich am Kanal etwas rauschen, und eine
Gondel stößt vom Ufer. Er ist's, und mit Mühe enthalt'
ich mich, es ihr zuzuschreien. Jetzt also war's am Tage — es
war eine Abschiedsszene.

„Sie schien zu ahnden, was ich wußte. Schneller, als
die andre ihr folgen kann, eilt sie nach dem Ufer. Zu spät.
Pfeilschnell fliegt die Gondel dahin, und nur ein weißes Tuch
flattert noch fern in den Lüften. Bald darauf seh' ich auch die
Frauenzimmer überfahren.

„Als ich von einem kurzen Schlummer erwachte, mußte ich
über meine Verblendung lachen. Meine Phantasie hatte diese
Begebenheit im Traum fortgesetzt, und nun wurde mir auch die
Wahrheit zum Traume. Ein Mädchen, reizend wie eine Houri,
die vor Tagesanbruch in einem abgelegenen Garten vor meinem
Fenster mit ihrem Liebhaber lustwandelt, ein Liebhaber, der von
einer solchen Stunde keinen bessern Gebrauch zu machen weiß,
dies schien mir eine Komposition zu sein, welche höchstens die
Phantasie eines Träumenden wagen und entschuldigen konnte.
Aber der Traum war zu schön gewesen, um ihn nicht so oft als
möglich zu erneuern; und auch der Garten war mir jetzt lieber
geworden, seitdem ihn meine Phantasie mit so reizenden Gestalten bevölkert hatte. Einige unfreundliche Tage, die auf diesen
Morgen folgten, verscheuchten mich von dem Fenster, aber der

erste heitre Abend zog mich unwillkürlich dahin. Urteilen Sie
von meinem Erstaunen, als mir nach kurzem Suchen das weiße
Gewand meiner Unbekannten entgegenschimmerte. Sie war es
selbst. Sie war wirklich. Ich hatte nicht bloß geträumt.

5 „Die vorige Matrone war bei ihr, die einen kleinen Knaben
führte; sie selbst aber ging in sich gekehrt und seitwärts. Alle
Plätze wurden besucht, die ihr noch vom vorigen Male her durch
ihren Begleiter merkwürdig waren. Besonders lange verweilte
sie an dem Bassin, und ihr starr hingeheftetes Auge schien das
10 geliebte Bild vergebens zu suchen.

„Hatte mich diese hohe Schönheit das erstemal hingerissen,
so wirkte sie heute mit einer sanftern Gewalt auf mich, die nicht
weniger stark war. Ich hatte jetzt vollkommene Freiheit, das
himmlische Bild zu betrachten; das Erstaunen des ersten Anblicks
15 machte unvermerkt einer süßen Empfindung Platz. Die Glorie
um sie verschwindet, und ich sehe in ihr nichts mehr als das
schönste aller Weiber, das meine Sinne in Glut setzt. In diesem
Augenblick ist es beschlossen. Sie muß mein sein.

„Indem ich bei mir selbst überlege, ob ich hinuntergehe und
20 mich ihr nähere, oder eh' ich dieses wage, erst Erkundigungen von
ihr einziehe, öffnet sich eine kleine Pforte an der Klostermauer,
und ein Karmelitermönch tritt aus derselben. Auf das Geräusch,
das er macht, verläßt die Dame ihren Platz, und ich sehe sie mit
lebhaften Schritten auf ihn zugehen. Er zieht ein Papier aus
25 dem Busen, wornach sie begierig hascht, und eine lebhafte Freude
scheint in ihr Angesicht zu fliegen.

„In eben diesem Augenblick treibt mich mein gewöhnlicher
Abendbesuch von dem Fenster. Ich vermeide es sorgfältig, weil
ich keinem andern diese Eroberung gönne. Eine ganze Stunde
30 muß ich in dieser peinlichen Ungeduld aushalten, bis es mir endlich gelingt, diese überlästigen zu entfernen. Ich eile an mein
Fenster zurück, aber verschwunden ist alles!

„Der Garten ist ganz leer, als ich hinuntergehe. Kein Fahrzeug mehr im Kanal. Nirgends eine Spur von Menschen. Ich
35 weiß weder, aus welcher Gegend sie kam, noch wohin sie gegangen ist. Indem ich, die Augen allerorten herumgewandt,
vor mich hinwandle, schimmert mir von fern etwas Weißes im
Sand entgegen. Wie ich hinzutrete, ist es ein Papier in Form
eines Briefs geschlagen. Was konnte es anders sein als der
40 Brief, den der Karmeliter ihr überbracht hatte? Glücklicher Fund!
rief ich aus. Dieser Brief wird mir das ganze Geheimnis aufschließen, er wird mich zum Herrn ihres Schicksals machen.

„Der Brief war mit einer Sphinx gesiegelt, ohne Überschrift,
und in Chiffern verfaßt; dies schreckte mich aber nicht ab, weil
ich mich auf das Dechiffrieren verstehe. Ich kopiere ihn geschwind;
denn es war zu erwarten, daß sie ihn bald vermissen und zurück=
kommen würde, ihn zu suchen. Fand sie ihn nicht mehr, so mußte 5
ihr dies ein Beweis sein, daß der Garten von mehrern Menschen
besucht würde, und diese Entdeckung konnte sie leicht auf immer
daraus verscheuchen. Was konnte meiner Hoffnung Schlimmers
begegnen?

„Was ich vermutet hatte, geschah. Ich war mit meiner 10
Kopie kaum zu Ende, so erschien sie wieder mit ihrer vorigen Be=
gleiterin, beide ängstlich suchend. Ich befestige den Brief an einem
Schiefer, den ich vom Dache losmache, und lasse ihn an einen
Ort herabfallen, an dem sie vorbei muß. Ihre schöne Freude,
als sie ihn findet, belohnt mich für meine Großmut. Mit schar= 15
fem, prüfendem Blick, als wollte sie die unheilige Hand daran aus=
spähen, die ihn berührt haben konnte, musterte sie ihn von allen
Seiten; aber die zufriedene Miene, mit der sie ihn einsteckte, be=
wies, daß sie ganz ohne Arges war. Sie ging, und ein zurück=
fallender Blick ihres Auges nahm einen dankbaren Abschied von 20
den Schutzgöttern des Gartens, die das Geheimnis ihres Herzens
so treu gehütet hatten.

„Jetzt eilte ich, den Brief zu entziffern. Ich versuchte es mit
mehrern Sprachen; endlich gelang es mir mit der englischen.
Sein Inhalt war mir so merkwürdig, daß ich ihn auswendig be= 25
halten habe." —

Ich werde unterbrochen. Den Schluß ein andermal.

Baron von F*** an den Grafen von O**.
Achter Brief.

August.

Nein, liebster Freund. Sie tun dem guten Biondello Unrecht.
Gewiß, Sie hegen einen falschen Verdacht. Ich gebe Ihnen alle
Italiener preis, aber dieser ist ehrlich. 30

Sie finden es sonderbar, daß ein Mensch von so glänzenden
Talenten und einer so exemplarischen Aufführung sich zum Dienen
herabsetze, wenn er nicht geheime Absichten dabei habe; und dar=
aus ziehen Sie den Schluß, daß diese Absichten verdächtig sein
müssen. Wie? Ist es denn so etwas Neues, daß ein Mensch 35
von Kopf und Verdiensten sich einem Fürsten gefällig zu machen
sucht, der es in der Gewalt hat, sein Glück zu machen? Ist es
etwa entehrend, ihm zu dienen? Läßt Biondello nicht deutlich
genug merken, daß seine Anhänglichkeit an den Prinzen persönlich

sei? Er hat ihm ja gestanden, daß er eine Bitte an ihn auf dem Herzen habe. Diese Bitte wird uns ohne Zweifel das ganze Geheimnis erklären. Geheime Absichten mag er immer haben; aber können diese nicht unschuldig sein?

5 Es befremdet Sie, daß dieser Biondello in den ersten Monaten, und das waren die, in denen Sie uns Ihre Gegenwart noch schenkten, alle die großen Talente, die er jetzt an den Tag kommen lasse, verborgen gehalten und durch gar nichts die Aufmerksamkeit auf sich gezogen habe. Das ist wahr; aber wo hätte er 10 damals die Gelegenheit gehabt, sich auszuzeichnen? Der Prinz bedurfte seiner ja noch nicht, und seine übrigen Talente mußte der Zufall uns entdecken.

Aber er hat uns ganz kürzlich einen Beweis seiner Ergebenheit und Redlichkeit gegeben, der alle Ihre Zweifel zu Boden 15 schlagen wird. Man beobachtet den Prinzen. Man sucht geheime Erkundigungen von seiner Lebensart, von seinen Bekanntschaften und Verhältnissen einzuziehen. Ich weiß nicht, wer diese Neugierde hat. Aber hören Sie an!

Es ist hier in St. Georg ein öffentliches Haus, wo Biondello 20 öfters aus- und eingeht; er mag da etwas Liebes haben, ich weiß es nicht. Vor einigen Tagen ist er auch da; er findet eine Gesellschaft beisammen, Advokaten und Offizianten der Regierung, lustige Brüder und alte Bekannte von sich. Man verwundert sich, man ist erfreut, ihn wiederzusehen. Die alte Bekannt-25 schaft wird erneuert, jeder erzählt seine Geschichte bis auf diesen Augenblick, Biondello soll auch die seinige zum besten geben. Er tut es in wenig Worten. Man wünscht ihm Glück zu seinem neuen Etablissement; man hat von der glänzenden Lebensart des Prinzen von *** schon erzählen hören, von seiner Freigebigkeit 30 gegen Leute besonders, die ein Geheimnis zu bewahren wissen; seine Verbindung mit dem Kardinal A***i ist weltbekannt; er liebt das Spiel usw. — Biondello stutzt — Man scherzt mit ihm, daß er den Geheimnisvollen mache, man wisse doch, daß er der Geschäftsträger des Prinzen von *** sei; die beiden Advokaten 35 nehmen ihn in die Mitte; die Flasche leert sich fleißig — man nötigt ihn, zu trinken; er entschuldigt sich, weil er keinen Wein vertrage, trinkt aber doch, um sich zum Schein zu betrinken.

„Ja," sagte endlich der eine Advokat, „Biondello versteht sein Handwerk; aber ausgelernt hat er noch nicht, er ist nur ein Halber."

40 „Was fehlt mir noch?" fragte Biondello.

„Er versteht die Kunst," sagte der andre, „ein Geheimnis bei sich zu behalten, aber die andre noch nicht. es mit Vorteil wieder loszuwerden."

23*

„Sollte sich ein Käufer dazu finden?" fragte Biondello.

„Die übrigen Gäste zogen sich hier aus dem Zimmer; er blieb Tete-a-tete mit seinen beiden Leuten, die nun mit der Sprache herausgingen. Daß ich es kurz mache, er sollte ihnen über den Umgang des Prinzen mit dem Kardinal und seinem Neffen Aufschlüsse verschaffen, ihnen die Quelle angeben, woraus der Prinz Geld schöpfe, und ihnen die Briefe, die an den Grafen von O** geschrieben würden, in die Hände spielen. Biondello beschied sie auf ein ander Mal; aber wer sie angestellt habe, konnte er nicht aus ihnen herausbringen. Nach den glänzenden Anerbietungen, die ihm gemacht wurden, zu schließen, mußte die Nachfrage von einem sehr reichen Mann herrühren.

Gestern abend entdeckte er meinem Herrn den ganzen Vorfall. Dieser war anfangs willens, die Unterhändler kurz und gut beim Kopf nehmen zu lassen; aber Biondello machte Einwendungen. Auf freien Fuß würde man sie doch wieder stellen müssen, und dann habe er seinen ganzen Kredit unter dieser Klasse, vielleicht sein Leben selbst in Gefahr gesetzt. Alle dieses Volk hange unter sich zusammen, alle stehen für einen; er wolle lieber den hohen Rat in Venedig zum Feind haben, als unter ihnen für einen Verräter verschrien werden; er würde dem Prinzen auch nicht mehr nützlich sein können, wenn er das Vertrauen dieser Volksklasse verloren hätte.

Wir haben hin und her geraten, von wem dies wohl kommen möchte. Wer ist in Venedig, dem daran liegen kann, zu wissen, was mein Herr einnimmt und ausgibt, was er mit dem Kardinal A***i zu tun hat, und was ich Ihnen schreibe? Sollte es gar noch ein Vermächtnis von dem Prinzen von **d** sein? Oder regt sich etwa der Armenier wieder?

Baron von F* an den Grafen von O**.**

Neunter Brief.

August.

Der Prinz schwimmt in Wonne und Liebe. Er hat seine Griechin wieder. Hören Sie, wie dies zugegangen ist.

Ein Fremder, der über Chiozza gekommen war und von der schönen Lage dieser Stadt am Golf viel zu erzählen wußte, machte den Prinzen neugierig, sie zu sehen. Gestern wurde dies ausgeführt, und um allen Zwang und Aufwand zu vermeiden, sollte niemand ihn begleiten als Z*** und ich nebst Biondello, und mein Herr wollte unbekannt bleiben. Wir fanden ein Fahrzeug, das eben dahin abging, und mieteten uns darauf ein. Die Gesellschaft war sehr gemischt, aber unbedeutend, und die Hinreise hatte nichts Merkwürdiges.

Chiozza ist auf eingerammten Pfählen gebaut, wie Venedig, und soll gegen vierzigtausend Einwohner zählen. Adel findet man wenig; aber bei jedem Tritte stößt man auf Fischer oder Matrosen. Wer eine Perücke und einen Mantel trägt, heißt ein
5 Reicher; Mütze und Überschlag sind das Zeichen eines Armen. Die Lage der Stadt ist schön, doch darf man Venedig nicht ge= sehen haben.

Wir verweilten uns nicht lange. Der Patron, der noch mehr Passagiers hatte, mußte zeitig wieder in Venedig sein, und den
10 Prinzen fesselte nichts in Chiozza. Alles hatte seinen Platz schon im Schiffe genommen, als wir ankamen. Weil sich die Ge= sellschaft auf der Herfahrt so beschwerlich gemacht hatte, so nahmen wir diesmal ein Zimmer für uns allein. Der Prinz erkundigte sich, wer noch mehr da sei? Ein Dominikaner, war
15 die Antwort, und einige Damen, die retour nach Venedig gingen. Mein Herr war nicht neugierig, sie zu sehen, und nahm sogleich sein Zimmer ein.

Die Griechin war der Gegenstand unsers Gesprächs auf der Herfahrt gewesen, und sie war es auch auf der Rückfahrt. Der
20 Prinz wiederholte sich ihre Erscheinung in der Kirche mit Feuer; Plane wurden gemacht und verworfen; die Zeit verstrich wie ein Augenblick; ehe wir es uns versahen, lag Venedig vor uns. Einige von den Passagiers stiegen aus, der Dominikaner war unter diesen. Der Patron ging zu den Damen, die, wie wir
25 jetzt erst erfuhren, nur durch ein dünnes Brett von uns geschieden waren, und fragte sie, wo er anlegen sollte. Auf der Insel Mu= rano, war die Antwort, und das Haus wurde genannt. — „Insel Murano!" rief der Prinz, und ein Schauer der Ahndung schien durch seine Seele zu fliegen. Eh ich ihm antworten konnte, stürzte
30 Biondello herein. „Wissen Sie auch, in welcher Gesellschaft wir reisen?" — Der Prinz sprang auf — „Sie ist hier! Sie selbst!" fuhr Biondello fort. „Ich komme eben von Ihrem Begleiter."

Der Prinz drang hinaus. Das Zimmer ward ihm zu enge, die ganze Welt wär' es ihm in diesem Augenblick gewesen. Tau=
35 send Empfindungen stürmten in ihm, seine Knie zitterten, Röte und Blässe wechselten in seinem Gesichte. Ich zitterte erwartungs= voll mit ihm. Ich kann Ihnen diesen Zustand nicht beschreiben.

In Murano ward angehalten. Der Prinz sprang ans Ufer. Sie kam. Ich las im Gesicht des Prinzen, daß sie's war. Der
40 Anblick ließ mir keinen Zweifel übrig. Eine schönere Gestalt hab' ich nie gesehen; alle Beschreibungen des Prinzen waren unter der Wirklichkeit geblieben. Eine glühende Röte überzog ihr Gesicht, als sie den Prinzen ansichtig wurde. Sie hatte unser ganzes

Gespräch hören müssen; sie konnte auch nicht zweifeln, daß sie der
Gegenstand desselben gewesen sei. Mit einem bedeutenden Blicke
sah sie ihre Begleiterin an, als wollte sie sagen: Das ist er! und
mit Verwirrung schlug sie die Augen nieder. Ein schmales Brett
ward vom Schiff an das Ufer gelegt, über welches sie zu gehen 5
hatte. Sie schien ängstlich, es zu betreten — aber weniger, wie
mir vorkam, weil sie auszugleiten fürchtete, als weil sie es ohne
fremde Hilfe nicht konnte, und der Prinz schon den Arm aus-
streckte, ihr beizustehn. Die Not siegte über diese Bedenklichkeit.
Sie nahm seine Hand an und war am Ufer. Die heftige Ge- 10
mütsbewegung, in der der Prinz war, machte ihn unhöflich; die
andre Dame, die auf den nämlichen Dienst wartete, vergaß er
— was hätte er in diesem Augenblick nicht vergessen? Ich erwies
ihr endlich diesen Dienst, und dies brachte mich um das Vorspiel
einer Unterredung, die sich zwischen meinem Herrn und der Dame 15
angefangen hatte.

Er hielt noch immer ihre Hand in der seinigen — aus Zerstreuung, denke ich, und ohne daß er es selbst wußte.

„Es ist nicht das erste Mal, Signora, daß — — daß — —"
Er konnte es nicht heraussagen.   20

„Ich sollte mich erinnern," lispelte sie —

„In der *** Kirche," sagte er —

„In der *** Kirche war es," sagte sie —

„Und konnte ich mir heute vermuten — — Ihnen so
nahe —"   25

Hier zog sie ihre Hand leise aus der seinigen — Er verwirrte
sich augenscheinlich. Biondello, der indes mit dem Bedienten gesprochen hatte, kam ihm zu Hilfe.

„Signor," fing er an, „die Damen haben Sänften hieher bestellt; aber wir sind früher zurückgekommen, als sie sich's ver- 30
muteten. Es ist hier ein Garten in der Nähe, wo Sie so lange
eintreten können, um dem Gedränge auszuweichen."

Der Vorschlag ward angenommen, und Sie können denken,
mit welcher Bereitwilligkeit von seiten des Prinzen. Man blieb
in dem Garten, bis es Abend wurde. Es gelang uns, Z*** und 35
mir, die Matrone zu beschäftigen, daß der Prinz sich mit der
jungen Dame ungestört unterhalten konnte. Daß er diese Augenblicke gut zu benutzen gewußt habe, können Sie daraus abnehmen,
daß er die Erlaubnis empfangen hat, sie zu besuchen. Eben jetzt,
da ich Ihnen schreibe, ist er dort. Wenn er zurückkommt, werde 40
ich mehr erfahren.

Gestern, als wir nach Hause kamen, fanden wir auch die
erwarteten Wechsel von unserm Hofe, aber von einem Briefe

begleitet, der meinen Herrn sehr in Flammen setzte. Man ruft ihn zurück, und in einem Tone, wie er ihn gar nicht gewohnt ist. Er hat sogleich in einem ähnlichen geantwortet und wird bleiben. Die Wechsel sind eben hinreichend, um die Zinsen von dem Ka-
5 pitale zu bezahlen, das er schuldig ist. Einer Antwort von seiner Schwester sehen wir mit Verlangen entgegen.

Baron von F*** an den Grafen von O**.
Zehnter Brief.
September.

Der Prinz ist mit seinem Hofe zerfallen, alle unsre Ressourcen von daher abgeschnitten.

Die sechs Wochen, nach deren Verfluß mein Herr den Marchese
10 bezahlen sollte, waren schon um einige Tage verstrichen, und noch keine Wechsel weder von seinem Cousin, von dem er aufs neue und aufs dringendste Vorschuß verlangt hatte, noch von seiner Schwester. Sie können wohl denken, daß Civitella nicht mahnte; ein desto treueres Gedächtnis aber hatte der Prinz. Gestern Mit-
15 tag endlich kam eine Antwort vom regierenden Hofe.

Wir hatten kurz vorher einen neuen Kontrakt unsers Hotels wegen abgeschlossen, und der Prinz hatte sein längeres Bleiben schon öffentlich deklariert. Ohne ein Wort zu sagen, gab mir mein Herr den Brief. Seine Augen funkelten, ich las den Inhalt
20 schon auf seiner Stirne.

Können Sie sich vorstellen, lieber O**? Man ist in *** von allen hiesigen Verhältnissen meines Herrn unterrichtet, und die Verleumdung hat ein abscheuliches Gewebe von Lügen daraus gesponnen. „Man habe mißfällig vernommen," heißt es unter
25 andern, „daß der Prinz seit einiger Zeit angefangen habe, seinen vorigen Charakter zu verleugnen und ein Betragen anzunehmen, das seiner bisherigen lobenswürdigen Art zu denken ganz ent- gegengesetzt sei. Man wisse, daß er sich dem Frauenzimmer und dem Spiel aufs Ausschweifendste ergebe, sich in Schulden stürze,
30 Visionärs und Geisterbannern sein Ohr leihe, mit katholischen Prälaten in verdächtigen Verhältnissen stehe und einen Hofstaat führe, der seinen Rang sowohl als seine Einkünfte überschreite. Es heiße sogar, daß er im Begriff stehe, dieses höchst anstößige Betragen durch eine Apostasie zur römischen Kirche vollkommen
35 zu machen. Um sich von der letzten Beschuldigung zu reinigen, erwarte man von ihm eine ungesäumte Zurückkunft. Ein Ban- kier in Venedig, dem er den Etat seiner Schulden übergeben solle, habe Anweisung, sogleich nach seiner Abreise seine Gläubiger zu befriedigen; denn unter diesen Umständen finde
40 man nicht für gut, das Geld in seine Hände zu geben."

Was für Beschuldigungen, und in welchem Tone! Ich nahm
den Brief, durchlas ihn noch einmal; ich wollte etwas darin aufsuchen, das ihn mildern könnte; ich fand nichts, es war mir ganz
unbegreiflich.

3*** erinnerte mich jetzt an die geheime Nachfrage, die vor
einiger Zeit an Biondello ergangen war. Die Zeit, der Inhalt,
alle Umstände kamen überein. Wir hatten sie fälschlich dem Armenier zugeschrieben. Jetzt war's am Tage, von wem sie her-
rührte. Apostasie! — Aber wessen Interesse kann es sein, meinen
Herrn so abscheulich und so platt zu verleumden? Ich fürchte, es
ist ein Stückchen von dem Prinzen von **d**, der es durchsetzen
will, unsern Herrn aus Venedig zu entfernen.

Dieser schwieg noch immer, die Augen starr vor sich hin-
geworfen. Sein Stillschweigen ängstigte mich. Ich warf mich zu
seinen Füßen. „Um Gottes willen, gnädigster Prinz," rief ich
aus, „beschließen Sie nichts Gewaltsames! Sie sollen, Sie
werden die vollständigste Genugtuung haben. Überlassen Sie
mir diese Sache! Senden Sie mich hin! Es ist unter Ihrer
Würde, sich gegen solche Beschuldigungen zu verantworten; aber
mir erlauben Sie, es zu tun! Der Verleumder muß genannt
und dem *** die Augen geöffnet werden."

In dieser Lage fand uns Civitella, der sich mit Erstaunen nach
der Ursache unsrer Bestürzung erkundigte. 3*** und ich schwiegen.
Der Prinz aber, der zwischen ihm und uns schon lange keinen
Unterschied mehr zu machen gewohnt ist, auch noch in zu heftiger
Wallung war, um in diesem Augenblick der Klugheit Gehör zu
geben, befahl uns, ihm den Brief mitzuteilen. Ich wollte zögern:
aber der Prinz riß ihn mir aus der Hand und gab ihn selbst dem
Marchese.

„Ich bin Ihr Schuldner, Herr Marchese," fing der Prinz an,
nachdem dieser den Brief mit Erstaunen durchlesen hatte; „aber
lassen Sie sich das keine Unruhe machen! Geben Sie mir nur
noch zwanzig Tage Frist, und Sie sollen befriedigt werden."

„Gnädigster Prinz," rief Civitella heftig bewegt, „verdien'
ich dieses?"

„Sie haben mich nicht erinnern wollen; ich erkenne Ihre
Delikatesse und danke Ihnen. In zwanzig Tagen, wie gesagt,
sollen Sie völlig befriedigt werden."

„Was ist das?" fragte Civitella mich voll Bestürzung. „Wie
hängt dies zusammen? Ich fass' es nicht."

Wir erklärten ihm, was wir wußten. Er kam außer sich. Der
Prinz, sagte er, müsse auf Genugtuung bringen; die Beleidigung

sei unerhört. Unterdessen beschwöre er ihn, sich seines ganzen
Vermögens und Kredits unumschränkt zu bedienen.

Der Marchese hatte uns verlassen und der Prinz noch immer
kein Wort gesprochen. Er ging mit starken Schritten im Zimmer
5 auf und nieder; etwas Außerordentliches arbeitete in ihm. Endlich
stand er still und murmelte vor sich zwischen den Zähnen: „Wün=
schen Sie sich Glück — sagte er —, um neun Uhr ist er ge=
storben.“

Wir sahen ihn erschrocken an.

10 „Wünschen Sie sich Glück,“ fuhr er fort, „Glück — ich soll
mir Glück wünschen — sagte er nicht so? Was wollte er damit
sagen?“

„Wie kommen Sie jetzt darauf?“ rief ich. „Was soll das
hier?“

15 „Ich habe damals nicht verstanden, was der Mensch wollte.
Jetzt verstehe ich ihn. — O, es ist unerträglich hart, einen Herrn
über sich haben!“

„Mein teuerster Prinz!“

„Der es uns fühlen lassen kann! — Ha! Es muß süß sein!“

20 Er hielt wieder inne. Seine Miene erschreckte mich. Ich
hatte sie nie an ihm gesehen.

„Der Elendeste unter dem Volk,“ fing er wieder an, „oder
der nächste Prinz am Throne! Das ist ganz dasselbe. Es gibt
nur ein en Unterschied unter den Menschen — gehorchen oder
25 herrschen!“

Er sah noch einmal in den Brief.

„Sie haben den Menschen gesehen,“ fuhr er fort, „der sich
unterstehen darf, mir dieses zu schreiben. Würden Sie ihn auf
der Straße grüßen, wenn ihn das Schicksal nicht zu Ihrem Herrn
30 gemacht hätte? Bei Gott! Es ist etwas Großes um eine Krone!“

In diesem Ton ging es weiter, und es fielen Reden, die ich
keinem Brief anvertrauen darf. Aber bei dieser Gelegenheit ent=
deckte mir der Prinz einen Umstand, der mich in nicht geringes
Erstaunen und Schrecken setzte, und der die gefährlichsten Folgen
35 haben kann. Über die Familienverhältnisse am *** Hofe sind wir
bisher in einem großen Irrtum gewesen.

Der Prinz beantwortete den Brief auf der Stelle, so sehr ich
mich dagegensetzte, und die Art, wie er es getan hat, läßt keine
gütliche Beilegung mehr hoffen.

40 Sie werden nun auch begierig sein, liebster O**, von der
Griechin endlich etwas Positives zu erfahren; aber eben dies ist
es, worüber ich Ihnen noch immer keinen befriedigenden Aufschluß
geben kann. Aus dem Prinzen ist nichts herauszubringen, weil

er in das Geheimnis gezogen ist und sich, wie ich vermute, hat
verpflichten müssen, es zu bewahren. Daß sie aber die Griechin
nicht ist, für die wir sie hielten, ist heraus. Sie ist eine Deutsche
und von der edelsten Abkunft. Ein gewisses Gerücht, dem
ich auf die Spur gekommen bin, gibt ihr eine sehr hohe Mutter
und macht sie zu der Frucht einer unglücklichen Liebe, wovon
in Europa viel gesprochen worden ist. Heimliche Nachstellungen
von mächtiger Hand haben sie laut dieser Sage gezwungen, in
Venedig Schutz zu suchen, und eben diese sind auch die Ursache
ihrer Verborgenheit, die es dem Prinzen unmöglich gemacht hat,
ihren Aufenthalt zu erforschen. Die Ehrerbietung, womit der
Prinz von ihr spricht, und gewisse Rücksichten, die er gegen sie
beobachtet, scheinen dieser Vermutung Kraft zu geben.

Er ist mit einer fürchterlichen Leidenschaft an sie gebunden,
die mit jedem Tage wächst. In der ersten Zeit wurden die Be=
suche sparsam zugestanden; doch schon in der zweiten Woche ver=
kürzte man die Trennungen, und jetzt vergeht kein Tag, wo der
Prinz nicht dort wäre. Ganze Abende verschwinden, ohne daß
wir ihn zu Gesicht bekommen, und ist er auch nicht in ihrer Ge=
sellschaft, so ist sie es doch allein, was ihn beschäftigt. Sein
ganzes Wesen scheint verwandelt. Er geht wie ein Träumender
umher, und nichts von allem, was ihn sonst interessiert hatte,
kann ihm jetzt nur eine flüchtige Aufmerksamkeit abgewinnen.

Wohin wird das noch kommen, liebster Freund? Ich zittre
für die Zukunft. Der Bruch mit seinem Hofe hat meinen Herrn
in eine erniedrigende Abhängigkeit von einem einzigen Menschen,
von dem Marchese Civitella, gesetzt. Dieser ist jetzt Herr unsrer
Geheimnisse, unsers ganzen Schicksals. Wird er immer so edel
denken, als er sich uns jetzo noch zeigt? Wird dieses gute Ver=
nehmen auf die Dauer bestehen, und ist es wohlgetan, einem
Menschen, auch dem Vortrefflichsten, so viel Wichtigkeit und Macht
einzuräumen?

An die Schwester des Prinzen ist ein neuer Brief abgegangen.
Den Erfolg hoffe ich Ihnen in meinem nächsten Briefe melden zu
können.

Der Graf von O** zur Fortsetzung.

Aber dieser nächste Brief blieb aus. Drei ganze Monate ver=
gingen, ehe ich Nachricht aus Venedig erhielt — eine Unter=
brechung, deren Ursache sich in der Folge nur zu sehr aufklärte. Alle
Briefe meines Freundes an mich waren zurückbehalten und unter=
drückt worden. Man urteile von meiner Bestürzung, als ich
endlich im Dezember dieses Jahrs folgendes Schreiben erhielt,

das bloß ein glücklicher Zufall (weil Biondello, der es zu bestellen hatte, plötzlich krank wurde) in meine Hände brachte.

„Sie schreiben nicht. Sie antworten nicht — Kommen Sie — o, kommen Sie auf Flügeln der Freundschaft! Unsre Hoffnung ist dahin! Lesen Sie diesen Einschluß! Alle unsre Hoffnung ist dahin!

„Die Wunde des Marchese soll tödlich sein. Der Kardinal brütet Rache, und seine Meuchelmörder suchen den Prinzen. Mein Herr — o mein unglücklicher Herr! — Ist es dahin gekommen? Unwürdiges, entsetzliches Schicksal! Wie Nichtswürdige müssen wir uns vor Mördern und Gläubigern verbergen.

„Ich schreibe Ihnen aus dem *** Kloster, wo der Prinz eine Zuflucht gefunden hat. Eben ruht er auf einem harten Lager neben mir und schläft — ach, den Schlummer der tödlichsten Erschöpfung, der ihn nur zu neuem Gefühl seiner Leiden stärken wird. Die zehen Tage, daß sie krank war, kam kein Schlaf in seine Augen. Ich war bei der Leichenöffnung. Man fand Spuren von Vergiftung. Heute wird man sie begraben.

„Ach, liebster O**, mein Herz ist zerrissen. Ich habe einen Auftritt erlebt, der nie aus meinem Gedächtnis verlöschen wird. Ich stand vor ihrem Sterbebette. Wie eine Heilige schied sie dahin, und ihre letzte sterbende Beredsamkeit erschöpfte sich, ihren Geliebten auf den Weg zu leiten, den sie zum Himmel wandelte. — Alle unsre Standhaftigkeit war erschüttert; der Prinz allein stand fest, und ob er gleich ihren Tod dreifach mit erlitt, so behielt er doch Stärke des Geistes genug, der frommen Schwärmerin ihre letzte Bitte zu verweigern."

In diesem Brief lag folgender Einschluß:

An den Prinzen von *** von seiner Schwester.

„Die allein seligmachende Kirche, die an dem Prinzen von *** eine so glänzende Eroberung gemacht hat, wird es ihm auch nicht an Mitteln fehlen lassen, die Lebensart fortzusetzen, der sie diese Eroberung verdankt. Ich habe Tränen und Gebet für einen Verirrten, aber keine Wohltaten mehr für einen Unwürdigen.
Henriette ***."

Ich nahm sogleich Post, reiste Tag und Nacht, und in der dritten Woche war ich in Venedig. Meine Eilfertigkeit nützte mir nichts mehr. Ich war gekommen, einem Unglücklichen Trost und Hilfe zu bringen; ich fand einen Glücklichen, der meines schwachen Beistandes nicht mehr benötigt war. F*** lag krank und war nicht zu sprechen, als ich anlangte; folgendes Billett überbrachte man mir von seiner Hand. „Reisen Sie zurück, liebster O**, wo Sie hergekommen sind! Der Prinz bedarf Ihrer nicht mehr, auch nicht meiner. Seine Schulden sind bezahlt, der Kardinal versöhnt, der Marchese wiederhergestellt. Erinnern Sie sich des Armeniers, der uns voriges Jahr so zu verwirren wußte? In s e i n e n Armen finden Sie den Prinzen, der seit fünf Tagen — die erste Messe hörte."

Ich drängte mich nichtsdestoweniger zum Prinzen, ward aber abgewiesen. An dem Bette meines Freundes erfuhr ich endlich die unerhörte Geschichte.

Ende des ersten Teils.

Spiel des Schicksals.

Ein Bruchstück aus einer wahren Geschichte.

Aloysius von G*** war der Sohn eines Bürgerlichen von
Stande in ***schen Diensten, und die Keime seines glücklichen
Genies wurden durch eine liberale Erziehung frühzeitig entwickelt.
Noch sehr jung, aber mit gründlichen Kenntnissen versehen,
5 trat er in Militärdienste bei seinem Landesherrn, dem er
als ein junger Mann von großen Verdiensten und noch größern
Hoffnungen nicht lange verborgen blieb. G*** war in vollem
Feuer der Jugend, der Fürst war es auch; G*** war rasch,
unternehmend; der Fürst, der es auch war, liebte solche Charak=
10 tere. Durch eine reiche Ader von Witz und eine Fülle von Wissen=
schaft wußte G*** seinen Umgang zu beseelen, jeden Zirkel, in
den er sich mischte, durch eine immer gleiche Jovialität aufzu=
heitern und über alles, was sich ihm darbot, Reiz und Leben
auszugießen; und der Fürst verstand sich darauf, Tugenden zu
15 schätzen, die er in einem hohen Grade selbst besaß. Alles, was
er unternahm, seine Spielereien selbst, hatten einen Anstrich von
Größe; Hindernisse schreckten ihn nicht, und kein Fehlschlag konnte
seine Beharrlichkeit besiegen. Den Wert dieser Eigenschaften er=
höhte eine empfehlende Gestalt, das volle Bild blühender Gesund=
20 heit und herkulischer Stärke, durch das beredte Spiel eines regen
Geistes beseelt; im Blick, Gang und Wesen eine anerschaffene
natürliche Majestät, durch eine edle Bescheidenheit gemildert.
War der Prinz von dem Geiste seines jungen Gesellschafters be=
zaubert, so riß diese verführerische Außenseite seine Sinnlichkeit
25 unwiderstehlich hin. Gleichheit des Alters, Harmonie der Neigun=
gen und der Charaktere stifteten in kurzem ein Verhältnis zwischen
beiden, das alle Stärke von der Freundschaft und von der leiden=
schaftlichen Liebe alles Feuer und alle Heftigkeit besaß. G***
flog von einer Beförderung zur andern; aber diese äußerlichen
30 Zeichen schienen sehr weit hinter dem, was er dem Fürsten in der
Tat war, zurückzubleiben. Mit erstaunlicher Schnelligkeit blühte
sein Glück empor, weil der Schöpfer desselben sein Anbeter, sein
leidenschaftlicher Freund war. Noch nicht zweiundzwanzig Jahr

alt, ſah er ſich auf einer Höhe, womit die Glücklichſten ſonſt ihre
Laufbahn beſchließen. Aber ſein tätiger Geiſt konnte nicht lange
im Schoß müßiger Eitelkeit raſten, noch ſich mit dem ſchimmernden
Gefolge einer Größe begnügen, zu deren gründlichem Gebrauch
er ſich Mut und Kräfte genug fühlte. Während daß der Fürſt 5
nach dem Ringe des Vergnügens flog, vergrub ſich der junge
Günſtling unter Akten und Büchern und widmete ſich mit laſt=
tragendem Fleiß den Geſchäften, deren er ſich endlich ſo geſchickt
und ſo vollkommen bemächtigte, daß jede Angelegenheit, die nur
einigermaßen von Belange war, durch ſeine Hände ging. Aus 10
einem Geſpielen ſeiner Vergnügen wurde er bald erſter Rat und
Miniſter und endlich Beherrſcher ſeines Fürſten. Bald war kein
Weg mehr zu dieſem, als durch ihn. Er vergab alle Ämter und
Würden; alle Belohnungen wurden aus ſeinen Händen emp=
fangen.   15

    G*** war in zu früher Jugend und mit zu raſchen Schritten
zu dieſer Größe emporgeſtiegen, um ihrer mit Mäßigung zu ge=
nießen. Die Höhe, worauf er ſich erblickte, machte ſeinen Ehrgeiz
ſchwindeln; die Beſcheidenheit verließ ihn, ſobald das letzte Ziel
ſeiner Wünſche erſtiegen war. Die demutsvolle Unterwürfigkeit, 20
welche von den Erſten des Landes, von allen, die durch Geburt,
Anſehen und Glücksgüter ſo weit über ihn erhoben waren, welche,
von Greiſen ſelbſt, ihm, einem Jünglinge, gezollt wurde, be=
rauſchte ſeinen Hochmut, und die unumſchränkte Gewalt, von
der er Beſitz genommen, machte bald eine gewiſſe Härte in ſei= 25
nem Weſen ſichtbar, die von jeher als Charakterzug in ihm gelegen
hatte und ihm auch durch alle Abwechſelungen ſeines Glückes
geblieben iſt. Keine Dienſtleiſtung war ſo mühevoll und groß,
die ihm ſeine Freunde nicht zumuten durften; aber ſeine Feinde
mochten zittern; denn ſo ſehr er auf der einen Seite ſein Wohl= 30
wollen übertrieb, ſo wenig Maß hielt er in ſeiner Rache. Er
gebrauchte ſein Anſehen weniger, ſich ſelbſt zu bereichern, als viele
Glückliche zu machen, die ihm, als dem Schöpfer ihres Wohl=
ſtandes, huldigen ſollten; aber Laune, nicht Gerechtigkeit wählte
die Subjekte. Durch ein hochfahrendes, gebieteriſches Weſen ent= 35
fremdete er ſelbſt die Herzen derjenigen von ſich, die er am meiſten
verpflichtet hatte, indem er zugleich alle ſeine Nebenbuhler und
heimlichen Neider in ebenſo viele unverſöhnliche Feinde verwan=
delte.

    Unter denen, welche jeden ſeiner Schritte mit Augen der Eifer= 40
ſucht und des Neides bewachten und in der Stille ſchon die Werk=
zeuge zu ſeinem Untergange zurichteten, war ein piemonteſiſcher
Graf, Joſeph Martinengo, von der Suite des Fürſten,

den G*** selbst, als eine unschädliche und ihm ergebene Kreatur, in diesen Posten eingeschoben hatte, um ihn bei den Vergnügungen seines Herrn den Platz ausfüllen zu lassen, dessen er selbst überdrüssig zu werden anfing, und den er lieber mit einer gründlichern 5 Beschäftigung vertauschte. Da er diesen Menschen als ein Werk seiner Hände betrachtete, das er, sobald es ihm nur einfiele, in das Nichts wieder zurückwerfen könnte, woraus er es gezogen, so hielt er sich desselben durch Furcht sowohl als durch Dankbarkeit versichert und verfiel dadurch in eben den Fehler, den Richelieu beging, da er Ludwig dem Dreizehnten den jungen Le Grand zum Spielzeug überließ. Aber ohne diesen Fehler mit Richelieus Geiste verbessern zu können, hatte er es mit einem verschlageneren Feinde zu tun, als der französische Minister zu bekämpfen gehabt hatte. Anstatt sich seines guten Glücks zu überheben und seinen Wohltäter fühlen zu lassen, daß man seiner nun entübrigt sei, war Martinengo vielmehr aufs sorgfältigste bemüht, den Schein dieser Abhängigkeit zu unterhalten und sich mit verstellter Unterwürfigkeit immer mehr und mehr an den Schöpfer seines Glücks anzuschließen. Zu gleicher Zeit aber unterließ er nicht, die Gelegenheit, die sein Posten ihm verschaffte, öfters um den Fürsten zu sein, in ihrem ganzen Umfang zu benutzen und sich diesem nach und nach notwendig und unentbehrlich zu machen. In kurzer Zeit wußte er das Gemüt seines Herrn auswendig, alle Zugänge zu seinem Vertrauen hatte er ausgespäht und sich unvermerkt in seine Gunst eingestohlen. Alle jene Künste, die ein edler Stolz und eine natürliche Erhabenheit der Seele den Minister verachten gelehrt hatte, wurden von dem Italiener in Anwendung gebracht, der zu Erreichung seines Zwecks auch das niedrigste Mittel nicht verschmähte. Da ihm sehr gut bewußt war, daß der Mensch nirgends mehr eines Führers und Gehilfen bedarf als auf dem Wege des Lasters, und daß nichts zu kühneren Vertraulichkeiten berechtigt als eine Mitwissenschaft geheim gehaltener Blößen, so weckte er Leidenschaften bei dem Prinzen, die bis jetzt noch in ihm geschlummert hatten, und dann drang er sich ihm selbst zum Vertrauten und Helfershelfer dabei auf. Er riß ihn zu solchen Ausschweifungen hin, die die wenigsten Zeugen und Mitwisser dulden, und dadurch gewöhnte er ihn unvermerkt, Geheimnisse bei ihm niederzulegen, wovon jeder Dritte ausgeschlossen war. So gelang es ihm endlich, auf die Verschlimmerung des Fürsten seinen schändlichen Glücksplan zu gründen, und eben darum, weil das Geheimnis ein wesentliches Mittel dazu war, so war das Herz des Fürsten sein, ehe sich G*** nur träumen ließ, daß er es mit einem andern teilte.

Man dürfte sich wundern, daß eine so wichtige Veränderung der Aufmerksamkeit des letztern entging; aber G*** war seines eigenen Wertes zu gewiß, um sich einen Mann wie Martinengo als Nebenbuhler auch nur zu denken, und dieser sich selbst zu gegenwärtig, zu sehr auf seiner Hut, um durch irgendeine Unbesonnen= 5 heit seinen Gegner aus dieser stolzen Sicherheit zu reißen. Was Tausende vor ihm auf dem glatten Grunde der Fürstengunst straucheln gemacht hat, brachte auch G*** zum Falle — zu große Zuversicht zu sich selbst. Die geheimen Vertraulichkeiten zwischen Martinengo und seinem Herrn beunruhigten ihn nicht. Gerne 10 gönnte er einem Aufkömmling ein Glück, das er selbst im Herzen verachtete, und das nie das Ziel seiner Bestrebungen gewesen war. Nur weil sie allein ihm den Weg zu der höchsten Gewalt bahnen konnte, hatte die Freundschaft des Fürsten einen Reiz für ihn gehabt, und leichtsinnig ließ er die Leiter hinter sich fallen, so= 15 bald sie ihm auf die erwünschte Höhe geholfen hatte.

Martinengo war nicht der Mann, sich mit einer so untergeordneten Rolle zu begnügen. Mit jedem Schritte, den er in der Gunst seines Herrn vorwärts tat, wurden seine Wünsche kühner, und sein Ehrgeiz fing an, nach einer gründlichern Be= 20 friedigung zu streben. Die künstliche Rolle von Unterwürfigkeit, die er bis jetzt noch immer gegen seinen Wohltäter beibehalten hatte, wurde immer drückender für ihn, je mehr das Wachstum seines Ansehens seinen Hochmut weckte. Da das Betragen des Ministers gegen ihn sich nicht nach den schnellen Fortschritten ver= 25 feinerte, die er in der Gunst des Fürsten machte, im Gegenteil oft sichtbar genug darauf eingerichtet schien, seinen aufsteigenden Stolz durch eine heilsame Rückerinnerung an seinen Ursprung niederzuschlagen, so wurde ihm dieses gezwungene und widersprechende Verhältnis endlich so lästig, daß er einen ernstlichen 30 Plan entwarf, es durch den Untergang seines Nebenbuhlers auf einmal zu endigen. Unter dem undurchdringlichsten Schleier der Verstellung brütete er diesen Plan zur Reife. Noch durfte er es nicht wagen, sich mit seinem Nebenbuhler in offenbarem Kampfe zu messen; denn obgleich die erste Blüte von G***s Favoritschaft 35 dahin war, so hatte sie doch zu frühzeitig angefangen und zu tiefe Wurzeln im Gemüte des jungen Fürsten geschlagen, um so schnell daraus verdrängt zu werden. Der kleinste Umstand konnte sie in ihrer ersten Stärke zurückbringen; darum begriff Martinengo wohl, daß der Streich, den er ihm beibringen wollte, ein tödlicher 40 Streich sein müsse. Was G*** an des Fürsten Liebe vielleicht verloren haben mochte, hatte er an seiner Ehrfurcht gewonnen; je mehr sich letzterer den Regierungsgeschäften entzog, desto

weniger konnte er des Mannes entraten,
des Landes, mit der gewissenhaftesten Erder, selbst auf Unkosten
seinen Nutzen besorgte — und so teuer er ihm ebenhet und Treue
gewesen war, so wichtig war er ihm jetzt als Mini heden als Freund
5   Was für Mittel es eigentlich gewesen, wodur ster
zu seinem Zwecke gelangte, ist ein Geheimnis zwisch ch der Italiener
geblieben, die der Schlag traf, und die ihn führte en den wenigen
maßt, daß er dem Fürsten die Originalien einer he   Man mut-
sehr verdächtigen Korrespondenz vorgelegt, welche G** mlichen und
10 benachbarten Hofe soll unterhalten haben; ob echt od mit einem
schoben, darüber sind die Meinungen geteilt. Wie dem a er unter-
gewesen sein möge, so erreichte er seine Absicht in einem f er auch
lichen Grade. G*** erschien in den Augen des Fürsten al irchter-
und undankbarste und schwärzeste Verräter, dessen Verbrechen so a z der
15 allen Zweifel gesetzt war, daß man ohne fernere Untersuchung ßer
gleich gegen ihn verfahren zu dürfen glaubte. Das Ganze wurde v
unter dem tiefsten Geheimnis zwischen Martinengo und seinem
Herrn verhandelt, daß G*** auch nicht einmal von ferne das Gewitter merkte, das über seinem Haupte sich zusammenzog. In
20 dieser verderblichen Sicherheit verharrte er bis zu dem schrecklichen
Augenblick, wo er von einem Gegenstande der allgemeinen Anbetung und des Neides zu einem Gegenstande der höchsten Erbarmung heruntersinken sollte.
        Als dieser entscheidende Tag erschienen war, besuchte G***
25 nach seiner Gewohnheit die Wachparade. Vom Fähnrich war er
in einem Zeitraum von wenigen Jahren bis zum Rang eines
Obristen hinaufgerückt; und auch dieser Posten war nur ein be-
scheidener Name für die Ministerwürde, die er in der Tat be-
kleidete, und die ihn über die Ersten im Lande hinaussetzte. Die
30 Wachparade war der gewöhnliche Ort, wo sein Stolz die allgemeine Huldigung einnahm, wo er in einer kurzen Stunde einer
Größe und Herrlichkeit genoß, für die er den ganzen Tag über
Lasten getragen hatte. Die Ersten von Range nahtz sich ihm
hier nicht anders als mit ehrerbietiger Schüchternheit, und die
35 sich seiner Wohlgewogenheit nicht ganz sicher wußten, mit Zittern.
Der Fürst selbst, wenn er sich je zuweilen hier einfand, sah sich
neben seinem Wesir vernachlässigt, weil es wei gefährlicher war,
diesem letztern zu mißfallen, als es Nutzen rachte, jenen zum
Freunde zu haben. Und eben dieser Ort, wo er sich sonst als
40 einem Gott hatte huldigen lassen, war jetzt zu dem schrecklichen
Schauplatz seiner Erniedrigung erkoren.
        Sorglos trat er in den wohlbekannten Zirkel, der sich, ebenso
unwissend über das, was kommen sollte, als er selbst, heute wie

Schiller VI.   24

ihm auftat, seine Befehle erwartend.
Nicht lange, so erschien der geschmeidige, tiefgebückte, lächelnde
Höfling — frech, festem Tritte schreitet er ihm entgegen, und
mit bedecktem Haupte steht er vor ihm still, im Namen des Fürsten
seinen Degen fodernd. Man reicht ihm diesen mit einem Blicke
schweigender Bestürzung; er stemmt die entblößte Klinge gegen
den Boden, sprengt sie durch einen Fußtritt entzwei und läßt die
Splitter zu G***s Füßen fallen. Auf dieses gegebene Signal
fallen beide Adjutanten über ihn her, der eine beschäftigt, ihm
das Ordenskreuz von der Brust zu schneiden, der andre, beide
Ordensbänder nebst den Aufschlägen der Uniform abzulösen und
Achselbon und Federbusch von dem Hute zu reißen. Während dieser
schrecklichen Operation, die mit unglaublicher Schnelligkeit
vonstatten geht, hört man unter mehr als fünfhundert Menschen,
die dicht umherstehen, nicht einen einzigen Laut, nicht einen einzigen Atemzug in der ganzen Versammlung. Mit bleichen Gesichtern, mit klopfendem Herzen und in totenähnlicher Erstarrung
steht die erschrockne Menge im Kreis um ihn herum, der in dieser
sonderbaren Ausstaffierung — ein seltsamer Anblick von Lächer-
lichkeit und Entsetzen! — einen Augenblick durchlebt, den man ihm
nur auf dem Hochgericht nachempfindet. Tausend andre an seinem
Platze würde die Gewalt des ersten Schreckens sinnlos zu Boden
gestreckt haben; sein robuster Nervenbau und seine starke Seele
dauerten diesen fürchterlichen Zustand aus und ließen ihn alles
Gräßliche desselben erschöpfen.

Kaum ist die Operation geendigt, so führt man ihn durch
die Reihen zahlloser Zuschauer bis ans äußerste Ende des Parade-
platzes, wo ein bedeckter Wagen ihn erwartet. Ein stummer Wink
befiehlt ihm, in denselben zu steigen; eine Eskorte von Husaren
begleitet ihn. Das Gerücht dieses Vorgangs hat sich unterdessen
durch die ganze Residenz verbreitet; alle Fenster öffnen sich, alle
Straßen sind von Neugierigen erfüllt, die schreiend dem Zuge
folgen und unter abwechselnden Ausrufungen des Hohnes, der
Schadenfreude und einer noch weit kränkendern Bedauernis seinen
Namen wiederholen. Endlich sieht er sich im Freien; aber ein
neuer Schrecken wartet hier auf ihn. Seitab von der Heerstraße
lenkt der Wagen, einen wenig befahrnen, menschenleeren Weg —
den Weg nach dem Hochgerichte, gegen welches man ihn auf einen
ausdrücklichen Befehl des Fürsten langsam heranfährt. Hier,
nachdem man ihm alle Qualen der Todesangst zu empfinden gegeben, lenkt man wieder nach einer Straße ein, die von Menschen

besucht wird. In der sengenden Sonnenhitze, ohne Labung, ohne menschlichen Zuspruch bringt er sieben schreckliche Stunden in diesem Wagen zu, der endlich mit Sonnenuntergang an dem Ort seiner Bestimmung, der Festung — stille hält. Des Bewußtseins
5 beraubt, in einem mittlern Zustand zwischen Leben und Tod (ein zwölfstündiges Fasten und der brennende Durst hatten endlich seine Riesennatur überwältigt), zieht man ihn aus dem Wagen — und in einer scheußlichen Grube unter der Erde wacht er wieder auf. Das erste, was sich, als er die Augen zum neuen Leben wieder
10 aufschlägt, ihm darbietet, ist eine grauenvolle Kerkerwand, durch einige Mondesstrahlen matt erleuchtet, die in einer Höhe von neunzehn Klaftern durch schmale Ritzen auf ihn herunterfallen. — An seiner Seite findet er ein dürftiges Brot nebst einem Wasserkrug und daneben eine Schütte Stroh zu seinem Lager. In
15 diesem Zustand verharrt er bis zum folgenden Mittag, wo endlich in der Mitte des Turmes ein Laden sich auftut und zwei Hände sichtbar werden, von welchen in einem hängenden Korbe dieselbe Kost, die er gestern hier gefunden, heruntergelassen wird. Jetzt, seit diesem ganzen fürchterlichen Glückswechsel zum ersten Male,
20 entrissen ihm Schmerz und Sehnsucht einige Fragen: wie er hieher komme? und was er verbrochen habe? Aber keine Antwort von oben; die Hände verschwinden, und der Laden geht wieder zu. Ohne das Gesicht eines Menschen zu sehen, ohne auch nur eines Menschen Stimme zu hören, ohne irgendeinen Aufschluß
25 über dieses entsetzliche Schicksal, über Künftiges und Vergangenes in gleich fürchterlichen Zweifeln, von keinem warmen Lichtstrahl erquickt, von keinem gesunden Lüftchen erfrischet, aller Hilfe unerreichbar und vom allgemeinen Mitleid vergessen, zählt er in diesem Ort der Verdammnis vierhundertundneunzig gräßliche
30 Tage an den kümmerlichen Broten ab, die ihm von einer Mittagsstunde zur andern in trauriger Einförmigkeit heruntergereicht werden. Aber eine Entdeckung, die er schon in den ersten Tagen seines Hierseins macht, vollendet das Maß seines Elends. Er kennt diesen Ort — er selbst war es, der ihn, von einer niedrigen
35 Rachgier getrieben, wenige Monate vorher neu erbaute, um einen verdienten Offizier darin verschmachten zu lassen, der das Unglück gehabt hatte, seinen Unwillen auf sich zu laden. Mit erfinderischer Grausamkeit hatte er selbst die Mittel angegeben, den Aufenthalt in diesem Kerker grauenvoller zu machen. Er hatte vor nicht gar
40 langer Zeit in eigner Person eine Reise hieher getan, den Bau in Augenschein zu nehmen und die Vollendung desselben zu beschleunigen. Um seine Marter aufs äußerste zu treiben, muß es sich fügen, daß derselbe Offizier, für den dieser Kerker zugerichtet

24*

worden, ein alter würdiger Oberster, dem eben verstorbenen
Kommandanten der Festung im Amte nachfolgt und aus einem
Schlachtopfer seiner Rache der Herr seines Schicksals wird. So
floh ihn auch der letzte traurige Trost, sich selbst zu bemitleiden
und das Schicksal, so hart es ihn auch behandelte, einer Ungerech= 5
tigkeit zu zeihen. Zu dem sinnlichen Gefühl seines Elends gesellte
sich noch eine wütende Selbstverachtung und der Schmerz, der für
stolze Herzen der bitterste ist, von der Großmut eines Feindes
abzuhängen, dem er keine gezeigt hatte.

Aber dieser rechtschaffene Mann war für eine niedre Rache zu 10
edel. Unendlich viel kostete seinem menschenfreundlichen Herzen die
Strenge, die seine Instruktion ihm gegen den Gefangenen auf=
legte; aber als ein alter Soldat gewöhnt, den Buchstaben seiner
Ordre mit blinder Treue zu befolgen, konnte er weiter nichts als
ihn bedauren. Einen tätigeren Helfer fand der Unglückliche an 15
dem Garnisonprediger der Festung, der, von dem Elend des ge=
fangenen Mannes gerührt, wovon er nur spät und nur durch
dunkle, unzusammenhängende Gerüchte Wissenschaft bekam, so=
gleich den festen Entschluß faßte, etwas zu seiner Erleichterung zu
tun. Dieser achtungswürdige Geistliche, dessen Namen ich ungern 20
unterdrücke, glaubte seinem Hirtenberufe nicht besser nachkommen
zu können, als wenn er ihn jetzt zum Besten eines unglücklichen
Mannes geltend machte, dem auf keinem andern Wege mehr zu
helfen war.

Da er von dem Kommandanten der Festung nicht erhalten 25
konnte, zu dem Gefangenen gelassen zu werden, so machte er sich
in eigner Person auf den Weg nach der Hauptstadt, sein Gesuch
dort unmittelbar bei dem Fürsten zu betreiben. Er tat einen
Fußfall vor demselben und flehte seine Erbarmung für den un=
glücklichen Menschen an, der ohne die Wohltaten des Christen= 30
tums, von denen auch das ungeheuerste Verbrechen nicht aus=
schließen könne, hilflos verschmachte und der Verzweiflung viel=
leicht nahe sei. Mit aller Unerschrockenheit und Würde, die das
Bewußtsein erfüllter Pflicht verleiht, foderte er einen freien Zu=
tritt zu dem Gefangenen, der ihm als Beichtkind angehöre, und 35
für dessen Seele er dem Himmel verantwortlich sei. Die gute
Sache, für die er sprach, machte ihn beredt, und den ersten Un=
willen des Fürsten hatte die Zeit schon in etwas gebrochen. Er
bewilligte ihm seine Bitte, den Gefangenen mit einem geistlichen
Besuch erfreuen zu dürfen. 40

Das erste Menschenantlitz, das der unglückliche G*** nach
einem Zeitraum von sechzehn Monaten erblickte, war das Gesicht
seines Helfers. Den einzigen Freund, der ihm in der Welt lebte,

dünkte er seinem Elend; sein Wohlstand hatte ihm keinen erworben. Der Besuch des Predigers war für ihn eines Engels
Erscheinung. Ich beschreibe seine Empfindungen nicht. Aber von
diesem Tage an flossen seine Tränen gelinder, weil er sich von
5 einem menschlichen Wesen beweint sah.

Entsetzen hatte den Geistlichen ergriffen, da er in die Mord-
grube hineintrat. Seine Augen suchten einen Menschen — und
ein grauenerweckendes Scheusal kroch aus einem Winkel ihm entgegen, der mehr dem Lager eines wilden Tieres als dem Wohn-
10 ort eines menschlichen Geschöpfes glich. Ein blasses, totenähr-
liches Gerippe, alle Farbe des Lebens aus einem Angesicht
verschwunden, in welches Gram und Verzweiflung tiefe Furchen
gerissen hatten, Bart und Nägel durch eine so lange Vernach-
lässigung bis zum Scheußlichen gewachsen, vom langen Gebrauche
15 die Kleidung halb vermodert, und aus gänzlichem Mangel der
Reinigung die Luft um ihn verpestet — so fand er diesen Liebling
des Glücks, und diesem allem hatte seine eiserne Gesundheit widerstanden! Von diesem Anblick noch außer sich gesetzt, eilte der Prediger auf der Stelle zu dem Gouverneur, um auch noch die zweite
20 Wohltat für den armen Unglücklichen auszuwirken, ohne welche die
erste für keine zu rechnen war.

Da sich dieser abermals mit dem ausdrücklichen Buchstaben
seiner Instruktion entschuldigt, entschließt er sich großmütig zu
einer zweiten Reise nach der Residenz, die Gnade des Fürsten noch
25 einmal in Anspruch zu nehmen. Er erklärt, daß er sich, ohne die
Würde des Sakraments zu verletzen, nimmermehr entschließen
könnte, irgendeine heilige Handlung mit seinem Gefangenen vor-
zunehmen, wenn ihm nicht zuvor die Ähnlichkeit mit Menschen
zurückgegeben würde. Auch dieses wird bewilligt, und erst von
30 diesem Tage an lebte der Gefangene wieder.

Noch viele Jahre brachte G*** auf dieser Festung zu, aber
in einem weit leidlicheren Zustand, nachdem der kurze Sommer
des neuen Günstlings verblüht war und andre an seinem Posten
wechselten, welche menschlicher dachten oder doch keine Rache an
35 ihm zu sättigen hatten. Endlich, nach einer zehenjährigen Gefangenschaft, erschien ihm der Tag der Erlösung — aber keine ge-
richtliche Untersuchung, keine förmliche Lossprechung. Er empfing
seine Freiheit als ein Geschenk aus den Händen der Gnade; zugleich ward ihm auferlegt, das Land auf ewig zu räumen.

40 Hier verlassen mich die Nachrichten, die ich bloß aus münd-
lichen Überlieferungen über seine Geschichte habe sammeln können,
und ich sehe mich gezwungen, über einen Zeitraum von zwanzig
Jahren hinwegzuschreiten. Während desselben fing G*** in

fremden Kriegsdiensten von neuem seine Laufbahn an, die ihn
endlich auch dort auf eben den glänzenden Gipfel führte, wovon
er in seinem Vaterlande so schrecklich heruntergestürzt war. Die
Zeit endlich, die Freundin der Unglücklichen, die eine langsame,
aber unausbleibliche Gerechtigkeit übet, nahm endlich auch diesen 5
Rechtshandel über sich. Die Jahre der Leidenschaften waren bei
dem Fürsten vorüber, und die Menschheit fing allgemach an, einen
Wert bei ihm zu erlangen, wie seine Haare sich bleichten. Noch
am Grabe erwachte in ihm eine Sehnsucht nach dem Lieblinge
seiner Jugend. Um womöglich dem Greis die Kränkungen zu 10
vergüten, die er auf den Mann gehäuft hatte, lud er den Vertriebenen freundlich in seine Heimat zurück, nach welcher auch in
G***s Herzen schon längst eine stille Sehnsucht zurückgekehrt war.
Rührend war dieses Wiedersehen, warm und täuschend der Empfang, als hätte man sich gestern erst getrennt. Der Fürst ruhte 15
mit einem nachdenkenden Blick auf dem Gesichte, das ihm so
wohl bekannt und doch wieder so fremd war; es war, als zählte
er die Furchen, die er selbst darein gegraben hatte. Forschend
suchte er in des Greisen Gesicht die geliebten Züge des Jünglings
wieder zusammen; aber was er suchte, fand er nicht mehr. Man 20
zwang sich zu einer frostigen Vertraulichkeit. — Beider Herzen
hatten Scham und Furcht auf immer und ewig getrennt. Ein
Anblick, der ihm seine schwere Übereilung wieder in seine Seele
rief, konnte dem Fürsten nicht wohltun; G*** konnte den Urheber
seines Unglücks nicht mehr lieben. Doch getröstet und ruhig sah 25
er in die Vergangenheit, wie man sich eines überstandenen
schweren Traumes erfreuet.

    Nicht lange, so erblickte man G*** wieder im vollkommenen
Besitz aller seiner vorigen Würden, und der Fürst bezwang seine
innere Abneigung, um ihm für das Vergangene einen glänzenden 30
Ersatz zu geben. Aber konnte er ihm auch das Herz dazu wiedergeben, das er auf immer für den Genuß des Lebens verstümmelte?
Konnte er ihm die Jahre der Hoffnungen wiedergeben, oder für
den abgelebten Greis ein Glück erdenken, das auch nur von weitem
den Raub ersetzte, den er an dem Manne begangen hatte? 35

    Noch neunzehn Jahre genoß G*** diesen heitern Abend seines
Lebens. Nicht Schicksale, nicht die Jahre hatten das Feuer der
Leidenschaft bei ihm aufzehren, noch die Jovialität seines Geistes
ganz bewölken können. Noch in seinem siebenzigsten Jahre haschte
er nach dem Schatten eines Guts, das er im zwanzigsten wirklich 40
besessen hatte. Er starb endlich — als Befehlshaber von der
Festung***, wo Staatsgefangene aufbewahrt wurden. Man wird
erwarten, daß er gegen diese eine Menschlichkeit geübt, deren Wert

er an sich selbst hatte schätzen lernen müssen. Aber er behandelte
sie hart und launisch, und eine Aufwallung des Zorns gegen einen
derselben streckte ihn auf den Sarg in seinem achtzigsten Jahre.

Haoh - Kiöh - Tschuen.

Erstes Buch.

Zu Tahming, einer großen Stadt des chinesischen Reiches,
5 lebte ein vornehmer Jüngling, Tiehtschongu genannt, der den
Wissenschaften oblag. Seine Gestalt war schön, seine Seele großmütig und edel; er liebte die Gerechtigkeit bis zur Leidenschaft,
und seine Freude war, dem Unterdrückten beizustehen. Da war er
rasch und kühn und scheute kein Ansehen; nichts konnte seine Hitze
10 mäßigen, wenn er eine Gewalttat zu rächen hatte.

Sein Vater, der Tieh-hing hieß, war ein Mandarin der Gerechtigkeit und verwaltete ein richterliches Amt zu Peking am
Hofe des Kaisers. Weil er aber die heftige Gemütsart seines
Sohnes fürchtete, so ließ er denselben in der Entfernung vom
15 Hofe seine Studien treiben. Als Tiehtschongu das sechzehnte Jahr
erreicht hatte, dachten seine Eltern darauf, ihn zu verheiraten;
er erklärte aber, daß er sich nicht entschließen könne, dieses unauf-
lösliche Band zu knüpfen, bis er ein Frauenzimmer gefunden, das
alle Vorzüge der Gestalt und des Geistes in sich vereinigte.

20 Er war zwanzig Jahr alt, als er in einem Geschichtsbuche
von einem Kaiser las, der das Herz eines seiner Mandarinen verlangte, um der Kaiserin, welche krank war, eine Arznei daraus
zu bereiten. Pikang, so hieß der Mandarin, ließ sich sogleich zu
dieser Operation willig finden. Diese hohe Selbstverleugnung
25 setzte den Jüngling in Erstaunen und erinnerte ihn an die Unterwerfung, die er seinen Eltern schuldig wäre und bisher so wenig
geleistet hatte. Die Vorwürfe seines Gewissens ließen ihn die
ganze Nacht nicht schlafen; er entschloß sich, unverzüglich zu ihnen
zu reisen und sie wegen seiner bisherigen Halsstarrigkeit um Ver-
30 gebung zu bitten.

Er stand mit diesem Entschluß frühe auf und machte sich, nur
von einem einzigen Diener, Siautan, begleitet, auf den Weg.
Nachdem er zwei Tagereisen, beinah ohne auszuruhen, zurückgelegt, fand er sich abends vor einem großen Dorfe und hielt vor
35 einer schlechten Hütte still. Eine alte Frau kam heraus, und da sie
ihn in der Tracht eines Studierenden erblickte, sagte sie zu ihm:

„Junger Herr, Sie kommen gewiß, unseren jungen Gelehrten
Weh zu besuchen." Er kenne keine solche Person, sagte er, er
habe seinen Weg verloren und bitte sie um ein Nachtlager. Die
Alte nahm ihn aufs bereitwilligste auf und bedauerte nur, daß
sie ihn nicht standesgemäß bewirten könnte. Sein Diener Siautan
mußte nun sein Bette und übriges Reisegeräte ins Haus tragen,
sie selbst ging, sein Zimmer mit Stroh zu belegen und ihm Tee
zu bereiten.

Tiehtschongu erkundigte sich nun, wer der junge Gelehrte sei,
dessen sie vorhin gedacht habe. „Sie wissen vielleicht nicht," versetzte die Alte, „daß dieses Dorf nicht immer Weh-tsioün hieß
wie jetzt, sondern diesen Namen von einer Familie hat, die allhier
wohnet, die sonst in großem Ansehen gestanden, jetzt aber sehr
heruntergekommen ist. Dem Himmel sei Dank, noch ein einziger
aus derselben hat studiert, ob er sich gleich in großer Dürftigkeit
befindet. Er reiste nach Hof, um sich prüfen zu lassen, dort lernte
ihn ein gelehrter Mann, namens Hanyuen, kennen und gewann
ihn so lieb, daß er ihm seine Tochter zur Ehe gab. Aber ein vornehmer Mandarin verliebte sich in sie und wollte sie zu seiner
Nebenfrau machen; als die Eltern ihre Einwilligung nicht gaben,
ließ er die Tochter mit Gewalt entführen und nachher auch Vater
und Mutter aufheben. Niemand weiß, wo sie hingekommen sind;
Weh ist darüber in Verzweiflung und will sich das Leben
nehmen."

Sie redete noch, als ein Auflauf auf der Straße entstand.
Sie sahen mitten unter dem Volk einen jungen Menschen stehen,
der blau gekleidet war und bitterlich weinte. „Das ist er," sagte
die Alte. Tiehtschongu fragte nun, ob die Frau des Studenten
bei Tag oder bei Nacht entführt worden. Bei Tage, war die Antwort. Es hätten es verschiedene Personen gesehen, aber weil es
ein so mächtiger Mandarin sei, so wolle niemand gegen ihn zeugen.

„Vielleicht", sagte Tiehtschongu, „wißt Ihr den wahren Ver-
lauf der Sachen nicht und wollt mich mit Lügen berichten." —
„Ganz und gar nicht," versetzte die Alte, ärgerlich über seinen Un-
glauben. „Ein Vetter von mir, der Stroh nach der Stadt brachte,
war gegenwärtig, als die junge Frau nebst ihren Eltern in den
Palast des Mandarins geschleppt wurde." — „Warum gabt Ihr
dem jungen Ehemann keine Nachricht davon?" fragte Tiehtschongu. — „Was hätte dieses geholfen?" versetzte sie. „Alles
Widersetzen ist vergebens. Der Palast, in den man sie gebracht,
ist ein Geschenk des Kaisers, er ist unverletzlich und heilig, und
niemand, als wer vom Kaiser dazu Erlaubnis hat, darf ihn betreten."

Am folgenden Morgen beurlaubte sich Tiehtschongu von der Alten und ließ ihr fünf Tsien (einen Gulden unseres Geldes) aus= zahlen. Sie bat ihn beim Abschiede aufs angelegentlichste, sie nicht unglücklich zu machen und sich ja nichts von dem merken zu lassen, was sie ihm anvertraut habe. „Was geht mich die Sache an?" erwiderte jener. „Eure höfliche Aufnahme ist's, was ich im Andenken zu behalten habe."

Er war kaum etliche Lys oder Stimmweiten fortgeritten, als er . . .